W0400736

Max Kruse

Im weiten Land der neuen Zeit

II

MAX KRUSE

Im weiten Land der neuen Zeit

Roman über die
Entwicklung der Menschheit
im Abendland

VON GALILEI BIS HEUTE

Bertelsmann

Von Max Kruse ist bei C. Bertelsmann erschienen:
Im weiten Land der Zeit

Umwelthinweis:
Dieses Buch wurde auf chlorfrei gebleichtem Papier gedruckt. Die Einschrumpffolie (zum Schutz vor Verschmutzung) besteht aus umweltschonender und recyclingfähiger PE-Folie

Gesetzt nach den Regeln der Rechtschreibreform

1. Auflage 1998
© 1998 C. Bertelsmann Jugendbuch Verlag
in der Verlagsgruppe Bertelsmann GmbH, München
Alle Rechte vorbehalten
Lektorat: Monika Hofko, Dr. Lutz Steinhoff
(Scripta Literatur-Studio, München)
Umschlagbild: Peter Klaucke
Umschlaggestaltung: Klaus Renner
kk · Herstellung: Peter Papenbrok
Satz: Uhl + Massopust, Aalen
Druck: Graphischer Großbetrieb Pößneck
ISBN 3-570-12437-1
Printed in Germany

Für Shaofang,
die aus einem ganz anderen
Kulturkreis stammt

Das westliche Denken scheint heute einen tief greifenden epochalen Wandel zu erleben, und zwar in einem Ausmaß, für das es in der Geschichte unserer Zivilisation keine Parallele gibt. Ich bin überzeugt, dass wir an diesem Wandel nur in dem Maße sinnvoll teilnehmen können, in dem wir historisch gebildet sind. Jedes Zeitalter muss sich seine jeweilige Geschichte aufs Neue vergegenwärtigen. Jede Generation muss die Ideen, die ihr Verständnis der Welt geprägt haben, von ihrem je eigenen Standpunkt aus prüfen und neu durchleben.

Richard Tarnas

Der sechste Tag

Vorspiel

Drei junge Menschen

Als Berenike erwachte und sich dehnte, glaubte sie erst, sie sei noch in einem Traum gefangen. Ihre dunklen Augen blinzelten durch einen Schleier aus blonden Strähnen.

Mit einem Ruck richtete sie sich auf und stützte sich mit den Armen ab. Wo war sie? Das Zimmer war ihr bekannt, aber der Ort? Sie lauschte. Zu Hause war sie nicht, denn dann hätte sie ja den Verkehr hören müssen, dessen Lärm an den Hausmauern hochbrandete, das Knattern der Motoren ebenso wie das Quietschen der Bremsen.

Aber hier war die Stille makellos, fast unwirklich.

Sie sprang auf. Auf bloßen Füßen huschte sie zum Fenster und öffnete es. Statt in eine Straßenschlucht voller Verkehr schaute sie auf eine unberührte Landschaft. Eine weite hellgrüne Ebene und ganz nah Pinien und Zypressen, die wie plastische Kulissen ein Bühnenbild einrahmten. Dahinter durchleuchtete die Sonne den verschwimmenden Horizont.

»Diese Luft!«, seufzte sie wohlig. »Wie Seide. Das ist sie daheim nicht – bei uns im Norden.«

War sie also noch im Evo-Park? Wenn ja – wo war sie jetzt? In welcher Gegend? In welcher Zeit? Das konnte sie unmöglich wissen, da das Gästehaus, in dem sie und ihre beiden Freunde untergebracht waren, wie eine Art Drehbühne wirkte, auf der über Nacht wie von Geisterhand Zeit und Ort verwandelt werden konnten. Was war in diesem Spiel Realität, was Phantasie?

Nun war sie hellwach.

Ja, es war Realität. Die fünf zurückliegenden Tage hatte sie wirklich erlebt, sie, Berenike – schauend, staunend und fragend, und mit ihr Roman, der Schwärmer, und Stefan, der Skeptiker, ein Trio, geführt von Senex, ihrem immer freundlichen, aber doch rätselhaften und irgendwie alterslosen Mentor.

Nein, alles war Phantasie! – Oder? Seit Berenike lesen konnte, hatte sie sich immer wieder gewünscht, den Helden der Bücher, und später, als sie älter wurde, den Gestalten der Menschheitsgeschichte leibhaftig zu begegnen. Und hier war es nun so – beinahe!

Rasch duschte sie und zog ausgewaschene Jeans und einen beigefarbenen Rollkragenpulli an. Die Ärmel schob sie bis zu den Ellenbogen hoch.

Das Trio traf sich vor der Tür des Gästehauses. Roman und Stefan begrüßten Berenike mit einem Kuss auf die Wange.

»Was für tolle Tage!«, rief sie.

»Ein Abenteuer«, antwortete Roman. »Glücklicherweise keines, bei dem wir von Löwen zerfleischt werden können. Glaube ich jedenfalls.«

»Das denkst du, Romi«, sagte Stefan lachend. »Dafür müssen wir aber unsere Gehirnwindungen aktivieren.«

Roman nickte. »Ich hoffe, das hilft mir beim Abi.«

»Ach, erinnere mich bloß nicht an die Schule«, rief Berenike und machte eine wegwerfende Handbewegung. »Gut, dass wir sie bald hinter uns haben!«

»Kann sein, dass ich jetzt schon anders fühle als vor diesem sonderbaren Ausflug. Ich kann es immer noch nicht fassen, dabei ist es schon fünf Tage her – wir fahren mit der Straßenbahn, stehen plötzlich vor einem Park, von dem wir noch nie gehört haben, treffen Senex – und dann wandern wir durch die Jahrtausende der Evolution. Dabei haben wir, glaube ich, bisher höchstens die halbe Wegstrecke zurückgelegt. Den Urknall, die Eiszeit, Ägypten, Hellas, das Rom der Cäsaren, das Mittelalter, die Renaissance …«

Stefan nickte. »Gestern haben wir uns noch über die Religionen und den Glauben unterhalten, über den Menschen als verführbares Wahnwesen und seine Suche nach Wahrheit, aber auch über Kriege, Kreuzzüge und Ketzerverbrennungen.«

Wieder einmal bemerkte Berenike Stefans Fähigkeit, präzise zu formulieren. Das mochte sie an ihm, während sie an Roman das wärmere

Empfinden schätzte. Ihr fiel es schwer, sich zwischen den beiden zu entscheiden. Ach was, das musste sie ja gar nicht! Es war doch schön so, wie es war. Sie musterte Stefan aus den Augenwinkeln. Gut sah er aus, schlank und aufgeschossen, die eher dünnen Haare weiß-blond, so hell wie sein intellektueller Verstand. Ulkig fand sie seine starken Backenknochen, fast asiatisch. Auf seiner flachen Nase fand die Brille nie einen rechten Halt, sodass sie oft rutschte und er sie hochschieben musste, damit seine schmalen Augen alles klar erkennen konnten. Klarheit war nun einmal sein Motto, nicht nur beim Sehen. Und alles zog er in Zweifel. Dabei war er hochsensibel und tat sich mit seiner Schärfe leicht selber weh.

Seine braune Kordhose war an den Knien leicht ausgebeult, das Hemd trug er locker, den obersten Knopf offen, und über dem Rücken hing, wie ein Rucksack, ein dunkler Pullover, dessen Ärmel er vor der Brust verknotet hatte.

Und Roman? Berenike beobachtete auch ihn verstohlen. An ihm war alles weicher, auch sein Wesen, irgendwie abgerundeter und harmonischer. Sein dichtes kastanienbraunes Haar stand widerspenstig ab. Ein netter Kerl. Ein bisschen altmodisch mit seinem Interesse für Schriftsteller und Poesie. Und manchmal war er ihr zu tolerant, zu nachgiebig. Nicht nur dem Namen nach ein Romantiker. Roman hatte Jeans an wie sie, darüber einen Nicki mit weitem Rollkragen. Über seiner Schulter hing eine hellgrüne Leinenjacke.

Wo sind wir?

»Ah, die Sonne!«, rief Berenike und wies auf den Feuerball, der zwischen den Bäumen aufstieg.

»Ich möchte doch wissen, wo wir sind«, sagte Stefan. »Wann, ist mir weniger ein Rätsel, denk ich jedenfalls.«

»Man kann es ja auf jedem Pinienschirm lesen«, erwiderte Roman.

»Du spinnst mal wieder!« Berenike schüttelte den Kopf.

»Nein, schau nur richtig hin. Dort, vor dem Hintergrund aus dunklen Ästen, steht in schwarzen Buchstaben: Siebzehntes Jahrhundert.« Roman fuhr die Buchstaben mit dem Zeigefinger in der Luft nach.

»Märchenerzähler!«, rief sie. »Das sagst du nur, weil wir gestern bei Galilei waren, der durch sein Fernrohr ganz neue Sterne entdeckt hat. Das war also leicht zu raten.«

Roman nickte. »Senex muss jeden Augenblick kommen. Wir können ja schon mal frühstücken.«

An der Hauswand war ein Büfett aufgebaut. Sie setzten sich an einen der kleinen Tische in den Schatten.

»Dieser Evo-Park«, sagte Berenike, während sie sahnige Milch über ihr Müsli goss, »ist er nicht eine Art Disneyland der Evolution?«

»Richtiger als ›Evolution‹ wäre wohl ›Entwicklung‹«, erwiderte Stefan mit heller Stimme. Er kämpfte mit dem von seinem Brötchen herabtropfenden Honig. »Mit ›Evolution‹ meint man doch eher die biologischen Veränderungen und hier im Evo-Park geht es ja vor allem um den kulturellen Fortschritt.«

»Wenn es denn ein Fortschritt ist.« Roman verdrückte eine Riesenportion Bratkartoffeln mit Rührei. »In einem Disneyland-Freizeitpark weiß man, dass man sich in einer Zuckerbäckermärchenwelt befindet, voller Kitsch und Entertainment. Aber hier! Da scheint alles Wirklichkeit zu sein – und außerdem grenzenlos. Jedenfalls empfinde ich das so.«

»Mir ist jetzt viel klarer, warum wir uns verpflichten mussten, unseren Verstand zu gebrauchen«, sagte Stefan. Mehr nicht.

Roman überlegte: »Was wir Menschen sind, wo wir herkommen, was unser Leben für einen Sinn hat – das weiß ich wohl immer noch nicht. Ich möchte ja vor allem wissen, welche Gefühle die Menschen bewegt haben, was sie geschaffen, was sie Kreatives zu Wege gebracht haben.«

»Besonders deine schriftstellernden Vorgänger und Kollegen, in deren Fußstapfen du ja einmal treten willst«, neckte Stefan. »Ich hoffe dagegen, die großen Linien der geistigen Entwicklung zu begreifen. Ich will wissen, warum das alles so ist, wie es ist, und woher es kommt. Nichts entsteht doch nur aus dem Augenblick. Alles hat eine lange Vorgeschichte. Und die hat auch eine geistige Wurzel.«

»Falsch«, sagte Roman. »Die Vergangenheit ist eine Geschichte von Gefühlen und von dem, was aus den Gefühlen entsteht.«

»Guten Morgen!«

Alle drei blickten der Stimme entgegen. Sie kam von einer schmalen Gestalt, hinter der die Sonne strahlte, sodass die Person wie ein Scherenschnitt wirkte, dunkel der Körper und das Gesicht, aber umflossen von Licht. Der lange Schatten glitt lautlos vor ihm her.

»Da kommt Senex, so unscheinbar wie immer!«

Ihr Begleiter, nicht groß, hager, den Oberkörper leicht gebeugt, näherte sich über den Kies, der kaum knirschte, als würde er nur leicht den Boden berühren.

»Für mich hat er etwas Mystisches«, murmelte Stefan. »Es würde mich nicht wundern, wenn er später genauso geheimnisvoll wieder verschwindet, wie er vor fünf Tagen aufgetaucht ist.«

Berenike rief Senex einen Gruß entgegen.

Er hob eine Hand. Als er an ihren Tisch trat, verlor sich das Unwirkliche seiner Erscheinung. Er trug einen grauen Einreiher aus fein gewebtem Stoff.

Habe ich wirklich noch nie bemerkt, dass seine Augen die gleiche Farbe haben wie sein Anzug? Berenike schaute ihn freundlich an. Die Fältchen auf seiner Stirn gingen in die von den Augenwinkeln zu den Schläfen ausstrahlenden Linien über. Dadurch sah es oft so aus, als ob er lächelte. Das sah man sogar durch die Gläser seiner Hornbrille. Die schmalen Lippen schienen ebenfalls zu schmunzeln. Wer weiß, ob er in Wirklichkeit nicht traurig ist? Aber keiner merkt es ihm an. Na, besser als umgekehrt. Wenn man ihn so sieht, dachte sie, dann möchte man ihn umarmen und beschützen. Aber vielleicht stellte man dann plötzlich fest, dass man gar nichts im Arm hatte!

Als ihr bewusst wurde, wie prüfend sie ihn ansah, schaute sie rasch zu Boden.

Senex tat so, als bemerke er ihre Blicke nicht. »Es tut mir Leid, dass es ein wenig spät geworden ist. Ihr seid mit dem Frühstück fertig? Gut so. Ich ließ mir mein Weißbrot und den Kaffee im Zimmer schmecken. Wollen wir aufbrechen?« Er sprach mit präziser, leiser Stimme.

»Senex, wo sind wir?«

»Noch in der Nähe von Pisa. Gern wäre ich mit euch nach Venedig gefahren, aber das heben wir uns für ein andermal auf. Ich verspreche es euch. Nehmt eure Picknicksäckchen vom Büfett. Wir wandern durch diesen Zauberwald aus Pinien und Zypressen.«

Zeitenwende

Jeder Reisende sorgt für sich selbst

Bald erblickten sie einen kleinen Ort. »Das ist Marina di Pisa, der Hafen von Pisa.« Senex sagte es heiter. »Von hier aus stechen wir wieder einmal in See.«

Die Häuser lehnten windschief aneinander. Staub hatte die poröse Struktur der hellen Tünche marmoriert. Die schmale Gasse wimmelte von Fischern, Bootsmännern, Kaufherren, Bauern mit Geflügelkörben und Marktfrauen, Reitern und Ochsenkarren. Dazwischen setzte ein schwarz gewandeter Ratsherr vorsichtig seine Schritte, um nicht in Pferdeäpfel und Dunghaufen zu treten. Dabei hielt er sich die Nase zu.

Im Hafen schwankten die Boote, große und kleine, vertäut auf der glitzernden Fläche. Hier lagen die Galeeren mit Rudern, Segler mit Aufbauten, an denen Girlanden von Tauen hingen. Es roch nach Salz, nach Tang, nach dem Meer. Alles lärmte und schrie. Mit den lebhaftesten Gebärden wurde um Preise gefeilscht. Es war ein Durcheinander von Matrosen, Schiffsjungen, Lastträgern und Hafenarbeitern. Weinfässer rollten, Wagen polterten, Kisten und Kästen schaukelten, Ballen von Baumwolle und Seide wurden gestapelt. Über allem kreischten die Möwen.

Senex steuerte auf ein Segelschiff zu, an dessen Wasserlinie Algen wucherten. Der Kapitän, ein Mann mit schmalen Augen, an dem Jacke und Hose schlotterten, empfing sie.

Berenike zögerte. »Er sieht aus wie ein Klabautermann oder ein Zauberer«, flüsterte sie.

»Die See ist oft mehr als launisch«, sagte Senex. »Früher mussten die

Reisenden auf solchen Schiffen selbst für ihre Verpflegung sorgen, wohin sie auch wollten, ins Heilige Land, nach Rhodos, Malta oder Sizilien. Jeder, ob er nun Kaufmann, Pilger, Ritter, Adliger, Gelehrter oder Arzt war, kaufte sich Lämmer, Ziegen, Kaninchen oder Hühner, die geschlachtet wurden. Man hatte gemahlenes Getreide oder es wurden Körner eingeweicht. Wasser wurde zugeteilt. Da es aber leicht moderte, bevorzugte man Wein, was vielen Kapitänen nicht recht war, denn sie wollten keine Betrunkenen an Bord. Die Dauer einer Reise konnte niemand vorhersagen, das hing ja vom Wind ab. Es konnte Flauten geben, die Tage oder sogar Wochen anhielten. Auch vor Seeräubern musste man auf der Hut sein. Manch ein Passagier trat seine letzte Reise an.«

Sie setzten sich, hörten den Wind in den Tauen singen, rochen den Tang, schauten auf die See. Berenike schloss die Augen und hielt ihr Gesicht der Sonne entgegen.

Das Schiff legte ab. Langsam trieb es aufs Mittelmeer hinaus, die noch tief stehende Sonne im Rücken.

Senex begann: »Gestern Abend haben wir Galilei gesehen, von seinen wichtigsten Entdeckungen gesprochen, von dem Prozess gehört, den ihm die Kirche machte. Ihr wisst, er widerrief, dass sich die Erde um die Sonne drehe, aber er tat es nur, um sein Leben zu retten, er änderte seine Meinung nicht. Seine größte Leistung ist meiner Ansicht nach, dass er das Experiment erfunden hat, um unrealistische Hypothesen auszuschließen. Nie zuvor hat jemand so konsequent praktische Versuche gemacht. Damit gab er der Wissenschaft eine neue Dimension.«

»Sie meinen, dass man jetzt alles überprüfen konnte.«

»Bis zu Galilei hatte man sich vorwiegend auf die Worte der Bibel gestützt und diese umständlich und verklausuliert auszulegen versucht. Das war von jetzt an anders.«

»Ich finde es aber doch schade, dass wir nicht nach Venedig gekommen sind«, sagte Berenike.

»Später«, antwortete Senex. »Das verspreche ich dir. Aber du bekommst jetzt schon einmal einen Vorgeschmack auf Venedig, weil ich mit euch über eine andere herausragende Persönlichkeit der Zeit sprechen möchte, die besonders in Venedig gewirkt hat. Könnt ihr euch denken, um wen es geht?«

Die drei schüttelten den Kopf.

»In Venedig lebte und arbeitete der größte Komponist seiner Zeit, Claudio Monteverdi. Er war erster Kapellmeister an der Markuskirche. Monteverdi wurde der erste bedeutende Opernkomponist der Welt. Er und seine weniger berühmten Zeitgenossen schufen eine neue Form der Darbietung, die Oper. Eine Handlung, zumeist aus der griechischen Mythologie, getragen von Musik und Gesang. Man spielte übrigens nicht mehr unter freiem Himmel. Schon im sechzehnten Jahrhundert gab es die ersten festen Theaterbauten, in deren Innenraum vor Publikum gespielt wurde. Das bedeutendste ist das Teatro Olimpico in Vicenza, das der berühmte Renaissancearchitekt Andrea Palladio ganz aus Holz erbaut hat. In Venedig wurde dann am 6. März 1637 das erste öffentliche Operntheater der Welt eingeweiht. Damit strömte auch das Bürgertum in die Aufführungen und die noch junge Oper blieb nicht länger das Privileg der Aristokratie. Die Notwendigkeit, Rücksicht auf den Geschmack eines großen Publikums zu nehmen, weil sich der Betrieb rentieren musste, änderte den Charakter der Stücke gewaltig.«

»Stimmt es, dass Monteverdi der Erfinder der Oper war und Venedig die erste Stadt, in der eine Oper aufgeführt wurde?«, fragte Berenike.

In Venedig beginnt der Siegeszug der Oper

»Die erste Oper erklang in Florenz«, fuhr Senex fort. »Da hatte sich Ende des sechzehnten Jahrhunderts eine Gruppe von gelehrten Liebhabern zusammengetan. Zunächst wollten sie nur die griechische Tragödie erneuern und den Gesang von der komplizierten Mehrstimmigkeit, wie sie in der Musik der Zeit gepflegt wurde, befreien. Die Texte sollten ja verständlicher sein. Nun, ein Angehöriger dieser Gruppe war der Vater des Astronomen Galilei, mit Vornamen Vincenzo. Er setzte Verse aus Dantes ›Göttlicher Komödie‹ in eine Art Sprechgesang um. Damit begann eigentlich der Siegeszug der Oper. Monteverdi schrieb sein erstes Bühnenwerk, den ›Orfeo‹, 1607, als er noch am Hof von Mantua wirkte.«

Eine kleine Pause entstand. Senex legte zwei Finger an die Schläfe, wie um zu überlegen. »Der Opernenthusiasmus wurde zu einem Flächenbrand«, fuhr er dann fort, »in Venedig entstanden in rascher Folge vierzehn Opernhäuser, die einander Konkurrenz machten.«

»Und alle waren gut besucht?«

»Aber ja, Roman. Die Oper zog alle an. Die Aristokraten und wohlhabenden Kaufleute mieteten Logen für ihre Familie, manche erwarben sie sogar als erblichen Besitz. Die Bürger drängten sich auf den Galerien. Der Opernbesuch wurde Teil des öffentlichen Lebens und ein gesellschaftliches Ereignis. Die Opernhäuser wurden wie Wirtschaftsunternehmen geführt, es ging um den größten Profit und die Konkurrenz sorgte dafür, dass das zahlende Publikum immer mehr Einfluss auf die Komponisten und die Spielpläne gewann. Von Venedig führt ein direkter Weg zum Bayreuther Festspielhaus oder zur Met in New York. Die Sänger und Musiker der kommerziellen Operntheater Venedigs kamen aus ganz Italien. Und dann gab es da noch etwas, das wir nur noch aus Büchern kennen.«

»Ich ahne, was Sie meinen«, rief Roman, der näher an Berenike herangerückt war, angezogen vom Duft ihrer Haare. »Die Kastraten.«

»Genau! Auch Monteverdi hat für Kastraten komponiert, also für Männer, denen man vor Stimmbruch und Pubertät die Keimdrüsen entfernt hatte.«

»Wie unmenschlich!«

»Es war Qual und Opfer. Erhalten blieb den Männern zunächst zwar ihre Knabenstimme, nach der die Zuhörer süchtig waren. Einige Jahre lang wurden sie vergöttert, aber sie litten unter Wachstumsstörungen und im Alter waren sie vergessen, nicht selten mittellos. Sie konnten ja auch keine Kinder bekommen, die für sie gesorgt hätten.«

»Das war wirklich pervers!« Berenike schüttelte angewidert den Kopf.

»Aber man empfand es damals nicht so.«

»Monteverdi war also ein Genie mit Folgen?«

»Ja, er schuf neue, orchestrale Farben und verschmolz Vokal- und Instrumentalteile miteinander. Das Besondere an ihm ist, dass er keine reine Instrumentalmusik geschrieben hat. Monteverdi gilt als der erste

Komponist der menschlichen Stimme. Er starb siebenundsechzigjährig. Venedig wusste, was es mit ihm verlor. Die Serenissima richtete eine prachtvolle Totenfeier unter den Goldmosaiken von San Marco aus. Venedig verabschiedete einen König der Musik.«

Sie schwiegen, um sich das Schauspiel vorzustellen. Senex nahm die Brille ab und putzte die Gläser. »Monteverdi hat die Musikwelt beseelt und verjüngt. Durch ihn erlebte die Oper einen ebensolchen Fortschritt wie das Schauspiel durch seinen Zeitgenossen Shakespeare. Doch verzeiht, ich greife vor.« Senex verschattete mit einer Hand die Augen und blickte aufs Meer hinaus.

Stefan sah ihn erwartungsvoll an. »Sie haben von Shakespeare gesprochen. Fahren wir nach England?«

Das Licht um sie herum wurde heller und diffuser. Sie tauchten in eine Nebelwand ein. Senex lächelte vieldeutig.

»So verschwimmen die Grenzen von Raum und Zeit«, murmelte er. »Bald werden wir in einer anderen Welt sein. Inzwischen will ich noch rasch ein paar Worte zu einem Mann sagen, der schon am Übergang vom Barock zur Aufklärung steht und ein Zeitgenosse von Königin Elisabeth I. von England ist, aber nicht ihr Untertan. Er ist Franzose. Auch deshalb passt er gut in die Geografie unserer Reise, weil wir auf dem Weg zu unserem nächsten Ziel Frankreich passieren.«

»Wen meinen Sie, Senex?« Roman streckte die Beine aus und lehnte den Hinterkopf an den Mast.

Themen wie Kräuter im Salat

»Ich spreche von Michel de Montaigne, mit dem die literarische Moderne beginnt. Mit ihm ziehen Neugier, gelassenes Selbstbewusstsein und heitere Weisheit in die Literatur ein.«

»Mein Vater hat eins seiner Bücher, aber ich habe es nicht gelesen und in der Schule haben wir uns auch nicht mit ihm beschäftigt.« Romans Interesse war geweckt.

»Seine Lebensdaten sind nicht so wichtig, er wurde 1553 auf Schloss Montaigne bei Bordeaux geboren, war einige Zeit im Staatsdienst, reiste, wurde Bürgermeister von Bordeaux, zog sich aber bald in seinen Schlossturm zurück, wo er nur noch schrieb. Er war kein Philosoph im strengen Sinn, aber ein geistreich-philosophischer Kopf. Nietzsche meinte, weil Montaigne geschrieben habe, sei die Lust, auf dieser Erde zu leben, vermehrt worden.«

»Ein großes Lob!«

»Das hat er verdient, denn er gilt als Schöpfer des Essays. Er erfand auch diesen Namen, der übersetzt einfach ›Versuch‹ bedeutet. Selbstironisch nannte er seine Werke ›einen Salat‹ und meinte die Vielfalt seiner Themen, die sich wie Kräuter im Salat zusammenmischen lassen. Er gab zu, selbst der einzige Inhalt seiner Bücher zu sein. Der österreichische Kulturhistoriker Egon Friedell meinte von ihm, dass er alles wisse, alles verstehe und alles belächle. Für mich ist er einer der ersten liberalen Denker.«

»Wenn er liberal war, dann eckte er doch sicher bei der Kirche an, denke ich.«

»Ja, seine Essays galten als moralisch bedenklich. Trotzdem wurde seine Art der Betrachtung von anderen Autoren enthusiastisch aufgegriffen. Der Essay avancierte zur beliebtesten Prosaform, Montaigne wurde übersetzt, auch ins Englische – und Shakespeare wäre ohne Montaigne nicht der, den wir kennen. Er hat viel von ihm angenommen. Montaignes ganzes Werk ist von Skepsis durchzogen. Er wollte sich selbst und seine Mitmenschen besser verstehen.«

»Ein Beispiel!«

»Er meinte, dass wir geboren sind, um tätig zu sein. Und der Tod, sobald er ihn treffe, solle ihn ereilen, wenn er seinen Kohl pflanzt, unbesorgt um sein Sterben und erst recht um seinen unfertigen Garten.«

»Das könnte Epikur gesagt haben!«

»Man hat Montaigne oft mit Epikur verglichen. Er wusste, dass man das Leben desto tiefer und voller genießen müsse, je schneller es fortgleitet. Er wollte, dass man alle Dinge auf die Wahrheit und auf die Vernunft bezieht, und stellte spöttisch fest, dass die Unwissenheit ein gesundes, sanftes und weiches Kissen sei. Er war ein skeptischer

Weltmann. In seinen Ansichten zur Kindererziehung war er seiner Zeit weit voraus, aber seine Ratschläge haben erst im zwanzigsten Jahrhundert Früchte getragen.«

»Welche denn?«

»Montaigne erkannte als einer der Ersten die Bedeutung der freien Entfaltung des Kindes und seiner Erziehung zu selbstständigem Denken.«

»Meinen Sie, dass das heute verwirklicht ist?« Roman runzelte die Stirn. »Schön wär's!« Berenike und Stefan nickten.

»Montaigne verwarf jede Gewalt in der Erziehung, er glaubte, dass man das, was man nicht durch Vernunft, Klugheit und Geschicklichkeit erreichen kann, niemals mit Zwang durchsetzen könne. Er wendete sich gegen die Pedanterie der Schulen, tadelte, dass man die Kinder schlug, wollte die Räume mit Blumen und Grün schmücken, wollte Freude und Heiterkeit, die er ›das Blühende‹ und ›die Grazien‹ nannte. Jede Speise, sagte er, die dem Kind bekömmlich sei, sollte mit Zucker versetzt werden.«

»Von Karies hat damals noch keiner geredet«, murmelte Stefan. »Aber er hatte ja Recht.«

Senex schwieg. Dann lächelte er Berenike zu: »Was ich jetzt erzähle, wird dich freuen. Es war nämlich eine Frau, der wir die erste Herausgabe seiner Essays verdanken. Bereits mit dreiundzwanzig Jahren war sie eine Ausnahmeerscheinung in ihrer Zeit – ein Mädchen, das von Montaigne fasziniert war wie er von ihr, sodass er die junge, außergewöhnlich gelehrte Dame, die sich den Heiratsplänen ihrer Mutter widersetzte, als Wahltochter annahm.«

»Eine Romanze? Wie hieß die Frau?« Berenike schob eine Locke aus der Stirn.

»Marie de Jars de Gournay. Sie war auch deshalb beachtenswert, weil sie in einer Schrift, die sie ›Die Gleichheit von Männern und Frauen‹ nannte, beide Geschlechter als moralisch gleich bezeichnete. Das war mutig, denn bisher kämpften die Frauen einen aussichtslosen Kampf um Gleichberechtigung. Marie stufte Frauen und Männer als gleichrangig ein. Sie war die älteste Tochter einer verarmten Adelsfamilie und eignete sich selbst – allen herrschenden Vorurteilen zum Trotz –

schon als junges Mädchen eine beachtliche Bildung an. Sie wollte eine ›femina docta‹, eine gelehrte Frau, werden. Das war der Grund, weshalb die Schriften von Montaigne für sie entscheidend wurden, so wichtig wie die persönliche Begegnung. Sie betreute seine Werke während ihres ganzen Lebens und ließ sie elfmal drucken. Das brachte sie in Kontakt zu vielen Wissenschaftlern, sie eröffnete einen gelehrten Salon, aus dem, so vermutet man, die ›Académie française‹ hervorgegangen ist.«

»Die ›Académie française‹ die Schöpfung einer Frau? Das wissen sicher die wenigsten.«

Der Nebel lichtete sich, das Meer hatte sich in eine Flusslandschaft verwandelt. Senex stand auf und zeigte nach vorn. »Die Themse bei London!«

Das Aufblühen Englands

Im Reich von Königin Elisabeth

Wir segeln den Fluss hinauf. Die Stadt breitet sich vor allem auf dem Nordufer aus. Dort seht ihr die Türme des Towers, die Zitadelle steht im ältesten Teil der Stadt. Früher wohnten dort oft die englischen Könige, wir bringen den Tower mehr mit seiner düsteren Vergangenheit als Gefängnis und Hinrichtungsstätte in Verbindung. Da hinten taucht die London Bridge auf.«

»Die ist aber riesig!«

»Sie überspannt ja auch die ganze Breite der Themse. Ein Wunderwerk ihrer Zeit. Die Schiffe dort sind Karavellen und Karacken. Sie stellen die Verbindung zu den Häfen der Länder her, mit denen England Handel treibt.«

»Und dieser aufgeputzte Kahn?« Berenike deutete gleich mit beiden Zeigefingern hinüber.

»Der ›Kahn‹ ist die Prunkbarke der Königin. London ist Sitz der Königin, wenn sie auch oft außerhalb residiert.«

»Und die Gebäude auf der Brücke?«

»Das sind teils Wohnhäuser, teils Geschäfte. Sie stehen auf beiden Seiten eng nebeneinander. Die spitzen Bogenpfeiler ruhen auf künstlichen Inseln, sie sollen das Wasser brechen. Ein Glück, dass heute keine Köpfe von Hingerichteten auf Spießen entlang der Straße stehen. Ein makabrer Anblick.«

»Ich denke, da drücken Sie sich noch milde aus!«

»Unsere Vorfahren würden uns für zimperlich halten. Aber wichtiger, jedenfalls völlig neuartig, ist das Pumpwerk, das darunter gebaut wurde. Ein großes Wasserrad fördert das Flusswasser in das städtische

Versorgungsnetz und wird zum Vorbild für viele große Städte an Flüssen. Alles, was in die Stadt gebracht wird – oder hinaus –, muss über die London Bridge. Auf der Straße zwischen den Gebäuden flutet normalerweise der Verkehr, da kaufen Hausfrauen ein, da schleppen Knechte Waren, da trifft sich das Volk. – Wir legen an. Fällt euch etwas auf?«

»Das kann man wohl sagen!« Berenike schüttelte den Kopf. »Warum ist alles so trostlos?«

Eine düstere Gasse

Sie betraten die gepflasterte Mole. Senex hatte es eilig. Seine Gesichtszüge waren plötzlich erstarrt, fahl, aber er schaute entschlossen voraus, als wolle er etwas hinter sich bringen. Er führte sein Trio in eine Gasse, in der das Unglück wie Gift an den Fassaden zu kleben schien.

Berenike kniff die Lippen fest zusammen und schützte ihren Mund mit der Hand.

»Es herrscht die Pest«, murmelte Senex, der sich ein Taschentuch vor Mund und Nase hielt, sodass seine Worte wie wattiert klangen. »Ende 1592 suchte die Beulenpest London wieder einmal heim. Es gab kaum eine Familie, die nicht betroffen war. Kein Mensch dachte an etwas anderes als daran, wie er sich retten könnte. Theater, Vergnügungsstätten und andere öffentliche Einrichtungen wurden geschlossen.«

»Damals wusste man noch nichts von Ansteckung, oder?«

»Das stimmt, aber man ahnte Zusammenhänge. Die wahre Ursache kannte man jedoch nicht. Die Menschen töteten in ihrer Angst streunende Hunde, wussten aber nicht, dass die Flöhe der Ratten, die mit den Schiffen aus dem Orient kamen, den Tod brachten. Von den Hafenstädten breitete sich die Seuche rasch aus. Keines der Rezepte, die man aus allerhand Kräutern zusammenbraute, konnte helfen.«

»Ist ja klar!«

»Man probierte jedes Hausmittel aus, auch die absurdesten, setzte den Kranken lebende Hühner auf die geschwollenen Glieder, rieb sich sogar an Geißböcken oder hängte sich ausgehöhlte Haselnüsse um den Hals, die mit Quecksilber gefüllt waren. Etwa ein Zehntel der Bevölkerung wurde von der Pest dahingerafft. Man fürchtete um die ganze Stadt.«

»Mein Gott!«

»Dass man die Theater schloss, hatte noch einen anderen Grund. Damals hatten religiöse Eiferer Hochkonjunktur. Sie nutzten die Furcht der Menschen aus, um Geld zu verdienen. Man glaubte ja jeden Unfug, jede Prophezeiung, an Horoskope, an die wildesten Traumdeutungen und Altweibergeschichten.«

»Gewissenlose Leute, die den labilen Geisteszustand und die Ängste ihrer Mitmenschen ausnutzen, gibt es doch immer«, knurrte Stefan, selbst blass wie der Tod.

»Die Scharlatane verdienten Geld wie Heu«, kam es unter Senex' Taschentuch hervor. »Sie ließen ihre Vorhersagen drucken und alle kauften sie wie verrückt.«

»Wobei sicher noch mehr Schrecken verbreitet wurde!«

»Genau. Tag für Tag wurde das Ende prophezeit. In allen Straßen, an vielen Mauern konnte man lesen: ›Hier wohnt ein Wahrsager‹, ›Hier sagt dir ein Astrologe die Zukunft voraus‹. Das wurde umso leichter geglaubt, als auch die Priester der Amtskirche erklärten, dass die Ursachen der Pest in der Verderbnis der Sitten, in all den vielen Lastern zu finden seien. Auch das Theater sei eine Sünde und mitschuldig.«

»Hat man auch die Schauspieler diffamiert?«

»Ja, aber die flüchteten sowieso vor der Seuche in die Provinz, William Shakespeare dürfte in seinen Geburtsort Stratford zurückgekehrt sein. Da er dort nicht auftreten konnte, schrieb er ununterbrochen. So entstand sein erstes Werk, das nicht für das Theater gedacht war, eine lyrisch-epische Dichtung mit dem Titel ›Venus und Adonis‹. Sie brachte ihm Glück, denn sie gefiel den aristokratischen Londonern und machte sie auf ihn aufmerksam. Man schätzte die eleganten Verse. Andere Schauspieler versuchten in Dörfern und Kleinstädten zu spielen. Einige konnten sich über Wasser halten, indem sie ihre Stücke an Buchdrucker verkauften. So wurden in der Pestzeit mehr Schauspiele veröffentlicht als in vielen vorhergehenden Jahren.«

»Auch von Shakespeare?«

»Wahrscheinlich. Ich sehe den agilen Mann in einen düsteren kleinen Laden treten. Die Glocke scheppert über der Tür, es ist dunkel, die Luft staubig und stickig, Regale verstellen die Wände, die voll gestopft sind mit Drucken, Büchern, Heften, Folianten, Traktaten, beschriebenen Einzelblättern – im Hintergrund krächzt ein Rabe, eine struppige Katze lauert auf eine Ratte, die unter der Treppe raschelt. Endlich kommt der Herr über diese Folianten, ein krumm gebeugter Greis mit einer Perücke, für die das Wort ungepflegt schmeichelhaft wäre. Das Männlein trägt eine randlose Brille, die dem verschlagenen Gesicht noch mehr Hinterhältigkeit verleiht – und diesem Subjekt ...«

»Er kann doch nichts für seine Armseligkeit!«

»Ach, jetzt unterbrichst du meinen dichterischen Flug, Berenike! Diesem Subjekt also bietet das größte dramatische Genie eines seiner Meisterwerke an. Dafür erhält er nach langem Feilschen ein paar Münzen – wenn er Glück hat.«

»Wie ungerecht!«

»Das war früher das Los aller Künstler, es sei denn, sie gehörten zu den Lieblingen der Götter, das heißt: zu den Günstlingen der Aristokraten und Reichen.« Senex räusperte sich. Er schien umkehren zu wollen, besann sich aber und ging einige Schritte weiter.

Das Leben war kurz, der Tod allgegenwärtig

Als er noch einmal stehen blieb, bat er: »Schaut euch ruhig um. Unter solch schlimmen Verhältnissen mussten unsere Vorfahren leben. Dabei meine ich alles, Hunger, Armut, mangelnde Solidarität, Neid, Missgunst, Engstirnigkeit, das Fehlen jeder öffentlichen Unterstützung, den Mangel an wirksamer ärztlicher Hilfe, die miserablen hygienischen Verhältnisse, die immerhin den Vorteil hatten, die Abwehrkräfte zu stärken, abends und nachts das spärlichste Licht, keine Heizung, nichts von dem Komfort, der uns selbstverständlich ist! Das Leben war kurz, der

Tod allgegenwärtig. Auch die beiden älteren Schwestern Shakespeares starben als Kinder. 1564, in seinem Geburtsjahr, raffte die Pest etwa ein Siebtel der Bevölkerung von Stratford-upon-Avon hinweg, in den Jahren vor Shakespeares Tod – 1616 – verhungerten die Kinder der Armen zu dutzenden im Wald von Arden.«

»Sie waren wahrscheinlich nie unbeschwert.«

»Doch, ich denke schon, Berenike. Sie kannten ja auch nichts anderes.«

Aus den engbrüstigen Häusern drang das Schreien, Weinen, Schluchzen von Frauen und Kindern.

»So begegnet man dem Tod.«

»Ich halte das nicht länger aus, Senex.«

»Gehen wir weiter. Die Straße, die jetzt wie ausgestorben ist, war noch vor kurzem voller Mägde und Knechte, Hausfrauen, die miteinander klatschten, voll spielender Kinder.«

Das Wehklagen wurde noch quälender. Aber da und dort blieb auch ein Haus geisterhaft still. Oft waren die Fensterläden geschlossen. Türen waren mit Brettern vernagelt. Vereinzelt hielten derbe Gesellen mit Spießen Wache davor.

»Die Bewohner dieser Häuser sind geflohen«, erklärte Senex. »Die Wachmänner sollen Einbrüche verhindern, sie sind so arm, dass sie keine andere Wahl haben, als ihr Leben zu riskieren.«

Aus einer Nebenstraße torkelte ein Wesen, das bis auf eine schmutzige Unterhose nackt war, auf sie zu, ausgemergelt, Narr und Bettler in einem. Das Geistwesen schlug ein Tamburin, hielt aber bald mit dem Lärmen inne, blieb breitbeinig stehen und grölte: »Fort! Fort aus diesem Ort, Volk Gottes, damit du nicht an seinen Plagen teilhast! Ich bin gesandt, euch zu predigen! Bedenkt: Nur vierzig Tage sind es noch und London wird zerstört sein. Weh über London! Flieht und betet!«

Seine Stimme erstarb, er begann wieder zu torkeln und das Tamburin zu schlagen.

»Aber die Leute, die nicht aufs Land flüchten konnten, können doch nicht hinter verschlossenen Türen leben«, murmelte Berenike. »Sie müssen doch Wasser holen, Lebensmittel.«

»Ja, sie mussten ihr Haus verlassen und das trug wesentlich zum

Ruin der Stadt bei. Man konnte ja keine Vorräte anlegen, weil sie rasch verdarben, also mussten die Leute täglich selbst auf den Markt gehen oder Dienstboten und Kinder schicken – und darunter waren auch bereits Infizierte. Andere brachten den Tod heim. Auch die Marktfrauen konnten krank sein, die Fleischer, zeitweise war kaum ein Laden mehr geöffnet. Immer und überall schwirrten Gerüchte, die den Schrecken vermehrten.«

»Senex, woran erkennt man die Pest?«

»An heftigem Fieber, Erbrechen und unerträglichem Kopfweh, Schmerzen im Rücken, bis der Patient vor Qualen raste; viele bekamen Schwellungen und Geschwüre im Nacken, an den Lenden oder in den Achselhöhlen, die, solange sie nicht aufgingen, unerträgliche Leiden bereiteten. Die Glücklicheren wurden gewissermaßen lautlos befallen, das Fieber zehrte verstohlen an ihnen, sie merkten kaum etwas, bis sie in Ohnmacht fielen und starben.«

»Die konnten wirklich Gott danken ...«, murmelte Roman, erschrak aber gleich über das Makabere seiner Worte und schloss: »Ich mein ja nur!«

»Wenn die Pest in einem Stadtteil richtig wütete, waren die Straßen übersät von Leichen.«

»Ich hasse dieses Wort«, murmelte Roman. »Wohin kamen die Toten?«

»Sobald es dunkel wurde, luden Totengräber sie auf Karren und verscharrten sie in Massengräbern. Diese Kerle, die nichts mehr fürchteten, durchsuchten die Taschen der Toten und zogen ihnen alle noch brauchbaren Kleidungsstücke aus, um sie zu verhökern. Ungereinigt trugen die Sachen die tödlichen Keime weiter. Alle Gräber mussten vor Tagesanbruch zugeschüttet sein. Nur den angesehensten Bürgern wurde der Luxus eines kirchlichen Begräbnisses zuteil.«

Entsetzen drückte sich in den Mienen der drei jungen Leute aus. Senex richtete seinen Oberkörper auf und atmete durch: »Nun werdet ihr verstehen, was es für die Menschheit bedeutet, dass die meisten Seuchen besiegt sind. Aber glücklicherweise gab es damals nicht nur Armut und Epidemien.«

Bevölkerte Straßen und Plätze

Licht! Da war das Ende der Todesgasse! Sie mündete in eine helle, breite Straße. Senex sagte erleichtert: »Die Pest erlosch, die Menschen kehrten nach London zurück.«

Karren ratterten auch hier, Hufe hämmerten. An einer Häuserecke hatte man versucht die Mauern mit einem Geländer vor dem Menschengedränge zu schützen. In Erkerfenstern spiegelte sich die Sonne. Aus einer Schmiedewerkstatt drang Qualm, durchsetzt vom Klingklang der Hämmer. Ein Lärmchaos tönte auch aus einer Fassbinderei, daneben klirrten Töpfe, am Brunnen schwappte Wasser aus Eimern. Träger ächzten unter hoch gestapelten Lasten, die sie auf gebeugten Rücken balancierten, Lakaien schafften ihren Herrschaften, die in Sänften folgten, Platz, Ausrufer brüllten. Kaufleute boten in ebenerdigen Geschäften ihre Waren feil. Das Geschrei, das Rattern der Räder versuchten krächzende Bänkelsänger mit ihren Liedern, deren Textblätter sie verkaufen wollten, zu übertönen.

»Achtet auf die Kleidung«, warf Senex ein. »Da seht ihr die Mode der Shakespearezeit. Die Haare der Männer sind jetzt genauso lang wie die der Frauen und ihre Bärte erfordern mindestens ebenso viel Pflege.«

»Die Herren der Schöpfung scheinen überhaupt eitel zu sein, ihre Halskrausen sind mindestens so breit wie die der Damen«, stellte Berenike fest, die sich über die gravitätischen Bewegungen der Leute amüsierte.

»Die Kragen werden aus Leinwand oder Batist gefertigt, sie müssen von einem Gestell aus Pappe und Draht gestützt werden.«

»Wie unpraktisch!«

»Damals entdeckte man die Wäschestärke, eine weiße Flüssigkeit, mit der man diesen Kranz aus scharfen Falten versteifte. Diese Mode hatte als erste Katharina von Medici in Frankreich getragen. Man übertrieb sie bald, bis der Halsschmuck den Umfang eines Wagenrades annahm. Perücken waren damals schon üblich, die Vornehmen putzten sich damit heraus, sie machten es ihrer Königin nach, die alterslos bleiben und die Ausstrahlung ihrer Jugend bewahren wollte. Arme Leute, das wissen wir von Shakespeare, verkauften ihre Haare nach Gewicht.«

»Auf diesen Ungetümen konnten die Frauen doch keine Hüte tragen?«

»Nein, nur eine Haube oder Netze, die durchsichtig sein sollten, damit das Haar noch seinen Reiz entfalten konnte. Die Damen malten ihr Gesicht an, zogen die Augenbrauen nach und durchbohrten die Ohren für Gehänge oder Ringe. Überall funkelten Juwelen. Sie scheuten sich nicht, ihre Brüste fast zu entblößen. Seht ihr, wie die Röcke von den Hüften an abstehen? Dazu brauchte man Unterröcke, in die Reifen unterschiedlicher Größe eingenäht waren. Die Königin führte auch seidene Strümpfe ein!«

Überall starrte es vor Schmutz, es roch nach den Abwässern, die aus den oberen Stockwerken einfach auf die Straße gekippt wurden. Da durfte man nicht unter einem Fenster stehen bleiben. Stefan verzog sein Gesicht und hielt sich die Nase zu.

Senex bemerkte es amüsiert: »Kommt, da drüben wartet unsere Kutsche!«

Es gibt keine Schulen für Mädchen

Auf der anderen Straßenseite stand ein Wagen mit rotem Kasten in der Mitte. Vier Pferde waren davor gespannt. Senex ging plaudernd voraus: »Kutschen kennt man noch nicht lange. Die Straßen sind holprig, das macht das Reisen nicht angenehm. – Steigt ein!«

Sie setzten sich zwei und zwei gegenüber. Der Wagen ratterte los und sie lachten, denn sie mussten sich am Sitz festhalten. Sie fuhren am Ufer der Themse entlang und überquerten die London Bridge, wo der Verkehr so dicht war, dass sie zeitweise stecken blieben.

»Die Kutschen«, erzählte Senex fröhlich weiter, »wurden freudig aufgenommen. Die erste Kutsche für die Königin wurde 1565 in Holland hergestellt, aber sie war noch unbequemer als diese hier.«

»Was?«

»Sie hatte noch keine Stahlfedern, ihr Kasten hing aber immerhin zwischen den Rahmen an Lederriemen, von denen die heftigsten Stöße leidlich abgefangen wurden. Zuerst blieben die Wagen noch Luxusgegenstände.«

»Der Rolls-Royce für die damalige Highsociety?«

»Das änderte sich rasch. Schon nach sechzig Jahren gab es so viele Kutschen, dass man sie den Privatleuten verbot, um ein Verkehrschaos zu vermeiden. Nur die Königin und der Hochadel konnten sie uneingeschränkt benutzen.«

»Immer die Reichen und die Königin!«, rief Berenike durch den Lärm. »Wie geht es den einfachen Frauen?«

»Meist war ihr Leben kümmerlich. Sie dienten als Mägde, nicht nur auf dem Land, sondern auch in den Stadthäusern des Adels, dessen Luxusleben ohne sie gar nicht möglich gewesen wäre, wobei die Dienstmägde oft noch privilegiert waren, denn sie mussten nicht hungern und sich ihren Lebensunterhalt nicht durch Prostitution verdienen. Heinrich VIII., Elisabeths Vater, der die englische Kirche von Rom löste, hatte jede Möglichkeit einer systematischen Ausbildung der Mädchen zerstört, als er die Klöster aufhob. Die Knaben hingegen konnten Elementarschulen besuchen.«

Berenike nickte. »Das habe ich mir gedacht!«

»In der elisabethanischen Gesellschaft hatten die Töchter den Vätern untertan zu sein. Sie waren wie Handelsgüter. Die Ehen wurden in der Regel von den Eltern, meist vom Vater, nach kräftigem Feilschen um das Vermögen arrangiert. Aus der Tochter wurde eine verhärmte Frau, die sich den Kindern und der Hausarbeit zu widmen hatte.«

Die Zeit Shakespeares

Shakespeares Heldinnen, Wesen aus Fleisch und Blut

Senex wollte sich zurücklehnen, wurde aber heftig nach vorn geschleudert und konnte sich nur durch einen raschen Griff an den Sitz festhalten. »Diese Situation der Frau sollte man kennen, man kann sonst Shakespeares oft revolutionäre Stücke und sein Eintreten für die Frau und ihr Recht auf Liebe nicht würdigen. Denn die daraus resultierenden Konflikte griff er auf und überhöhte sie gleichzeitig. Wir fahren übrigens gerade zu einem seiner Theater.«

»Zum Globe-Theater?«

Senex nickte. »Ich merke, du kennst dich aus, Roman. Ich verspreche dir, du wirst staunen.« Dann wandte er sich wieder allen dreien zu.

»Zunächst begründete Shakespeare seinen Ruf noch mit Stücken, die das problematische Verhältnis der Zeit zu den Frauen und zur Sexualität ausdrückten.«

»Wie in ›Der Widerspenstigen Zähmung‹, wo sich das Käthchen dem Mann endlich doch demütig unterwirft?«

»Scheinbar, Roman«, warf Berenike ein. »Nur scheinbar!«

»Genauso in ›Richard der Dritte‹, wo Richard um die verwitwete Prinzessin Anna wirbt, indem er vor der Leiche ihres Mannes sagt: ›Ich, Mörder ihres Mannes … fang sie, in ihres Herzens tiefstem Hass … Ich will sie haben – doch nicht lang behalten.«

»›Ich, Mörder ihres Mannes, will sie haben – doch nicht lang behalten!‹ Das ist allerhand!«

»Und das hat derselbe Dichter geschrieben, der mit ›Romeo und Julia‹ das schönste Drama einer leidenschaftlichen Liebe zwischen

Mann und Frau schuf. Das war etwas Neues für die Zeit, da Shakespeare die Liebe und die Sexualität so bedingungslos bejahte, wie es zuvor noch kein Dramatiker gewagt hatte. Wer außer ihm schuf einen Helden, der, nachdem er aus dem Wohnort seiner Geliebten verbannt worden ist, auf seine Katze und seine Hunde neidisch ist, weil sie Julia anschauen können, er aber nicht? Und wer hätte solche Worte einem jungen Mädchen in den Mund legen können …«

»Halt, Senex«, rief Roman. »Julia sagt, als sie ungeduldig auf ihre Hochzeitsnacht wartet:

Komm, Nacht! – Komm, Romeo, du Tag in Nacht!
Denn du wirst ruhn auf Fittigen der Nacht
Wie frischer Schnee auf eines Raben Rücken. –
Komm, milde, liebevolle Nacht! Komm, gib
Mir meinen Romeo!«

Senex nickte. »Für das bürgerliche Londoner Publikum war Julias Ungehorsam, die ja mit einem anderen vermählt werden sollte, schockierend. Aber Shakespeare betonte das Recht auf Liebe gerade auch gegen die väterliche Autorität – eine Haltung, der die jungen Londoner, männlich wie weiblich, begeistert zugestimmt haben. Das klingt ganz anders als bei Ophelia und Desdemona, die nur Objekte männlicher Gier oder gar Verachtung sind, die ihr Schicksal erdulden wie Idealgestalten. Julia dagegen ist ein Wesen aus Fleisch und Blut. Sie verfolgt ihre eigenen Ziele.«

»Wie in den ›Lustigen Weibern von Windsor‹, wo sie gemeinsam Rache am eingebildeten Falstaff nehmen.«

»Damals entstand mit dem kleinstädtischen Bürgertum, in dem diese Frauen verwurzelt waren, ein neuartiger Kapitalismus im Haus, wo Vater, Mutter, Tochter und Sohn für fremde Unternehmer tätig waren. Das war der Anfang des Heimarbeitersystems. Viele Häuser wurden zu Miniaturfabriken, in denen Flachs und Wolle gesponnen und gewebt, genäht und gestickt, Kräuter zu Heilmitteln bereitet und Alkohol destilliert wurde. Londons Bevölkerung wuchs rasant.«

»Trotz der Pest?«

»Ja, von fünfzigtausend auf bald zweihunderttausend.«

»Viele Stücke Shakespeares spielen, soweit ich weiß, in Italien«, warf Roman ein. »Woher bekam er die Anregungen zu diesen für das damalige England sicher exotischen Stoffen?«

»Zunächst aus Büchern. Ihre Zahl wuchs ständig, zumal zahlreiche Buchhandlungen ihre Bücher auch selber druckten. Man nannte die Bücher eine Krankheit der Zeit, da sie die Welt so überfüllten, dass diese nicht fähig sei, den wertlosen Überfluss, der jeden Tag ausgebrütet wurde, zu verdauen. Auch italienische Novellen, nicht nur das ›Decamerone‹ des Boccaccio, waren beliebt.«

Geisteskranke Patienten wie Zootiere angestarrt

»Doch lasst mich noch ein Wort über das damalige England sagen. Die sozialen Verhältnisse spotteten jeder Beschreibung. Ein Jahr vor Shakespeares Geburt erhob man endlich zum ersten Mal eine Armensteuer, um ›geschlossene Häuser‹ einzurichten. In sie sollten Herrenlose, Bettler, Kranke, Prostituierte – und ihre Kinder – eingeliefert werden, damit sie nach pflichtgemäßem Auspeitschen wieder nützlicher Arbeit zugeführt werden konnten. So war es jedenfalls gedacht. Die Wirklichkeit war freilich noch viel schlimmer.«

»Das klingt ja schizophren! Einerseits ein Anflug von sozialer Verantwortung, andererseits die Ausgrenzung von Minderheiten in Anstalten.«

»Auch die Irrenanstalten wurden, wie die Gefängnisse, an Privatleute verpachtet. Da konnte das Publikum die Patienten gegen Eintrittsgeld wie Monster anstarren, wer mehr bezahlte, durfte sie schlagen. Andere ›Unternehmer‹ betrieben lukrative Bordelle.«

»Bordelle? Nein, danke«, murrte Roman.

»Abgesehen von solchen Auswüchsen, hat Elisabeths Regierung dem Land politische Stabilität und ein Wirtschaftswachstum gebracht, auf dem spätere Generationen aufbauen konnten. Auch Shakespeare profitierte davon.«

»Wie sah die Königin aus?«

»Sie war gewiss keine Schönheit. Für ihren langen, schmalbrüstigen Oberkörper führte sie die Mode der Schnepfentaille ein, bei der ein Mieder oder ein Wams in einer Spitze auslief, die bis unter die geschnürte Taille reichte.«

»Und Shakespeare – dieses Theatergenie?«

Konnte ein Schauspieler der Autor so genialer Werke sein?

Roman wollte ein wenig vorrutschten, um sich besser zurücklehnen zu können, wie er es gern tat, wenn ihn etwas besonders interessierte, aber die Bank war zu schmal. Mit resigniertem Achselzucken setzte er sich wieder auf.

»Shakespeare soll ein stattlicher Mann und ein glänzender Gesellschafter gewesen sein. Eine Büste steht auf seinem Grab in Stratford und ein Stich schmückt die erste Folioausgabe seiner Werke. Beide zeigen ihn kahlköpfig, mit Schnurrbart und – jedenfalls auf der Büste – mit einem Kinnbart, einer scharfen Nase und nachdenklichen Augen. Doch nichts vermittelt das Feuer, das in einem Mann gebrannt haben muss, der solch bewegende Werke schreiben konnte.«

»Und Shakespeares Leben?«

»Es lässt sich in wenigen Sätzen zusammenfassen. Er wurde wahrscheinlich 1564 in der Provinz, nämlich in Stratford-upon-Avon, geboren, im selben Jahr wie Galileo Galilei – und im Todesjahr von Michelangelo. Er war Teil eines ›Babybooms‹, der die Bevölkerung Englands innerhalb von nur fünfzig Jahren verdoppelte. Er stammte aus einer angesehenen, aber keineswegs reichen Familie, besuchte die Lateinschule, war zwölf, als sein Vater Bürgermeister wurde, ging bereits in jungen Jahren nach London, um am Theater Geld zu verdienen, wurde ein hervorragender Schauspieler und ein noch besserer Co-Direktor, schrieb die wirkungsvollsten Stücke, legte seinen Verdienst aber nicht in London, sondern in seinem Geburtsort an, wo er mit achtzehn Jahren heiratete und Vater zweier Töchter wurde. Durch sein mitreißendes Talent errang er die Gunst der Aristokratie, sogar die der Königin, fühlte sich nach ihrem Tod zunächst einsam, wurde aber durch ihren Nachfolger Jakob I. ebenfalls geehrt, kehrte 1604 nach Stratford zurück und führte dort bis zu seinem Tod das Leben eines geachteten Hausbesitzers.«

»Er hat die Lateinschule besucht. Für Mädchen war das wahrscheinlich nicht möglich?«

»Nein, man kümmerte sich nur um die männliche Jugend. Obwohl die Königin selbst hochgebildet war und eine Art ›Bildungsrevolution‹ einleitete, konnten um 1600 noch nicht einmal zehn Prozent der Frauen ihren eigenen Namen schreiben. Die Jungen dagegen mussten vom siebten bis zum zwölften oder dreizehnten Lebensjahr büffeln. Sie lernten Latein und bekamen eine Einführung in die griechische Sprache.«

Elisabeths England – eine Welt für sich

»Sie sagen, Shakespeare war traurig über Elisabeths Tod?«

»Ja, er hatte auch Grund genug, betrübt zu sein, als die Glocken Londons ihr Ende verkündeten. Elisabeths Regierungszeit hatte Shakespeare viel Gutes gebracht. Kurz vor ihrem Tod hatte er noch einmal an ihrem Hof gespielt. Am Ende eines hohen Saales war das Bühnenpodium errichtet worden, den Rahmen bildeten die zahllosen Höflinge; Musikanten ließen ein Vorspiel ertönen und die Königin genoss zum letzten Mal eines seiner Stücke. Ihr Kleid war reich mit Juwelen geschmückt, ihre Gesichtszüge verschwanden unter einer weißen Pudermaske und ihre rote Perücke krönte ihre übertriebene Aufmachung. Aber sie beeindruckte alle durch geistige Überlegenheit. Wenige Wochen später starb sie, 1603. Die Trauer war groß und doch flackerten bei Einbruch der Nacht in den Straßen bereits Freudenfeuer, man rief: ›Die Königin ist tot! Lang lebe der König!‹ Womöglich konnte Shakespeares geniales Werk überhaupt erst entstehen, weil er in Elisabeths Reich lebte.«

Roman runzelte die Stirn: »Wie meinen Sie das, Senex?«

»Grundsätzlich glaube ich, dass wir von nichts anderem besser auf eine Gesellschaft schließen können, als davon, wie sie es einem solchen Genie ermöglicht, sich zu entfalten. Das England von Königin Elisabeth I. war ein völlig neuer, nach jahrhundertelangem Unfrieden gefestigter Staat – noch mehr, es war eine Welt für sich, denn durch die neuen Seewege nach Ostindien und zu den amerikanischen Kontinenten hatte das Inselreich seine Grenzen weit ausgedehnt. Alles, der Staat, die anglikanische Kirche, das öffentliche Leben und der private Reichtum, erhielt Impulse wie nirgends sonst in Europa. Das elisabethanische England war kein hoch zivilisiertes, bestimmt kein besonders kultiviertes und schon gar kein vorbildlich moralisches Land. Da betätigten sich Admirale als Seeräuber und handelten mit Sklaven, Geistliche verkauften Pfründe. Apotheker brauten Gift zusammen und man fand leicht einen Arzt, der es verabreichte.«

»Mit einem Wort, entsetzliche Zustände, denke ich.«

»Das geht noch weiter. Die Armee hatte keine Moral, Kapitulationen wurden häufig mit dem Niedermetzeln von Soldaten und Nichtkämpfern ›belohnt‹, Hexen wurden verbrannt und Jesuiten vom Schafott geholt, damit man sie bei lebendigem Leibe zerstückeln konnte. Es war auch eine brutale, skrupellose Zeit.«

»Und Sie meinen, gerade das war der beste Nährboden für Shakespeares Genie?«

»Es waren Kräfte, die ihn anregten. Jahrhundertelang hatte Stille geherrscht, jetzt erlebte das Land eine Art Taumel, eine Leidenschaft für Prosa und Poesie, Drama und Philosophie, wie seinerzeit das Italien eines Dante oder Raffael. Jetzt sprach England zur Welt und die Welt horchte auf. Ein Zeitgenosse meinte, das Evangelium würde in Cambridge zwar gelehrt, aber nicht gelernt. Nichts sei gut, alles werde schlecht gemacht, die Sittlichkeit würde gering geachtet, man hätte keine Manieren, sei begierig auf Neuigkeiten und Sensationen, auf neue

Bücher, neue Moden, neue Meinungen, neue Gesetze, ja auf einen neuen Himmel oder eine neue Hölle. Gerade erst hatte Kopernikus die Erde aus dem Mittelpunkt des Universums gerückt, Giordano Bruno in Oxford über die neue Astronomie gesprochen, über die Unendlichkeit der Welt, über die Sonne, die an ihrer eigenen Hitze verglüht, und über Planeten, die in Atomnebel zerfallen.«

»Da hat manchem der Boden unter den Füßen gewankt!«

»Ja, aber dieses Umpflügen alter Ideen, diese Befreiung der Geister, das leidenschaftliche Suchen nach neuen Hoffnungen und Träumen – auch das hat das Reich von Elisabeth I. geprägt. Darin drückten sich ungebrochene intellektuelle Kraft, Lebenslust, Geistesfreiheit, ein seltener, manchmal bizarrer Sinn für Schönheit aus.«

»Was war denn so viel anders als im übrigen Europa?«

»Englands Insellage. In ihrem Schutz entstand eine neuartige Architektur, man baute Paläste aus Glas und Stein mit reichen, schwarzen und weißen Mustern, Schlösser, die nicht von Gräben und Mauern umgeben werden mussten, weil man keine feindlichen Angriffe zu befürchten hatte. Sie gestatteten ihren Bewohnern den freien Zugang zur Natur.«

»Zum englischen Garten!«

»In dieser Welt lebte Shakespeare. Und seine Königin liebte das Theater. Shakespeare wusste, welche Ehre es war, dass Elisabeth ihn in ihr Schloss kommen ließ. Mit vierzig Jahren hatte er schon eine herausragende Stellung und es lagen noch viele Triumphe vor ihm, auch nach Elisabeths Tod.«

Der Künstler hatte kaum Rechte

»Dann hat Shakespeare also gut verdient?«

»Er wurde Miteigentümer des Globe-Theaters, Roman, man schätzt sein Jahreseinkommen auf etwa zweihundert Pfund.«

»Ist das viel?«

»Ungefähr das Zehnfache dessen, was ein gut bezahlter Lehrer bekam. Von der Veröffentlichung seiner Werke hat er wenig gehabt, viele erschienen als Raubdruck oder gar nicht, denn die Schauspieler hatten kein Interesse daran, dass ihre erfolgreichen Stücke in andere Hände kamen und von anderen Truppen gespielt wurden. Damals gab es ja keinen Urheberschutz, auch kein Copyright, alle gedruckten Texte waren jedermanns Eigentum, man konnte damit machen, was man wollte. Der Schriftsteller verkaufte einer Schauspieltruppe sein Stück für vier bis zehn Pfund. Davon konnte er bestenfalls einige Monate leben. Wenn er wieder Geld brauchte, musste er ein neues Stück schreiben. Ein Schauspieler wie Shakespeare, der seine Truppe selbst mit Stücken versorgte und als Schauspieler gut verdiente, schädigte daher die Schriftsteller, die nur vom Schreiben lebten, in ihrer ohnehin schwierigen Lage.«

»Man bekam also auch keine Tantiemen?«

»Diesen Begriff gab es damals noch nicht. Der Autor selbst verdiente oft nicht einen Penny an der Aufführung seines Stückes. Es konnte ohne seine Einwilligung gespielt, verändert, gedruckt und verhunzt werden. Und trotzdem verwandelten die bürgerlichen Schriftsteller das englische Drama in wenigen Jahren aus einer traditionellen in eine dynamische Kunstform, allen voran Christopher Marlowe, der das erste englische Drama von Weltrang schrieb und zeigte, dass die englische Sprache poetische Kraft entwickeln konnte.«

»Aber Shakespeare selbst war doch nicht arm.«

»Nein, alle Schauspieler konnten im damaligen Theaterboom reich werden. Andererseits waren die Theater aber auch kommerzielle Unternehmen. Da musste die Kasse stimmen, sie allein war der Maßstab des Erfolgs. Glücklicherweise war die von Shakespeare mitgegründete Truppe eine Zeit lang die erfolgreichste Londons.«

Senex schloss für einen Moment die Augen.

Eine neue Beziehung zwischen Kunst und Verbraucher

Als er fortfuhr, sagte er: »Ich habe euch erzählt, dass auch die Oper in Venedig wie ein Wirtschaftsunternehmen betrieben wurde. Das war etwas Neues, ein Produkt des freien Marktes in der Folge der Renaissance und der Reformation. Noch in Shakespeares Jugend hatten Priester und Laien vor den Kirchen religiöse ›Mysterienspiele‹ aufgeführt oder Handwerker sich in Zunfthallen an Themen der antiken Literatur versucht. Nun wurde für das gewöhnliche Volk, für jedermann, gespielt – und Eintritt genommen. Shakespeare verdiente und konnte sein Geld in Grundbesitz anlegen, er kaufte ein Haus in London, dazu Häuser und Ländereien in Stratford, wohnte selbst aber in London bei einem Handwerksmeister zur Untermiete.«

»Wenn er schon damals so großen Erfolg hatte – worauf führen Sie das denn zurück?«, fragte Berenike.

»Vor allem auf sein dramatisches Genie. Außerdem entfaltete er in der Sprache eine unvergleichliche Originalität. Sie ist die reichste aller Literaturen: fünfzehntausend Wörter, einschließlich der Fachbegriffe aus allen möglichen Gebieten, der Wappenkunde, der Musik, des Sports, der Dialekte, des Straßenjargons. Er scheint sich selbst am Bilden von Wörtern begeistert zu haben, sprudelte sie nur so hervor. In jedem Stück schuf er eine Welt und, damit nicht zufrieden, füllte er Traumreiche, Wälder und die Heide mit Zaubergestalten, Feen, Hexen und Geistern. Er dachte in Bildern, alle Gedanken wurden zu Gemälden, jede Abstraktion verwandelte er in Gefühltes und Erschautes.«

»Das klingt wie aus einer Schule des Schreibens!«

»Er wusste eben, wie man es macht! Dabei kannte er als Theatermensch alle Tricks. Kein anderer Dramatiker seiner Zeit hatte eine derart große Praxis und zugleich eine so direkte Kontrolle der Wirkung seiner eigenen Werke wie er, der Autor, Dramaturg, Intendant, Theaterbesitzer, Regisseur und Schauspieler zugleich war. In zwanzig Jahren schrieb er für seine Truppe fast vierzig Stücke, etwa zwei pro Jahr. Und das war auch nötig, denn er spielte in einem extra dafür gebauten Theater. Die Errichtung solcher Spielstätten veränderte nicht nur das Handwerk der Schauspieler, sondern auch die Bedürfnisse des Publikums und den Charakter der Stücke.«

»Klar, eine Wandertruppe kann mit einem kleinen Repertoire auskommen, weil sie in verschiedenen Städten auftritt. Wer aber ständig am selben Ort spielt, braucht immer wieder andere Werke für dasselbe Publikum, glaub ich.«

»Den Leuten wird nun das Theater nicht mehr, wie das ganze Mittelalter hindurch, als religiöse Erbauung oder zusätzliche Attraktion auf dem Jahrmarkt oder im Gasthaus geboten. Sie bezahlten mit ihrem sauer verdienten Geld und wollten dafür gut unterhalten werden. Shakespeare beobachtete seine Schauspieler und schrieb Rollen für sie, die ihren Fähigkeiten entsprachen. Stück um Stück wurden seine Gestalten wirklicher, komplexer und tiefer, bis er in ›Hamlet‹ und ›König Lear‹ zu philosophischer Größe wuchs.«

»Shakespeare hat sicher unglaublich viel vom Menschen gewusst – aber er konnte noch nichts von unserem Platz im Kosmos ahnen«, murmelte Stefan und versank in stummes Brüten.

Die ganze Welt ist eine Bühne

Der Kutscher zog die Zügel straff. Der Wagen ächzte, schwankte in den Ledergurten und blieb stehen. Kein Räderrattern mehr, dafür das fröhlichste Lärmen, Schnattern und Rufen von Jung und Alt.

Senex kletterte als Erster aus dem Kutschenkasten, Roman und Stefan folgten ihm, beide streckten Berenike eine Hand entgegen. Sie blieb gebückt im Ausstieg stehen, lachte, fasste den Holzrahmen und sprang hinab. Unten hob sie die Arme über den Kopf und reckte sich. »Ich bin richtig steif geworden!«

Vor ihnen erhob sich ein klobiger, achteckiger Holzbau, der mit Mörtel verputzt war. Auf einem Türmchen über dem Strohdach flatterte eine Fahne. Senex erklärte, sie signalisiere eine Vorstellung. »Das bemalte Aushängeschild darunter zeigt den griechischen Gott Herakles, der die Weltkugel auf seinen Schultern trägt.« Er deutete auf eine Tafel. »Daher die Bezeichnung ›Globe‹ – wie Globus – für das Theater.« Die Darstellung wurde von dem lateinischen Spruch: *Totus mundus agit histrionem – Die ganze Welt ist eine Bühne* – eingerahmt.

Die Leute kamen in Scharen, zu Fuß und in Kutschen oder Pferdewagen, aber auch in Booten über die Themse – das Theater lag direkt am Südufer, der Stadt gegenüber.

»Dieses Gebiet«, erklärte Senex, »unterliegt nicht der Kontrolle der städtischen Behörden, deshalb hatte es sich zu einem beliebten Vergnügungszentrum entwickelt, mit mehreren Theatern, Arenen für Tierjagden, Ständen zum Bogenschießen und vielen Gaststuben.«

Vor dem Eingang stand, eingerammt wie ein dürrer Pfahl, ein Mann im schwarzen Sackgewand, dessen spitzer Zeigefinger über die Zeilen eines aufgeklappten Breviers fuhr. Teils hielt er es von sich weg – vielleicht war er kurzsichtig –, teils reckte er es in die Höhe, um es allen zu zeigen. Seine Lippen versprühten Speichel, der schaumig aus seinen Mundwinkeln troff. Er schrie – vergeblich! Wenn überhaupt, so streiften ihn nur gleichgültige Blicke. »Leute! Wollt ihr denn, dass eure Seelen vergiftet werden? Wollt ihr hier lernen, wie ihr euren Gatten betrügen könnt, wollt ihr wissen, wie man zur Dirne wird, wollt ihr hören, wie man schmeichelt, lügt, mordet, Gott lästert? Geht nur hinein, geht da hinein, um euch von den Schauspielern, dem Abschaum der Menschheit, alles Übel der Welt vorgaukeln zu lassen.«

Er schüttelte das hochgereckte Brevier, sodass es in seiner knochigen Hand tanzte: »Wollt ihr die als Frauen verkleideten Knaben sehen, kleine Monster, die in Wollust zueinander entbrennen und als Männer mit Männern Unzucht treiben?«

»Was meint er damit?«, fragte Berenike.

»Frauen durften auch zur Zeit Elisabeths I. noch nicht auf der Bühne agieren. Deshalb nahm man Knaben, ehe sie in den Stimmbruch kamen, und steckte sie in Mädchenröcke oder Frauenkleider.«

»Soll ich mir Jungen als Ophelia, die Feenkönigin Titania und Julia vorstellen? Also, ich weiß nicht…«

Der selbst ernannte Prediger geiferte weiter.

»Er ist nicht der Einzige, der gegen die Theater wettert. In ganz England nahm der puritanische Einfluss zu. Der Oberbürgermeister von London wollte die Stadt von allen Stätten des Lasters befreien. Und zu diesen zählte er vor allem die Theater. Er konnte aber nicht viel ausrichten, die Schauspiele zogen die Menschen magisch an, jedes Alter, jeden Stand, Lehrlinge, Bürger, Straßenjungen, Adlige, Damen, Herren, Landvolk und Fremde.«

Das Publikum war ein bunter Haufen. Erst drängten sich alle vor den Kassen, selbst schäbig gekleidete Leute, die jeden Penny umdrehen mussten, danach zogen sie zum Durchgang.

Senex beobachtete es vergnügt. »Sie beeilen sich! Sie wollen ihre Plätze haben, ehe der Trompeter bläst. Denn dann geht es los!«

Alles empfängt das volle Tageslicht

Senex nahm Berenikes Hand und nickte Roman und Stefan zu. Zu viert zogen sie hinein. Es gab nur einen Dachvorsprung, der die Hinterbühne, die Sitzplätze und Logen, die auf mehreren Stockwerken umliefen, schützte. Der größte Teil des Raumes, ein offener kleiner Platz, lag unter freiem Himmel, ebenso die Stehplätze und das Podest der Bühne. Alles wurde belebt vom Spiel der Wolken, von Licht und Sonne – aber auch vom Regen. Hinter dem Podest bildete ein nachgebildetes Haus mit Dach und Türmchen, Säulen, Erkern, Balkonen und Butzenscheibenfenstern den Abschluss der Bühne.

»Aus der Versenkung steigen Gespenster empor oder es hallt aus dem offenen Grab. Es werden auch Teufel oder Erdgeister hervorgezaubert, die in Rauchwolken aufsteigen und mit Feuerwerkskörpern knallen. Die Vorderbühne kann alles bedeuten, eine große Halle, ein Schlachtfeld oder eine beliebige Straße.«

»Dann müssen sich die Zuschauer das vorstellen können? Das kommt mir sehr modern vor.«

»Man muss seine Phantasie benutzen. Das fällt den Leuten nicht schwer. Schließlich gibt es oben noch Flaschenzüge und andere Mechanismen, durch die man ausgestopfte Vögel, Zauberfiguren, Götter und Geister zur Bühne herabfliegen lässt. Auch Schauspieler schweben vom Himmel nieder – zum Beispiel der Göttervater Jupiter aus dem Olymp. Es zucken Feuerwerksblitze, Eisenkugeln donnern in einer Wanne, Trockenerbsen pladdern als Hagel und Regen herab.«

Der Raum konnte die Menge kaum fassen, trotzdem drängten sich noch Verkäufer hindurch, die artistische Verrenkungen ausführten und dabei ihre Körbe über dem Kopf schweben ließen. Sie boten Proviant, Gebäck, Äpfel, Nüsse und Würste an – oder auch Pfeifen und Tabak. Manche Zuschauer rauchten, andere tranken, viele versuchten sich nur vorzudrängen. Vorfreude und Kommentare ließen die Luft flirren.

»Das Geschwätz hört auch während der Vorstellung nicht auf.« Senex wandte sich dem Trio zu. »Hier finden bis zu dreitausend Besucher Platz, deren Lärm die Schauspieler übertönen müssen.«

»Dass geraucht wird, ist doch neu, oder?« Berenike rümpfte die Nase, denn ein derber Geselle blies ihr seinen Qualm ins Gesicht. »Was für ein Kraut!«

»Eine giftige Gabe aus der neuen Welt! Der Dichter, Seefahrer und Entdecker Sir Walter Raleigh, zeitweise ein Günstling Elisabeths, machte das Rauchen hoffähig und nahm, ehe er schließlich doch aufs Schafott musste, noch ein paar Züge. Während der Regierungszeit Königin Elisabeths konnten die Londoner den teuren Tabak bereits in siebentausend Läden kaufen. Schon damals warnte man vor dem Rauchen und versuchte es mit Geldstrafen einzudämmen.«

Neugierige Gesichter reckten sich unter schwarzen Hüten mit Federn oder weißen Hauben, über breiten Halskrausen.

Bühnenblut fließt reichlich

Senex zeigte auf eine Bank, auf der – ein Wunder – vier Plätze frei waren. »Mittag ist schon vorbei«, meinte er. »Macht es wie die anderen, esst und trinkt, dazu haben wir unseren Proviant.«

Berenike nahm einen Schluck Wein aus der kleinen Flasche und schon röteten sich ihre Wangen.

Senex plauderte ununterbrochen: »Kein Theater der Welt konnte billiger betrieben werden als dieses. Einmal, weil auf Dekorationen weitgehend verzichtet wurde, zum anderen, weil es – im Gegensatz zum griechischen Theater – keinen Chor gab, der das Volk darstellte. Musik wurde auch nur selten gespielt. Heute allerdings wird es eine kleine Ausnahme geben! – In den Stücken, die nicht alle von Shakespeare stammen, ging es oft heftig zu. Da tobten Schlachten, rollten Köpfe und Menschen wurden in Tiere verzaubert. Man wollte wilde Szenen und Morde erleben, sie wurden drastisch dargestellt. Die Darsteller versteckten mit Tierblut gefüllte Blasen unter ihrem Wams, die im richtigen Augenblick aufplatzten. Man ergötzte sich an Folterungen und Hinrichtungen.«

»Hat sich das denn geändert? Unsere TV-Spektakel sind doch auch nicht anders. Und wehe, die Quoten gehen zurück!«

Die Sonnenstrahlen fielen schräger ein und streckten die Schatten. Ein Schauspieler trat zwischen den Vorhängen der Hinterbühne hervor, kündigte die Vorstellung an und sprach einen Prolog. Die Zuschauer auf den Galerien rückten sich zurecht. Das Parterre war noch in Bewegung, man schob und drängte, schwatzte, lachte, plauderte. Ein Taschendieb nutzte die Gelegenheit zu flinken Gaunereien.

Das Spiel begann. Der Herzog auf der Bühne bat seine drei Spieler:

Wenn die Musik der Liebe Nahrung ist,
Spielt weiter, gebt mir volles Maß! Daß so
Die übersatte Lust erkrank und sterbe.

Romans Augen leuchteten auf: »›Was ihr wollt‹! Meine Lieblingskomödie!« Er hatte das Stück gleich erkannt.

Senex nickte verschmitzt, als hätte er das gewusst.

Roman schaute und lauschte. Er fand es nicht einfach, sich an die andere, überdeutliche, derbe Darstellung zu gewöhnen. Aber er vergaß dennoch allmählich, wo er war, übersah die einfache Bühne, das Fehlen der Dekoration, vergaß das Jahrhundert, in dem er gerade atmete und das mit dem des Spiels identisch war. Vor seinen Augen stieg Illyrien mit seiner Küste aus dem Meer, er wurde in den Hof des Herzogs Orsino hineingezogen, freute sich an der schiffbrüchigen Viola, die von ihrem braven Schiffshauptmann gerettet worden war.

»Sieht sie nicht gut aus?«, fragte er Stefan.

Roman hatte schon vergessen, dass die zierliche Viola von einem Jungen dargestellt wurde, dass auch der schönen Gräfin Olivia, in die der Herzog so heftig verliebt war, ein Knabe Stimme und Figur verlieh. Aber dieser trug nun Frauenkleider, während sich Viola – der Knabe – als Bursche verkleidete und den Namen Cesario annahm. Sinnlos, das entwirren zu wollen.

Das Spiel entfaltete seine Magie. Roman lachte über die schadenfrohen Mienen des Hofnarren und der beiden Junker Bleichenwang und Tobias, als sie den eitlen Haushofmeister Malvolio belauschten und sich vor Vergnügen kaum zu bändigen wussten.

»Der Arme kann einem Leid tun«, flüsterte Roman Berenike zu.

Doch das Mitleid verging schnell, er vergaß den Streich, der Malvolio gespielt worden war, als das Spiel der dauernden Missverständnisse endete, als sich die Geschwister wieder fanden, sich die beiden liebenden Paare in die Arme fielen, der Herzog in die seiner Viola, die jetzt Frauenkleider trug, ihr Zwillingsbruder Sebastian in die der Gräfin Olivia, die ihn dauernd mit seiner als Knabe verkleideten Zwillingsschwester Viola verwechselt hatte – bis der Narr das Schlusslied sang:

Und als ich ein winziges Bübchen war,
Hopp heißa, bei Regen und Wind!
Da machen zwei nur eben ein Paar;
Denn der Regen, der regnet jeglichen Tag.

Beifall brandete auf. Erst da erwachte Roman.

»Lässt du jetzt meine Hand wieder los?«, fragte Berenike ihn lächelnd.

Er schaute nach links auf die Bank, bemerkte, dass er ihre Hand festhielt: »Oh, Entschuldigung!«

Keiner hatte die Veränderung des Lichts wahrgenommen.

»Es wird langsam Abend.« Senex stand auf und atmete tief durch. »Nehmt eure Sachen, lasst nichts liegen. – Das war Shakespeares Globe-Theater. Wir gehen noch an die Themse.«

Die geheimnisvollste Lyrik der englischen Sprache

Die Sonne hing über der westlichen Landschaft nahe dem Horizont, der zwischen Fachwerkgebäuden und Bäumen hervorschaute. Der schmale Weg war ausgetreten, dann ging es ein Stück auf Gras am Ufer entlang, bis Senex einen stillen Platz hinter Büschen entdeckte, der ihm gefiel. Er setzte sich auf einen Stein, die anderen ließen sich ins Gras fallen.

Der Fluss leuchtete im letzten Licht.

»Was wollen Sie uns jetzt erzählen, Senex?« Berenike zog die Knie an, legte ihre Arme darum und ihren Kopf darauf, sodass ihre langen Strähnen herabfielen.

In der Ferne versank die Sonne in einem glutroten Vorhang.

Ihr Begleiter verschränkte die Finger und reckte die knackenden Gelenke. »Noch etwas zu Shakespeare, aber zu einem Dichter anderer Art, dessen Sonette in der Poesie einen ebenso hohen Rang einnehmen wie seine Stücke in der dramatischen Kunst. Die allermeisten sind übrigens an einen jungen Mann gerichtet.«

»Wie? Liebesgedichte an einen Mann? Weiß man, wer es war?«

»Es könnte der neunzehnjährige Graf von Southampton gewesen sein, der es liebte, sich in London oder auf einem seiner Landsitze mit Dichtern und anderen geistreichen Menschen zu umgeben. Es kommt aber auch eine andere Person aus jenem Kreis in Frage. Er muss schön und gebildet gewesen sein. Als die Theater wegen der Pest geschlossen wurden, wandte sich Shakespeare der Lyrik zu und schrieb den großartigsten lyrischen Zyklus der englischen Sprache.«

»Können Sie ein Sonett auswendig?«, fragte Berenike.

»Es gibt sehr viele Übersetzungen in die deutsche Sprache. Ich sage euch als Beispiel nur die Schlussstrophe des sechsundsechzigsten Sonetts, weil es von einer Frau nachgedichtet wurde, nämlich von Dorothea Tieck, zur Zeit der deutschen Romantik. Shakespeare beschreibt zunächst alle Widrigkeiten der Welt, die es ihm leicht machen würden, sie zu verlassen, schließt aber dann:

Satt alles dies, möcht ich von hinnen scheiden,
Nur daß ich, sterbend, muß den Liebsten meiden.

»Den Liebsten, nicht die Liebste...«, wiederholte Roman. »Nun, es spielt für mich keine Rolle, so wie Sapphos Liebe zu ihren Mädchen, wie die Knabenliebe der Hellenen für mich unerheblich ist. Wichtig ist doch die Dichtung. Außerdem kann ja niemand bestreiten, dass Shakespeare verheiratet war und Kinder gehabt hat.«

»Nein, das ist eine Tatsache.«

»Vielleicht ist der Zwiespalt zwischen dem männlichen und dem weiblichen Teil seiner Seele einer der Schlüssel zu seinem Genie«, überlegte Berenike.

»Das können wir als Frage in den Abend mit hinübernehmen«, antwortete Senex.

Inzwischen war es dunkel geworden. »Es wird Nacht, Zeit für unser Quartier«, sagte Senex. »Ihr findet es hinter dem großen Gebüsch!«

Der sechste Abend

Newton und die Naturwissenschaften

Wie hat sich die Welt verändert

Durch ein Geflecht aus Erlen und Weiden sahen sie ein Fachwerkhaus mit einem tiefen Strohdach, das einsam in der Wiese lag.

»Wie schön!« Berenike klatschte in die Hände.

»Nur hinein. Wir treffen uns wie immer in einer halben Stunde.«

Elektrisches Licht erhellte das Innere. Berenike fand das jetzt fast stillos. Jeder nahm seinen Zimmerschlüssel und ging die Treppe hinauf. Frische Wäsche lag bereit, Seife, Handtücher.

Geduscht und umgekleidet begegneten sie sich im Selbstbedienungsrestaurant.

»Toll, wo wir überall schon übernachtet haben – und jedes Mal sind wir woanders aufgewacht.« Roman überlegte: »Was für Entfernungen! Gar nicht zu reden von den Zeiten, Jahrhunderten, Jahrtausenden.«

»Dabei waren es für uns nur sechs Tage, mit heute«, stimmte ihm Berenike zu, während sie ein widerspenstiges Salatblatt aufspießte. »Aber wie hat sich die Welt verändert.«

»Ganz erheblich – und doch langsam zugleich!« Senex goss sich Rotwein ein. »Erst von jetzt an, wenn auch nur allmählich, wird sich die Entwicklung beschleunigen.«

»Also nicht von null auf hundert in sechs Sekunden!«

»Nein, Stefan, ganz und gar nicht. Obwohl – im Verhältnis zur gesamten Evolution sind es doch nur Sekundenbruchteile. Was ich sagen wollte: Die Bevölkerung hatte überall stark zugenommen.«

»Trotz Pest und Seuchen, trotz Hunger und Kindersterblichkeit?« Stefan genoss ein Seezungenfilet mit Reis.

»Europa war«, fuhr Senex fort, »wenn ich so sagen darf, voll geworden – auch dort, wo zu Cäsars Zeiten noch Urwald und Wildnis herrschte, erhoben sich jetzt ummauerte Städte, durch befestigte Straßen verbunden. Der Buchdruck hatte nicht nur neues Wissen und neue Erkenntnisse verbreitet, sondern die Menschen auch unterhalten.«

»Genau wie heute«, murmelte Roman, der Spagetti im Löffel drehte und um seine Gabel rollte.

»Wasser- und Windmühlen mahlten das Korn – ihr habt es gesehen – und erleichterten die Arbeit. Es gab noch Sklaven oder Leibeigene, das ist wahr, aber in geringerer Zahl, in den Städten spielten sie keine große Rolle mehr. Kirchen und Türme waren in den Himmel gestiegen.«

Berenike schob die leere Salatschüssel beiseite und zog den Teller mit den Lasagne näher zu sich heran.

Stefan fiel auf, wie wenig Senex aß, er begnügte sich mit gemischten Vorspeisen, die ihn nicht am Reden hinderten: »Die Zeit wurde von religiösen Auseinandersetzungen erschüttert, die nicht nur zwischen romtreuen Katholiken und abtrünnigen Protestanten tobten, sondern auch zwischen den Protestanten selbst – zu denen nicht nur Reformierte und Anglikaner, Puritaner und Calvinisten gehörten. In Deutschland wütete der Dreißigjährige Krieg, aus religiösen und aus handfesten dynastischen, das heißt politischen Gründen. Das gequälte Land zerfiel damals in mehr als dreihundert souveräne Herrschaftsbereiche, weltliche und geistliche Fürstentümer und Reichsstädte.«

»Kriege sind doch grundsätzlich grausam, denk ich!«

»Aber dieser zeigte alle Merkmale des Wahnsinns. Davon abgesehen war der Mensch mit seinen Werkzeugen und seinen Gedanken in unbekannte Räume des Universums vorgedrungen, sodass sich sein Weltbild veränderte, wenn er sich dessen auch erst langsam, wie unter Fieberschauern, bewusst wurde.«

Senex schob seinen leeren Teller in die Mitte des Tisches.

Der Höhepunkt des Zeitalters der Beobachtung

»Denkt bitte für einen Augenblick an Galilei zurück. Ich knüpfe sinngemäß an ihn an, nicht an seine Person, wohl aber an seine Wissenschaft. Ich will vom größten englischen Physiker sprechen.«

»Isaac Newton?« Stefan war beim Schokoeis angelangt.

»Er wurde 1643, siebenundzwanzig Jahre nach Shakespeares Tod, geboren. Ich eile also der Zeit voraus, aber wir können dabei in England bleiben.«

»Verstehe«, erklärte Roman. Er streckte die Beine unter dem Tisch aus, schob den Unterkörper vor und lehnte sich zurück. Physik war nicht seine Leidenschaft.

»Ehe ich von Newtons wissenschaftlicher Bedeutung spreche, möchte ich euch daran erinnern, wie abergläubisch die Menschen damals waren!«

»Was denn, Aberglaube im Zusammenhang mit Newton?«

»Sogar er, Mathematiker und Physiker von Weltrang, beschäftigte sich mit den Weissagungen der Apokalypse, mit den auf das Weltende bezogenen, irrationalen Prophezeiungen. Außerdem schätzte er die Astrologie. Trotzdem entdeckte er die Infinitesimalrechnung und formulierte das Gravitationsgesetz.«

»Und ohne Gravitationsgesetz gäbe es keine Raumfahrt, denk ich mal.«

Senex nickte wieder. »Inspiriert wurde Newton zu seinen Überlegungen angeblich durch einen Apfel, der im Garten neben ihm auf die Erde fiel. Das regte seine Phantasie an. Er folgerte, dass die Kraft, die einen Apfel zu Boden fallen lässt, die gleiche sein muss wie die, von der die Planeten auf ihren elliptischen Bahnen um die Sonne gehalten werden.«

Stefan murmelte: »Dann stellte er also eine Verbindung her zwischen dem Apfel im Garten und den Gestirnen am Himmel?«

Roman runzelte die Stirn, er fand, dazu gehöre viel Phantasie.

Stefan sah das anders. »Oder eine geniale Abstraktionsfähigkeit!«

»Galileis Versuche in Pisa waren Newton bekannt, ebenso Johannes

Keplers Theorie über den Umlauf der Planeten um die Sonne. Nun überlegte Newton, warum der Mond um die Erde kreist und nicht in gerader Linie in den Raum hinausfliegt, wie das doch eigentlich zu erwarten wäre. Er schloss, dass noch etwas anderes auf die Bahn des Mondes einwirken müsse, und diese Kraft konnte nur von der Erde ausgehen. Unablässig beschäftigte er sich damit. Gab es eine Erdanziehung, ein Schwerefeld der Erde, und bestimmte die Schwerkraft die Mondumlaufbahn? Er behauptete, dass jeder Körper im Universum von jedem anderen durch eine Kraft angezogen werde, die umso stärker sei, je massiver die Körper seien und je näher sie beieinander stünden. Umgekehrt sei die Anziehungskraft zwischen zwei Körpern umso schwächer, je größer die Entfernung zwischen ihnen sei. Indem er seine Gedanken in Formeln fasste, baute er das Fundament der klassischen theoretischen Physik und der Himmelsmechanik und beschrieb mit den Erscheinungen von Ebbe und Flut auch andere mit der Schwerkraft zusammenhängende Phänomene. Sein Werk war nicht nur der Höhepunkt des Zeitalters und eine Meisterleistung der Beobachtung, es wurde auch zu einer Art Bibel für die Wissenschaftler der nächsten Jahrhunderte. Dabei hatte Newton seine Notizen über fünfzehn Jahre lang in seinem Schreibtisch verschlossen.«

»Warum?« Berenike nippte am Espresso. »Er musste doch keine Verfolgung fürchten?«

»Newton war ein ungewöhnlich scheuer Mann, der seine Kleidung und sein Äußeres vernachlässigte und sich lieber auf sein Landgut in die Einsamkeit zurückzog, als einen Meinungsstreit mit seinen Kollegen von der Royal Society in London auszufechten. Seine Abneigung ging so weit, dass er darum bat, aus der Mitgliederliste gestrichen zu werden. Das gewährte man ihm zwar nicht, befreite ihn aber von allen finanziellen Verpflichtungen.«

»Irgendwie war doch auch Goethe gegen ihn, oder?«, murmelte Roman, der sich einen Pudding vom Büfett geholt hatte.

»Ja, aber nur wegen der Farbenlehre, die er widerlegt zu haben glaubte. Newton hatte erkannt, dass das reine Sonnenlicht alle Farben des Regenbogens enthält. Er konnte im Experiment mit Hilfe eines Prismas beweisen, dass die sieben im Sonnenlicht enthaltenen Spektralfarben zu reinem Weiß werden, wenn man sie wieder vereinigt. Goethe sah das anders, aber Newton hatte Recht. Seine Entdeckung erregte großes Aufsehen, denn bisher hatte man das Licht der Sonne für völlig ›rein‹ und ›vollkommen‹ gehalten.«

Mit Lust erobert man den Erdball

Senex trank und fragte dann: »Seid ihr fertig? Dann gehen wir noch ein wenig vors Haus. Der Abend ist mild. England liegt am Golfstrom und hat ein angenehmes Klima. Ich zeige euch die Themse und London bei Nacht.«

Sie schlenderten hinaus, Berenike hinter Stefan und Roman. Gelöst legte sie jedem eine Hand auf die Schulter.

Senex führte sie zu einer Bank, von der aus sie den Strom überblicken konnten. Seine dunkle Flut, die wenige Fischerboote mit Lampen trug, trank das Licht des Mondes, der klar darüber stand. In seinem geisterhaften Schein gewannen die noch mittelalterlichen Züge der Stadt Kontur, eine Silhouette am gegenüberliegenden Ufer, zugleich ein Würfelspiel von Häusern unterschiedlichster Höhe, von Fenstern, aus denen matter Schimmer drang, von spitzen Giebeln, Kirchtürmen.

Die große Stadt war noch nicht zur Ruhe gekommen, ihr Geräuschteppich lag noch dicht in den Straßen. Der Lärm schallte diffus zu ihnen herüber.

»Das also ist London.« Senex legte die Arme auf die Banklehne, sodass er die drei jungen Leute beinahe umfasste. »Hauptstadt des britischen Königreichs unter Elisabeth I. und ihren Nachfolgern, Hauptstadt auch unter der Herrschaft Cromwells und seines Parlaments. Unter Elisabeth hat England einen außergewöhnlichen Aufschwung genommen. Man eroberte und entdeckte den Erdball. Die Märkte wurden durch fremdartige Waren bereichert, der Wohlstand wuchs, ein frischer Wind blies in verkrustete Gehirne, der Geist befreite sich von alten Ideen. Der kirchliche Einfluss wurde zurückgedrängt. Die allgemeine Bildung verbesserte sich und das Interesse an Literatur und Theater nahm zu.«

»Sehen Sie das nicht zu ideal, Senex?« Stefan schob die Brille hoch und runzelte die Augenbrauen.

»Nun ja, das ist nur die eine Seite der Medaille, ich spreche im Augenblick nur von den Privilegierten. Ihre Zahl war klein, aber sie waren doch wichtig, weil sie den Weg in die Zukunft wiesen.«

»Aber wie ging es der Mehrzahl? Wie ging es vor allem auf dem Kontinent zu?« Roman schaute auf den Fluss und lehnte sich wie zufällig an Berenikes Schulter.

»Im Alltag wurden die Menschen von elementaren Ängsten geplagt. Davon können wir uns keine Vorstellung machen. Außerdem ertönte im Barock die Klage über die Vanitas, über die Eitelkeit der Welt, lauter als jemals zuvor. Das trifft zwar auch auf England zu, aber vor allem auf den Kontinent, und da wieder besonders auf Deutschland, denn da regierte der Schrecken schlechthin.«

»Damit meinen Sie wieder den Dreißigjährigen Krieg?«, fragte Stefan.

»Er ist ein überaus düsteres Kapitel. Dabei sah es im Frieden schon schlimm genug aus. Man hat den Zustand der Menschen als tief gehende seelische Labilität charakterisiert, gesteigert durch hemmungslose Amoralität. Ich glaube, einerseits suchte man einen Ausgleich für die überall gegenwärtigen Schrecken und verfluchte gleichzeitig alle Laster, nannte sie Wollust, Fressen, Saufen, Huren, Spielen und Ehebrechen. Das ist nur ein kleiner Katalog. Jeder, so wurde geklagt, wollte sich selbst groß machen, indem er andere unterdrückte.«

Ein Krieg, der die niedersten Triebe des Menschen entfesselt

Berenike lehnte den Kopf zurück und schaute zum Mond hinauf. Ihr helles Haar leuchtete. »Was er wohl schon alles gesehen hat?«, flüsterte sie.

Senex fuhr fort: »Ich muss noch einige Worte über den Dreißigjährigen Krieg sagen. Denn er prägte diese Zeit.«

»Der Dreißigjährige Krieg, 1618 bis 1648«, murmelte Stefan wie ein Musterschüler, dem die Zahlen immer gegenwärtig sind.

Senex sprach leise: »Im Prinzip war der Krieg ein Konflikt zwischen protestantischen und katholischen Herrschern. Nun sind zwar alle Kriege sinnlos und chaotisch, aber diesen nenne ich den sinnlosesten und chaotischsten. Bald wusste niemand mehr, warum er eigentlich geführt wurde. Er weckte die niedersten Triebe, nichts Schauderhaftes blieb ausgespart, überall und tausendfach, mit Lust begangen, ohne Skrupel und gerechtfertigt durch das Gesetz des Krieges, ein Gesetz, das sich der Krieg selber schrieb und das jeder nach Belieben auslegte, besonders die selbstherrlichen Fürsten, egal ob katholisch oder protestantisch, denen jedes Gefühl für Verantwortung fehlte. Dieses Gemetzel stellt einen schauerlichen Höhepunkt in der endlosen Geschichte des Grauens dar.«

»Was viel heißt!«

»Der Krieg zeigte wie ein Zerrspiegel die seelische Verfassung des Menschen – er schüttelte ihn durch wie Fieberschauer, bis an die Grenze des Todes, sowohl im religiösen Wahn als auch in der politischen Maßlosigkeit.«

»Ein Arzt würde das alles wohl pathologisch nennen.«

»Gewiss. Die Mitte Europas bot ein furchtbares Bild. So liest man in der Schrift ›Excidium Germaniae‹ eines gewissen Batkin, aus der ich leicht gekürzt zu zitieren versuche: ›Wie jämmerlich stehen neue große Städte. Da zuvor tausend Gassen gewesen sind, sind nun nicht mehr hundert. Wie elend stehen die kleinen Städte, die offenen Flecken: Da liegen sie verbrannt, zerfallen, zerstört, dass weder Dach, Gesparr, Thüren oder Fenster zu sehen ist. Wie sind sie mit den Kirchen umgegangen: sie haben sie verbrannt, die Glocken weggeführt, zu Cloaken, zu Pferdeställen, Marketänderhäusern und Hurenwinkeln gemacht und auf die Altäre ihren Mist gelegt. – Ach Gott, wie jämmerlich steht's auf den Dörfern. Man wandert bei zehn Meilen und sieht nicht einen Menschen, nicht ein Vieh, nicht einen Sperling. In allen Dörfern sind die Häuser voller Leichname und Aeser gelegen, Mann, Weib, Kinder und Gesind, Pferde, Schweine, Kühe und Ochsen, neben und unter einander von der Pest und Hunger erwürgt, voller Maden und Würmer und von

Wölfen, Hunden, Krähen, Raben und Vögeln gefressen worden. Ihr wisset, wie die Lebendigen sich untereinander in Winkeln und Kellern gerissen, geschlachtet und gegessen: dass Eltern ihre Kinder und die Kinder ihre toten Eltern gegessen: dass Viele vor den Türen nur um einen Hund und eine Katze gebettelt. Erinnert euch, dass die Armen in den Schindergruben Stücke von Aas geschnitten, die Knochen zerschlagen, und mit dem Mark das Fleisch gekochet, das ist voll Würmer gewesen ...‹«

»Bitte, das reicht!« Berenike schüttelte angewidert den Kopf.

Senex presste die Lippen zu einem schmalen Strich zusammen. »Es war ja nicht der Krieg allein«, murmelte er. »Pest und Hunger, Brand, Mord, Raub, Plünderung, Frauenschändungen, maßlose Grausamkeiten – alles erzeugte eine panikartige Weltangst. Da gab es kaum einen, der nicht in der Offenbarung des Johannes die Posaunen blasen hörte, die die apokalyptischen Reiter und die Todesengel ankündigten, und damit das Weltende. Die geistlichen und die weltlichen Ordnungen schienen zusammenzubrechen. Schon Luther hatte das letzte Gericht nahe gesehen.«

»Da fällt mir Andreas Gryphius ein«, flüsterte Roman.

»Er bemühte seine Poesie, um die Sünder zur Umkehr zu bewegen, und verlieh seinen Klagen ergreifenden Ausdruck. Kennst du auch Verse von ihm?«

»Ja, ein paar:

... was ist dies Leben doch?
Was sind wir, ich und ihr?
Was bilden wir uns ein?
Was wünschen wir zu haben?
Jetzt sind wir hoch und groß,
und morgen schon vergraben.
Jetzt Blumen, morgen Kot ...
Und was sind unser Taten,
als ein mit herber Angst
durchaus gemischter Traum.

Roman schloss: »In dieser Zeit möchte ich nicht gelebt haben!«

»Wohl keiner von uns, denk ich doch.«

»Aber nicht nur in diesem Krieg, in diesem Zeitalter neigte jeder zu Übertreibungen, im Schlechten, jedoch auch, das muss ich sagen, im Guten. Vor allem hebe ich die künstlerischen Leistungen hervor. Doch daneben stehen grenzenlose Scheußlichkeiten.«

Senex blickte auf die Stadt über dem Strom, auf der das Mondlicht lag.

Der erste Roman – Dichtung des Barock

Alle waren still. Schließlich meinte Stefan: »Begreifen kann das heute wohl niemand mehr, er müsste es schon am eigenen Leib erlebt haben.«

»Wir sind auf die Schilderungen der Zeitgenossen angewiesen«, antwortete Senex. »Kaum einer hat all den Scheußlichkeiten anschaulicher Ausdruck verliehen als Johann Jakob Christoffel von Grimmelshausen. Du wirst sein Buch kennen, Roman?«

»Den ›Simplicissimus‹.«

»Der richtige Titel klingt für uns recht umständlich, wir müssen ihn nicht wissen. Aber selbst diese Darstellungen blieben noch weit hinter der Wirklichkeit zurück.«

Roman schloss die Augen, um sich besser konzentrieren zu können. »Grimmelshausens anderes Werk, ›Landstörtzerin Courasche‹ hat Bert Brecht doch als Vorlage für seine Mutter Courage genommen?«

Senex nickte. »Zwar ist der ›Simplicissimus‹ auch ein satirischer Roman, teilweise deftig-komisch, aber das Thema ist ein anderes. Simplicissimus, der Held, erfährt stets aufs Neue, wie unmöglich es ist, als Christ zu leben. Er hört die Stimme seines christlichen Gewissens, aber er kann ihr nicht folgen, weil er in dieser Welt untergehen würde.«

»Unter christlichem Glauben verstand doch jeder etwas anderes, denk ich jedenfalls.«

»Es war die Zeit einer religiösen Vielfalt. Dass sich die Waldenser trotz Kreuzzug und Verfolgung zu halten vermochten, wisst ihr. In Frankreich bekämpfte man die Hugenotten, am blutigsten in der Bartholomäusnacht, als siebzigtausend ermordet wurden!«

»Unvorstellbar!«

»In der Schweiz dominierten Calvin und Zwingli, in Böhmen gab es die Hussiten, in Deutschland die Protestanten, vorwiegend Lutheraner. England wurde durch Heinrich VIII. – weil der Papst ihm die Scheidung von Katharina von Aragón verweigerte – von Rom unabhängig gemacht und die anglikanische Kirche begründet. Neben diesen großen Gruppierungen hielten sich viele kleine und kleinste, man pflegte eine persönlich gefärbte Alltagsfrömmigkeit und hielt erbauliche Andachten im privaten Kreis ab. Unter den Vatikantreuen gab es viele, die als Schwärmer und Ketzer verschrien waren – andere suchten als Mystiker den verborgenen Gott. Zu diesen Pietisten gehörte der Schlesier Angelus Silesius, der Epigramme schrieb. Kennst du eines, Roman?

»Da muss ich jetzt passen, ich weiß nur, dass sie schön und schlicht sind.«

Senex sprang für ihn ein:

Soll ich mein letztes End und ersten Anfang finden,
so muß ich mich in Gott – und Gott in mir ergründen!

Er meint damit, dass es die menschliche Seele sei, in der Gott als lebendig und wirklich erfahren wird. Gott kommt also eigentlich erst im Menschen zu sich selbst.«

»Das kann ich nicht heraushören!«, murmelte Stefan.

»Dann aus diesem Vers:

Ich weiß, daß ohne mich Gott nicht ein Nu kann leben,
werd ich zu Nichts, er muß vor Not den Geist aufgeben.«

»Das klingt ketzerisch, wenn nicht überheblich!«

»Und doch spricht tiefste Frömmigkeit daraus – von einem Zeugen der Zeit.«

»Die werden wir wohl nie verstehen!«

»Aber beachtet, dass sich in diesen Versen nicht mehr die naiven Vorstellungen von einem lieben Gott mit weißem Bart ausdrücken.«

Die Beschleunigung neuer Erkenntnisse

Der Fluss trieb mit leisem Rauschen dahin.

Senex gönnte dem Trio eine kleine Pause. Als er wieder zu sprechen begann, tat er es wie beiläufig: »Schauen wir jetzt einmal zum Kontinent hinüber. Zögernd machte man erste Fortschritte, zum Beispiel in der Medizin. Da brachte es vor allem der Arzt Paracelsus zu bleibendem Ruhm, denn seine medizinischen Erkenntnisse waren bahnbrechend.«

»Paracelsus? Ich kenne den Namen, aber ich weiß nichts über ihn. Ich stelle mir nur einen mittelalterlichen Menschen in dunklem Talar vor.«

»Und doch war er ein Neuerer. Zum ersten Mal seit der Antike führte er die Medizin auf die Natur und deren Gesetze zurück. Damit befreite er sie von Hokuspokus und Zauberei. Er schlug als Erster vor, chemische Stoffe, nämlich Quecksilber und Antimonverbindungen, zum Heilen einzusetzen, und empfahl eine Opiumtinktur, die er Laudanum nannte.«

»Und sonst?«

»Man machte Fortschritte. Bereits um 1500 hatte ein Schweizer Arzt bei einer Frau den ersten Kaiserschnitt durchgeführt …«

»Bestimmt ohne Betäubung?« Berenike zog die Schultern hoch.

»Die Ärmste war wohl besinnungslos vor Schmerz. Die Anästhesie war noch in weiter Ferne. Aber man forschte und experimentierte, wenn auch mit den unzulänglichsten Mitteln. 1543 erschien das erste einigermaßen korrekt illustrierte Buch über die Anatomie des Menschen. Drei Jahre später vertrat ein italienischer Arzt die Ansicht, dass Krankheiten samenähnliche Gebilde seien, die von einem Menschen auf den anderen übertragen werden.«

»Vermutlich wurde er gesteinigt«, murmelte Stefan.

»Er nicht, aber ein Kollege bezahlte seine Erkenntnisse mit dem Tod, nämlich Michael Servetus, der, zunächst wohlweislich anonym, ein Werk veröffentlichte, in dem er behauptete, das Blut zirkuliere vom Herzen zur Lunge und wieder zurück. Nachdem man den Verfasser ausgemacht hatte, wurde er wegen seiner der theologischen Auffassung widersprechenden Ansicht in Genf auf dem Scheiterhaufen verbrannt, auf Veranlassung des Reformators Calvin.«

»Dachte ich mir's doch!«

»Diesmal waren Calvinisten so grausam-engstirnig, und nicht die katholische Kirche«, warf Roman ein.

»Jedenfalls ließen sich die neuen Erkenntnisse nicht mehr aufhalten. Damals beschrieb man auch schon rote Blutkörperchen.«

»Tatsächlich?«

»Gegen Ende des sechzehnten Jahrhunderts konstruierte ein Holländer das erste, aus mehreren Linsen bestehende Mikroskop, das allerdings noch sehr primitiv arbeitete.«

»Alles zur gleichen Zeit?«

»Innerhalb weniger Jahrzehnte.«

»Ging man denn auch in der Technik über Mühlen und Turmuhren hinaus?«

»Ja, nur dauerte alles unendlich viel länger als heute. In Venedig war der Notendruck mit beweglichen Lettern entwickelt worden, ein Fortschritt, der den Siegeszug der Musik über Ländergrenzen und Sprachbarrieren hinweg unterstützte. Peter Henlein baute die erste Taschenuhr. Sie lief mit einem Federaufzug vierzig Stunden lang und schlug allstündlich. Überall in Europa drehten sich Spinnräder mit Tretvorrichtungen. Es gab bereits eine Art Zündhölzer!«

»Wenn man bedenkt, wie mühevoll es für unsere Ururahnen gewesen ist, Feuer zu machen«, murmelte Berenike.

»Zwar mag die Erfindung der ersten Taucherglocke spektakulärer klingen, wichtiger für die Praxis aber war allemal das Zündholz, wichtiger auch als das erste Unterseeboot, das von Rudern angetrieben wurde und hier mehrmals in der Themse kreuzte, und zwar fünf Meter tief und mit vierundzwanzig Personen an Bord – eine Kuriosität. In Italien experimentierte man mit der Camera obscura, der Lochkamera, in

England wurde die erste Maschine zum Stricken von Strümpfen konstruiert und ein Italiener schrieb zum ersten Mal vom Drachensteigen.«

»Der Beginn des Fliegens?«

»Bis dahin ist es noch weit. Aber der Rechenschieber wurde entwickelt, Blaise Pascal konstruierte eine Rechenmaschine, die addieren und subtrahieren konnte. Im siebzehnten Jahrhundert gab es schon einen Apparat, mit dem Dampf gegen die Flügel eines Rades geblasen wurde.«

»Eine Dampfturbine? Man erkannte also die Kraft des kochenden Wassers, den Geist in der Flasche?«

»Noch mehr. Der erste Dampfkochtopf mit Ventil beschleunigte das Garen, die ersten Dampfmotoren wurden zunächst für das Betreiben von Springbrunnen und in Bergwerken eingesetzt. Wichtig war auch die Erfindung der Luftpumpe. Denn dafür musste man erst ein Vakuum erzeugen können. Das hatte man bisher für unmöglich gehalten. Aber als wahrhaft sensationell empfanden die Zeitgenossen die ersten Werkzeugmaschinen, die Ende des sechzehnten Jahrhunderts gebaut wurden. Wenn sie auch noch ungenau waren, wurden sie doch als Wunder bestaunt. Man sprengte einen Tunnel für den Canal du Midi …«

»Das heißt, man arbeitete sich nicht mehr mit der Spitzhacke mühsam durch den Fels?«, fragte Roman.

»Man benutzte zum ersten Mal die Explosionskraft des Pulvers. Seit dem Niedergang des römischen Reiches war die Wasserversorgung der meisten Städte verrottet und zerfallen; das erste Pumpwerk unter der London Bridge habt ihr gesehen, dadurch wurde das Londoner Wassernetz das fortschrittlichste in Europa. Überhaupt die Städte! Auch hier im Zentrum von London benutzte man jetzt Öllampen zur Straßenbeleuchtung. Ähnliches gab es schon im alten Rom und im spanischen Cordoba, als es unter arabischer Herrschaft stand. Das übrige Europa kannte Nachtlichter, Öllampen an Wänden und auf Pfählen vereinzelt seit dem vierzehnten Jahrhundert. 1545 wurde der erste botanische Garten in Padua angelegt, zwanzig Jahre später blühten Sonnenblumen auf dem ganzen Kontinent.«

»Gab es die denn nicht schon vorher?«

»Sie wurden aus Amerika über Spanien eingeführt, Berenike. Man begann sich nun auch wissenschaftlich mit der Flora zu beschäftigen. Ein deutscher Forscher beschrieb vierhundert inländische und einhundert ausländische Pflanzen und Arten, darunter Pfeffer, Kürbis und Mais aus der neuen Welt, in einer Naturgeschichte wurden die Knochen von Vögeln und Menschen klassifiziert und miteinander verglichen. Der Italiener Fracastoro sprach davon, dass die Erde einen magnetischen Pol habe, auch den zweiten Pol entdeckte ein Italiener. Und schließlich wurde noch vor dem Ende des sechzehnten Jahrhunderts die Universität in Leiden in den Niederlanden gegründet, und zwar als eine weltliche Einrichtung, die allen Glaubensrichtungen offen stand.«

»Ein Lichtblick!«

»Ihr werdet noch sehen, dass die Toleranz in den Niederlanden weit reichende Konsequenzen hatte.«

Zum ersten Mal denkt man an das, was wir Fortschritt nennen

Fledermäuse schwirrten wie dunkle Geschosse in rasch wechselnden Bahnen über den Fluss und die Wiese. Fern klagte ein Käuzchen.

»In allen katholischen Territorien lag die Schulerziehung ausschließlich in den Händen des Jesuitenordens. Auch das Theater. In jeder größeren katholischen Stadt gab es eine Bühne, von der herab die Menschen durch fromme Stücke beeinflusst werden sollten.«

»Damit sie nicht protestantisch wurden?«

»Ja, aber auch, um sie im rechten Glauben zu stärken. Die Protestanten bemühten sich ihrerseits genauso, die Menschen in ihrem Sinn zu erziehen, im Alltag, in der Familie, in der Stadt, auf dem Land und am Hof.«

»Eine durch und durch beengte Zeit, denk ich!«

»So kann man das nicht sagen. Die Menschen suchten auch nach Freiheit. Sie begannen ihre Gedanken in die Zukunft zu projizieren und an das zu denken, was wir Fortschritt nennen. Ich habe von einigen technischen Entwicklungen erzählt. Nun ließen die Dichter ihre Phantasie schweifen. Nach dem Tod des englischen Philosophen und Staatsmanns Francis Bacon – er lebte von 1561 bis 1620 – wurde sein Buch ›Das neue Atlantis‹ veröffentlicht, das die erste utopische Erzählung sein dürfte.«

»Der Anfang der Sciencefiction?«

»Nenne es so, Roman. Darin sagt er Roboter, Telefone, Tonbandgeräte und Elektromotoren voraus!«

»Ich habe mal gehört, dass man den Franzosen Cyrano de Bergerac für den Urvater der Sciencefictionautoren hält«, setzte Roman den Gedanken fort.

»Das ist auch nicht völlig falsch, zumindest was den Umfang seiner Werke angeht. Aber er war, als Bacon starb, erst sieben Jahre alt, außerdem durch den Ärmelkanal und die Sprache von ihm getrennt. Auf jeden Fall war er ein radikaler Freigeist. Er griff nicht nur philosophische, sondern auch religiöse Dogmen an und lieferte damit einem so kühnen Geist wie Voltaire Anregungen. In einer Erzählung beschrieb er sieben Möglichkeiten, von der Erde zum Mond zu gelangen. Sechs davon können wir vergessen, doch bei der siebten schlug er scharfsichtig Raketen vor.«

»Merkwürdig, dass man noch keine Trägerrakete oder ein Spaceshuttle nach ihm benannt hat!«

»Das haben die Franzosen, die sonst so eifrig ihre Grande Nation betonen, wohl vergessen.« Senex lächelte, schwieg und blickte nach Westen auf den dunklen Strom. Erwartete er etwas?

Der Barock, Kunst und Qual

Der Schöpfer des Don Quijote, ein spanischer Genius

Einige verspätete Ruderboote strebten heim. Senex fuhr fort: »Bleiben wir noch ein wenig bei der Literatur. Der Barock war vor allem ein modischer Stil, der einen Überfluss ausdrückte, den Überfluss eines in mancher Hinsicht goldenen Zeitalters.«

»Sicher doch nur für einige wenige, denen das Schicksal die richtigen Eltern zugeteilt hatte.«

»Das ist zu jeder Zeit so.«

»Aber ich glaube, heute erkennt man diese Ungerechtigkeit und versucht etwas dagegen zu tun.«

»Das war damals noch kein Thema. Zur Literatur dieser Zeit gehört neben Shakespeare die Riesengestalt des Miguel de Cervantes, dessen ›Don Quijote‹ zu den unsterblichen Schöpfungen wurde. Cervantes starb übrigens am selben Tag wie Shakespeare. Er ist der geistige Vater von Don Quijote de la Mancha, dem ›Ritter von der traurigen Gestalt‹, von Sancho Pansa, von der verklärten und angebeteten Dulcinea von Toboso. Er erdachte den Kampf gegen die Windmühlen, der sprichwörtlich wurde – um nur ein paar Stichworte zu nennen. Das alles ist euch vertraut, es gibt so viele Bearbeitungen für alle Altersstufen, Kürzungen, dazu Dramatisierungen, Verfilmungen, Comicstrips, mindestens ein Musical, dass sich hier jedes weitere Wort erübrigt. Der ›Don Quijote‹ ist nach der Bibel wahrscheinlich das erfolgreichste und am meisten verbreitete Buch, in achtundsechzig Sprachen übersetzt, über zweitausenddreihundertmal aufgelegt, illustriert von vielen großen Meistern, Honoré Daumier, Gustave Doré, Paul Cézanne und in unserem zwanzigsten Jahrhundert von Pablo Picasso, Horst Janssen – genug. In diesem spanischen Genius verehren wir, wie es Heinrich Heine formulierte, den Stifter des modernen Romans.«

»Er ist doch der erste Dichter, der den Wahn eines Menschen zum Thema gewählt und ironisch beschrieben hat?«

»Richtig. Es ist auch kein Zufall, dass er Shakespeares Zeitgenosse war, mit dem er in meinen Augen manches gemeinsam hat, das Lebensvolle, die Drastik, die Liebe zum kleinen Mann, zum Narren, dem wir in Shakespeares Werken begegnen und der in Sancho Pansa seine bekannteste Personifizierung fand. Aus der Lektüre des ›Don Quijote‹ lernen wir das Leben auf dem Land, in den verfallenden Burgen, in den Tavernen und Gasthäusern kennen, erfahren wir, wie sich die Menschen in ihrem Land bewegten.«

Eine Perle, die nicht vollkommen gerundet ist

Roman strich sich über die Augen. »Das zu beschreiben ist wohl auch eine Aufgabe des Schriftstellers.«

Senex nickte, ging aber nicht darauf ein. »Kehren wir noch einmal zur Epoche selbst zurück. Es war eine Zeit der Übertreibungen, vor allem bei den Adligen und Fürsten. Der Absolutismus regierte, seinen Höhepunkt erreichte er in der Person Ludwigs XIV. von Frankreich, den man den Sonnenkönig nennt. Er durfte von sich sagen: ›Der Staat bin ich‹, denn das war er uneingeschränkt. Uns interessiert er aber nicht als Majestät oder Politiker, sondern als Mensch, als Beispiel dafür, bis zu welcher Prunksucht und Selbstgefälligkeit sich dieses Wesen, der Homo sapiens, versteigen kann – zur Puppe in Kleidern, die von Gold und Purpur strotzt, unter einem Turm ausladender Perücken.«

»Es konnte doch keiner wagen, ihn nicht hinreißend zu finden, oder?«

»Das konnte tödlich sein. Ludwig XIV. konnte alles befehlen und alles wurde ausgeführt, Verbannung – damals eine schlimme Strafe –,

Kerker und Tod. Eine Gestalt wie er, in dieser Dekadenz, dieser maßlosen Selbstdarstellung und Prachtentfaltung war freilich nur denkbar, weil seine Zeitgenossen sie akzeptierten. Zu keiner anderen Zeit wurde die Etikette so wichtig genommen.«

»Wie kam es dazu?«, fragte Berenike.

»Das Vorbild war Spanien, wo sich seit Kaiser Karl V. ein Hofzeremoniell entwickelt hatte, in dem sich die ganze Absurdität des Barock ausdrückte. Dazu wurde eine riesige Schar von Dienern gebraucht, Oberhofmeister, Oberstkämmerer, Obersthofmarschälle und so weiter und so fort, bis hinab zu den Heiducken und Läufern, den Kaminanzündern und Nachtgeschirrentleerern. Außerdem herrschte die krasseste Rechtsunsicherheit. Die Willkür der Fürsten überstieg jedes Maß, Korruption und Bestechlichkeit waren selbstverständlich.«

»Wenn Sie vom Barock sprechen, denke ich vor allem an ein Schwelgen in Formen und Farben.«

»Man wollte einander übertrumpfen, der Fürst den Fürsten, der Bischof den Bischof, aber auch der Künstler den Künstler. Festlichkeit, Prunk, Repräsentation und Pracht, Reichtum und Dekoration, das gehört zum Barock.«

»Also trieb man einen ungeheuren Luxus, obwohl gleichzeitig so große Not herrschte?«

»Das Leben war in der Regel hart, Berenike. Aber das ist kein Widerspruch. Der Barock zeigt den Kontrast zwischen einem armseligen Inneren und einem großartigen Äußeren. In Zeiten, in denen Hungersnöte an der Tagesordnung sind, wird selten gespart. Da kompensiert man seine Ängste mit Orgien der Prachtentfaltung und überschwänglichen Empfängen, Soupers, Feiern, Bällen, Feuerwerken.«

»Was für ein Größenwahn!«

»Die Medaille hat auch eine Kehrseite. Die Fürsten hatten sich gegenseitig in einen Zwang zu übertriebener Repräsentation hineingetrieben, aus dem das Aussteigen zunehmend schwerer wurde. Zu rasch konnten sie ihren Einfluss verlieren und nicht mehr dazugehören. Daher die vielen Feste, zu denen jeder Anlass herhalten musste, so belanglos er auch war. Von der Geburt bis zum Leichenbegräbnis – alles wurde rauschend begangen, nicht nur tagelang, oft sogar über Monate. Dabei musste alles aufgeboten werden, was möglich war, selbst wenn das den finanziellen Ruin bedeutete.«

»Bezahlen aber musste es schließlich doch das Volk, denke ich.«

»Sicher, das Volk bezahlte es, aber es brauchte den Aufwand auch in seinem kümmerlichen, bedrückenden, gequälten Alltag. Es durfte ja zuschauen, das war sein Recht, es durfte bewundern, gaffen, auf diese eingeschränkte Weise sogar genießen und lange davon zehren, schwatzen, berichten, in den Wirtschaften, Kaschemmen, Bürger- und Bauernhäusern. Das war der Lohn für seine Opfer, die es in der göttlichen Weltordnung begründet sah.«

»Wie lange glaubte man denn noch an das Gottgewollte all dieser Ungerechtigkeiten und Absurditäten?«

»Noch mehr als hundert Jahre. Dann endete der Pomp.«

»Was bedeutet eigentlich das Wort ›Barock‹?«, fragte Berenike.

»Ursprünglich bezeichnet es eine Perle, die nicht vollkommen gerundet ist. Barock steht im übertragenen Sinn für ›bizarre Kunst‹.«

»Bizarr?«

»Das trifft insofern, als die barocke Kunst eine Reaktion auf die klassischen Auffassungen der Renaissance war, in der man nach Vollkommenheit gestrebt und die Natur als größte Lehrmeisterin gesehen hatte, mit klaren Linien, hellem Licht, edlen Menschen und schönen Frauen.«

»Sie meinen Madonnen!«

»Der Barock folgte wie eine Gegenreaktion auf die Renaissance. Man konnte sich nicht genug tun mit Zierrat, Fülle, Farbenspiel, Üppigkeit, Pracht und Dekoration. Dazu gehört auch die Leidenschaft für jede Art von Ausschweifung, Missbildung, für das Monströse, für alles Kranke.«

Der erste Star – in der Commedia dell'Arte

»Bitte sagen Sie noch ein Wort über die Frauen, Senex.«

»Dazu gäbe es viel zu berichten«, antwortete er. »Auch im siebzehnten Jahrhundert veränderte sich die Lage der Frauen nicht wesentlich.

Von wenigen Ausnahmen abgesehen, wurden sie unterdrückt. In London hatten gegen Ende des sechzehnten Jahrhunderts einige Frauen als Verlegerinnen, Buchdruckerinnen und Buchhändlerinnen Erfolg, aber die mächtige Buchdruckerinnung versuchte mit allen Mitteln, ihnen das Leben schwer zu machen. Deshalb heirateten viele Witwen ihre Gesellen, um den Betrieb weiter betreiben zu können. Ganz an den Rand drücken konnten die Männer die selbstständigen Frauen dennoch nicht mehr. Am besten hatten es die Töchter aus reichen oder vornehmen Häusern, sie konnten sich künstlerisch, literarisch, sogar wissenschaftlich betätigen. Als einen Akt der Befreiung werte ich es, dass ab 1560 auch Frauen auf der Bühne spielen konnten.«

»Wo, Senex?«

»Meines Wissens trat die erste Schauspielerin, eine Italienerin, in Paris auf. Sie hieß Isabella Andreini und feierte Triumphe in der Commedia dell'Arte.«

»Dann steht sie wohl am Anfang der langen Reihe der angehimmelten Stars von Bühne und Film, oder?«

Schwerste Arbeit bis zur Erschöpfung

Stefan meinte: »Gut, das waren also Ausnahmen. Aber wie sah der Alltag einer Handwerkerfamilie aus?«

»Im Handwerk galt seit alters her die Arbeitsteilung. Während der Mann Dinge herstellte, deren Fertigung er in jahrelanger Ausbildung erlernt hatte, bewältigte seine Frau den Haushalt, sorgte für die Kinder und Lehrlinge, kümmerte sich um die Aufträge, besuchte Märkte, schleppte die Erzeugnisse der Werkstatt in Tragkörben oder fuhr sie über Land, wobei von ihrem Geschick und ihrer flinken Zunge das Wohl und Wehe des meist kleinen Betriebs wesentlich abhing.«

»Und auf dem Land?«

»Frauen von niederem Stand konnten von Glück sagen, wenn sie überhaupt eine Stellung fanden.«

»Als was, als Mägde?«

»Ja, und das war ein hartes Dasein. Auf dem Land gab es noch Leibeigene oder Hörige, die von der Gnade und Ungnade ihrer Herrschaft abhingen, bis ins Alterselend hinein. Dabei litt das weibliche Gesinde unter besonders harten Bedingungen, es musste oft bis zur Erschöpfung die schwersten Arbeiten verrichten. Deshalb wanderten viele Mägde von Ort zu Ort, hofften auf Besserung, wurden enttäuscht, suchten neue Arbeit, wieder und wieder. Meist wurden sie schlecht behandelt. Manchmal wagten sie es, sich zur Wehr zu setzen, aber meist ohne Erfolg, und verschlechterten damit nur ihre Lage. Viele strebten ein wenig Selbstständigkeit an durch Einheirat – ein fragwürdiger ›Aufstieg‹, denn nur wenige fanden einen Mann, der sie nicht skrupellos ausbeutete, bis sie an der Ausweglosigkeit ihrer Lage zerbrachen. Selbst im Wochenbett konnten sie sich nicht erholen, als Frauen und Müttern oblagen ihnen die harten und kräftezehrenden Arbeiten, das Kochen für die Familie und das Gesinde, die Erziehung der Kinder, oft in baufälligen Häusern mit wenigen kleinen Räumen, die mit viel zu vielen Menschen – manchmal auch mit Tieren – belegt waren, in chaotischen Verhältnissen, Gestank, Unordnung, Dreck und mangelnder Hygiene. Sie mussten die Wäsche waschen, am Brunnen im eiskalten Wasser, Arbeiten im Stall und im Hof verrichten, Wolle und Flachs spinnen und dazu bei der Feldarbeit aushelfen.«

»Und die Männer?«

»Der Mann kümmerte sich um die Außenwirtschaft, die Äcker, den Anbau, die Viehhaltung – wenn nicht auch da die Frau helfend einspringen musste.«

»Hat es denn gar keinen Lichtblick gegeben?«, fragte Berenike zaghaft.

»Am ehesten auf großbäuerlichen Höfen oder Gütern. Trafen sie es einmal gut oder entstammten sie selber einer Großbauernfamilie, dann blieb ihnen die schwerste Arbeitslast erspart. Zwar galt auch hier die Arbeitsteilung, aber die Hausfrau hatte doch Hilfe für die schwere körperliche Arbeit, sie hatte Gesinde und konnte sich manchmal darauf beschränken, alles zu beaufsichtigen und ihre Anweisungen zu geben. Wenn den Gutsfrauen Freiräume zur Gestaltung ihrer Freizeit, für Geselligkeiten, Lesen, Sticken, Sichbilden blieben, dann konnten sie Gäste einladen, Konversation pflegen, Feste ausrichten. Wenn sie viel Glück hatten, wurden sie der Mittelpunkt des Hauses und führten es so, dass sein Ansehen wuchs.«

»Meinen Sie damit das Ansehen ihres Mannes?«

»Auch das!«

»Was für Zeiten!«

»So ist es auch verständlich, dass nicht nur die Männer, sondern auch die Frauen nach einer besseren Welt suchten. Im November 1620 starteten die ersten achtundzwanzig weiblichen Auswanderer mit der ›Mayflower‹ von Plymouth aus nach Nordamerika, englische Puritanerinnen, die ihre Heimat wegen ihres Glaubens verließen.«

Kaskaden von Klängen, Pracht der Akkorde

Berenike wollte dazu noch etwas fragen, aber Senex zeigte schon nach Westen. Von dort näherten sich beleuchtete Schiffe, sie glitten den Strom hinab, zuerst Ruderboote, in denen Fackelträger saßen, ihnen folgten größere Barken, darunter eine, die mit Laternen und Lampen reich geschmückt war, mit Lichtern, die sich im Wasser spiegelten.

Das alles entfaltete sich zunächst lautlos, doch als die kleine Flotte näher kam, erklang vom Ufer, nicht weit von ihrer Bank entfernt, Musik. Trompeten schmetterten, Posaunen tönten, Pauken donnerten, Streichinstrumente intonierten eine Melodienfolge, deren Klangpracht die Nacht zum Schwingen brachte.

»Ihr hört die ›Wassermusik‹ von Georg Friedrich Händel und seht die königliche Prunkbarke, umgeben von den Begleitbooten des Adels. Wieder greife ich damit in die Zukunft vor, aber ich verspreche euch, dass wir in die erste Hälfte des siebzehnten Jahrhunderts zurückkehren werden.«

Berenike hörte nur noch die Musik, es schien ihr, als seien auch die Pausen zwischen Air, Bourrée, Hornpipe oder Menuett von Tönen erfüllt, die Dunkelheit wurde Musik, die Sterne Noten, jedes Luftmolekül sog sich mit Klängen voll, die verebbten und wieder anschwollen – bis sich alles in Kaskaden neuer Klänge verwandelte.

Berenike schloss die Augen, legte den Kopf zurück und sah Tänzer in einem von Kerzen erhellten Saal, die sich im Rhythmus drehten und verneigten, die Füße vorsetzten, sah sich hebende, über dem Kopf zusammengeführte Arme, schwebende Hände und parfümierte Seidentücher, die über den Boden strichen.

Dann zerriss dieses Bild, denn Raketen zischten in den Himmel, der im Kontrast noch dunkler wurde, als die Feuerwerkskörper zerplatzten und ihre Fächer entfalteten, die, eine Kugel nach der anderen, verglühten und hinabsanken. Da wurden die Dächer und Türme der entfernten Stadt heller; grüne, blaue und rote Kaskaden sanken herab, ein Feuerwerk zu Ehren des Königs.

Abrupt beendete Senex die stimmungsvolle Szene. »Zu Bett! Morgen schlagen wir das gleiche Buch wie heute noch einmal auf, nur einige Seiten vorher.«

»Wo? In welchem Land, in welcher Stadt?«

»Nicht in London, sondern südlich, jenseits des Ärmelkanals.«

Der siebte Tag

Seefahrer und Kaufleute, Künstler und Denker

In den Niederlanden

Als Berenike am nächsten Morgen ausgeruht die Treppe hinablief, machte Senex gerade die Haustür auf und trat mit Roman und Stefan vors Haus. Vor ihnen öffnete sich ein Platz, den rechts ein künstlich angelegter Kanal begrenzte. Dahinter warfen Ulmen, die ihr Grün weit überhängen ließen, Schatten auf das Wasser. Eine schmale Brücke, gewölbt wie ein Katzenbuckel, führte hinüber, darunter schwebten Schwäne mit elegant geschwungenen Hälsen. Enten schnatterten und Tauben gurrten. Dazwischen Vogelgeschrei, und ruhig, von weit her, ein Glockenspiel.

»Sind wir in Holland?«, fragte Berenike.

Senex nickte. »Die Stadt hat keinen bestimmten Namen. Ich nenne sie Musterdam, sie stellt eine Mischung aus mehreren niederländischen Städten dar, weil wir heute sonst zu oft von Ort zu Ort wechseln müssten. Wir können also überall sein, in Amsterdam, Den Haag, Haarlem, Rotterdam, Utrecht, Groningen, Leiden – es spielt keine Rolle. Wir sind jedenfalls in den Niederlanden, die sich von der spanischen Herrschaft befreit haben, ja, wir beziehen sogar Flandern mit ein, obwohl es spanisch geblieben ist.«

Die Häuser, ohne Zwischenraum rings um den gepflasterten Platz aneinander reiht, waren schmal, ihre Fassaden braun oder rot geklinkert, die weißen Gitter der Fensterrahmen und Sprossen machten sie lebendig, dazu Simse, Stuck und Giebel in vielfältigen, oft treppenartigen Formen. Kein Gebäude war höher als drei, vier Stockwerke, über denen sich der leuchtend blaue Himmel mit seinen eiligen, wie frisch gewaschenen Wolken spannte, die der Wind jagte.

»Die Niederlande, das ist klar«, sagte Stefan. »Aber wann?«

»Zu ihrer Blütezeit. Wir haben wieder einen kleinen Zeitsprung rückwärts gemacht. Gegenwärtig ist die niederländische Ständerepublik die erfolgreichste Handelsnation der Erde. Ihre Schiffe segeln bis Australien und Nordamerika, bis Indonesien und Spitzbergen, bis Curaçao und Südafrika. Sie beherrscht, von wenigen Ausnahmen abgesehen, die Welt. Ihre Handelsstationen sind vor allem dazu da, die Eingeborenen auszubeuten und zu versklaven, dem verdanken die Niederländer ihren ständig wachsenden Reichtum. – Doch nun hinein mit euch, wir wollen frühstücken.«

Die erfolgreichste Handelsnation der Erde

Als sich alle versorgt hatten, erzählte Senex weiter. Er versuchte ihnen die verwickelte niederländische Geschichte auseinander zu setzen, den Abfall der sieben nördlichen Provinzen, die 1579 die spanische Herrschaft des Herzogs Alba abschütteln und sich mit der Gründung der Utrechter Union selbstständig machen konnten. Flandern, der südliche Teil, blieb von Spanien besetzt. Das einheitliche Sprachgebiet wurde in zwei verschiedene politische und konfessionelle Regionen geteilt, der spanische Teil war katholisch, der niederländische reformiert, vor allem calvinistisch.

»Die Niederländer«, sagte Senex, »waren nüchterne, pragmatische Kaufleute. Karl Marx urteilte später hart über ihre Kolonialwirtschaft, die er ein Gemälde von Verrat, Bestechung, Meuchelmord und Niedertracht nannte. Holland bezeichnete er als die kapitalistische Musternation des siebzehnten Jahrhunderts. Doch andererseits war man auch frei, befreit von der spanischen Inquisition, war kosmopolitisch, gestattete sich eine gemäßigte Liberalität, die nur von protestantischen Eiferern gestört wurde. Aber man fühlte sich unabhängig, konnte sich versammeln, seine Meinung äußern, sie drucken lassen, lebte in einer eigenständigen Republik, verteidigt von Bürgersoldaten – und von Söldnern. Besonders Amsterdam trug dieses Doppelgesicht: einerseits eine Fülle bedeutender Persönlichkeiten, reich an Ideen und Experimentierfreude – aus Holland kamen ja die ersten Fernrohre und geschliffenen Gläser, hier spekulierte man, baute eine Börse und befuhr die Meere; andererseits herrschte die eifernde Enge der calvinistischen Konfession. Der Calvinismus ist seinem Wesen nach streng und seine Regeln sind es ebenso.«

»Das Spekulieren und die Börse – beides hat doch auch etwas mit Tulpen zu tun, glaube ich?«

»Und wie. Man spekulierte mit Tulpenzwiebeln wie im Fieber, jedermann durfte an der Tulpenbörse teilnehmen, Bettler wurden über Nacht reich und Millionäre verloren ein Vermögen. Bald wurde eine Manie daraus, wobei die Käufer und Verkäufer ihre Zwiebeln nie zu sehen bekamen, weil sie zu bloßen Börsenwerten wurden. Aber gerade durch die Tulpenzwiebeln nahm die Effektenbörse einen allgemeinen Aufschwung. In dieser Atmosphäre tolerierte man viele Minderheiten, die in anderen Ländern und Städten nicht geduldet wurden. Da kamen politisch oder religiös Verbannte aus England und Hugenotten aus Frankreich und vermehrten die Zahl der Freidenker, Gelehrten, Verleger und Drucker. Diese Männer gründeten ihre eigenen Vereinigungen, Klubs und Zirkel, die mitunter Freimaurerlogen ähnelten. Es kam so weit, dass der Erfolg als eine moralische Qualität betrachtet wurde und man all jene, die daran nicht teilhatten, als Außenseiter streng von der etablierten Macht fern hielt. So starb auch Rembrandt einsam und im Elend, weil er Bankrott gemacht hatte, man stieß ihn aus der Lucas-Gilde aus, die Maler, Holzschneider und Kupferstecher in sich vereinigte. Armut galt als Zeichen dafür, dass sich Gott von einem abgewendet hatte.«

»Christliche Nächstenliebe!«, murmelte Stefan. »Ich denke, Jesus hat Armut gepredigt!«

Senex runzelte die Stirn. »Lassen wir einmal alle Polemik«, bat er. »Es blieben ja bürgerliche und, in eingeschränktem Maße, religiöse Freiheiten erhalten, von denen viele Menschen angezogen wurden. Etwa fünfunddreißigtausend Einwanderer kamen in die neue Republik, vor allem Kaufleute, Künstler und Handwerker. Der Calvinismus begünstigte das Entstehen des Kapitalismus, zumal Calvin das Berechnen von Zins legitimiert hatte. Der große Amsterdamer Hafen stand kaum hinter dem von London zurück. Da erhob sich ein Wald von Schiffsmasten, Lagerhäuser standen gefüllt, Seeleute aus vielen Ländern kamen und redeten in fremden Sprachen. Das alles passte hervorragend in das Konzept des tatkräftigen Regenten. »

»Regenten?«

»Wilhelm von Oranien. Ihr kennt wohl das Trauerspiel ›Egmont‹ von Goethe, in dem Wilhelm von Oranien eine führende Rolle spielt, wenn sich auch Goethe nicht an die geschichtliche Wahrheit gehalten hat. Wie auch immer – der Calvinismus passte allen ins Konzept, auch den Kaufleuten. Man schämte sich auch nicht, Bibelstellen nach den eigenen Bedürfnissen auszulegen.«

»Das wundert mich nicht. Das ist doch bis heute so. Haben Sie ein Beispiel?«

»Man begründete aus der Heiligen Schrift, dass die Piraterie, die ja eifrig betrieben wurde, keine Sünde sei. Man hatte nur ein Ziel, dem man alles andere unterordnete: Geld verdienen. Mit dieser Energie wurden die Niederlande zur Weltmacht.«

Nach dem Frühstück mahnte Senex zum Aufbruch: »Wir wollen, natürlich nur im Evo-Park, die politische Grenze überschreiten, dabei aber im niederländischen Sprachgebiet bleiben. Deshalb bezeichnet man auch den Maler, zu dem wir zuerst gehen, als Niederländer, obwohl er den Großteil seines Lebens im flandrischen Antwerpen, unter spanischer Herrschaft, lebte. So verschieden wie die Glaubensbekenntnisse, römisch-katholisch in Flandern, reformiert-calvinistisch in den Niederlanden, so unterschiedlich entwickelten sich auch die Kulturen, die flämische und die holländische. Rubens und Rembrandt, van Dyck und Frans Hals waren einander entgegengesetzt – und dennoch kann man sie in einem Kapitel zusammenfassen.«

Überbordende Formen und Farben

Sie schlenderten über den Platz. Mädchen tobten in langen Röcken und Jungen mit am Knöchel zusammengebundenen Pluderhosen. Viele schwarz gekleidete Menschen waren unterwegs, manche standen beieinander, um zu plaudern. Einige Herren trugen Degen.

Die schmalen Häuser mit den Stufengiebeln waren sorgfältig gemauert und durch minuziös gearbeitete Fugen verbunden, die geometrische Muster zeichneten. Die Freitreppen brüsteten sich mit Geländern aus Schmiedeeisen.

Senex und das Trio überquerten die kleine Brücke und gingen an der Gracht unter Ulmen entlang.

»Hier wohnen die Handwerker, die Kaufleute, die Krämer, die Gewerbetreibenden«, plauderte Senex. Über eine breite Straße kamen sie zu einem prächtigen Haus. In der ersten Etage machte sich eine offene Loggia breit, das große Tor wurde von zwei halb nackten Giganten aus hellem Stein bewacht. Dahinter empfing sie ein Lakai in grüner Livree. Er neigte schweigend das Haupt und führte sie durch einen Gang, der so breit und so hoch war, dass ein Gespann aus Pferd und Wagen bequem hineinfahren konnte. Hinter dem Gewölbe unter dem Vorderhaus öffnete sich ein geräumiger Innenhof.

»Das ist ja ein kleiner Palast!« Berenike staunte.

»Peter Paul Rubens ist ein reicher Mann, bald wird er sich ein Schloss kaufen und in den Adelsstand erhoben werden. Er ist nicht nur Maler, sondern auch Diplomat und setzt sich leidenschaftlich für einen dauerhaften Frieden ein. Er kennt viele Fürsten, Könige und Kardinäle persönlich, wird umschwärmt, mit Aufträgen überhäuft, sodass er sie nicht mehr allein bewältigen kann. Sein Atelier gleicht einer kleinen Fabrik, oder sagen wir nachsichtiger, einer Werkstatt mit vielen Gesellen.«

Gurrende Tauben ruckten auf den Fenstersimsen, runde bunte Scheiben spiegelten das Licht.

Der Lakai geleitete sie über den Hof zur breiten Marmortreppe. Kühl klangen ihre Schritte.

Das Atelier des Meisters lag im ersten Geschoss über dem Hof. Die Tür allein war imposant, als sie aber eintraten, staunte Roman über die Höhe und Ausdehnung des Raumes.

»Was für ein Saal«, murmelte er. »Und der Balkon hier oben …«

Auf diesem Innenbalkon musizierte ein kleines Orchester, Geigen und ein Cello, begleitet von den angerissen zirpenden Tönen eines Cembalos.

Zahllose Staffeleien füllten den Raum, an jeder arbeitete ein Maler.

»Schüler und Gehilfen des Meisters«, erklärte Senex, schwieg aber sofort, weil ein älterer, nicht eben großer Mann hinter einer Leinwand hervorkam und zur nächsten ging, von Bild zu Bild, er redete auf die Gesellen ein, deutete auf Motive, nahm auch selbst den Pinsel, ergänzte, verbesserte, zeichnete und ordnete an, was noch getan werden sollte.

Senex ermunterte das Trio, weiter hineinzugehen, vorbei an den halb fertigen oder begonnenen Gemälden. Berenike mochte sie nicht, die verschlungenen Körper, die nicht ihrem Schlankheitsideal entsprachen, mit Fettwülsten um die Hüften. Fremd waren ihr auch die historischen Szenen und die Heiligenfiguren.

Stefan schlenderte an der Wand entlang, wo fertige Bilder auf dem Fußboden standen, in Reihen, teils auch hintereinander gestapelt. Er rieb sich die Augen, nahm die Brille ab, putzte sie, setzte sie wieder auf und murmelte: »Dadurch werden sie auch nicht schöner!«

Roman aber wurde von einem Porträt gefesselt, das ihm anders zu sein schien, es stellte eine junge Frau dar, eine blühende, schöne Person. Sie saß am Fenster, spielte Laute, Licht fiel auf ihre goldglänzenden Haare.

Unvermittelt trat der Meister hinzu, mit breitem und zerfurchtem Gesicht, in dem die Augen listig blickten. Sie waren daran gewöhnt, genau hinzuschauen und sich dabei zusammenzuziehen. Die Nase drängte nach oben, als wollte sie dem Schnurrbart nicht zu nahe sein, der seinerseits in ein Spitzbärtchen überging. Rubens hatte sich in ein braunes Samtgewand gehüllt, dem ein breiter, bis zu den Schultern reichender weißer, vielfach gefältelter Kragen auflag. Während er sein Werk prüfend anschaute, schob er das Kinn etwas vor, sodass sein gekämmtes Bärtchen abstand.

Senex legte Roman von hinten eine Hand auf die Schulter: »Die schöne Flora«, flüsterte er. »Flora ist die römische Göttin der Blüten und des Frühlings.«

Roman nickte. Als Berenike und Stefan dazukamen, sah ihnen Senex ihre geringe Begeisterung an. »Rubens«, sagte er, »war damals der berühmteste Maler Europas. Neben dem Spanier Velasquez, der mit nüchternem Blick den königlichen Hof in Madrid malte, aber auch die Außenseiter der Gesellschaft, die Hofnarren und Zwerge, gilt Rubens heute als typischer Vertreter der Barockmalerei, sodass man auch von der Rubenszeit spricht. Seine üppigen Farben und kühnen Kompositionen sind gewissermaßen eine Zusammenfassung des Barock, wie wenn er dessen Licht in seinem Prisma gesammelt hätte. Er ist uns ein wenig fremd geworden, das gebe ich zu, und doch war er als Hofmaler des spanischen Statthalters in Brüssel ein herausragender Künstler, allein schon nach der Menge seiner Bilder, man zählt etwa dreitausend.«

»Wäre er ein Schriftsteller, dann würde man ihn naserümpfend einen Vielschreiber nennen«, murmelte Roman. »Und dabei sprechen Sie von ihm wie von einer Personifizierung seiner Zeit.«

»Das war er auch.«

»Aber es gibt sicher auch andere Künstlerschicksale, die auf ihre Art ebenso ein Abbild der Zeit sind.«

»Gewiss, Roman. Eines wollen wir kennen lernen.«

Den Weg aus den Haus fanden sie leicht. Senex führte sie durch eine schmale Gasse und erklärte: »Wir verlassen Flandern und kehren nach Holland zurück, wo sich Musterdam in Amsterdam verwandelt.«

An einem kleinen Platz, der in ein Hafenbecken mit gemauertem Kai und dümpelnden Fischerbooten mündete, genossen Männer den Tag, Hunde streunten, Katzen sonnten und putzten sich, Möwen kreischten und Seeschwalben glitten über die Masten.

Von der Mole waren nur es nur wenige Schritte bis zu einem Haus, das sich unter einem herabgezogenen Dach wie klagend zusammenkauerte.

»Mein Gott! Wie armselig!« Berenike seufzte.

»Der Kontrast zum Rubenshaus könnte nicht krasser sein.« Senex blieb stehen und hielt sie zurück. »Und doch lebt hier eines der größten

Genies der bildenden Kunst, auch ein Maler. Lasst uns draußen bleiben. Ich fände es taktlos, ihn in seinem Elend aufzusuchen.«

»Sie meinen Rembrandt, glaube ich.«

»Ja. Er personifiziert einen Höhepunkt der Barockmalerei, nein, sicher nicht nur der Barockmalerei, er weist weit darüber hinaus – oder vielleicht sollte ich lieber sagen: hinein, nämlich in die menschliche Seele, in ihre Tiefen und Abgründe. Vielleicht hat das niemand schöner ausgedrückt als van Gogh, der schrieb: ›Rembrandt geht so tief ins Geheimnisvolle, dass er Dinge malt, für die es in der Sprache keine Worte gibt.‹«

Bilder, die von einem Geheimnis überzogen sind

»Rembrandt wurde 1606 in Leiden geboren, sein Vater war Müller am Rhein, daher der Name van Rijn, Rembrandt Harmenszoon van Rijn. Er starb 1669.«

»Das sind nüchterne Daten.«

»Besonders für ein so herausragendes Werk und für ein so erschütterndes Leben. Rembrandt erscheint mir deshalb so groß, weil er niemals nur die Oberfläche wiedergibt, sondern zum Unsichtbar-Geistigen vordringt, zum Charakter oder zum Wesen. Seine Bilder sind von einem Geheimnis überzogen, von etwas Rätselhaftem, Ergreifendem. Mehr und mehr wird das Experimentieren mit Lichteffekten, dem so genannten Helldunkel, das er zur Vollendung bringt, zu seiner Leidenschaft. Vielleicht ist er der größte Psychologe unter den Malern. Er ließ sich 1631 in Amsterdam nieder, danach verließ er die Stadt nur noch selten.«

»Er hatte doch am Anfang viel Erfolg?«

»Er galt aber nicht als der größte Maler. Während seiner besten Zeit arbeitete er im Judenviertel, sein Haus war ein Treffpunkt der Intellektuellen und der Gesellschaft. Er pflegte auch Kontakte zu verschiedenen Sekten und Gemeinschaften. Beeinflusst von der italienischen Renaissance, erhob er die holländische Kunst aus einer gewissen Provinzialität auf die höchste Ebene.«

»Ich kenne vor allem seine ›Nachtwache‹, das Bild seiner Mutter und einige Selbstporträts.«

»Die so genannte ›Nachtwache‹ ist zwar sein berühmtestes Gemälde, aber nicht sein bedeutendstes. Es zeigt den Auszug einer Schützengilde, und niemals zuvor hat es ein Maler gewagt, ein Gruppenbildnis so eigenwillig zu gestalten. Statt steifer Uniformen malt er bewegtes Leben. Immer gilt Rembrandts Liebe der Darstellung des Menschen, sei es als Individuum, sei es in der Gruppe. Er sucht dabei stets nach dem Realistischen und Dramatischen, nie nach dem Schönen, Harmonischen, wie er seine Modelle auch nie idealisiert.«

»Und das nahm man ihm übel?«, fragte Berenike.

»Jedenfalls verstieß es gegen die geltenden Anschauungen, seine Auftraggeber wiesen das Bild zurück und gaben einem anderen Maler den Auftrag. Als Rembrandt die ›Nachtwache‹ malte, lag seine von ihm über alles geliebte Frau Saskia nach der Geburt ihres vierten Kindes, des Sohnes Titus, im Sterben. Drei Kinder waren davor bereits gestorben.«

»Schrecklich!«, murmelte Berenike.

»Die Kindersterblichkeit traf jede Familie. Mit Saskias Tod begann Rembrandts wirtschaftlicher Ruin, vielleicht aber auch seine künstlerische Meisterschaft. Über dem Bild der Mutter liegt ein eigenartiger Zauber. Rembrandt zeigt sie uns als eine alte, lesende Frau.«

»Also konnte sie lesen!«

»Ja, aber sie ist müde vom Leben und vom Leiden. Sie sucht Trost in dem schweren Buch, in dem wir leicht die Bibel erkennen, weil Rembrandt auch die Textstellen lesbar malte. Auf den Seiten liegt die Hand der alten Frau mit ihren feinen Runzeln und Falten, so wie sie vielleicht einmal ihren Sohn gestreichelt hat, dessen Genie der einfachen Müllersfrau unbegreiflich blieb. Nach Saskias Tod zog Rembrandt sich immer weiter in die Einsamkeit zurück, malte vor allem in der Natur, radierte und zeichnete die Umgebung Amsterdams, wobei seine Landschaften nicht nur Staffage waren, er gab sie um ihrer selbst willen wieder.«

»Ich glaube, er hat zahlreiche Selbstporträts gemalt?«

»Es hat wohl kein anderer so viele Selbstbildnisse hinterlassen wie

Rembrandt, es können sechzig oder sogar hundert sein. Ich möchte nur eines erwähnen, das Selbstportät als Apostel Paulus. Es ist eines seiner ergreifendsten. Er malt einen Fünfundfünfzigjährigen – aber was für einen Greis sehen wir! Er hat die Welt und die Menschen erkannt und macht sich nichts mehr vor. Er ist die personifizierte Hoffnungslosigkeit – und gleichzeitig scheint er über alle zu lächeln, die sich noch Illusionen machen. Seine dunklen Augen lassen uns nicht los, sie geben uns mit dem Buch, das er in den Händen hält, zu erkennen, dass er sich der letzten Zuflucht zugewandt hat, die dem Menschen bleibt.«

»Sie meinen den Geist, nicht wahr?«, sagte Berenike leise.

»Rembrandt zeichnet seinen ganzen eigenen Lebenslauf nach, vom jungen Mann bis zum ausgezehrten, vergessenen Greis auf der Schwelle des Todes, den sein Sohn und seine neue Gefährtin Hendrickje Stoffels vor seinen Gläubigern zu schützen versuchten.«

»Hendrickje Stoffels?«

»Sie war als Magd in sein Haus gekommen, nahm aber bald Mutterstelle bei seinem Sohn Titus ein, mit dem sie, als er siebzehn wurde, einen Kunsthandel gründete, um Rembrandt zu versorgen. Er musste unter erbärmlichen Umständen in diese elende Behausung, die ihr vor euch seht, umziehen. Vor allem Hendrickje ist es zu verdanken, dass sein Lebensabend nicht nur tragisch verlief. Sie gebar ihm eine Tochter, Cornelia, und er konnte noch einige großartige Werke malen, zärtliche Bilder von Hendrickje und Titus. Freilich, auch Hendrickje starb vor ihm, schon 1662.«

»Dann war er völlig allein?«

»Fast, denn auch Titus starb. Am Ende lebte der müde Gewordene nur noch mit Cornelia und einer alten Magd im öden Haus. Er vererbte seiner Tochter kaum mehr als sein Malgerät, sein Bett, eine Decke, Kleider und Taschentücher, Mützen und die Bibel. Uns aber hinterließ eines der größten Genies der abendländischen Malerei ein unvergleichliches Werk.«

Der Duft gerösteten Kaffees

Sie gingen langsam weiter, zum Stadtzentrum. Nach der tristen Gegend des kleinen Hafens wanderten sie wieder durch gepflasterte Gassen. Sonne, Wind und Regen hatten feine Spuren auf die roten Steine und weißen Fensterrahmen der schmalen Häuser gezeichnet.

»Diese Stadt gefällt mir«, meinte Berenike.

Sie erreichten eine Kirche mit Schieferdach und einer Zwiebel als Turmhaube. Senex bat sie, einen Blick hineinzutun: »Da seht ihr einen vom calvinistischen Bildersturm leer gefegten Raum.«

Alles war sachlich, nichts lenkte ab – aber die Kirche war erfüllt vom Licht, das durch die schmucklosen Glasfenster einfiel. So wurden die Strukturen des Baus klarer, der menschenleer war, nur beim Altar vorn schwatzten ein Mann und eine Frau leise miteinander, schwarz gekleidet wie Trauergäste.

»Mit dieser Architektur beweisen die hiesigen Handwerker ihr Können.« Senex dämpfte die Stimme. »Außerdem sind die Niederländer unschlagbar im Bau von Maschinen, Schiffen und Deichen.«

Sie spazierten weiter. Die Gegend wurde belebter. In den Läden waren Kuriositäten und seltene Gegenstände aus Westindien und den geheimnisvollen Gebieten des Ostens ausgestellt, darunter auch Porzellan. Und nun durchzog der Geruch exotischer Gewürze die Luft, auch der von geröstetem Kaffee. Auf einem Platz, der sich unversehens öffnete, hatte ein Wirt Tische und Stühle unter schattige Bäume gestellt. Männer und Frauen verschiedenen Standes saßen dort, Gelehrte, Advokaten und auch Seeleute, Türken, Sarazenen, Spanier, Portugiesen. Die Sprachen schwirrten durcheinander.

Senex steuerte auf einen freien Tisch zu, er bestellte Kaffee, der frisch bereitet und serviert wurde, in einer braunen Kanne, dazu vier bauchige, henkellose Porzellantassen, Sahne und Kandiszucker.

»Diese Fremden«, berichtete Senex schlürfend, indem er mit einer Kopfbewegung auf die orientalisch Gekleideten wies, »wollen auf ihr gewohntes Getränk nicht verzichten.«

Auf dem rot-braun gepflasterten Platz quirlte das Leben. Die meisten Leute waren schwarz gekleidet, nur ein zierlicher junger Mann fiel Berenike auf, der ein grünes Wams über den Stiefeln und Sporen eines Reiters trug, sich mit einer Lederschärpe gegürtet hatte, die viel zu breit quer über seinem Oberkörper hing. An ihr baumelte ein Rapier, dessen silbernes Ende manchmal den Boden berührte. Seinen breitkrempigen Hut krönte eine viel zu große Feder.

»Was für ein Affe!«, murmelte sie.

Senex lachte. »Man kann sich in den Menschen täuschen! Gerade wollte ich euch bitten, diesen kleinen Gecken besonders genau anzusehen. Denn wir werden viel über ihn zu reden haben. Freilich könnt ihr nicht wissen, wer es ist!«

»Machen Sie es nicht so spannend.«

»Warum nicht? Er ist einer der klügsten Köpfe Europas, nicht nur seiner Zeit, sondern aller Jahrhunderte, vielleicht einschließlich des unseren.«

»Wie? Der da? Kaum zu glauben!«

»Ihr werdet es glauben müssen, ihr seht René Descartes!«

»Dann allerdings!« Stefan runzelte höchst erstaunt die Stirn. »Da muss ich mir gleich die Brille putzen.« Er nahm sie aber nicht ab, sondern kniff nur die Augen zusammen und reckte sich. »Descartes – so ein Männchen!«

»Vorsicht!« Senex legte ihm die Hand auf den Arm. »Er ist ein glänzender Fechter. Gerade unterhält er sich mit dem niederländischen Arzt, Philosophen, Mathematiker und Prinzipal des Kollegs von Dordrecht, Isaak Beeckmann, der ihn auch noch unterschätzt und von oben herab behandelt. Doch das wird sich rasch ändern – bald wird Beeckmann sein Bewunderer.«

Auf Descartes redete ein biederer Mann ein, dessen strenger schwarzer Anzug mit dem weißen Spitzenkragen ihn als Calvinisten auswies.

Das Paar entfernte sich langsam.

Als es verschwunden war, klopfte Senex an seine Kanne: »Nun ein Wort zum Kaffee«, sagte er. »Mit ihm beginnt sozusagen eine neue Epoche der Kulturgeschichte, jedenfalls eine neue Form der Geselligkeit.«

»Woher kannte man Kaffee?«

»Aus den islamischen Ländern und die hatten ihn wiederum aus Äthiopien. Wahrscheinlich lernten venezianische Kaufleute ihn zuerst in Konstantinopel kennen, im heutigen Istanbul. 1642 wurde das erste Kaffeehaus in Venedig eröffnet, dann entstanden Kaffeeschänken und Kaffeehäuser in rascher Folge in allen wichtigen Hafenstädten, auch in London, Marseille und Hamburg. Sie vermehrten sich so rasch, wie das Getränk an Beliebtheit zunahm. Ende des Jahrhunderts gab es – nur ein Beispiel – in London bereits zweitausend.«

»Ich dachte, der Kaffee käme aus Wien!«

»In Wien wurde 1685 das erste Café eröffnet und dort gelangte das Kaffeehaus tatsächlich zu einer besonderen Blüte, um nicht zu sagen, zu einer eigenen Kultur.«

»Und Johann Sebastian Bach komponierte seine ›Kaffeekantate‹!«

»Ja, aber in Leipzig und nicht in Wien, Roman. Schon 1671 erschien das erste Buch über den richtigen Gebrauch von Tee, Kaffee und Schokolade.«

Zwei ältere Männer spazierten dicht an ihnen vorbei. Sie sprachen lateinisch.

»Latein ist die Sprache, in der sich alle Gebildeten Europas miteinander verständigen, gleich, aus welchem Land sie stammen. Ein Vorteil für unsere Kultur, der gar nicht hoch genug eingeschätzt werden kann. Doch zurück zum Kaffee: Auch im Paris Ludwigs XIV. wurde er nicht nur zur Mode, sondern zu einer Art Sucht. Es gab nichts, was man dem Kaffee entgegenstellen konnte. Andererseits versuchte man aber auch an vielen Orten durch ihn die Trunksucht einzudämmen.«

»Wie wurde er so beliebt?«

»Durch das Kaffeehaus! Und dieses erlangte seine große soziale Bedeutung, weil sich dort Menschen der unterschiedlichsten Herkunft in aller Öffentlichkeit treffen konnten, in einer neutralen Atmosphäre, die sich von der des Wirtshauses wohltuend unterschied. Daher nannte man das Kaffeehaus in Frankreich auch bald ›bureau d'esprit‹, sehr frei übersetzt: Treffpunkt des Geistes. Dort fühlte man sich wohl, man kam – und kommt –, um sich gut zu unterhalten, Geschäfte abzuschließen, Briefe zu schreiben, nachzudenken, zu dichten, Zeitung zu lesen, zu spielen oder zu konspirieren. Es ist gar nicht zu beschreiben, wie viele

Revolutionen und Revolten ihre Quelle in Kaffeehäusern haben, wie viele Treffen von Agenten und Geheimbünden es an Kaffeetischen gegeben hat.«

»Und immer noch gibt, denk ich jedenfalls.«

»Zugegeben. Die Kaffeehäuser wurden zu Treffpunkten von Dichtern, Künstlern, Journalisten und Politikern. Die Sitte des Kaffeetrinkens begünstigte außerdem das Entstehen der Salons, in denen kluge Frauen den Ton angaben. Die Befreiung der Frau hat man also nicht nur der Aufklärung und der Toleranz zu danken, sondern ebenso – oder noch mehr – dem Kaffee!«

»Senex, Sie schwärmen ja richtig! Ich kann mir nicht vorstellen, dass die Frauen dem Kaffee wirklich so viel schulden.«

Er schmunzelte. »Warte nur ab, Berenike, für dich habe ich noch eine andere kleine Geschichte.«

Studentin im Käfig

Senex lehnte sich zurück, ließ sich Zeit. »In dieser Stadt«, sprach er dann, »die wir jetzt Utrecht nennen, lebte von 1607 bis 1678 eine gelehrte Frau. Sie hieß Anne Maria von Schurman und wurde der Stern von Utrecht genannt, oder auch die niederländische Sappho. Allerdings war Sappho Dichterin und Sängerin, während Anne Maria von Schurman zwar eine erstaunliche Frau gewesen ist, die schon mit siebenundzwanzig Jahren mehr über die Wissenschaften und Künste wusste als viele Gelehrte, aber sie war weniger dichterisch begabt. Gewiss, sie dichtete auch und war in Musik und Malerei geschult. Aber vor allem konnte sie sich gebildet unterhalten, kannte sich aus in der Mathematik, in der scholastischen Philosophie, in den Naturwissenschaften und der Theologie. Sie liebte das Streitgespräch und beherrschte angeblich zehn Sprachen. Weil ihre Klugheit so offenkundig war, erhielt sie eine Ausnahmegenehmigung, das heißt, sie durfte Vorlesungen an der Universität Leiden hören.«

»Und wo ist der Pferdefuß, Senex?«

»Das wirst du gleich hören. Man baute einen Käfig in den Hörsaal, eigens für sie, um niemanden auf dumme Gedanken zu bringen!«

»Das ist doch die Höhe! Da saß sie wie ein Affe im Zoo hinter Gittern?« Berenike verzog das Gesicht.

»Sie selbst vertrat vehement die Auffassung, dass christliche Frauen das Recht zum Studium haben sollten. Darüber schrieb sie auch eine Dissertation.«

»Bestimmt vergeblich, bei der Borniertheit der Männer!«

»Sie fand aber offene Ohren bei Königin Christine von Schweden, mit der sie korrespondierte.«

»Erzählen Sie von ihr!«

»Später. Lass mich die letzten Worte zu Anne Maria von Schurman sagen. In ihren späteren Jahren wurde sie Pietistin und schloss sich einer Erweckungsbewegung an, die wir eine Sekte nennen würden!«

»Bildung schützt vor Torheit nicht!«, murmelte Stefan. »Aber bitte, Senex, fangen Sie noch kein neues Kapitel an. Ich finde, wir sind mit der niederländischen Malerei noch nicht fertig. Gerade hier gibt es doch so viele berühmte Bilder. Wie kommt das? In diesem kleinen Land? Und kaum noch religiöse Themen? Das gab es doch sonst nirgends, oder?«

»In aller Kürze: Du hast schon Recht, gerade der niederländischen Malerei verdanken wir es, dass wir so viel vom Leben der damaligen Menschen wissen.«

Kunst für das aufblühende Bürgertum

»Während Rubens in Antwerpen, also im spanischen Flandern, meist für Fürsten und den Statthalter malte, wurde die Malerei in den Niederlanden vor allem vom aufblühenden Bürgertum honoriert. Die Niederlande waren zur Mitte einer neuen Welt geworden und auf diesem unruhigen Pflaster wollten sich auch die Künstler von alten Vorbildern befreien. Es gab ja keinen Hof mehr, keine Paläste, also auch keine Hofmaler. Auch die protestantischen Geistlichen erteilten keine Aufträge, sie wollten nüchterne Kirchen haben. Aber dafür waren Bürgerporträts gefragt, Gruppenbilder, Interieurs, Genreszenen – und die Natur! Anstelle religiöser Motive wollte man den Bauern vor seiner strohgedeckten Hütte sehen, oder den weinseligen Raucher und natürlich die Familie des jeweiligen Hausherrn, der gesellschaftlich aufsteigen wollte.«

»Ganz alltägliche Leute also!«

»Wie man ihnen überall begegnete. Für die Maler war das wie ein Rausch, eine künstlerische Befreiung, sie sahen die Straße mit anderen Augen, fanden in ihrer Umgebung neue Motive. Die Realität war voller Überraschungen.«

»Sozusagen eine Herausforderung!«

»Die Chirurgie kam in Mode, die Anatomie-Stunden, die Auftritte der Schützengilden. Jeder Bürger, der es sich leisten konnte, schmückte seine Wohnung und seine Werkstatt. Dafür wurden spielende Kinder, ziegelgedeckte Häuser und Mädchen, die am Fenster den Brief des Geliebten lesen, dargestellt.«

»Vermeer van Delft!«

»... Bauern, die sich betrinken ...«

»Pieter Brueghel, genannt der Bauern-Brueghel!«

»... und das Vergnügen am Eislauf.«

»Ach, jetzt fällt mir der Name nicht ein!«

»Hendrik Averkamp. Die Künstler stellten ihre Zeit und ihre Mitmenschen dar. Wenn wir erfahren wollen, wie sie aussahen, brauchen wir nur die Gemälde von Frans Hals, Adriaen Brouwer, Jan Steen und all den anderen anzusehen. Sie zeigen uns die Städte, Kirchen, Häuser, Wohnstuben, die Handwerker, Kaufleute, Ärzte und Bauern, wie sie lebten und arbeiteten.«

Aufbruch des Denkens

Einer, der im großen Buch der Welt lesen will

Senex bestellte noch einmal Kaffee und fragte: »Wenn ihr wollt, wenden wir uns jetzt dem kleinen grünen Mann zu – den ich, in Anbetracht seiner Bedeutung, doch nicht ›Männchen‹ nennen möchte. Während wir von der niederländischen Malerei redeten, sind wieder einige Jahre vergangen. Stellt euch Descartes nicht mehr im grünen Wams vor – er führte ein ausschweifendes Leben, vor allem in erotischer Beziehung.«

»Ein Casanova?«

»Das kann man so sagen. Nur war er diesem an Bedeutung weit überlegen.«

»Wieso ist Descartes in den Niederlanden? Ich denke, er war Franzose?«

»Das ist er auch, einer von Frankreichs größten Söhnen, neben Voltaire und Napoleon, freilich auf andere Weise als der Kaiser. Aber wie dieser hat er Welten bewegt, geistige Welten. René Descartes, auch Renatus Cartesius genannt, wurde im März 1596 in der Touraine geboren. Seine Familie gehörte zum Kleinadel, besaß ein Landgut; das machte ihn zeitlebens zwar nicht gerade reich, aber doch unabhängig. Er hegte eine tiefe Abneigung gegen seinen Vater, der als Gerichtsrat im Parlament saß, in roter Robe, damit man die Blutflecken der Unglücklichen nicht sah, die er der Folter unterzog, ehe er sie hängen ließ. Die Parlamente, Zivilgerichte, Straf- und Berufungsgerichte verfolgten vermeintliche Hexer und Hexen. Es fanden Massenexekutionen statt und manchmal brannten vierhundert Scheiterhaufen an einem Tag. Angewidert hatte sich der Schüler René seinem Studienpräfekten im Kolleg anvertraut.

Die französische Kirche hätte diese ›Opfer des Teufels‹, wie man sie nannte, lieber exorziert, aber die weltlichen Richter setzten sich, auch auf Geheiß des Königs, darüber hinweg. Damals regierte Heinrich IV.«

»Henri Quatre, der ›gute König‹?«

»Er hatte den Drahtseilakt, eine Politik der religiösen Toleranz zu betreiben, versucht und war damit gescheitert. Ihr kennt vielleicht sein Wort, jeder Franzose solle am Sonntag ein Huhn im Topf haben.«

»Was meinte er damit?«

»Es klingt für uns nicht großartig, wir können ja täglich ein gegrilltes Hähnchen bekommen, aber für die Zeit des Königs war das eine revolutionäre Forderung, angesichts dauernder Mangelernährung und Hungersnöten. Descartes war vierzehn Jahre alt, als Heinrich IV. ermordet wurde, Ludwig XIII. folgte, zunächst unter der Regentschaft seiner Mutter, Maria de Medici. Der junge René besuchte ein Jesuitenkolleg, wo man seine Begabung für Mathematik und Astronomie erkannte. Er entdeckte Fehler und Widersprüche, mit denen er sich nicht abfinden wollte. Da ihn die beschränkten Möglichkeiten seines Studiums langweilten, gab er es schließlich auf.«

»Was wollte er denn?« Stefan entdeckte seine Sympathie für den jungen Descartes.

»Statt in Büchern im großen Buch der Welt lesen.«

»Das klingt mir zu allgemein!«

»Er lernte Fechten und wurde von seinem Vater zur militärischen Ausbildung nach Holland geschickt, denn durch ihren Sieg über die Spanier hatten sich die Niederländer großes Ansehen erworben. Descartes wurde als ›Volontaire‹ eingestellt, musste also für seine Ausrüstung und Bedienung selber sorgen und bekam keinen Sold, außer einer symbolischen Dublone, die er zeitlebens aufbewahrte. Er war zweiundzwanzig Jahre alt, als Europa durch den Dreißigjährigen Krieg in eine tiefe Krise gestürzt wurde. Als das Chaos endete, hatte Descartes gerade noch zwei Jahre zu leben. Wir müssen uns das bewusst machen, denn die Erfahrungen und Schrecknisse dieses Krieges, der praktisch sein ganzes Leben als Erwachsener prägte, sowie die Hexenverbrennungen waren es, die auf seine Philosophie den bestimmenden Einfluss ausübten. 1619 reiste er nach Frankfurt, trat als unbesoldeter Offizier in die

Dienste des Herzogs von Bayern, verbrachte den Winter in der Nähe der Donau, überheizte seine Stube, träumte schlecht – oder gut, wie man es nennen will.«

»Ja und? Ich träume jede Nacht und kein Hahn kräht danach!« Roman schob sich auf die Vorderkante des Stuhls und lehnte sich zurück. In dieser lässigen Haltung konnte er konzentrierter zuhören.

Ich denke, also bin ich

Senex lächelte. »Wenn deine Träume eine entsprechende Wirkung haben, wird man in fünfhundert Jahren auch noch davon sprechen! Descartes hatte drei Träume. Die ersten beiden sagten ihm, dass sein bisheriges Leben in die Irre gegangen war, und der dritte kündigte ihm an, dass er von jetzt an vom Geist der Wahrheit geleitet werden würde. Er schrieb, dass er die Vision einer neuen Sicht der Welt habe, eine neue Methode, die Welt zu erfahren und zu begreifen. Er selbst nannte es ein ›inventum mirabile‹, eine wunderbare Entdeckung. Es war eine Sternstunde der Menschheit.«

»Klingt phantastisch!«

»Descartes wollte die Fundamente für eine neue Wissenschaft legen und damit auch eine grundsätzlich neue Lehre begründen. Er war sicher, dass er dabei die Weltformel finden werde, den Universalschlüssel zu den Geheimnissen der Welt.«

»Danach suchen wir doch heute noch, denke ich!«

»Das schmälert aber nicht Descartes' Verdienst.«

»Ich weiß.« Stefan schob die Brille hoch. »Wir können die Wahrheit nie erfahren, und selbst wenn wir sie durch Zufall fänden, könnten wir nicht wissen, dass es die Wahrheit ist. Es ist doch so, oder? Natürlich kenne ich die Formel von Descartes.«

»Kein Satz wird so oft zitiert wie dieser, jeder, auch wenn er sonst nichts von Descartes weiß, kennt ihn. Für Descartes war er der unumstößliche Beweis für seine Existenz …«

»Ich denke, also bin ich.«

»Auf Französisch: ›Je pense, donc je suis‹, auf Lateinisch: ›Cogito, ergo sum.‹ Es war ein entscheidender Schritt in der Entwicklung, denn er lehrte eine neue Art des Denkens.«

»Ein wichtiger Schritt vielleicht, aber möglicherweise kein positiver, glaube ich. Und ob Descartes Recht hatte, wird heute mehr denn je bezweifelt.«

»Es gibt keine für immer gültige Wahrheit!«

»Zugegeben, Senex, aber was war denn nun das Revolutionäre?«

»Descartes meinte, jetzt habe er endlich Gewissheit. Für ihn war gerade dieser Satz das unzerstörbare Fundament, auf dem sich ein wissenschaftliches Gebäude errichten ließ, das über Versuch und Irrtum hinausgeht und alles Wissen mit mathematischer Klarheit zusammenfassen kann. Selbst wenn all unsere Sinne uns täuschen, meint er, selbst wenn die Welt nur in der Illusion besteht, das bleibt gewiss: Ich denke, also bin ich! Für Descartes waren die Sinne Mutter der Lüge, darin ähnelte er dem Engländer Francis Bacon, der ebenfalls sicher war, dass Wahrheit nur durch das Experiment bewiesen werden kann.«

»Genau das ist es ja gerade, was man kritisiert. Da werden die Gefühle und die Seele ausgeblendet«, rief Roman. »Wenn nur der Beweis gilt, bleibt vom Menschen nicht mehr viel übrig!«

»Diesen Vorwurf macht man Descartes wirklich. Doch ist das jetzt nicht mein Thema. Damals folgerte er: Ich könnte nicht über mich selbst nachdenken, wenn ich nicht existieren würde. Ein Mensch, der über Schein und Sein nachdenken kann, muss unbezweifelbar existieren. Das heißt, aus dem Zweifel wächst die Gewissheit. Descartes machte den Zweifel zu seiner Methode. Er wollte Wahrheit durch Zweifel erreichen, für ihn konnte nur das wahr sein, was bezweifelt werden kann. Indem er zuerst einmal alles anzweifelte, was bisher gedacht wurde, musste er sich fragen, was dann noch übrig blieb. Es musste doch etwas geben, was ihm Sicherheit verlieh. Er wollte alles nur irgendwie Zweifelhafte ausschließen und für falsch erklären. So können wir glauben, folgerte er, dass es keinen Gott, keinen Himmel gibt, dass wir selbst weder Hände noch Füße noch überhaupt einen Körper haben. Aber wir können nicht annehmen, dass wir, die wir das denken, nicht sind. Oder, anders ausgedrückt: Auch wenn man alles bezweifelt, kann man sich doch seines Denkens als des Beweises seiner Existenz sicher sein.«

»Und das alles hat er geträumt?«

»Aber nein. Er schrieb ein schmales Bändchen, nur fünfzig Seiten, und zwar in französischer Sprache, was damals für einen Gelehrten ungewöhnlich war und ihm viel Kritik eintrug. Er wollte Leser haben, die nicht auf die Bücher der alten Philosophen festgelegt waren. Er dachte dabei ausdrücklich auch an Frauen. Wir wissen ja, dass die Mädchen damals nicht in eine öffentliche Schule gehen konnten. Descartes wollte sich auch ihnen verständlich machen, um sie zu befähigen, sich allein weiterzubilden. Sein Werk, ›Discours de la méthode pour bien conduire sa raison et chercher la vérité‹, also: ›Abhandlung über die Methode, die Vernunft richtig zu gebrauchen und die Wahrheit zu suchen‹ erschien erst 1637. Er war damals schon einundvierzig Jahre alt.«

»Warum hat er es so spät veröffentlicht?«

Nachdenken und eigene Schlüsse ziehen

»Weil seine niederländischen Mitbrüder in Leiden einen holländischen Drucker für ihn gefunden hatten.«

»Mitbrüder?«

»Er war dem Orden der Rosenkreuzer beigetreten, die aber nichts mit den heutigen Rosenkreuzern zu tun haben. Die Brüder vom Rosenkreuz verbreiteten keine Lehre, sie hatten keine Dogmen, man musste sich aber verpflichten, verschiedene Gebote einzuhalten – was hier nicht von Interesse ist, außer dass sie dem ›falschen Wissen‹ entsagten und sich daran gewöhnen wollten, nach dem Zeugnis der eigenen Augen und Ohren zu urteilen, sich auf eigene Erfahrungen zu stützen, nachzudenken und daraus eigene Schlüsse zu ziehen.«

»Das wollte Descartes ja auch!«

»Eben. Als Honorarzahlung bot Descartes dem Drucker zweihundert

Freiexemplare. Er veröffentlichte anonym, weil er Verfolgung fürchtete. Er hatte auch deshalb so lange mit der Herausgabe gezögert, weil ihn die Verurteilung Galileis durch die römische Inquisition verunsichert hatte. Er wusste auch, dass er gegen die übermächtige Schulphilosophie ankämpfen musste und wie gefährlich das war. Noch 1624, da war er fast dreißig, hatte das Parlament von Paris den Versuch einer anti-aristotelischen Physik und das öffentliche Auftreten gegen die Schulphilosophie unter Todesstrafe gestellt. Descartes neue Methode kam da einer Kriegserklärung gleich.«

»Und einem Selbstmordversuch!«

»Descartes machte sich keine Illusionen darüber, in welche Gefahr er sich begab. Zwar hatte Richelieu, der 1624 an die Macht kam, keine Scheiterhaufen im Sinn, er verfolgte weitreichendere Ziele, aber das gesamteuropäische Klima war geprägt von Intoleranz. Deshalb zog Descartes ins protestantische Holland, wo ein freierer Wind wehte. Die Niederlande erlebten ihr goldenes Zeitalter gerade in den Jahren, aus denen die anderen europäischen Staaten zerstört und verstört hervorgingen. Hier erschienen Bücher, die woanders verboten waren. Die Buchdrucker waren, wie in London, zugleich Verleger, Händler und Lektoren. Die wichtigen Druckereien und Verlage, von denen einige noch heute existieren, wurden in unmittelbarer Nähe des Rathauses eingerichtet. Für fortschrittliche Denker wurde Amsterdam zur Zuflucht. John Lockes bahnbrechende Briefe über die Toleranz wurden, wie zahlreiche andere Werke, erstmals in Amsterdam herausgegeben.«

»John Locke?«

»Ein Philosoph, Arzt und Erzieher, der als Begründer der neuzeitlichen Philosophie der Aufklärung und des englischen Empirismus gilt. Er lebte später als Descartes, war beim Erscheinen von Descartes' ›Discours‹ erst fünf Jahre alt. Da Descartes klar geworden war, dass die herrschende scholastische Philosophie für den wissenschaftlichen Fortschritt ein Hemmnis war, wollte er eine Philosophie schaffen, die ihr überlegen ist. Er begann seinen Discours mit einem Satz Montaignes: ›Der gesunde Verstand ist die bestverteilte Sache der Welt.‹«

Stefan seufzte und zog die Stirn kraus. »Ich sehe nur, dass der Verstand die am schlechtesten verteilte Sache der Welt ist. Fast alle haben zu wenig, ganz wenige zu viel und nur eine kleine Anzahl die richtige Menge.«

»Lag es denn nur am Calvinismus, dass die Niederlande liberaler waren? Gerade der Calvinismus konnte doch intolerant sein!« Berenike strich sich die Haare aus der Stirn.

»Nein, es lag keineswegs nur am Calvinismus, obwohl man freier dachte als im katholischen Spanien. Doch die protestantische Verbohrtheit konnte der katholischen entsprechen, da hast du Recht. Ein Freund von Descartes meinte, dass die Theologen wie Schweine seien, ›wenn man eines am Schwanz zieht, so schreien sie alle‹. Aber es herrschte eben doch eine erfolgsorientierte Einstellung vor. Holland präsentierte sich als das Volk der Kaufleute, berechnend und berechenbar zugleich. Descartes selber meinte: ›Außer mir gibt es hier niemanden, der nicht Handel treibt, und jedermann ist so scharf auf seinen Profit, dass ich mein ganzes Leben hier bleiben könnte, ohne jemals von irgendjemandem bemerkt zu werden.‹«

»Gerade das war es wohl, was er wollte: von niemandem bemerkt werden?«

»Seine Brüder vom Rosenkreuz haben ihn immer bemerkt, bewundert und unterstützt. Wenn er keine Wohnung hatte, nahmen sie ihn auf. Doch da er Bedenken hatte, jemandem zur Last zu fallen, wechselte er ständig seine Bleibe. So zieht er dauernd um, wohl mehr als zwanzig Mal. Das war es auch, weshalb ich anfangs sagte, dass wir hier zu dauerndem Ortswechsel gezwungen wären, falls wir nicht dieses Musterdam erfunden hätten, wo wir bleiben können, weil es jede Stadt darstellt, sei sie nun niederländisch oder flämisch. Jedes Mal schrieb er sich ins Studentenbuch der nächstgelegenen Universität ein, denn er brauchte deren Bibliothek. Auch deshalb war Holland der ideale Zufluchtsort für ihn. Hier fand er hervorragende Wissenschaftler, fast jeder kleine Bauer konnte lesen und schreiben, eine europäische Ausnahme – es war die Zeit von Rembrandt und Rubens, die er freilich beide nicht kannte. Aber Frans Hals hat ihn in Haarlem gemalt. In Amsterdam hatte er eine große Liebe, seine Magd. Im Hochsommer 1635 wurde die Tochter geboren.«

Noch war die Physik des Mittelalters gültig

»Doch noch einmal zu Descartes' Philosophie. Als einer der Ersten sah er, dass man eine neue Ordnung des Denkens brauchte. Die herrschende Scholastik hatte die aristotelische Philosophie, die nun bereits zweitausend Jahre alt war, übernommen und versucht sie mit der christlichen Lehre in Einklang zu bringen. Dabei waren Wissenschaft und Philosophie durch den theologischen Ballast schwerfällig geworden. Um Descartes richtig zu beurteilen, müssen wir uns auch klarmachen, dass damals noch die Physik des Mittelalters gültig war. Nach ihr bestand die Welt aus den vier Elementen Wasser, Feuer, Luft und Erde, die in ständigem Kampf miteinander liegen.«

»Poetische, aber auch naive Vorstellungen!«

»Die experimentell nicht überprüfbar sind. Heute so wenig wie damals.«

»Ich denke, man machte auch kaum Experimente, von Galilei mal abgesehen.«

»Man stritt sich so gelehrt wie theoretisch und hörte sich Bibelstellen an.«

»Und war überzeugt, den Heiligen Geist auf seiner Seite zu haben!«

»Mit seinem ›Discours de la méthode‹ wollte Descartes den Weg eigener Erkenntnis gehen. Sein kleines Buch veränderte die Richtung des abendländischen Geistes grundlegend, man kann von der Zeit davor und der Zeit danach sprechen. Descartes kam zu dem Schluss, dass er die Mathematik weiterentwickeln musste. Mit ihrer Hilfe, so glaubte er, könne alles erklärt werden, auf sie könne man sich, bei all der Unwissenheit in der Welt, immer verlassen. Ob ich nun schlafe oder wache, es gilt immer, dass zwei plus drei gleich fünf ist und dass ein Quadrat nur vier Seiten haben kann. Er war eben zugleich Mathematiker und viele sehen in ihm mehr den Naturwissenschaftler als den Philosophen. Dennoch gilt er als Begründer der modernen Philosophie.«

»Ich erinnere mich noch daran, dass wir in Mathe von ihm gehört haben!«

»Er gilt auch als Begründer der analytischen Geometrie. Das rechtwinklige Koordinatensystem mit seiner x- und seiner y-Achse trägt seinen Namen: das Cartesische Koordinatensystem. Er hat die Algebra reformiert, indem er unter anderem eine Schreibweise eingeführt hat, die wir heute noch verwenden, wie zum Beispiel die Potenzzahlen, also: zehn hoch zwei. Dass die Zwei als Hochzahl geschrieben wird, geht auf ihn zurück. Aber Mathematik war für Descartes nie Selbstzweck, sondern immer nur ein Werkzeug, mit dem Probleme gelöst werden konnten. Und – das erscheint mir wichtig – nicht nur als Werkzeug für ausgefuchste Mathematiker, sondern für jedermann.«

»Ich denke, da überschätzte er uns normale Sterbliche!«

»Ihn inspirierte seine Begeisterung für die aufblühenden Naturwissenschaften dazu, diese zu mathematisieren.«

»Wenn ich es mir überlege«, erklärte Stefan, »so finde ich, dass sein Satz ›Ich denke, also bin ich‹ auch unglaublich stolz ist. Er gibt uns so viel Unabhängigkeit, so viel Selbstständigkeit, ich will mal sagen, eine neue Würde der Natur gegenüber, die wir bis dahin nicht gehabt haben. Oder könnte man etwa auch sagen: ›Ich glaube, also bin ich‹? Nein, nein, sicher nicht! Nur das Denken ist Beweis für das eigene Sein.«

»Trotzdem habe ich noch nicht begriffen, worin seine übergroße Bedeutung besteht!«, widersprach Roman.

»Ich will versuchen, es auf die knappste Formel zu bringen. Die cartesianische Methode ist die Methode des radikalen Zweifels. Nur die Sätze sollen als wahr genommen werden, deren Evidenz jeden Zweifel ausschließt. Daher beginnt Descartes die Suche nach ihnen dadurch, dass er sie auf ihre Bezweifelbarkeit prüft. Descartes wollte ein in sich geschlossenes Weltsystem errichten. Er wollte auf die einfachsten Einsichten zurückgehen, die durch eigene Intuition gewiss sind. Um diese Gewissheit zu erreichen, zweifelt er an allem – außer daran, dass er existiert, weil er denkt – denn er könnte nicht denken, wenn er nicht existieren würde. Davon geht er aus und lehrt, dass die denkende von der ausgedehnten, das heißt körperlichen Substanz völlig getrennt ist, dass also zwischen ihnen ein Dualismus besteht. Daher der Vorwurf des Mechanismus und Materialismus, den man Descartes macht. Man sagt, dem Cartesianer erscheine die Welt als ein Uhrwerk, in dem alles präzise ineinander greift und sich alles regulieren lässt – was so nicht stimmt. Seine Bücher entwickelten ein neues Bild der Welt: Beobachtung, Analyse, Gesetz. Alles erscheint ihm durchschaubar, alles erklärbar. Das ist zwar ein Irrtum, aber ein fruchtbarer. In seiner Abhandlung ist alles neu. Anstelle eines dogmatischen Traktats findet man einen Bericht, die Geschichte eines Geistes und persönliche Überlegungen. Er gebraucht das Ich und macht seinen Text dadurch menschlicher.«

»Und das hat man ihm vorgeworfen?«

»Er übergab seinen Zeitgenossen einen der wichtigsten Texte der Geschichte und sofort griff man ihn an. Man warf ihm vor, dass er die Wissenschaft vulgär mache, also ins Gewöhnliche herabziehe. Ihr wisst sicher noch, dass Kaiser Friedrich II. von Hohenstaufen als einer der Ersten in der Volkssprache, im Volgare, dichtete. Dante benutzte das Toskanische statt des Lateins, Luther übersetzte die Bibel ins Deutsche, Descartes erläuterte seine ›Methode‹ auf Französisch. Man zeterte, er schaffe das Privileg des Wissens ab, indem er es für alle zugänglich mache, während es doch den Eliten, die Latein beherrschten, vorbehalten bleiben solle.«

Ein Prolog zur modernen Welt

»Die schwerfällige Gesellschaft des siebzehnten Jahrhunderts war eine Verkrustung aus dem Mittelalter. Da war Descartes' Discours ein Flammenzeichen, ein politischer Akt. Es war wie ein Prolog zur modernen Welt. Mit der ›Methode‹ von Descartes konnte sich jeder bilden, Wissenschaft und Technik weiterentwickeln, unabhängig, sogar ohne Schule.«

»Das verstehe ich noch nicht.«

»Für das richtige Denken stellte Descartes vier grundlegende Regeln auf, die in Frankreich noch heute gelehrt werden. Erstens: Man darf nur das als wahr behaupten, was man so klar und deutlich erkennt, dass man daran nicht zweifeln kann. Zweitens: Jeder Sachverhalt ist in angemessen viele Untersachverhalte zu zerlegen. Drittens: Man muss den Zusammenhang dieser Untersachverhalte erkennen oder rekonstruieren, danach erst die einfachsten und dann die jeweils komplizierteren erklären. Viertens: Vollständige Aufzählungen und umfassende Übersichten müssen sicherstellen, dass kein Problem übersehen wird. Das Wichtigste ist in einem Dutzend Seiten am Ende des kleinen Werkes enthalten: Die Mathematik, der Schlussstein des Gebäudes, das von Forschern, Wissenschaftlern und Technikern in den nächsten dreieinhalb Jahrhunderten erbaut werden wird. Descartes meint, man würde entdecken, dass es eine allgemeine Wissenschaft geben muss, die alles erforscht und erklärt, ohne an einzelne Fächer gebunden zu sein. Für ihn ist das die universelle Mathematik, sie beschließt alle anderen Wissenschaften.«

»Aber ich glaube, da setzt doch unsere Kritik ein. Wir sehen die Welt nicht mehr rein mathematisch – oder mechanistisch!«

»Das ist der Vorwurf, den man Descartes macht. Ihr müsst aber berücksichtigen, dass die Menschen damals von Maschinen fasziniert waren. Es gab große astronomische Uhren und die ersten Taschenuhren, es wurden zahlreiche Automaten in Form von Lebewesen gebaut, von denen einige Musik machen konnten. Es gab illustrierte Bücher über den Maschinenbau. Die Mechanik bestimmte das Weltbild, da war es nahe liegend zu denken, der Mensch selbst funktioniere nach den gleichen Gesetzen. Das Problem ist, dass viele über diesen ersten umstürzenden Denkansatz nicht hinauskamen. Die Funktionen des Körpers sind nun einmal, für sich betrachtet, einfacher zu verstehen als die Verbindung Körper-Seele beziehungsweise Körper-Geist. Wir fragen immer noch: Wie macht das der Körper, dass der Geist denkt? Vierhundert Jahre nach Descartes glauben wir zwar, dass es eine Verbindung gibt, aber wie sie funktioniert, wissen wir immer noch nicht.«

»Ich denke mal, wir haben nicht die blasseste Ahnung!«

»Wir wissen zwar heute viel mehr darüber, aber immer noch nicht genug. Damals versuchte man die ersten tastenden Schritte. Descartes' Verdienst war es, zu sehen, dass Körper und Geist, Leib und Seele zusammenwirken, aber für ihn war der Organismus eine Art Maschine, eine Sicht, die noch heute von vielen Schulmedizinern geteilt wird. Mit diesem Denkansatz kann man in Descartes zwar den Vater der modernen Medizin sehen, gewiss, aber wenn wir Kritik an dieser ›Apparatemedizin‹ üben, dann sollten wir an die zahllosen Menschen denken, die längst gestorben wären, wenn es keinen medizinischen Fortschritt gegeben hätte, keine Impfungen, keine Organtransplantation, keine neuen Herzklappen, keine Krebsoperation – und so weiter.«

»Ja, man kann nicht das eine haben wollen und über das andere herfallen, denke ich jedenfalls.«

Die Natur unterwerfen und die Welt neu gestalten

»Der Eindruck des Dreißigjährigen Krieges mit seinen unbeschreiblichen Grausamkeiten hat Descartes nie losgelassen. Er liebte die Menschen, er wollte ihnen helfen und er lebte zu einer Zeit, in der sie wie die Fliegen starben.«

»Da kommt man sicher nicht aus Unmenschlichkeit auf die Idee, ihnen beistehen zu wollen, indem man die Natur beherrschen lernt.«

»Sicher kann man Descartes vorwerfen, er habe durch die Trennung von Leib und Seele aus dem Körper des Menschen einen seelenlosen Apparat gemacht. Aber ihm schien die Mechanisierung des Lebendigen ein entscheidender Vorteil zu sein. Indem er die Seele vom Körper trennte, konnte er den unbeseelten Körper als Maschine behandeln und hoffen, diesen komplizierten Mechanismus in den Griff zu bekommen.«

»Wie ein Uhrmacher seine Uhr!«

»Er sagte dazu, dass der menschliche Körper eine Art Maschine sei, die aus Knochen, Nerven, Muskeln, Adern, Blut und Haut zusammengesetzt ist. Auch ohne die Herrschaft des Willens würde er alle Bewegungen ausführen, also ohne Geist.«

»Aber das ist doch ein Irrtum!« Berenike schlug mit der Hand auf die Stuhllehne.

»Auch über Irrtümer – und vielleicht nur über Irrtümer – gelangen wir Schritt für Schritt zur Wahrheit. Descartes glaubte, wenn man den Mechanismus des Körpers mit den Gesetzen der Mathematik, der Physik und der Biologie analysiere, dann könne man ihn auch reparieren. Da trafen sich seine Überlegungen mit denen des englischen Philosophen und Lordkanzlers Francis Bacon. Bacon sah als einer der Ersten in der Wissenschaft ein Mittel, sich die Natur zu unterwerfen und die Welt neu zu gestalten.«

»Aber ein Organismus ist doch mehr als die Summe seiner Teile, glaube ich jedenfalls.«

»Der Körper ist ein komplexes System vielfältiger Wechselwirkungen, zugegeben, aber diese Erkenntnis verdanken wir auch der Lehre vom Zweifel, vom vorurteilslosen Nachdenken, von der Notwendigkeit des Experiments. Ohne Descartes – oder eines anderen seiner geistigen Potenz – würden wir noch scholastisch disputieren.«

»Und die Menschen hungern und an Seuchen sterben lassen.«

Berenike streifte Stefan mit einem skeptischen Blick. Hatte er nun Recht oder schätzte er die Rolle der Gefühle zu gering ein?

Die Philosophie ist wie ein Baum

»Ich will eine abschließende Bewertung versuchen. Man könnte die Philosophie mit einem Baum vergleichen, der in der Metaphysik wurzelt, mit dem Stamm ›Physik‹ aufsteigt und sich in alle übrigen Wissenschaften verzweigt. Diese lassen sich auf drei große Disziplinen zurückführen, auf die Medizin, die Mechanik und die Ethik. Und deshalb sind es auch die Theorien von Descartes in diesen dreien, die das europäische Denken revolutioniert haben. Sein Ziel waren nicht Argumente, sondern Fertigkeiten, nicht wahrscheinliche Gründe, sondern Entwürfe und Anleitungen für Werke.«

»Er muss äußerst vielseitig gewesen sein.«

»Descartes arbeitete in der Mathematik und Algebra, legte die Grundlagen der experimentellen Forschung und des modernen wissenschaftlichen Vorgehens, er schlug dem französischen Mathematiker, Physiker und Religionsphilosophen Blaise Pascal vor, auf dem Puy de Dome in der Auvergne Experimente mit dem Vakuum anzustellen, und kam zu dem Schluss, dass dieses nicht existiert, weil die feine, unsichtbare Materie durch die Poren in die Körper eindringe. Und das trifft zu: Partikel – einige von ihnen haben keine Masse – durchstreifen den Raum und dringen auch in die undurchdringlichsten Körper ein. Das sind die neuesten Erkenntnisse der Physik. Descartes sagte, dass das Licht aus kleinen Kugeln besteht und eine unendlich schnelle Geschwindigkeit hat. Heute wissen wir, dass es zugleich aus Energie und aus Materie besteht, und sind nicht mehr sicher, ob seine Geschwindigkeit nicht doch überschritten werden kann. Er erfand eine Maschine zum Schleifen hyperbolischer Gläser, verbreitete und bewies die Theorie des englischen Arztes Harvey über den Blutkreislauf, entdeckte bei seinen anatomischen Studien die Klappen, kleine ›Türen, die bewirken, dass das Blut durch die Arterien und Venen immer in dieselbe Richtung fließt‹. Diese Behauptung löste bei den Ärzten einen Sturm der Entrüstung aus. Er sagte, dass jeder Himmelskörper einen Wirbel hervorbringt und mit sich führt, der von den Wirbeln anderer Körper verformt wird. Einige Jahrhunderte nach seinem Tod haben die Theoretiker bewiesen, dass die Materie den Raum verformt. Die Astronomen haben festgestellt, dass die Mehrzahl der Galaxien sich in sich drehen wie Wirbel aus flüssiger Materie, dass die Supergalaxie, ein Haufen von Milliarden Galaxien, ebenfalls dieser Bewegung gehorcht. Auch das Raum-Zeit-Verhältnis ist verschoben, die Physiker können es nur in Gleichungen ausdrücken. Descartes sagte, dass jede Bewegung in gewisser Weise kreisförmig ist. Heute wird dies durch die theoretische Physik bewiesen. Da die Materie den Raum krümmt, beschreibt das Licht – die Energie – eine Kurve. Die Astronomen haben es beobachtet: Die von den anderen Sternen kommenden Lichtstrahlen werden abgelenkt, wenn sie an der Sonne vorbeirasen.«

»Es gibt also keine Gerade?«

»Keine, außer in unseren Köpfen. Die Gerade ist eine geometrische Abstraktion. Descartes hatte Recht. In einem kleinen Traktat über Mechanik fasste er erstmals die Arbeit als eine Leistung von Kräften auf.

Diese mathematische Theorie ermöglichte später die Entwicklung von Maschinen. Seine Anerkennung wuchs.«

Der Begründer einer neuen Philosophie

»Endlich ist er der *große* René, der Begründer einer neuen Philosophie. Die alte Scholastik brach auseinander. Francis Bacons Prophezeiung erfüllte sich. Von allen Hemmnissen befreit, konnte das menschliche Denken die Sackgasse verlassen, in die es die Pedanten geführt hatten.

Descartes begründete das mechanische Zeitalter der Physik, Newton wurde erst sechs Jahre nach dem Erscheinen von Descartes' ›Discours‹ geboren. Die Technik begann ihren Siegeszug. Ihr schien alles möglich, alles erlaubt. Die Wissenschaft verließ sich blind auf die Vernunft des Menschen, auf seine Rationalität.«

»Sie haben von Descartes' Angst erzählt, wie Galilei, oder – viel schlimmer – wie Giordano Bruno, verurteilt zu werden. War denn Descartes ein Atheist?«

»Nein, eher das Gegenteil. Er war von Jesuiten erzogen worden und er ist wahrscheinlich ein gewissenhafter Sohn seiner Kirche gewesen. Er beschäftigte sich mit einem Gottesbeweis. Von seiner Schlussfolgerung der Existenz des Menschen als eines denkenden Ichs kam Descartes zum Beweis der Existenz Gottes, indem er folgerte, nur ein vollkommenes Wesen könne die Ursache für die Idee eines vollkommenen Wesens sein. Die Rosenkreuzer, denen er angehörte, glaubten, dass das Universum unendlich sei. Das warf die Frage auf, wie man sich dann den Bund zwischen Gott und den Menschen vorstellen solle, da der Mensch schwerlich einen so hohen Rang einnehmen könne, wenn er nur ein kleines Eckchen eines endlosen Universums bewohnt. Descartes erklärte dagegen, das Universum sei nicht unendlich, sondern unbegrenzt, da man keine Grenzen finden könne. Das Gleiche gelte für die Zeit. Auch Gott sei unbegrenzt, weil er undefinierbar sei, daher sei für Gott auch die Bezeichnung ›Höchstes Gut‹ die beste von allen.«

»Da geht er aber doch über die Theologie seiner Zeit hinaus!«

»Und bleibt doch gottgläubig. Und damit möchte ich unser Gespräch über Descartes beenden. Sicherlich gäbe es noch viel zu sagen ...«

Senex schwieg und rührte in seiner Kaffeetasse, blickte über den Tisch, in irgendeine Ferne, oder auch nur in sich hinein.

Frauen können die schwierigsten Dinge meistern

Die drei sahen Senex erwartungsvoll an. Was konnte nun folgen? Dann sagte er zu Berenike: »Eines vielleicht noch. Ich habe ja erzählt, dass Descartes die Frauen liebte. Eine Frau wurde denn auch sein Schicksal. Ich spreche von Königin Christine von Schweden. Sie lud Descartes an ihren Hof nach Stockholm ein. Und er bewies wohl einen guten Instinkt, als er mit der Reise zögerte, denn er sollte dort sterben.«

»Das wusste ich nicht.«

»Christine von Schweden war eine der bedeutendsten Herrscherinnen ihrer Zeit, die Königin einer Großmacht, deren Vater das protestantische Lager im Dreißigjährigen Krieg gegen den Kaiser und die katholische Liga angeführt hatte. Gerade war sie am Zustandekommen des Westfälischen Friedens beteiligt gewesen. Ihr Königreich hatte für die Geschichte Europas großes Gewicht. Sie wollte außerdem aus ihrem Hof einen Tempel der Musen und Wissenschaften machen. Mit ihrem klaren Verstand bewies sie, dass Frauen, genau wie Männer, die schwierigsten Dinge meistern können und dass die Wissenschaft auch ihnen zugänglich ist. Gelehrte, Künstler, Wissenschaftler und Philosophen bevölkerten das Alte Schloss der Wasakönige. Dazu pflegte sie einen regen brieflichen Gedankenaustausch mit zahllosen bedeutenden Persönlichkeiten. Und was kaum einer ahnte: Sie plante zum Katholizismus überzutreten!«

»Ausgerechnet sie, mit diesem Vater, mit dieser Vergangenheit?«

»Ja, es war eine Ungeheuerlichkeit für jene Zeit. 1649 zerriss die

Glaubensspaltung Europa und es galt die Regel: Die Konfession des Fürsten bestimmt die Konfession seiner Untertanen. Ihr Übertritt zum Katholizismus wäre also ein Akt von höchster politischer Bedeutung gewesen. Sie spann bereits Fäden nach Rom. Jesuiten, die, wenn man so will, Elitesoldaten der Gegenreformation, kamen heimlich nach Stockholm. Sie sollten die Monarchin in den Schoß der römischen Kirche führen. – Nun, nach jahrelangem Zögern hatte sich Descartes entschlossen, ihrer Einladung zu folgen. Sie empfing ihn mit allen Ehren, er wohnte beim französischen Botschafter. Der Winter war kalt, das Klima unfreundlich. Descartes musste mehrmals um fünf Uhr früh zur Königin, um ihr seine Lehre zu erläutern – man munkelt, nicht nur deswegen – jedenfalls war das eine Tortur für den Langschläfer, der am liebsten bis Mittag im Bett blieb. Er wurde krank, bekam eine Lungenentzündung und starb. Oder war er mit Arsen vergiftet worden? Gerüchte dieser Art machten die Runde, da die Jesuiten und der Vatikan kein Interesse daran haben konnten, dass die Königin von diesem Freidenker in moderner Philosophie unterrichtet wurde. Bewiesen ist freilich nichts. Descartes wurde in aller Stille in Stockholm beerdigt. Auf dem Grabstein lesen wir:

> *Er hat die Philosophie von Grund erneuert und den Sterblichen einen Weg ins Innerste der Natur gewiesen, der neu, gewiß und sicher ist, und hat nur eines ungewiß gelassen: ob sein Wissen oder seine Bescheidenheit größer war.*

»Auch er hat diesen Verdacht, wenn er von den Angriffen seiner Neider spricht, denke ich. Und Königin Christine?«

»Sie dankte später ab und verlegte ihren Wohnsitz nach Rom, um sich nur noch der Kunst und der Wissenschaft zu widmen. Sie trat zum Katholizismus über – was für ihre Untertanen nun nichts mehr bedeutete, da sie ja nicht mehr Königin war.«

Senex trank den letzten Rest Kaffee aus seinem Tässchen und erhob sich. »Wir brechen auf.«

Morgendämmerung

Zwei bedeutende Köpfe

Dann, im Gehen, das mehr ein Schlendern war, sagte Senex: »Stellt euch unser Musterdam nun als Den Haag vor. Ich führe euch dort zu einem kleinen Haus, das an der Paviljoensgracht liegt. Dort treffen sich zwei der glänzendsten Köpfe Europas, der deutsche Mathematiker und Philosoph Gottfried Wilhelm von Leibniz und der niederländische Philosoph und Optiker – oder richtiger Brillenschleifer, denn damit verdiente er sich seinen Lebensunterhalt – Baruch de Spinoza. Spinoza war der Nachkomme einer jüdischen Familie, deren Mitglieder sich nach der Vertreibung aus Spanien zum Teil in Portugal aufgehalten hatten und später über Frankreich in die kleinen Niederlande auswanderten, in das Land, das so entscheidende Siege über die Stammväter der Inquisition errungen hatte.«

»Musste er als Jude nicht in einem Getto leben?«

»Nein, Berenike, ein richtiges Getto hat es in Amsterdam nie gegeben. Juden konnten überall wohnen.«

Sie gingen durch schmale Gassen, in die Sonnenstrahlen einfielen, die die Butzenscheiben in kleine Spiegel verwandelten. Menschen schwatzten, Männer mit schwarzen Stöcken, breit geränderten Hüten und Schuhen mit silbernen Schnallen, teuren Kragen und Spitzenmanschetten. Kinder trieben Reifen, ließen Kreisel tanzen.

Senex erzählte weiter: »Leibniz wurde 1646 in Leipzig geboren, studierte Jura, arbeitete am Hof des Mainzer Kurfürsten an der Reform des römischen Rechts, ging im Alter von sechsundzwanzig Jahren in geheimer Mission nach Paris, wo er König Ludwig XIV. dazu überreden sollte, Ägypten zu überfallen und die Türken dort zu binden, um ihn vom Rhein und den Niederlanden abzulenken. Der Plan schlug fehl. Erst Napoleon griff ihn später auf und setzte ihn in die Tat um. Ludwig XIV. überfiel die Niederlande und die Rheinpfalz. Leibniz lernte in Paris alle neuen Strömungen von Wissenschaft und Philosophie kennen. Als er nach Deutschland zurückreiste, wo er die Bibliothek des Herzogs von Hannover in Wolfenbüttel leitete, besuchte er Baruch de Spinoza. Auf seine Anregung wurde in Berlin eine Sozietät, die spätere preußische Akademie der Wissenschaften, gegründet. Leibniz war deren erster Präsident. Er kam zu hohen Ehren und starb, von der Gicht geplagt, 1716 in Braunschweig. So viel zu seinem Leben. Friedrich der Große meinte, das Abendland habe allen Grund, das Werk dieses genialen Mathematikers, dieses größten deutschen Philosophen der Barockzeit, dieses letzten Universalgelehrten, der eine ganze Akademie für sich war, zu würdigen und zu feiern.«

»Also gut, dann tun wir es auch«, antwortete Stefan gut gelaunt.

»Leibniz konstruierte eine mechanische Rechenmaschine für alle vier Grundrechenarten, die mit zwölfstelligen Zahlen rechnete, während die Rechenmaschine von Pascal nur addieren und subtrahieren konnte. Auch Leibniz glaubte, dass sich unsere Welt mit mathematischen Symbolen beschreiben lasse. Er entwickelte die Grundzüge einer Infinitesimalrechnung, vor allem aber entwarf er das binäre Zahlensystem …«

»Das, bei dem man mit den beiden Ziffern Null und Eins alle anderen Zahlen ausdrücken kann?«

»Diese ›Spielerei‹ zeigte erst in unserem Jahrhundert, welchen Nutzen sie hat.«

»Sie meinen die Computertechnik, oder?«, fragte Stefan.

»Leibniz formulierte diese Idee auch philosophisch. Er schrieb: ›Aus dem Nichts, der Null, entsteht durch das All-Eins, durch Gott, die Schöpfung, das All. Die Null und die Eins stehen sich nicht unversöhnlich gegenüber, denn aus der Kombination der beiden entsteht die unendliche Vielfalt des Universums.‹ Nun, ihr werdet den Philosophen gleich selbst kennen lernen, es sind nur noch wenige Schritte.«

»Ich denke, wir gehen zu Spinoza?«, warf Berenike ein und hakte sich bei Stefan und Roman unter.

»Auch. Spinoza wurde 1632 in den Niederlanden geboren. Schon als Achtzehnjähriger äußerte er Zweifel an der Existenz eines auserwählten Volkes, als das sich die Juden betrachten, Zweifel überhaupt am jüdischen Dogma. Er wurde daher aus der jüdischen Gemeinde ausgestoßen. Er machte statische Berechnungen, arbeitete mit Luftpumpen und Wärmemessern und erwarb erste Kenntnisse in der Chemie. Eine praktische Seite seiner naturwissenschaftlichen Interessen führte, auch unter dem Einfluss von Descartes, zu seiner Schrift ›Dioptrica oder Lehre von der Brechung der Lichtstrahlen‹ und zu neuen Resultaten. Da Fachleute und interessierte Laien ihn nach den genauesten Vergrößerungsgläsern fragten, erlernte er, zumal er nur über ein geringes Einkommen verfügte und sehr stolz war, das Schleifen optischer Gläser und lebte fortan davon, wodurch er freilich an Tuberkulose erkrankte, an der er später starb. Jedenfalls schliff er Brillen und verkaufte sie. Er betrachtete, wie Hobbes und Descartes, die Mathematik als *die* Wissenschaft, die nicht betrügen kann. Er starb 1677, ein Jahr nach seiner Begegnung mit Leibniz. Das Werk dieses jüdischen Abtrünnigen, der die Autorität der Bibel niederriss und heidnische Vorstellungen von der Natur verbreitete, wurde nach seinem Tod offiziell mit einem Staatsverbot als ›profan, atheistisch und blasphem‹ belegt. – Da sind wir schon!«

Eine denkwürdige Unterhaltung

Senex blieb an einer Gracht stehen. Das moosgrüne Wasser schimmerte ruhig. Senex zeigte auf ein Haus aus roten Ziegeln, das in der Breite und in der Höhe jeweils drei Fenster mit weiß gestrichenen Holzrahmen aufwies. Ein Spitzgiebel mit auffälligem hellem Sims, der weit herausragte, krönte das Bauwerk. Die schmale Tür passte sich den Fenstern an, Senex stieß sie auf, alle vier stiegen das enge Treppenhaus hinauf. Die knarrenden Stufen führten in ein einfach ausgestattetes Zimmer, das Senex als Studierstube bezeichnete, obwohl auch ein Bett zum Schlafen dort stand. Eine Tür in der Mitte der Seitenwand führte in das Nebenzimmer mit dem Gestell und den Werkzeugen zum Linsenschleifen. Nur die hohe, voll gestopfte Bücherwand wies auf die Bestimmung des Raumes hin und verlieh ihm eine gewisse Behaglichkeit.

Am Fenster saßen sich zwei Männer gegenüber. Der eine, etwa dreißig Jahre alt, jung und dynamisch, eine hagere, mittelgroße Persönlichkeit, hatte sich wie ein Fürst dekoriert. Er trug eine dunkle Perücke, deren üppige Locken sein blasses Gesicht umrahmten und über die Schultern herabfielen. Da die Stirn auffällig hoch war, die Augenbrauen leicht, wie staunend, gewölbt, die Lippen schmal, machte er den Eindruck einer intelligenten Persönlichkeit in gehobener Position, die sich ihrer Bedeutung bewusst ist. Es passte zu ihm, dass er mit leiser, heller Stimme sprach.

Sein Gegenüber war einige Jahre älter, kleiner, seine Haare, gewiss die eigenen, waren ebenfalls dunkel und gelockt, jedoch bereits schütter. Er trug einen Schlafrock, der mit Glasstaub überpudert war, wirkte aber doch nicht ungepflegt. Sein Gesicht mit den eingefallenen Wangen schien von einer Krankheit gezeichnet zu sein, es verleugnete dennoch die südliche Abstammung nicht, die sich in einem dunklen Teint ausdrückte. Er hatte sich sorgfältig rasiert, auf den ausdrucksvollen Zügen lagen melancholische Schatten. Besonders sein Augenausdruck ließ auf depressive Schübe schließen.

Sie setzten sich auf Stühle an der Wand beim Eingang, während Senex erklärte: »Spinoza und Leibniz. Ihre Unterhaltung ist zwar nicht Wort für Wort dokumentiert, aber es ist bekannt, dass sie vor allem über Gottesbegriff und Gottesbeweis diskutiert haben, wobei Spinoza Leibniz in seinem christlichen Offenbarungsglauben etwas unsicher gemacht hat. Spinoza vertrat die Ansicht, dass Gott gleichbedeutend sei mit Natur. Das hatte seine Folgen.«

Immer wieder wurde der unscheinbare Optiker-Philosoph von Hustenanfällen unterbrochen, als er seinem Gegenüber mit ruhigem Gemüt auseinander setzte: »Gott und die Natur, Materie und Geist, Denken und Sein sind, wenn nicht überhaupt ein und dasselbe, so doch zwei Seiten der einen unteilbaren, unendlichen Substanz, deren sterbliche Kreaturen nur Spielarten vorstellen.«

Leibniz antwortete: »Ich sehe in der Monade die einzige Substanz.«

»In der Monade?«

»Darunter verstehe ich den Urbaustein schlechthin. Wie Sie wissen, heißt das griechische Wort ›monas‹ Einheit, das Nichtzusammengesetzte. Die Monade ist daher eine einfache Substanz, das heißt, dass sie nicht aus Teilen zusammengefügt ist und nicht mehr geteilt werden kann. Sie hat keine Ausdehnung und keine Fenster, das heißt wiederum, dass sie nicht von außen beeinflussbar ist.«

Es fiel Spinoza offenbar nicht leicht, sich in diese Vorstellung hineinzudenken. Er räusperte sich: »Wenn ich das recht verstehe, so übersteigt Ihr Denkansatz damit den der Rationalisten bei weitem.«

Leibniz lächelte geschmeichelt. »Glauben Sie? Ich meine, dass die Monaden Energien sind, oder sagen wir lieber Energiepunkte, also dynamisch, lebendig, beseelt.«

»Meinen Sie lebendige Energie, Mijnheer Leibniz?«

»Ja, wobei ich Energie und Substanz als komplementär betrachte!«

»Aber wie wollen Sie Energie und Kraft beschreiben?«

»Als Impulse, Bewegungen, Verdichtungen, Spannungen.«

»Als Kraftfelder?«

»Nennen Sie es ruhig so, Baruch de Spinoza. Diese Energie, dieses Tätigsein, besteht eben darin, dass die Monaden lebendige Vorstellungen, Wünsche, ein Begehren und ein Wollen haben. Dabei gibt es eine Hierarchie, also eine Ordnung der Monaden, als deren oberste, die Urmonade, ich Gott sehe. Unter ihr folgen die Geister, die Seelen, dann die Lebewesen – und so weiter und weiter hinab.«

»Das sind ja poetische Vorstellungen, Mijnheer Leibniz!«

»Haben Sie etwas dagegen? Ich kann es auch mathematisch ausdrücken: Die Gottmonade ist gleich unendlich durch eins …«

»Das hieße, sie ist unendlich, meinen Sie das?«

»Ja.«

Spinoza hustete. »Und die menschliche Monade?«

»Die menschliche Monade ist gleich eins durch unendlich!«

Spinoza klopfte sich mit den Fingerspitzen in die Handflächen. »Vortrefflich! Also ist der Mensch ein Unendlichstel!«

Leibniz lächelte wieder. »Ich sehe, Sie verstehen mich. Das ist mir eine

Ehre. Denken Sie sich nun unendlich viele Monaden, unendlich viele Einheiten, die sich zu Vielheiten organisieren können.«

»Dann setzen sie sich zusammen, Mijnheer Leibniz?«

»So meine ich es.«

»Aber – wenn ich Sie recht verstehe – so betrachten Sie jede Monade nicht nur als eine Einheit, als etwas Unteilbares, sondern auch als etwas Einzigartiges.« Spinoza wurde von Husten geschüttelt. Er murmelte: »Verzeiht!«

»Sollen wir unterbrechen? Es greift Sie an, Baruch de Spinoza!«

»Nein, nein, reden Sie nur weiter. Wann habe ich schon einmal so geistreichen, interessanten Besuch!«

Leibniz lehnte sich zurück und schlug die Beine übereinander: »Diese Monaden sind sowohl im Verhältnis zu anderen Monaden als auch in ihrer eigenen Vorstellung etwas Einzigartiges.«

»Das wäre dann ein drittes Kriterium, unteilbar, lebendig und einzigartig. Das gibt Ihrem Gedankengebäude Glanz! – Und Sie meinen doch auch, dass jede Monade ein lebendiger Spiegel des Universums ist?«

»Ja, Mijnheer de Spinoza, das ergibt sich daraus, dass jede in ihren Vorstellungen das Universum spiegelt, und zwar jeweils von ihrer Perspektive aus.«

Spinoza war kaum zu verstehen, als er murmelte: »Sie spiegelt das Universum also mehr oder weniger klar?«

Leibniz beachtete ihn nicht, er fuhr mit Feuer fort: »Jedes Stück Materie können Sie sich wie einen Garten voller Pflanzen oder wie einen Teich voller Fische vorstellen. Und jeder Zweig der Pflanze, jedes Glied eines Tieres, jeder Tropfen seiner Säfte ist wiederum ein eigener Garten und ein eigener Teich.«

»Verblüffend!« Dabei blieb es völlig offen, ob Spinoza diese Vorstellung nicht möglicherweise verblüffend töricht fand. Er fragte, wie um sich zu vergewissern, was er davon zu halten habe: »Und die Erde und die Luft zwischen den Pflanzen und das Wasser zwischen den Fischen?«

Leibniz, völlig vom Glanz seiner eigenen Ideen geblendet, rief: »Obwohl sie selbst weder Pflanze noch Fisch sind, enthalten sie doch Pflanze und Fisch, wenn auch meist in einer für uns unerkennbaren Feinheit.«

Die prästabilierte Harmonie

Die Unterhaltung der beiden Philosophen am Fenster ging weiter. Spinoza fragte: »Aber wie, Mijnheer Leibniz, wie können diese unendlich vielen und unendlich kleinen Wesen, die ja keine Fenster haben, zusammenwirken?«

Leibniz überlegte, als scheute er sich, einen Gedanken auszusprechen, der ihm viel bedeutete, von dem er aber befürchtete, dass er nicht verstanden werden könnte. Schließlich überwand er sich: »Durch prästabilierte Harmonie!« Seine Stimme war nur ein Hauch.

Spinoza aber hatte gut verstanden, er richtete sich auf und rief: »Erklären Sie das näher, bitte!«

»Das Prinzip der prästabilierten, also der vorher festgesetzten, unveränderlichen Harmonie erklärt die Vereinigung oder besser die Übereinstimmung der Seele mit dem Körper, ihr Zusammenwirken. Ich halte nichts von Descartes' Hypothese einer Verbindung von Seele und Körper in der Zirbeldrüse. Nein, nein, die Seele folgt ihren eigenen Gesetzen und ebenso folgt der Körper den seinen. Aber sie treffen zusammen kraft der in allen Substanzen prästabilierten, also vorher festgesetzten Harmonie, da sie ja alle ein und dasselbe Universum vertreten.«

Spinoza hustete, danach konnte er es sich nicht verkneifen zu äußern: »Wenn ich das weiterdenke, dann finde ich, dass Sie äußerst optimistisch sind, Mijnheer Leibniz, denn Sie glauben doch, dass in den Monaden, und damit auch in dieser Welt, der Wille zur Harmonie, der Wille zum Guten von vornherein angelegt ist.«

Diese Frage schien Leibniz zu irritieren. Er murmelte brummend: »Ich will mich von Ihrem Atheismus auf keinen Fall anstecken lassen, Baruch de Spinoza!«

»Von meinem Atheismus, Mijnheer Leibniz? Aber da sind Sie falsch unterrichtet. Es stimmt wohl, dass mich die jüdische Gemeinde schon in jungen Jahren wegen meiner, sagen wir einmal, unorthodoxen Ansichten ausgestoßen hat und mit dem Bann belegte. Schon damals hatte das Studium des Talmuds seinen Wert für mich verloren, meine Zweifel an der Bedeutung der darin enthaltenen Haarspaltereien waren von Jahr zu Jahr größer geworden. Außerdem bildeten die Widersprüche im Alten Testament weitere Hindernisse für mich.«

»Sie haben einen überkritischen Verstand!«

»Das ist doch die Voraussetzung für jedes Philosophieren. Es stimmt ebenfalls, dass mich die kirchliche Obrigkeit wie ein tollwütiges Tier belauert, denn ich halte die Bibel nicht für ein Produkt göttlicher Eingebung, sondern für ein recht ungleichwertiges Menschenwerk, das teilweise gefälscht wurde, um uns das Vorbild Christi, des vollkommensten Menschen, die Liebe zu den Nächsten und den Gehorsam gegenüber Gott – der Ordnung der Natur selbst – zu lehren.«

»Also doch«, murmelte Leibniz. Man sah ihm an, dass ihn diese Ansicht betroffen machte. Er antwortete schroff: »Die Heilige Schrift argumentiert nach Menschenweise und nach den überkommenen Anschauungen des Volkes, weil es nicht ihre Absicht ist, Philosophie zu lehren und die Menschen gelehrt, sondern vielmehr sie gehorsam zu machen.«

»Nun ja«, rief Spinoza, »das ist es doch, was ich sage! Bei aller Bewunderung für die Schrift kann ich doch nicht an Wunder und die göttlichen Inspirationen der Propheten glauben. Sie waren Menschen mit starker Einbildungskraft, dadurch aber umso weniger fähig, logisch zu denken, deshalb sind sie als Autorität untauglich, genau wie unsere unduldsamen reformierten Kanzelpropheten mit ihrer Anbetung der Schrift. Sie haben die Hoffnung angefacht, in einem Jenseits für alle Torheit von Gott mit den größten Belohnungen ausgezeichnet zu werden, während sie den Glauben, um nicht zu sagen, den Aberglauben, durch die Furcht aufrechterhalten, dass wir nach dem Tode mit schrecklichen Martern bestraft werden.«

Kein Gott rechnet mir meine Tränen als Tugend an

Spinoza geriet zunehmend in Erregung, seine Wangen röteten sich fiebrig, er wurde von quälendem Husten geschüttelt und rang nach Luft. Leibniz sprang auf, um ihn zu stützen. Als sich Spinoza etwas beruhigt hatte, setzte er sich wieder in den Lehnstuhl.

Spinoza sprach mit angegriffener Stimme weiter: »Da sehen Sie es, Mijnheer Leibniz, manchmal reißen mich die Leidenschaften fort. Mit dem calvinistisch-puritanischen Sündenbegriff, der unser Leben seiner Farben beraubt, habe ich nichts zu tun. Ich stelle meine Lebensanschauung dem gräulichen und düsteren Aberglauben gegenüber, der es dem Menschen verbieten will, das Leben zu genießen! Glauben Sie mir, kein Gott und niemand, es sei denn ein neidisches Wesen, freut sich meines Unvermögens und Unbehagens und rechnet mir Tränen und Furcht zur Tugend an – im Gegenteil! Je größer die Lust ist, von der wir erregt werden, desto mehr gehen wir zu höherer Vollkommenheit über. Die Dinge also zu gebrauchen und sich an ihnen zu erfreuen – freilich nicht im Übermaß, das ist die Maxime eines Weisen. Wir sollen gute Speisen und Getränke mit Mäßigung genießen, aber eben genießen, ebenso Wohlgerüche, blühende Pflanzen, Schmuck, Musik, Schauspiele und Ähnliches, ohne dadurch anderen Menschen Schaden zuzufügen!«

»Damit gleichen Sie Epikur!«

»Und wäre das zu tadeln?«

»Nein, kein Tadel, aber die Kirche sieht das anders. Nicht nur die calvinistische, sogar die viel lebensfrohere katholische!«

»Pah! Sie haben doch die Kirchengeschichte gelesen, Mijnheer Leibniz. Da wissen Sie doch, durch welche Künste der römische Papst sechshundert Jahre nach Christi Geburt das Prinzipat erlangt hat. Er wurde doch nicht von Gott selbst als Stellvertreter eingesetzt.«

»Aber können wir denn glauben«, fragte Leibniz leicht verärgert, »dass wir im Besitz der Weisheit sind, dass unsere Philosophie die beste von allen ist?«

»Ach«, war die Antwort, »diesen Anspruch erhebe ich doch nicht! Aber ich weiß, dass ich das Wahre erkenne.«

»Wieso wissen Sie das?«

»Genauso wie Sie wissen, dass die drei Winkel eines Dreiecks gleich zwei rechte Winkel sind. Denn das Wahre ist der Prüfstein seiner selbst und des Falschen. Aber ich glaube doch an Gott und für mich ergibt es sich mit Notwendigkeit aus seiner Natur, dass nur er selbst sich begreifen kann. Gott existiert als einzige, wahrhafte, unbegrenzte und notwendige Substanz, die nicht weggedacht werden kann, da dies den Denker und den Gedanken selbst zu einer Unmöglichkeit machen würde. Diese Substanz ist unendlich und deshalb alles, sie ist einzig, denn eine zweite, von ihr verschiedene Substanz wäre absurd.«

Leibniz schien versöhnt: »Dadurch wird jede Gottesvorstellung unsinnig, die auf der Projektion menschlicher Eigenschaften in einen Schöpfer oder Richter aufgebaut ist.«

»Ja, wenn ein Dreieck reden könnte, würde es sagen, Gott sei dreieckig, und ein Kreis, Gott sei kreisförmig. Auf diese Weise würde jeder seine Attribute Gott zuschreiben und Gott sich ähnlich machen. Ich halte auch jeden Gottesdienst für eine heikle Sache, denn dort stützt man sich auf Wunder, und Wunder und Unwissenheit sind gleichermaßen unsinnig, weil man, wenn man die Existenz Gottes und die Religion auf Wunder zu stützen versucht, eine dunkle Sache durch eine andere noch dunklere erklärt. Nein, nein, Mijnheer Leibniz, ich glaube nicht an Engel und Wunder, nicht an die individuelle Seele und nicht an ihre Unsterblichkeit! Also gut, ich leugne nicht nur die jüdische Offenbarung Gottes, sondern ebenso die christliche. Jesus Christus ist für mich nicht mehr als eine einzigartige Persönlichkeit, meinetwegen auch eine vorbildliche. Aber ich sehe ihn nicht als Mittler zwischen Gott und uns Menschen. Die Grundbegriffe der christlichen Dogmatik, die Dreieinigkeit, der Heilige Geist, die Auferstehung des Fleisches und das Jüngste Gericht sind für mich inhaltslos.«

Leibniz schlug sich, wahrscheinlich unbewusst, leicht auf den Schenkel. »Aber dann sind Sie doch ein Atheist, vielleicht der Atheist par excellence! Ich wundere mich, dass Sie das Wort ›Gott‹ überhaupt in den Mund nehmen und nicht nur ›Natur‹ sagen!«

»Was für eine Annahme! Ich möchte nur den Aberglauben entthronen, die Naturforschung als Rettungsmittel gegen Unwissenheit und Angst vor dem Tod einsetzen und innere Kraft durch lebensbejahende Vernünftigkeit erzeugen.«

Leibniz nickte. Er hatte wohl das Bedürfnis einzulenken. Er empfand Mitleid mit dem todkranken Mann und sagte begütigend: »Da begegnen wir uns, Spinoza. Meine Idee von der prästabilierten Harmonie entspringt zwar einem Optimismus, der aber doch rational ist.«

»Erklären Sie das bitte!«

»Ich meine, dass in den Monaden, also in dieser Welt, das Grundprinzip jeder vernünftigen Ethik, der Wille zum Guten, von vornherein angelegt ist. Für mich ist der zureichende Grund des Universums Gott. Er hat aus seiner Vollkommenheit heraus in jede Monade eine Art Grundgesetz gelegt, sei es nun als Postulat oder als utopischen Traum.«

»Und Sie wollen Gott damit beweisen oder gar rechtfertigen? Das nenne ich dann Ihre Theodizee!

»Nennen Sie es, wie Sie wollen. Für mich ist jedenfalls diese Welt die beste aller möglichen Welten.«

»Das heißt, Sie trauen Gott in seiner Güte und Vollkommenheit keine weniger geglückte Welt zu?«

»Richtig, Mijnheer Spinoza, denn das würde ich für geradezu zynisch halten. Das unbestreitbar vorhandene Übel leitet sich doch nur aus der Freiheit des Menschen ab, aus seiner Freiheit, sich für das Gute oder das Böse zu entscheiden! Wir müssen anerkennen, dass das Universum alle Wünsche selbst der weisesten Menschen übertrifft und dass es unmöglich wäre, die Welt besser zu machen, als sie ist. Wir müssen den Urheber alles Guten nach Gebühr lieben und uns an der Betrachtung seiner Vollkommenheit erfreuen!«

»Damit kann ich wenig anfangen«, murmelte Stefan. Er stand auf, da Senex sich erhob und ihnen das Zeichen zum Aufbruch gab, dem sie alle folgten.

Optimismus ist lebensnotwendig

Draußen strahlte die Sonne, die vier kniffen die Augen zusammen.

»Ein Jahr später ist Spinoza gestorben«, sagte Senex. »Leibniz soll lange Zeit nach diesem Gespräch ›von den Vorurteilen der Theologie frei gewesen‹ sein, so der wörtliche Bericht seiner Freunde.«

»Spinoza ist mir sympathisch geworden«, erklärte Stefan.

»Aber ich glaube, dass Leibniz schlechter wegkommt, als er es verdient.«

»Roman hat nicht Unrecht. Denn Leibniz' Gedanken, ich meine seine Monadenlehre, sind unter den philosophischen Systemen des Rationalismus die eindrucksvollsten. Ich glaube, dass sie uns heute noch am meisten zu sagen haben. Er fragt nach dem elementaren Bauteil in der Welt, nach der Substanz. Descartes hatte drei Substanzen angenommen, eine unendliche, nämlich Gott, und zwei endliche, eine ausgedehnte, den Körper, und eine denkende, den Geist. Mit dieser Dreiheit war niemand recht glücklich. Mit Leibniz konnte man sich eher versöhnen. Nach den Schrecken des Dreißigjährigen Krieges entwickelte er, als seelischen Schutzwall gegen diese Not, seinen schönsten, möglicherweise tapfersten Gedanken: den von der prästabilierten Harmonie.«

»Aber Senex, muss man nicht gerade angesichts dieses Elends von einem blinden Optimismus sprechen, wenn er an eine vorbestimmte Harmonie glaubt?«

»Den Optimismus von Leibniz hat schon Spinoza angesprochen, Stefan.« Senex wiegte sein Haupt. »Ich finde, Optimismus ist für uns alle lebensnotwendig. Doch setzen wir uns noch ein wenig an die Paviljoensgracht. Schauen wir den Schwänen zu, um in Gedanken einen Ausflug nach Frankreich zu machen. Danach will ich das Kapitel der Philosophen und Mathematiker des siebzehnten Jahrhunderts abschließen. Ich habe den Namen, an den ich denke, schon mehrfach genannt, zuletzt im Zusammenhang mit den ersten Rechenmaschinen.«

»Blaise Pascal!«, rief Berenike.

All diese Philosophen waren glänzende Mathematiker

Senex schloss die Augen. »Stellt euch die Mitte Frankreichs vor, das Massif Central. Am Fuße des Puy de Dome, umgeben von grün bewachsenen Vulkankegeln, liegt das Städtchen Clermont-Ferrand. Hier wurde Pascal 1623 geboren. Er starb nur neununddreißig Jahre später in Paris.« Senex schlug die Augen wieder auf. »Wenn wir heute in den Verzeichnissen der Büchereien nach seinem Namen suchen, dann stoßen wir allein in Deutschland auf ein halbes Hundert Nennungen, aber sie beziehen sich meist auf die Computer-Programmiersprache, die seinen Namen trägt.«

»Warum?«

»Ich denke, weil er schon in seiner Jugend als mathematisches Genie galt. Nur sechzehn Jahre alt, schrieb er eine Abhandlung über Kegelschnitte. Alles, was er machte, erledigte er mit außerordentlicher Schnelligkeit, Atemlosigkeit, Hast, als wüsste er, dass ihm nur wenig Zeit blieb. Selten korrigierte er, arbeitete vielmehr eilig weiter und las seine Texte kaum je ein zweites Mal.«

»Alle großen Philosophen der Barockzeit scheinen ja glänzende Mathematiker gewesen zu sein.«

»Ich erwähne Pascal im Zusammenhang mit der Philosophie, obwohl ihn die Lexika als Religionsphilosophen bezeichnen.«

»Sie finden, das ist eine Einschränkung?« Berenike stützte ihre Arme auf die Grachtenmauer. Sie schaute den Schwänen zu.

»Ja, denn in vielen Geschichten der Philosophie findet man ihn gar nicht, es sei denn, sie haben eine religiöse Tendenz. Damit komme ich zu seiner Besonderheit. Die drei Philosophen, die wir heute genannt haben, Descartes, Spinoza und Leibniz, haben bei aller Verschiedenartigkeit doch eines gemeinsam.«

»Weil sich alle drei zu einem Weltschöpfer bekennen, selbst wenn sie in Jesus nicht den Sohn Gottes sehen?«

»Ja, und auch dann, wenn sie Gott verschiedene Namen geben, ihn als höchstes aller Wesen, als die höchste Substanz oder das höchste Gut bezeichnen. Noch dominiert der mittelalterliche Glaube, wenn auch oft aus Gründen der Konvention. Das wird sich ändern. Doch bevor Voltaire die Kirche verdammt, bevor die Französische Revolution die Heiligenfiguren an den Kathedralen verstümmelt, tritt Blaise Pascal auf. Mit einem scharfen, analytisch-mathematischen Verstand begabt, dazu als glänzender Stilist, geht er einen anderen Weg. Wenn ich die Entwicklung der Menschheit zum Rationalismus einmal mit einem Strom vergleiche, der reißender und breiter wird, so sehe ich in Pascal den Mann, der sich mitten in diese Strömung stellt, die Arme ausbreitet und sie aufzuhalten versucht.«

»Verlorene Mühe!« Stefan runzelte die Stirn.

»Aber ich habe Sympathie für ihn«, rief Roman bestimmt.

»Das kannst du auch«, antwortete Senex. »Es ist, als ob sich in Blaise Pascal die mittelalterliche Glaubensinbrunst noch einmal in einem Menschen sammelt, aufbäumt und ihr Recht verlangen will, ehe sie den gnadenlosen Angriffen des analytischen Verstandes ausgesetzt wird. Ich sehe in Blaise Pascal den letzten ernst zu nehmenden Philosophen, der sich vorbehaltlos zu Jesus Christus bekennt. In ihm vereinen sich christliche Frömmigkeit mit philosophischem Denken und mathematischem Scharfsinn.«

»Was weiß man über sein Leben?«

»Ähnlich wie der heilige Franz von Assisi führte er zunächst ein Leben, das man seine ›mondäne Periode‹ nennt. Er fuhr in vier- und sechsspännigen Wagen und genoss alle Freuden, an denen ihn seine Krankheit nicht hinderte.«

»Er war krank?«

»Eine Lähmung zwang ihn, an Krücken zu gehen, außerdem litt er an Depressionen, die man damals Schwermut nannte. Wiederum ähnlich wie der heilige Franz hatte er eine Erleuchtung, die er ›Feuer‹ nannte. Er berichtet in einem so genannten ›Mémorial‹ davon.«

»Was war passiert?«

»Zweierlei, Berenike. Einmal blieb er bei einem Kutschenunfall auf einer Pariser Brücke, durch Glück oder Zufall, unverletzt. Das hielt er für göttliches Eingreifen. Außerdem sah er in der Heilung seiner Schwester ein Wunder.«

»Wie das?«

»Sie litt an einem Augentumor und küsste einen Dorn, der angeblich aus der Dornenkrone Christi stammte.«

»Und weil sie geheilt wurde, hat er sich in die Arme der Kirche geworfen?«

»In die Arme des Glaubens, Stefan, nicht in die der katholischen Kirche. Pascal wurde von den Jansenisten beeinflusst, einer religiös-sittlichen Reformbewegung mit strengen Glaubensgrundsätzen. Er hielt die Armut für ein hohes Ideal und verschenkte viel, nahm eine mittellose Familie in sein Haus auf und verlangte nicht einmal, dass sie auszog, als eines der Kinder Pocken bekam, er zog selber aus. Er vermachte die Hälfte seines Vermögens den Armen und starb, nachdem er die letzte Ölung empfangen hatte.«

»Was für ein Widerspruch! Dann haben ihn Erlebnisse beeinflusst, die mit dem Verstand nicht zu erklären sind, obwohl er selbst ein Verstandesmensch war, das sehe ich doch richtig, oder?«

»Pascal empfand das wohl auch so, denn er führte den Begriff ›Logik des Herzens‹ ein. Er wollte seine Erleuchtung gar nicht erklären.«

Roman wollte wohl etwas Zustimmendes dazu sagen, aber als sein Blick auf Stefan fiel, der ironisch-amüsiert den Mund verzog, schwieg er und sog die Unterlippe ein.

Die Distanz zwischen Gott und den Menschen ist unendlich

An seiner Stelle fragte Stefan: »Pascal glaubte also – im Gegensatz zur Vernunft?«

»Man sollte lieber sagen: im Gegensatz zum Rationalismus, Stefan. Manche sehen in Pascal ein religiöses Genie, das im Gott der Religion mehr sah als den Gott der Philosophen. Wichtiger als der Verstand waren ihm Glauben und Fühlen. Er vertrat die Ansicht, dass wir die Wahrheit nicht bloß mit der Vernunft erkennen können.«

»Das verstehe ich gut.« Berenike kümmerte sich nicht um Stefans mokantes Lächeln.

Auch Senex beachtete es nicht. »Nachdem wir so oft auf Denker gestoßen sind, die sich kritisch über den Glauben äußerten, fand ich es fair, euch auch die Gegenseite vorzustellen. Pascal hielt die Distanz zwischen Gott und den Menschen für unendlich. Ihr begegnet in ihm einem scharfsinnigen Mann, der sich gegen den Rationalismus wendet, besonders gegen den von Descartes. Pascal vertritt die Ansicht, der Mensch könne ein Wissen von Gott nur auf dem Weg der göttlichen Eingebung über das Herz erlangen und der Verstand sei unfähig, die Gründe des Herzens einzusehen. Pascal hat – eine Ausnahme unter den großen Philosophen – eine Rechtfertigung des Christentums verfasst, seine ›Pensées sur la religion‹, ›Gedanken über die Religion‹, die aber infolge seiner Krankheit unvollendet blieben. Sie sind dennoch eine glänzende Rechtfertigung des Glaubens.«

»War das denn damals schon nötig?« Roman hatte seine Sprache wieder gefunden und schob seine Hand in die Nähe von Berenikes.

»Sicher. Mehr und mehr hatte eine Zügellosigkeit um sich gegriffen, gegen die sich Pascal wandte; sogar viele Kleriker fanden es geistreich, mit der Zügellosigkeit zu kokettieren. Pascal schrieb dagegen vom Elend des Menschen ohne Gott und von der Glückseligkeit des Menschen mit Gott. Er sprach aus, dass die Menschen die Religion gering schätzen, sie hassen, dass sie fürchten, die Religion sei unwahr. Um dem abzuhelfen, wollte er zunächst zeigen, dass die Religion der Vernunft nicht widerspricht, dann wollte er den Menschen den Wunsch eingeben, die Religion möge wahr sein, und schließlich wollte er beweisen, dass sie wahr ist.«

»Hat er das geschafft?« Wieder dieser spöttische Blick.

»Ach, Stefan …«

Senex wandte sich den beiden anderen zu: »Zwar blieben Pascals ›Pensées‹ Fragment. Und doch ist er ein ernst zu nehmender Gegner für alle, die nach ihm das Christentum angreifen, wie Voltaire, Paul Valéry, Nietzsche und viele andere. Außerdem gilt Pascal als einer der ersten Kritiker der Wissenschaft. Er war ein empfindsamer Philosoph, der mit Herzblut schrieb. Zu den neuen Vorstellungen vom Universum seit

Kopernikus und Galilei meinte er: ›Das ewige Schweigen dieser unendlichen Räume macht mich schaudern.‹«

»Er war krank, sagten Sie!«

»Man versuchte deshalb, seinen Glauben durch seine Gebrechen zu erklären. So sagte zum Beispiel der Literaturkritiker Sainte-Beuve im neunzehnten Jahrhundert: ›Pascal ist krank, wir müssen daran denken, wenn wir ihn lesen.‹ Man hat auch gesagt, dass Pascal so leidenschaftlich kämpfte, weil er sich nie wirklich von Zweifeln befreien konnte. Gerade dass Pascal auch die Zweifel des Atheisten kannte, macht ihn für Gläubige wie für Zweifler gleich faszinierend. Seine Schrift ›Lettres‹, zu Deutsch ›Provinzialbriefe über die Sittenlehre der Jesuiten‹, deren Orden er im Sinne der Jansenisten angriff, gilt als einer der rhetorischen Höhepunkte der klassischen Prosa Frankreichs.«

»Aber er war doch nicht nur ein religiöser Philosoph, sondern Mathematiker und Physiker.« Roman fühlte das Bedürfnis, für diesen Verteidiger des Glaubens einzutreten.

»Man hätte sonst heute keine Programmiersprache, die seinen Namen trägt, und auch kein Einheitszeichen ›Pa‹ für den Luftdruck. Er hat herausgefunden, dass dieser mit der Höhe abnimmt und dass man die Höhe mit dem Barometer messen kann. Einer seiner Freunde führte die ersten Versuche auf dem Gipfel des Puy de Dome durch. Pascal untersuchte das Vakuum, wir kennen das pascalsche Dreieck als ein Zahlenschema, er konstruierte eine Rechenmaschine, entwickelte die Wahrscheinlichkeitsrechnung und entdeckte das Gesetz der kommunizierenden Röhren. All das zeigt einen anderen Menschen: den herausragenden Naturwissenschaftler.«

Es trat eine Pause ein.

Barock als Klang

Eines der größten Genies der Musikgeschichte

Jeder hing seinen Gedanken nach, ließ sie schweifen und auf der trägen Strömung dahintreiben – mit den über die Gracht spielenden Strahlen des Spätnachmittags.

Dann sagte Senex: »Die Zeit verstreicht. Seht ihr da drüben die kleine Kirche? Wir werden das Abendlicht ausnutzen und hineingehen, ehe es zu dunkel dazu geworden ist.«

Sie überquerten eine gewölbte Brücke, auf deren Geländern Tauben und Spatzen wie Figurenschmuck hockten. Die Vögel flogen auch nicht auf, als sie vorbeigingen.

Das Holzportal der Kirche war angelehnt. Senex schlug vor, sich auf die nächste Bank zu setzen. Das Kirchenschiff streckte sich vor ihnen. Die Leere erzeugte ein Gefühl der Schutzlosigkeit. Alles war kahl, die Wände kalkweiß, die hohen Kirchenfenster hell, farblos, nur von warmem Schein durchzogen.

»Alle Bilder sind aus dieser calvinistischen Kirche verbannt«, sagte Senex. »Das passt gut, denn ihr sollt eure Phantasie bemühen. In dieser Kirche ertönte keine Musik und das ist ein Grund dafür, dass der Mann, an den ich denke, froh war, zwar reformiert, aber doch Lutheraner zu sein. Er konnte den asketischen Calvinismus nicht leiden. Gewiss, wir hätten nach Leipzig reisen müssen. Aber die Straßen sind verheerend, der Ort spielt für dieses Genie keine Rolle. Er gehört der Welt, auch den Niederlanden, wo seine Musik heute den gleichen hohen Rang einnimmt wie überall.«

»Sie meinen Johann Sebastian Bach, nicht wahr?« Ein freundlicher Blick begleitete Berenikes Frage.

»Für mich ist Bach eine der überragenden Gestalten der Musikgeschichte. Es ist nicht unsinnig, dass wir uns in den Niederlanden mit ihm beschäftigen... Er war nie hier, aber hier entstand die Polyfonie, von hier aus verbreitete sich die Vielstimmigkeit über Europa. Es war zunächst vor allem gesungene Musik. Bach wurde ihr größter Meister, sodass man Bach und Polyfonie als Synonyme bezeichnen könnte – was freilich ebenso auf die Fuge zutrifft, da Bach es war, der ihre höchste Form schuf.«

»Und der Kontrapunkt?«

»Auch das, Roman, aber der Kontrapunkt geht ursprünglich auf den Italiener Palästrina zurück, dem wir dieses Verdienst nicht schmälern wollen. Bach wird dadurch nichts genommen, kein Komponist ist so allgegenwärtig wie Bach – mit Ausnahme von Mozart.«

»Aber glauben Sie denn, dass Bach in einer zunehmend unchristlichen Welt seinen einsamen Rang behalten wird?«, fragte Stefan. Dabei schob er zum wiederholten Mal seine Brille hoch.

»Ja, weil Bachs Kompositionen Musik schlechthin sind, weder kirchlich noch weltlich. Sie sind über diese Kategorien hinausgewachsen. Erst recht heute. Der zeitgenössische Komponist Mauricio Kagel meint, es sei möglich, dass nicht alle Musiker an Gott glauben, an Bach jedoch alle. Das ist auch der Grund dafür, dass Bach im letzten halben Jahrhundert eine beispiellose Popularität auch außerhalb der Kirchen und der Konzertsäle erfahren hat. Bachs Musik lässt sich verjazzen, sie wird zur Unterhaltung missbraucht, als Filmuntermalung benutzt und erweist sich in ihrer Substanz stets als unzerstörbar. Die Werbung beutet Bachs Popularität für sich aus, vor Trivialisierungen hat noch nie einer Halt gemacht. Solange man Musik hören will, wird man Bach spielen. Und jede Generation wird ihn für sich bearbeiten.«

»Wann wurde er geboren? War er älter als Händel oder jünger?«

»Sie waren gleich alt, Johann Sebastian Bach und Georg Friedrich Händel wurden beide 1685 geboren, kaum mehr als hundert Kilometer voneinander entfernt, Bach im thüringischen Eisenach, Händel in Halle an der Saale. Doch ihre Lebenswege war völlig verschieden.«

»Manchmal finde ich es schade, dass Bach Thomaskantor wurde und so viel Kirchenmusik komponieren musste.«

»Aber er hat mit seinen Chorälen, den großen Passionen und dem Weihnachtsoratorium, mit seinen Kirchenkantaten und Motetten den religiösen Gemeinden ihre größten Werke geschenkt, und zwar allen Konfessionen, denn er verlieh der Frömmigkeit ihren vollkommensten musikalischen Ausdruck, obwohl sein Amt als Thomaskantor und Lehrer äußerst konfliktreich und oft unerfreulich war.«

»Wurde Bach nicht gegen seinen eigenen Wunsch Thomaskantor? Ich glaube, man wollte ihn in Leipzig erst gar nicht haben.«

»Es wurde gesagt, man müsse sich mit einem Mittelmäßigen begnügen, da man nun einmal die Besten nicht bekommen könne. Gemeint waren Telemann und zwei andere, weniger bedeutende Komponisten. Nun suchten die Leipziger damals aber auch nicht primär den besten Musiker, sondern einen Kantor und Lehrer, vor allem einen Lateinlehrer, was Bach mehr als zuwider war. Später beklagte er sich oft über das geringe Verständnis seiner Vorgesetzten, über Eifersüchteleien und Verfolgungen.«

Weltlicher Jubel und himmlische Freude

Alle vier dachten über Romans Worte nach. »Dazu gäbe es viel zu sagen«, begann Senex wieder. »Ein Genie war Bach wirklich, und vielseitig dazu. Er war nicht nur Thomaskantor, sondern nacheinander Hoforganist und Hofkonzertmeister des Herzogs Wilhelm von Sachsen-Weimar, danach Kammermusikdirektor am Hof des Fürsten Leopold von Anhalt in Köthen und kam erst dann nach Leipzig, wo er freilich blieb. Er hatte für eine große Familie zu sorgen. Ich glaube, dass er selbst keinen Unterschied zwischen weltlichem Jubel und himmlischer Freude gemacht hat.«

»Was war er für ein Mensch?«, fragte Berenike.

»Eine barocke Persönlichkeit. Er galt als vital, trug eine dichte Perücke, wird als breitschultrig und beleibt beschrieben, mit vollem, rotwangigem Gesicht, einer majestätischen Nase und gewölbten Augenbrauen. Er dürfte temperamentvoll, aufbrausend und dickköpfig gewesen sein, jedoch auch freundlich, ein gutmütiger Bär. Er galt als trinkfest und zeugte zwanzig Kinder, von denen etliche starben, während er andere zu hervorragenden Musikern erzog – eine Leistung neben all seinen anderen Aufgaben, erst bei Hofe, dann an der Thomaskirche. Dabei hat er ständig in Geldnot gelebt, wurde um Honorare und Auszeichnungen betrogen, von Fürsten, Amtmännern und Würdenträgern der Kirche unter Druck gesetzt, gedemütigt, missachtet und verspottet, wie ein Leibeigener behandelt, in Gewahrsam gehalten und gezwungen, sich kläglich zu ducken. Er durfte Leipzig nicht verlassen, ohne vorher den Bürgermeister um Erlaubnis gefragt zu haben.«

»Das muss eine widerlich muffige Kleinstadtatmosphäre gewesen sein«, murmelte Roman.

»Bach hat dies alles ertragen und erlitten. Aus teilweise erhaltenen Büchern erfahren wir menschliche Kleinigkeiten über ihn und seine Familie. Da bekommt er aus Weißenfels Wildbret zum Geschenk, er liebt Most und Hefe-Branntwein. Seine Frau Anna Magdalena versorgt den Garten, erfreut sich an gelben Nelken und wünscht sich einen singfreudigen Hänfling.«

»Das klingt bürgerlich, aber auch menschlich. Ahnte denn zu seiner Zeit niemand, was man an ihm hatte?«

»Einige schon, Roman. Als Thomaskantor wurde Bach zu einer anerkannten Autorität. Schüler gingen bei ihm ein und aus, Musiker baten ihn um Zeugnisse, Stadträte zogen ihn als Begutachter neuer Orgeln heran, ließen sich von ihm bei der Besetzung freier Stellen beraten. Dagegen war seine Alltagsarbeit vermutlich lästig und oft drückend, er prüfte neue Schüler, stellte Ratsmusiker ein, beaufsichtigte das stadteigene Instrumentarium und vieles andere mehr.«

»Und dazu hat er so viel komponiert!«

»Ein Riesenwerk! Jede Woche eine Kantate, geistliche und weltliche Musik, weltliche Musik auch dann noch, als er bereits kirchlich gebunden war; ich nenne nur die ›Goldberg-Variationen‹ oder das ›Musikalische Opfer‹ für Friedrich den Großen.«

»Und das ›Wohltemperierte Klavier‹?«

»Nur den zweiten Teil schrieb er in Leipzig, den ersten begann er, bevor er Thomaskantor wurde. Kein ernsthafter Musiker kann jemals an Bach vorbeigehen, kein Flötist, Oboist, Organist oder Cembalist, erst recht kein Pianist oder Geiger. In Köthen entstanden die Sonaten für Flöte, Gambe und Violine, die ihn auf dem Gipfel seines Könnens zeigen, ebenso die drei Sonaten und drei Partiten für Violine solo. Obwohl Bach selbst Geige spielte, bevorzugte er dieses Instrument nicht und schrieb ihm trotzdem die absoluten Höhepunkte, absolut auch als makellos verstanden. Die Chaconne ist eines der wunderbarsten Musikstücke, in ihr lässt Bach aus den vier Saiten eines kleines Instruments eine Welt von Gedanken und Empfindungen entstehen. Dazu schrieb er die sechs Suiten für Violoncello solo. Mit diesen, die man als Höhepunkte strenger Geistigkeit und Virtuosität bezeichnet, ermöglichte Bach den Interpreten die selbstständig-schöpferische Zwiesprache mit sich selbst. In Köthen entstanden außerdem die ›Partita für Flöte solo‹ und seine Violinkonzerte mit der Krone des Doppelkonzerts. Die Bach-Trompete wurde zu einem festen Begriff. In den Brandenburgischen Konzerten spielt er mit einer vielfarbigen Mischung von konzertierenden Instrumenten, Horn, Oboe und Geige, Trompete, Blockflöte, tiefen Streichinstrumenten, Cembalo. Heute, in unserem hochgezüchteten Musikbetrieb, sind einige Instrumentalisten auf eine kleine Partie in einem bachschen Werk spezialisiert und jetten dafür in der Welt herum, von Tokio nach New York, von London nach Paris, nach Moskau, von Spanien nach Deutschland, Österreich und in die Schweiz. Mit dem ›Wohltemperierten Klavier‹ schuf er der Klaviermusik – damals benutzte man noch ein Clavichord – eines ihrer reichsten Werke, in dem er jede der vierundzwanzig Tonarten mit einem Präludium und einer Fuge bedachte. Damals schuf die berühmte sächsische Orgelbaufamilie Silbermann die ersten, noch nicht ausgereiften Fortepianos, an deren Entstehen Bach kritisch Anteil nahm.«

»Sie sprachen vom Kontrapunkt. Was genau versteht man darunter?«

»Der Kontrapunkt gehört zur Polyfonie. Sinngemäß übersetzt bedeutet er ›Note gegen Note‹, in ihm können mehrere Stimmen sowohl melodisch wie auch rhythmisch relativ selbstständig übereinander geführt werden. Bach war sein unbestrittener Meister. Bei ihm verschlingen sich die Stimmen in virtuoser Vielfalt. Er verfügte über alles, über technisches Können, über die phänomenale Entwicklung jedes Themas, über gewaltige Phantasie und Wucht des Ausdrucks bei gleichzeitiger Tiefe des Gedankens.«

Das Besondere barocker Musik

Berenike reckte sich in ihrer engen Kirchenbank. »Ich muss an so viel denken, Senex«, sagte sie über Roman und Stefan hinweg. »Zum Beispiel, was ist das Charakteristische der barocken Musik? Wie kann man es definieren? Man erkennt sie doch schon nach den ersten Takten, gleich, von welchem Komponisten sie stammt.«

»Einerseits würde ich den Barock als die Zeit des Generalbasses charakterisieren, in dem sich eine oder mehrere Melodiestimmen über einem harmonischen Fundament – dem gleichmäßig durchlaufenden Basso continuo – erheben. Andererseits durchdringen sich in der Barockmusik Alt und Neu, höfische Pracht und handwerkliche Solidität, Repräsentatives und Intimes, Opern- und Kirchenmusik. Die Komponisten schöpften einerseits aus der Tradition, waren aber andererseits fest in ihrer Zeit – für sie die moderne – verwurzelt.«

»Aus der Kirchenmusik, den Passionen und Oratorien höre ich auch ein ständiges Gejammere über die Last des Lebens heraus«, murmelte Stefan. »Und das geht mir auf den Geist!«

»Diese Klagen waren damals nur allzu berechtigt. In der Kirchenmusik konnte sich das Leid an der Welt, so wie sie sich den Menschen darbot, artikulieren. Sie konnte trösten und erheben.«

»Ist Bach denn selbst so fromm gewesen?«

»Er war gläubig, aber sicher nicht engstirnig, sondern auch ein aufmerksamer Beobachter aller Entwicklungen, ein Zeitgenosse der Enzyklopädisten.«

Roman merkte auf. »Was ist das?«

»Unter den Enzyklopädisten versteht man vor allem die etwa zweihundert Mitarbeiter der von Diderot und d'Alembert in Frankreich herausgegebenen Enzyklopädie. Sie war der erste Versuch, das gesamte zeitgenössische Wissen systematisch zu erfassen. Im engeren Sinne meint man die Philosophen, die mit der Enzyklopädie das Sprachrohr der Aufklärung schufen. Der Wissensstand der breiten Masse, sogar des gebildeten Bürgertums, war ja außerordentlich gering, jedenfalls für unsere Begriffe.«

»Ob er heute größer ist? Da denk ich aber anders.«

»Sicher, im Vergleich zum explosionsartig angewachsenen Stoff wissen die Menschen heute wahrscheinlich genauso wenig. Doch damals herrschten noch mittelalterliche Vorstellungen. Man begriff die Welt nicht als stetige Veränderung, sondern als ein unbewegliches, stabiles Gebilde. Veränderungen nahm man als unwesentlich wahr, grundsätzlich berührten sie das von Gott errichtete System nicht. Auch die Vorstellungen, die man von der Vergangenheit hatte, waren undeutlich, man sah sie nicht viel anders als die Gegenwart und glaubte, dass die Menschen des Altertums genauso gelebt hatten wie man selbst. Wenn man überhaupt geschichtlich dachte, dann teilte man die Zeit in die Epochen vor Christi Geburt – in die Zeit des Alten Testaments – und in die Zeiten danach, in die des Neuen Testaments, ein.«

»Trotz Kopernikus, Galilei und Descartes?«

»Ich spreche nicht von den verschwindend wenigen Gelehrten, nicht einmal von den Hochgebildeten. Denn erst jetzt begann sich das sehr, sehr langsam zu ändern. Und daran wirkte die Aufklärung kräftig mit. Von Philosophie wusste Bach wohl wenig. Ob er von Descartes, Leibniz, Spinoza überhaupt je gehört hatte und was er über sie dachte, ist nicht bekannt. Die ungläubigen Ansichten des Preußenkönigs Friedrich II. und den religiösen Freimut seines Briefwechsels mit Voltaire hätte Bach wahrscheinlich missbilligt. Seinem Tod ging Bach mit dem Vertrauen in die Auferstehung Jesu entgegen, weniger im Glauben an die eigene Erweckung von den Toten. Er starb, am grauen Star erblindet, vermutlich an den Folgen einer misslungenen Augenoperation.«

»Wann war das?«

»Sechs Jahre vor Mozarts Geburt, zwanzig vor der Beethovens. So kurz sind jetzt die Abstände, auch zwischen so grundverschiedenen Genies.«

Unbemerkt war die Dämmerung durch die Kirchenfenster eingesickert. Der Raum verschwand in dieser Dunkelheit bis auf schattenhafte Silhouetten.

»Gehen wir. Wir haben es nicht weit. Das Gästehaus liegt in einer Seitengasse.«

Senex hakte sich bei Stefan ein. Der Junge kam ihm ein wenig verlassen vor. Roman, der mit Berenike folgte, machte es ihm nach, er fasste sie unter. Sie lächelte. Doch das bemerkte niemand, denn die Farben und Konturen ihres Gesichts waren vom Dunkel überschattet.

Aus den Fenstern der umliegenden Häuser drang kaum ein Lichtschein, nur fern beleuchtete eine Fackel im Drahtkorb eine Hausecke. Darauf steuerte Senex zu.

Der siebte Abend

Barock als Elend

Ungehobelte und unerzogene Knaben

Das Essen nahmen sie an ihrem Tisch im Selbstbedienungsrestaurant ein. Jeder hatte seinen gewohnten Stuhl. Draußen war es ruhig, die alte Stadt versank in ihren lautlosen Schlaf. Im elektrischen Licht, das ihren Tisch und das Büfett beleuchtete, stellte sich ein Gefühl der Abgeschiedenheit ein, wie man es auf einer Insel empfindet. War die Vergangenheit Gegenwart – oder die Gegenwart Vergangenheit?

Die Auswahl der Speisen stammte aus den überseeischen Kolonialgebieten der Niederländer, es gab vor allem asiatische Gerichte, Nasigoreng; einen Feuertopf; eine Reistafel; süß-saure Suppe; Tig-Ban-Sil, zweimal gebratenes Rindfleisch mit Paprika; Chopsuey, Hühnerfleisch mit Pilzen und Bambussprossen. Danach Bananen oder Früchte mit Honig und Mandeln. Nur in den Getränken blieb der unsichtbare Wirt konventionell bei Mineralwasser, Säften und Wein.

Nach dem Essen schlug Senex vor, nicht noch einmal hinauszugehen. »Ich möchte, dass wir mit unseren Gedanken in Leipzig und Deutschland bleiben.«

Gesättigt und träge stimmten die drei Senex' Vorschlag zu. »Also, ich hatte ja bereits erwähnt, dass es zu Bachs Aufgaben gehörte, den Thomasschülern Latein- und Singstunden zu geben. Leider waren diese Knaben mit den heutigen Thomanern nicht zu vergleichen. Bach beklagte sich, dass auch Jungen aufgenommen wurden, die weder Talent noch Neigung zur Musik hatten. Das waren unerzogene Burschen, deren Stimmen durch ständiges Grölen auf den windigen Straßen Leipzigs heiser geworden waren. Oft lümmelten sie barfuß herum, schrien, bettelten, belästigten die Leute, waren zu jedem dummen Streich aufgelegt, rauften, warfen mit Steinen – und trieben es besonders schlimm, wenn Messe oder Jahrmarkt war und die Schule einige Tage Ferien machte, denn dann kamen fremde Kaufleute. Auch mussten die Jungen bei Wind und Wetter singen, in Schnee und Regen, in feuchter Luft oder im Qualm von Fackeln, was ihre Stimmen zusätzlich ruinierte. Nie gab es für seine Schüler genug Schlafräume, sie mussten zusammengepfercht leben und wurden oft von Krankheiten heimgesucht, mit denen sie sich in dieser Enge wiederum gegenseitig ansteckten.«

»Gab es denn Ärzte?«

»Wenn man das so nennen kann! Was vermochten sie schon? Wer wollte schon Geld für sie ausgeben, nur weil ein Lausejunge krank war. Dann lief Anna Magdalena Bach in die Apotheke oder versuchte es selbst mit irgendwelchen von ihrer Mutter und Großmutter überkommenen Rezepten.«

»Und von diesen Burschen musste Bach seine Kantaten singen lassen?«

»Jeden Donnerstag führte er sie in die Kirche, um für den nächsten Sonntag zu proben. Was dabei herauskam, noch dazu in so kurzer Zeit, kann man sich vorstellen!«

»Waren denn wenigstens die Orchestermusiker gut?«

»Die Instrumentalisten waren nach Bachs eigenem Zeugnis vollkommen unzureichend ausgebildet. Musikhochschulen oder Konservatorien, wie sie unseren heutigen Schülern zur Verfügung stehen, gab es kaum. In der Regel lernte man von Kind auf in der Familie und bei privaten Lehrern.«

»Und wie war es in Leipzig, Senex?«

Eine blühende Handelsstadt

»Leipzig hatte damals etwa fünfzehntausend Einwohner; uns erscheint das wenig, ein kleiner Ort. Aber damals lebten auch nur etwa fünfhundert Millionen Menschen auf der Erde, im Jahr 2000 werden es etwa sechs Milliarden sein. Seit damals ist die Bevölkerungszahl also um das Zwölffache gewachsen.

Damals galt Leipzig als blühende Handels- und Messestadt, die Nürnberg und Frankfurt an Bedeutung überflügelte. Das Bürgertum drückte seine wachsende Macht und seinen Reichtum in palaisartigen Wohn- und Geschäftshäusern aus. Da brauchte man Spülschleusen zur Straßenreinigung und Laternen, Kontrollen in den Kaffeehäusern, und – weil in den Messezeiten viele Fremde kamen – Musik in den Kirchen. Dann war die Stadt übervoll.

Nach und nach wurde Leipzig, schon lange die Stadt des Buchhandels, auch zu einem Mittelpunkt aufgeklärter Literatur und Bühnenkunst. In Leipzig führte Gottsched 1731 sein klassisches Regeldrama ›Der sterbende Cato‹, Lessing 1748 sein Erstlingswerk ›Der junge Gelehrte‹ auf. Als Goethe 1765 zum Studium kam, galt Leipzig bereits als das geistige Zentrum des deutschen Sprachraums.«

Hunderttausende von Frauen lebten auf der Straße

Senex machte eine kurze Pause. »Das Leben der wohlhabenden Städter unterschied sich im Übrigen krass von dem der Landbevölkerung und das traf auch auf die Frauen zu. Die reiche Bürgerin lebte gut, auch die wohlhabende Bäuerin, die oft nicht einmal besonders viel arbeiten musste. Aber nur wenige waren reich! Die Masse der Frauen, vor allem der Bäuerinnen, hatte ein hartes Leben. Auch in Handwerk und Gewerbe war die Lage der Frauen äußerst unterschiedlich. Im allgemeinen ging es dem Handwerk nicht gut, die Armut nahm zu. Oft halfen die Frauen in der Werkstatt und versorgten außerdem ihren Haushalt, einschließlich der Gesellen und Lehrlinge. Am schlimmsten trafen es all jene, die auf der Landstraße lebten – ich müsste eher sagen: dahinvegetieren mussten. Oft genug lebten sie von der Prostitution. Das war das Schicksal der Ausgestoßenen einer Gesellschaft, die sich nicht um sie kümmerte, nicht kümmern wollte, sie ihrem Elend überließ und diesen unglücklichen Geschöpfen mit Verachtung begegnete.«

»Das klingt düster!«

»Wir müssen es so sehen, denn nur dann können wir unsere Zeit gerechter beurteilen, die gewiss nicht ideal ist. Schlimm stand es auch um die allein stehenden Schwangeren. Sie hatten weder Heim noch Unterkunft. Verhütung wurde damals, wenn sie auch nicht unbekannt war, doch äußerst selten und ungeschickt praktiziert. Bisweilen behob man das ›Malheur‹ nachträglich, indem man Kindsmord beging. Man nahm das Kind zu sich ins Bett und erstickte es.«

Berenike stöhnte leise auf.

»Meist jedoch starben die Kinder auf natürliche Weise, auch aus Not. Oft konnten die Wöchnerinnen nicht einmal für einen Fetzen Bekleidung ihres Kindes sorgen. Dann musste die Hebamme einige Lumpen zusammenbetteln und, notdürftig damit bedeckt, wurde das Würmchen Hunger und Kälte ausgesetzt. Die Mutter selbst hatte kaum mehr als Wasser, Brot und Branntwein, der als Universalmedizin galt. Ihr könnt euch denken, wie schädlich ihre Milch war. Diese Umstände sowie die Härte und Unbarmherzigkeit und die zum Himmel schreiende Gleichgültigkeit der Männer trieb die Mütter viel zu früh aus dem Haus. Vielleicht fanden sie ja irgendwo Arbeit oder sie mussten am Teich im eiskalten Wasser die Kinderwäsche waschen. Dass die Mütter dabei oft elend zu Grunde gingen, könnt ihr euch denken. Das Sterben war ihnen vertraut, es gab keinen, der nicht den Tod eines Verwandten, eines alten Knechts erlebt hätte oder kleine Geschwister sterben sah und oft die Mutter im Wochenbett.«

Leben wie das Vieh

Senex ließ ihnen Zeit, darüber nachzudenken. »Vor allem die Bauernfamilien hatten ein erbärmliches Leben. Ein Zeitgenosse bemerkte bereits, dass der Landmann die armseligste aller Kreaturen sei: der Bauer ein

Sklave und der Knecht vom Vieh kaum zu unterscheiden. In manchen Dörfern liefen die Kinder halb nackt herum und bettelten die Durchreisenden um ein Almosen an. Die Eltern trugen selbst nur Lumpen am Leib. Ein paar magere Kühe wurden beim Bestellen der Felder eingesetzt und mussten noch dazu Milch geben. Die Scheunen waren leer und die Hütten drohten zu verfallen. Die Bauern wurden wie Tiere gehalten, sie bekamen keine Erziehung. Sie mussten vom Morgen bis zum Abend die Äcker bestellen – und das mit äußerst primitiven Werkzeugen!«

»Haben sie sich denn nicht gewehrt?«

»Selten. Wir wissen von den Bauernkriegen. Am schlimmsten erging es der Landbevölkerung im Osten, in Oberschlesien und weiter nach Polen hinein. Da kostete ein Pferd zehn, zwölf oder mehr Dukaten, ein Knecht oder eine Magd weiter nichts als den Befehl: ›Du kommst auf den Hof!‹ Dort mussten sie sich jahrelang schinden, es ging ihnen schlechter als den Sklaven im alten Rom; sie durften nicht heiraten, wenn sie kein Land besaßen, das sie ernähren konnte – und sie besaßen keines; sie bekamen so wenig Lohn, dass es kaum für die Kleider reichte. Sie hatten höchstens achtmal im Jahr Fleisch, vielfach von krankem oder krepiertem Vieh, außerdem Graupen, Hirse, Erbsen – und auch das nicht ausreichend. Kein Wunder, dass der Herrschaft, wenn sie einem widerspenstigen Knecht mit Zuchthaus drohte, schon mal geantwortet wurde: ›Lieber zehn Jahre im Zuchthaus als zwei Jahre Euer Gnaden Untertan!‹«

»Der Mensch ist dem Menschen ein Wolf«, murmelte Stefan.

Barock als Exzess

Vergnügen, Liebschaften, Galanterie

Senex ließ seinen Blick auf dem Jungen mit der Brille ruhen. »Du sagst es. Ihr müsst das wissen, um das Kommende zu verstehen. ›Euer Gnaden …‹ – das war die andere, die goldene Seite der Medaille, die ich gerade zu beschreiben versucht habe. Macht und Reichtum lagen in den Händen einiger weniger, an der Spitze standen die feudalen Herrscher, in Frankreich Ludwig XV., in Wien Kaiserin Maria Theresia, in Preußen Friedrich II., in dutzenden von Fürstentümern die jeweiligen Landesherren. Viele verhielten sich gegenüber ihren Untergebenen mehr oder weniger verantwortungslos – mit dem besten Gewissen. Man glaubt es kaum, mit welcher Egozentrik und Hartherzigkeit sich die feudale Gesellschaft ihren Vergnügungen und Liebschaften hingab und nichts anderes im Kopf hatte. Da ist nur von so genannter ›Galanterie‹ die Rede. Nur Glanz, schöne Damen und edle Herren zählen – andere gibt es in der großen Gesellschaft nicht. Alle sind vollendete Kavaliere oder Damen von vollendeter Schönheit. Inmitten dieses parfümierten und gepuderten Panoptikums gibt es nur die edelsten Menschen, nur Anstand und Sitte – und alles dreht sich ausschließlich um amouröse Abenteuer, Gold, Juwelen, Ämter und Eitelkeiten.

»Diesem Spuk wird die Französische Revolution ein Ende bereiten, denke ich.«

»Aufbegehrt haben die Geknechteten erst, als die Not unerträglich wurde. Doch davon morgen. Erlaubt ihr, dass ich mich jetzt zurückziehe?«

Sie nickten. Senex verließ sie.

Was ist Vernunft?

Die drei schwiegen sich an. Während Berenike und Roman den vergangenen Tag Revue passieren ließen, dachte Stefan über Senex' letzten Gedanken nach. »Die Aufklärung...«, murmelte er zögernd, dabei zerbröselte er einen Rest Weißbrot. »Ich wette, dass wir in Frankreich aufwachen werden!«

»Da brauchen wir nicht zu wetten, das glaube ich auch!« Berenike fragte: »Wurden denn die Menschen wirklich vernünftiger, Stef?«

»Wohl kaum, Nik. Aber was verstehen wir überhaupt unter Vernunft? Vielleicht jeder etwas anderes?«

»Und du?«, fragte Roman.

Stefan überlegte kurz. »Am besten erklär ich, was Vernunft in meinen Augen nicht ist.«

»Von mir aus!«

»Also: Vernunft schaltet weder das Gefühl aus noch unterdrückt sie die Phantasie. Vernunft ist nicht reines Zweckdenken; sie bedeutet nicht Erfolg um jeden Preis und schon gar nicht ist sie blanker, rücksichtsloser Materialismus.«

»Aha!« Roman wirkte verblüfft.

»Was ist Vernunft denn?«, fragte Berenike.

»Vernunft heißt, das Notwendige erkennen und danach handeln. Vernunft will das jeweils Bestmögliche verwirklichen.«

»Dann orientiert sie sich also doch am Erfolg!«

»Ja und nein, Romi. Die Vernunft sieht doch auch ihre eigenen Grenzen, sonst wäre sie eben keine Vernunft. Erkennt die Vernunft zum Beispiel, dass der Mensch eine religiöse Heimat braucht, um das Leben ertragen zu können, wäre es unvernünftig, sie ihm zu nehmen – solange die Religion nicht Andersgläubige terrorisiert. Wenn die Vernunft sieht, dass der Mensch zur Lösung eines Problems ebenso viel Phantasie wie analytisches Denken braucht, wäre es unvernünftig, ihn zu einem phantasielosen Wesen zu machen. Für mich verdient die Vernunft ihren Namen nur dann, wenn sie alle Folgen zu bedenken versucht.«

»Das führt doch wieder zu blankem Egoismus!«

»Eben nicht, Romi. Das bestmögliche Ergebnis kann durchaus das weniger materialistische sein. Heute ist weniger Wachstum vernünftig, weil mehr Wachstum unseren Untergang beschleunigt. Heute ist weniger Konsum vernünftig, weil jeder Konsum Ressourcen verbraucht, Ressourcen an Rohstoffen, an Energie.«

»Aber genauso ist der Konsum vernünftig, weil er Arbeitsplätze schafft.«

»Sicher, das ist ein Dilemma. Da muss man eben abwägen. Und genau dazu brauchen wir Vernunft. Es ist vernünftiger, die Arbeit anders zu organisieren und zu definieren. Arbeit ist wohl genug da. Darüber könnte ich lange reden. Aber ich will es mal anders sagen: Vernunft ist für mich vernetztes Denken. Wenn ich vernünftig handle, bedenke ich alle Möglichkeiten – wenn ich kann – und wähle die aus, die der Sache am besten dient und die geringsten Nachteile mit sich bringt.«

»So genau hat mir das noch keiner erklärt, Stef.«

»Es ist jedenfalls besser, als sich die Haare zu scheren, einen gelben Kittel anzuziehen, im Winter in Sandalen zu laufen und ›Hare Krishna‹ zu singen oder in jedem Baum ein Geistwesen zu erblicken – das kann man ja trotzdem tun, wenn man dadurch den eigentlichen Aufgaben nicht ausweicht.«

»Und die wären?«

»Das weißt du so gut wie ich, Nik. Wir müssen unseren Mitmenschen das Leben ein bisschen leichter, gesünder, gefahrloser – einfach lebenswerter machen. Ich glaube, genau das wollten die Aufklärer. Dazu gehören dann eben alle Kräfte unseres Verstandes.«

»Aber auch des Gefühls!«, meinte Berenike. »Das bedeutet allerdings Engagement ...«

»Oder anders gesagt: Dienstleistung!«

»Dienen will keiner mehr!«

»Das werden wir wohl wieder lernen müssen.« Stefan schob sich das zerbröselte Brot in den Mund. »Wir können der Vernunft vertrauen.«

»Wieso?«

»Weil mir im Evo-Park klar geworden ist, dass in der Evolution der am besten überlebt, der seiner Vernunft folgt.«

»Mit einem Unterschied«, warf Roman ein. »Früher brauchte der Mensch seine Vernunft nur für sein eigenes Überleben. Heute wird seine Vernunft für das Überleben aller gebraucht. Das bedeutet, dass jeder Einzelne auf Vorteile für sich verzichten muss. Ob wir das schaffen, möchte ich bezweifeln.«

»Das ist wahr. Davon hängt alles ab!«

Berenike hatte Stefans leidenschaftliches Plädoyer gefallen. Das mochte sie an ihm, dass er kritisch nachdachte und seine Meinung vertrat – auch wenn sie selbst einmal anderer Ansicht war. Sie lächelte ihn an. Er lächelte zurück. Dann, wie ertappt, wendete sie sich ab und erklärte: »Das war ein langer Tag. Ich bin müde, vom Laufen, von all den Eindrücken, und außerdem möchte ich morgen wieder fit sein!«

Sie standen auf. Vor ihren Zimmern wünschten sie einander gute Nacht.

Der achte Tag

Der Wandel zum Spielerischen
Das Rokoko

Ein künstliches Dörfchen, ein natürlicher Park

Wenn sie erwartet hatten, in Paris aufzuwachen, so mussten sich die drei erst woanders zurechtfinden. Als sie vor ihre Tür traten, lag eine Parklandschaft vor ihnen, in der Wolken flockig über den Spiegel eines künstlichen Miniatursees zogen.

Es gab kein Gebäude außer ihrem Quartier, das sich aus einigen Bauernhäusern aus Fachwerk zusammensetzte.

»Sind die wohl echt?«, fragte Stefan, der Zweifler.

»Ich finde, dazu sind sie in zu gutem Zustand. Bauernhäusern, die benutzt werden, würde man das ansehen. Ich glaube, wie alles im Evo-Park ist das hier künstlich und zugleich real.«

»Du meinst, es sind Museumsstücke?«

Berenike klatschte in die Hände. »Ich weiß, was es ist. Ich war schon einmal hier!«

Senex trat aus dem Haus. »Du hast es erkannt? Ja, es ist das Hameau des Petit Trianon, das Dörfchen, das die französische Königin Marie Antoinette bauen ließ und zu ihrem Lieblingsaufenthalt erklärte. In dieser unechten Kulisse gab sie sich, als Schäferin verkleidet, mit ihren Hofdamen den Freuden des Landlebens hin.«

»Man hat doch überhaupt Schäferspiele geliebt.«

Senex nickte. »Ohne an die Härte des Bauernlebens auch nur einen Gedanken zu verschwenden. Kommt, durch dieses Tor.«

Der Weg zog sich in die Länge. Senex plauderte: »Das einstöckige, mattrote Schlösschen vor uns ist das Petit Trianon.«

Die hohen Fenster reichten vom Fußboden bis zum Dach, auch sie ein

Spiegel von Himmelslicht und Wolken. Das pavillonartige Gebäude war von Blumenrabatten umgeben. »Wenn wir noch weiter gehen, könnt ihr die lange Front des Schlosses von Versailles sehen.«

Zunächst öffnete sich ein weiter Blick in eine andere Anlage mit ausladenden Bäumen, deren Farben satt leuchteten.

»Ach, da …«, rief Berenike, hob aber gleich die Hand vor den Mund. Sie zeigte auf einen Herrn mit gepuderter Perücke, Pagenhosen und seidenen Spitzen und eine Dame in reich besticktem Kleid, dessen Reifrock auf dem Boden schleifte. Ihre Ärmel endeten ebenfalls in Spitzen und Spitzen umrahmten ihr weites, offenherziges Dekolletee. Sie zwitscherte auf ihren Begleiter ein, während sie ihren mit Blüten bemalten Fächer vor dem überpuderten und geschminkten Gesicht so rasch hin und her wedelte, wie Schmetterlingsflügel flattern.

Es war wie ein Bühnenauftritt, lachend verschwanden die beiden hinter einer Buchsbaumhecke.

»Ein Marquis mit seiner Mätresse.« Senex deutete mit ausladender Geste auf den sich vor ihnen erstreckenden Park. »Ihr seht hier zwei grundverschiedene Gartengestaltungen. Vor uns der französische Park des Schlosses von Versailles, wie ihn Ludwig XIV., der Sonnenkönig, anlegen ließ. Hinter uns der neuere, so genannte englische Garten, in dem man der Natur eine freiere Entfaltung gönnte. In diesen beiden unterschiedlichen Gartenformen drückte sich der Wandel der Lebenseinstellung vom Barock zum Rokoko hin aus. Im Barock galten Gärten als schön, wenn sie zeigten, was menschliche Kunstfertigkeit aus der Natur zu schaffen verstand. Das hing eng mit dem Theater zusammen, das im Barock zu neuer Blüte kam, weshalb man vom theatralischen Illusionismus des Barock sprechen kann. Mehr noch, für den Barock war das Dasein ein Theaterstück, eine Vorstellung, man empfand sich als Schauspieler, lebte in Szenen und Auftritten, sah die Welt als Bühne, als Kulisse, wie man ja auch die Theaterkulisse zu größter Vollendung entwickelte. In diesem Sinn stutzte man im Garten die Natur zur Kulisse zurecht – als Hintergrund für den eigenen wirkungsvollen Auftritt. Erst im 18. Jahrhundert setzte sich die freie Naturgestaltung durch. Die Romantik ist nicht mehr fern. Der englische Landschaftsgarten wurde im Rokoko geboren.«

»Im Rokoko?«, fragte Roman. »Sollten wir heute nicht die Aufklärung kennen lernen?«

»Beides. Ihr werdet es erleben.«

»Was bedeutet Rokoko?«

»Das Wort kommt aus dem Französischen, abgeleitet von ›rocaille‹, womit eine an Muscheln orientierte asymetrische Ornamentform gemeint ist. Der reiche, verspielte Stil findet seinen schönsten Ausdruck in den vielfältigen Stuckverzierungen ...«

»Woraus ist Stuck gemacht?«

»Es ist ein Gemisch aus Gips, Sand, Kalk und Wasser, das sich leicht formen lässt und steinhart wird. Man verwendete Stuck schon im Altertum, in der islamischen Kultur und auch im Barock. Im Rokoko aber feierte er Triumphe. Man konnte Stuck für Marmor halten, aber er war viel billiger, sodass man dazu verführt wurde, verschwenderisch zu bauen. Man denkt beim Rokoko also vor allem an das Visuelle, an die bildende Kunst, die Bauten, die Malerei, die Musik, die Kleidung. Man datiert die Zeit von ungefähr 1710 bis 1760, vereinzelt sogar bis ins neunzehnte Jahrhundert. Die Aufklärung dagegen meint eine geistesgeschichtliche Epoche, ich könnte auch sagen, eine philosophische Bewegung, also die intellektuelle Seite der Medaille. Die Aufklärung hatte die größten Auswirkungen auf die Gesellschaft, auf das Leben überhaupt. Man wurde sich seiner Freiheit bewusst. Wir verdanken der Aufklärung viel.«

»Eigentlich ist sie noch nicht zu Ende. Oder sie wurde zu früh abgebrochen. Aufklärung ist doch immer notwendig. Die Aufklärung sollte nie enden.«

»Das glaube sogar ich!«

Senex stimmte Stefan und Roman zu: »Die Aufklärung ist eine Triebkraft unserer Geschichte.«

»Wann hat sie begonnen?«

»Man spricht vom Aufklärungszeitalter bereits ab 1650. Man streitet, ob zum Beispiel Spinoza schon zu den Aufklärern gezählt werden soll, großen Einfluss hat er jedenfalls gehabt. Doch bleiben wir zunächst noch beim Rokoko. Es löste den Barock ab, ich könnte auch sagen: Auf die Allongeperücke folgte der Zopf. Schaut zuerst in den französischen Park vor euch. Da dient alles der Etikette, streng geometrisch geordnet, gerade Wege und Alleen, Linien, Kreise, Vierecke, Galerien, Bassins und Springbrunnen – und Durchblicke, eine Vereinigung von Gesetzmäßigkeit und Freiheit. Alles ist symmetrisch, die Bäume, die Blumenrabatten zwischen den Rasenflächen. Die verschiedenen Teile werden durch Hecken und Büsche voneinander abgegrenzt, die Wasserbecken liegen vor Treppenfluchten, die mit Eiben und Statuen geschmückt sind, man liebt die grünen Tapeten der Alleen und den großen Kanal. Man installiert über eintausend Springbrunnen. Auf den Marmoreinfassungen der Becken stehen Bronzefiguren, die die Flüsse Frankreichs darstellen. Überhaupt gibt es jede Menge Standbilder, griechische und römische Gottheiten, Kinderfiguren und Marmorvasen. Aber auch Bauern, Frösche, Eidechsen und Schildkröten.«

»Und der englische Garten?« Berenike wies in die andere Richtung.

»Der geometrische Garten des Barock wurde abgelöst durch einen Park, in dem die Natur selbst die Künstlerin sein sollte. Man ließ eine fernöstliche Blütenpracht entstehen, ließ Bäche plätschern und sich zu kleinen Seen ausweiten, die – nicht mehr streng eingefasst – einen Felsen umspielten. So schuf der Rokokogarten Illusionen, er vereinigte in sich einerseits die Natur und gleichzeitig lud man alle Weltreligionen und Völker ein, sich in ihm niederzulassen. Daher finden wir kleine Hindu-Tempel, Pagoden mit Buddhafiguren, gotische Miniaturkathedralen und ägyptische Obelisken. Man erträumte, ja schuf sich in seinem Garten eine Welt, so wie sich auf den Fresken des Venezianers Tiepolo in der Würzburger Residenz alle Kontinente ein Stelldichein geben. Vor allem aber suchte man die stille Natürlichkeit, erfreute sich am Schattenspiel der Bäume oder Felsen, am fließenden Wasser, an den Pflanzen, stellte Skulpturen hinein. Die Natur verlor ihre Schrecken, die sie so lange gehabt hatte, nun wurde sie dem Menschen vertraut.«

»Früher hat man sie als feindlich betrachtet, oder?«

»Sie war ja auch voller Schrecken gewesen, Roman. Nun wurde der Garten zum Ort melancholischer Träumerei, auch ein Werk des Menschen, aber scheinbar von selbst entstanden. Zur gleichen Zeit lockerte sich die absurde Etikette und die überzüchtete französische Kultur wich nach und nach einer bescheideneren bürgerlichen Bildung. Der regelmäßig angelegte französische Park kam aus der Mode. Aus den schnurgeraden Alleen wurden gewundene, es gab Flüsschen, die um strohgedeckte Hütten herumführten und von Brücken überspannt wurden, die – gar nicht so natürlich – mit Hilfe von Dampfmaschinen mit Wasser versorgt wurden. Auch die Königin Marie Antoinette war davon begeistert und ließ sich hinter dem Petit Trianon einen englischen Garten anlegen. Dabei gab man aber die künstlichen Dinge nicht gleich ganz auf, man stellte das Haus des Müllers neben eine künstliche Grotte aus Muscheln, die künstlichen Ruinen eines griechischen Tempels neben holländische Windmühlen, baute kleine Bauernhöfe und auch Pavillons, deren Zimmer à la chinoise ausgestaltet waren.«

»So stelle ich mir das Rokoko vor.«

»Kommt, wir verlassen Versailles. Picknicksäckchen brauchen wir nicht mehr, da es von jetzt an überall Schänken, Gasthäuser, Restaurants und Cafés gibt.«

Versailles hat seine Bedeutung verloren

Sie schlenderten über die Avenue de Trianon, wo bald die unendlich lange Fassade des Versailler Schlosses mit seinen hunderten von Fenstern klar hervortrat. Es machte einen heruntergekommenen Eindruck. Senex hielt sich auch nicht mit ihm auf, sein Stil, der Barock, gehörte für ihn der Vergangenheit an.

Auch der große Hof enttäuschte. Zwar imponierte er durch seine Ausdehnung, aber in seiner Weite verloren sich die wenigen Menschen. Wohl warteten da Kutschen, wohl wurden Beamte von Lakaien in Sänften getragen, wohl sah man Hofdamen von einer Tür zur anderen schlüpfen, Priester den Hof überqueren – aber in den riesigen Dimensionen wirkte alles verloren. Zwei Mädchen, winzig wie Porzellanfiguren, spielten Federball, andere Diabolo.

»Nach links, dort – die Kutsche mit dem blauen Mittelteil und dem flachen Fenster. Sie wird auch als Kurier zwischen dem Königshof und der Hauptstadt eingesetzt. Mit ihr gelangen wir bequem nach Paris – in das alte, historische Paris, nicht in unser heutiges. Das Leben hat sich dorthin verlagert. Man fährt nicht mehr gern nach Versailles. Es hat seine Bedeutung verloren. Man bleibt möglichst in der Hauptstadt, wo man eine Wohnung, ein Haus oder ein Palais hat.«

Sie kletterten in die Kutsche. Da sie nur zu viert waren, hatten sie genügend Platz, denn der Wagen war für sechs bis acht Personen ausgelegt.

Die breite Avenue de Paris war von hohen Ulmenreihen und blühenden Weißdornhecken gesäumt. Dahinter erstreckten sich Weiden mit Pferden, Äcker, Felder und Wälder. Sie rumpelten durch dichten Verkehr, der Staubwolken aufwirbelte, an achtspännigen Haubenwagen und Fuhrwerken mit Kisten vorbei, wurden überholt von schnellen Reitern, sahen Reisewagen mit Vorreitern und vornehme Equipagen mit kunstvollen Wappen, auf deren hinteren Trittbrettern betresste Lakaien standen, steif wie Holzfiguren.

Die Kunst erhebt ihr Haupt wie im Spiel

»Das Rokoko«, fuhr Senex fort, »ist nicht immer eindeutig vom Spätbarock zu unterscheiden, beide Stilrichtungen verlaufen teilweise parallel.«

»Ich glaube, diese Bezeichnungen sind sowieso nur Hilfsmittel.«

»Das Rokoko gehört in die Endphase des Absolutismus, des Ancien Régime. Es ist eine Zeit der Gegensätze und Widersprüche. Die Gesellschaft wird vom Hof und vom wohlhabenden Bürgertum gebildet, im Wesen ist sie jedoch noch monarchisch-aristokratisch. Gegensätze gibt es auch im Geistigen – oder vielmehr einen Auftakt zu etwas Neuem. Man bricht mit der christlichen Vergangenheit, ohne sie jedoch ganz abstreifen zu können. Die Kunst erhebt ihr Haupt zum ersten Mal wie im Spiel, selbstverliebt, genussvoll, anmutig, ja lasziv, reich an Ornamenten und Zierrat, fixiert auf Blumen und Ranken, vor allem auf Rosen.«

»Dekorative, geschwungene Linien!«

»Man bewundert Ostasien und vor allem China, verklärt alles, nimmt aber nichts so recht ernst. Die Farben werden zart, die Rosen verlieren ihre Dornen. Vielleicht haben die Menschen – einige privilegierte Menschen – das Glück zu leben nie so genossen wie im Rokoko, jedenfalls erscheint es mir von allen Epochen nach dem Mittelalter als die heiterste. Eine Zeit, die auf an Seidenbändern hängenden Schaukeln schwingt.«

»Dann hat man das wohl verdrängt, was man früher als bedrohlich empfunden hatte.«

»Das Rokoko liebte die frohen Seiten der Natur. Auch das Übernatürliche verlor seine Bedeutung, man wollte das Natürliche an seine Stelle setzen.«

»Das klingt ja recht schön.« Berenike schüttelte ihre Haare nach hinten. »Gibt es nicht trotzdem ein Aber?«

»Ich spreche nur von dem Kunststil, mit dem die Geistesentwicklung der Aufklärung eng verbunden ist. Richtig ist, dass an allen Freuden nur die begüterte Schicht teilhaben konnte.«

Sie überholten eine Kutsche, aus der eine hochmütige Dame herausschaute.

»Das Rokoko versuchte sich abseits der Realität in einer Welt der schönen Illusionen einzurichten. In diesem Sinne löste es sich vom erhabenen, gespreizten Stil des Hochbarock. Dafür schätzte man das Entzückende, die Würde wandelte sich zu Anmut, das Monumentale zum Eleganten. Frivolität war Trumpf und in diesem Klima der Leichtfertigkeit vermochte sich ein freier Geist zu entfalten.«

»Ich denke, er richtete sich oft gegen die Religion und gegen die Kirchen.«

»Und daran beteiligte sich nicht selten sogar ein lebensfroher, hochgebildeter Klerus. Vieles war erlaubt oder wurde zumindest geduldet, was wenige Jahre zuvor noch unbarmherzig bestraft worden war.«

Immer wieder fuhren vornehme Kaleschen oder unförmige Karossen an ihnen vorbei, die Häusern ähnelten, dazu Postwagen. Bauern gingen krumm unter Kiepen, die über ihre Köpfe hinausragten. Manche wanderten mit Hundekarren oder Eselswagen, einige trugen Eimer an einem Joch.

»Die Leute kommen aus den Dörfern. Meist sind es Gemüsehändler und Blumenfrauen, Milchmädchen und Brotmänner, Geflügelverkäufer, Obstweiblein und andere, die man ›Essigleute‹ nennt, weil sie sauer Eingelegtes verkaufen.« Senex schwieg kurz und führte die Spitzen der gespreizten Finger zusammen: »Ja, es gab neben dem Freigeist weiterhin Frömmigkeit, nur prägte diese das Bild der Zeit nicht mehr ausschließlich. Sie glich mehr einer beharrenden, auch tragenden Strömung unter dem heiteren Leben. Sie veränderte die Welt nicht, von ihr ging kein Fortschritt aus, aber man akzeptierte sie. Man dilettierte in allen Künsten, man betete die Frauen an …«

Ein Wagen hing mit verlorenem Rad schief am Straßenrand. Der Kutscher und ein Knecht bemühten sich, den Schaden zu beheben.

»Kein Wunder, dass die Achsen brechen oder die Räder abgehen. Es rumpelt ja fürchterlich.« Berenike musste sich immer wieder am Sitz festhalten. »Mir tut alles weh!«

»Die Straßen sind in einem erbärmlichen Zustand. Außerdem haben die Wagen noch keine Federn, und die Lederbänder, in denen die Kästen hängen, fangen kaum Stöße ab. Die Naben müssen täglich geschmiert werden. Bald jedoch wird eine Achse erfunden werden, in der sich das Fett einen Monat lang hält. Nun, zurück zu unserem Thema. Der Kunsthandel und der Kunstmarkt wuchsen. Man liebte schöne Dinge, Bilder, Möbel, Schmuck, Mode oder kostbares Porzellan.«

»Aber Sie haben doch gesagt, dass sich das nur wenige leisten konnten.«

»Diese Minderheit war jedoch so genusssüchtig wie bis dahin noch keine seit der Antike. Was bislang dem Adel vorbehalten gewesen war oder dem hohen Klerus, wurde nun jedermann zugänglich, wenn er es bezahlen konnte. Der Luxus übersprang die gesellschaftlichen Schranken. In Paris entstanden die Salons und es gab Jahresschauen der jeweiligen Kunstproduktion. Französisch wurde zum Idiom der Oberschicht Europas, die außerdem oft noch Italienisch und ein wenig Englisch sprach. Auf Französisch konnte man sich überall verständigen, es hatte das Latein weitgehend verdrängt, aber ob Latein oder Französisch, es existierte eine gemeinsame Sprache, eine elegante, geistreiche Sprache, in der sich alle leidlich Gebildeten verständigen konnten. Katharina die

Große, von Geburt eine deutsche Prinzessin, sprach am russischen Hof Französisch, Friedrich von Preußen korrespondierte mit Voltaire auf Französisch – zwei Beispiele von tausenden. Das Europa des Rokoko war geistig so von Frankreich dominiert, dass man von einem französischen Europa sprechen kann.«

»Schade, dass es nicht so geblieben ist, findet ihr nicht auch?«

Keiner antwortete.

»Frankreich schenkte Europa seine Kultur«, schloss Senex.

»Nicht zu unserem Schaden«, bekräftigte Roman noch einmal.

»Aber gleichzeitig ist der englische Einfluss mächtig. Vor allem erkannte man, dass der englische Parlamentarismus besser funktioniert als der auf dem Festland. Deshalb wuchs unter den Gebildeten eine Anglomanie, der Snob wurde nicht zu ihrer wichtigsten, wohl aber zu ihrer charakteristischsten Erscheinung. Zwar kann sich das Rokoko nicht mit so vielen großartigen Künstlerpersönlichkeiten schmücken wie die Renaissance und der Barock, dafür wirken seine Werke sensibler und empfindsamer, aber auch weniger kraftvoll.«

»Ich finde sie manierierter«, warf Stefan ein.

»Sie nahmen ihren Manierismus aber nicht mehr so ernst. Der ›gute Geschmack‹ – oder *bon sens* – wurde zu einem festen Begriff. Man baute Lustschlösser, das war eine neue Idee. Was früher heroisch, heldisch war, wurde nun erotisch, nicht selten schlüpfrig. Venus wurde zu einer angebeteten Göttin, der auch Kirchenfürsten ungeniert huldigten.«

»Und wo blieben die zarteren Gefühle?«

»Oh, man war dafür empfänglich, verachtete das Rohe und war vernarrt in Andeutungen. Das Rokoko war eine Epoche, in der man heiteren Abschied nahm, Abschied vom Alten, vom klassischen Altertum ebenso wie vom Mittelalter.«

»Hat man das auch gewusst?«

»Mancher vielleicht, jedenfalls spürte man den Wandel, eine modernere Zeit dämmerte herauf und erhellte die Szene. Naturwissenschaft und Technik beschleunigten ihre Entwicklung. Uns mag das alles noch wenig erscheinen, in Anbetracht dessen, was im neunzehnten und zwanzigsten Jahrhundert geschehen wird, aber die Menschen des Rokoko haben den Umbruch stark empfunden. Bekannt wurde der Vers: ›Eine Herbstrose ist köstlicher als jede andere.‹ Er charakterisiert die Zeit treffend.«

»Als jede andere, das heißt also auch: als jede blühende Sommerrose?«

»So war es gemeint. Eine verwelkende Schönheit, auch das war das Rokoko. Nie wieder würde die Welt so sein, wie sie einmal gewesen war. Manchem mag es vorgekommen sein, als ob die Tür zum Paradies hinter ihm zuschlug – ein Paradies, das man ja wirklich verloren hatte, denn die wenigsten glaubten noch an den biblischen Garten Eden. Aber trotz mancher Wehmut überwog die Lust auf neue Genüsse. Das Unbekannte, das Exotische hatte Konjunktur. Die Phantasie erhob ihr Haupt und feierte Triumphe.«

»Ich denke, man erhob die Vernunft zum Maßstab?«

»Das ist kein Widerspruch. Logik und Phantasie können sich gut ergänzen.«

»Was wurde aus der Religion?«

»Statt des Glaubens wurden die Nationen wichtig.«

»Ich glaube, das war keine positive Entwicklung.«

»Es war nun einmal so. Die vielen Kleinstaaten, Königreiche, Fürstentümer, Grafschaften erlangten mehr und mehr Bedeutung für alle, die darin lebten und sich damit identifizierten. Das Interesse für alles Neue, für andere Menschen, andere Bücher, andere Städte und Länder wuchs.«

»Also ist man oft verreist?«

»Man war viel unterwegs. Ortsveränderungen, Reisen kamen in Mode. Dabei schreckte man vor keiner Entfernung zurück, was durch sich allmählich verbessernde Möglichkeiten, bessere und schnellere Kutschen, erleichtert wurde. Da man viel Neues sah, war man bereit, Traditionen aufzugeben, aber man erfuhr, dass sie ein zähes Leben hatten.«

»Das kann ich mir denken! Ansichten ändern sich nur langsam!«

»Ideen lassen sich eben leicht formulieren. Aber meist dauert es lange, bis sie zu einem neuen Verhalten führen.«

Modergeruch aus offen stehenden Türen

Sie näherten sich der Stadt. Der Verkehr nahm zu, auch die Zahl der Häuser. Die Dächer spielten mit Färbungen, schwarz, schiefergrau, rostrot, gelb, orange – und rosa, wenn die Ziegel von der Sonne ausgebleicht waren.

Auf Kopfsteinpflaster ratterten sie durch Straßen, die von hohen Gebäuden begrenzt wurden. Sie passierten alte Bastionen der Mauer, rumpelten durch ein Tor, erreichten Boulevards, auf denen Equipagen verkehrten, Sänften schwankten, Lärm ertönte. Sie fuhren an Stadtpalais vorbei, an Bankhäusern und an der Börse. Manche Gassen waren kaum so breit, dass zwei Wagen aneinander vorbeikamen. An den schmutzigsten Straßen standen die ältesten Häuser, die fünf bis sieben Stockwerke emporragten und Schornsteine gen Himmel richteten wie Kanonenrohre. In den Erdgeschossen hatten sich Kramläden oder Werkstätten eingenistet, in denen angepriesen wurde, was man herstellte und verkaufte. Die Volksmenge, die zahllosen Ausrufer, welche tausenderlei Dinge feilboten und mit ihrem unharmonischen Geschrei die Luft erfüllten, die Gaukler, Taschenspieler und Marktschreier gaben dem Ganzen den Anschein eines Jahrmarkts. Durch dieses Gewühl erreichten sie schließlich eine lange Brücke über die Seine, die sich, weiter abwärts, in zwei Arme teilte.

»Der Pont Neuf.« Senex war gut gelaunt. »Ihr erkennt ihn auch an dem Standbild Heinrichs IV. Seht ihr? Dort. Seinem Namen – ›Neue Brücke‹ – zum Trotz ist der Pont Neuf die älteste Brücke von Paris.«

Berenike schaute hinab. Das Tiefblau des Himmels ließ den Strom schimmern. Er trug Lastkähne, am grünen, oft verschmutzten Ufer stapelten sich Fässer, Kisten und Holzstämme.

Und dann eine Gasse, in der der Lärm nochmals zunahm; ein Wagen, der Wasser beförderte, versperrte kurz den Weg. Doch der Kutscher trieb die Pferde an und wieder ratterten die Räder durch Furchen, wieder schlugen die acht Hufeisen auf das Pflaster. Jetzt wuchsen die Häuser so hoch, dass sie den Himmel zusammendrückten und nur noch wenig Licht hereinließen. Neben prächtigen Gebäuden duckten sich baufällige eng aneinander. Und es stank, Modergeruch waberte aus den Kellern. Die Fenster erstreckten sich bis zum Fußboden der Stuben, sodass sie mit einem Gitter gesichert werden mussten. Wer zu Fuß unterwegs war, wurde von Pferdegespannen gegen die Wand gedrückt, so auch die halbwüchsigen Kaminkehrerjungen, die neben ihrem Schornsteinfegermeister hertrotteten.

»Es sind noch halbe Kinder. Sie müssen so schmächtig sein, damit sie sich in den Kaminen bewegen können. Dazu benutzen sie Arme und Beine, Knie und Ellenbogen. Sie stülpen einen Sack über den Kopf, damit ihnen der Ruß nicht in die Augen rieselt. Sie arbeiten wie lebendige Bürsten.«

»Schrecklich!«, rief Berenike.

»Damals war es selbstverständlich. Die Knaben rissen sich um eine Arbeit, bei der sie ein paar Sous verdienen konnten. Ein Kind galt nicht viel. Starb es, eingeklemmt oder erstickt, war schon ein anderes da.«

Ihre Kutsche bog auf den Vorplatz von Notre-Dame ein.

»Wir sind auf der Île de la Cité«, erklärte Senex. »Die Kathedrale steht seit ungefähr fünfhundert Jahren. Ihr bemerkt sicher, dass viele Bauten aus der Vergangenheit in der Gegenwart genutzt werden können.«

»Kirchen!«

»Nicht nur Kirchen, auch Schlösser und Burgen. Die Erbschaften werden größer, freilich auch die Erblasten. Die Bauten des klassischen Altertums, wie das Forum Romanum, hatte man noch ungeniert als Steinbruch benutzt. Das verbot sich bei einem Gotteshaus für Christen von selbst. Später wird man den Figuren von Notre-Dame, wie so vielen anderer Kirchen, übel mitspielen – die Französische Revolution war auch eine ›Kulturrevolution‹, die sich gegen die Religion richtete.«

Die Kathedrale mit dem rosettengeschmückten Hauptportal wuchs grau zu den zwei stumpfen, unvollendeten Türmen empor. Gerade ertönten die schweren Klänge der Glocken. Kutschen fuhren vor, Damen in Roben stiegen aus, gefolgt von Mädchen mit breiten Hüten und rosigen Wangen. Lakaien waren ihnen behilflich. Herren in Spitzenjabots mit Juwelenknöpfen begleiteten sie. Im Schatten der Kathedrale bewegten sie sich auf das ziselierte Hauptportal zu. Auch Bürger in schlichten Röcken über geblümten Westen eilten in den Dom.

Senex deutete auf die gegenüberliegende Seite. »Das Café«, sagte er. »Da könnt ihr die Leute hier draußen beobachten, während wir über die Aufklärung sprechen.«

Im Unterschied zu den anderen Bauwerken lockte dieses mit einer gepflegten Fassade, mit Blumendekoration und Figurenschmuck.

Auf der Schwelle machte Senex das Trio auf die linke Seite des Platzes aufmerksam. »Da liegt das Hôtel Dieu, das Spital für die Armen.«

Viele Leute wollten durch seine Tür hinein oder hinaus, manche humpelten auf Krücken, andere trugen schmutzige Verbände, waren abgemagert und verhärmt. Barmherzige Schwestern in dunklen Gewändern, weiten Ärmeln und hellen Kragen, die die Schultern bedeckten, nahmen sie auf oder schickten sie fort. An ihren schutenähnlichen Hauben wehten weiße Zipfel.

Das Licht der Vernunft

Paris – die geistige Hauptstadt Europas

Senex öffnete die Tür des Cafés. »Hinein!«

Die drei staunten. Was für ein Luxus!

»Das ist ein Treffpunkt der vornehmen Besucher von Notre-Dame. Die Möbel sind im Louis-Quinze-Stil gehalten, er trägt seinen Namen nach Ludwig XV. und verkörpert das Rokoko am reinsten. Es ist ein Dekorationsstil, der von der verfeinerten höfischen Lebensweise geprägt wird – ihr seht es an der verzierten Täfelung und den vielen Schmuckgegenständen. Ludwig XV. war der Urenkel des Sonnenkönigs, der seinen Sohn und seinen Enkel überlebt hatte. Dieser nun, der fünfzehnte Ludwig, war 1723 erst dreizehn Jahre alt, als man ihn für großjährig erklärte und zum König machte. Sein Onkel, Herzog Philipp von Orléans, übernahm die Regentschaft für den hübschen Knaben, der von seinen Erziehern zu tadellosem Betragen und vornehmen Bewegungen dressiert wurde. Schon seit seinem siebten Lebensjahr musste er ständig Empfänge geben, Audienzen abhalten, Paraden und Eidesleistungen abnehmen, Orden und Ehren verleihen und wurde vor lauter fremden Gesichtern menschenscheu. Als junger Mann galt er als schön, elegant, kräftig und früh gereift. Trotzdem waren das keine guten Voraussetzungen für eine effiziente und kluge Regierung. Doch setzt euch. Es zerbricht nichts. Das Café verdankt seine luxuriöse Ausstattung auch den vielen Fremden, die trotz aller Unbequemlichkeit in großer Zahl nach Paris kommen, das sie als ihre geistige Hauptstadt betrachten.«

Senex strebte zu einem runden Tisch am Fenster. Draußen breitete sich der Platz mit dem Spielzeug seiner bewegten Menschenfiguren aus.

Eine der wichtigsten Geistesströmungen der europäischen Geschichte

Im überreich dekorierten Raum herrschte Stimmengewirr, die Gäste präsentierten sich in der Mode der Zeit.

Senex schaute sich um. »Trotz der frühen Stunde sind sie gekommen, die Bonvivants, Müßiggänger, Literaten, Liebhaber, Bankiers, Steuerpächter und Offiziere, die Glücksritter, Spieler, Betrüger, die selbst ernannten Chevaliers, die Priester, in Begleitung von Herzoginnen, Gräfinnen, Schauspielerinnen und – seht hin – gewissen jungen Damen.«

Die Mädchen glichen Porzellanfigürchen mit ihrer hellen Hautfarbe, schlankem Hals und zerbrechlichen Gliedern.

»Warum sie hier sind, fragt man besser nicht.«

Die Leute lasen in den bereitliegenden Zeitungen, Flugblättern und Gesetzbüchern, sie konzentrierten sich auf Schach, Dame oder Domino. Kunstvoll gestaltete Tassen wurden geziert an die Lippen geführt. Viele Herren rauchten, Tabakduft zog durch den Raum. Vor allem wurde diskutiert.

Senex machte eine Kopfbewegung zum Tisch nebenan, der noch frei war: »Er wird bald besetzt sein.«

»Da sind wir gespannt«, erwiderte Berenike.

»Das könnt ihr auch sein. Ihr begegnet einigen führenden Köpfen der Zeit. Ihr wisst ja, dass ich in der Aufklärung eine der wichtigsten Geistesströmungen sehe.«

»Warum?«

»Weil sie *das* Programm der Menschheitsentwicklung seit dem Auftreten des Homo sapiens vor rund vierzigtausend Jahren ist.«

»Da behaupten Sie viel, glaube ich!«

»Im Allgemeinen vermeide ich es, so ausdrücklich meine persönliche Meinung zu vertreten. Die Aufklärung ist eine Ausnahme. Ein kluger Mann hat einmal gesagt: ›In der Aufklärung wurde die Amöbe mündig‹, und da ihr die Geburt der Amöbe sozusagen miterlebt habt, werdet ihr das richtig verstehen.«

»Wir werden sehen. Aber wer kommt denn nun?«

»Ich hoffe, dass so unterschiedliche Geister wie Voltaire und Rousseau dabei sein werden, vielleicht auch Diderot. Für Kant aus Königsberg wird es zu beschwerlich sein, zumal er überhaupt das Reisen nicht liebt. Aber so oder so, in Wirklichkeit hat dieses Treffen nie stattgefunden. Nun ja, wie alles im Evo-Park.«

»Ich glaube, wir können Dichtung und Wahrheit sowieso nicht mehr auseinander halten.«

»Kein Werk kommt ohne Erfindung aus«, antwortete Senex philosophisch. »Bevor unser erster Gast eintrifft, will ich noch ein paar Worte über die Zeit sagen, über die Voraussetzungen dafür, dass es überhaupt zur Aufklärung kommen konnte, zumal im achtzehnten Jahrhundert.«

Eine Bedienung servierte Kaffee, Sahne, Kandiszucker und Backwaren.

»Das Porzellanservice stammt aus Vincennes.« Senex hielt eine leere Tasse gegen das Licht, sodass es durchschimmerte. »Die Manufaktur wird bald nach Sèvres verlegt werden und unter diesem Ortsnamen mindestens so viel Ruhm erlangen wie das Porzellan aus Meißen.«

Eine wachsende Zahl von Manufakturen

Senex trank einen Schluck. »Manufaktur – das ist ein Stichwort. Es wird dich interessieren, Berenike, denn es betrifft auch die Frauen und gehört zu dieser Periode, die auch das ›Ancien Régime‹ genannt wird.«

»Ancien Régime?«

»Das alte Regime oder die alte Regierungsform, worunter man die Herrschaft der Bourbonen vor der Französischen Revolution versteht. Damals nahm das Heer der arbeitslosen, aus der Bahn geworfenen Frauen rasch zu. Viele lebten auf der Landstraße vom Vagabundieren, Betteln und von der Prostitution. Wer von diesem Schicksal noch nicht zerbrochen war, nahm auch Gelegenheitsarbeiten in den sich vermehrenden Manufakturen an.«

»Was wurde dort hergestellt?«

»Die unterschiedlichsten Dinge, Porzellan in Sèvres, woanders vor allem Textilien. Aber auch wenn die armen Geschöpfe Arbeit fanden, gehörten sie doch zu den krass Benachteiligten. In ihnen können wir das letzte und schwächste Glied in der Kette der Entwicklung sehen, die von der Handarbeit zur Maschinenarbeit führt. Schufterei vom Morgengrauen bis in die Dunkelheit. Keine Gewerkschaft, keine Interessenvertretung, niemals Hilfe.«

»Das ist pure Ausbeutung!«

»Das trifft den Tatbestand. Dazu, dass sich das langsam, allzu langsam änderte, trug auch die Aufklärung bei, wenn ich auch nicht behaupte, dass bessere soziale Verhältnisse ihr Ziel waren.«

Man wollte einen gereinigten Glauben

Berenike versuchte sich den Alltag der Arbeiterinnen vorzustellen. Sie rührte betroffen, mit gesenktem Blick in ihrer Tasse. »Was wollten die Aufklärer dann?« Sie hob den Kopf und blickte Senex so streng an, als sei er mitschuldig.

»Ich erinnere an Descartes. Seine Hoffnung war, dass jeder jederzeit selbst denken würde. Um mit dem Hervorstechendsten anzufangen: Die Aufklärer – ich verwende diesen verallgemeinernden Begriff der Einfachheit halber – griffen die Kirchen ihrer Zeit auch deshalb so scharf an, weil diese so reich waren und die Wirtschaft belasteten, weil sie politische Macht ausübten und die Gedanken kontrollierten. Vor allem die römisch-katholische Kirche unterdrückte alle anderen Überzeugungen. Sie dominierte auch in der Erziehung, von der Schule bis zur Universität. Sowohl Voltaire als auch Denis Diderot hatten eine ausgezeichnete jesuitische Erziehung genossen, wie ja auch Descartes, wir wissen es. Nun wehrten sich ihre Zöglinge dagegen, dass die Bücher noch immer zensiert wurden. Auch die Werke ihrer Lehrer kamen auf den Index.«

»Oder, um ein auf die Revolution gemünztes Wort abzuwandeln: Die Religion entließ ihrer Kinder!«

»Nicht freiwillig, Stefan!«

»Hat sich die Aufklärung vor allem gegen die Kirche und gegen den Glauben gerichtet?«

»Man wollte einen gereinigten Glauben, der sich mit der Vernunft, dem eigenen Gewissen und der Naturwissenschaft vereinbaren ließ. Vor allem im protestantischen Norddeutschland, in England, Schottland, Skandinavien und in der calvinistischen Schweiz breitete sich dieses Gedankengut aus. Viele kluge Männer waren nicht der Ansicht, dass sich Glaube und Fortschritt behindern müssten. Eher wollten sie den Glauben stärker reformieren, als Luther es mit der Papstkirche getan hatte. Sowohl Ritus als auch Lehre sollten von mittelalterlichen Übertreibungen befreit werden, wie dem Glauben an das Höllenfeuer. Aber selbst ein so großer Skeptiker wie der englische Philosoph David Hume hielt es für unwahrscheinlich, dass die Ordnung des Kosmos aus Zufall entstanden sein könnte.«

»Das ist auch für mich unwahrscheinlich, genauso wie die Entstehung von Shakespeares Hamlet durch einen Schimpansen, der auf einen Laptop einhämmert!«, rief Roman. »Und der ist immerhin unser nächster Verwandter.«

»Gib ihm fünfhundert Generationen Zeit«, antwortete Stefan lachend.

Senex fuhr fort: »Für viele Aufklärer war die Existenz eines christlichen, menschengleichen ›Gottes der Wunder‹ zweifelhaft, selbst wenn sie auf einen übernatürlichen Schöpfer nicht verzichten wollten. Die Freimaurer, die sich in diesem Jahrhundert zusammenschlossen, sprachen daher vom ›allmächtigen Baumeister aller Welten‹.«

Roman sah Stefan skeptisch die Stirn runzeln und fragte Senex: »Wollten die Aufklärer auch politische Macht?«

»Da waren sie eher unschlüssig. Wohler fühlten sie sich in der Rolle von Beratern und Kritikern. Sie wussten nicht, was sie an die Stelle der Monarchie setzen sollten. Und mit politischen Parteien assoziierten sie fruchtlose Fraktionskämpfe zum eigenen Nutzen.«

»Womit sie ja wohl Recht haben, auch heute noch!«

»Wie hätten die Aufklärer auch Vertrauen in die politische Klugheit der Menge haben können? Das Volk war doch in ihren Augen unwissend, zurückgeblieben, abergläubisch und eingeschüchtert, eine stumpfe Masse, erstarrt in Loyalität gegenüber Thron und Altar. Wichtiger schien es ihnen zu sein, dass die Regierungen effektiv arbeiteten und Toleranz übten.«

»Das ist doch überhaupt ihre wichtigste Aufgabe, denke ich.« Stefan schob seine Brille hoch.

»Man hatte ja gerade erlebt, dass Europa zum Schauplatz blutiger Religionskriege geworden war. Wenn im Namen Gottes so viele Grausamkeiten begangen werden konnten, dann brachten die verschiedenen Religionen mit ihren Kirchenfürsten und konfessionell gebundenen Monarchen offenbar Schrecken statt Segen.« Senex legte den Finger an die Lippen und deutete mit den Augen zur Tür.

Die Aufklärung als epochales Ereignis

Führende Köpfe der Aufklärung

Drei Männer traten ein, von denen der eine besonders klein, ja schmächtig daherkam, eine markante Nase, überhaupt scharfe Gesichtszüge hatte, eingefallene Wangen, dünne Lippen und ein spitzes Kinn. Er trug seine Eleganz zur Schau, deren auffälligste Merkmale ein scharlachroter Rock mit Goldborte, eine ebensolche Weste und Beinkleider mit Stiefeln waren. Er kam gebeugt herein, ohne seinen Hochmut zu verbergen. Seine lebhaften Augen musterten alle ungeniert und auffällig. Und seine hohe Stirn wirkte, weiß gepudert, wie ein Symbol seiner Intelligenz. Zu Locken gedrehte Haare ringelten sich bis auf die Schultern.

Der Zweite gab sich als Gelehrter mit fast kahlem Kopf. Seine dichten Brauen endeten in der Mitte über den Augen, sodass deren äußere Winkel wie nackt aussahen. Er verblüffte durch einen witzigen, verspielten Zug um den Mund. Der Dritte, eine äußerst ansehnliche Erscheinung, kam vielleicht nicht aus Frankreich, denn er war in eine Art dunklen Kaftan gehüllt. Die Haare trug er kurz geschnitten, in seinem ausdrucksvollen Gesicht herrschten die Augen, die scharf blicken und sich im nächsten Moment sanft verschleiern konnten.

»Voltaire, eigentlich François-Marie Arouet, Denis Diderot und Jean-Jacques Rousseau, Letzterer direkt aus Genf«, erläuterte Senex halblaut. »Erst ein Wort zu Rousseau, der den größten Einfluss auf die Nachwelt ausüben wird. Er war der Sohn eines Genfer Uhrmachers, hatte keine rechte Bildung genossen, wanderte und arbeitete mal als Graveurgeselle, mal als Lakai und lebte später vorwiegend davon, Noten abzuschreiben.«

»Und wurde so berühmt?«

»Ihm, dem Menschenscheuen und Schüchternen, öffneten sich die Türen der Salons von Paris und Versailles.«

Die drei Herren hatten kaum am runden Tisch Platz genommen, als ihnen die Bedienung bereits Kaffee und Gebäck servierte.

»Wann erscheint der nächste Band Ihrer Enzyklopädie, Diderot?«, fragte Voltaire seinen Nachbarn zur Rechten. »Ich halte Ihr Werk für das wichtigste unserer Epoche.«

»Das sagen *Sie,* Voltaire? Unser glänzendster Schriftsteller? Sie sind der Ruhm unseres Landes. Was nun d'Alemberts und meine Enzyklopädie betrifft, so wissen Sie ja, dass die besten Gelehrten daran arbeiten. Sie soll das ganze Wissen unserer Zeit und unsere Ideen enthalten.«

Voltaire nickte. »Angesichts der triumphalen Erfolge der Naturwissenschaft seit Newton sehe ich in Erfahrung und Experiment den einzigen Weg zu wahrem Erkennen.«

Jetzt räusperte sich Rousseau. Er sagte zum ersten Mal etwas, zwar leise, aber mit unüberhörbarer, unduldsamer Bestimmtheit: »Der Mensch kann nur im Naturzustand gut und glücklich sein, durch die Zivilisation wird er böse und unglücklich!«

Voltaire fixierte den Mann im Kaftan mit einem vernichtenden Blick. Aber er schwieg, der Genfer Uhrmachersohn schien ihm keiner Entgegnung wert zu sein.

Rousseau bemerkte es nicht oder wollte es nicht registrieren. Er sprach weiter: »In meinem Roman ›Emile ou de l'éducation‹ stelle ich das Ideal einer naturnahen Erziehung auf. An die Stelle der Vernunft setze ich Natur und seelische Empfindungen.«

»Nun, wie man hört, kümmern Sie selbst sich nicht gerade liebevoll um Ihre eigenen fünf Kinder!«, rief Voltaire jetzt doch. »Sie haben sie alle in ein Findelhaus gesteckt!«

Rousseau zuckte zusammen. »Es war das Beste für sie!«, murmelte er.

»Pah!«, machte Voltaire. »Man weiß ja, welch schlimmes Schicksal dort auf die armen Würmer wartet!«

Rousseau schnaufte verletzt: »Wir konnten sie nicht selber aufziehen! Der Mensch ist frei geboren und überall liegt er in Ketten!«

Diderot und Voltaire sahen ihn einen Augenblick lang verblüfft an, weil sie den Zusammenhang seiner Worte mit dem Vorwurf, den Voltaire ihm gemacht hatte, nicht sofort erkannten. Aber sie begriffen dann doch, dass Rousseau ausdrücken wollte, das Schicksal hätte ihm und der Mutter die Hände gebunden, sie hätten nicht anders handeln können. Rousseau redete rasch weiter: »Aber deshalb sind wir doch nicht hier, Diderot. Übrigens darf ich Ihnen sagen, dass ich den letzten meiner Artikel über Musik für die Enzyklopädie in Arbeit habe. Es sind nun, wenn ich recht zähle, über dreihundertfünfzig geworden.«

»Ein Glück für Sie, dass der große Jean-Philippe Rameau es abgelehnt hat, die Abhandlungen zu verfassen«, stichelte Voltaire. »Ich halte ihn für den größten lebenden Komponisten.«

»Ach! Ich habe ebenfalls Ballettopern komponiert!«, rief Rousseau verärgert. »Und wirklich große Erfolge gehabt!«

Voltaire wollte das offenbar nicht hören, er blickte Diderot an: »Also, wie weit sind Sie mit der Enzyklopädie?«

»Sie macht uns unendlich viele Schwierigkeiten. Gerade wurden die sieben Bände vom Pariser Gerichtshof und vom Papst verurteilt, die Regierung entzog uns das Druckprivileg.«

Jetzt reckte sich Rousseau, stolz, auch zu den Verfolgten zu gehören, ja die beiden anderen noch übertrumpfen zu können: »Und gegen mich hat das Pariser Parlament einen Haftbefehl erlassen! Wenn irgendeine Institution von Schande befleckt ist, dann diese! Das erklärt auch diesen Kaftan, meine absonderliche Verkleidung.«

»Wir alle lassen uns nicht entmutigen«, sagte Diderot, um Frieden bemüht. Er legte Rousseau die Hand auf den Unterarm. »Nur Mut, bei uns in Frankreich sind Folterungen und Verbrennungen im Namen des wahren Glaubens, sind Inquisition und Kreuzzüge eine Sache der Vergangenheit. Unsere christlichen Kirchen sind glücklicherweise träge und einigermaßen tolerant geworden!«

»Dafür steigt in Spanien noch der unerträgliche Gestank von verbranntem Menschenfleisch zum Himmel, wenn zu Ehren des wahren Glaubens Autodafés veranstaltet werden«, rief Voltaire. Seine Wangen bekamen hektisch-rote Flecken. »Sogar die jugendliche spanische Prinzessin, die eigentlich unseren König heiraten sollte, empfing man bei ihrer Rückkehr aus Paris mit der Verbrennung von neun Menschen, deren gellende Hilferufe und Schreie die Kleine in Angst und Schrecken versetzten. Die Nacht vom 23. auf den 24. August, die Jahrestage des Massakers der Bartholomäusnacht, verursachen mir jedes Jahr von neuem Übelkeit, dabei liegt das zweihundert Jahre zurück! Unsere Kirche ist meiner Meinung nach nicht einfach nur in Irrtümern befangen oder gewissenlos gewesen, sondern ihre Herrschaft war überhaupt schrecklich und unheilvoll. Scheinheilig predigte sie den Frieden, in Wirklichkeit hat sie Uneinigkeit und Mord gesät. In den Religionskriegen der beiden vergangenen Jahrhunderte wurden Meere von Blut vergossen.«

Wie um Voltaires Erregung zu besänftigen, sagte Diderot begütigend: »Sie haben ja Recht, Voltaire. Deshalb wird der größte Teil der Enzyklopädie aus Berichten über Künste und Handwerk, Naturwissenschaft und Technik, Industrie und Landwirtschaft bestehen, ausnahmslos also aus Bereichen, die d'Alembert und ich für unverzichtbar halten, wenn Frankreich endlich modernisiert werden soll.«

Es entstand eine kleine Pause. Senex nutzte sie. »Rousseau gilt als einer der wichtigsten Aufklärer, aber er überwand die Aufklärung insofern, als er alle Übel der Welt als eine Folge der Zivilisation definierte und für einen naturhaften Zustand der Menschheit kämpfte. In seiner Schrift ›Der Gesellschaftsvertrag‹ propagierte er einen grundlegenden Wandel, die freiwillige Unterwerfung des Individuums unter den Willen der Allgemeinheit. Seine Ansicht war, dass in der freiwilligen Selbstbeschränkung des Menschen die eigentliche Freiheit liege. Er selbst hatte einen schroffen Charakter, litt unter Verfolgungswahn und war ein recht einseitiger Denker. Dennoch übte er den größten Einfluss aus. Er plädierte zum Beispiel dafür, Mädchen nur in Religion und Handarbeit unterrichten zu lassen und Frauen die höhere Schulbildung vorzuenthalten.«

Berenike deutete mit dem Daumen nach unten.

Senex zog lächelnd die Augenbrauen zusammen. »Rousseau waren intelligente Frauen zuwider. Er wollte sie schüchtern und bescheiden sehen. Er hielt sie für weniger intelligent als die Männer, deshalb sollten sie für nichts anderes erzogen werden als für den Dienst an ihrem Herrn.«

Vielleicht hätte Berenike ihrer Empörung nun doch auch mit Worten Ausdruck verliehen, aber Voltaire kam ihr zuvor, indem er an die vorhin unterbrochene Auseinandersetzung anknüpfte und Rousseau zurief: »Ich weiß wohl, dass Sie mich nicht leiden können, Sie haben es mir ja oft genug bewiesen, auch in Ihren vielen Schmähversen gegen mich. Es sei Ihnen unbenommen. Aber Sie sind ein äußerst selbstgefälliger Gegner.«

Rousseau verzog nur den Mund. »Sprechen wir lieber von der Enzyklopädie.«

Das wollen wir doch: das Volk erziehen

Voltaire war es recht: »Sie ist wie ein trojanisches Pferd für unser verfaultes Regime!«

»Ich hoffe, dass sie zur Aufklärung beiträgt!«, erwiderte Diderot bescheidener. »Gewiss, unser politisches System ist nicht ideal, Voltaire, aber was wollen Sie an seine Stelle setzen? Ja, wenn wir in England wären! Aber der Parlamentarismus französischer Prägung taugt doch erst recht nichts!«

»Nein, er ist ein Selbstbedienungsladen für alle, die ihre adligen Standesprivilegien verteidigen.«

Rousseau hob den Kopf: »Im ›Gesellschaftsvertrag‹ erkläre ich, dass der Staat eine ›freiwillige Vereinigung der Einzelwillen zu einem Gesamtwillen‹ darstellen soll. Daher bin ich der Meinung, dass alle Souveränität vom Volk ausgeht!«

»Pah, das Volk!« Voltaire spuckte die Worte geradezu aus. »Das Volk besteht aus lauter Analphabeten und Bauern, Tagelöhnern und Leibeigenen. Sie machen, wenn nötig, auf amtlichen Schriftstücken ihr Kreuz an Stelle ihres Namens. Wir mögen das bedauern, aber wir können ihnen doch keine Regierungsgewalt anvertrauen!«

»Dann müssen sie erzogen werden, Voltaire.« Rousseau sagte es, wie man einem Ignoranten etwas völlig Selbstverständliches erklärt. »Das wollen wir doch: das Volk erziehen!«

»Sorgen Sie erst einmal dafür, dass die Leute genug zu essen bekommen und dass sie Schreiben und Lesen lernen. Dann wird sich vieles von selbst ergeben!«

»Einverstanden. Wichtiger als die politische Wirkung ist mir, dass die Gelehrten der Enzyklopädie große Aufmerksamkeit schenken!«

»Wer kauft aber ein solch teures Werk, Diderot?«

»Gewiss nicht das Volk, nicht einmal radikal denkende Mitbürger.« Diderot zuckte resigniert die Achseln. »Ihre Käufer sind, obwohl wir das Hauptgewicht auf Handel und Technik legen, auch nicht die Kaufleute. Der französische Bürger interessiert sich nur dafür, wie er am schnellsten zu Geld und Ansehen kommt. Die meisten Abnehmer haben wir in den gehobenen Berufen, bei den Juristen, Verwaltungsbeamten und Amtsinhabern, bei adligen Großgrundbesitzern und bei den Provinzhonoratioren, ja, hören Sie nur, sogar beim höheren Klerus.«

»Das wundert mich nicht.« Voltaire verzog den Mund ironisch. »Einerseits gibt es beim höheren Klerus hochgebildete Leute, andererseits will er ja auch wissen, welche Gefahr ihm von uns droht. Unser aller Unwille gegen jegliche kirchliche Bevormundung ist doch immer größer geworden.«

Christentum und Vernunft sind wie Feuer und Wasser

Rousseau rieb sich das Kinn. Er hätte gern etwas erwidert, fand aber nicht so schnell die richtigen Worte. Inzwischen unterstützte Diderot Voltaires Angriff, wenn auch in milderem Ton: »Hoffentlich können wir uns bald von den geistigen Fesseln befreien.«

»Nur der primitive Geist glaubt an die Seele und an Engel, Teufel und Hexen, während die Vernunft weiß, dass es nichts dergleichen gibt.«

»Es gibt nur Natur!«, rief Rousseau.

»Auch Natur ist nichts als ein System physikalischer Körper«, erklärte Voltaire herablassend. »Das Christentum, wenn wir es mit den

Augen der Vernunft betrachten, versagt ausnahmslos in allen Punkten. Die so genannten Wunder sind nichts als Fabeln, raffiniert erfundene Hirngespinste. Sie dienen nur dazu, die Unwissenden zu beeindrucken, zu knebeln, zu ängstigen! Aber die Naturwissenschaft wird all diese Gaunereien enthüllen.«

Diderot nickte und sagte mit einem vorsichtigen Seitenblick auf Rousseau: »Ich meine auch, dass es Kraftverschwendung war, Christentum und Vernunft miteinander versöhnen zu wollen! Das ist wie Feuer und Wasser.«

»Richtig!«, rief Voltaire. »Wir wissen, dass Gott keinen Einfluss mehr auf die Welt genommen hat, nachdem er sie erschuf. Er spricht auch nicht durch Offenbarungen zu uns. Ich vertrete daher eine völlig natürliche Religion.«

»Das höre ich gern«, sagte Diderot, wohl wissend, wie empfänglich Voltaire für Schmeicheleien war.

»Nun, ich dachte zunächst an einen undogmatischen Glauben, der die Existenz eines wohlmeinenden Gottes einschließt. Doch seit dem Erdbeben von Lissabon, bei dem mehr als dreißigtausend Menschen ums Leben kamen, seit diesem Blutbad an Unschuldigen, ist mein Glaube geschwunden.«

Jetzt richtete sich Rousseau halb auf, indem er die Tischplatte mit beiden Händen ergriff, und schleuderte Voltaire ins Gesicht: »Was für ein Unsinn! Für die Katastrophe von Lissabon können Sie weder die Natur noch Gott verantwortlich machen, sondern nur den so genannten Fortschritt, der zum Bau von zwanzigtausend Häusern mit sechs bis sieben Stockwerken geführt hat, die bei dem Erdbeben natürlich einstürzen mussten. Sie, Voltaire, leben selbst in Wohlstand und Glück und beschreiben die Welt als ein Jammertal des Elends, anstatt den Menschen zu sagen, dass sie ihr Unglück selber geschaffen haben, und ihnen folglich auch zu erklären, wie sie es vermeiden können!«

»Ich bitte Sie!« Diderot drückte Rousseau sanft in den Sessel und hielt Voltaire, der sich ebenfalls aufrichten wollte, mit der anderen Hand zurück: »Meine Freunde, wir sind uns doch einig, dass wir alle, wenn auch auf verschiedenen Wegen, erreichen wollen, die Menschen freier, glücklicher und sorgloser zu machen, erlöst von den Ängsten des

Aberglaubens, des Hexenwahns, befreit auch von den Bevormundungen durch unsere Kirchen. Wir wollen doch, dass die Menschen ihre Vernunft benutzen.«

Rousseau und Voltaire hatten sich Diderots Druck gefügt. Dieser sagte jetzt zu Rousseau: »Sie werden nach London reisen?«

»Es wird mir wohl keine andere Zuflucht bleiben!«

»Nun« – Voltaire sagte es etwas ruhiger, da er sich angesichts der Gefahr, der Rousseau ausgesetzt war, mit ihm solidarisch fühlte –, »dann werden Sie David Hume sehen und aus seinem Mund hören, dass es Unsinn ist zu glauben, der Beweis für die Existenz Gottes sei die Schöpfung selbst. Für ihn ist die Vorstellung, ein vernunftbegabter Mensch könne an Wunder glauben, ein Widerspruch in sich. Für mich ebenfalls. Mein Kreuzzug ging ja auch anfangs nur gegen die Päpste, Jesuiten und Priester, aber heute wende ich mich sogar gegen den christlichen Gott.«

Voltaire senkte die Stimme und fragte etwas leiser: »Sagen Sie, Diderot, welche Antwort gibt uns denn die Bibel auf die Frage nach der Herkunft und der Bestimmung von uns Menschen? Ist es wirklich möglich, dass die Welt, wie behauptet wird, erst sechstausend Jahre alt ist? War Adam in Wahrheit der erste Mensch? Konnte sich im Garten Eden wirklich eine Schlange mit ihm und Eva unterhalten? Konnte es ein barmherziger Gott wirklich über sich bringen, bei der Sintflut außer Noahs Familie die ganze Menschheit auszurotten?«

»Solche Zweifel erzeugen hunderte von anderen Fragen«, erwiderte Diderot. »Historische, moralische, wissenschaftliche und theologische. Einige davon hoffen d'Alembert und ich mit der Enzyklopädie beantworten zu können.«

»Aber doch niemals im kirchlichen Sinn!«

Rottet die Schändliche aus

Voltaire und Diderot hatten sich in Erregung geredet. Jetzt knurrte Rousseau Voltaire an: »Sie tun gerade so, als hätte Gott, den es nach Ihrer Meinung doch gar nicht gibt, Sie persönlich beleidigt!«

»Ich habe mein Leben lang gegen die Dämonen der unwahren Religion gekämpft«, entgegnete Voltaire. »Ich habe anfänglich nur für Religionsfreiheit gestritten. Aber meine Antipathie gegen die Kirche gewann mehr und mehr an Schärfe!«

»Aber wenn Sie heute verlangen: ›Rottet die Schändliche aus‹, dann gehen Sie entschieden zu weit!« Rousseau schnaubte empört.

Voltaire schnippte ein imaginäres Staubkörnchen von seinem Ärmel. »Ich wiederhole es!«, rief er schneidend. »Écraser l'infame!«

Rousseau fixierte ihn wie ein Hahn seinen Widersacher, auf den er sich mit Schnabel und Krallen stürzen will.

Diderot erstarrte. Er fühlte sich hilflos. Der ganze Raum war still geworden. Alle Gesichter, blass wie Masken, blickten auf die Streitenden.

In diesem Augenblick hatte Stefan, obwohl er nicht zum Übersinnlichen neigte, eine Vision: Die Wände des Caféhauses verschwanden und er sah ringsum eine Menschenmenge, bis an den Horizont, schweigend, lauschend, schauend.

Und sonderbar, als ahne er etwas Ähnliches, raunte ihm Senex zu: »Diese Auseinandersetzung erregte das ganze gebildete Europa!«

Der Spuk ging vorbei. Diderot gewann wieder Kontrolle über sich. Rousseau aber fauchte: »Voltaire, Sie werden als Atheist sterben!«

»Es wird mir eine Ehre sein!«

»Ich wünsche Ihnen die Hölle! Sie sind der Antichrist unserer Zeit!«

»Sie sind beide Hitzköpfe!« Diderot schlichtete den Streit. »Für mich bedeutet Aufklärung die Fähigkeit, die Ursache jeder Erscheinung zu erkennen! Die phänomenalen Erfolge der Wissenschaften müssen Auswirkungen auf das Denken der Menschen haben.«

Voltaire lehnte sich zurück. Jede geistige Auseinandersetzung bereitete ihm ein intellektuelles Vergnügen, wobei er sich auch hitzig äußerte, aber im Grunde regte er sich nie auf. Das waren nur Wortgefechte. »Die Vernunft wird die Welt befreien und den Menschen zu großen Werken befähigen«, sprach er, als verkünde er einen Glaubensartikel.

Nach und nach wandten sich die anderen Caféhausgäste von den drei Diskutierenden ab und beschäftigten sich wieder mit Brettspielen, Gesprächen, dem Genuss von Kaffee und Gebäck.

Diderot sagte zu Rousseau: »Auch Sie stehen doch der institutionalisierten Religion skeptisch gegenüber, vor allem verwerfen wir gemeinsam das barbarische Dogma der Erbsünde. Wir sind doch gleichermaßen davon überzeugt, dass der Mensch das Weltsystem ohne Hilfe übernatürlicher Mächte begreifen kann.«

»Ich wehre mich ja nur gegen Übertreibungen«, antwortete Rousseau, um Ruhe bemüht, da er von Diderot als seinem Auftraggeber wirtschaftlich abhängig war. »Aber die alleinige Herrschaft der Vernunft kann nicht unser einziges Ziel sein. Ebenso brauchen wir Phantasie, Empfindsamkeit und sinnliche Wahrnehmungen!«

»Nun gut«, erklärte Voltaire. »Gewiss kann die Vernunft, abgelöst von Erfahrung und Empfinden, zu Absurditäten führen.« Er lächelte herablassend: »Das habe ich doch schon in meinem Roman ›Candide‹ gezeigt. Der Held des Buches ist derart verblendet durch die Behauptung von Leibniz, in der besten aller möglichen Welten sei alles aufs Beste eingerichtet, dass ihm die Leiden, die vor seiner besten aller möglichen Nasen geschehen, völlig gleichgültig sind. Wenn ich die göttliche Barmherzigkeit in Frage stelle, dann verwerfe ich gleichzeitig auch einen blutleeren Rationalismus, der sich allzu leicht hinter dem Begriff eines philosophischen Optimismus verbirgt. Ich dränge zu praktischem Handeln! Ein Beispiel dafür ist mein Eintreten für die Pockenschutzimpfung, die in England mit so großem Erfolg praktiziert wird, während sich bei uns sowohl die theologischen als auch die medizinischen Fakultäten dagegen wehren!«

Diderot nickte: »Man wird deswegen sogar in die Bastille geworfen!«

»Wie viel aufgeschlossener ist man dagegen auf der anderen Seite des Kanals! Wegen so unvernünftiger Vorurteile müssen bei uns immer noch Jahr für Jahr dreißigtausend Menschen an den Pocken sterben.«

Krankheit und Leiden sind nicht vorherbestimmt

Diderot atmete tief durch. Die Gefahr einer handgreiflichen Auseinandersetzung zwischen Rousseau und Voltaire schien gebannt. Gern sprach er über ein anderes Gebiet als die Religion. »Fortschritt ist sicher nicht selbstverständlich, aber er ist erreichbar. Naturwissenschaft, Technik und Industrie müssen uns die Beherrschung der Natur ermöglichen. Was meinen Sie, Rousseau?«

Rousseau wirkte müde: »Mir kommt es vor allem auf die Besserung der Sitten an. Ich glaube nicht, dass Wissenschaften und Künste dazu beitragen können.«

»Gedanken- und Redefreiheit, Pressefreiheit, Glaubensfreiheit und das Recht auf freie Religionsausübung – das müssen unsere Grundforderungen sein«, sagte Voltaire.

»Das bedeutet Revolution!«, erklärte Rousseau. »Das schrieb ich schon in meinem Roman ›Emile‹. Wir nähern uns dem Zustand der Krise. Unmöglich können die großen Monarchien noch lange bestehen.«

»Wollen Sie denn ein Zurück zur Natur?«

»Solange die Menschen nur arbeiten mussten, um ihre Existenz zu sichern, lebten sie in einfachen, freien und homogenen Gemeinschaften von Hirten.« Rousseau geriet ins Dozieren. »Das war die glücklichste und dauerhafteste Epoche der Menschheit. Tragischerweise vollzog sich mit der Einführung der Arbeitsteilung und dem Austausch von Waren die Wende. Da veränderte sich die natürliche Lebenseinstellung, es entstand der Egoismus. Der Erste, der ein Stück Land einzäunte und sagte: ›Das gehört mir!‹, war der eigentliche Gründer unserer Gesellschaft. Wie viele Verbrechen, Kriege, Morde, wie viel Grauen und Leid hätte uns derjenige erspart, der die Pfähle herausgerissen und gerufen hätte: ›Hütet euch, auf diesen Betrüger zu hören!‹ Der Übergang vom Naturzustand zur Zivilisation ist die Wurzel allen Übels!«

Die Forderung nach einer natürlichen Erziehung

Man sah es Voltaire an, wie gern er weiterfocht. »Man kann die Scheußlichkeit der menschlichen Gesellschaft nicht krasser anprangern, als Sie es getan haben«, sagte er zu Rousseau und wieder kam die reine Ironie über seine Lippen. »Noch niemand hat so viel Geist leuchten lassen wie Sie, in dem Streben, uns erneut zu Bestien zu machen. Man bekommt ordentlich Lust, wieder auf allen vieren zu gehen!«

»Ach, Voltaire«, antwortete Rousseau, teils resigniert, teils verärgert. »Sie langweilen mich. Das haben Sie mir schon einmal geschrieben. Ich will doch nicht unsere tierhafte Einfalt wiederherstellen. In meinem ›Emile‹ fordere ich, dass an die Stelle der traditionellen Erziehungsmethoden eine natürliche Erziehung treten soll, die von den schädlichen Einflüssen der Zivilisation abschirmt.«

»Preisen Sie etwa den Urzustand der Menschheit als das goldene Zeitalter?«, fragte Voltaire lachend. »Nicht die Zeit, als die Menschen nackt herumstreiften, Eicheln aßen und unwissend lallten, ist erstrebenswert, sondern die Gegenwart, in der die Menschen alle Freuden genießen, die ihnen die Fortschritte der Wissenschaften und Künste bereiten. Ach, Rousseau, ich habe Ihr Buch ›Der Gesellschaftsvertrag‹ aufmerksam gelesen und muss Ihnen sagen: Es steckt voller Irrtümer und Widersprüche.«

»Deshalb hat man es ja auch in Genf verboten und in Paris verbrannt!«, erwiderte Rousseau sarkastisch.

»Damit habe ich bestimmt nichts zu tun!«, erklärte Voltaire. »Sie wissen doch, dass ich für Ihr Recht, Ihre Meinung frei zu äußern, selbst auf den Scheiterhaufen steigen würde. Aber zurück zum Thema: Wir kennen die Natur des Menschen noch zu wenig, sie muss erst erforscht werden. Auch dazu brauchen wir die Methoden, wie sie in der Naturwissenschaft mehr und mehr angewendet werden. Leider lassen uns die Universitäten dabei im Stich. Von keiner einzigen, nicht einmal von der Sorbonne, kann man sagen, dass sie hilft unsere Gedanken zu verbreiten.«

»Das ist nur zu wahr.« Diderot nickte. »Wir müssen ständig neue Wege suchen. Am hilfreichsten sind dabei die Salons, von denen es gottlob viele gibt. Ich kann die Damen, die sich für unsere Themen einsetzen, gar nicht genug rühmen. Sie sind es, die uns mit den einflussreichsten Leuten bekannt machen. Sie verbreiten die neue Wahrheit, ihre Konversation trägt unsere Lehren. Wo, wenn nicht durch sie, fänden wir Unterstützung?«

Senex wandte sich seinen drei jungen Freunden zu. »Diderot hat Recht. Das kann man im Nachhinein nur bestätigen. Damals rissen sich alle Damen der Gesellschaft darum, Voltaire oder Rousseau in ihren Salons vorzeigen zu können. Dabei waren die Herren meist schlecht gelaunt und voller Verachtung für eine Schicht, deren Daseinsrecht sie mit spitzer Feder angriffen. Aber sie genossen die Bewunderung trotzdem. Der Kult ging so weit, dass sogar die Staatsbeamten und der höhere Klerus ihren Widerstand aufgaben und die neue Philosophie unterstützten.«

Flug in eine neue Zeit

Eine kreisrunde Scheibe mit römischen Ziffern

Plötzlich runzelte Senex die Stirn, als sei ihm etwas Wichtiges eingefallen. Er zog ein silbernes, an einer Kette hängendes Döschen aus seiner Tasche, drückte auf einen winzigen Knopf und ließ den runden Deckel aufspringen. Zum Vorschein kam eine helle, kreisrunde Scheibe mit zart ausgeführten römischen Ziffern und zwei verschieden großen, verzierten Zeigern.

Senex legte sie auf seine flache Hand: »Diese Uhr stammt aus der Werkstatt von Rousseaus Vater in Genf. Erst durch die Erfindung des Federantriebs und der Unruhespirale wurden Uhren unabhängig von ihrem festen Standort, seitdem konnte man kleine, tragbare Uhren bauen. Gleichzeitig erreichten diese kleinen Wunderwerke eine bisher ungekannte Genauigkeit. Die Uhren wurden nicht nur genauer, sondern auch viel billiger. An der Uhrenindustrie erkannte man die Vorteile der Arbeitsteilung. Die Federn wurden von Spezialisten hergestellt, es gab Rad- und Kettenschlosser, Gehäuse- und Zifferblatthersteller, eine Fülle kleiner, von ausgefuchsten Fachleuten betriebener Werkstätten, in England vorwiegend außerhalb Londons, weil dort die Arbeitskräfte viel billiger waren.«

»Wie!« Stefan schob die Brille hoch. »Das ist ja nicht nur Arbeitsteilung, das ist ja fast schon Globalisierung!«

»Wenn auch noch in bescheidenem Maße. Den Anfang werden wir miterleben, den ersten zögernden Schritt. Aber zurück zur Uhr. Adam Smith, der britische Volkswirtschaftler und Philosoph, über dessen Epoche machendes Hauptwerk ›An Inquiry into the Nature and Causes of the Wealth of Nations‹ wir noch sprechen werden, meinte, dass die Taschenuhren weitaus besser und billiger von mehreren Spezialisten hergestellt würden als von einem Einzelnen. Von einem das Räderwerk, vom anderen die Feder, vom nächsten das Zifferblatt und schließlich das Gehäuse. Durch ihre Spezialisierung und ihre Kenntnisse wurden die Uhrmacher zu den begehrtesten Facharbeitern, auch in anderen Branchen. Nun, die Uhr hat dem Menschen einen neuen Rhythmus aufgenötigt, sie unterwarf ihn dem Diktat der Zeit. Über den mechanischen Aspekt hinaus haben Uhren auch einen philosophischen. Aber jetzt sehe ich, auch das ist ein Ergebnis dieser Uhr, dass es bald elf ist. Kommt – wir wollen an einem Ereignis teilnehmen, das die Bezeichnung ›historisch‹ wahrhaft verdient. Unsere Kutsche wartet noch auf uns.«

»Wohin fahren wir?«, fragte Berenike

»Zurück nach Versailles. Während wir hier saßen, sind wieder zwei Jahrzehnte vergangen. Ludwig XVI. regiert, der letzte feudal-absolutistische König Frankreichs vor der Revolution und Napoleon.«

Alle Wege nach Versailles sind verstopft

Als Senex aufstand, wunderte sich Berenike wieder einmal, wie zierlich, schmal, geradezu durchscheinend er war. Das Trio schlenderte hinter ihm her auf den Platz vor Notre-Dame. Die Sonne überflutete die Kathedrale und benutzte die Schatten als schwarze Modelliermasse für bizarre Figuren zwischen den Strebepfeilern, den Statuen und der filigranen Rosette.

Senex bog in eine Seitengasse ein, wo ihr Wagen stand, die Pferde mit hängenden Köpfen, der Kutscher auf dem Bock schlafend. Er schreckte hoch, als Senex ihn anstupste.

Als sie auf den fest gestopften Polstern saßen, rief Berenike: »Schön, nach dieser langen Diskussion wieder Futter für die Augen zu kriegen. Ich bin gespannt!«

Die Räder rollten, es schaukelte und das Rattern auf dem Kopfsteinpflaster übertönte für den Augenblick jede Unterhaltung. Der Verkehr hatte gewaltig zugenommen, zeitweise war kaum ein Durchkommen möglich, alles war voller Fußgänger, dazwischen eingekeilt Reiter mit breitkrempigen Hüten. Dann wieder Pferdekarren, Equipagen, Kutschen, Kastenwagen.

»Was ist da los?«, fragte Roman. »Ganz Paris scheint auf den Beinen zu sein!«

»Nicht nur auf dieser Straße! Alle Wege nach Versailles sind verstopft, alles, was Räder hat, wird als Fahrzeug benutzt. Gut, dass wir vor Mittag zum Schloss kommen, danach wird es kaum mehr möglich sein!«

»Sie wollen uns nicht sagen, weswegen?«, fragte Berenike. »Na, macht nichts. Ich fühle mich wie an Weihnachten vor der Bescherung!«

Senex lächelte und schwieg. Ihre Kutsche konnte sich nur noch im Schritttempo bewegen, vor dem Fensterausschnitt schwebten immer die gleichen Köpfe, ein Wogen von Körpern, Gesichtern, Hüten, Tüchern. In das Rattern der Räder tönten Gespräche, Gelächter, Schreie, Rufe, manchmal Gesang.

Nach einer Fahrt, die mehr als doppelt so lang dauerte wie die erste von Versailles nach Paris, erreichten sie endlich den Schlosshof. Der Wagen hielt, er konnte nicht weiter. Alles war überfüllt. Aus jedem Fenster lehnten sich Menschen, auf den Ziegeldächern klammerten sich Zuschauer an Kamine, saßen rittlings auf Fenstergauben.

Die Luft vibrierte vor Erwartung.

Senex und seine drei Begleiter wurden vor eine geschwungene Brüstung aus Stein gedrängt, auf der bereits viele Menschen saßen, wie Krähen auf einer Oberleitung. »Bleibt!«, bat Senex. »Wir kommen kaum weiter, außerdem sehen wir von hier genauso gut.«

Die Leute rückten zusammen.

Ein viereckiges Podest zog ihre Blicke an, daneben ragten zwei dünne Stangen empor, wie Zirkusmaste. Holzschranken umgaben das Podest, außerdem Soldaten mit Gewehren. Sonderbar erschien Berenike zunächst ein nur wenige Meter hoher, kreisförmiger Rahmen, eine Art Korb oder so etwas wie eine Trommel. Über diesem fremdartigen Gebilde hing eine Hülle aus Baumwollgewebe und Papier, die unten offen war. Sie sah aus wie ein langer Sack, der von zwei Stangen in die Höhe gehalten wurde. Obwohl der Stoff schlaff war, unförmig und faltenreich, erkannte Berenike die bunte Bemalung. Sie ahnte bereits, was es war. Acht Seile liefen nach den Seiten aus, sie wurden von Arbeitern gehalten.

Nun lüftete Senex das kleine Geheimnis: »Da seht ihr nun zwar nicht den ersten Heißluftballon der Erde, aber doch den ersten, der lebende Wesen tragen wird.«

»Menschen?«

»Nein, keine Menschen!«

»Aber das ist doch eine Montgolfiere?«

»Nicht nur eine, es ist *die* Montgolfiere.«

Heiße Luft ist leichter als kalte

Stefan schaute Senex fröhlich an. »Nun erzählen Sie schon«, bat er. »Sie warten doch nur darauf!«

Senex atmete durch. »Die Brüder Montgolfier hatten vor kurzem entdeckt, dass heiße Luft sich ausdehnt, dadurch leichter wird als das gleiche Volumen kalter Luft und einen Gegenstand emporzuheben vermag.«

»Also hatten schon Versuche mit Ballons stattgefunden?«

»Einige, wenn auch mühsam genug. Im Juni 1783 war der erste Ballon auf dem Marktplatz von Annonay aufgestiegen, also nicht in Paris und auch nicht mit lebenden Passagieren, aber doch erfolgreich, etwa vierhundertfünfzig Meter hoch. Jetzt wollte man einen Versuch in Gegenwart des Königs wagen.«

»Deswegen sind wir hier?«

»Das Wetter ist prächtig, nur in der Höhe ein wenig windig, aber das kann man noch nicht messen.«

Rings um die erhöhte Estrade war ein Gang freigehalten worden. »Zur Bedienung des Ballons«, wie Senex wusste. »In dem Korb aus Weidengeflecht, am Unterteil des Ballons, befindet sich ein Gestell aus Eisendraht. Es soll die Brennstoffe aufnehmen, Stroh und Reisig.«

Fanfaren schmetterten. Lautes Trommeln übertönte die Geräuschkulisse der Menschenmenge. Ein rundlicher, üppig gekleideter Herr und eine auffallend schöne Dame traten aus dem Schloss, in buntprächtiger Begleitung ihrer Angehörigen, der Minister, Hofdamen, Lakaien, Beamten. Sie wurden durch eine Gasse geleitet, die livrierte Diener für sie bildeten.

»Der König und die Königin.«

»Welche?«

»Ludwig XVI. und Marie Antoinette!«

Vereinzelte Hochrufe erklangen, aber nicht enthusiastisch, die Ballonfahrt zog wohl alles Interesse auf sich. Der König und seine Familie begaben sich zu der Estrade. Man stieg die Stufen hinauf und steckte die Köpfe in die Öffnung des Ballons und in den Korb, um alles zu betrachten. Dann begutachtete der König die Seile, indem er ihre Spannung prüfte. Endlich ließ er sich huldvoll die technischen Einzelheiten, das Prinzip der leichteren heißen Luft und ihren Drang nach oben erklären.

Er nickte, reichte seiner Gemahlin den Arm, sie tänzelten die Stufen wieder hinab und ließen sich vor der Estrade nieder. Der König schlug die Beine geziert übereinander.

Ein Böllerschuss ließ alle zusammenzucken. Diener kletterten auf das Podest. Sie zündeten das Brennmaterial unter der Hülle an. Die Luft erhitzte sich und füllte sie. Sofort begann sie sich zu bewegen. Wie ein gewaltiges entkräftetes und verhungertes Tier versuchte sie sich aufzubäumen, sank wieder zurück, nahm aber an Umfang zu und gewann damit Kraft. Nun kamen andere Diener mit einem Drahtkäfig, in dem ein Schaf blökte, eine Ente quakte und aus dem ein Hahn herausguckte. Ihn banden sie darunter fest und stellten ihn daneben ab. Leicht schwankend stieg der Ballon zwischen den Stangen in die Höhe. Mehr und mehr fand er zu seiner runden Form. Endlich stand er straff aufgeplustert und leuchtend blau, goldgelb und rot dekoriert. Gefältelte Tücher hingen wie Kellnerschürzen um seinen Bauch.

Welches Erstaunen! Welche Erwartung! Schon war der Ballon eine runde Kugel, noch mehr, und er würde platzen! Er stand da wie eine pompöse Figur, das Publikum tobte, jubelte. Noch nie hatte jemand einen so großen Körper in der Luft schweben sehen.

Und wie wenn sie mitfeiern wollten, blökte das Schaf noch einmal, quakte die Ente und krähte der Hahn.

Ein zweiter Schuss donnerte, die Seile wurden gekappt, unter dem gierig geöffneten Schlund der Hülle loderten Flammen, der Rauch suchte seitlich den Weg ins Freie, die Zuschauer standen gebannt, vergaßen beinahe zu atmen. Die Luft auf dem Platz wurde träge, aber der Ballon stieg, schwebte langsam nach oben, eine blaue Wolke, darunter baumelte der Käfig mit den Tieren, denen man nun zujubelte, zuklatschte, er schaukelte, stieg… die Fähnchen, mit denen man ihn geschmückt hatte, flatterten.

In seiner ganzen Pracht fuhr der Ballon in die Höhe, die Bewunderung entlud sich in einem lang gezogenen Seufzer.

Wieder Beifall und Hurrarufe!

Der Ballon drehte sich gemächlich und schwebte der Sonne entgegen. So wurde er kleiner, ein blauer Mond, zu dem Pauken, Trommeln und Posaunen emportönten.

Dann tauchte das Luftfahrzeug in eine Wolke – ein noch nie gesehenes Ereignis! Später ließ es sich noch einmal blicken, wie es zur Seite trieb. Aber dann, nach dieser Auffahrt, die so großartig verlaufen war, wurde es von einem Windstoß erfasst, die Hülle riss, der Ballon sank.

»Nach zehn Minuten Fahrt fällt er, eine Wegstunde von Versailles entfernt, in ein Gehölz«, sagte Senex.

»Aber das war schön.« Berenike sprang von der Brüstung und drückte spontan die schmale Schulter von Senex. Die Menge drängte auseinander, hin zu den Straßen.

Senex war erfreut. Als Berenike ihren Arm zurückgezogen hatte, fuhr er fort. »Zwei Jagdaufseher finden die Hülle, in den Baumkronen verfangen. Die Tiere sind, mit Ausnahme des bedauernswerten Hahns, den das Schaf mit einem Fußtritt bedacht hat, wohlauf. Der König wird bald die Genehmigung dazu erteilen, dass der Mensch in die Lüfte folgt. Der erste wird Jean-François Pilatre de Rozier heißen.«

»Der erste Astronaut der Welt«, rief Roman in bester Stimmung.

»Das ist etwas übertrieben. Immerhin, der Mensch schickt sich an, die Luft zu erobern. Vom heutigen Tage an werden noch etwa hundert

Jahre vergehen, bis zum Ende des neunzehnten Jahrhunderts, bis man von Fliegen sprechen kann.«

»Was sind schon hundert Jahre!«

»Nun geht alles rascher und rascher, Berenike. Noch nicht einmal weitere hundert Jahre mehr, und der Mensch hantiert mit Schraubenschlüssel und Hammer im Orbit, was sage ich, er betritt den Mond.«

»Und ich denke, das alles hat auch mit Kopernikus, Galilei, Newton, Descartes und der Aufklärung zu tun!«

»Die Freiheit, mit der sich der Mensch in die Luft erhebt, verbindet er mit einer neuen Freiheit des Geistes«, bestätigte Senex. »Schwer zu sagen, was wichtiger ist. Eines hängt wohl unlösbar mit dem anderen zusammen. Die Entwicklung der Technik und die Befreiung des Geistes gehen Hand in Hand. Mit der Aufklärung sind wir aber noch nicht fertig. Sie ist zu wichtig. Die Ballonfahrt hat unsere Unterhaltung nur unterbrochen, nicht beendet. Doch kommt, es sind nur wenige Schritte bis zu einer kleinen Gartenwirtschaft. Die Holzbänke sind nicht gerade bequem, aber die Bäume sind groß, wir sitzen in ihrem Schatten und die Bedienung ist eifrig.«

Vernunft und klares Denken

Holztische und lange Bänke waren auf platt getretenem Rasen verteilt, darüber breiteten Kastanien ein Dach, das den Besuchern Schatten spendete. Berenikes Haar nahm einen metallischen Schimmer an, als sei es mit Grünspan überzogen.

Nur ein Tisch war noch frei, so klein, dass sie zu viert gerade Platz fanden. In langen Reihen saßen Leute, vor sich Bierkrüge oder Becher mit Wein. Es gab Brot und Würste. Man war fröhlich, aufgeregt, sprach von nichts anderem als vom Ballon. Sein Flug hatte alle belebt, man ahnte, dass man Zeuge eines historischen Ereignisses geworden war, schwatzte, gestikulierte, phantasierte, wagte Vorhersagen, sah Postkutschen durch die Luft fliegen, Armeen in Ballons, Pilgerfahrten nach Santiago de Compostela und Rom.

»Wenn sie wüssten, wie weit die Wirklichkeit all ihre Phantastereien einmal übertreffen wird.« Roman kratzte sich nachdenklich am Hinterkopf.

Vereinzelt hörten sie auch ablehnende, sogar warnende Stimmen. Einer beschwor seine Landsleute, man solle doch erst die Verhältnisse auf der Erde in Ordnung bringen, Hunger und Not aus der Welt schaffen, Krankheiten heilen, den Übermut des Adels zügeln, bevor man an Luftfahrten denke. Nun ja, Gott würde diesen Hochmut gewiss bestrafen.

Senex legte die Uhr aufgeklappt vor sich auf den Tisch. Er meinte heiter: »Da seht ihr, wie der Mensch von der Zeit abhängig wird. Unsere Postkutsche kommt am frühen Nachmittag, gegen zwei Uhr, wir dürfen sie nicht verpassen.« Er bestellte einen kleinen Imbiss für alle, Cidre, den leichten französischen Apfelwein, Weißbrot und Käse. »Toleranz, Wettbewerb, Bildung und Forschung sind Kinder der Aufklärung«, fuhr er fort. »Dazu gehören später die allgemeine Schulpflicht, das staatliche Schul- und Hochschulwesen, Theater, Orchester, Museen, Archive und Bibliotheken, in öffentlicher Verantwortung und vom Staat finanziert. Außerdem wurde die Aufklärung auch für die Neue Welt – für das junge Nordamerika – auf dem Weg zur demokratischen Gesellschaft wichtig. Alle maßgebenden politischen Führer jenseits des Atlantiks sind aus ihr hervorgegangen.«

»Wenn heute bei uns so viele verschiedene Glaubensrichtungen, Sekten, Gemeinschaften, Lehren, Weltanschauungen, Heilsbringer, Gurus und was weiß ich nicht alles nebeneinander existieren können, so hätten sie diese Möglichkeit doch wohl auch nicht ohne die Aufklärung!«

»Alle Gemeinschaften, die die Aufklärung heute verächtlich machen, müssten gerade ihr für ihre Existenz danken. Zwar wollte die Aufklärung vor allem Vernunft und klares Denken, aber damit beförderte sie eben eine Toleranz, wie man sie bisher nicht kannte, in der jede Religion ihren Platz finden konnte – und heute noch kann.«

»Zur Aufklärung gehört für mich das Attribut ›human‹«, bemerkte Stefan, dessen Wangen sich gerötet hatten, sei es vom Apfelwein, sei es aus innerer Anteilnahme. »Die Aufklärung ist doch das humanste Ereignis seit der griechischen Antike, oder?«

Senex nippte an seinem Getränk: »Das unterschreibe ich. Die Aufklärung setzte sich die Befreiung vom Aberglauben zum Ziel. Sie wollte, dass sich der vernünftige Mensch eine vernünftige Welt einrichtet. Zutreffend bezeichnet man deshalb diese Zeit auch als ›vernunfttrunken‹. Doch leider – die Folge war zwar wirklich ein wissenschaftlich-technisches Weltverständnis, aber gleichzeitig stiegen neue Wahngebilde empor.«

»Dann hätte die geistige Befreiung also nichts gebracht?«

»Doch, wir verdanken es den Aufklärern, dass wir heute frei leben können. In den islamischen Ländern beispielsweise, wo es nie eine Aufklärung gegeben hat, reglementieren immer noch barbarische Gebote das Leben, wie zum Beispiel die grausame Beschneidung der Mädchen, die Todesstrafe für ›Gotteslästerung‹, die Steinigung von ›Ehebrecherinnen‹. Das Wirken der Aufklärung befreite uns von politischer und geistlicher Tyrannei, wobei in Frankreich der Weg über die große Revolution und den Sturz der feudal-absolutistischen Monarchie führte. Man ahnte das wohl schon vor der Erstürmung der Bastille, denn als Voltaire, elf Jahre vor dem welthistorischen Datum und wenige Monate vor seinem Tod seinen ländlichen Wohnsitz aufgab und nach Paris zurückkehrte, wurde er jubelnd begrüßt. Wohin er auch kam, applaudierte man ihm, Scharen von Menschen aller Schichten – man spricht von tausenden – folgten seiner Kutsche, kein Monarch wurde je so gefeiert wie er, den man den berühmtesten aller Sterblichen nannte. Betrat er die Loge eines Theaters, bereiteten ihm Schauspieler und Zuschauer stehende Ovationen.«

»Aber die Revolution war doch nicht sein Ziel?«, warf Berenike ein.

»Nein. Keiner seiner Mitkämpfer rief jemals zu den Waffen. Sie bereiteten nur den Boden für die freiheitliche Gesellschaft mit den für alle geltenden Menschenrechten. Rousseau wäre entsetzt gewesen, wie die Pariser Sansculotten 1793 wüteten, aber es ist doch eine Tatsache, dass es Rousseaus ›Contrat social‹, sein ›Gesellschaftsvertrag‹, war, der zum ersten Mal die Souveränität des Volkes formulierte.«

Gegner und Anhänger der Aufklärung

Stefan schob sich ein Stück Weißbrot mit Käse in den Mund und fragte: »Hatten die Aufklärer nicht viele Gegner?«

»Vor allem war es die katholische Kirche, die, etwa in Frankreich, in Spanien und in Italien, deren Bücher auf den Index der verbotenen Schriften setzte. Das geschah nacheinander mit der Enzyklopädie, den Werken Voltaires, denen von Rousseau und zahllosen anderen. Rousseaus ›Emile‹ wurde auch von der Sorbonne, von der Generalversammlung des Klerus und vom Pariser Parlament verboten. Man kreidete den Aufklärern Unglauben und den Abfall von der Religion an. Man fürchtete die Überheblichkeit des menschlichen Wissens und Könnens, Dünkelhaftigkeit des Urteils und sittliche Verwahrlosung. Die Romantiker, die als eine Art Reaktion auf die Aufklärer folgten, meinten, dass es in der Welt viel mehr gebe, als in den Tagträumen der Aufklärungsphilosophen und in ihren Studierstuben Platz fände, nämlich Phantasie, Gefühl und die Geheimnisse der Seele. Der Mensch sei nicht nur ein denkendes, sondern auch ein fühlendes Tier.«

»Das ist doch auch so. Die Aufklärung hat die Welt entzaubert! Das glaube ich jedenfalls. Oder wie sehen Sie das?«

»Gewiss veränderte sich der Ablauf des Lebens von der Wiege bis zur Bahre. Die Aufklärung hatte viele praktische Folgen. Nehmt nur mal die Medizin. Jetzt drängten die fortschrittlichen Ärzte darauf, bei Entbindungen die ›unwissenden‹ Hebammen durch ausgebildete männliche Geburtshelfer zu ersetzen. Die Säuglinge sollten nicht mehr fest in Bandagen gewickelt werden, sondern sich ›natürlich‹ bewegen dürfen. Man sollte seine Kinder nicht künstlich verzärteln, sondern sie in der frischen Luft herumtollen lassen. Wenn die Menschen mehr auf die Gesundheit ihres Körpers achten würden, statt nur an ihr Seelenheil zu denken, dann könnten sie auch länger leben, als die Bibel es überlieferte: siebzig Jahre. Wenn aber der Tod schließlich komme, dann könne man ihm frei von der alten christlichen Angst vor dem Höllenfeuer entgegensehen.«

»Sterben so natürlich wie einschlafen?«

»So wollten es die Aufklärer. Ihre Botschaften strahlten weit aus, über die Philosophie in die Naturwissenschaften, in den Sozialbereich, in die Technologie, ins Bildungs- und Schulwesen, in die Rechtswissenschaften, in die Verwaltung. Ein typisches, äußerst folgenreiches Werk der Aufklärung ist das 1776 erschienene Hauptwerk von Adam Smith: ›Der Wohlstand der Nationen‹, den englischen Titel habe ich euch schon genannt. Es zeigt, dass die Quelle des Wohlstands die Arbeit ist, und analysiert die Wirkung von Preisen, Kapital und Arbeitskraft sowie die Gesetze von Angebot und Nachfrage. Smith' Buch beeinflusste alle späteren Wirtschaftswissenschaftler, es hat auch im Zeichen expandierender Industriegesellschaften noch seine Bedeutung.«

»Was war so neu daran?«

»Zum Beispiel die Behauptung, dass als Folge der Arbeitsteilung die gewerbliche Produktion gewaltig wachsen und in einem gut regierten Staat zu allgemeinem Wohlstand führen würde. Er wollte, dass sich der Staat aus der Reglementierung der Wirtschaft heraushält.«

»Eine freie Marktwirtschaft?«

»Er erklärt, dass große Nationen nie durch private, oft dagegen durch öffentliche Verschwendung ruiniert würden, und prangert an, dass in den meisten Ländern die öffentlichen Einnahmen zur Bezahlung unproduktiver Leute dienten. An diesem Punkt wird er geradezu drastisch und nennt es ›eine Frechheit und Anmaßung höchsten Grades‹, wenn Könige und Minister die größten Verschwender ihrer Länder wären. Er sagt, dass die Gehälter der Staatsverwaltung und der Beamten nicht wie in der Wirtschaft auf dem Markt bestimmt werden und dass sie daher auch nicht in einem angemessenen Verhältnis zur Leistung stehen.

»Wie modern!«

»Auch das Werk von Adam Smith beweist, wie aus dem öffentlichen Leben die Magie verschwand und an die Stelle von Mystik Vernunft und Analyse traten, was jedoch nicht heißt, dass alle Aufklärer Atheisten waren oder dass die Menschen nicht mehr religiös gewesen wären. Zahlreiche Philosophen der Aufklärung waren gläubig. Ihr habt Rousseau erlebt, wisst aber noch nicht, dass er ursprünglich Priester werden wollte, als Calvinist früh zum Katholizismus übertrat, zwar nicht dabei blieb, aber vor allem in seinen letzten Jahren geradezu hymnisch eine Frömmigkeit pries, die nicht so sehr intellektuell als vielmehr emotional und spirituell war. Nach der Französischen Revolution erlebte Europa eine religiöse Wiederbelebung. Doch nie wieder gelangte die Religion zur absoluten Alleinherrschaft wie vorher. Um diese Lücke zu füllen, wird das neunzehnte Jahrhundert die Natur mit Empfindsamkeit fast zu etwas Heiligem erheben. Vor allem aber sprang der Patriotismus in die Bresche – leider wieder ein Irrationalismus, mindestens so schlimm wie der religiöse.«

Berenike fragte: »Wieso konnte die Aufklärung überhaupt so erfolgreich sein?«

»Sie wäre sicher nie zu einer so großen Bedeutung gelangt, wenn sie sich nur auf einige wenige Köpfe beschränkt hätte. Die Ideen zogen weite Kreise, zunächst erfassten sie das gebildete Bürgertum. Sie fielen auf fruchtbaren Boden, die Aufklärer sprachen aus, was viele ahnten, aber nicht formulieren konnten. Nun wurde es ihnen gesagt und sie konnten Bücher kaufen. Überspitzt ausgedrückt: Gutenberg wollte die Bibel drucken, damit jedermann sie lesen konnte und im Glauben gestärkt wurde. Aber er führte den Sturz der Religion herbei, indem er dem freien Geist der Aufklärung die Mittel zu ungehinderter Verbreitung schuf.«

»Sie meinen, die Zeit war reif?«

»Die Aufklärung kam, als der Buchdruck vom wachsenden Wohlstand profitierte und immer mehr Leute lesen und schreiben lernten. Zwar waren es in Deutschland am Ende des achtzehnten Jahrhunderts nur etwa fünfzehn bis zwanzig Prozent der erwachsenen Bevölkerung, aber ihre Zahl wuchs. In vielen Städten entstanden Vereinigungen, die sich ›Gesellschaftshaus‹, ›Tempel der Freundschaft‹, ›Büchersaal‹, ›Kunstkammer‹, ›Tanzhaus‹ oder ›Kaffee- und Billardhaus‹ nannten. Da wurde gelesen, vorgetragen, diskutiert. Auch in Dörfern schlossen sich interessierte Menschen zu Lesegesellschaften zusammen. Die aufklärerischen Gedanken wurden auch von vielen unbekannten Leuten verbreitet. Es gab ein fein gesponnenes Netz von Sympathisanten, mutigen Bürgern, die Verfolgte bei sich aufnahmen oder Nachrichten weiterleiteten. Manchmal erhielten die Aufklärer sogar geheime Hilfe von maßgebenden Persönlichkeiten, die dafür Verbote missachteten. In diesem Sinne könnte man den obersten Zensor Frankreichs, Malherbe, zu den einflussreichsten Freunden der französischen Aufklärer zählen.«

Senex legte eine kleine Pause ein. Er trank, hob den Kopf und sah einen nach dem anderen mit seinen undefinierbar grauen Augen an. »Vor allem«, rief er, »vor allem dürfen wir die Diskussionen in den vielen Cafés, eine habt ihr ja miterlebt, nicht unterschätzen. Das war nicht nur Stammtischgerede. Da wurden alle neuen Ideen leidenschaftlich besprochen. Nach Angaben der Pariser Polizei gab es 1723 zunächst nur dreihundertachtzig, nur sechzig Jahre später aber bereits eintausendachthundert Kaffeehäuser. Dazu kamen viele Buchhändler und Verleger, die die Werke verbreiteten und keine Gefahr scheuten, falls satte Gewinne lockten. Zum ersten Mal schuf sich die Literatur einen größeren Markt. Die öffentliche Meinung machte ihren Einfluss geltend.«

»Das wird ja richtig spannend!«, rief Stefan.

Ein neuer Beruf – der Journalist

Gäste an anderen Tischen bezahlten und verließen den Wirtshausgarten. Senex kontrollierte seine kleine Uhr: »Wir haben noch etwas Zeit, unsere Postkutsche kommt in etwa einer halben Stunde.«

»Postkutsche?«

»Sie ist komfortabler geworden. Der Fahrpreis ist hoch, dadurch wird sie zum exklusivsten öffentlichen Verkehrsmittel. Die Anzahl der Passagiere wird auf sieben beschränkt, sie werden durch einen bewaffneten Wächter begleitet. Man fährt jetzt einen Kutschentyp mit Stahlfedern, niedrigem Schwerpunkt und recht hoher Reisegeschwindigkeit.«

»Das Fahrzeug habe ich mit meiner Frage nicht gemeint. Ich wollte wissen, ob wir nicht in Paris bleiben?«

»Wir reisen heute noch einmal, und zwar weit. Doch noch sind wir hier und wir sind auch noch in der Aufklärung. Damals entstand ein neuer wichtiger Beruf.«

»Der Industriearbeiter?«

»Noch nicht, Roman, sondern der Journalist, manchmal zynisch, sogar gewissenlos, aber auch scharfsinnig, schnell formulierend und nach Neuigkeiten jagend. Die Zahl der Tageszeitungen stieg rasant. Bibliotheken entstanden. Das Erscheinen der neuen Werke der Aufklärer wurde damals von einer Flut an Neuerscheinungen von Wochen- und Monatszeitschriften begleitet. Da bemühte man sich auch um Unterhaltung, um einen Stil, den jeder verstehen konnte. Die Kritik wurde zum Lieblingskind der schreibenden Intelligenz. Frei nach Nietzsche könnte man sagen, man erlebte die Geburt der Kritik aus dem Geiste der Vernunft.«

»Das klingt zu schön, um wahr zu sein!«, murmelte Stefan zweifelnd.

»Es gab mehr Bücher, billigere Bücher, sie wurden schneller geschrieben und veröffentlicht. In dieser Zeit beginnt auch die Erfolgsgeschichte des literarischen Romans. Das lesehungrige Publikum verlangte nach Unterhaltung, Belehrung, nach Rührung und Empfindung. Reiselektüre, Liebes- und Familienromane, ›Robinson Crusoe‹, ›Manon Lescault‹, ›Tom Jones‹, ›Die neue Heloïse‹, ›Sentimentale Reise‹ ... Es wurde nach Herzenslust geschrieben, abgeschrieben und plagiiert, nach dem Motto: ›Was macht es schon aus, wenn ein paar Hornissen die Honigwaben einiger Bienen plündern‹. Es gab den ›Robinson Crusoe‹ in allen Variationen: ›Der glückliche Robinson‹, ›Der schlesische Robinson‹, ›Der moralische Robinson‹. Und daneben Goethes ›Werther‹, in dem Empfindsamkeit und sprachliche Gestaltung zu künstlerischem Niveau fanden. Das alles wollte man kennen lernen. Die Literatur wurde reicher und vielfältiger. Die Moralprediger zeterten, dass die Romane süchtig machten wie Drogen.«

»Man kann sicher auch lesen, um nicht denken zu müssen.« Stefan putzte nachdenklich seine Brille mit einem Taschentuch.

Senex sprach gleichmäßig weiter: »Man wollte empfindende und denkende Leser. Und der Leser wollte fühlen, erwachen, angeregt werden, sein Urteil korrigieren. Der Roman gewährte Einblicke in Privatsphären, wie man sie bisher nicht kannte. Der Leser wurde mit einer reichen Welt der Gefühle konfrontiert, in der er sich wieder erkannte oder über die er staunte und die ihn erregte.«

»Und das alles war neu? Ich habe geglaubt, dass die Darstellung seelischer Konflikte das Wesentlichste der Literatur ist.«

»Die Kunst wurde generell befruchtet, man kann sagen, dass sie sich durch die Aufklärung selbstständig machte, sich von der Religion abkoppelte und entdeckte, dass es noch andere Wahrheiten gibt, auch ästhetische. Die Aufklärung erfasste sogar – mit Vorsicht sei es gesagt – den Heiligen Stuhl, denn im Juni 1773 hob Papst Clemens XIV. den Jesuitenorden auf. Die Aufklärung ergriff auch den Adel. Maria Theresia – mehr noch ihr Sohn Joseph II. – führte tief greifende gesellschaftliche Reformen durch. In Preußen bemühte sich Friedrich der Große um Voltaire, er machte den französischen Physiker und Mathematiker Maupertuis zum Präsidenten einer neuen Akademie und bot d'Alembert die Nachfolge an, was dieser jedoch ablehnte, aber er war bereit, als Berater in wissenschaftlichen Fragen nach Berlin zu kommen. Beim Markgrafen Karl Friedrich Wilhelm von Ansbach stand eine Büste Voltaires auf dem Schreibtisch, der Fürsterzbischof von Salzburg bevorzugte eine von Rousseau und ernannte einen Schüler Immanuel Kants zum Direktor seines Priesterseminars.«

»Dann wurde jeder angesteckt?«

»Die Bewegung ergriff alle, Gebildete, Beamte und Adlige. Auf den Gütern wurde mit einer Modernisierung der Landwirtschaft experimentiert, von Kopenhagen bis Mailand gründete man Lesegesellschaften, um Geschichte, Philosophie und die Zukunft zu diskutieren. In vielen Ländern wurden Maßnahmen verabschiedet, die von Aufklärungslehren angeregt und oft von aufgeklärten Ministern auf den Weg gebracht wurden.«

Die Mitwirkung der Frauen

»Der Fürsterzbischof von Salzburg … Aber gerade sagten Sie doch, dass die Aufklärer von der Kirche heftig angegriffen wurden«, warf Berenike ein.

»Es stimmt beides. Die Kirche als Institution stand der Aufklärung im Allgemeinen feindlich gegenüber.«

»Sie hatte ja auch allen Grund dazu!«

»Doch auf die Geistlichkeit traf das nicht immer zu, wir hörten es ja schon von Diderot. Von den vierzig Exemplaren der Enzyklopädie, die im Périgord verkauft wurden, erwarben Geistliche allein vierundzwanzig. Man konnte die Werke der Philosophen in den Bibliotheken der Klöster, sogar in Spanien, finden. Aber ihre größte Wirkung hatte sie bei Regierungsbeamten, Anwälten, Ärzten, Gutsherren, Journalisten, Schriftstellern und Universitätsprofessoren.«

»Senex«, Berenike legte ihm die Hand auf den Unterarm, »ich kann mir einfach nicht vorstellen, dass all das ohne Hilfe von Frauen möglich gewesen sein soll.«

»Es ist doch generell so, dass Männer nichts ohne Frauen bewirken!«

»Damit wollen uns die Männer nur ruhig stellen!« Berenike schüttelte den Kopf.

»In der Aufklärung waren es wirklich die Damen der Gesellschaft, in deren Salons die neuen Ideen zuerst und oft begeistert aufgenommen wurden. Das haben ja bereits Voltaire, Rousseau und Diderot erwähnt. Die Salons – kommunikative Einrichtungen, die wir im Medienzeitalter leider nicht mehr kennen – waren wie Nester, aus denen die flügge gewordenen Gedanken ausschwärmten. Sowohl die Marquise de Chatelet, Voltaires Geliebte, als auch Sophie Volland, Diderots Gefährtin, waren nicht nur hochintelligent, sondern auch kultiviert und redegewandt. Sie überragten an Bildung die meisten Männer ihrer Zeit haushoch, beherrschten die Kunst geschliffener Konversation und waren brillante Briefschreiberinnen.«

»Wollten die Aufklärer denn größere Freiheiten für die Frauen?«

»Es ging ihnen um die Befreiung von überalterten Vorstellungen, nicht um die Emanzipation der Frau. Das achtzehnte Jahrhundert kannte ausgezeichnete Literatinnen und Romanschriftstellerinnen. Aber es dauerte doch noch über hundert Jahre, bis gebildete Frauen in nennenswerter Zahl öffentlich wirken konnten.«

»Aber die Kaiserinnen? Die Zarin?«

»Das waren Ausnahmen. Schon im Ancien Régime verfügten viele Königinnen und weibliche Adlige über große Macht. Du hast auf die beiden angespielt, Berenike: Maria Theresia und Katharina die Große, die man auch die Philosophin auf dem Thron nennt. Aber von diesen herausragenden Persönlichkeiten abgesehen, dauerte es doch lange, bis es die Kirche tolerierte, dass Frauen sich hervortaten.«

»Als Heilige oder Mystikerinnen waren sie aber willkommen!«

»Zunächst war es wieder ein aufgeklärter Monarch, nämlich Friedrich II. von Preußen, ›der Große‹, der einer Frau, Dorothea Christiane Erxleben, als Erster erlaubte, an der medizinischen Fakultät der Universität Halle zu promovieren und dann als Ärztin zu praktizieren. 1742 verfasste sie eine ›Gründliche Untersuchung der Ursachen, welche das weibliche Geschlecht vom Studieren abhalten‹.«

»Dann war sie eine Ausnahme!«

»Ein Einzelfall, absolut. Sie war ihrer Zeit weit voraus, aber auch sie musste sich später wieder dem Hausfrauenalltag und Mutterpflichten unterwerfen. Ihr früher Tod mag darin seine Ursache haben.«

Berenike zuckte die Achseln. Sie schloss kurz die Augen, es sah aus, als hätte sie jedes weitere Interesse verloren. Aber das täuschte, denn sie fragte gleich: »Aber die Aufklärer haben in der Erziehung doch viel erreicht.«

»Die Zahl der jungen Menschen, die zur Schule gehen konnten, wurde größer, auch der Unterricht wurde besser. Das bereitete auch dem großen Schweizer Erzieher und Sozialreformer Heinrich Pestalozzi den Boden, der Mitte des achtzehnten Jahrhunderts, nämlich 1746, geboren wurde und seine Ideen in einem Buch ›Lienhard und Gertrud‹ verarbeitet hatte. Pestalozzi gründete eine eigene Privatschule und entwickelte fortschrittliche Pläne für öffentliche Schulen, die vor der Aufklärung nie auf so großes Interesse gestoßen wären.«

Senex trank seinen Becher aus. Nach einem Blick auf die Uhr rief er: »Jetzt ist es höchste Zeit«, und erhob sich rasch. »Auf, wir verlassen Paris. Zwar kommen wir wieder, denn Paris ist nun einmal derzeit die Hauptstadt Europas. Fast alle Impulse, die das Abendland verändern, gehen von Paris aus. London, Madrid, Sankt Petersburg liegen weitab, Italien besteht aus vielen Stadtstaaten, Deutschland gibt es noch gar nicht, es zerfällt in mehr als dreihundert Herrschaften, weltliche und geistliche Fürstentümer und über fünfzig Reichsstädte.«

Das Maschinenzeitalter beginnt mit Dampf

Der erste dampfgetriebene Wagen

Senex war gut gelaunt. Er hakte sich bei Roman und Berenike ein, Stefan trottete allein, mal links, mal rechts, mal dahinter. Berenike fiel wieder auf, wie federleicht, ja fast ätherisch die Berührung von Senex auf ihrem Unterarm war.

Doch gleich wurde sie abgelenkt. »Die Postkutschen«, plauderte er, »standen jetzt allen Menschen zur Verfügung. Sie beförderten auch Briefe und andere Sendungen. Man setzte sie seit der Mitte des 17. Jahrhunderts ein. Die erste mir bekannte Postkutschenverbindung verkehrte seit 1784 in England zwischen London und dem Modebad Bath. Wesentlich daran war, dass die Pferde in regelmäßigen Abständen auf Post- oder Relaisstationen gewechselt wurden, sodass immer ausgeruhte Tiere zur Verfügung standen. Auch waren die Straßen inzwischen relativ sicher, die Reisenden sollten ja nicht durch Räuberbanden gefährdet werden. Das kam freilich trotz allem immer wieder vor. Außerdem war jetzt auch ein Mindestmaß an Organisation notwendig. Und es entstanden an den Poststraßen zahlreiche neue Gasthäuser.«

»Nun sagen Sie schon, wo fahren wir hin?«

»Weit, sehr weit, Berenike. Diesmal lassen wir uns Zeit, denn wir haben unterwegs viel zu reden. Die lange Fahrt ist auch der Grund dafür, dass wir nicht eine andere Erfindung benutzen, von der damals das erste Exemplar für die Straße gebaut worden war.«

»Für die Straße? Nicht für die Schiene? Meinen Sie nicht die Lokomotive?«

»Noch nicht, aber es war ein erster, wenn auch recht unbeholfener

Schritt in ihre Richtung. Ich meine den ersten Wagen, den der französische Offizier Nicholas Joseph Cugnot 1769 fahren ließ, ein wahres Ungetüm, eine Art Rieseninsekt. Er hatte drei gewaltige massive Räder. Vor dem Vorderrad, mit dem gelenkt werden sollte, saß ein kupferner Dampfkessel. Er sah absurd aus. Aber er wäre für uns wirklich nicht zu gebrauchen gewesen, denn er bewegte sich mit einer Schneckengeschwindigkeit von nur vier Kilometern in der Stunde. Der Wagen war schwer zu manövrieren und für den Transport von Kanonen gedacht, also kaum für Leichtgewichte, wie ihr drei es seid. Das zweite Modell erreichte immerhin zehn Kilometer, krachte aber mit dieser ›hohen‹ Geschwindigkeit gleich gegen eine Mauer und ging zu Bruch.«

»Aber er fuhr mit Dampf?«

»Das tat er!«

»Ich dachte, James Watt hat die erste Dampfmaschine gebaut?«

»Genau genommen hat ihm 1759 ein Freund die Dampfkraft als Antrieb für Straßenwagen vorgeschlagen, aber Cugnot baute sein ›Automobil‹ nun einmal vorher. Und auch er war nicht der Erste. Schon 1654 machte der französische Naturforscher Denis Papin die ersten Versuche mit Luftdruck und erfand das Prinzip der atmosphärischen Dampfmaschine. Es kam nicht zur praktischen Anwendung. 1765 hat dann ein flämischer Missionar mit Namen Verbiest einen dampfgetriebenen Wagen durch Peking kutschiert, in dem ein offenes Kohlefeuer einen Wasserkessel aufheizte. Es dauerte jedoch noch zweiundzwanzig Jahre nach Cugnots ersten Versuchen, bis James Watt 1781 eine Dampfmaschine entwickelte, die mit Getriebe und Schwungrad arbeitete und Rotationsbewegungen ausführen konnte. Nachdem er noch einiges verbessert hatte, war die Dampfmaschine 1784 praktisch ausgereift. Die weitere Entwicklung verlief stürmisch. Doch nun kommt. Unsere ›altmodische‹ Postkutsche wird gleich um die Ecke biegen!«

Das Ende der Handarbeit

Sie warteten am Zaun außerhalb des Gartens der Wirtschaft. Schon bald klang das melodische Horn und dann bog die mit vier Pferden bespannte, hohe Kutsche um die Ecke, umwirbelt von einer Staubwolke. Auf dem vorderen Bock thronten zwei Kutscher mit Zylindern, hinter denen zwei weitere Herren saßen, Reisende, die weniger bezahlt hatten. Hoch auf dem Kutschkasten türmten sich Reisekörbe und Koffer, mit Lederriemen festgeschnallt und mit einer Plane vor Staub und Regen geschützt. Als Letzter hockte auf einem schmalen Sitz hinter dem Kutschkasten noch ein Diener.

Auf das energische Anziehen der Zügel und ein lautes »Brrr ...« reagierten die Pferde. Der Diener sprang vom Hintersitz, öffnete den Schlag und klappte eine schmale Trittstufe aus.

Senex und die drei stiegen ein. Im Wagen befanden sich bereits zwei Reisende, die vor sich hin dösten.

Es blieb kaum Zeit, da keine Fracht, Post oder Gepäck zu laden war. Das Posthorn schmetterte wie zur Jagd, ein »Hüh!« und ein Peitschenknall – die Räder rumpelten über ausgefahrene Rinnen, sprangen über Steine, ratterten durch Schlaglöcher.

In den Außenbezirken von Paris gab es wenig zu sehen. Senex bemerkte: »Wir wollen uns die Reise mit einem Gespräch verkürzen. Ich sprach von der Dampfmaschine. Von da an setzte eine stürmische Entwicklung auf allen technischen Gebieten ein. Ich werde nur das Wichtigste erwähnen. Da wäre eine Erfindung, die in England gemacht wurde. Bereits 1678 konstruierte ein französischer Seeoffizier einen mechanischen Webstuhl, der sich aber nicht bewährte. Einen wirklich funktionierenden schuf dagegen der englische Geistliche Edmund Cartwright 1784. Einige Jahre später wurde er auch noch automatisiert.«

»Cartwright?«

»Der Webstuhl! Es war eine Erfindung von revolutionärer Bedeutung, mit ihr begann die Industrialisierung, es nahte das Ende der Handarbeit. Wir sprachen bereits von Adam Smith, der sich am vorausschauendsten mit den Auswirkungen beschäftigt hatte. Im Handwerk, dessen Produktionsmittel so charakteristisch für die noch spärlichen Absatzmöglichkeiten der vorkapitalistischen Wirtschaft gewesen waren, hatte jeder Meister ein bestimmtes Werkstück vom Rohmaterial bis zum fertigen Produkt selbst hergestellt.«

»Dann war jeder Artikel auch sein Werk, auf dessen Qualität und Aussehen er stolz sein konnte. Ich glaube, das kann kein Industriearbeiter mehr von sich sagen.«

»Das stimmt, nur war das eben nicht effizient genug gewesen. Die Schuster unterschieden sich nur nach den Ledersorten, es gab die Bearbeiter von gewöhnlichem Leder, von Korduanleder, von Maroquinleder – und jeder setzte seine fertigen Schuhe direkt bei seinen Kunden ab. Nun teilte man die Arbeit nach Fabrikationsstufen: In der Schusterei gab es einen Arbeiter für Leisten, Sohlen und Absätze, einen anderen für Zuschnitte, einen dritten für die Näharbeit. Das änderte auch das Verhältnis zwischen dem Handwerker und dem Verkäufer der Waren. Es bildeten sich der Fabrikherr und der Arbeiter heraus. Die Technik hat den Menschen sicherlich freier gemacht …«

»Und ihn gleichzeitig auf andere Weise versklavt.«

»Das ist erst eine Erkenntnis unserer Zeit. Man kann keinen Fortschritt ohne Nachteile haben. Man hat das ja damals auch kommen sehen, deshalb behinderten die gelernten Leinen- und Wollweber die Entwicklung mechanischer Webstühle lange Zeit. Sie fürchteten mit Recht um ihre Arbeitsplätze.«

»Dieser Kampf tobt noch heute!«

»Und das wird wohl so bleiben, und zwar auf allen Gebieten. Damals erhöhte der Fortschritt in der Medizin die Lebenserwartung der Menschen und die rasch wachsende Bevölkerung trug zur Mechanisierung bei, sie erzwang sie geradezu, sodass im letzten Drittel des achtzehnten Jahrhunderts die Textilindustrie zum tragenden Pfeiler der britischen Wirtschaft wurde.«

Die größte Erziehungsbewegung der neueren Geschichte

Sie fuhren durch flaches, grünes Land. Berenike beschäftigte eine Frage, Senex sah es ihr an: »Was hast du auf dem Herzen?«

»Ich denke noch an die Schule, auch im Zusammenhang mit den Frauen, oder genauer, mit den Mädchen. Sie haben uns ja erklärt, dass vor allem die Schule und die Erziehung von der Aufklärung profitiert haben. Was hat sich denn nun wirklich verbessert?«

»Die Erziehung war bisher von Zwang und Autorität geprägt gewesen. Die Lateinschulen standen zunächst nur den Jungen offen, nicht den Mädchen. Wer einen akademischen Beruf ergreifen wollte, musste Latein beherrschen. Nun aber begriff man, dass man nicht nur eine tote Sprache lernen musste, sondern wissenschaftliche Kenntnisse brauchte. Das bedeutete die Verknüpfung von Logik und Denkfreiheit. Außerdem wandte man sich dem klassischen Altertum und seiner Idee von Humanität zu.«

»Das ist doch absurd! Eine Hinwendung zum Altertum, wenn man wissenschaftliche Kenntnisse vermitteln wollte!«

»Es war schon ein Fortschritt, denn man wandte sich von der religiösen Orthodoxie ab und suchte nach einer neuen Ethik.«

»Unterricht in Ethik statt in Religion, wie bei uns teilweise?«

»So weit sind wir noch nicht. Aber das Bekenntnis zur irdischen Welt, die daraus resultierende gewandelte Gesinnung, der Wunsch, die jungen Menschen …«

»Jungen!«

»… die Notwendigkeit, sie für die Realität zu erziehen, drängte die kirchliche Lehre zurück und wertete die Sachfächer Mathematik, Physik und Naturwissenschaft, Geschichte und Geografie auf. Sie traten aus ihrem jahrhundertealten Schatten. Das erforderte auch eine neue Sprache, nicht steife und veraltete Formeln, wie im scholastischen Latein, sondern die lebendig gesprochene Sprache des Alltags: das Französische oder das Deutsche.«

Die Fahrt hatte etwas Einschläferndes; Stefan fielen die Augen zu, dann auch Roman und Berenike. So, halb träumend, halb wachend, erlebten sie nur wenig, nahmen die Pferdewechsel kaum wahr, gewöhnten sich an den schlechten Zustand der Straßen. Auch wurden sie vor allen Gefahren bewahrt. Es gab keine Unfälle, der Wagen kippte nicht um, die Räder versanken nicht in Schmutz und Morast. Die Landschaft war ihnen gleichgültig. So blieb ihnen auch ein Anblick erspart, der sie erschreckt hätte. In den meisten Orten führten die Zufahrtswege an Plätzen für Folterungen und Exekutionen vorbei. Da ging es durch eine Allee von waagrecht liegenden Rädern auf mannshohen Pfosten, die zum Aufflechten der Delinquenten gedacht waren, und von Galgen mit Erhängten, deren Köpfe schlaff zur Seite hingen.

»Zur Abschreckung«, hätte ihnen Senex erklärt. Aber er brauchte es nicht.

Die Aufklärung in Preußen und Österreich

Ein aufgeklärter Monarch?

Auf diese Weise reisten sie durch Frankreich, über den Rhein, bis Senex sich wieder einmal äußerte: »Wir kommen nach Preußen. Ihr werdet jedoch kaum etwas Besonderes bemerken, Preußen ist im achtzehnten Jahrhundert ein unharmonisches, zerfleddertes Staatsgebilde, weite Teile sind unbewohnt. Für uns ist Preußen bemerkenswert, weil es für die Aufklärung in Deutschland so wichtig war.«

Alle drei setzten sich aufrecht hin. »Durch Friedrich den Großen, oder?«

»Sein Vater, der so genannte Soldatenkönig, Friedrich Wilhelm I., war kein Prunk liebender Monarch. Er zog eine damals unter Fürsten ungewöhnliche Einfachheit vor. Er war ein nüchterner Herrscher und hatte nichts mit aufklärerischen Ideen im Sinn. Im Gegenteil: Er wies den zu seiner Zeit bedeutendsten deutschen Philosophen Christian Wolff außer Landes; Friedrich Wilhelms Sohn holte ihn schleunigst zurück. Das zeigt an einem kleinen Beispiel, wie verschieden die beiden waren.

Damit war aber die Willkürherrschaft nicht beendet. Auch Friedrich der Große regierte absolutistisch. Noch ächzte das Volk unter der Last der Abgaben, vor allem für das Militär. Friedrich der Große erhöhte die Zahl seiner Soldaten durch rigorose Anwerbemaßnahmen auf zweihunderttausend Mann. Er musste jährlich dreizehn Millionen Taler für sein Heer aufwenden, ich meine, die Bevölkerung Preußens musste es, die aus höchstens drei Millionen Seelen bestand. Dazu kamen noch alle anderen Abgaben und Steuern.«

»Sie sagten doch, dass Friedrich der Große der Aufklärung aufgeschlossen gegenüberstand.«

»Im Denken schon, in seinen Handlungen weniger. Der ›Alte Fritz‹, wie er auch genannt wird, regierte von 1740 bis 1786. Er war eine gespaltene Persönlichkeit. Einerseits besaß er ein ausgeprägtes Selbstbewusstsein und war herrisch, andererseits machte Emanuel Bach zu seinem Kammercembalisten und rief den Vater, Johann Sebastian Bach, einmal an seinen Hof, hörte ihm aufmerksam zu und gab ihm – vielleicht – das Thema für ›Das musikalische Opfer‹. Er war ein Freund der Literatur, freilich nur der französischen, und interessierte sich vorurteilslos für Philosophie, korrespondierte mit Voltaire, schrieb einen ›Antimachiavell‹, in dem er die Aufgaben des tugendhaften Fürsten zu umreißen versuchte, und behauptete, Machiavelli hätte den Keim des Verderbens in das staatliche Leben gepflanzt, während er, Friedrich, diesem die Menschlichkeit wiedergeben wolle. Dazu förderte er die Einwanderung der französischen Hugenotten und schrieb im Juni 1740: ›Die Religionen müssen alle tolerieret werden (...) denn hier muss ein jeder nach seiner Fasson selig werden.‹«

»Das spricht für große Toleranz.«

»Friedrich der Große war möglicherweise selbst überzeugter Atheist. Er war sich über die Bedeutung der Aufklärung im Klaren, denn er nahm bereits 1758 an, dass sein Jahrhundert in der Weltgeschichte Epoche machen würde. Er schrieb, dass er und seine Zeitgenossen die außerordentlichsten Ereignisse miterlebten, die der Wechsel aller Erdendinge seit langem hervorgebracht habe.«

»Dabei hat er die Französische Revolution selbst doch nicht erlebt!«

»Er spürte wohl, dass sich radikale Umwälzungen ankündigten. Er förderte die Gedankenfreiheit in Deutschland – über Preußen hinaus – und trug damit entschieden zu liberalen Fortschritten bei. Er machte Berlin zum Mittelpunkt der deutschen Aufklärung und rief französische Philosophen an seinen Hof. Er verbesserte das Rechtswesen, ordnete die Finanzen, vermehrte die Einkünfte und beanspruchte für sich selber nur einen kleinen Teil. Er hat damit Nachahmer unter den Fürsten gefunden, ein Zeichen dafür, dass eine starke Persönlichkeit nicht ohne Wirkung bleibt.«

»Das wundert mich. Haben Sie ein Beispiel dafür?«

»Das kannst du bekommen, Stefan!«

In Österreich werden über siebenhundert Klöster aufgelöst

Senex spreizte die Finger und drückte die Fingerspitzen mehrmals gegeneinander. »Den größten Einfluss hatte Friedrich wahrscheinlich auf den Sohn seiner ärgsten Feindin, der Kaiserin Maria Theresia von Österreich. Joseph II. war fasziniert von Friedrichs Persönlichkeit als Feldherr, Staatsmann, Philosoph und Musiker. Inspiriert von ihm und der Aufklärung, schaffte er die Leibeigenschaft in seinem Reich ab, verbesserte die Bildung, setzte Steuerreformen durch und förderte den Handel. Er beseitigte viele Einschränkungen, zum Beispiel Ehe- und Erwerbsvorschriften. Er führte eine neue Gerichtsordnung ein, nahm dem Adel viele Vorrechte und setzte kirchliche Reformen durch, wobei er seine Zeit in radikalem Übereifer wohl doch überforderte. Er untersagte Wallfahrten und Prozessionen, Amulette und die Anrufung von Gnadenbildern oder Reliquien.«

»Wie schade«, murmelte Stefan mit einem Anflug von Ironie.

»Joseph II. wollte die Gotteshäuser von Verzierungen frei halten, Altäre, Votivtafeln und Heiligenbilder hinausräumen lassen und verfügte 1781 die Auflösung vieler Klöster. Er strebte die Einheit von Kirche und Staat an, eine österreichische Kirche, unabhängig von Rom. Er hoffte, seine Untertanen davon überzeugen zu können, dass sie katholisch bleiben konnten, ohne dem Vatikan gehorsam sein zu müssen. Außerdem erließ er ein Toleranzpatent. Vielleicht wäre ihm ein Neubau des Staates gelungen, wenn er länger als zehn Jahre hätte Kaiser sein können, aber er starb früh.«

»Sie sagen, er hat Friedrich von Preußen verehrt. Hat Friedrich denn nicht blutige Angriffskriege in Schlesien geführt?«

»Man kann seine schlesischen Feldzüge verdammen, für ihn aber war die bedrängte Lage Preußens eine gefährliche Realität. Er war verantwortlich für einen verwundbaren, auseinander gerissenen Staat mit überlangen Grenzen. Er durfte in seinem Testament sagen: ›Die erste Bürgerpflicht ist, seinem Vaterland zu dienen. Ich habe sie in verschiedenen Lagen meines Lebens zu erfüllen gesucht.‹«

»Das klingt mir zu positiv.«

»Er war ein strenger Herrscher, seine Kriege waren verlustreich, er beutete Sachsen aus. Schon seine Zeitgenossen spaltete er in Anhänger und Gegner. Goethe begeisterte sich in seiner Jugend für ihn und bezeichnete sich als ›gut fritzisch gesinnt‹. Es muss schon etwas Besonderes von ihm ausgegangen sein. Insoweit er seinen Aufgaben gerecht wurde, verdient er wohl den Beinamen ›der Große‹. Er schuf ein neues Preußen und festigte den durch seinen Vater geprägten Begriff von den preußischen Tugenden. Von seinem Baumeister Knobelsdorff ließ er sich eines der charmantesten Rokokoschlösser auf deutschem Boden bauen.«

»Sanssouci in Potsdam.«

»Bescheidener, harmonischer, viel zierlicher als das große Vorbild Versailles – ein kleines Kunstwerk, das Friedrich auf seinem Weinberg verwirklichte.«

Bei Lessing ist alles vom Geist durchdrungen

Senex schloss kurz die Augen. Als er sie wieder öffnete, sagte er. »Damit kommen wir auf Lessing zu sprechen; er war Friedrichs Zeitgenosse. 1729 wurde er geboren, er war also fünfzehn Jahre jünger als der ›Alte Fritz‹. Ich halte ihn für die überragende Gestalt der deutschen Aufklärung; überhaupt ist er in meinen Augen eine Ausnahmeerscheinung. Denn er verfügte über etwas im deutschen Sprachraum äußerst Seltenes: Er besaß einen sowohl kritischen als auch heiteren Verstand. Von ihm stammt das völlig undeutsche Wort: ›Der Endzweck der Künste ist das Vergnügen.‹«

»Erstaunlich – das hat wirklich ein Deutscher gesagt?«

»Noch dazu ein deutscher Kritiker! Lessing hasste jeden falschen Ton, deshalb äußerte er Gefühle lieber gar nicht. Was er auch anpackte, er tat es mit Vernunft, Kritikfähigkeit, Erkenntnis und wissenschaftlichem Eifer. Für ihn ist Wissenschaft keine Sache des bloßen Gedächtnisses, nichts, was man auswendig lernt, sondern eine Frage der Logik.«

»Da, denke ich, war er Cartesianer.«

»Lessing war gewiss ein Zweifler und ein Kritiker in Vollendung. Er urteilte hart, aber nie dogmatisch. Er hielt sich von jeder Parteipolitik fern, denn er meinte, dass, wer vernünftig urteilen will, es mit keiner Partei halten dürfe.«

»Womit er sicher nicht nur an politische Parteien dachte.«

»Vermutlich bezog er jede Art von Gruppierung ein, auch Gemeinschaften, die so genannten ›Lehren‹ anhingen. Er hat sich ja auch in seinem Schauspiel ›Nathan der Weise‹ mit keiner Religion identifiziert, sondern sich für uneingeschränkte Toleranz eingesetzt.«

»Und das nach den jahrhundertelangen Judenverfolgungen.«

»Er verlegte die Handlung nicht zufällig in die Zeit der Kreuzzüge. Der ›Nathan‹ ist mit seinem Appell der Liebe unter den Menschen und den Religionen eine der reinsten Botschaften der Frömmigkeit während der Aufklärung gewesen.«

Eine energische Frau, die den Hanswurst vertrieb

Die Kutschfahrt zog sich in die Länge. Berenike legte ihren linken Ellenbogen auf Romans Schulter. »Lessing, wieder ein Mann«, murrte sie.

»Da kann ich Abhilfe schaffen«, rief Senex zu ihr hinüber. »Lessing kommt schon ganz jung mit einer beachtenswerten Dame zusammen.«

»Was wird sie gewesen sein? Seine Frau oder Geliebte?«

»Keines von beiden! Eher seine Prinzipalin.«

»Was heißt das?«

»So nannte man die Theaterdirektorinnen damals. Sie hieß Caroline Neuber und war eine energische Person, Schauspielerin, aber eigentlich *die* Theaterleiterin, ihr Mann war nur dem Namen nach der Chef, da offiziell keine Frau eine Schauspieltruppe führen durfte. Trotzdem: Sie war es, die das Heft in der Hand hielt, sie beschaffte neue Texte, verfasste Vorspiele und Huldigungsgedichte, studierte die Stücke ein, bestimmte die Tourneen und war auf der Bühne die dominierende Erscheinung. In Leipzig spielte sie mit ihrem Ensemble während der Messe auf einem Podest aus Brettern, die Bänke standen ringsum. Es gab noch kein festes Haus. Erst sechs Jahre nach Caroline Neubers Tod, nämlich 1766, wurde in Leipzig das erste steinerne Komödienhaus errichtet. Sie schrieb selbst ein Stück, in dem der Hanswurst unter Prügeln von der Bühne vertrieben wurde. Caroline Neuber musste ihr Theater füllen, also auf ihre Quote achten, und trotzdem hat sie den Mut gehabt, den Publikumsliebling zu verjagen.«

»Alle Achtung!«, meinte Roman.

»Das konnte sie nur, weil ihr Publikum im Wesentlichen aus Bürgern bestand, die zumindest lesen und schreiben konnten. Die Analphabeten, die Mehrheit der Bevölkerung, konnten sich einen Theaterbesuch nicht leisten, im Gegensatz zum England der Shakespearezeit. Und dieses bürgerliche Publikum, die Minderheit, aber die maßgebende, war für Ideale empfänglich.«

»Gut, aber woher nahm Caroline Neuber die Ideale, was hat sie an die Stelle ihres Hanswursts gesetzt?«

»Sie zog Johann Christoph Gottsched zur Mitarbeit heran, einen Gelehrten und Schriftsteller, der sich das klassische französische Theater zum Vorbild nahm und Tragödien im Stil eines Corneille oder Racine verfasste. Gottsched schrieb also für Caroline Neuber, aber der Schöpfer des deutschen Schauspiels wurde Gotthold Ephraim Lessing. 1748 war er Student in Leipzig. Da übersetzte er für die Neuberin französische Stücke von Marivaux und Voltaire. Außerdem vertraute er ihr ein eigenes Schauspiel an, ›Der junge Gelehrte‹, es gefiel ihr, sie nahm es und hatte damit Erfolg. Später bürgte der dankbare Autor einmal für ihre Schulden und musste bei Nacht und Nebel aus Leipzig flüchten. Lessings dauerhafter Erfolg setzte mit der ›Hamburger Dramaturgie‹

ein, mit seinen Rezensionen von Theateraufführungen in Hamburg, die so glänzend waren und so grundsätzliche Dinge über das Theater für Regisseure, Schauspieler und Autoren formulierten, dass diese ihn zum Vater der deutschen Theaterkritik machten. Nicht zu vergessen seine Theaterstücke.«

»Hat es neben Lessing keine deutschen Dramatiker gegeben?«

»Nein, Roman, noch nicht. Das Publikum musste überhaupt erst für gute Stücke zugänglich gemacht werden. Lessings ›Miss Sara Sampson‹, das 1755 in Frankfurt an der Oder uraufgeführt wurde, wird als das erste deutsche bürgerliche Trauerspiel bezeichnet. Das Premierenpublikum hörte dreieinhalb Stunden gebannt zu, die Leute waren aufgewühlt und weinten. Man muss sich das vorstellen: Zum ersten Mal verfolgten sie das Schicksal von Figuren, mit deren Problemen sie sich identifizieren konnten. Das bürgerliche Publikum sah sich wie in einem Spiegel. Ihnen klopfte das Herz, wenn Lessing in seiner ›Emilia Galotti‹ die grenzenlose Skrupellosigkeit eines Fürsten und die noch skandalösere Niedertracht des Kammerherrn, einer unterwürfigen Kreatur, schildert – und im Gegensatz dazu das Opfer, ein reines, bürgerliches Mädchen. Für Lessings Zeit war das eine revolutionäre Tat. Uns mag das heute belanglos erscheinen, aber allgemein waren die Bedingungen, unter denen in Deutschland Theater gespielt wurde, alles andere als rosig. Das betraf nicht nur die Inhalte, sondern auch die äußeren Verhältnisse. Um bei Lessing zu bleiben: Da bei den ersten Aufführungen der ›Minna von Barnhelm‹ in Hamburg der Saal fast leer war, ließ man, um die Leute anzulocken, zwischen den Akten Akrobaten auftreten.«

»Unter diesen Bedingungen musste sich das deutsche Schauspiel entwickeln? Da verstehe ich erst die Leistung Lessings, Schillers, Goethes und Kleists.«

»Lessing hatte auch eigene Ansichten davon, was den Wert eines Menschen ausmacht. Ihm bedeutete die rechthaberische Überzeugung, im Besitz der Wahrheit zu sein, nichts, das aufrichtige Bemühen, die Wahrheit erkennen zu wollen aber alles. Er sah die göttliche Vernunft als etwas Werdendes, sodass auch die Wahrheit nur ein Werdendes sein könne – ein Weg zu größerer Klarheit. Von keinem anderen ging in Deutschland damals so viel Licht aus wie von ihm.«

Sie waren so in ihr Gespräch vertieft gewesen, dass sie nicht bemerkt hatten, wo ihre beiden Mitreisenden ausgestiegen waren. Nun waren sie allein.

Der Vollender der Aufklärung

Eine große Stadt für diese Zeit

Die Farbe des Lichts wurde wärmer, die Schatten länger. Welche Strecke hatten sie schon zurückgelegt? Das gleichmäßige Rollen und Mahlen der Räder, das Klacken der Hufeisen, das Schnauben der Pferde schläferte sie ein.

Wachten sie oder träumten sie?

Als sich die Geräusche schlagartig änderten, weil sie über Kopfsteinpflaster rumpelten und die Hufe hell hämmerten, setzten sie sich auf. Berenike warf rasch einen Blick aus dem Fenster. Sie fuhren durch eine Straße, die so schmal war, dass die Fassaden auf beiden Seiten zum Greifen nah vorüberglitten.

Auf einem kleinen Platz hielten sie an. Senex rieb sich die Augen und erklärte, dass die letzten Schritte zu Fuß zurückgelegt werden müssten. Die Straße sei zwar für Fußgänger, nicht aber für Wagen geeignet.

»Wohin?«, fragte Berenike, während sie hinabsprang, ohne die Trittstufe zu benutzen.

»Zu einem Philosophen, vielleicht zu dem wichtigsten«, antwortete Senex, sobald er die Kutsche verlassen hatte. »Wir sind in Königsberg«, erklärte er. Von den Türmen schlugen die Uhren nacheinander die dritte Stunde.

»Ostpreußen. Was für eine Strecke von Paris bis hierher«, murmelte Roman.

»Königsberg ist eine große Stadt für diese Zeit«, redete Senex weiter.

»Für welche Zeit?«

»Für die Mitte des achtzehnten Jahrhunderts. Königsberg hat vierzigtausend Einwohner, doppelt so viele wie Berlin. Wie ihr sehen könnt, ist das Stadtbild noch mittelalterlich; drei große Stadtbrände haben daran wenig geändert. Der Feuerschutz ist völlig ungenügend. Die meisten Straßen sind eng, da springen die Flammen leicht über. Sie sind auch keineswegs alle gepflastert. Aber immerhin wurde vor einigen Jahren eine Straßenbeleuchtung eingeführt, wenn auch die knapp eintausendzweihundert Öllämpchen nur spärliches Licht geben. Außerdem werden sie nur im Winterhalbjahr angezündet. Nicht die ganze Fläche innerhalb der Umwallungen ist bebaut. Zwischen einigen Straßen und dem Wallring gibt es auch landwirtschaftlich genutzte Gebiete. Dort befinden sich die gewerblichen Anlagen, die Wassermühlen, die Gerbereien, die Holzlagerplätze und am Hafen Schiffswerften, Packhäuser, die Zollbehörde und die schmalen, hohen Speicher, die man in jeder Hansestadt findet. Die Straßenreinigung ist miserabel, die Bewohner holen ihr Wasser aus Brunnen, ähnlich wie im alten Rom, wo es sogar komfortabler war. Ich erzähle euch das nur, damit ihr euch ein Bild vom damaligen Leben machen könnt.«

»Immanuel Kant also. Da müssen wir uns sicher ganz schön anstrengen, um etwas zu verstehen! Stimmt es, dass er Königsberg nie verlassen hat?«

»Kant war wohl der am wenigsten reiselustige Mensch seiner Zeit. Er verließ Königsberg selten, sah nie einen Berg und wahrscheinlich auch nie – obwohl es so nah war – das Meer. Jeden Ruf an eine andere Universität hat er abgelehnt. Er wurde in Königsberg geboren und starb in Königsberg. Dafür trug er einen Kosmos in sich, ein Universum an Gedanken.«

Sie näherten sich einem alten Haus. »Mit seiner Rückenfront stößt es an Gärten, Gräben und an das vierhundertjährige Schloss mit seinen Türmen, Gefängnissen und zahllosen Eulen. Im Frühling und im Sommer kann es hier romantisch sein. Doch tretet ein!«

Senex öffnete die einfache Tür, gleich fiel den dreien die große Stille auf, es gab keinen Laut; aber dann bellte ein Hund, eine Katze miaute.

»Die Lieblinge der Köchin!«, flüsterte Senex. »Sie unterhält sich mit den Tieren, wenn sie sonst keine Ansprache hat.«

»Ohne sie hätte ich das Haus für unbewohnt gehalten«, meinte Berenike.

»Weit gefehlt, hier unten gibt es zum Beispiel einen Hörsaal, der zeitweise gut besucht ist. Darüber haben wir das Speisezimmer. Alle anderen Räume sind klein, auch die Wohnung der Köchin und das Besucherzimmer. Oben liegen Kants Studierstube, sein Schlafzimmer und eine Kammer für den alten Hausdiener Lampe, der durch seinen Herrn zu kleinem literarischen Ruhm gelangt ist. Kant hat keinen Kutscher, keinen Wagen, keine Pferde. Da es noch keine öffentlichen Verkehrsmittel gibt, geht er zu Fuß, sofern er nicht mitgenommen wird. Den hinter dem Haus gelegenen Garten betritt er selten. Kant ist nicht verheiratet.«

Sie kletterten die knarrende Treppe hinauf und durchquerten den Vorraum eines größeren Zimmers, Senex öffnete auch die nächste Tür; sie führte in einen noch einfacheren Raum mit zwei Tischen, einem Sofa, Stühlen und einer Kommode. Die Mitte war freigehalten. Der größere Tisch war mit Kaffeegeschirr gedeckt, es fehlte nur noch die Kanne.

Da saß er: am Arbeitstisch zwischen den beiden Fenstern, der Philosoph, Immanuel Kant. Er saß? Nein, er kauerte auf einem Halbzirkelstuhl, einer Art Dreifuß.

Sie ließen sich auf Stühlen an der Wand nieder. Kants Gänsefeder scharrte über einen großen Bogen. Dieses Geräusch und der Anblick amüsierten Berenike und rührten sie zugleich. Sie wandte sich Roman zu und flüsterte: »Da haben wir nun Computer und die tollsten Programme, und was kommt dabei heraus? So ein weltberühmter Mann dagegen schreibt mit einer Gänsefeder auf rauem Papier.«

Was ist menschliche Erkenntnis?

Roman war berührt von Immanuel Kants schmächtiger Gestalt, der große Philosoph war wohl ein wenig verwachsen. Er schien auf etwas zu warten, hob oft den Kopf und schaute zur Tür.

»Er hofft sicher auf den Kaffee«, murmelte Roman.

Senex raunte ihnen zu: »Da seht ihr den Vollender und, in gewissem Sinn, auch den Überwinder der Aufklärung.«

»Warum denn Überwinder?«

»Weil er sein Hauptwerk die ›Kritik der reinen Vernunft‹ genannt hat, während die Aufklärung doch die Vernunft als höchstes Ziel propagierte. Wie kann man sein höchstes Ziel kritisieren? Kants ›Kritik der reinen Vernunft‹ fragt nach der Wahrheit menschlicher Erkenntnis. Er unterscheidet, einfach ausgedrückt, zwischen dem, was man erkennen kann, und dem, was man nicht erkennen kann. Er will wissen, was menschliche Erkenntnis ist und was sie nicht ist. Er meint, dass die Vernunft ohne Kritik im Stand der Natur sei.«

»Was heißt das?«, fragte Stefan.

»Dass uns die Vernunft Wissen vermitteln kann, unabhängig von jeder Bestätigung durch Erfahrung, so wie wir wissen, dass sechs mal sechs sechsunddreißig ist oder dass eine Wirkung eine Ursache haben muss. Das sind Beispiele der ›reinen Vernunft‹, Kant aber fragt auch danach, was die Vernunft bisher geleistet hat. Und da kommt er zu einem vernichtenden Ergebnis. Er meint, dass die Philosophie in ihrer mehr als dreitausendjährigen Geschichte nie recht weitergekommen sei, im Gegensatz etwa zur Physik oder Mathematik.«

»Denkt er, dass die Philosophie zu keinen praktischen Ergebnissen geführt hat, mit denen man etwas anfangen kann?«

»Jedenfalls zu keinen, die sich mit der Unanfechtbarkeit naturwissenschaftlicher Erkenntnisse vergleichen ließen.«

»Kann es nicht auf jede Frage doch nur *eine* richtige Antwort geben?«, fragte Berenike.

»Kant ist der Meinung, dass die Vernunft an der Frage nach dem wahren Wesen der Welt scheitern müsse. Die unterschiedlichen Antworten seien nicht in der Dummheit oder dem Eigensinn der Philosophen begründet, sondern im menschlichen Denken selbst. So kann man die Meinung vertreten, dass die Welt einen Anfang in der Zeit hat und räumlich – er sagt: dem Raum nach – in Grenzen eingeschlossen ist. Aber genauso gut kann man behaupten, die Welt habe keinen Anfang und keine Grenzen, sondern sei in Zeit und Raum unendlich. Auf diese Weise führen zwei durchaus verständliche Aussagen zu Resultaten, die miteinander unvereinbar sind. Damit, dass die Welt einerseits endlich, andererseits unendlich sein soll, kann man nichts anfangen.«

Der kategorische Imperativ nennt die Pflichten göttliche Gebote

Roman grübelte über die letzte Aussage nach. Er lehnte sich auf dem Stuhl zurück und vergrub seine Hände in den Hosentaschen. »Von der Welt und dem Kosmos kommen wir auf die Frage nach Gott. War Kant Atheist?«

»Kant leugnet Gott nicht, aber er behauptet, dass er nicht beweisbar ist. Für Kant ist Gott eine reine Hypothese, über die sich nichts sagen lasse, an die man nur glauben könne, jedoch müsse man dazu auf Wissen verzichten. Heinrich Heine folgert, dass Kant damit dem Deismus in Deutschland den Garaus gemacht habe.«

»Was versteht man unter Deismus?«, fragte Stefan.

»Den Glauben an einen Gott, der sich nach der Erschaffung der Welt aus ihr zurückgezogen hat. Danach, sagt Heine, gäbe es keine Allbarmherzigkeit mehr, keine Vatergüte, keine Belohnung im Jenseits und auch keine Unsterblichkeit der Seele. Nach Kant muss man das Wissen aufgeben, um für den Glauben Platz zu bekommen. Ein so gewonnener Glaube hat freilich nichts mit Dogmen zu tun, sondern – und das ist nun ganz kantisch – mit der praktischen Vernunft. Denn wenn der Mensch ein vernünftiges Wesen ist, dann handelt er so, als ob es Gott, Freiheit und Unsterblichkeit wirklich gäbe. Nach Kants Meinung wäre alles andere unerträglich, der Glaube sei unerlässlich für die Moral.«

»Dann hält er den Glauben für unbedingt notwendig?«

»Ja, Kant bezeichnet ihn als einen unentbehrlichen Vernunftbegriff. Er sagt, wenn der moralische Charakter und die soziale Ordnung nicht nur auf der Furcht vor dem Gesetz beruhen sollen, dann müssen wir den religiösen Glauben befürworten, und sei es auch nur als regulatives Prinzip.«

»Das hat doch nichts mit der Wahrheit zu tun! Das ist doch reines Zweckdenken«, murmelte Stefan. Er redete so leise, dass Senex ihn nicht hörte – oder nicht hören wollte.

»Wir müssen also so handeln«, sprach dieser weiter, »als ob wir wüssten, dass es einen Gott gibt, dass unsere Seele unsterblich und dass unser Wille frei ist.«

»Da denke ich anders als Kant«, erklärte Stefan nun doch entschieden.

»Diese Freiheit hast du, ich glaube, so viel haben wir gelernt!«

»Danke! – Also sieht Kant in Gott doch nur eine nützliche Fiktion.«

»Wir Menschen haben sie uns ausgedacht, um unseren moralischen Geboten Verbindlichkeit zu verleihen. Kant sagt, dass Gott keine außer uns befindliche Substanz sei.«

»Was dann?«

»Gott ist ein moralisches Verhältnis in uns. Als Folge davon kann man auf die Religion verzichten, soweit sie den Anspruch erhebt, eine verbindliche Wahrheit zu verkünden. An die Stelle der Religion tritt bei Kant die Philosophie. Denn für ihn – das ist ein wichtiger Satz – bedeutet philosophieren, sich seines Verstandes ohne Leitung eines anderen zu bedienen.«

»Das gefällt mir.« Stefan wiederholte das eben Gehörte: »... sich seines Verstandes ohne Leitung eines anderen bedienen!«

»Der Mensch, schreibt Kant, wird erst erwachsen, wird erst im vollen Sinn Mensch, wenn er den Weg zur Wahrheit selbstständig geht. Kants kategorischer Imperativ setzt keine von oben gebietende ›Substanz‹ voraus, die außer uns wäre, er ist ein Gebot unserer Vernunft.«

»Der kategorische Imperativ ist doch ziemlich aus der Mode gekommen, oder?«

»Das magst du selbst beantworten. Außerdem stellt sich das wohl von Mensch zu Mensch verschieden dar, oder von Nation zu Nation. Der kategorische Imperativ nennt die Pflichten göttliche Gebote, aber nicht in dem Sinn, als ob ein Gott sie uns gegeben hätte.«

»Also kein Moses auf dem Berg Sinai, dem die zehn Gebote verkündet wurden?«

»Nein, sondern es ist die Vernunft, die uns wie Gott gebietet. Kant sieht den Menschen als ›animal rationale‹, das zu vernünftigem Handeln fähig ist. Daher sind die Forderungen auch für jeden Menschen gültig.«

»Wie ging der kategorische Imperativ noch, Senex? ›Handle so, dass die Maxime deines Handelns die Maxime für das Handeln der ganzen Menschheit sein könnte‹?«

»Dem Sinn nach ist das richtig. Ich kenne zwei Fassungen, die aber im Prinzip dasselbe sagen. Die erste, sicher zutreffendere lautet: ›Handle so, dass die Maxime deines Willens jederzeit zugleich als Prinzip einer allgemeinen Gesetzgebung gelten könnte.‹ Kant hat sie in seiner ›Kritik der praktischen Vernunft‹, seinem moralphilosophischen Hauptwerk, niedergelegt, das 1788 erschien.«

»Ein Jahr vor der Französischen Revolution! – Und die andere Fassung?«

»Sie lautet: ›Handle so, dass du die Menschheit, sowohl in deiner Person als in der Person eines jeden anderen, jederzeit zugleich als Zweck, niemals bloß als Mittel gebrauchst!«

»Die erste Formulierung finde ich verständlicher.«

»Wir können uns auch auf sie einigen, Berenike. Kant war davon überzeugt, dass er nichts anderes verlangte als Jesus, nämlich nur die Pflicht, jeden Mitmenschen so zu behandeln, wie wir es für uns von ihm erwarten.«

Freiheit und Gleichheit führen zur Brüderlichkeit

Der kleine Mann am Schreibtisch steckte seinen Gänsekiel in das gläserne Tintenfass, zog seine Uhr aus der Westentasche, ließ sie aufschnappen, schüttelte den Kopf, steckte sie wieder ein und schrieb weiter.

Senex fuhr fort: »Kant erwartet Besuch. Bis dieser kommt, noch ein Wort über sein Werk. Vernünftig handeln heißt für Kant, nach einem absolut, unbedingt und unabhängig von jeder Voraussetzung geltenden Sittengesetz zu handeln. Oberstes Gebot dieses Sittengesetzes ist die Menschlichkeit. Da jeder von uns ein Vernunftwesen ist, ist jeder auch frei und also jedem anderen gleich. Für Unterdrückung und Ungleichheit gibt es keine vernünftige Rechtfertigung. Oder: Freiheit und Gleichheit führen zur Brüderlichkeit.«

»Das verkündet doch die Französische Revolution!«

»Vernünftiges Handeln hat nach Kant nichts mit Logik oder Folgerichtigkeit zu tun, sondern mit Sittlichkeit. Wenn wir nun unter diesem Aspekt auf das politische und unternehmerische – wir können auch sagen wirtschaftliche – Handeln der Menschen in der Vergangenheit zurückschauen, so blicken wir auf einen riesigen Scherbenhaufen.«

»Das ist heute doch genauso!«

»Das ist leider wahr. Politisches Handeln bemüht sich nur selten darum, sittlich zu sein. Nun gut – die ganze kantische Philosophie hier abzuhandeln, mit ihren drei Hauptwerken ›Die Kritik der reinen Vernunft‹, ›Die Kritik der praktischen Vernunft‹ und ›Die Kritik der Urteilskraft‹, würde unseren Rahmen sprengen, wir haben ja nur wenige Tage zur Verfügung.«

Kant setzte beim Schreiben ab. Er benutzte die Feder, um sich im Nacken zu streicheln. Er lauschte, seufzte – und schrieb weiter.

»Nun«, sagte Senex, »zwei andere Dinge: Kant ist der erste Philosoph, soweit mir bekannt ist, der über den Frieden nachdenkt und ihn zu einer moralischen Kategorie erhebt. Er schreibt eine schmale Abhandlung, das erste philosophische Programm einer Weltfriedensordnung. Wahrscheinlich ist sie der entscheidende philosophische Text der Friedensdebatte. Kant fordert, dass Staaten eine republikanische Verfassung haben sollten, weil freie Bürger kein Interesse daran haben könnten, Angriffskriege zu führen. Sie brauchen, meint er, für eine universale Friedensordnung keinen Weltstaat, sondern eine Föderation, also eine Weltrepublik.«

»Damals schon? Ich dachte, die Idee des Völkerbunds wäre eine Folge des ersten Weltkriegs.«

»Das glauben wir, Stefan, aber dieser Gedanke findet sich schon bei Kant, und das ist ungewöhnlich, denn seit Heraklit haben die Philosophen den Krieg meist als Vater aller Dinge gepriesen. Vor Kant hat noch niemand den Frieden in den Rang eines philosophischen Grundbegriffs erhoben, anders als etwa Freiheit, Gerechtigkeit oder Glück.«

»Dann träumt Kant einen Menschheitstraum?«

»Er will eine Weltordnung des Friedens in Freiheit, Gleichheit und Brüderlichkeit, Roman. Seine Schrift erscheint 1796 in Königsberg und missfällt der Zensur des Preußenkönigs Friedrich Wilhelm II. Friedrich der Große war bereits gestorben. Aber ich bezweifle, dass er über Kants Schrift begeistert gewesen wäre, denn außer republikanischen Verfassungen und einem weltumspannenden Staatenbund fordert Kant ja noch ein allgemeines Weltbürgerrecht und den grundsätzlichen Verzicht auf gewaltsame Einmischungen und kriegerische Eroberungen.«

»Das hätte der Alte Fritz bestimmt als Kritik an seinen schlesischen Feldzügen angesehen.«

»Und mit Recht, denn Kant will die Unantastbarkeit auch der kleinsten Staaten und die weltweite Abschaffung dauernd unter Waffen stehender Heere.«

»Dann ist er ja geradezu die Leitfigur jeder Friedensbewegung!«

»Aber leider blieb alles Utopie, wenn auch seine Gedanken weiter wirken und diese Forderungen von den hoch industrialisierten Staaten heute anerkannt werden, zumindest im Prinzip.«

»Der ewige Friede ist bestimmt keine leere Idee.«

»Nein, Berenike, er ist eine dauernde Aufgabe. Doch noch einmal zur Aufklärung. Noch unmittelbarer hat Kants Epoche machende Schrift ›Was ist Aufklärung?‹ mit ihr zu tun. Ich habe einen antiquarischen Druck aus dem Jahr 1784, die ›Berlinische Monatsschrift‹, sie ist in der damals üblichen verschnörkelten gotischen Schrift gedruckt.«

Senex reichte Stefan die zerknitterte, grau-schwarze Zeitschrift; der betrachtete sie, gab sie dann Roman weiter, von dem sie zu Berenike gelangte.

»Für mich sieht das aus wie chinesische oder arabische Schrift!«, meinte Roman.

»Ich lese es ja vor, nur einige Sätze. Kant definiert die Aufklärung als Auflehnung gegen den Aberglauben und prägt das Schlagwort ›Sapere aude!‹ – ›Wage es, zu wissen!‹ –, in Anlehnung an den römischen Dichter Horaz. Kants Aufsatz wird in ganz Europa beachtet.«

»Dann lesen Sie bitte!«

Es ist so bequem, unmündig zu sein

Senex glättete das Blatt: »›Aufklärung ist der Ausgang des Menschen aus seiner selbstverschuldeten Unmündigkeit.‹«

»Selbstverschuldet …« murmelte Stefan.

»›Unmündigkeit ist das Unvermögen, sich seines Verstandes ohne Leitung eines andern zu bedienen.‹« Senex' Stimme nahm einen gläsernen Klang an. »›Selbstverschuldet ist diese Unmündigkeit, wenn die Ursache derselben nicht am Mangel des Verstandes, sondern der Entschließung und des Mutes liegt, sich seiner ohne Leitung eines andern zu bedienen. Sapere aude! Habe Mut, dich deines eigenen Verstandes zu bedienen! ist also der Wahlspruch der Aufklärung.‹«

»Der Wahlspruch der Aufklärung – sagen *Sie* das oder sagt das Kant?«

»Das sagt Kant und fährt nach dem Ausrufezeichen hinter ›bedienen!‹ in kleiner Schrift fort.«

»Dann hat er den Begriff ›Aufklärung‹ bereits damals benutzt?«

»Aber klar, Stef«, rief jetzt Roman. »Er benutzt ihn ja schon im Titel, sogar Friedrich der Große hat ihn bereits gekannt.«

»Das hatte ich vergessen! – Kant meint also den eigenen Verstand. Da spricht er das Grundübel unserer Zeit an, vielleicht der Menschheit allgemein, bestimmt aller fanatisch Gläubigen und Fundamentalisten. Sie ordnen sich willenlos einer fremden Autorität unter.«

»Aber sag mir warum, warum?«

»Die Antwort gibt Kant selbst«, antwortete Senex. »Er wusste sie damals schon: ›Faulheit und Feigheit sind die Ursachen, warum ein so großer Teil der Menschen, nachdem sie die Natur längst von fremder Leitung freigesprochen, dennoch gern zeitlebens unmündig bleiben (…) Es ist so bequem, unmündig zu sein.‹«

»Da trifft er den Nagel auf den Kopf. Es ist so verdammt bequem, unmündig zu sein! Kant ist nicht nur Philosoph, sondern auch Psychologe. Ich möchte dem alten Herrn da drüben die Hand schütteln.«

»Das wirst du schön bleiben lassen!«, rief Senex und hielt Stefan lachend fest, worauf dieser murmelte: »Das Berühren der Figüren mit den Pfoten ist verboten!«

»Nun hört Kant weiter. ›Habe ich ein Buch, das für mich Verstand hat, einen Seelsorger, der für mich Gewissen hat, einen Arzt, der für mich die Diät beurteilt usw., so brauche ich mich ja nicht selbst zu bemühen. Ich habe nicht nötig zu denken, wenn ich nur bezahlen kann...‹ – Und der Schluss, wenn auch nur in Auszügen: ›Wenn denn nun gefragt wird: leben wir jetzt in einem aufgeklärten Zeitalter? so ist die Antwort: Nein, aber wohl in einem Zeitalter der Aufklärung. Dass die Menschen (...) schon imstande wären (...) in Religionsdingen sich ihres eigenen Verstandes ohne Leitung eines anderen (...) zu bedienen, daran fehlt noch viel. Allein, daß jetzt ihnen doch das Feld geöffnet wird, sich dahin frei zu entwickeln und die Hindernisse (...) des Ausganges aus ihrer selbstverschuldeten Unmündigkeit allmählich weniger werden, davon haben wir doch deutliche Anzeichen. In diesem Betracht ist dieses Zeitalter das Zeitalter der Aufklärung oder das Jahrhundert Friedrichs...‹«

»Hat Kant denn Recht gehabt? Sind wir wirklich aus unserer ›selbstverschuldeten Unmündigkeit‹ befreit worden?«

»Ja und nein, Stefan. Ohne Aufklärung würden wir noch im Mittelalter leben. Aber sie hat leider nicht nur zu einer Freiheit des Denkens geführt, sondern auch zu einer Freiheit des Phantasierens, dem alles erlaubt ist.«

»Das stimmt. Immer wieder wird die Gutgläubigkeit der Menschen bedenkenlos ausgenutzt, vor allem zum Machtmissbrauch.«

Senex verschränkte wieder einmal die Finger und bog sie, sodass es knackte. »Kant hoffte noch, die Fortschritte im Wissen, das Verstehen der Natur, auch die Kenntnis, die der Mensch über sich selbst gewinnt, all das würde einen großen Sprung nach vorn bewirken. Aber wir müssen heute feststellen, dass er nur eingeschränkt Recht hatte.«

Kaum hatte er das gesagt, deutete Senex auf den schmächtigen Herrn am Sekretär: »Er steht auf!«

Kant war ein geselliger Mensch

Kant, in der grünlichen, unordentlich zugeknöpften Seidenjacke, aus deren Halsausschnitt und Ärmelaufschlägen die Spitzen herausschauten, der Mann mit den weißen Haaren, die eng am Kopf anlagen, schritt gebeugt zur Tür. Seine Augen blickten aufmerksam und freundlich. Gleichzeitig traten drei Männer ein, alle in Kants Alter und ähnlich gekleidet wie er.

»Seine Freunde«, flüsterte Senex. »Ich könnte sagen, Herzensfreunde. Kant ist ein geselliger Mensch. Fast täglich hat er Besuch zum Mittagessen oder wie heute zum Kaffee, niemals weniger als drei und nicht mehr als neun: Drei ist die Anzahl der Grazien, neun die der Musen – aber, Berenike, niemals Frauen, nur Männer, Handelsherren und Bankiers, durchreisende Professoren oder Engländer aus der Heimat David Humes und Isaak Newtons, Franzosen aus der Wahlheimat Jean-Jacques Rousseaus. Manchmal auch Mitglieder der hiesigen französischen Kolonie; viele Hugenotten hatten sich in Königsberg niedergelassen.«

»War Kant denn ein Frauenfeind?«

»Nein, er hat sogar daran gedacht, zu heiraten. Im Theater war er häufig Gast der schönen Frau des Bankiers Jacobi. Gern saß er auch zwei jungen Malerinnen Modell und er schätzte seine Köchin…«

»Seine Köchin, na, wunderbar«, spöttelte Berenike mit einer wegwerfenden Handbewegung.

Senex stand unvermittelt auf. »Wir müssen heute noch weit fahren!«

»Wohin?«

»Nach Wien. Wir erreichen es gegen Abend. Die Philosophie lassen wir jetzt hinter uns. Zur Entspannung gehen wir in die Oper.«

Auf der Treppe begegneten sie dem Hausdiener Lampe, einem Männchen mit schütterem Haar, der ein Tablett mit der Kaffeekanne und einer Torte trug. Sie ließen ihn vorbei, drückten sich an die Wand. Dann rannte Berenike voraus. Vor der Haustür fuhr sie sich mit dem Kamm durch die Haare und dehnte die Arme. Die Turmuhren Königsbergs schlugen: vier Uhr.

Der Kutschenschlag stand offen. Jungen und Mädchen, barfuß und mit schmutzverschmierten Beinen, trieben Gänse mit Weidenruten zu einem Weiher.

Das Fahrzeug rumpelte bereits durch das Stadttor, ehe sie ein Wort miteinander wechselten.

»Nun sagen Sie uns, welche Oper wir sehen, Senex«, sagte Berenike erwartungsvoll. »Da Sie uns Monteverdi vorenthalten haben, sind unsere Ansprüche hoch! Wenn ich mir überlege, was es in dieser Zeit gegeben haben könnte, dann denke ich an Mozart, oder?«

»Getroffen! Wir fahren zur Uraufführung von Mozarts ›Figaro‹. Aber ich möchte zunächst doch noch ein paar abschließende Worte über die damalige Epoche sagen. Kants Jahrhundert, das Jahrhundert der kritischen Philosophie, war geprägt vom Aufblühen der Naturwissenschaften. Die Mathematik machte große Fortschritte, ebenso die Astronomie und die Physik, alle beeinflusst von Kopernikus, Galilei und Isaac Newton. Newton starb 1727, da war der kleine Immanuel Kant drei Jahre alt. Mit Leidenschaft studierte man alle Naturkräfte, Luigi Galvani entdeckte anhand von zuckenden Froschschenkeln die Elektrizität, auch in der Chemie betrat man Neuland. Der Schwede Georg Brandt fand das Element Kobalt, der schwedische Astronom Anders Celsius schlug vor, den Gefrierpunkt des Wassers mit null zu berechnen, darauf beruht die nach ihm benannte neue Messskala. 1745 erzeugte der holländische Physiker Pieter Musschenbroek in der ›Leidener Flasche‹ zum Speichern von Elektrizität den ersten elektrischen Schlag, ein britischer Arzt fand heraus, dass man die von allen Seeleuten gefürchtete Krankheit Skorbut mit Zitrusfrüchten heilen konnte – und vieles, vieles andere mehr.«

»Interessant. Was noch?«

»Zum Beispiel die Isolierung des Wasserstoffgases, des Sauerstoffs in der Luft, des Chlors und die Fotosynthese. Doch das alles gehört in die Schulbücher. Aber dass Kant sich für jede dieser neuen Erfindungen oder Entdeckungen interessierte, soweit sie ihm bekannt wurden, darauf will ich hinaus. Er war eben nicht nur Philosoph. So fragte er zum Beispiel schon früh nach dem Ursprung der Erde. Auf den Erkenntnissen Newtons aufbauend, versuchte er mit eigenen Einsichten bereits

1755 als einunddreißigjähriger Magister den großen Wurf. Er nannte seine Arbeit ›Allgemeine Naturgeschichte und Theorie des Himmels oder Versuch von der Verfassung und dem mechanischen Ursprung des Weltgebäudes, nach Newton'schen Grundsätzen abgehandelt‹«.

»Ausführlicher geht es wohl kaum.«

»Diese Lehre von der Entstehung der Erde und der Himmelskörper ging als Kant-Laplace'sche Theorie in die Geschichte der Wissenschaft ein. Außerdem beschäftigte er sich auch mit dem Einfluss des Mondes auf die Witterung und mit der Naturkraft des Erdbebens. Über das furchtbare Beben, das am 1. November 1755 Lissabon – damals eine der reichsten Handelsstädte der Welt – vernichtet hatte, schrieb er den Aufsatz ›Naturbeschreibung des merkwürdigsten Erdbebens‹. Ihr könnt euch sicher daran erinnern, wie die gleiche Katastrophe Voltaire bedrückt hatte. Nichts lässt Kant gleichgültig. Alles zieht er in seinen Kreis, denn Größe und Macht der Phantasie stehen bei Kant der Tiefe und Schärfe seines Denkens unmittelbar zur Seite.«

Senex lehnte sich zurück und schloss die Augen.

Wien und das Aufblühen der Musik

Ein Glücksfall in der Musikgeschichte

Die Zeit vergeht, obwohl sie ja nicht nur vergeht, sondern dabei auch ständig neu entsteht. Das dachte Stefan und er fand, dass es sich lohnen würde, darüber nachzudenken. Eine Weile war ausschließlich das knirschende Rattern der Räder zu hören, waren nur die Stöße der Schlaglöcher zu spüren. Berenike empfand eine gewisse Sehnsucht nach dem geräuschlosen Dahingleiten eines modernen Hochgeschwindigkeitszugs oder gar nach dem Komfort eines Jets.

Nach einer Weile sprach Senex sie an: »Der ›Figaro‹ ist ein nicht zu übertreffendes Meisterwerk. Nur haben die Wiener das damals noch nicht gleich erkannt, während man in Prag der Oper enthusiastisch zujubelte. Ihr wisst sicher, dass die drei italienischen Opern ›Figaro‹, ›Don Giovanni‹ und ›Cosi fan tutte‹ ihre Existenz der Zusammenarbeit Mozarts mit dem Italiener Lorenzo da Ponte verdanken. Ein seltener Glücksfall.«

»Wer war Lorenzo da Ponte?«

»Ein typisches Kind seiner Zeit, des Rokoko. Mein Lexikon bezeichnet ihn als italienischen Schriftsteller und das war er auch, aber er hatte ebenso Züge eines Abenteurers, ähnlich Casanova, und gilt wie dieser als zwielichtige Erscheinung. Dennoch – er schuf für Mozart seine drei besten Libretti und sein Name wird, solange Musik geliebt wird, mit dem Mozarts überdauern.«

»Warum haben Sie sich für den ›Figaro‹ entschieden?«

»Weil das Thema des ›Figaro‹ besonders gut zu unseren Gesprächen passt, Berenike. Der Text, also das Libretto, von ›Figaros Hochzeit‹ oder richtiger ›Le nozze di Figaro‹, hat nämlich viel mit der Aufklärung zu tun. Ihr werdet das Revolutionäre daran, das wir Menschen im zwanzigsten Jahrhundert nicht mehr verstehen, auch erst jetzt würdigen können. Die Oper geht auf ein Theaterstück des Franzosen Beaumarchais zurück mit dem Titel ›Le Mariage de Figaro‹. Bis zur Aufklärung wäre es höchst ungewöhnlich gewesen, dass ein Diener die Hauptrolle spielt, noch viel weniger hätte er mit so viel Witz und Schlauheit gegen seine adlige Herrschaft intrigieren und daraus als Sieger hervorgehen können. Mozart arbeitete bei der Textgestaltung eng mit Lorenzo da Ponte zusammen und legte den größten Wert auf die Erotik der Handlung, die alle Standesunterschiede überspringt, in der das entwürdigende ›ius primae noctis‹, also das Recht eines Herren auf die erste Liebesnacht mit einer von ihm Abhängigen, angeprangert und lächerlich gemacht wird. Das allein war schon ein Affront gegen den Adel. Mozart überhöhte und vertiefte das Spiel, die Musik funkelt und zeichnet die Charaktere temperamentvoll und provozierend, eine Ensemblekunst, die bis heute so nie wieder erreicht wurde.«

»War Mozart denn ein Aufklärer?«

»Nein, er verachtete Voltaire und entsetzte sich über dessen Ansicht, das Christentum sei bloß ein notwendiger Mythos, gerade gut genug für die Aufrechterhaltung von Ruhe und Ordnung. Mozart war Komponist und lebte nur mit und in der Musik. Als Voltaire starb, war er zufällig gerade in Paris und verstand den Wirbel nicht, den der Tod des alten Rebellen verursachte. Er schrieb seinem Vater nach Salzburg, dass es der rechte Lohn für diesen gottlosen Schuft gewesen sei, zu krepieren wie ein Hund! Mozart wurde zwar von den Brüdern seiner Freimaurerloge antiklerikal beeinflusst, nahm aber trotzdem an einer Fronleichnamsprozession teil.«

»Ein Festhalten am Glauben muss ja nicht bedeuten, dass man die anderen Ideen der Aufklärung, vor allem die politischen, ablehnt!« Roman hatte Mühe, sich im Rädergeratter verständlich zu machen.

»Dass er für mehr Menschenrechte und gegen die Übermacht des Adels war, hat Mozart mit dem ›Figaro‹ bewiesen. Nun, gerade in den menschlichen Beziehungen der handelnden Personen wandten sich Mozart und da Ponte von alten Schablonen ab, die aus der komischen Oper übernommen worden waren. Sie machten aus der Gräfin nicht nur die enttäuschte Gattin, sondern auch eine vitale junge Frau, die vom Charme des Pagen Cherubino beunruhigt wird, der selbst wiederum die Eifersucht des Grafen heraufbeschwört. Überhaupt war es neu, dass die Frauen derart dominieren, dass die weibliche Intrige das Vorhaben des Grafen durchkreuzt. Daher ist der ›Figaro‹ eben doch auch die erste große sozialkritisch-aufklärerische Oper. Die Frage war, ob das die Wiener Aristokratie akzeptieren konnte. Würde sie sich nicht angegriffen fühlen, getroffen von dem Übermut eines Lakaien, der einmal Barbier war und jetzt einem Adligen sein amouröses Abenteuer verdirbt? Vielleicht spielte es ja doch eine Rolle, dass Mozart aus jenem Salzburg kam, dessen Erzbischof – sein früherer Dienstherr – Graf von Colloredo war, ein Mann von intellektueller Kultur und ein Bewunderer Rousseaus und Voltaires. Freilich war er auch ein tyrannischer Despot, unter dem Mozart nicht arbeiten wollte.«

»Wann hat Mozart Salzburg verlassen?«

»Fünf Jahre bevor er den ›Figaro‹ schuf, schied Mozart aus dem Salzburger Fürstendienst aus.«

»Das war doch ein großes Risiko für ihn, oder nicht?«

»Er nahm es auf sich, um als freischaffender Komponist zu leben. Mit dem ›Figaro‹ schuf er also auch sein erstes Werk aus eigenem Entschluss, nicht auf Bestellung, nicht für eine vorher vereinbarte Summe. Vier Jahre zuvor hatte er mit der ›Entführung aus dem Serail‹ das erste deutschsprachige Singspiel komponiert, jetzt gelang ihm in einer Komödie die großartige Gestaltung aller Charaktere, denen er mit seiner Musik all das verlieh, was da Ponte im Libretto nicht so deutlich ausdrücken durfte. Johannes Brahms sagte vom ›Figaro‹: ›Jede Nummer ist für mich ein Wunder, es ist mir absolut unverständlich, wie jemand etwas so Vollkommenes schaffen kann; nie wieder ist so etwas gemacht worden, auch nicht von Beethoven.‹«

Einer der Gipfel der Gattung Oper

Stefan hatte bisher zwar schweigend, aber doch interessiert zugehört. Jetzt räusperte er sich: »Wie konnte ein Stück, das Sie als so revolutionär bezeichnen, überhaupt in Wien aufgeführt werden? Da hatten doch der Kaiser, die Adligen und die Hofbeamten das Sagen!«

»Das verdanken wir wieder einem glücklichen Umstand. Damals herrschte jener Joseph II., der von den Ideen der Aufklärung so stark beeinflusst war. Trotzdem musste da Ponte die scharfe Sozialkritik des Originalstückes von Beaumarchais für das Libretto auf Wunsch des Kaisers mildern, denn es enthalte, hieß es, revolutionäre Anschauungen, die bei Hof Anstoß erregen würden. Konnte Joseph II., selbst wenn er revolutionär dachte, dazu überredet werden, eine auf dieser Komödie beruhende Oper zuzulassen? Die Aufgabe reizte da Ponte und sie gelang, ohne dass dabei die aggressive Ironie völlig unterdrückt werden musste. Ein Lakai des Kaisers befahl Mozart mit der Partitur in die Burg, er gehorchte, kam und spielte einige Partien vor. Sie gefielen seiner Majestät sofort.«

Wie schon in Königsberg änderte sich plötzlich die Straße: von Erde und Kies zu gepflasterten Steinen. Die niedrigen einzeln stehenden Häuser lagen im Schatten. Die Sonne stand dicht über dem westlichen Horizont.

Senex richtete sich auf, strich sich über die Augen, holte die kleine Uhr heraus und ließ sie aufschnappen: »Wien! Und genau zur richtigen Zeit! Es ist sechs. Noch sind wir zwar in einer Vorstadt, aber bald am Ziel. Wir schreiben heute den 1. Mai 1786. In drei Jahren wird in Paris die Revolution ausbrechen. Wir fahren zum Wiener Burgtheater, richtiger müsste ich Hofburgtheater sagen; Kaiserin Maria Theresia hat es 1741 als ›Theater nächst der Burg‹ bauen lassen, ihr Sohn Joseph II., der jetzt regiert, erklärte es zum Nationaltheater. Er hatte die Absicht, viele Nationen unter der Führung der deutschen, sprich österreichischen, zu vereinigen. – Da ist es. Steigen wir aus!«

Ein scharfer Ruck zügelte die Pferde, die Kutsche stand und schaukelte nach. Viele Wagen wollten zum Theater und suchten eine Lücke, wo die Herrschaften aussteigen konnten. Einige Fahrzeuge rollten bereits wieder davon, dafür bogen andere von den Straßen her ein. Noch zahlreicher waren die Sänften mit ihren trippelnden Trägern. Wie auf alten Bildern eilten die Besucher in farbigen Rokokokostümen zum Eingang. Ihre langen Schatten verliehen ihnen eine flüchtige, dahinhuschende Existenz.

Senex freute sich an den puppenhaften Figuren. »Vielleicht hat es nie eine glänzendere Hofgesellschaft in Wien gegeben. Wir verdanken den ›Figaro‹ auch ihrem Bedürfnis nach Musik, Theater und Unterhaltung.«

Danach trat er mit seinen Begleitern in den Vorraum des Theaters, der noch vom letzten Tageslicht erhellt war. Durch eine offen stehende Tür des Zuschauerraums ließ er die drei hineinschauen. Gerade hatte die Ouvertüre begonnen. »Es ist üblich«, flüsterte Senex, »dass man kommt und geht, wie man will.«

Obwohl bereits hunderte von Kerzen brannten, auch in den lang von der Decke herabhängenden Kronleuchtern, war das Licht doch gedämpft, goldgelb. Der Raum war besetzt, unten Besucher auf Bänken, andere in Logen, die mehrere Ränge emporstiegen. Die bunt gekleideten Menschen, das Weiß der Perücken, die Ausstattung des Raumes, die Bemalung der Decke, der dunkelrote Vorhang – all das vertiefte die festliche Atmosphäre. Dazu die Musik …

Das Orchester war vor der Bühne platziert, von den Zuschauern durch eine niedrige Brüstung getrennt, davor saß Mozart, er dirigierte vom Cembalo aus.

Die Leute lauschten zwar, einige hatten aufgeschlagene Textbücher auf dem Schoß, aber es wurde auch halblaut geschwatzt.

Senex führte das Trio in den umlaufenden Gang, ein Logenschließer öffnete die Tapetentür zu einer Loge nahe der Bühne. Drei Stühle an der Brüstung waren frei, dazu einer in der zweiten Reihe, den Senex nahm.

Die Handlung begann im neuen Schlafzimmer des künftigen Ehepaares Figaro und Susanna. Das Bühnenbild war an der Rampe mit Kerzen, Öl- und Talglampen, die zum Zuschauerraum hin abgedeckt waren, erhellt, auch zwischen den Kulissen standen Kerzen, teilweise auf Leitern oder Gestellen mit Rädern, die je nach gewünschter Helligkeit näher oder weiter entfernt postiert wurden. Das Publikum schien zunächst verwundert zu sein, einen Diener und eine Kammerzofe als Hauptpersonen zu sehen. Aber als Figaro später Cherubinos künftige Rolle als Soldat voller Ironie schilderte und als er zum Schluss seiner Arie sang: »Cherubino, alla vittoria, alla gloria militar!«, da war es, als träfe das Publikum ein elektrischer Schlag. Jetzt wachten die Leute auf, sie jubelten: »Bravo! Bravo, maestro! Viva Mozart!«, und klatschten begeistert.

Mozart verneigte sich, auf der Bühne darüber trat der Sänger an die Rampe.

»Das Verbeugen vor dem Publikum ist nur gastierenden Künstlern gestattet«, flüsterte Senex seinen Begleitern zu, »für dauernd am Theater engagierte Mitglieder des Ensembles ist Beifall verboten. Freilich – nicht immer hält man sich an die Regel und die Künstler fiebern dem Applaus entgegen.«

Berenike schaute gebannt auf Mozart. Er war nur wenige Meter von ihr entfernt. Der geniale Komponist war klein, sein Kopf schien zu groß für den zierlichen Körper, die Nase ragte auffällig aus dem schmalen Gesicht, seine Blicke wanderten rastlos über das Publikum. Berenike fand ihn nicht gerade schön, aber sein blondes Haar machte viele Mängel vergessen, die andererseits durch seine auffällige Kleidung – blauer Rock mit Schwalbenschwanz und goldenen Knöpfen, Spitzenhemd, silberfarbene Seidenhose – eher betont wurden.

Rasch, wie wenn er ungeduldig wäre zu offenbaren, was für Schätze er noch bereithielt, setzte Mozart sich wieder an sein Instrument. Ein kurzes Einstimmen der Streicher, dann hob der Maestro beide Hände und gab das Zeichen zum Einsatz – das Spiel ging weiter. Manchmal stand Mozart auf und dirigierte im Stehen.

»Neu«, flüsterte Senex, nach vorn geneigt, »neu ist nicht nur die sorgfältige Charakterisierung aller Personen, auch das kunstvoll aufgebaute Spiel mehrerer Darsteller bis hin zu den Chorszenen überrascht.«

Danach überließ er die drei dem Spiel und der Musik.

Meine Prager verstehen mich

All die Höhepunkte der Oper erklangen hier zum ersten Mal. Und doch, wie sonderbar war die Zeit; Berenike, Roman und Stefan kannten bereits jede Note: Cherubinos Liebesverwirrung, die Klage der Gräfin, das Briefduett, die Rosenarie der Susanna – das Verwechslungsspiel des Finales, das in die Bitte des Grafen um Verzeihung mündet.

Der Beifall brandete auf, aber es wurde auch gezischt. Trotzdem überwogen der Jubel und die Bravi. Die Sänger und Mozart dankten. Der Vorhang rauschte nieder.

»Die Begeisterung hielt sich zunächst noch in Grenzen«, erklärte Senex. »Doch schon bald wurde der ›Figaro‹ zum Höhepunkt der Theatersaison. Besonders die Hofgesellschaft genoss die Frechheiten des Stücks, so wie wir uns heute über ein Kabarett amüsieren, das uns auf witzige Weise mit unangenehmen Wahrheiten unterhält, obwohl sie eher zum Weinen wären. Die Wiener Adligen genossen es sogar, auf der Bühne demaskiert zu werden, man lachte über jeden giftigen Pfeil, zumal ja alles nur auf dem Theater geschah und man sich in seiner Loge geschützt fühlte. – Nun kommt. Ihr habt sicher gespürt, dass alle Personen Mozarts menschliche Tiefe haben, etwas Wahrhaftiges, das sie ausschließlich der Musik verdanken. Mozart überschüttet alle mit seinem Reichtum, selbst die Nebenfiguren. Damit hat er das Musiktheater auf seinen Höhepunkt geführt – nur einhundertachtundachtzig Jahre nach der Aufführung der ersten Oper in Florenz.«

Sie erreichten den Ausgang.

Draußen herrschte inzwischen Finsternis, aufgehellt nur von den Fackeln der Diener. Kutschen warteten, Sänften waren noch auf dem Boden abgestellt. Das Publikum strömte aus dem Theater. Bei Fiakern, die abfuhren, wurden die Pferde von Dienern mit Laternen an den Trensen geführt.

»In diese Seitenstraße.« Senex zeigte voraus und winkte einem Lakaien mit Fackel. Der Mann schritt stumm vor ihnen her und hielt die Flamme hoch.

»Der ›Figaro‹ gefiel dem Kaiser«, plauderte Senex, »die wahren Musikkenner hielten ihn für etwas Hervorragendes, Göttliches, wie Lorenzo da Ponte es in seinen Lebenserinnerungen ausdrückte. Aber Mozart wurde in Wien bei weitem nicht so gefeiert wie in Prag, wo er den ›Figaro‹ im folgenden Jahr noch einmal aufführen wird, obwohl man ihn nur als Dirigenten engagiert hatte. Da war dann der Erfolg wahrhaft überwältigend, sodass Mozart sagen konnte: ›Meine Prager verstehen mich!‹, und ihm der Impresario den Auftrag zu einer neuen Oper gab. Wieder ein glücklicher Zufall, dem wir den ›Don Giovanni‹ verdanken. – Nein, Stefan, nach rechts bitte!«

Senex steuerte auf ein Gebäude zu, das in der Dunkelheit kaum zu erkennen war.

Als sie die Tür geöffnet hatten und eintraten, umgab sie strahlendes elektrisches Licht: Sie waren wieder in ihrer Unterkunft angekommen. Die Schlüssel fanden sie auf der Theke.

Der achte Abend

Ein musikalisches Weltgenie im Rokoko

Ein Wunderkind, vom Vater vorgeführt

Nach dem Essen schlug Senex vor: »Ich würde euch gern noch ein wenig über Mozart erzählen! Allerdings werde ich nur das Nötigste aus seinem Leben berichten. Als Wunderkind aufgewachsen, vom Vater durch Europa geschleppt, gehetzt und vorgeführt, war er früh an Erfolg gewöhnt. Bereits als Sechsjähriger spielte er mit seiner Schwester auf dem Cembalo am Wiener Hof und auf einer dreijährigen Reise durch viele deutsche Städte, auch in Paris und London. Mit dreizehn Jahren ernannte der Erzbischof von Salzburg ihn zu seinem Konzertmeister, im selben Alter unternahm er eine Reise nach Italien – und so fort. Wie ihr wisst, übersiedelte Mozart nach Wien und wurde der erste völlig ungebundene und unabhängige Komponist von Rang. 1782 heiratete er Konstanze Weber. Vielleicht habt ihr über ihn und sie gelesen oder einen der vielen Mozartfilme gesehen. Goethe erinnerte sich an ein Konzert des Knaben und an ›den kleinen Mann mit Perücke und Degen‹, wie er von seinem Vater kostümiert worden war. Bleiben wir zunächst bei der Oper. Mozart verlieh der Musik in vollkommener Ausdeutung der Libretti eine nie gekannte Ausdruckskraft und führte die Finale zu dramatischen Höhen. Er schuf mit der ›Zauberflöte‹ die meistgespielte Oper der Welt. Doch trotz aller Erfolge – Mozart ging es zeitlebens wirtschaftlich und gesundheitlich schlecht, er war ständig in Geldnöten und flehte seine Gönner um Darlehen an, er wollte sogar sein Mobiliar versetzen. Zu spät – wie wir wissen. Viel schlimmer war es aber für Mozart, dass der Kaiser 1790, bald nach der Uraufführung der Oper ›Cosi fan tutte‹, starb, damit verlor Mozart seinen Gönner. Die Oper wurde abgesetzt, auch die anderen

Bühnenwerke Mozarts erschienen in seinem letzten Lebensjahr nicht mehr auf dem Spielplan in Wien. Mozart starb 1791.«

»Warum sprechen Sie nur von den Opern, Mozart hat doch viel mehr geschrieben!«

»Er hat in nur sechsunddreißig Lebensjahren ein umfangreiches Werk geschaffen. Ludwig Köchels Gesamtverzeichnis nennt sechshundertsechsundzwanzig Stücke, Sonaten, Trios, Quartette, Quintette, Konzerte, Divertimenti, Tänze oder Serenaden, Sinfonien, Arien oder Lieder und Opern – alles Meisterwerke. Mozart verarbeitete alle musikalischen Strömungen seiner Zeit und früherer Lehrmeister, zu denen auch Johann Sebastian Bach zu rechnen ist, dessen ›Wohltemperiertes Klavier‹ er studiert hat. Mozarts melodische Fülle ist unübertrefflich. Die Ausgeglichenheit von Form und Inhalt, die Durchsichtigkeit und das feinste Klangempfinden wurden niemals wieder erreicht.«

Senex stand auf, ging zum Büfett und holte sich eine kleine Flasche Rotwein aus der Wachau.

Musik, so selbstverständlich wie das Atmen

Stefan nahm Senex die Flasche ab, drehte den Korkenzieher ein, zog sie auf und goss ihm das Glas voll.

»Danke!«

Berenike beugte sich ein wenig über den Tisch, näher zu Senex. »Don Giovanni – oder Don Juan – ist doch geradezu ein Sinnbild für einen Frauenheld und hemmungslosen Verführer. Woher hatte Mozart diesen Stoff?«

»Das Thema geisterte bereits lange durch die spanische Literatur. Dass da Ponte es aufgriff und damit beim Kaiser auf Gegenliebe stieß, darf man wieder einen glücklichen Zufall nennen. Mozart war sofort begeistert. Aber die Zeit drängte und er schrieb die Ouvertüre erst wenige Stunden vor der Premiere – ein Stück Musik, das die tragischen und komischen Elemente des Spiels in vollkommener Weise anklingen lässt. Mozart konnte jede Musik vom Blatt spielen, weil er bestimmte Kombinationen von Noten so oft gesehen hatte, dass er sie wie eine einzige las.«

»So wie ein routinierter Leser eine Zeile auf einmal erfasst.«

»Man sagt, Musik war ihm so selbstverständlich wie uns das Atmen. Er selbst meinte: ›Ich gehe den ganzen Tag damit herum.‹ Konstanze, seine Frau, schrieb, dass er auch mit anderen Dingen, Chapeaus, Taschen, Uhrbändern, Stühlen gleichsam Klavier gespielt habe. Manchmal setzte er sein stummes Komponieren fort, während er einer anderen Oper lauschte. Er hatte immer Notenblätter bei sich. In Prag schrieb er die Stimmen für Pauke und Trompete im zweiten Finale des ›Don Giovanni‹, ohne die Partitur für die anderen Instrumente dabeizuhaben. Er hatte die gesamte Musik in seinem Gedächtnis behalten. Die Uraufführung war zuvor schon mehrmals verschoben worden, nun erreichte die Partitur das Orchester gerade noch rechtzeitig für die Vorstellung. Die Tinte auf den Notenkopien war noch nass, man spielte also ohne Probe, prima vista, auf den ersten Blick, vom Blatt. Die Prager ahnten sofort, welchem Ereignis sie beiwohnten. Der Rezensent der ›Wiener Oberpostamtszeitung‹ – erinnert euch an das Heraufkommen des Journalismus während der Aufklärung, speziell auch der Kritik – schrieb sinngemäß, dass Kenner und Tonkünstler der Meinung waren, Vergleichbares sei in Prag noch nicht aufgeführt worden. Andere Zeitungen äußerten sich ebenso enthusiastisch. Lorenzo da Ponte hat in seinen Lebenserinnerungen über die Uraufführung geschrieben, und da es sich um ein Dokument der Musik- und Theatergeschichte handelt, habe ich den Text mitgebracht.«

Senex zog zwei Blatt Papier aus seiner Jackentasche und faltete sie auf dem Tisch auseinander: »›Die Aufführung des ›Don Giovanni‹ in Prag hatte ich also nicht gesehen. Aber Mozart unterrichtete mich sofort von dem wunderbaren Erfolg und Guardasoni schrieb: ›Es lebe da Ponte, es lebe Mozart! Alle Impresarii, alle Künstler müssen sie preisen. Solange die beiden am Leben sind, wird man nicht wissen, was Theaterelend ist.‹ Der Kaiser ließ mich rufen, lobte mich auf die ihm eigene freundliche Art über die Maßen, schenkte mir weitere hundert Zechinen und sagte, er brenne darauf, den ›Don Giovanni‹ zu sehen. Mozart kam zurück und gab die Partitur sofort dem Kopisten, der sich beeilte, die Stimmen herauszuschreiben, weil der Kaiser in den Türkenkrieg ziehen mußte. Der ›Don Giovanni‹ wurde aufgeführt und – gefiel nicht. Alle außer Mozart glaubten, es fehle etwas. Man machte Zusätze, wechselte die Arien aus, die Oper wurde von neuem aufgeführt – der ›Don Giovanni‹ gefiel nicht. Und was sagte der Kaiser dazu? ›Die Oper ist göttlich, vielleicht noch schöner als der ›Figaro‹. Aber sie ist keine Speise für die Zähne meiner Wiener.‹ Das erzählte ich Mozart. Er erwiderte darauf ohne jede Bestürzung: ›Lassen wir ihnen Zeit, sie zu kauen.‹ Und er täuschte sich nicht. Ich sorgte auf seinen Wink dafür, daß die Oper oft wiederholt wurde. Bei jeder Aufführung wuchs der Beifall, nach und nach fanden die Herren Wiener mit den schlechten Zähnen Geschmack an dieser Oper, begriffen ihre Schönheit und gaben dem ›Don Giovanni‹ den Platz, der ihm gebührte: Sie hielten ihn hinfort für eine der schönsten Opern, die je auf einem Theater gespielt worden sind.‹ So weit also da Ponte.«

Die Töne erklären und deuten

Senex steckte die Blätter wieder ein: »Rossini nannte den ›Don Giovanni‹ später die größte aller Opern, auf Goethe machte sie einen solchen Eindruck, dass er an Schiller schrieb, er bedauere es, dass Mozart nicht lange genug gelebt habe, um die Musik zum Faust schreiben zu können. Und die Bewunderung geht bis in unsere Zeit.«

»Etwas beschäftigt mich schon lange«, sagte Roman. »Es betrifft nicht Mozart allein, sondern auch Beethoven und Schubert – in gewissem Sinne auch Bach – und sicher noch viele andere. All diese Genies hatten ständig Geldsorgen – heute würden sie zu den reichsten Männern der Welt zählen. Ich habe gelesen, dass Mozart allein von seinen derzeitigen Tantiemen ganz Österreich aufkaufen könnte. Und er endete in einem Armengrab.«

»Wir alle nehmen wie selbstverständlich all das als Geschenk, was uns frühere Generationen hinterlassen haben, aber wir sollten es zur Förderung der lebenden jungen Künstler verwenden. Mozart erhielt das übliche Honorar, nämlich einhundert Dukaten, für seine Opern. Für den ›Don Giovanni‹ bekam er zweihundertfünfundzwanzig Dukaten, Werke, die heute viele Millionen einspielen. Weder Mozart, und schon gar nicht seine Frau Konstanze, konnten gut mit Geld umgehen. Mozart brauchte alles für die laufenden Ausgaben, er gönnte sich auch Zerstreuungen, gute Kleidung und erfüllte die Wünsche bettelnder Freunde. Er machte Schulden, die seine Einnahmen weit überstiegen, und schrieb flehentliche Bettelbriefe. Dazu kam seine schwere Krankheit: ›Ich bin absolut elend heute‹, schrieb er im August 1790. ›Ich habe die ganze Nacht nicht schlafen können vor Schmerzen (…) stellen Sie sich meine Lage vor – krank und voll Kummer und Sorge (…) könnten Sie mir denn nicht mit einer Kleinigkeit an die Hand gehen? Mir wäre im Augenblick mit allem geholfen.‹ Das größte Genie der Musikgeschichte bekam zehn Gulden.«

»Er ist also nicht von seinem Konkurrenten Salieri – oder auch von den Freimaurern – vergiftet worden?«

»Das sind unhaltbare Behauptungen. Wahrscheinlich litt er an einer Niereninsuffizienz. Aber ich möchte auch auf ein seelisches Leiden zu sprechen kommen. Psychologen meinen, dass sich Mozart, so überzeugt er von seinem Können war, im Grunde selbst nicht liebte und sich nach Liebe sehnte. Seine enorme Fähigkeit, sich in Tönen auszudrücken, stand womöglich unter dem Diktat eines unausgesprochenen Werbens um Liebe und Zuneigung.«

Stefan schob seine Brille hoch. Es klang wie ein Selbstgespräch, als er sagte: »Wer weiß, was die Sehnsucht alles bei einem Menschen anrichtet, im Positiven wie im Negativen!«

Berenike sah ihn verwundert und auch ein wenig nachdenklich an.

Roman wandte sich an Senex: »Beim Stichwort Freimaurer ist mir eben die ›Zauberflöte‹ eingefallen.«

»Auch sie ist sinngemäß ein Produkt der Aufklärung, denn die ersten Freimaurerlogen wurden ja damals gegründet. Bei den Freimaurern fanden sich dic führenden Köpfe Wiens zusammen, Staatsbeamte, Kaufleute und Künstler. Auch Mozarts Vater wurde durch Wolfgang Amadeus, der selbst Logenbruder war, in eine Loge eingeführt. Wenn die Priester im zweiten Akt einziehen, singen sie einen Text, der den Anspruch der Freimaurer ausdrückt, die Brüderlichkeit wiederhergestellt zu haben, die das Christentum predigt. Das ist freimaurerische Musik, wie auch die Arie des Hohepriesters. ›In diesen heil'gen Hallen kennt man die Rache nicht ...‹ Emanuel Schikaneder, der Theaterleiter und Textdichter, stattete die Zauberflöte verschwenderisch aus. Prächtige Dekorationen und Kostüme, Feuer, ein Wasserfall, wilde Tiere und eine Ballonfahrt – erinnert euch an die Montgolfiere – machen die ›Zauberflöte‹ zu einem Bühnenspektakel ersten Ranges. Das Theater an der Wien war fast immer ausverkauft. Mozarts letzte Oper wurde nach seinem Tode zu seinem größten Erfolg, weltweit. Auch Goethe setzt sie 1794 in Weimar auf den Spielplan und das ›Journal des Luxus und der Moden‹ beschreibt ihren Siegeszug: ›Sie ist nun schon seit ein paar Jahren auf allen Bühnen und Buden, wo es nur noch anderthalb Kehlen, ein paar Geigen, einen Vorhang und sechs Coulissen gab, unaufhörlich gegeben worden, hat die Zuschauer viele Meilen weit in die Runde, wie die Zaubertrommel eines Schamanen, an sich gezogen und die Theater-Cassen gefüllt.‹«

Wie kommt es zu einem Genie?

Roman lehnte sich zurück, vergrub die Hände in den Taschen, streckte die Beine aus und runzelte die Stirn. »Ich glaube, Mozarts Musik wird nie unmodern sein.«

Senex nippte an seinem Weinglas: »Der dänische Religionsphilosoph Søren Kierkegaard wollte eine Sekte gründen, die Mozart nicht allein obenan setzte, sondern gar keinen anderen duldete als Mozart. Hans Werner Henze nennt ihn den herabgestiegenen Gott Apollo und Alfred – nicht Albert! – Einstein, ein bedeutender deutscher Musikwissenschaftler, nennt Mozart einen großen Menschen, der, wie alle großen Menschen, ein erhöhtes Beispiel und Exemplar jener sonderbaren Gattung von Lebewesen sei, die man im Allgemeinen als eine Mischung von Körper und Geist, von Tier und Gott bezeichnen kann.«

Roman bohrte weiter: »Da komme ich zur Frage aller Fragen, besonders auf dieser Wanderung durch den Evo-Park: Wie konnte es nach den hunderttausenden von Jahren der menschlichen Entwicklung gelingen, so ein Genie entstehen zu lassen, wie es vielleicht nie mehr eines geben wird?«

»Sicher ist, dass es nur dem außerordentlich seltenen Zusammentreffen bestimmter Umstände zu verdanken sein kann«, murmelte Senex. »Da ist zunächst einmal die ererbte Begabung, dazu der Ehrgeiz des Knaben, die Förderung durch den Vater, ein allgemeines gesellschaftliches Interesse, die Übereinstimmung des Zeitgeschmacks mit Mozarts spezieller Begabung. Niemand wird das Rätsel je lösen können, aber wir können registrieren, dass die Evolution einmal das Absolute erschaffen konnte. Mehr ist dem Homo sapiens vielleicht nicht erreichbar.«

»Sie meinen, dass Mozarts Vater einen Anteil am Verdienst hat?«

»Jedes deutsche Kind aus gutbürgerlichem Hause sollte damals ein Instrument spielen lernen. Leopold Mozart hielt sich daran. Nannerl war bereits mit elf Jahren eine Virtuosin auf dem Cembalo. Wolfgang konnte mit drei Jahren schon Akkorde anschlagen, mit vier Stücke aus dem Gedächtnis spielen, mit fünf komponieren, wenn der Vater es aufschrieb, während er spielte. Leopold schickte Wolfgang nicht in die Schule, Mozart litt später darunter, nie eine Ausbildung bekommen zu haben. Der Vater ließ ihm keine Zeit, sich eine gute Allgemeinbildung anzueignen. Er kümmerte sich wenig um andere Künste oder Literatur. Aber für das Genie des Knaben wurde jedes Erlebnis zur Erziehung.«

»Ist das nicht immer so?«

»Es muss wohl so sein. Auch saß der Knabe aus eigenem Antrieb stundenlang ununterbrochen am Klavier und verließ es nicht eher, als bis man es ihm befahl. Leopold Mozart war ein unerbittlicher Lehrmeister. Er unterzog seinen Sohn einer Schulung in Kontrapunkt, Generalbass und anderen Elementen der Komposition.«

»Bleiben Sie bitte noch kurz bei der Evolution!«

»Wir werden nie ergründen können, was alles zusammenwirken

muss, um die in einem Menschen als Möglichkeit schlummernde Genialität zu wecken. Es ist ja nicht der Mensch, es ist nicht einmal die Persönlichkeit, die das Genie ausmacht, sondern es sind die Möglichkeiten, die in ihm darauf warten, genutzt zu werden.«

»Wie eine Katze auf dem Sprung!«

»Und dann der Zufall! Die Kindersterblichkeit war zu Mozarts Zeiten noch katastrophal hoch. Mozart bekam selbst sechs Kinder, nur zwei davon erreichten das Erwachsenenalter.«

»Sie wollen sagen, es war ein Zufall – oder ein Wunder –, dass er nicht schon als Kleinkind starb.«

»Gewiss.«

»Wie viele andere Genies oder Talente sind wohl gestorben, ehe das aus ihnen werden konnte, was in ihnen angelegt war!«, überlegte Berenike. »Da bin ich doppelt dankbar, dass ich zu meiner kleinen Existenz gekommen bin – von Zufall zu Zufall.«

»Ich freue mich auch, dass es dich gibt«, erklärte Stefan spröde.

Roman biss sich auf die Unterlippe.

Senex lächelte. »Morgen werden wir wieder an einem anderen Ort sein!«

Der neunte Tag

Merkur und Venus

Ein gleißendes Juwel

Der nächste Morgen stieg mit Pracht empor. Es war noch früh. Und doch waren Senex und die drei bereits auf den Beinen. Sie hatten sich gefreut, als sie in Venedig aufgewacht waren. Nun standen sie am Canale della Giudecca, der, nahe beim Markusplatz, in die Lagune führt.

Senex hatte Berenike, Roman und Stefan früh aus dem Bett gescheucht. Von ihrer Herberge hatten sie nur wenige Schritte durch eine gepflasterte Gasse zu einem schmalen Kanal zu gehen, wo eine Gondel auf dem Wasser schwebte. Der Gondoliere half beim Einsteigen, stellte sich auf die Plattform hinter den Sitzen und betätigte das lange Ruder. Sie glitten durch die enge Wasserstraße, die beidseits von Hauswänden begrenzt wurde, meist aus rotem Ziegelstein, der schon die Sonne des vierzehnten Jahrhunderts gesehen hatte und nun die Spuren des Verfalls mit Würde trug.

»Das ist das andere Venedig«, erklärte Senex. »Nicht das Venedig der Aristokratie, des Reichtums, sondern das Venedig der Kleinbürger und Arbeiter.«

Lautlos ging es unter baufälligen Brücken hindurch. Berenike schaute: Das alles träumte sie doch? Sie schwebte auf einem Zauberteppich. Das Licht flimmerte an den Steindämmen, rieselte zwischen den Häusern hindurch, verschwamm. Ein feiner Silberhauch verschleierte das Blau, Rosa und Gold, mit dem die Luft durchwirkt war. Kleine Wellen leuchteten und spielten in einer leichten Brise.

Sie kreuzten den Canal Grande, dieses gleißende Juwel, das von Edelsteinen und Blumen eingefasst zu sein schien, vor allem in dieser frühen

Morgenstunde. Noch flammte der Sonnenaufgang. Der noch stille Kanal lag unbeweglich, wie verankerte Schiffe waren die alten Paläste. Gleichzeitig schien die Stadt auf azurfarbener Seide in einem Schleier aus Dunst emporzusteigen. Sie trug ein Kleid aus Vergangenheit und Gegenwart, gewebt aus Perlmutt, Opal, Elfenbein und Silber.

Doch das war nur ein Augenblick. Dann öffnete sich der weniger prächtige, aber breitere Wasserweg des Canale della Giudecca. Auch hier Leblosigkeit, nur eine einzige Gondel in einiger Entfernung, mit zwei Barkenführern.

»Nun sagen Sie schon, Senex, warum Sie uns so früh aus dem Bett geholt haben.« Berenikes Stimme klang noch morgenmüde.

»Gleich. Wir sind noch nicht am Ziel.«

Sie mochten sich nun mitten auf dem breiten Kanal befinden. Senex zeigte nach vorn: »Diese Gondel ist es, um deretwillen wir unterwegs sind. Wir fahren noch ein wenig näher heran, was nicht einfach sein wird, denn die beiden Gondolieri drüben werden zu höchster Eile angetrieben.«

Die Ruderer der anderen Gondel legten sich fast waagrecht vor und dann mit dem Ruderzug wieder zurück, in raschem Wechsel. Auf der mittleren Sitzbank kauerten zwei Männer. Immer wieder schauten sie sich um, wie auf der Flucht.

Der schillerndste Abenteurer seiner Zeit

Der eine der beiden Fahrgäste sah aus wie ein Bauer, er trug eine rote Weste, Hosen aus violettem Leder und einen prachtvollen Mantel.

Der andere war modischer gekleidet, für den frischen Morgen wohl kaum richtig angezogen. Er trug ein Spitzenhemd, sein Haar wurde hinten von einem Netz zusammengefasst. So glich er einem Mann, der nach einem Ball in einer Lasterhöhle ausgenommen worden war. Trotzdem, mit seinem goldbetressten spanischen Dreispitz samt weißem Federbusch war er eine elegante Erscheinung.

Jetzt sagte Senex: »Diese beiden wünschen nichts sehnlicher, als endlich, auf der Terra Ferma, dem Festland, anzukommen und endgültig in Freiheit zu sein. Der bäuerlich gekleidete Mann links ist nicht interessant, ein Pater Balbi, der mit dem anderen eingekerkert war und mit seiner Hilfe floh. Sie werden sich gleich für immer trennen.

Der rechte ist Giacomo Casanova. Heute Morgen gelang ihm die Flucht aus dem Gefängnis der Stadt Venedig, das unter den berüchtigten Bleidächern des Dogenpalastes liegt und für unbezwingbar galt.«

»Ich kenne seine Memoiren«, sagte Roman leise. Sein widerspenstiges Haar wurde vom Wind hochgekämmt. »Er lässt ja kein Detail aus, vor allem kein erotisches.«

»Daher die Bezeichnung ›Casanova‹ für einen Frauenhelden! Sein Name wurde zur Metapher, ähnlich wie der des Don Juan. Nur dass es sich bei Casanova nicht um eine Gestalt der Literatur handelt, sondern um ein höchst lebendiges Exemplar der Spezies Mann. Er ist zwar auch ein Glücksritter und Scharlatan, vor allem aber verkörpert er seine Zeit, wobei ich sowohl das Rokoko wie auch die Aufklärung meine. Er war intelligent und geistreich, frivol bis an die Grenze des guten Geschmacks, ein wahrer Feuerteufel der Sinne, betrügerisch, doch nicht gemein, verspielt, aber immer mit Geist, manchmal mit Grazie, dauernd verliebt, meist ohne Geld. Kam er einmal zu Reichtum, dann gab er alles bedenkenlos aus. In jungen Jahren wurde er zum Priester geweiht, aber das hatte keine Bedeutung für ihn. Er war ein Freigeist, immer auf Reisen – und er gilt, neben Cagliostro, als der italienische Abenteurer schlechthin. Casanova hat Cagliostro aber voraus, dass er ein riesiges Memoirenwerk hinterließ, in dem er seine Epoche umfassend und mit beachtlichem Stilempfinden schildert und in dem er sich selbst nicht schont. Er hat vor nichts Respekt, nicht einmal vor seinem eigenen Ansehen.«

»Wieso verkörpert er sowohl das Rokoko als auch die Aufklärung?« Berenike ließ ihre Finger durchs Wasser gleiten.

»Du brauchst ihn dir nur anzuschauen, dann hast du den vollkommenen Kavalier des Rokoko vor dir, mit Kniehosen und Seidenjacke, Degen und Zopfperücke. Wenn man das Rokoko als die Zeit charakterisiert, in der Geziertheit, Raffinesse und übertriebene Manieren herrschten, dann trifft das auf Casanova verstärkt zu. Aber wenn er den Mund aufmacht, erkennt man den vorurteilslosen Geist, dem die Freiheit, auch die geistige, über alles geht. Es gibt fast niemanden von Bedeutung, den er nicht kennen gelernt, mit dem er nicht geplaudert, sich auseinander gesetzt hat, mochten das nun Könige, Adlige oder Glücksritter gewesen sein. Friedrich II. von Preußen bot ihm die Stelle eines Lehrers in einem pommerschen Kadettenkorps an, mit Katharina der Großen unterhielt er sich im Park von Sankt Petersburg über die Reform des gregorianischen Kalenders. Er sprach mit Joseph II. von Österreich, mit Voltaire, den er seinen Lehrer nannte, er brachte Jean-Jacques Rousseau Noten zum Abschreiben, um ihn zu unterstützen, bezeichnete ihn gleichzeitig aber als einen Mann, der weder durch seine Person noch durch seinen Geist hervorrage. Diese und zahllose andere Begegnungen schildert er in seinen Erinnerungen lebendig, sozusagen Wort für Wort und anschaulich, meisterhaft selbst dann noch, wenn man ihm nicht alles glauben mag.«

»Warum wurde er verhaftet?«

»Das ging damals schnell, vor allem in Venedig. Er galt den Behörden als ein gefährlich-intriganter Mensch, gewohnt, nur auf Kosten anderer zu leben, dazu als ein Freund und Anstifter zügelloser Ausschweifungen und als zwielichtiger Kartenspieler. Eines schönen Tages ließ man ihn verhaften. Der Richtspruch des höchsten Tribunals der Republik verurteilte ihn zu drei Jahren Kerker, er floh bereits nach fünfzehn Monaten. Für Casanova kam die Haft in der Hitze, die sich unter den Bleidächern staute, zunächst einem Todesurteil gleich, aber im Nachhinein kann man diese Affäre als sein Glück bezeichnen, denn nichts hat ihm in Europa mehr Ansehen verschafft und mehr Türen geöffnet als eben diese abenteuerliche Flucht. Ich kenne keinen anderen Fall, wo das gelungen wäre. Seine Schilderung wurde zu einer der Lieblingsgeschichten des achtzehnten Jahrhunderts, man erzählte sie sich, man belachte, bewunderte sie. Casanova selbst brauchte zwei Stunden, um sie in allen Details zu berichten.«

»Was wird aus ihm?«

»Er flieht über die Grenzen Venedigs, durchreist danach Europa in allen Richtungen, quer durch das Frankreich Ludwigs XV. und der

Madame Pompadour, durch Spanien, durch Portugal, durch das England der beiden Könige, die den Namen George tragen; Russland und Preußen habe ich schon erwähnt. Er reist durch Polen, wo König Stanislaus mit ihm über die Satiren des Horaz plaudert. Sein Leben ist voller Überraschungen und Zufälle. In seinem Charakter finden sich die widersprüchlichsten Fähigkeiten. Kaum eine andere Persönlichkeit konnte janusköpfiger sein. Er tafelte und amüsierte sich mit Prinzen und Kardinälen, mit Dirnen und Schauspielerinnen.«

»Da denke ich, man muss Casanova lesen, um sein Jahrhundert kennen zu lernen.«

»Casanovas Erinnerungen sind das vollständigste Museum von Porträts seiner Zeitgenossen, die kompletteste Sammlung von Konversationen, Unterhaltungen und Lastern dieser Epoche.«

»Bei so vielen Verbindungen ist er sicher als reicher Mann gestorben?«

»Das Gegenteil ist der Fall. Er bekam ein Gnadenbrot vom Grafen Waldstein aus Böhmen, der ihn als Bibliothekar anstellte. Diesem Umstand verdanken wir seine Memoiren. Sein Alter empfand er als elend – doch nun genug von ihm. Wir lassen uns nach Venedig zurückrudern. Dort wollen wir einen kurzen Blick auf den venezianischen Karneval werfen, den man als Finale des Rokoko ansehen könnte. Danach fällt ein dichter, schwerer Vorhang vor diesem Bühnenbild.«

Das Finale des Rokoko

Die Gondel wendete. Die Sonne stand bereits hoch, als sie durch die Lagune glitten. Berenike nahm alle Eindrücke in sich auf, Boote, Gondolieri, Lastkähne. Das Meer umarmte Venedig. Langsam kamen die Kirchen und Paläste näher, eine Perlenkette auf der See. Sie grüßten San Giorgio Maggiore, passierten Santa Maria della Salute. Fern schwebte das diffuse Grün eines großen Gartens auf dem Wasser: der Lido.

Zwischen den Säulen, die den Löwen und den heiligen Theodor trugen, legten sie an. Auf der Piazzetta erhob sich der helle Dogenpalast, getragen von Bogengängen, schräg gegenüber reckte der Campanile sein Spitzdach in Taubenschwärme. Einmal dröhnten die Glocken.

Das Gewühl war unüberschaubar.

Auf dem Molo schienen Buden und bunte Zelte aus dem Boden geschossen zu sein. Dort wurden Vögel gezeigt, die sprechen konnten, angekettete Elefanten, müde Löwen hinter Gittern oder ein Rhinozeros.

Der Platz dahinter glich einem Jahrmarkt, noch farbiger, noch bunter. Ganz Europa und der Orient schienen ihre Trachten, ihre Sprachen hierher gesandt zu haben. Kinder bliesen in Blechtrompeten, Lachen ertönte, vermischt mit Anzüglichkeiten und schamlosen Liedchen.

Wo die drei auch hinschauten, sie sahen nur Kostüme, Turbane, spitze Mützen, gestreifte Kittel, Flitterfähnchen, weite Kapuzen, vor allem aber Masken, schwarze und farbige. Kein Mensch zeigte sein wahres Gesicht. Es gab Frauen in türkischen Gewändern, sogar mit Schnurrbart oder mit künstlichem Kropf. Dominos, Harlekine und Kolombinen, prächtige Hüte, Sonnenschirme, wehende Schleier, protzige Schärpen. Es gab Derwische, Muftis und Gaukeltänzer. Phantasiefiguren drängelten sich unter den Arkaden des Dogenpalastes aneinander vorbei. Taschentücher wurden geschwenkt, Fächer aufgeschlagen. Geschmeide funkelte, alles war vorgetäuscht, auch das Feuer der Diamanten, der Schimmer von Perlen. Dort ging einer auf Stelzen, ein anderer an Krücken, wieder ein anderer als Bär auf allen vieren.

»Das ist ja toll!«, rief Berenike begeistert.

»Mehr als das. Es ist zwar nur eine Seifenblase, aber eine, in der sich erstmals die Demokratie spiegelt, wenn auch verzerrt. Das Kostüm beseitigt alle Schranken zwischen Adel und Volk, zwischen Reich und Arm. Durch die Maske erhalten alle Bürger gleiche Rechte. Die Masken machen aus der im Grunde vorwiegend aristokratischen Stadt einmal im Jahr eine tolerante, die keine gesellschaftlichen Unterschiede kennt. Jeder geht während des Karnevals maskiert, sei es der Doge, sei es die Magd. In Masken kaufen der Diener oder die Köchin das Gemüse, in Masken handelt man auf dem Markt, arbeitet man im Kontor, in Masken tanzt man auf dem Ball, in Masken hält der Notar im Gericht sein Plädoyer, in Masken macht der Herr seine verschwiegensten Besuche. Denn – und das ist einzigartig – maskiert ist alles erlaubt.«

»Alles?«

»Bis auf Kapitalverbrechen. Die Republik gewährt jede Freiheit, sie kennt keine Klassenunterschiede, es genügt das Kostüm und das ganze Volk trägt eines. Sogar der sauertöpfische Jean-Jacques Rousseau verkleidete sich, als er Venedig einmal besuchte. Es gibt keine Grenzen, keine Schranken, ja, nicht einmal eine Autorität, alles wird zum ›Sior Maschera‹, der Patrizier wie der Lastträger, die Klosterschwester, der Sbirre …«

»Der Sbirre?«

»Der Polizist. Es gibt nicht einmal mehr einen Inquisitor.«

»Das ist ja sensationell!«

Ganz Europa ist vom Ballonfieber ergriffen

Senex feuchtete seinen Zeigefinger an und hielt ihn in die Luft. »Gut«, sagte er zufrieden. »Auch der Wind weht nach Plan. Er bläst von Südost nach Nordwest. Kommt – es ist alles vorbereitet. Wir setzen zum Lido über.«

Dort, über einer Wiese, schwebte ein Ballon, der von sechs Tauen gehalten wurde. Die Gondel darunter hatte die Form eines kleinen Bootes und bot Platz für vier Personen.

»Steigt ein!«

Berenike betrachtete das Luftgefährt misstrauisch.

»Du kannst dich ihm sorglos anvertrauen«, beruhigte Senex sie. »Gegen Ende des achtzehnten Jahrhunderts wurde ganz Europa vom Ballonfieber ergriffen. Seit wir die Montgolfiere in Versailles aufsteigen sahen, vermehrten sich diese fliegenden Kugeln wundersam. Man fand sie nicht nur auf allen Volksfesten und Jahrmärkten, man ließ sie auch in Miniaturformat aus den Straßenschluchten, von den Balkonen über die Dächer und rauchenden Schornsteine der Städte aufsteigen, und zwar Tag und Nacht, wobei man brennenden Weingeist zum Erhitzen der Luft benutzte. In Paris waren kleine gasgefüllte Ballons das beliebteste

Spielzeug der Kinder. Jedermann wollte größere oder kleinere Flugversuche machen. 1784 überflog ein unbemannter Wasserstoffballon den Kanal. Er stieg mittags bei Kent auf und wurde noch am gleichen Tag um drei Uhr nachmittags bei Warneton, neun Meilen von Lille, von einem Knaben gefunden. Ein Jahr später wagten Jean-Pierre Blanchard – einer der eifrigsten Ballonpioniere – und Doktor Jean Jefferies die erste bemannte Ballonüberquerung des Ärmelkanals von Dover nach Calais. Beinahe wären sie vor der Küste Frankreichs gescheitert, sie verloren bedenklich an Höhe und der Doktor bot sich bereits an, sein Leben zu opfern und über dem Kanal abzuspringen, weil sie allen Ballast bereits abgeworfen hatten. In letzter Minute rettete sie ein Windstoß. Es war Blanchards achtunddreißigste Luftfahrt.«

»Also«, meinte Roman, »was den beiden gelungen ist, wird uns erst recht gelingen!«

»Wir fliegen auch nie über das Meer, höchstens über die Po-Ebene, die Alpen und dann über Frankreich, bis nach Paris.«

»Wieder Paris?«

»Eine veränderte Stadt. Es wird genug zu sehen und zu reden geben, wenn wir angekommen sind.«

Nacheinander kletterten sie in die Gondel. Sie hatten gerade genug Platz auf den schmalen Bänken. Gleich wurden die Seile gekappt. Sie stiegen hoch.

Die Fahrt durch die Luft vollzog sich lautlos, in völliger Windstille. Sie spürten keinen Luftzug. So kamen sie schließlich über die Provence und ins Herz Frankreichs. Immer umfasste ihr Blick einen weiten Horizont von Städten und Dörfern. Das Land war noch nicht zersiedelt, die Städte lagen im Grün wie runde Inseln, einzelne Häuser verteilten sich jenseits der Mauern, wie überlaufendes Wasser.

»Wir fliegen von Südost nach Nordwest«, erläuterte Senex. »Das heißt ...«, er lächelte verschmitzt, »... das heißt, dass wir einen kleinen Zeitsprung machen, denn die Sonne geht in Paris logischerweise später auf als in Venedig. Mögen es in der Realität kaum Minuten sein, im Evo-Park werden daraus Stunden. Wir werden im Morgengrauen in Paris ankommen, genau gesagt am 21. Januar 1793.«

Berenike sah, dass die Sonne – gegen jede Regel – im Osten zu sinken schien. Allmählich wurde es dämmriger. Dann leuchteten einige Sterne, wenn auch in blasser Höhe. Und da die Städte und Dörfer noch nicht in verschwenderischem Licht strahlten, verdunkelte sich das Land unter ihnen. Nicht einmal Kerzen brannten zu dieser morgendlichen Stunde. Trotzdem merkte Berenike, dass sie über die Außenbezirke einer größeren Stadt trieben, und sie spürte, dass der Ballon langsam sank.

Morgennebel lag über der Stadt. Keiner konnte sagen, wie lange ihre Fahrt gedauert hatte. Aber sie hörten bereits in der Luft, mit jener Deutlichkeit, mit der alle Geräusche von der Erde in die Höhe übertragen werden, ein Brausen und Murmeln wie von tausend Stimmen, dazu Trommeln und manchmal Hörner, Befehle und Marschtritte.

Ihr Ballon näherte sich dem Boden und setzte mit einem spürbaren Ruck auf.

Die Französische Revolution

Sie sind hier, um zu sterben

Senex kletterte als Erster aus der Gondel. Da er nicht wartete, sondern vorausging, eine schmächtige Gestalt im Morgendunst, folgten die drei eilig.

Die Geräusche wurden von Schritt zu Schritt lauter.

»Wo sind wir?«, fragte Berenike.

»In Paris, auf dem Place de la République, der vor noch nicht langer Zeit Place Louis Quinze hieß und bald als Place de la Concorde zum Mittelpunkt des eleganten Paris werden wird. Noch steht der berühmte Obelisk nicht, aber ihr seht im Hintergrund das königliche Schloss, den Louvre und in seiner Nähe das unter Maria von Medici errichtete Palais de Tuileries.«

»Der Platz ist wirklich enorm groß. Aber wir sind doch bestimmt nicht deswegen hier. Sie wollen uns etwas zeigen, was mit der Revolution zu tun hat, oder?«

»Die Guillotine. Sie steht neben dem Sockel des gestürzten Reiterstandbilds Ludwigs XIV. Man begrüßte damals dieses schaurige Instrument als einen humanen Fortschritt, im Gegensatz etwa zum Scheiterhaufen.«

»Da würde ich sie auch vorziehen, denk ich mal.«

»Das Ereignis, dessen Zeugen ihr werdet, ist aus mehreren Gründen wichtig. Doch wir werden weit genug entfernt bleiben, sodass es euch nicht hautnah berührt, und außerdem wisst ihr, dass wir uns nur in einem Museum der Kulturgeschichte befinden und dass alles doch nicht Wirklichkeit ist.«

»Ich weiß schon lange nicht mehr, was Fiktion und was Realität sein soll«, murmelte Berenike und vergrub ihre Hände in den Hosentaschen. »Das ist ja auch Ihre Absicht, Senex!«

»Was im Schlund der Zeit oder auch im morastigen Grund der Geschichte versunken ist, holt niemand wieder hervor.«

»Der Zeitpfeil lässt sich nie umdrehen!«

»Wir können die Vergangenheit nur zu rekonstruieren versuchen und dazu brauchen wir Phantasie.«

Sie gingen durch ein Spalier von schwer bewaffneten Soldaten, hinter dem sich eine unübersehbare, vor Spannung vibrierende Menge drängte. Da und dort wurden einige Freiheitshüte und phrygische Mützen auf Stangen hochgehalten.

Etwa auf halber Strecke hielt Senex die drei zurück. Jetzt konnten sie das entsetzliche Werkzeug auf seinem Podest aufragen sehen. Berenike sagte sich, dass diese Prozedur auch nur sein würde wie eine von einem Zauberer auf der Bühne vorgeführte Enthauptung, bei der sich die Assistentin hinterher für den Applaus bedankt.

Aber die Hinrichtung war dann doch bedrückend, jeder wurde von ihrer düsteren Wucht ergriffen. Berenike suchte Romans und Stefans Hand und hielt sie fest.

Ein einfacher Karren ratterte durch das Spalier. Darauf versuchte ein korpulenter barhäuptiger Mann in einem Buch zu lesen. Er betete. Ein Priester in dunkler Sutane ragte neben ihm auf.

Der Schinderkarren rollte vor das Blutgerüst. Der Mann stand auf, man packte ihn und führte ihn auf das Podest.

»Ludwig XVI.« Die Stimme von Senex milderte das Geschehen durch wohltuende Sachlichkeit. »Der abgesetzte König, der jetzt Louis Capet genannt wird. Gestern Abend hat er sich von seiner Gattin Marie Antoinette, der österreichischen Prinzessin, und von seinem Sohn verabschiedet. Er befahl dem Dauphin, all jenen zu verzeihen, die ihn, seinen Vater und König, zum Schafott führen würden. Marie Antoinette wollte die letzte Nacht mit ihm verbringen, er aber hatte mit dem Leben abgeschlossen und blieb allein. Ein Abt bereitete ihn auf den letzten Gang vor. Er schlief friedlich, man musste ihn um fünf Uhr früh sogar wecken. Er empfing die Sakramente, streifte seinen Trauring ab, der seiner Gattin gebracht wurde, und übergab einem Beamten sein Testament. In diesem Augenblick nahm ihn der Henker Sanson in Empfang. Zwei Gehilfen versuchten den König zu entkleiden, aber er stieß sie zurück und riss sich selbst das Hemd am Hals entzwei. Trotzdem band man ihm die Hände auf den Rücken und schor ihm das Haar im Nacken. Da wandte er sich wie in einem Aufbäumen an die Menge und rief: »Franzosen…«

»Er will seine Unschuld beteuern«, murmelte Senex, »aber man unterbricht ihn mit den Worten: ›Sie sind nicht hier, um Reden zu halten, sondern um zu sterben!‹«

Ein Offizier hob den Degen, Trompetengeschmetter übertönte die letzten Worte.

Das Ende der absoluten Monarchie

Ludwig XVI. wurde unter das Fallbeil geschoben. Er bewegte sich nicht. Trommelwirbel. Kaum hörte man das Herabzischen des Eisens und den dumpfen Aufprall.

Ein junger Henkersknecht griff in den Korb und hob das Haupt an den Haaren empor. Das Blut tropfte. Der Kopf ragte über den Horizont ins Morgengrau. Ein dumpfes Seufzen löste die Spannung der Menge.

»Das ist eine sinnbildliche Geste. Der Henker wendet sich mit wilder Gebärde dem Volk zu. Er zeigt den Kopf als Symbol für eine von königlicher Willkür befreite Zukunft, doch angesichts der stumpfen Masse können wir ahnen, dass es sich um eine Illusion handelt.«

Die Soldaten formierten sich zum Abmarsch. Die Henker beseitigten die Spuren ihres blutigen Handwerks. Die ersten Zuschauer verließen den Platz.

»Was geschieht jetzt mit dem toten König?«, fragte Berenike. Sie ließ die Hände der beiden Jungen los.

»Er kommt in einen Sarg. Dann karrt man ihn auf einen Friedhof.«

»Und Marie Antoinette?«

»Sie wird im Oktober 1793 ebenfalls geköpft. – Doch wir verlassen nun den schrecklichen Ort. Ich wollte euch vor allem zeigen, dass nicht nur religiöser Fanatismus und Aberglaube zu blutigen Exzessen führen können, sondern dass auch edle Ideen, wie die von Freiheit, Gleichheit und Brüderlichkeit, in Grausamkeit auszuarten vermögen. Kommt, alle Läden öffnen wieder, sie mussten während der Hinrichtung geschlossen bleiben. Die Händler dürfen ihre Stände betreiben, man besucht die Cafés, in dieser Zeit öfter denn je.«

Senex ging los, so rasch, dass sie zunächst Mühe hatten, seiner schmalen Gestalt zu folgen.

Die französische Freiheitskokarde

Senex wollte eine Zäsur eintreten lassen. Dann sagte er: »Auch wir kehren noch einmal in das Café ein, in dem wir gestern waren – gestern, das heißt vor ungefähr zwanzig oder auch dreißig Jahren.«

Sie marschierten vom Place de la République durch die Stadt. »Paris«, Senex plauderte nun wieder gelöst und heiter, »galt als außerordentlich schmutzig, denn es verfügte noch nicht über eine Kanalisation, wie sie neben London zum Beispiel auch Dresden bereits besaß. Die Innenstadt ist von mittelalterlicher Enge. Erst im neunzehnten Jahrhundert werden radikale Umbauten das Stadtbild gründlich verändern.«

Sie schlenderten durch schmale Straßen, in deren Erdgeschossen entweder Kramläden oder Werkstätten lagen. Zahllose Inschriften priesen das an, was verkauft werden sollte. Eine riesige Volksmenge war unterwegs, Ausrufer erfüllten die Luft mit ihrem Geschrei, Gaukler und Taschenspieler lockten die Leute an. Es war wie ein Jahrmarkt.

Sie überquerten den Pont Neuf und kamen, an dem filigranen Kunstwerk der gotischen Sainte Chapelle vorbei zur Kirche Notre-Dame. Hier traten sie in das ihnen schon bekannte Café.

Alle drei sahen gleich, wie es sich verändert hatte. Gewiss war die Einrichtung die gleiche geblieben, die Tapeten, die Tische und Stühle, aber das Publikum hatte sich gewandelt. Gestern noch elegante Moden,

Samtfräcke der Aristokratie und seidene Kniehosen, heute gedeckte bürgerliche Kleidung.

»Beachtet die Sansculotten!« Senex wies sie besonders darauf hin, während sie sich an einen freien Tisch setzten.

Stefan fragte nach: »Woher kommt das Wort?«

»Man setzt die Sansculotten gewöhnlich mit den Revolutionären gleich. Das stimmt aber nur bedingt, denn zwei der herausragenden Revolutionäre, Robespierre und Saint-Just, waren zum Beispiel immer elegant angezogen. Eigentlich verdankt diese Mode ihre Existenz noch einem Oberzeremonienmeister am Hof von Versailles. Er wollte den einfachen Leuten, dem so genannten ›dritten Stand‹, einen schmucklosen Anzug aus schwarzem Tuch zuweisen, damit sie sich deutlich von der Farbenpracht der Privilegierten unterschieden, ja lächerlich wirkten. Aber das wurde zu einer Mode. Völlig neu waren die von den englischen Matrosenanzügen inspirierten Röhrenhosen, ›pantalons‹ genannt, die sich von den traditionellen ›culottes‹, den Kniehosen, unterschieden. Wie ihr seht, reichen die lockeren Röhrenhosen bis zwei Handbreit unters Knie. Bei revolutionären Anlässen trug man dazu die Jakobinermütze, gern auch eine Hose in den Farben der Trikolore, meist einfache Schuhe und eine ›Pike‹. Die Sansculotten repräsentieren die einzig wirkliche Alternative zur bürgerlich-radikalen Schicht, eine heterogene Bewegung der Armen, Handwerker, Gesellen, Ladenbesitzer, Kleinstunternehmer. Sie bildeten den Kern der Revolution, errichteten die Barrikaden, demonstrierten und die revolutionären Journalisten, wie zum Beispiel Marat und Hébert, unterstützten ihre Forderungen.«

»Was wollten sie denn?«

»Privateigentum, aber keinen Reichtum. Sie hassten die Reichen, wollten öffentlich garantierte Arbeit ...«

»Wir würden wohl sagen: Arbeitsplätze.«

»Sie waren für garantierte Löhne und soziale Sicherheit. Außerdem wollten sie ein demokratisches System.«

»Sie vertraten also den ›kleinen Mann‹?«

»Sie standen irgendwie zwischen dem wohlhabenderen Bürger, dem so genannten Bourgeois, und dem echten Proletarier ohne jeden Besitz.«

»Wahrscheinlich haben intellektuelle Leute wie Voltaire, Diderot und Rousseau die Sansculotten doch nicht unmittelbar beeinflusst, glaube ich jedenfalls. Die meisten konnten ja wohl nicht einmal lesen«

Wehe dem, der (nicht) von Adel ist

Senex schwieg eine Weile. »Stellt euch vor, der Staat stand am Rande des wirtschaftlichen Ruins; das Defizit, das teilweise noch aus der Zeit Ludwigs XIV. stammte, wuchs ständig. Außerdem wirkten die Gedanken der Aufklärung deshalb in Frankreich politisch am stärksten, weil hier das Königtum im achtzehnten Jahrhundert völlig versagte. Deshalb beeinflusste die Aufklärung weite Kreise des Bürgertums und sogar den Adel.«

»Man wollte an die Vernunft glauben und verkrustete Traditionen über Bord werfen? Das ist doch richtig, oder?«

»In Frankreich zeigten sich die Gegensätze zwischen den fest verwurzelten Interessen des Ancien Régime und denen der empordrängenden neuen Schichten krasser als anderswo. Zunächst versuchte die Regierung die alte ständische Gliederung in Adel, Klerus und dritten Stand beizubehalten. Noch war der dritte Stand politisch machtlos, obwohl außer wenigen Privilegierten alle Franzosen ihm angehörten.«

»Hat der König nicht versucht, Reformen durchzuführen?«

»Nur halbherzig, die Krone konnte sich gegen die bevorrechteten Klassen nicht durchsetzen. Obwohl alle über die Despotie und Unfähigkeit der Monarchie stöhnten, konnte von einer bewussten revolutionären Bewegung zunächst keine Rede sein. Die etwa vierhunderttausend Adligen – der erste Stand – unter dreiundzwanzig Millionen Einwohnern genossen große Vorrechte, wie zum Beispiel Steuerfreiheit, noch größere beanspruchte der Klerus. Dennoch, wirtschaftlich ging es der Aristokratie nicht besonders gut. Ihre Angehörigen durften keinen unstandesgemäßen Beruf ausüben, sie erhielten nur Renten aus ihren Gütern, heirateten reich, wenn möglich jedenfalls, erhielten vom Hof

Geschenke und Pensionen. Aber ihre Ausgaben stiegen, ihre Einnahmen sanken. Deshalb drängte die Aristokratie in die besoldeten Ämter. Im achtzehnten Jahrhundert gelang es ihr, die kompetenten, politisch ungefährlichen bürgerlichen Beamten beiseite zu schieben. Um 1780 konnte nur noch ein Adliger Offizier werden. Auch alle Bischöfe waren adlig.«

»Wehe dem, der nicht von Adel ist!«

»Aber nicht mehr lange. Dann hieß es umgekehrt: Wehe dem, der von Adel ist! Vor der Revolution trieb die Aristokratie nicht nur das Bürgertum, sondern auch die Bauern zur Verzweiflung. Schon 1688 hatte der französische Essayist Jean de la Bruyère über das Zeitalter Ludwigs XIV. geschrieben, dass die Adligen die Landbevölkerung wie scheue Tiere wahrnähmen, die auf dem Feld zerstreut seien, schwarzhaarig und von der Sonne verbrannt, an den Boden gefesselt, welchen sie in beharrlicher Ausdauer umgruben und umwühlten.«

»Menschenverachtend!«

»Noch ein Jahr vor der Französischen Revolution konnte der Literat Chamfort erzählen, dass die Tochter Ludwigs XVI., als sie mit ihrem Kindermädchen spielte, erstaunt festgestellt habe: ›Wie, auch Sie haben fünf Finger, genau wie ich?‹«

Berenike schüttelte verständnislos den Kopf. »Wieder ein Beispiel dafür, dass wir uns in die Menschen der Vergangenheit nie hineinversetzen können! Wir empfinden doch anders als sie!«

»Halten wir fest, dass es der Landbevölkerung – das waren etwa achtzig Prozent – schlecht ging. Die meisten waren landlose Kleinbauern, die so geringe Erträge erwirtschafteten, dass es kaum zum Nötigsten reichte. Dazu kamen die feudalen Abgaben, Zinsen und Steuern. Und der ständige Bevölkerungszuwachs erhöhte naturgemäß den Bedarf an fruchtbarem Land. Außerdem litten die Bauern unter dem langen Dienst in der Armee.«

»Auch das noch!« Roman legte den Kopf zurück und schob den Unterkörper auf dem Stuhl vor, streckte die Beine unter den Tisch, die Hände verschwanden in den Taschen.

»Besser ging es den Bürgern, einige wurden sogar wirtschaftlich mächtig. Aber sie fühlten sich weder gesellschaftlich noch politisch entsprechend anerkannt. Gerade sie wurden von den neuen Ideen gepackt, sie machten in den Salons und den Freimaurerlogen, in Klubs und Cafés Front gegen die alte Gesellschaftsordnung.«

»Dann revoltierten zunächst nur die Bürger? Oder auch die Bauern?«

»1789 wurde das absolutistisch regierte Frankreich von Grund auf erschüttert. Von Mai bis Oktober brach das Ancien Régime de facto, wenn auch noch nicht de jure, zusammen. Am 14. Juli, heute noch Nationalfeiertag Frankreichs, wurde die Bastille eingenommen, erstürmt wurde sie nicht, sie kapitulierte, ehe sie angegriffen wurde. Überall, in allen Departements, in den Städten und Dörfern, erhob sich das Volk. Die Bauern drangen in die Schlösser ihrer verhassten Grundherren ein, zerstörten die Archive und verbrannten die Urkunden, die sie zur Fronarbeit verpflichtet hatten. Viele Adlige und Geistliche wurden ermordet. Frankreich brannte. Unter dem Druck dieser Revolution verzichteten die Vertreter der privilegierten Schichten in der Nationalversammlung auf viele Rechte, die freilich praktisch schon nichts mehr wert waren. Das Wichtigste aber war, dass, inspiriert vom Beispiel der Vereinigten Staaten von Amerika, eine Deklaration der Menschenrechte erfolgte.«

»Darauf habe ich schon lange gewartet. Bitte sagen Sie, was mit ›Menschenrechten‹ gemeint war und ist!«

»Die Erklärung, dass alle Menschen frei und gleich geboren werden. Es sollte kein Vorrecht der Geburt mehr geben, wenigstens nicht vor dem Gesetz. Die Souveränität des Volkes sollte die Grundlage einer neuen Verfassung bilden. Die alte Ordnung, das Lehnssystem mit all seinen übermäßigen Rechten für die Herrschenden, mit all seinen Lasten für die Untertanen wurde gestürzt. Gleich im ersten Artikel hieß es: ›Die Menschen sind als Freie geboren und sollen frei und gleich unter dem Gesetz leben …‹«

»Das klingt wirklich revolutionär für diese Zeit.«

»Die sozialen Unterschiede blieben aber, soweit sie sich aus ›sozialer Nützlichkeit‹ ergaben. Sicher, alle Menschen sollten vor dem Gesetz gleich sein und den Begabten sollte jede Laufbahn offen stehen, jedoch galt das Privateigentum als Naturrecht und das Naturrecht war heilig.«

»Es blieb doch aber nicht bei diesen mehr oder weniger theoretischen Forderungen, oder?«

»Nein, es folgte die Schließung der Klöster und kirchlichen Orden, die Einziehung des Kirchengutes, die Verstaatlichung der Schulen und die Einführung der Zivilehe an Stelle der ausschließlich kirchlichen Trauung. Im September 1792 kam es zum entscheidenden Bruch, da trennten sich die zunächst dominierenden Girondisten von den radikalen Jakobinern unter Danton und Robespierre. Ein Nationalkonvent ersetzte die bisherige Legislative, er verkündete 1792 die Erste Republik und ließ den König hinrichten. Darauf begann die Schreckensherrschaft durch die Jakobiner, der nicht nur fast der gesamte Adel, sondern auch viele der besten Köpfe Frankreichs zum Opfer fielen, bis 1795 ihre Führer Robespierre und Saint-Just ebenfalls hingerichtet wurden.«

Die Nation – ein verhängnisvoller Begriff

Alle schenkten sich frischen Kaffee ein. Senex wollte sich einem anderen Thema zuwenden: »Nur noch zum Abschluss: Die darauf folgende Regierung durch ein Direktorium wurde durch den Staatsstreich Napoleon Bonapartes beendet. Er erklärte 1799 die Revolution für abgeschlossen.«

»Und das Ausland? Ist denn nicht ein Sturm der Entrüstung losgebrochen gegen diese Umwälzungen in Frankreich?«

»Bei aller Kritik an der jakobinischen Herrschaft, man muss ihr lassen, dass sie sich gegen den inneren und äußeren Feind zur Wehr zu setzen verstand. Im Kampf gegen die äußeren Feinde entstand das Kampflied der Revolution, die Marseillaise, die Nationalhymne Frankreichs.«

»Die zündendste, die ich kenne«, rief Roman.

»Nicht nur, dass sich sechzig der achtzig französischen Départements gegen Paris erhoben hatten, die deutschen Fürsten und die Briten griffen an. Das Land war bankrott. Im Inneren hatte sich der Hass gegen die Priester und Adligen womöglich noch gesteigert, unter Danton, Robespierre und Marat wurde die Diktatur der Jakobiner errichtet, die Guillotine begann ihre Arbeit. Das hat das Ansehen der Französischen Revolution nachhaltig beschädigt. Doch gegen die ausländischen Angriffe organisierte Danton, der korrupte, aber begabte Revolutionär, mit aller Energie den Widerstand. Die allgemeine Wehrpflicht wurde eingeführt. Damals prägte man den Begriff der Massenerhebung, ›levée en masse‹. Vierzehn Monate später waren die ausländischen Heere nicht nur hinter die Grenzen zurückgeworfen worden, auch Belgien war besetzt und die lange Reihe französischer Siege auf den Schlachtfeldern Europas eröffnet. Von dieser Zeit an kennt man in Europa den Begriff der Nation in seiner später so verhängnisvollen Bedeutung. Wer damals zum Beispiel als Deutschsprachiger nach Paris reiste, kam ja noch nicht als deutscher Staatsbürger, sondern als Bewohner irgendeines kleinen Fürstentums oder einer Stadt. Die Revolution hatte den Einheitsstaat verwirklicht und der erzeugte ein starkes Nationalgefühl. Doch das alles gehört schon ins Kapitel ›Napoleon‹. Ich möchte nur noch erwähnen, dass der Präsident des Jakobinerklubs, Jean Paul Marat, 1793 in seinem Badezuber ermordet wurde, und zwar von einer Frau!«

»Sie hatte sicher gute Gründe.«

Senex schaute Berenike überrascht an. Dann besann er sich und fuhr fort: »Die erst fünfundzwanzig Jahre alte Charlotte Corday, eine gebildete und belesene Frau, wollte das Volk von einem Tyrannen und ›Blutsäufer‹ – wie sie ihn nannte – befreien. Wenige Tage später wurde sie hingerichtet. Ihre Tat löste besonderen Abscheu aus, eben weil sie von einer Frau ausgeführt worden war.«

»Dann haben auch Frauen für die Revolution gekämpft?«

»Vor allem forderten die Näherinnen, Wäscherinnen, Büglerinnen und die Arbeiterinnen der Manufakturen wirtschaftliche Verbesserungen. Ihre Löhne waren kaum halb so hoch wie die der Männer und schon die waren zum Leben zu gering. Weniger als dreißig Prozent der Frauen konnten vor der Revolution schreiben und nicht einmal die Hälfte der Männer. Allein in Paris mussten sich etwa siebzigtausend Frauen durch Prostitution ernähren, zehntausende von Kindern wurden Jahr für Jahr ausgesetzt, wenn sie nicht durch schlechte Pflege oder Krankheit sowieso starben. Streit und tätliche Auseinandersetzungen um das tägliche Brot waren an der Tagesordnung. Die ideellen Ziele – ideell waren sie zu Beginn ja gewesen – interessierten die Frauen weniger.«

»Verständlicherweise!«

»Sie forderten einen Preisstopp für Lebensmittel und brachten damit die kleinen Kaufleute gegen sich auf. Der Nationalkonvent löste aber die ›Gesellschaft der republikanischen Revolutionärinnen‹ auf und untersagte ihre politische Tätigkeit. Doch zurück zu den Männern. Als Robespierre unumschränkt herrschte, wütete er immer hemmungsloser, schließlich ließ er sogar Danton und dessen Freunde hinrichten. Er schaffte die christliche Kirche offiziell ab und errichtete einen ›Kult der Vernunft und der Tugend‹, eine zivile Religion des ›Höchsten Wesens‹. So versuchte er die Lehren des von ihm über alles verehrten ›göttlichen‹ Jean-Jacques Rousseau zu verwirklichen und übte einen blutigen Terror aus.«

»Alles ohne Grund?«

»Das Bürgertum sah das nicht so. Es akzeptierte den Terror, aus seiner Sicht war Robespierre weder besonders grausam noch ungerecht, es sah in den Hinrichtungen die einzige Möglichkeit, das Land und die Revolution zu retten. Und doch schied der Terror – schon damals – die Geister.«

»Wie konnte er dann beendet werden?«

»Die militärischen Erfolge führten zum Umschwung, Berenike. Als die größte außenpolitische Gefahr beseitigt worden war, richtete man auch Robespierre und Saint-Just hin.«

Die Herrschaft des Unbestechlichen

Roman, in nachdenklicher Haltung, bohrte nach: »Robespierre ist wohl die wichtigste Figur der Revolution?«

»Neben – oder besser noch – vor Graf Mirabeau, vor Marat, Danton, Desmoulins, vor dem Journalisten Hébert und dem unerbittlichen Saint-Just. Er, Maximilien Robespierre, berief sich immer auf Rousseau. Die Einfachheit seines Weltbildes, die Ausschließlichkeit seines Wollens und das Fehlen jeder störenden Leidenschaft gaben ihm seine Stoßkraft.

Er wirkte unauffällig, war mittelgroß und blass und wohnte in einem spartanisch eingerichteten Zimmer, das er von einem Tischler gemietet hatte. Er sagte von sich, dass er nur eine Leidenschaft habe, nämlich für das Glück der Menschheit zu kämpfen. Zu seinen Lieblingsworten gehörten ›Verrat‹, ›Verschwörung‹, ›Maske‹, ›Entlarvung‹ und ›Schurkerei‹. In jedem, der sich nicht bedingungslos Rousseaus Lehren anschloss, sah er einen Feind. Weil er jeden Versuch, ihn zu korrumpieren, aufdeckte, nannte man ihn den ›Unbestechlichen‹. Ein Gefährte, Lazare Carnot, erkannte, dass zu den gefährlichsten Menschen stets diejenigen gehören, die eiskalt und messerscharf nur eine einzige Idee verfolgen. Robespierre war so ein Mann. Er trieb Missbrauch mit der Freiheit und der Kraft des Denkens. Er vernichtete seine Mitmenschen um seiner Lehre willen …«

»Und starb selbst«, warf Roman ein.

»Es ist schwer, diesen elegant gekleideten, kalten und fanatischen Anwalt mit seinem Anspruch auf das Alleinrecht der Tugend gerecht zu beurteilen. Der Deutsche Konrad Engelbert Oelsner, ein Augenzeuge, beurteilte Robespierre so: Wenn er die Menschen – nicht bloß den Pöbel – wirklich gekannt, wenn er von der Geschichte mehr gewusst hätte und wenn er nicht in Bezug auf das Ausland in der krassesten Unwissenheit befangen gewesen wäre, dann hätte er das Zeug zu einem großen Mann gehabt. Robespierre sieht, meinte er, wie alle Schwärmer, nur eine einzige Seite und sich selbst als den Auserkorenen des Himmels. Oelsner wusste damals noch nichts von der Schreckensherrschaft. Sie hätte ihn wohl noch härter urteilen lassen, denn diese Tyrannei verkörpert Robespierre, das schließt jede Neutralität aus.«

»Immer sind es die Träume von idealen Zuständen und überspannte Ideen, die am meisten zerstören und morden, oder?«

»Was Rousseau nur in Gedanken getan hatte, das wollte Robespierre mit der Guillotine verwirklichen.«

»Dann sind Robespierre und Rousseau zwei Seiten einer Medaille?«

Senex nickte, wenn auch zögernd.

Berenike zeichnete unsichtbare Figürchen auf die Tischplatte: »Die ganze Gesellschaft besteht wieder nur aus Männern!«

Senex ließ die Finger knacken. »In der Nationalversammlung von

1791 wurden die Frauen noch vom Wahlrecht und von anderen politischen Rechten ausgeschlossen. Und doch spielten die Frauen bei der Französischen Revolution eine große Rolle, es waren ja Pariser Marktfrauen, die den König und die Königin auf ihrer Flucht nach Paris zurückholten.«

»Doch nicht, um sie köpfen zu lassen.«

»Wer weiß, Nik?« Stefan sagte es spöttisch, biss sich aber gleich auf die Zunge, weil ihn ein vernichtender Blick aus blitzenden Augen traf.

Senex rettete die Situation: »Rousseau wäre wohl entsetzt gewesen, hätte er erfahren, wozu Robespierre seine Lehren missbrauchte. Robespierre selbst hat sich als Jünger Rousseaus gesehen und den Namen seines Lehrmeister ständig benutzt, um seine blutigen Maßnahmen zu rechtfertigen. Aber was Robespierre vorhatte, widersprach den Grundsätzen der Revolution, weil er die gesetzgebende Gewalt mit der ausführenden vereinigen wollte. Wenn aber die Gewalten nicht mehr geteilt sind, ist die Diktatur nahe. Ab 1790 wurde der Rousseau-Kult der Revolutionäre immer übertriebener, man plante schließlich, seine sterblichen Überreste ins Pariser Panthéon zu überführen.«

Eine radikale soziale Massenerhebung

Roman setzte sich wieder gerade hin: »Sieht das Panthéon von Paris so aus wie das Pantheon im alten Rom?«

»Nur der Name stand Pate. Das Pantheon in Rom war der Gesamtheit aller Götter geweiht – ›pan‹ und ›theos‹ –, während das Pariser Panthéon als Kirche gebaut worden war, die zum Ehrentempel der Franzosen umgewidmet wurde.«

»Vergleichbare Revolutionen gab es wohl sonst nirgends?«

»Zwar erschien die Französische Revolution, zumindest am Anfang, nachahmenswert, dennoch gab es – mit unbedeutenden Ausnahmen – nirgends eine revolutionäre Situation, die der Frankreichs vergleichbar gewesen wäre. Außerdem unterschied sich die Französische von allen vorangegangenen Revolutionen dadurch, dass sie eine soziale Massenerhebung und weitaus radikaler war. Schließlich breitete sie sich aus, um sich auf ganz Europa auszudehnen und ihre Ideen in alle Welt zu tragen. Ein Maßstab für künftige Revolutionen blieb sie allemal. Einflussreich wurde auch die liberale Konstitution Englands, das in eine demokratische Konkurrenz zu Frankreich trat, weil der blutige Verlauf in Paris viele abschreckte. Während die Französische Revolution einigen als Vorbild diente, war sie für andere das Grauen schlechthin.«

»Der Traum von Freiheit, Gleichheit und Brüderlichkeit hat sich also nicht erfüllt?«

»Ich glaube, dass man das Großbürgertum als den Hauptgewinner der Revolution bezeichnen kann. Es verwirklichte seine politischen und ökonomischen Ziele zum größten Teil. Auch die Bauern konnten zufrieden sein. Sie schüttelten viele Lasten ab und wurden Besitzer des von ihnen bearbeiteten Bodens. Der Verkauf der Kirchengüter und des adligen Emigrantenbesitzes schuf eine neue Agrarstruktur als Voraussetzung für die Entwicklung eines lebensfähigen Bauernstandes. Leer dagegen gingen die Kleinbürger, Handwerker und Fabrikarbeiter aus. Sie hatten sich zwar stark engagiert und einen hohen Blutzoll entrichtet, aber sie konnten ihre Lage kaum verbessern. Ihre Lebensbedingungen blieben bedrückend. Und das lag gerade auch daran, dass die Bauern so profitierten, denn das Recht der Bauern auf Eigentum machte diese zu einer starken, beharrenden Kraft, welche die Ziele der besitzlosen Klasse durchkreuzte und für ein Jahrhundert wie ein Anker der Stabilität wirkte. Vom Land her gesichert, konnte sich der Kapitalismus in den Städten entfalten.«

»Da nehme ich mal an, dass der krasse Unterschied von Arm und Reich nicht beseitigt wurde.«

»Die Revolution löste kein soziales Problem und schuf keine neue Gesellschaftsordnung. Aber sie hat die Freiheit gefördert, auch über Frankreichs Grenzen hinaus, etwa in den französischen Kolonien, wo die Sklaven befreit wurden.«

»Endlich.« Berenikes Handbewegungen sahen aus, als würde sie Ketten abschütteln.

»Ja! Schon während der Aufklärung war die Bewegung gegen die

Sklavenhaltung stärker geworden. Als Erstes wurde sie Dänemark verboten. 1794 schaffte Frankreich die Sklaverei in seinen karibischen Besitzungen ab. Großbritannien folgte später. 1815 verbot der Wiener Kongress den transatlantischen Sklavenhandel. Die freiheitlichen Vereinigten Staaten von Amerika schafften die Sklaverei erst 1865 ab. Schließlich vereinbarte der Völkerbund 1925 eine internationale Zusammenarbeit zur Bekämpfung der Sklaverei. Auch in der Menschenrechtskonvention der Vereinten Nationen wurde sie als gemeinsames Ziel festgelegt.«

»Und die Kirchen?«

»Da ist das Bild nicht so glänzend. Nur der Schweizer Reformator Zwingli lehnte von Anfang an jede Form von Unfreiheit ab und setzte in den reformierten Gegenden der Schweiz und Süddeutschlands erstmals das Verbot der Sklaverei durch. Aber die mächtige katholische Kirche verurteilte die Sklaverei erst 1965 auf dem Vatikanischen Konzil.«

Senex trank einen Schluck Kaffee.

Das Napoleon'sche Zwischenspiel

Ein völlig verändertes Frankreich und Europa

In die Pause nachdenklichen Schweigens hinein drangen Geräusche. Berenike schaute aus dem Fenster des Cafés. Durch das unregelmäßige Glas sah sie alles verschwommen. »Was ist da los?«

Viele Menschen, einzeln und in Gruppen, strebten von allen Seiten herbei, zu Fuß, in Sänften und in Equipagen. Sie wollten durch die Portale von Notre-Dame, aber nur die Seitentüren standen offen.

»Was bedeutet das?«

Senex ließ die Uhr aufschnappen. »Es ist schon spät! Ich habe wieder einmal zu viel geredet. Aber noch haben wir nichts versäumt. Wir schreiben jetzt den 2. Dezember 1804, es ist Vormittag. Wir sind in ein anderes Jahrhundert hinübergeglitten – und gleichzeitig in ein völlig verändertes Frankreich, in ein verändertes Europa, in eine veränderte Zeit. Das andere Jahrhundert ist nicht das Werk jenes Mannes, von dem wir jetzt sprechen werden, wohl aber das neue Frankreich, das neue Europa, sogar die neue Zeit – oder die neue Welt.«

»Sie meinen Napoleon?«

»Napoléon Bonaparte. Er ist eine jener Ausnahmen, an der wir im Evo-Park nicht vorbeigehen können, obwohl wir uns wenig mit Kriegen und Feldherren beschäftigen. Denn Napoleon ist nicht nur Politiker, Soldat, Feldherr und schließlich Kaiser: Er stellt ein herausragendes Exemplar der Spezies Mensch dar, die in ihren Anfängen das Feuer bändigte, in den Savannen jagte, das Rad und die Schrift erfand. Damit ist auch deine Frage beantwortet, Berenike. In wenigen Minuten werden wir ihn sehen. Kommt, hinüber nach Notre-Dame.«

»Gehen wir etwa zu Napoleons Kaiserkrönung?«

»So ist es!«

»Und Joséphine wird da sein?«

»Und viele andere, wenn auch nicht alle!«, rief Senex, während sie zur Tür gingen. »Du denkst ja an Desirée, Joséphine, Marie Luise, Napoleons Mutter Letizia, Madame Walewska – und, und, und… Nie in der neueren Zeit gab es ein ähnliches Schauspiel auf der Bühne der politischen, auch der kulturellen Geschichte. Ganz Europa hat dieser eine Mensch durcheinander gewirbelt, allem seinen Stempel aufgedrückt, nichts ungerührt und unberührt gelassen. Man glaubte, dass er aus der Antike kam, und doch sprengte er die Tür zur Moderne auf. Er überwand die Französische Revolution, indem er ihre Gedanken in eine neue Epoche trug und gleichzeitig völlig verwandelte. Er glaubte selbst, die Revolution beendet zu haben, nicht nur ihren Schrecken, sondern auch ihre scheinbare Demokratie, die doch keine war.«

»Aber was hat er denn noch mit der Revolution zu tun, er war doch Kaiser?«

»Anfangs nannten ihn seine Feinde den ›Sohn der Revolution‹ und er war es insofern, als er die Bauernbefreiung beibehielt, das Unternehmertum förderte, die Gleichheit vor dem Gesetz garantierte, den Talentierten ungeahnte Aufstiegschancen eröffnete und zunächst den Willen zur Verteidigung der Grenzen aufrechterhielt. Aber er war es nicht mehr, als er sich selbst vom Konsul zum Kaiser erhob, die Freiheit von Rede und Presse unterdrückte, Frieden mit der katholischen Kirche schloss und neue Gefängnisse, schlimmer als die Bastille, füllte.«

»War er nur ehrgeizig und größenwahnsinnig oder hatte er doch ein höheres Ziel?« Roman strich sich die kurzen Haare am Hinterkopf hoch.

»Auf dem Höhepunkt seiner Macht strebte er vielleicht nach der Weltherrschaft, doch zunächst befreite er die Revolution vom äußeren Feind. Später wollte er eine Art Übernation, ein unter Frankreichs Führung vereinigtes Europa. Aber Europa war noch nicht reif dafür und so erstarkten als Reaktion darauf die anderen europäischen Nationen. Zwei Jahrzehnte lang zitterte Europa vor Napoleons Soldaten. Er hat die halbe Welt erschreckt, aber auch hingerissen.«

Die ganze Nation scheint vertreten zu sein

Die Menge, die über den Vorplatz in die Kathedrale flutete, wurde dichter.

»Die Damen haben sich bei den besten Schneidern neue Kleider aus kostbaren Stoffen anfertigen lassen, die Herren zogen sich das Eleganteste an, was sie besaßen, auch die Herrenschneider und die Hutmacher waren überlastet. Alle Handwerker und Kaufleute hatten zu tun. Die Sticker, Blumenverkäufer, Schuhmacher, Juweliere, Dekorateure und Händler, alle machten ihr Geschäft.«

Senex deutete nach oben, auf die umliegenden Häuser, wo sich die Menschen in den Fensteröffnungen drängten. »Die Neugierde ist so groß, dass manche Familien bis zu dreihundert Franken – ein kleines Vermögen – geboten haben, um einen Fensterplatz zu bekommen, und bestimmt noch mehr für einen Platz in der Kirche.«

Sie ließen sich im Strom durch das linke Portal treiben. Nicht nur die Größe und Höhe des Mittelschiffes beeindruckte, vor allem schuf das vielfarbig schimmernde Licht, das durch die Glasfenster fiel und die Pfeiler färbte, eine der Wirklichkeit entrückte Stimmung.

Das gotische Gewölbe hallte wider vom Gesang der Priester, die nicht nur den Segen des Höchsten erflehten, sondern auch auf die Ankunft des Papstes warteten, dessen Thron neben dem Altar bereitstand. Die Vertreter der Behörden und die Delegierten waren entsprechend ihrer Rangordnung entlang der Wand aufgereiht, vor der wertvolle Gobelins hingen. Und wieder Blumenschmuck – trotz der kalten Jahreszeit.

»Kaum jemals wurde so viel Prunk aufgeboten«, flüsterte Senex.

Ganz Frankreich schien vertreten zu sein. Da wehten Federbüsche auf den Hüten der Senatoren, Staatsräte und Tribunen, daneben saßen die Richter in düsteren Talaren, dann wieder funkelten goldglänzende Uniformen neben prunkvollen Ornaten der kirchlichen Würdenträger. Auf den Emporen im Kirchenschiff und im Chor standen junge Damen, die sich mit aller Eleganz der Mode dieser Jahre gekleidet hatten.

In einer Bank waren vier Plätze unbesetzt. Senex und die drei schoben sich hinein, Berenike zwischen Stefan und Roman, Senex außen. Berenike fiel beim Blick ins hohe Gewölbe die Kathedrale von Chartres ein. So wenige Tage waren auf ihrer Wanderung durch den Evo-Park seitdem erst vergangen und doch lagen fünfhundert Jahre und mehr hinter ihnen. Wie hatte sich in diesem halben Jahrtausend die Welt verändert und mit ihm die Menschen und ihre Ansichten.

Der Klerus stimmte ›Tu es, Petrus…‹ an, einen getragenen Gesang. Der Papst trat aus der Seitentür an den Altar. Die Gespräche verstummten.

»Pius VII.« Senex deutete mit einem Kopfnicken nach vorn.

Der Papst war eine beeindruckende Erscheinung, auch wenn er in der riesigen Basilika winzig wirkte. Er erschien im vollen Ornat mit der Mitra auf dem Haupt. Sein Gesichtsausdruck war abweisend, niemand konnte daraus ablesen, was er dachte. Mit verschlossener Miene zeigte er sich, unbeweglich, schloss manchmal die Augen, wartete, ließ dabei den Rosenkranz durch seine Finger gleiten.

Er prägt Frankreich bis in unsere Tage

Senex wandte sich seinen drei Begleitern zu. Er sprach leise: »Bonaparte nahm sich die Macht, aber sie wurde ihm auch gegeben. Zuerst erhob er sich zum einfachen Konsul, dann zum Konsul auf Lebenszeit und jetzt zum Kaiser. Das konnte er, weil sich unter seiner Herrschaft alle Probleme, die man bisher für unlösbar gehalten hatte, wie von selbst lösten. Er brauchte nur wenige Jahre, um Frankreich durch eine Fülle von Reformen und Gesetzen zu verändern, er schuf den ›Code civil‹, über den wir später noch kurz sprechen wollen, schloss ein Konkordat mit der Kirche, bescherte dem Land eine Nationalbank und stiftete die Ehrenlegion.«

»Mit der Kirche hatten die Revolutionäre doch gerade gebrochen, dachte ich?«

»Das machte er rückgängig, vor allem aus politischen Gründen.

Selbst Voltaire hatte ja gesagt, wenn Gott nicht existierte, so müsste er erfunden werden. Bonaparte glaubte aber selbst an eine höhere Intelligenz. ›Alles verkündet die Existenz eines Gottes‹, schrieb er auf Sankt Helena, doch ›zu sagen, woher ich kam, was ich bin oder wohin ich gehe, übersteigt mein Erkenntnisvermögen‹. Er meinte aber auch, dass die Seele nicht unsterblich sei, denn wäre sie es, so hätte sie bereits vor unserer Geburt existiert. Dann wieder wollte er die Sonne anbeten, wie Echnaton, weil sie es sei, die alles befruchte. Er wäre gewiss gläubig, schreibt er, wenn unsere Religion vom Anbeginn der Welt an existiert hätte. Wenn er aber Sokrates, Platon, Moses oder Mohammed lese, so habe er keinen Glauben mehr. Seiner Meinung nach sei alles von Menschen erfunden worden. Napoleon setzte die katholische Kirche als eine Art höhere Polizei wieder ein, denn er wollte, dass der Klerus Ordnung und Disziplin predige. Außerdem erneuerte er viele französische Institutionen in Verwaltung und Rechtsprechung. So prägt er Frankreich bis in unsere Tage. Seine Kodizes wurden zum Vorbild für viele Länder. Er begründete eine neue Hierarchie von Beamten, Gerichten, Universitäten und Schulen. All das trägt noch heute seinen Stempel. Er brachte vielen Menschen Sicherheit und Wohlstand.«

»Nur nicht den hunderttausenden, die auf den Schlachtfeldern verblutet sind.«

»Seine politischen Erfolge und militärischen Siege, durch die er die Landkarte Europas veränderte, sind in ganzen Bibliotheken voller Bücher nachgezeichnet, untersucht, kritisiert, behandelt worden. Seine Familie wollte er zur mächtigsten machen, indem er sich zum Kaiser krönte und Joséphine, die Kreolin aus Martinique, zur Kaiserin.«

»Warum ließ er sich von Joséphine scheiden? Ich dachte, er hat sie wirklich geliebt.«

»Er wollte Erben, wenigstens ein Kind, und Joséphine konnte ihm diesen Wunsch nicht erfüllen. Außerdem glaubte er mit der österreichischen Kaisertochter Marie Luise seinem Geschlecht, das er als dauerhafte Monarchie installieren wollte, die bisher fehlende, so bitter vermisste Legitimität zu verschaffen. Zumindestens seine Nachkommen sollten vom Makel der niederen Geburt frei sein. Er vergaß nie, dass er ein hungernder Offizier der revolutionären Armee, ja nicht einmal ein echter Franzose war, dass er den Geruch des wilden Unterholzes Korsikas nie loswerden würde, auch nicht als Kaiser des Abendlandes, der Königreiche verschenkt und den Stellvertreter Christi gefangen nimmt. Er selbst sprach es aus: ›Was für ein Roman ist doch mein Leben!‹«

Das Bürgertum adelt sich selbst

Eine der erstaunlichsten Gestalten Europas

Berenike verschränkte ihre Hände um ihr hochgezogenes Knie. »Also gut, Senex, wie war er als Mensch?«

»Er wird als ungewöhnlich scharfsinnig, brillant, vielseitig interessiert und phantasievoll geschildert. Gewiss übertraf er seine Umgebung an Klugheit, wenn die rapide wachsende Macht seinen Charakter auch veränderte. Er war rasch im Denken, unschlagbar im Handeln, aber unfähig, im richtigen Moment aufzuhören. Trotz dieses entscheidenden Fehlers war er eine der erstaunlichsten Gestalten Europas. Er ging aus der Revolution hervor und schuf eine neue Ordnung, teils gegen seinen eigenen Willen.«

Die Reihen gerieten in Bewegung, denn von draußen klangen, wenn auch gedämpft, Kanonenschüsse. Der Papst richtete sich ein wenig auf.

»Napoleons Zug setzt sich vor den Tuilerien in Bewegung«, erklärte Senex. »Er wird bald eintreffen. Das Wetter ist ja gut geworden, weder zu kalt noch regnerisch. Der Himmel hat aufgeklart und die Menge, die bis Notre-Dame die Straßen säumt, kann den festlichen Anblick genießen, ohne nass zu werden.«

Eine spürbare Erregung hatte sich der Menschen in der Kirche bemächtigt. Man flüsterte wieder miteinander, rückte sich zurecht, und als nach einiger Zeit Fanfaren und Trommelwirbel erklangen, wurde das Hauptportal geöffnet, Licht fiel auf den Steinfußboden, Napoleon und Joséphine traten ein, gefolgt von ihrem Hofstaat, von Brüdern, Schwestern, Verwandten, Marschällen, Offizieren, Beamten und Dienern. Langsam, sich seiner Bedeutung wohl bewusst und doch mit verächtlicher Miene, führte Napoleon seine Gattin durch den Mittelgang. Alle

Besucher erhoben sich und verneigten sich vor dem Paar. Napoleon trug einen goldenen Lorbeerkranz auf dem Haupt. Die Orgel brauste und ein Knabenchor sang.

Die Thronsessel des künftigen Kaisers und seiner Gemahlin standen dem Hauptaltar gegenüber, hier nahmen Napoleon und Joséphine Patz, umgeben von den Herrschern Europas.

Als die Musik verklang, stieg Napoleon in seinem überladen-prachtvollen Ornat vom Thron und schritt zum Altar, wo der Papst ebenfalls aufstand, um ihn zu krönen.

Napoleon machte einen ruhigen, gelassenen Eindruck. Geduldig ließ er die lange Zeremonie über sich ergehen, der Papst salbte ihn dreimal und sprach die Krönungsformel.

Ruhig hörte Napoleon zu, als aber der Heilige Vater seine Hand nach der Krone – angeblich die Karls des Großen – auf dem Altar ausstreckte, nahm Napoleon seinen goldenen Lorbeerkranz ab, griff selbst danach und setzte sich das Zeichen von Macht und Würde aufs Haupt. In diesem Augenblick erschien der kleine Mann majestätisch. Der geschlossene Reif des Kaisertums ließ sein Gesicht aufleuchten.

Jetzt blickte Napoleon Joséphine auffordernd an, sie erhob sich, schritt zu ihm, kniete nieder und konnte ihre Tränen nicht unterdrücken, sie tropften auf ihre gefalteten Hände, die sie mehr zu ihrem Kaiser als zu Gott emporhob. Napoleon setzte ihr eine zweite Krone, die reicher mit Diamanten besetzt war als ihr früheres Diadem, wie zur Probe einmal auf, nahm sie dann aber wieder ab und setzte sie ihr ein zweites Mal auf. Damit machte er sie eigenhändig, ohne die Hilfe des Papstes, zur Kaiserin. Gleich darauf, als wolle er keine Zeit mehr verlieren, stieg er mit Joséphine die Altarstufen hinab, um zu den Thronsesseln zurückzukehren.

Währenddessen durchzogen die hallenden Töne einer für das »Vivat« der Gemeinde ausgesuchten Hymne den festlichen Raum.

Viele Frauen wischten sich Tränen aus den Augen, auch die Männer blieben nicht gleichgültig.

»Die Zeremonie ist zu Ende«, sagte Senex. »Bis sich die Kirche geleert hat, noch ein paar Worte über Napoleon.«

Es war ihnen recht, sie wollten noch nicht gehen, zu prächtig war alles, was an ihnen vorüberzog, hin zum Portal unter der Rosette, das nun für alle geöffnet war.

Senex überließ die drei diesem Schauspiel für die Augen, sprach aber weiter: »Unübersehbar ist die Fülle der Werke, in denen die napoleonische Zeit ihren Niederschlag gefunden hat. Ein Augenzeuge erzählte, dass Beethoven bei seiner Sinfonie ›Eroica‹ an Bonaparte gedacht habe, als dieser noch Erster Konsul war. Beethoven schätzte ihn damals hoch. Schon in der Partitur stand oben ›Buonaparte‹ und unten ›Luigi van Beethoven‹. Als der Meister aber die Nachricht erhielt, Bonaparte habe sich zum Kaiser erklärt, geriet er in Wut und rief: ›Ist der auch nicht anders wie ein gewöhnlicher Mensch! Nun wird er auch alle Menschenrechte mit Füßen treten!‹ Beethoven zerriss das Titelblatt seiner Komposition. Die erste Seite wurde neu geschrieben und nun erst erhielt die Sinfonie den Titel ›Sinfonia eroica‹ … Doch das nur nebenbei.

Napoleons Aufstieg, sein Einfluss prägte einen eigenen Stil, das ›Empire‹. Dem Empire lagen jede Gemütlichkeit und alles Verspielte fern, es ordnete alles dem kaiserlichen Glanz unter. Man griff auf die Antike zurück, bekannte sich zu Würde und Reichtum. Bei den Möbeln ersetzte eine reine Linienführung alles Unregelmäßige. Angeregt durch den Ägyptenfeldzug schuf man neue Ornamente, Palmetten, Eierstäbe, Lorbeerkränze, Löwen, Sphinxe und Schwäne. Napoleon ließ das Innere seiner Schlösser im Stil des Empire umgestalten, feierlich und prunkvoll.«

»Und die Mode?«

»Sie war eine Befreiung. Man wandte sich von jeder Unnatürlichkeit ab, die man ›Entstellung‹ des Körpers nennen könnte. Stattdessen wurde eine vernünftige Natürlichkeit gesucht.«

»Vernunft? In der Mode?«

»Die Frauen trugen fließend fallende Kleider aus leichtem Musselin nach antikem Vorbild, mit hoher Taille und entblößten Schultern.«

Die Vision eines vereinten Europa

Roman kam auf Napoleon zurück: »Was waren seine größten Fehler?«

»Der folgenreichste mag seine Unmäßigkeit im Denken und Handeln gewesen sein. Trotz gründlichster Planung irrte er oft, sowohl in der Beurteilung von Menschen als auch bei der Einschätzung von Chancen. Er verachtete den kleinen Mann, missachtete das Volk. Kein Herrscher kann ohne Volk etwas gestalten, aber Napoleon glaubte darauf verzichten zu können. Im Grunde erkannte er gar nicht an, dass ein Volk überhaupt existierte. Es lag außerhalb seiner Vorstellungen, dass die Masse einmal große Probleme aufwerfen und Umwälzungen verursachen würde. Der kleine Korporal, aus der Französischen Revolution emporgestiegen, vollendete diese nicht, indem er die Menschenrechte konsequent für alle reklamierte; stattdessen restaurierte er den alten Adel und schuf einen neuen. Er sah weder die wachsende Macht der Maschinen und der Naturwissenschaften noch die sozialen Probleme, die durch die Mechanisierung der Arbeit entstanden. Er war völlig fixiert auf seine Vision eines geeinten Europa.«

»War Napoleon denn ein Fanatiker?«

»Er war nie ein Dämon. Auch in seinen dunkelsten Stunden verließ ihn die Klarheit nicht. Er war vernünftig und intelligent, allerdings auch berechnend. Er selbst erklärte, alles sei in seinem Kopf geordnet wie in einem Schrank mit vielen Fächern, wenn er nicht mehr an eine Sache denken wolle, so schließe er das Fach und öffne ein anderes. Wenn er schlafen wolle, so schließe er alle Fächer und sei bereits eingeschlafen.«

»Er kommt mir vor wie ein rasch aufflammendes, aber ebenso rasch verlöschendes Feuer.«

»Das ist doch der richtige Stoff für einen angehenden Dichter, Romi!«

»Seine Zeit und er haben längst genug Biografen gefunden, Dramatiker und Epiker. Ich nenne nur Tolstoi.« Roman lehnte sich zurück und schloss die Augen.

Senex nahm den Faden auf: »Der Widerstand der Russen, der Brand von Moskau, der dramatische Rückzug über die Schneefelder und die vereiste Beresina trafen den Kaiser ins Mark. Er hatte geglaubt, Russland niedergeworfen zu haben, nun traf er auf eine Reaktion, die außerhalb seiner Verständnismöglichkeiten lag.«

Roman erklärte: »Da hatte er das Volk, die Nation gegen sich.«

»Napoleon war ein überzeugter Cartesianer, daher setzte er das Denken mit der Vernunft gleich. Ihm flüsterte kein Genius ein, was er tun müsse, alles war Überlegung; auch nachts stand er auf, um zu arbeiten. Er war freilich auch ein Mensch mit einer ungeheuren Phantasie.«

Senex drehte sich um und schlug vor: »Kommt, die Kirche hat sich geleert!«

Als Letzte schlenderten sie durch das Portal ins Licht des kaiserlichen Tages. Draußen setzten sie sich auf die Steinstufen der Kathedrale. Berenike lehnte sich zurück, sodass ihre Haare die Stufen berührten. »Wie warm es schon ist!« Sie schaute nach oben. Merkwürdig – war es nicht so, als hätte sich der Stand der Sonne verändert? Nein, es war wohl eine Täuschung.

»Es sind nicht nur fast zehn Jahre vergangen, wir sind auch vom 2. Dezember in den 6. April hinübergeglitten, vom Winter in den Frühling.«

»Und welches Jahr haben wir nun, Senex?«

»Man schreibt den 6. April 1814. – Da kommt unsere Kutsche!«

Im Hof des Weißen Pferdes

Auf dem Kutschenschlag glänzte ein goldenes »N«, das von einem oben offenen Lorbeerkranz umgeben war.

»Wir fahren jetzt nicht nach Versailles, sondern nach Fontainebleau. Napoleon hat sich dieses Schloss, an dem König Franz I. und Ludwig XV. gebaut haben, als Residenz gewählt.«

Die Fahrt unterschied sich kaum von den früheren, was nicht weiter verwunderlich war, da Fontainebleau im Südosten, Versailles im Südwesten von Paris lag, nur war es nach Fontainebleau dreimal so weit. Doch Entfernungen spielten im Evo-Park keine Rolle.

Bald ratterten sie durch das weit geöffnete Tor in den Schlosshof. Gegenüber der Haupttreppe hatten Soldaten mit Standarten Aufstellung genommen: Karrees dunkelblauer Uniformen mit scharlachroten Aufschlägen, weißen Lederriemen, die sich vor der Brust überkreuzten, dazu schwarze Bärenfellmützen mit roten Pompons.

»Das ist der ›Hof des Weißen Pferdes‹, der von nun an auch ›Abschiedshof‹ heißen wird. Die Soldaten sind Napoleons Alte Garde, seine treuesten Männer.«

Senex fand einen Platz für sie unter einem Baum mit ausladenden Ästen. Der Hof und die Treppe waren gut zu überblicken: »Wir erleben Napoleons letzte Stunde als Kaiser der Franzosen. Seine Frau Marie Luise und seinen Sohn, den kleinen König von Rom, hat man bereits von ihm getrennt. Dass sein Sohn nicht mehr bei ihm ist, schmerzt ihn am meisten, denn er hat Kinder geliebt, ein echter Südländer, und sein Gesetzbuch sichert gerade ihnen besonderen Schutz zu.«

»Und den Frauen?«

»Jetzt komme ich zum ›Code Napoléon‹ – oder ›Code civil‹. Er zementiert die Gewalt des Ehemannes über seine Frau und ihren Besitz. Zwar bestätigt er die meisten Errungenschaften der Französischen Revolution, er garantiert die Gleichheit aller vor dem Gesetz, garantiert die Abschaffung der Standesprivilegien, hebt die Leibeigenschaft auf, sorgt für die rechtliche Befreiung der Juden und verändert den Unterricht in den Schulen grundlegend. Gleichzeitig nimmt er aber viele Ehereformen zurück. Wie früher müssen die Frauen sich den Männern unterordnen. Es heißt: ›Der Mann ist seiner Frau Schutz, die Frau dem Manne Gehorsam schuldig.‹ Dieser Artikel wird bis 1938 in Kraft bleiben. Auch in Napoleons Augen ist die Frau für den Mann gemacht und der Mann für sein Land, für seine Familie, für Ruhm und Ehre. Er will, dass die Mädchen in Religion unterrichtet werden. Er lehnt es ab, dass Mädchen denken, sie sollen glauben. Er ist überzeugt von der Schwäche des weiblichen Gehirns, von der Wankelmütigkeit ihrer Meinung, von ihrem Bedürfnis nach Ergebung. Er will keine charmanten, sondern tugendhafte Frauen, mit strengen Grundsätzen und einem warmen Herzen, nicht mit Witz und amüsanten Allüren.«

Berenike schüttelte den Kopf. »Na fabelhaft.«

Sein Reich vergangen, seine Eroberungen verloren

Der Kaiser trat aus dem Schloss, in die Mitte der Marmortreppe. Das machte alles andere unwichtig.

»Wie klein er ist«, murmelte Berenike. »Und wie erschöpft er aussieht.«

»Kein Wunder, nach diesen Tagen. Er ist am Ende seiner Kraft und hat versucht, sich mit Zyankali das Leben zu nehmen, aber es missglückte. Die treuesten Waffengefährten verweigern ihm den Gehorsam oder gehen zum Feind über, seine beiden wichtigsten Minister bereiten sein Verderben vor, Joséphine hat ihn mehrmals betrogen...«

»Und er sie«, warf Berenike ein.

»Marie Luise hat ihn in der bittersten Stunde verlassen, sein Sohn wurde ihm genommen, seine Brüder und Schwestern haben ihn ausgebeutet oder sie sind von ihm abgefallen. Er ist früh gealtert, seine Gesundheit lässt ihn im Stich, jeder Fehler, den er begangen hat, holt ihn jetzt ein, seine Feinde lassen ihn spüren, wie sehr sie ihn verachten, da sie ihn nicht mehr fürchten müssen. Der Rausch der Jugend ist verflogen, sein Reich vergangen, seine Eroberungen verloren, er lässt das Land verkleinert und ausgeblutet zurück.«

Der Herr Europas stand verlassen vor der breiten Ziegelmauer mit ihren blinkenden Fensterreihen. Berenike prägte sich alles ein. Sie wusste, dass sie Zeugin einer historischen Stunde war. Ähnlich wie im antiken Rom – vor wenigen Tagen – wollte sie nichts vergessen. Sie schaute auf Napoleon Bonaparte, auf seine gebeugte kleine Gestalt, auf seinen berühmten langen Mantel. Seine Gesicht war fahl, sein Kopf im Verhältnis zum Körper groß, aber wohlgeformt, seine Schultern breit, seine

Brust gewölbt. Ein Diener trug seinen Dreispitz, der keine andere Verzierung aufwies als eine dreifarbige Kokarde.

Über allem spannte sich der klare Himmel. Tauben segelten über die Dächer und über den Hof, strichen über die Karrees der Soldaten.

Der Kaiser verharrte allein. In einem entfernten Teil des Hofes warteten Kutschen in langer Reihe. Langsam begann Napoleon zu reden, mit brüchiger Stimme.

»Soldaten meiner Alten Garde«, rief er, so laut es ihm noch möglich war. »Ich sage euch Lebewohl. Zwanzig Jahre lang habe ich euch auf dem Pfad der Ehre und des Ruhmes gesehen. In guten Zeiten, aber auch jetzt zum Schluss, seid ihr Vorbilder an Mut und Treue gewesen ...«

Ein Gardist konnte seine Tränen nicht zurückhalten. Er wischte sich über die Augen. Sein Nebenmann hing wie gebannt an den Lippen des Kaisers.

»Ich verlasse euch. Ihr werdet weiterhin Frankreich dienen. Lebt wohl, meine Kinder!«

Napoleon winkte. Ein Fähnrich mit dem Adler und der Fahne trat zu ihm. Keiner der grauhaarigen Krieger vermochte seine Tränen zurückzuhalten. Sogar die britischen, die preußischen und österreichischen Kommissare, die der Abschiedsszene als Zeugen beiwohnten, waren betroffen.

Die Garde präsentierte das Gewehr. Der ehemalige Kaiser nahm das seidene Tuch, auf dem in Gold all die Namen seiner siegreichen Schlachten aufgestickt waren, und drückte es an seine Lippen. Lange.

Was dachte er wohl in diesem Augenblick?

Das Kind einer Zeit des Umbruchs

Napoleon fasste sich und hob die linke Hand. Er rief: »Adieu! Behaltet mich in eurem Gedächtnis!« Dann ging er die Treppe hinab, zu seiner Kutsche. Eilig stieg er ein und wurde aus dem Schlosshof gefahren. Er trat den Weg in die Verbannung nach Elba an. Im ersten Wagen saß ein

General mit einigen Offizieren, im zweiten der Kaiser mit dem Großmarschall Bertrand. Es folgten die Kutschen der Kommissare der Verbündeten, der Deutschen, Russen, Briten und Schweden. Den Schluss bildeten acht Gepäckwagen und der Rest des kaiserlichen Gefolges, die Dienerschaft.

»Etwa hundert Gepäckwagen sind bereits vorausgesandt worden«, sagte Senex. »Ein Gardebataillon ist nach Savona unterwegs, von wo es nach Elba eingeschifft wird.«

»Wie soll man ihn nur beurteilen?«, fragte Berenike.

»Er war das Kind einer Zeit des Übergangs von der feudalen Welt zur bürgerlichen Gesellschaft. Mit Recht bringt man seinen Namen mit Ehrgeiz, Despotismus, blutigen Kriegen und unersättlicher Eroberungssucht in Verbindung, aber man denkt auch an seine Kühnheit in den Feldzügen, an sein Talent, Wagnisse zu einem guten Ende zu führen, denkt an den Staatsmann, der gegen das alte, feudale und konservative Europa vernichtende Schläge führte, an den Verfasser glänzend-knapper Aufrufe, hinreißender Briefe. Er machte Arbeitersöhne zu Offizieren, Offiziere zu Marschällen, Marschälle zu Königen. Als man in unserem Jahrhundert seinen zweihundertsten Geburtstag beging, erschienen hunderte von Büchern und Artikeln, fanden Kongresse und Konferenzen statt, wurden Sendungen ausgestrahlt – und es entbrannten wieder einmal die nie endenden Diskussionen über seine Person und Wirkung. Noch immer beschäftigt sich die Öffentlichkeit mit der Person, dem Feldherrn und Kaiser von eigenen Gnaden.«

»Worüber streitet man?«

»Die einen verwünschen ihn, andere, wie Nietzsche, sehen in ihm den Übermenschen. Aber mögen die Meinungen noch so weit auseinander gehen, einig sind sich alle darin, dass Napoleon ein Mensch mit einem unwiederholbaren und erstaunlichen Schicksal, mit unerklärbaren Fähigkeiten war. Zwanzig Jahre lang hatte er Europa beherrscht. Gut oder böse – kaum jemals wird nach ihm ein vergleichbarer Mann die Bühne der Geschichte betreten. Das liegt auch daran, dass sich die Verhältnisse grundlegend geändert haben. Doch kommt, es ist genug. Nehmen wir wieder unsere Kutsche, die jetzt nicht mehr das goldene ›N‹ auf der Wagentür trägt, sie bringt uns in unser Quartier.«

Der neunte Abend

Jahrhundert des Umbruchs

Der Sohn des Vergolders aus Saragossa

Die Speisen auf dem Büfett waren heute auf ihren Aufenthalt in Frankreich abgestimmt, Pommes frites, Poularde, Kroquetten; verschiedene Gemüse des Landes, wie Schikoree, Champignons, Sellerie; Fisch, wie Loup de Mer, Barbe; zum Nachtisch Mousse au Chocolat und Coupe de Glace – und anderes mehr, dazu Mineralwasser, Vin de Pays, Bordeaux, Chablis.

Senex hatte einen französischen Weißwein, einen Chablis, gewählt. »Er belebt den Geist«, erklärte er. »Deshalb passt er nicht nur zum Fisch, sondern auch zu schwierigen Themen.« Aufmunternd schaute er Berenike an. »Im Gegensatz zu Napoleon war die Persönlichkeit, über die wir jetzt sprechen wollen, kein Frauenfeind. Die Menschen allgemein hat er allerdings skeptisch beurteilt. Ich meine einen Maler, der bereits 1746 geboren wurde, beim Ausbruch der Französischen Revolution also dreiundvierzig Jahre alt war und nach Napoleons Abdankung noch dreizehn Jahre lebte. Er hat Bonapartes Aufstieg, sein Wirken, seinen Triumph und seinen Sturz miterlebt, miterlitten. Er war Spanier.«

»Sie meinen Goya.« Roman tauchte seine Finger in ein Wasserschälchen.

»Seine Radierungen und Porträts lassen ihn als einen der ersten modernen Maler erscheinen. Er war der Sohn eines Vergolders aus Saragossa, der Beruf des Vaters hatte also Berührungspunkte mit der Begabung des Sohnes. Sosehr er finanziell von Auftraggebern abhängig war, er ließ sich nie vereinnahmen, sein Blick blieb kritisch bis zur Entlarvung seiner Mitmenschen. Und er sah visionär in die Zukunft.«

»Dann war er selbstbewusst?«

»Er war der Erste einer kritischen, emanzipierten Künstlergeneration. Er beherrschte sein Metier mit Temperament und stupender Sicherheit.«

»Als würde er mit dem Pinsel reden, oder?«

»Besser noch: als würde er mit dem Pinsel argumentieren. Er deckte nicht nur das Äußere auf, sondern vielmehr das Innere, die Substanz, den Schmerz, die Verzweiflung, die Erniedrigung, die Niedertracht. Schonungslos stellte er den Menschen in seiner Deformiertheit dar und seinen daraus resultierenden Konflikt zwischen Vernunft und Leidenschaft. Zunächst hatte er große Hoffnung darauf gesetzt, dass die Aufklärung auch in Spanien zu Reformen führen würde, aber alles wurde durch den König zunichte gemacht, der sogar der Inquisition zu neuer Macht verhalf.«

»Das hat ihn bestimmt verbittert.«

»Goya war überaus sensibel auch gegenüber psychologischen Problemen. Sein Stil befreite sich von akademischer Komposition und Pinselführung. Er griff einerseits auf die Vergangenheit zurück – Rembrandt, Frans Hals und Velazquez könnten seine Vorbilder gewesen sein –, aber ebenso weit zielte er in die Zukunft. In seiner Art war auch er ein Aufklärer, nämlich indem er den Menschen die Masken abnahm. Er wurde zum schärfsten Kritiker seiner Zeit, deckte Intrigen und Machtmissbrauch auf, sei es bei Hofe, sei es in der Kirche, und geißelte beides mit beißender Schärfe. Nach und nach wurde er der erfolgreichste Maler Spaniens. Seine Wandlung zu einer neuen, realistischen Sicht vollzog sich auch unter dem Druck eigener Gebrechen und seelischer Krisen. Eine Krankheit, wahrscheinlich Syphilis, fesselte ihn mehr als ein Jahr ans Bett. Schließlich wurde er taub. Aber auch das überwand er, er malte viele Porträts der führenden Persönlichkeiten, hervorragend beobachtet, scharfsichtig gedeutet. Später äußerte sich seine schlechte seelische Verfassung in einer Serie von achtzig Radierungen, die er ›Caprichos‹ nannte.«

»Was heißt das?«

»Launen, ironischerweise. Dabei handelt es sich keineswegs um Launen, sondern um schärfste Gesellschaftskritik. Der spanische Philosoph Ortega y Gasset meint, dass Goya eine Tatsache erster Ordnung sei und zum Schicksal des Abendlandes gehöre. Die Begegnung mit ihm sei immer tief gehend und beunruhigend. Es sei unwahrscheinlich, dass jemand dabei gleichgültig bleiben könne. Goya lasse uns spüren, wie ungebändigt eine Kunst sein kann, die in die dramatischsten Tiefen des Lebens eintaucht, zu jenen Dingen, die wir gewöhnlich meiden. Licht und Finsternis treiben bei Goya ihr Spiel durch jede groteske Hässlichkeit, deren Darstellung bei ihm zum Mittel der Karikatur wird. Goya stellt die Eitelkeit und die Dummheit, die Korruption und den Aberglauben seiner Zeit bloß. Da werden Männer zu Eseln, Frauen zu verderbten Wesen, Liebende zu hilflosen Tölpeln. Da finden wir – wofür ihm Voltaire sicher gedankt hätte – gähnende und verfressene Mönche, abstoßende, sich zur Frühmesse ankleidende Dickschädel, verschlagene, heuchlerische, listige und böse Köpfe mit Raubvogelprofilen, Hexen, Teufel, Kinder, die am Spieß geröstet werden, kurz: all die Ausschweifungen von Träumen, die Ungeheuerlichkeiten der Halluzination.«

»Ich glaube, da ähnelt er Hieronymus Bosch!«

»Er kannte die Werke des großen Niederländers aus der Sammlung des spanischen Königs. Wie Hieronymus Bosch sieht Goya den Teufel im Menschen, aber er ist noch näher am Menschen selbst, er malt Ungeheuer, indem er Dummheit, Heuchelei, Intoleranz und Gier anprangert. Unter dem Eindruck der napoleonischen Kriege entstand die Folge von Radierungen ›Desastres de la guerra‹. Vielleicht kennt ihr sein Gemälde von der Erschießung der madrilenischen Aufständischen von 1808. Er malte den Menschen als Sadist und als Tier. Zu seinen bedeutendsten Werken gehören die ›Pinturas negras‹, die schwarzen Bilder, die er als alter Mann schuf, zurückgezogen von der Welt. Es sind Bilder der Angst, Visionen des Schreckens – und Alpträume, Bilder der Einsamkeit, Verzweiflung und Verlassenheit.«

»Das macht mich traurig. Ein einsamer, tauber, alter Mann!« Berenike erfasste Senex mit einem Blick, den er nicht recht zu deuten wusste.

Veränderungen größten Ausmaßes

Roman, der eine samtrote gezuckerte Kirsche auf den Dessertlöffel zu rollen versuchte, fragte: »Hatte sich nicht durch die Aufklärung, die Französische Revolution und die napoleonischen Kriege die Einstellung zum Menschen überhaupt grundlegend gewandelt?«

Senex nickte. »Wir sind schon in das neunzehnte Jahrhundert eingetreten. Da betreffen die Umwälzungen alle Gebiete. Die Medizin machte ihre ersten nennenswerten Fortschritte. Die Technik erleichterte das Leben und machte es zunehmend angenehmer.«

»Das hatte aber doch auch Nachteile, wie wir heute wissen.«

»Die Dinge waren damals noch in Ordnung, Berenike. Man empfand den Aufbruch zu neuen Ufern und ahnte noch nichts von den verhängnisvollen Entwicklungen, die in jener Zeit ihren Anfang nahmen. Ich bleibe gleich mal bei der Medizin. Der erste, entscheidende Schritt zu einer Bekämpfung von Infektionskrankheiten war mit der Pockenschutzimpfung getan worden. Nun versetzt euch bitte noch einmal in das London Shakespeares zurück. Da sprachen wir von den geisteskranken Patienten ...«

»Die man wie Gefangene einsperrte und wie Tiere im Zoo anstarrte!« Abscheu verwandelte Berenikes hübsches Gesicht fast in eine Maske.

»Auch in Frankreich fesselte man Tobsüchtige wie Schwerverbrecher an die Wand ihres Kerkers und wollte sie mit kalten Güssen, folterähnlichen Schockbehandlungen und Mitteln zum Erbrechen zähmen. Aber langsam bahnte sich Besserung an. Es war ein französischer Arzt, Doktor Philippe Pinel, der zur Zeit der Revolution Menschen mit psychischen Abweichungen erstmals für krank erklärte, geistig krank. Irre seien keine Schuldigen, schrieb er, die man bestrafen müsse. Die Revolutionäre machten ihn zum Leiter einer Irrenanstalt, er befreite seine Patienten von ihren Ketten und leitete energisch Reformen ein. Er schrieb die ersten Seiten im Buch der modernen Psychiatrie.«

»Ich glaube, das konnte er nur in Frankreich, wo man für die Menschenrechte auf die Barrikaden gegangen war.«

»Es war der Beginn eines unerhört neuen Verständnisses von Geisteskrankheiten. Ein Schritt zu mehr Menschlichkeit.«

Stefan sagte, den Zeigefinger am Brillenbügel: »Jeder Schritt in Richtung Humanität ist wichtig, aber sogar die Medaille des ärztlichen Fortschritts hat ihre Kehrseite.«

Senex antwortete nicht direkt darauf: »Schon damals, bei einer für uns heute geradezu paradiesisch gering erscheinenden Zahl von Menschen, machte sich der Brite Thomas Robert Malthus Gedanken über das Bevölkerungswachstum. 1798 – fast zehn Jahre nach der großen Revolution, als Napoleons Aufstieg begann …«

»Wie viele Menschen haben damals auf der Welt gelebt?«

»Soviel ich weiß, begann das rapide Anwachsen der Bevölkerung im achtzehnten Jahrhundert. Bis 1720 lebten etwa einhundert bis einhundertzwanzig Millionen Menschen in Europa. Die Zahl ist sicher nicht genau, denn es gab ja noch keine zuverlässigen Statistiken. Die Weltbevölkerung hat sich zwischen 1650 und 1975 verachtfacht, von fünfhundert Millionen auf vier Milliarden. Im Jahr 2000 werden es sechs Milliarden Menschen sein. Doch zurück: Malthus meinte, dass die Bevölkerung in Zeiten von Frieden, Gesundheit und Wohlstand zunimmt, im Gefolge von Kriegen, Seuchen und Hungersnöten aber abnimmt. In seiner Abhandlung über das Bevölkerungsprinzip legte er dar, wie das Bevölkerungswachstum unausweichlich und unabänderlich die jeweilige Nahrungsmittelversorgung übersteigen müsse und nur durch Hungersnöte, Kriege und Krankheiten eingedämmt werden könne.«

»Womit er aber, glaube ich, nicht Recht behalten hat!«

»Er hat viele Entwicklungen nicht vorausgesehen. Aber er ist der Erste, der diese Frage überhaupt aufgeworfen hat.«

»Was ja damals noch kaum nötig war.« Stefan goss sich noch etwas Wein ein.

»Malthus wandte sich auch gegen den Zukunftsoptimismus, der Freiheit, Glück und genügend Nahrung für alle, auch bei noch so großer Bevölkerungszahl, vorhersagte, wenn es nur gelänge, die Vernunft hochzuhalten. Er stellte die in Europa übliche Bevölkerungspolitik in Frage. Noch Leibniz hatte gemeint, dass die Macht eines Staates in seiner Bevölkerungszahl bestehe, Malthus dagegen verwies auf die

Grenzen des Wachstums und rechnete der erstaunten Menschheit vor, dass die Fortpflanzungsfreudigkeit zu Hungersnot, Seuchen und Kriegen führen müsse.«

Der Stein von Rosette

Senex nahm einen Schluck Weißwein. »Damals entdeckte man auch, wie man in die Vergangenheit zurückschauen konnte.«

»Wie das?«

»Napoleon hatte nach seinem Sieg in Kairo das Ägyptische Institut gegründet. Da fand man zufällig dreißig Meilen von Alexandria entfernt einen schwarzen Stein, den man nach dem Fundort ›Stein von Rosette‹ nannte. Er trug eine Inschrift in zwei Sprachen und drei Schriftarten, Hieroglyphen, altägyptische und griechische Schriftzeichen. Jean-François Champollion, ein Soldat aus Napoleons ägyptischer Armee, hatte die Idee, es könne sich dabei um dieselben Mitteilungen handeln. Wenn das stimmte, dann verfügte man über einen Text in zwei verschiedenen ägyptischen Schriften, die bisher niemand lesen konnte, während die ebenfalls vorhandene griechische Schrift vielen Gelehrten vertraut war. Er hatte Recht. So lernte man – mühsam genug – die ägyptischen Schriften zu entziffern und hielt den Schlüssel zur langen Geschichte des Nil-Landes in der Hand. Champollion wurde zum Begründer der Ägyptologie erklärt und bewies, dass die Hieroglyphen eine Lautschrift sind.«

»Wir haben ja auch von seiner Erkenntnis profitiert.« Berenike schob ihren Teller beiseite. »Bei Ägypten fallen mir die Lampen wieder ein, die man zum Ausmalen der Gräber gebraucht hat oder, um nachts die Häuser zu beleuchten. Sie haben uns doch erzählt, dass man schon früh in Alexandria eine Straßenbeleuchtung hatte. Wie steht es jetzt mit dem Licht, im neunzehnten Jahrhundert?«

»Es ward Licht! Zuerst benutzte man mit Rapsöl gespeiste Lampen oder Talgkerzen, bis sie von Stearinkerzen abgelöst wurden.«

»Doch noch mittelalterlich!«

»Dann entdeckte man, dass bei der Herstellung von Holzkohle Stoffe entweichen, die brennbar sind, Gase. Man konnte sie durch Leitungen an andere Orte transportieren, dort entzünden, löschen und wieder entzünden. Zu Beginn des neunzehnten Jahrhunderts wurde die erste Gaslampe getestet, bei der Kohlegas, Leuchtgas, verbrannt wurde. Als das gelang, war der Weg frei für die Gasbeleuchtung. Sie setzte sich stürmisch durch, fast ein Jahrhundert lang wurden die Wohnungen und Häuser der Wohlhabenden und die großen Städte vom flackernden Gaslicht erhellt. Das änderte viel, davon profitierte auch die Geselligkeit. Das Essen abends wurde zu einem gesellschaftlichen Ereignis, wichtiger als das am Mittag, denn man konnte länger zusammenbleiben. Auch das Reisen bei Nacht wurde durch die bessere Beleuchtung sicherer, die Zahl der Verbrechen ging zurück.«

»Die Technik änderte also das Zusammenleben?«

»Der Wunsch, die Nacht zum Tag zu machen, war ja uralt. Schon unsere Urahnen hatten sich ums Feuer versammelt. Aber sie waren an die Feuerstelle gefesselt gewesen. Als die Städte und Straßen mit Gaslicht ausgeleuchtet werden konnten, kamen die Menschen nachts aus den Häusern. Immer hatte während der Dunkelheit ein Kampf gegen die ›Mächte der Finsternis‹, gegen alles Unsichtbare getobt, wenn nicht real, so doch in der Vorstellung der Menschen. Was die Dunkelheit für sie bedeutet hat, bevor sie vom künstlichen Licht erhellt wurde, entzieht sich unserem Vorstellungsvermögen. Nun wandelte sich das Leben teilweise dramatisch. Es kam die Zeit der Nachtschwärmer, der Nachtklubs, der Abendrestaurants. Die Dunkelheit verlor an Bedrohlichkeit, Ängste sanken in sich zusammen, das Finstere, das Unheimliche und Gefahrvolle löste sich im Licht auf. An ihre Stelle trat die vertraute Tagesrealität.«

»Das künstliche Licht war bestimmt nicht die einzige bahnbrechende Erfindung der Zeit, oder?«

»Du hast Recht, Roman. Es wäre unmöglich, alle Neuerungen aufzuzählen.«

»Dann sagen Sie uns das, was Ihnen einfällt.«

»Da wäre zum Beispiel der italienische Physiker Alexander Volta, der

Napoleon seine ›voltaische Säule‹ vorführte, die einen gleichmäßig fließenden elektrischen Strom lieferte, die erste Batterie. Volta gelang auch die richtige Deutung des von Luigi Galvani 1786 gefundenen, bis dahin unerklärlichen Effekts: Sobald er einen Froschschenkel, der an einem Eisengitter hing, mit dem Seziermesser berührte, stellte er fest, dass die Muskeln zuckten – die Entdeckung elektrisch wirkender Kräfte. Es folgte die Erfindung der elektrischen Bogenlampe, die noch keine großen Folgen hatte, im Gegensatz zur Verwandlung von Dampf in Kraft.«

Die Technik verändert das Leben

Neue Maschinen, neue Bedürfnisse

Wenn man an die industrielle Revolution denkt, hat man meist die Dampfmaschine im Sinn. Aber das ist nicht richtig. Denn der Beginn liegt noch früher, schon im Mittelalter, wo man das fließende Wasser ausnutzte. Bisher hatte man nur wiederherstellbare oder nachwachsende Energiequellen gehabt: Muskelkraft von Mensch und Tier, Wasser, Wind und Holz. Man hatte Werkzeuge, Spindeln, Pressen, Treträder, Windmühlenflügel, Wasserräder und Segel. Nun nahm man an Stelle der Kraft des fließenden Wassers die Kraft aus dem kochenden Wasser, verwandelt in Dampf. Dazu jedoch brauchte man nun einen neuen Energiespender, da man ja zunächst Hitze erzeugen musste. Erst nahm man Holz ...«

»Das heißt, man ging an die Vorräte der Natur!«

»Aber man benutzte noch einen nachwachsenden Rohstoff und sein Verbrauch hielt sich in Grenzen. Man verbesserte durch eine von Watt entdeckte Methode die Leistung, indem man das Feuer ins Innere der Kessel verlegte. Daraus resultierte 1829 die Fabrikation der ersten Lokomotive durch Stephenson, ›The Rocket‹, zu Deutsch ›Die Rakete‹.«

»Ich glaube, das war geprahlt, oder?«

»Der Wirkungsgrad überstieg kaum zehn Prozent der eingesetzten Energie, für unsere Begriffe schlich die Rakete, aber für die Zeitgenossen war das bereits sensationell, denn die ersten Lokomotiven, die acht Wagons ziehen konnten, erreichten immerhin Geschwindigkeiten von sieben Kilometern in der Stunde. In diesem Zusammenhang muss jedoch vor allem ein anderer Mann genannt werden: Richard Trevithick. Schon 1800 hatte er eine Hochdruckdampfmaschine entwickelt, die er zunächst in eine Kutsche einbaute. So erfand er den ersten fahrtauglichen Kraftwagen und setzte die Dampftechnik im Verkehr ein, sogar in größerem Umfang, denn er betrieb in London ein Taxiunternehmen mit einigen kleinen Dampfstraßenwagen für den Personentransport. Die Fahrzeuge setzten sich aber nicht durch, weil der Zustand der Straßen so verheerend war, dass die Wagen in der Regel langsamer waren als Fußgänger. Und über die Stadtgrenze hinaus kam man gleich gar nicht.«

»Dann fuhr man weiter in Kutschen?«

»Auch auf der anderen Seite des Ärmelkanals, in Frankreich, beförderte zur Zeit des napoleonischen Kaiserreichs die Diligence, ein schwerfälliges Fahrzeug, bis zu achtzehn Passagiere in vier Abteilen. Sie brauchte von Paris bis Rennes vier, bis Lyon sechs, bis Straßburg zwölf Tage, aber diese Zeiten verringerten sich nach und nach um die Hälfte.«

»Wie schnell war das?

»Etwa sechs Kilometer in der Stunde, statt wie bisher drei, Stefan. Außerdem nahmen die Postkutschen mit der Briefpost auch zwei bis drei Passagiere auf. Die Postkutschen waren leichter als die Diligencen und wurden von fünf Pferden gezogen, so erreichten sie zehn Kilometer, später fünfzehn Kilometer in der Stunde. Victor Hugo meinte sogar, dass man in Windeseile dahinflöge.«

Hatte die Eisenbahn Zukunft?

Stefan biss sich nachdenklich auf die Unterlippe. »Zu gerne würde ich mit Victor Hugo einmal in einem Intercity sitzen und hören, was er dazu sagt. Und dann, Senex?«

»Die schlechten Straßen brachten Trevithick auf die Idee, einen Dampfwagen auf Schienen zu setzen. Die ersten Schienen waren aus Holz, mit allen Ungenauigkeiten, Unebenheiten und Mängeln. Holz ist ja ein lebendiges Material, das arbeitet, sich verändert. Darum verwendete Trevithick später Eisen. 1804 baute er eine Dampflokomotive, die in einem Hüttenwerk, und zwar auf eisernen Gleisen, fünf Wagen mit etwa zehn Tonnen Gewicht und siebzig neugierigen und – wie es hieß – ›todesmutigen‹ Passagieren noch mühsam, mit sechs Kilometern Geschwindigkeit pro Stunde, fünfzehn Kilometer weit schleppte. Zwar brachen die Schienen unter der Last, aber man sah, dass Räder auf glatten Schienen schwere Lasten ziehen konnten. 1813 wandte sich George Stephenson dem Eisenbahnbau zu, seine Konstruktionen wurden die erfolgreichsten.«

»Dann ging es wahrscheinlich Schlag auf Schlag, denk ich doch?«

»Nicht so hastig. Man war jahrelang unsicher, ob die Eisenbahn Zukunft haben könne. Zwar setzte man sie schon recht früh in den englischen Bergwerken ein, aber eine nachhaltige Veränderung bewirkte sie zunächst nicht. Die Kosten für eine Lokomotive schienen gar zu hoch zu sein. Für Transporte über kleine Entfernungen – wie in den Kohlebergwerken – mochte sich das ja noch lohnen, aber sonst... Erst als 1814 eine Lokomotive gebaut wurde, die acht Wagen mit einem Gewicht von dreißig Tonnen zog und dabei sieben Kilometer pro Stunde schaffte, begann sich die neue Erfindung durchzusetzen. Es begann im September 1825 zwischen Stockton und Darlington. Darüber berichtete die ›Times‹ ...«

Senex zog ein vergilbtes Zeitungsblatt aus der Brusttasche, entfaltete es und las: »›Drei Dampflokomotiven, jede mit der Kraft von fünfzig Pferdestärken, haben dreizehn mit Handelswaren und verschiedenen sonstigen Produkten beladene Wagons bis zum höchsten Punkt einer aufwärts führenden Strecke gezogen. Dort hat man an eine Lokomotive, der man die Bezeichnung ›Experience‹ gegeben hatte, eine Reihe von Wagons angehängt, in denen die offiziellen Persönlichkeiten, geladene Honoratioren und die Aktionäre, Platz genommen hatten; insgesamt waren es nun vierunddreißig Waggons; in einem saßen Musikanten, die fröhliche Märsche spielten; ein anderer war mit einem Banner geschmückt, das die Inschrift trug: Periculum privatum, utilitas publica ...«

»Was heißt das?«

»Etwa: Persönliche Gefahr führt zu allgemeinem Nutzen.« Senex fuhr fort zu lesen: »›... setzte sich der Zug in Bewegung; in der Menge waren Begeisterungsschreie zu hören. Herren zu Pferde suchten den Wagons zu folgen, aber sie blieben bald zurück; an der Stelle, an der

der Abhang am steilsten war, erreichte der Zug eine Geschwindigkeit von sechsundzwanzig Meilen in der Stunde.‹ So weit die ›Times‹, die zehn Jahre vorher zum ersten Mal auf einer Schnellpresse gedruckt worden war, auch eine neue Erfindung, mit der die Epoche der Massenzeitungen eingeleitet wurde, denn jetzt konnten in einer einzigen Nacht alle für die britische Hauptstadt bestimmten viertausend Exemplare gedruckt werden. Die Industrialisierung machte rasche Fortschritte, gleichzeitig eroberte die Eisenbahn Europa.«

»Und Dampfer? England ist doch eine Insel!«

»Man war stolz auf seine Segelschiffe! Das erste Dampfschiff wurde 1733 in den USA gebaut. Durchsetzen konnte es sich nicht sofort, erst Robert Fulton gelang mit dem Schaufelraddampfer ›Claremont‹ eine Dauerfahrt auf dem Hudson, daraufhin konnte man einen Liniendienst zwischen New York und Albany aufnehmen. In Europa baute ein Franzose 1783 einen Dampfer mit Schaufelradantrieb am Heck. 1802 unternahm die ›Charlotte Dundas‹ Probefahrten auf dem schottischen Forth-Clyde-Kanal, daraus wurde der erste wirtschaftlich arbeitende Schaufelraddampfer der Welt.«

»Ich dachte, die Industrielle Revolution ging von England aus?« Stefan nahm die Brille ab und rieb sich die Augen.

»Britische und schottische Ingenieure, die ihr großes technisches Können für die Eisenbahnen und Dampfschiffe einsetzten, waren erheblich daran beteiligt, das damals noch die Erde umspannende britische Weltreich zusammenzuhalten. 1816 wagte ein Dampfboot die Überquerung des Ärmelkanals, es brauchte für die Fahrt von London nach Le Havre aber neun Tage. Gegen das schlechte Wetter konnte die nur fünf PS starke Dampfmaschine nicht ankämpfen. Auch auf dem Rhein fuhr zuerst ein in England gebautes Dampfboot. Dazu schrieb die Presse: ›Heute gegen Mittag erblickten wir auf unserem schönen Rheinstrom ein wundervolles Schauspiel. Ein ziemlich großes Schiff ohne Mast, Segel und Ruder kam mit ungemeiner Schnelle den Rhein heraufgefahren. Die Ufer des Rheines und die vor Anker liegenden Schiffe waren in einem Augenblick von der herbeiströmenden Volksmenge bedeckt. Das die allgemeine Neugierde reizende Schiff war ein von London nach Frankfurt reisendes englisches Dampfboot.‹«

Eine Fülle technischer Neuentwicklungen

Es wurde spät. Aber Senex war unermüdlich: »Die britische Wirtschaft erlebte dank neuer Maschinen – besonders in der Textilindustrie – und dank der Ausnutzung des Dampfes einen stürmischen Aufschwung.«

»Warum gerade die britische?«

»Zunächst waren die Europäer führend, vor allem, was die Literatur über die Technik betraf. So kannten etwa die Franzosen bereits Darstellungen in der Enzyklopädie von Diderot und d'Alembert. Übrigens: 1809 brachte der deutsche Verleger Brockhaus unter seinem Namen ein sechsbändiges ›Conversations-Lexikon‹ heraus, das sich – anders als die vorhergegangenen umfangreichen Enzyklopädien – ausdrücklich an eine breite Leserschaft wandte. Aber in der Technik hatten seine Zeitgenossen zunächst keine hohe Meinung von den Briten. Ein Baumwolldrucker aus Basel konnte noch 1766 schreiben: ›Jedermann kennt diese Nation, deren Fleiß und hartnäckige Geduld bei der Überwindung jeglicher Hindernisse über alle Vorstellungskraft geht. Sie kann sich nicht vieler Erfindungen rühmen, sondern nur dessen, dass sie Erfindungen anderer vervollkommnet hat. Daher stammt das Sprichwort, dass, wenn eine Sache perfekt sein soll, so muss sie in Frankreich erfunden und in England ausgearbeitet werden.‹ Das änderte sich freilich rasch. Bald gab es auf der Insel eine Fülle technischer Neuentwicklungen. Bereits 1832 konnte behauptet werden, das hervorragendste Unterscheidungsmerkmal Großbritanniens gegenüber anderen Staaten sei die Menge und die Perfektion der von Engländern erfundenen Werkzeuge und Maschinen.«

»Und das war richtig?«

»Ja, in England entstanden darüber hinaus auch die ersten modernen Fabrikgebäude. Sie sahen nicht viel anders aus als heute. Die Baumwollspinnereien zum Beispiel waren drei- bis viergeschossige, schmucklose, auf Zweckmäßigkeit hin entworfene Backsteinbauten, über zwanzig Meter lang und über sieben Meter breit. Mit ihren Wasserradantrieben waren sie für rund eintausend Spindeln und die entsprechende Anzahl anderer Maschinen ausgelegt. Zunächst konnten nur wenige Baumeister diese Prototypen der Fabrikgebäude mit Wasserkraftanlage errichten. Doch man lernte schnell. Um 1780 gab es etwa zwanzig, 1788 schon über einhundertvierzig Fabriken. Sie waren deshalb modern, weil darin die Produktion mit verschiedenen Arbeitsmaschinen durchgeführt werden konnte – wenn auch vorläufig noch mit Wasserkraft – und weil das prägende Element einer solchen Fabrik die Arbeitsteilung war. Das unterschied sie sowohl von dem traditionellen Handwerksbetrieb als auch von den zentralisierten Manufakturen. Zwar erforderten sie erhebliche Investitionen, aber sie ermöglichten dafür die Herstellung viel größerer Mengen in kürzerer Zeit. So entstand die moderne Massenproduktion.«

»Mit all ihren negativen Folgen.«

»Auch mit ihren Vorzügen, jedenfalls für den Verbraucher. Für den Arbeiter veränderte sich das Leben völlig, soziale Spannungen entstanden, wie man sie bisher nicht gekannt hatte. Bereits während der Aufklärung und der Revolution hatten die ersten öffentlichen Diskussionen um soziale Ungerechtigkeiten und ihre Ursachen eingesetzt. Gewiss hatte man auch früher hart gearbeitet, aber in einer verhältnismäßig erträglichen Umgebung. Diese Gemeinschaften lösten sich auf, als die Industrie in die großen Gebäude zog und die früher üblichen Arbeiterhäuschen verwaisten. Die Löhne waren so niedrig, dass nicht nur die Väter, sondern auch die Mütter mit anpacken mussten. Wenn möglich, auch die Kinder, die älteren sowieso, die kleineren wurden mitgenommen, um einfache Arbeiten zu verrichten, wie zum Beispiel das Reinigen der Maschinen.«

»Dazu mussten die Frauen noch die Hausarbeit erledigen!« Berenike war empört, man sah es ihr an.

»Nach dem langen, meist vierzehnstündigen Arbeitstag sorgte die Frau für die Familie, erledigte die Hausarbeit und kümmerte sich um die Kinder.«

»Und um die Herren der Schöpfung!«

»Sehr, sehr selten passten sich die Männer der veränderten Situation an und teilten die Arbeiten in Haus und Garten mit ihren Frauen. Immerhin, obwohl es schwierig war, konnten die Frauen der unteren Klassen manchmal ihren Lebensunterhalt selbst verdienen, in den oberen Gesellschaftsschichten war das so gut wie unmöglich. Auch im Handwerk gab es kaum noch Frauen.«

Senex trank, überlegte einen Augenblick und fragte: »Ermüde ich euch auch nicht?« Da er keine Antwort erhielt, sprach er weiter. »Seit 1733 mechanisierte man das Spinnen und Weben. Auch hier waren die Engländer führend. 1786 erhielt Edmund Cartwright ein Patent auf einen maschinell angetriebenen und gesteuerten Handwebstuhl. Später verbesserte er ihn zu einem so gut durchdachten Maschinenwebstuhl, dass er sich bei Gefahr selbsttätig abschaltete. 1805 stellte dann der französische Seidenweber Joseph-Marie Jacquard den ersten automatisierten Musterwebstuhl vor, der eine erheblich schnellere Herstellung erlaubte. Damit, Berenike, entzog er einem ganzen Beruf, den Webern, die Existenzgrundlage. Die Konflikte nahmen zu. 1811 zerstörten zum ersten Mal aufrührerische Arbeiter der Strumpfwaren-Industrie in einem Dorf nahe Nottingham, unter anfeuernder Beteiligung einer großen Menschenmenge, sechzig Wirkrahmen. In dieser Aktion können wir den Beginn einer Bewegung des Maschinenstürmens sehen. Die Textilarbeiter protestierten gegen drastische Lohnsenkungen, zu hohe Lebensmittelpreise und gegen den drohenden Verlust ihrer Arbeitsplätze.«

»Damals schon!«

»Ich denke, ab jetzt brauchte man auch mehr Energie für mehr Maschinen?«

»Damit begann jene Entwicklung, die uns mehr und mehr Probleme bereitet. Wie heute brauchte man Wärmeenergie, die mechanisch genutzt werden konnte. Zwei Fragen mussten beantwortet werden. Die erste: Wo bekommen wir die Energie her, welche Vorräte stehen uns zur Verfügung, wie sind diese erreichbar? Die zweite: Welche technischen Mittel haben wir, die in den Rohstoffen schlummernde Energie zu wecken, sie zu befreien, umzuwandeln. Also verfiel man, zuerst in Großbritannien, auf Steinkohle.«

»Das heißt Raubbau an unserer Erde, an ihren Rohstoffen, und damit Umweltbelastung, Vergiftung der Atmosphäre, Treibhauseffekt.«

Jede Materie entwickelt sich auf ein Chaos zu

»Das ist wahr, aber noch hatte das alles keine spürbar nachteiligen Folgen. Man konnte sie sich nicht einmal vorstellen. In England jedenfalls nutzte man zunehmend einen fossilen Brennstoff, der nicht regenerierbar ist. Die Steinkohle lässt sich zwar in andere Stoffe umwandeln, aber – nach dem zweiten Hauptsatz der Thermodynamik – nie wieder in den Ausgangszustand zurückversetzen. Ihr wisst, der zweite Hauptsatz der Thermodynamik besagt, dass jede Materie sich auf ein Chaos zu entwickelt. Die Entropie wächst stetig, niemals wird sie kleiner. Dieser Prozess manifestiert sich in einem Freiwerden und einer Abgabe von Wärme.«

»Gibt es dafür ein einfaches Beispiel?« Berenike spürte nun doch, wie ihre Lider schwerer wurden.

»Am einfachsten zeige ich es an Kaffeebohnen. Sie müssen erst in der Sonne wachsen, dann geerntet, transportiert und gebrannt werden. Zu alldem braucht man Kraft und Energie. Sind sie gemahlen und aufgebrüht, kann man sie nie wieder in Kaffeebohnen zurückverwandeln.«

»Ich finde, das Beispiel mit den Fischen ist knapper und anschaulicher.«

»Was meinst du damit?«

»Aus den Fischen eines Aquariums lässt sich zwar eine Fischsuppe kochen, aus der Fischsuppe lassen sich aber nie wieder Fische im Aquarium machen.«

Senex nickte. »Solange man mit alten Abbautechniken arbeitete, mussten hohe Kosten für die Ernergiegewinnung in Bergwerken in Kauf genommen werden, vor allem bei im Tiefbau betriebenen Kohlezechen. Das änderte sich, als Dampfmaschinen eingesetzt wurden, die Steinkohle in mechanische Energie umwandelten.«

»Aber eben nie wieder in Steinkohle zurück«, murmelte Berenike, gewissermaßen als Echo auf die Erklärung von Senex.

»Zusätzlich wurde neue Energie für die geradezu explosionsartig wachsende Verwendung von Maschinen aller Art, beginnend mit der

Maschinenspinnerei, gebraucht. Damit wurde der unaufhaltsame Prozess der Mechanisierung in der Produktion und im Transportwesen in Gang gesetzt – und dadurch stieg der Energiebedarf weiter, eine Spirale ohne Ende.«

»Und all das hat mit der Dampfmaschine als Energieerzeuger und der Kohle als Energiequelle angefangen?« Berenike stand auf und holte sich einen Espresso aus der Maschine.

»Da hast du die Entropie«, sagte Stefan. »Nie wieder werden Kaffeebohnen daraus.«

Senex sprach weiter: »In dieser mehr und mehr mechanisierten Welt brauchte man allgemein verbindliche Maße. Ihr erinnert euch an die hohe Meinung des Basler Baumwolldruckers vom Erfindungsreichtum der Franzosen? Ich will auf eine kluge Maßnahme dieses Volkes hinaus, die für uns so selbstverständlich ist, dass wir uns die Welt davor nicht vorstellen können. Es herrschte ein heilloses Durcheinander in Europa, von Land zu Land, von Stadt zu Stadt, manchmal von Handwerksmeister zu Handwerksmeister. Den Meter als Längenmaß gab es noch nicht. Im Zuge der Revolution wollten die Franzosen, dass auch das Maßsystem ›vernünftig‹ werde. Deshalb setzten sie eine Kommission ein, der Laplace, Lagrange, Lavoisier und andere angehörten. Diese klugen Leute versuchten ein neues System aus natürlichen, erdbezogenen Maßen abzuleiten. Dabei kamen sie auf die Idee, den zehnmillionsten Teil der Entfernung zwischen Nordpol und Äquator als Grundeinheit zu wählen und nannten ihn Meter, nach dem griechischen Wort für ›messen‹. Wo es ging, wurden alle Flächen- und Raummaße in Meter ausgedrückt, sei es, dass man den Meter mit zehn oder hundert multiplizierte beziehungsweise entsprechend teilte. Dieses metrische System erwies sich als logisch und sinnvoll, daher setzte es sich auf dem Festland durch. Außerdem entwickelten die Franzosen noch etwas anderes, das uns heute selbstverständlich ist. Ich verrate euch nur: Der Erfinder war ein Pariser Koch.«

Reformen kommen in Mode

Berenike erklärte: »Was wäre die Küche ohne Pariser Köche!«

»Bisher aber waren alle Gerichte verderblich! Da kam der Koch François Appert auf die Idee, die Lebensmittel auf hundert Grad Celsius zu erhitzen und danach sofort luftdicht zu verschließen. Voilà! Die Konserve war geboren. Sie wurde fortan unentbehrlich, im Haushalt, in Hotels, auf Ozeandampfern und bei vielem anderen mehr, zumindest jedenfalls, bis das genaue Gegenteil entdeckt wurde …«

»… dass große Kälte noch besser konserviert.«

»Und trotzdem ist die Konserve noch lange nicht tot.«

»Männer – Köche!«, rief Berenike. »Was ist mit den Frauen, nicht nur in der Küche?«

»Natürlich gibt es kein Jahrhundert ohne Frauen; im neunzehnten spielen sie eine besondere Rolle. Frauen durchwirken dieses Jahrhundert auf die vielfältigste Weise. Doch bitte, Berenike, bevor wir davon sprechen, noch rasch etwas anderes. Erinnert euch: Auf Descartes folgten Spinoza und Leibniz, auf Spinoza und Leibniz folgten Voltaire, Rousseau, Kant und Diderot – die Aufklärung. Auf die Aufklärung, vor allem auf Rousseau, folgte die Französische Revolution – und auf beide folgte die Säkularisation, und zwar in vielen Ländern.«

»Über dieses Wort habe ich schon oft nachgedacht.«

»Es bedeutet, dass der Staat die kirchlichen Vermögen und die Hoheitsrechte annullierte. In Österreich hatte Joseph II. viele Klöster aufgelöst. In Frankreich ließ man während der Revolution alle Kirchengüter durch den Staat einziehen und versteigerte sie an Privatleute. In Deutschland entzog der Reichsdeputationshauptschluss vielen Fürstbistümern und Reichsabteien das Recht, weltliche Herrschaft auszuüben, außerdem verlor die Kirche Eigentum, da die Fürsten, denen ihr Territorium zugeschlagen wurde, sämtliche Abteien, Klöster und anderes Kirchenkapitel konfiszieren konnten. Das alles hatte weitreichende Konsequenzen für die politische, gesellschaftliche und ökonomische Situation im Heiligen Römischen Reich.«

»Auch eine Folge der Aufklärung?«

»Sicher, obwohl eine Säkularisation schon seit dem Mittelalter theologisch begründet und vor allem während der Reformation durchgeführt wurde. Doch waren das alles Kleinigkeiten gewesen, verglichen mit der Entwicklung im beginnenden 19. Jahrhundert. Man kann die Säkularisation auch als eine Art Reformbewegung begreifen und Reformen kamen damals gewissermaßen in Mode – ich erinnere noch einmal an Joseph II. Der Preuße Friedrich Wilhelm I. erließ 1807 ein Edikt zur Bauernbefreiung. Die Erbuntertänigkeit wurde abgeschafft, mit ihr wurde ein Fundament feudaler Ordnung beseitigt.«

»Eine kleine Revolution!«

»Damals war Napoleon auf der Höhe seiner Macht, auch in Preußen. Mit diesem Edikt wurden alle Preußen direkte Untertanen des Staates, sie waren nicht mehr Untertanen eines Feudal- oder Gutsherrn. Die Bauern mussten keine Gesindedienste mehr verrichten. Sie konnten ihren Wohnort künftig frei wählen, was auch zur Landflucht führte. Auch wurden alle ständischen Berufsschranken aufgehoben, Adlige durften künftig bürgerliche Gewerbe ausüben, der Übertritt vom Bauern in den Bürgerstand war genauso möglich wie umgekehrt. So wurde ein freier Arbeitsmarkt geschaffen. Der Güterverkehr wurde freigegeben. Alle Bürger durften von nun an Rittergüter kaufen. Damit entstand eine neue, bewegliche Klasse von Gutsherren – es wehte ein frischer Geist der Freiheit durch das Land.«

»Da haben bestimmt viele aufgeatmet!«

»Oder mit den Zähnen geknirscht, Nik.«

»Du meinst den Adel, Stef.«

»Und die früheren Gutsherren.«

»Nun, oft kauften reiche Bürger heruntergekommene Adelssitze oder Rittergüter, setzten tüchtige Verwalter ein und brachten sie wieder zur Blüte. Aber es war auch klar, dass man für wachsende Freiheiten, für neue Berufe, für die Industrialisierung besser ausgebildete Arbeitskräfte brauchte, und zwar aus allen Schichten, nicht nur gebildete Adlige oder reiche Bürger, sondern eben auch Abhängige, Arbeiter.«

Erstarken des Bürgertums

Erziehung zur Entfaltung der natürlichen Anlagen

Stefan rieb sich die Augen. »Dann musste die Schulbildung verbessert werden.«

Senex lächelte. »Ihr seid müde. Ich will mich gern kurz fassen. Es war nun wirklich Zeit für Pestalozzi.«

»Die Grundschule, in die ich gegangen bin, ist nach ihm benannt«, erklärte Berenike.

»Johann Heinrich Pestalozzi stammte aus der kleinen, aber auf ihre bürgerlichen Rechte stolzen Schweiz. Er gilt als Wegbereiter der Volksschule und der Lehrerbildung. 1804 gründete er eine Heimschule im Kanton Waadt und erprobte dort seine neue Pädagogik. ›Kräftebildung‹, ›Selbsttätigkeit‹ und ›Verknüpfung des Geistigen mit dem Natürlich-Sinnlichen‹ waren seine Ziele. In seinen besten Zeiten beherbergte und erzog er über einhundertsechzig Schüler wohlhabender Eltern aus ganz Europa. Bald entstanden auch in anderen Ländern Anstalten und Lehrerbildungsstätten nach seinem Vorbild. Er gliederte dem Internat eine Armenschule an, geriet aber in finanzielle Schwierigkeiten. Geblieben sind seine pädagogischen Schriften, seine fortschrittliche Unterrichtsmethodik und seine Gedanken zur Volksbildung.«

»Was war das Wichtigste, Senex?«

»In der Tradition der Aufklärung, vor allem Jean-Jacques Rousseaus, meinte Pestalozzi, dass der Mensch ›von Natur aus gut‹ sei. Erziehung und Unterricht sollten die natürlichen – stets individuell verschiedenen – Anlagen und Fähigkeiten des Kindes zur Entfaltung bringen. In der Lehrerbildung empfahl er die ›natürliche‹ Stufenfolge des Lehrstoffes und seiner Aneignung. Er legte großen Wert auf die ›Selbsttätigkeit‹ des

Kindes im geistigen und im praktisch-handwerklichen Bereich. Er wollte an die Stelle des mechanischen Erlernens eine anschauliche Aneignung durch eigene praktische Erfahrungen setzen.«

»Wir haben ihm viel zu verdanken!«

»Ja, denn er hat die Pädagogik reformiert, auch wenn sich seine Ideen nur langsam durchsetzten.«

»Und sie betrafen doch auch die Mädchen, oder?«, fragte Berenike. »Was ist überhaupt mit den Frauen im neunzehnten Jahrhundert?«

Wohlhabende Frauen und Mägde

Diesmal war es, als schaute Senex durch sie hindurch in die Vergangenheit. »Zwischen 1800 und 1900 änderte sich sehr viel. Waren studierende Frauen am Anfang des Jahrhunderts noch die Ausnahme, so standen an seinem Ende jeder jungen Frau die Hörsäle offen. Wenigstens in der Theorie. In der Praxis hielten es viele Familien und Väter noch nicht für nötig, dass Frauen einen Beruf, womöglich gar einen akademischen, erlernten, weil sie ja doch heiraten würden. Dieses in der männlichen Psyche verankerte Vorurteil konnte erst viel später überwunden werden als die äußerlichen, behördlichen Schranken. Da ich aber unmöglich die ganze Situation und Geschichte der Frauen dieser Zeit aufrollen kann, will ich mich auf zwei grundverschiedene Aspekte beschränken.«

»Und die wären?«

»Die Französische Revolution begann mit einem Bauernaufstand. Vorbereitet wurde sie geistig durch die Aufklärung, und die Ideen der Aufklärung verdanken ihre Verbreitung wesentlich den Pariser Salons. Ich erzähle von zwei Frauen, die mit ihren Salons maßgebend wurden, und ich erzähle im Kontrast dazu von den Mägden. Das waren keine Landstreicherinnen, keine Bettlerinnen, keine Diebinnen und Prostituierten, aber sie hatten ein äußerst hartes Leben, keine Zukunftsaussichten und auch keine Freiheiten. Bleiben wir gleich bei ihnen und in Preußen, wo Friedrich Wilhelm I. 1807 ein Edikt zur Bauernbefreiung erlassen hatte. An das Gesinde hatte er dabei nicht gedacht – er hat lediglich die Bauern davon befreit, Gesindedienste leisten zu müssen.«

»Wenn man befreit wird, muss man zuvor gefangen gewesen sein.«

»So kann man den Gesindedienst auch nennen, Berenike. Er betraf nicht nur Männer, Knechte, er betraf vor allem Frauen, die Mägde. Drei Jahre nach dem Edikt zur Bauernbefreiung trat in Preußen eine Gesindeordnung in Kraft, die den größten Geltungsbereich hatte und gleichzeitig als die härteste galt. Nach ihr hatte das Gesinde nur Pflichten, die Herrschaft alle Rechte. Die Dienstboten mussten ein Gesindebuch führen, in dem sie alle Dienste vermerkten. Knechte und Mägde waren ihrer Herrschaft zu Gehorsam verpflichtet, wenn nötig hatten sie Tag und Nacht zu arbeiten und sich in allen Verrichtungen dem Willen ihres Herrn zu unterwerfen. Wohl mussten die Dienstherren ihnen Löhne zahlen und sie ernähren, aber Hilfe im Krankheitsfall erhielten sie nur, wenn sie sich die Krankheit während des Dienstes zugezogen hatten – was zu beweisen war! Die Herrschaft durfte das Gesinde aus vielerlei Gründen entlassen, zum Beispiel auch, wenn eine Magd schwanger wurde.«

»Ein Hundeleben!«

»Nicht weit entfernt vom Sklavendienst im Altertum.«

»Die Mentalität, der solche menschenverachtenden Bestimmungen ihre Existenz verdanken, hat sich bis weit ins zwanzigste Jahrhundert erhalten und wirkt in vielen Ländern auch heute noch fort.«

Ohne Frauen keine Salons

Berenike machte es wie Stefan, sie brach ein Stück Brot ab, während sie fragte: »Da hatten es die Frauen der oberen Schichten sicher besser, oder?«

»Vor allem in Paris, wo auch wir ja noch sind. Sie hatten es unvergleichlich viel besser. Ich nenne nur zwei Frauen, muss aber dazu sagen, dass es in allen Hauptstädten Europas ähnliche Beispiele gab, in Berlin,

Madrid, London, Rom, Warschau – überall bildeten wohlhabende Damen gesellschaftliche Mittelpunkte, zogen die führenden Männer an, entweder durch ihre Schönheit oder durch ihren Geist.«

»Sie sprechen von den Salons, Senex?«

»Ihr Einfluss seit der Aufklärung kann nicht hoch genug eingeschätzt werden. Und ohne Frauen gäbe es keine Salons …«

»Aber konnte sich denn eine Frau den Luxus eines Salons leisten, ohne eigenen Reichtum oder den Reichtum ihres Ehemannes?«

»Gewiss nicht. Das trifft auch auf meine beiden grundverschiedenen Beispiele zu. Ihr kennt sie sicher: Madame Récamier, von ihren Freunden Julie oder Juliette genannt, und Madame de Staël-Holstein. Julie Récamier war eine verführerische Schönheit, lieblich, anmutig, ein Wundergeschöpf, wenn man den Zeitgenossen glauben darf, außerdem voller Charme, Güte und Geschmack. Die besten Maler waren glücklich, wenn sie ihnen Modell saß. Napoleon bezeichnete sie als einen ›Bissen für einen König‹. Noch am Ende ihres Lebens galt sie als Schönheit. Sie war so klug gewesen, einen Bankier zu heiraten.

Die andere, Germaine de Staël, wird dagegen als derb, jedoch geistig außergewöhnlich begabt geschildert. Sie hatte das Glück, den Millionär und Finanzminister Ludwigs XVI., Jacques Necker, zum Vater zu haben. Mit zwanzig heiratete sie einen unbedeutenden Adligen, den schwedischen Botschafter in Paris, nur um noch freier zu sein, als sie es im Elternhaus bereits gewesen war. Ein Gast ihrer Hochzeit, die Gräfin de Bouffler, sagte von ihr, dass sie herrisch und willensstark bis zum Äußersten sei und ein Selbstbewusstsein besitze, wie sie es niemals an einer anderen Person ihres Alters bemerkt habe. Obwohl die beiden Frauen in Aussehen und Begabung so verschieden waren, freundeten sie sich miteinander an, die Freundschaft überstand sogar alle Rivalitäten der Liebe. Julie Récamier bezauberte durch ihren Liebreiz, Germaine de Staël dagegen durch ihr Talent. Wenn sie redete, beeindruckte sie jeden. Im Gespräch war sie allen überlegen. Eine Engländerin, Fanny Burney, schrieb über sie, dass sie niemals zuvor eine derartige Konversation gehört habe, in der sich die lebhafteste Eloquenz, die schärfste Beobachtung, der sprühendste Witz, die graziöseste Höflichkeit vereinten. Außerdem war sie eine erfolgreiche Schriftstellerin. Unter den namhaften Frauen dieser Zeit dürfte sie die faszinierendste Erscheinung gewesen sein, ebenso durch ihren scharfen Verstand wie durch ihren Witz und ihre Hilfsbereitschaft. Deshalb möchte ich mich vor allem auf sie konzentrieren.«

»Bei den Salons fallen mir die Gastmähler im alten Athen oder Rom ein.«

»Der große Unterschied war freilich, dass in den Salons die Hausfrau – die Frau überhaupt – die zentrale Rolle spielte, um die herum sich alles kristallisierte, während in Athen Frauen nicht einmal als Gäste zugelassen waren, höchstens als Sklavinnen, Flötenspielerinnen oder Tänzerinnen.«

Voltaire hat nie etwas Gleiches gehabt

Berenike war wieder ganz bei der Sache. »Und was hat Germaine de Staël geschrieben?«

»Zwei Romane: ›Delphine‹ und ›Corinne‹, die für uns heute allerdings nicht mehr von Bedeutung sind. Dazu Essays über Literatur. Vor allem trat sie energisch für die Rechte der Frau ein, auch für ihr Recht auf freie, außereheliche Liebe und für die Anerkennung ihres geistigen Schaffens. Ihr Leben war von diesem Einsatz durchdrungen und sie handelte auch selber danach. Sie nahm sich einen Geliebten nach dem anderen und schrieb: ›Zwischen Gott und der Liebe gibt es für mich keinen Vermittler als mein Gewissen.‹ Einer ihrer ersten Liebhaber war Talleyrand, der geistreiche, unmoralische Herzog, Bischof und Außenminister, einer der interessantesten Männer dieser Zeit. Eine ihrer Schriften wird heute noch – nach zweihundert Jahren – gelesen, ihr Meisterwerk ›De l'Allemagne‹ – ›Über Deutschland‹. Es trug zu dem Idealbild eines von weltfremden Denkern und träumenden Dichtern bewohnten Deutschland bei. Zur gleichen Zeit verhalfen auch in diesem Deutschland einige Frauen dem literarisch-kulturellen Salon zur Blüte. Ich nenne nur Caroline Schlegel in Jena, Rahel Varnhagen von Ense und Henriette Herz in Berlin.«

»Was wurde aus Germaine de Staël?«

»Sie zehrte sich auf, zunächst für die Revolution, dann bei der Rettung verfolgter Adliger vor der Schreckensherrschaft, floh selbst, machte das Schloss ihres Vaters in Copet am Genfer See zu einem intellektuellen Zentrum, über das der Romancier Stendhal sagte: ›Voltaire hat nie etwas Gleiches gehabt, Geist, Geld und die höchsten Adelstitel vereinigten sich in dem Salon der erlauchten Frau.‹ Sie kehrte nach Paris zurück, bekämpfte Napoleon, den mächtigsten Mann Europas, bis an sein Ende. Sie nahm Opium. Napoleons Sturz erlebte sie mit melancholischem Triumph, denn sie ahnte, dass auch ihr Leben zu Ende ging. Sie war die größte europäische Schriftstellerin ihrer Zeit, Goethe hat Werke von ihr übersetzt, die beiden trafen sich einmal in Weimar. August Wilhelm Schlegel wurde vorübergehend Erzieher ihrer Kinder. Schon früh hatte sie Erkenntnisse, die heute wieder modern werden.«

»Nämlich?«

»Das Wachstum des Intellekts allein genüge nicht, das Wissen sei nur *ein* Element der Einsicht, das andere sei Gefühl. Es müsse ebenso eine Sensitivität der Seele wie eine der Sinne geben. Sie starb einundfünfzigjährig, 1817, geschwächt von ihrem exzessiven Leben, vergiftet von Drogen.«

»Und Julie Récamier?«

»Auch sie kämpfte in ihrem Pariser Salon gegen Napoleon, der sie aus der Stadt verbannte. Erst nach seiner Abdankung konnte sie zurückkehren. Sie wurde über siebzig Jahre alt. Gegen Ende ihres Lebens erblindete sie. Die Augenheilkunde steckte ja noch in den Kinderschuhen. Gestorben ist sie 1849, ein Jahr nachdem der spätere Napoleon III. Präsident Frankreichs geworden war. Sie überlebte ihre Freundin Germaine de Staël um zweiunddreißig, Napoleon I. um achtundzwanzig Jahre. Und mit dem Tod dieser Persönlichkeiten, mit dem Auftreten neuer, anderer Namen, wollen auch wir den Beginn des neunzehnten Jahrhunderts verlassen – freilich nur in Paris, denn wir kehren noch einmal in diese Zeit zurück. Doch bevor ich zu viel verrate, schlage ich vor, zu Bett zu gehen. Es ist spät geworden.«

Alle drei nickten.

Der zehnte Tag

Weimarer Klassik

Mittelpunkt der geistigen Welt

Die drei wurden von einer Glocke geweckt. Die Töne kamen einzeln, zögernd, als beklagten sie einen Verlust.
Danach herrschte Ruhe. Es gab kaum andere Geräusche, und wenn doch – Gesprächsfetzen, Rufe –, so war es, als schämte man sich ihrer.

Das Gästehaus stand an einem mittelgroßen rechteckigen Platz, der von niedrigen Häusern umgeben war. Die Fassaden zeigten dunkelbraune Fachwerkmuster, nur wenige waren verputzt und dann hellgrün, hellgelb und hellbraun getüncht.

Spatzen waren hier noch das Lebendigste, sie flatterten, segelten, suchten nach Körnern und tschilpten. Die Menschen, die am Rand des Platzes gingen, bewegten sich langsam.

Einem Instinkt folgend, der von der gedrückten Stimmung erzeugt wurde, schlüpfte Berenike in ein gedecktes Kleid mit dunkler Jacke.

Man traf sich zum Frühstück. Senex erwartete das Trio bereits.

»Wo sind wir heute?«, wollte Berenike wissen.

»Lass mich raten«, warf Roman ein. »Die Häuser habe ich wohl schon einmal gesehen … Ich glaube, wir sind in Deutschland. Die Stadt ist klein, aber wichtig, sonst wären wir nicht hier.«

Senex nickte. »Es stimmt, es ist eine mitteldeutsche Kleinstadt und wir befinden uns im ersten Drittel des neunzehnten Jahrhunderts.«

»Jetzt ist es nicht mehr schwer. Die bedeutendste deutsche Persönlichkeit, die in eine solche Umgebung passt, ist Goethe. Von gestern zu heute, von Napoleon zu Goethe, ist es nur ein kleiner Schritt. Die beiden haben sich sogar einmal getroffen. Sind wir in Weimar?«

Senex nickte wieder. »Goethe wurde zwar in Frankfurt am Main geboren, aber sein Leben hat er vorwiegend in Weimar verbracht. Wir schreiben heute den 26. März 1832. Vor vier Tagen schloss Goethe in seinem Haus am Frauenplan seine Augen für immer. Der Hofrat Coudray, Erbauer der Weimarer Fürstengruft, hat seine Aufbahrung ausgestaltet. Zu dieser Zeit ist der spätere Reichsgründer Bismarck bereits siebzehn Jahre alt.«

»Sollen wir den toten Goethe sehen?« Stefan wirkte leicht irritiert.

»Wir werden um die Mittagszeit unter den Besuchern sein, die von ihm Abschied nehmen.«

Stefan zuckte die Achseln. »Ist er heute nicht nur noch eine Art Denkmal?«

»Ich will versuchen, euch den Menschen näher zu bringen. Vielleicht macht ihn euch ein Spaziergang durch den Weimarer Park lebendiger, ein Weg, den Goethe oft zu seinem Gartenhäuschen genommen hat. Mir bedeutet er viel. Ich hoffe, dass ihr euch davon anstecken lasst. Dieser Mann ist kein Denkmal, Stefan, sondern ein Geist, den jede Generation für sich erneut entdecken sollte. Goethe ist eine Ausnahmeerscheinung, nicht nur in Deutschland – das es ja noch gar nicht gibt, das sich aber nach der napoleonischen Zeit herausbilden wird –, sondern in Europa, in der Welt. Von ihm führt eine direkte Linie zu allen wesentlichen Geistern seiner Zeit – und weit darüber hinaus. Ich nenne noch einmal Napoleon, dann Schiller, Beethoven als herausragende Persönlichkeit in der Musik, Mendelssohn-Bartholdy, schließlich auch Schubert, dem Goethe zwar nicht persönlich begegnete, den er aber zu seinen schönsten Liedern anregte.«

»Hat Goethe Schuberts Genie erkannt?«

»Schubert hat ihm sein Opus neunzehn geschickt und Goethe hat es nicht beachtet. Tragischerweise starb der viel jüngere Schubert noch vor Goethe. In Weimar hat niemand seine Goethe-Lieder gehört, man hätte sie aber auch nicht verstanden. Für die Weimarer waren sie musikalisch viel zu reich, zu schwer, zu ausdrucksvoll. Den anderen Komponisten, Ludwig van Beethoven, traf Goethe einmal in Karlsbad. Obwohl Goethe nach Beethovens Ankündigung, er komponiere eine ›Musik zu Egmont‹ gehofft hatte, sich an dessen ›außerordentlichem Talent erfreuen zu können‹, und obwohl Beethoven ihm meisterhaft auf dem Klavier vorspielte, vermochte er die Zuneigung des Komponisten nicht zu erwidern. Goethe meinte, dass der Künstler Beethoven ihn zwar in Erstaunen versetzt habe, allein, der Mensch Beethoven sei leider eine ganz ungebändigte Persönlichkeit; er habe zwar gar nicht Unrecht, wenn er die Welt verabscheuungswürdig finde, er mache sie aber dadurch weder für sich noch für andere genussreicher.«

»Ein Genie wie Beethoven konnte wohl nicht anders empfinden und vor allem konnte er aus seinem Herzen keine Mördergrube machen!«

»Goethe und Beethoven waren zwei vollkommen konträre Persönlichkeiten. Gewiss war Goethe beeindruckt, vielleicht stärker, als er zugab, aber er suchte Zeit seines Lebens nach Harmonie. Und die sah er durch das schroffe Wesen Beethovens gefährdet. Deshalb verschloss er sich ihm, um sein inneres Gleichgewicht zu bewahren. Ähnlich erging es ihm zunächst mit Schiller. Doch davon später. Da ihr mit Frühstücken fertig seid, brechen wir nun auf. Der Tag ist mild, der April kündigt sich an, wir verlassen unser Gästehaus, das diesmal in die Mauern des berühmten Weimarer Hotels ›Zum Elephanten‹ eingefügt wurde.«

Keinesfalls ein goldenes Zeitalter

Senex wählte den Weg quer über den leicht abschüssigen Marktplatz, dann durch eine kleine Gasse, die in einen viel weiteren Platz mündete. Auch dieser fiel ab, zum Weimarer Schloss hin. Senex ging daran vorbei, erwähnte nur, dass Goethe im November 1775 nach Weimar gekommen war, zur Zeit der Aufklärung und vor der Französischen Revolution.

»Weimar«, sagte er, »war damals eine stille Landstadt, in der kaum mehr als sechstausend Menschen lebten. Eben erst war der älteste Sohn der Großherzogin Anna Amalia, Karl August, volljährig geworden und ihr in der Regierung gefolgt. Goethe erinnerte sich fünfzig Jahre später an ihn, als er Eckermann erzählte, dass der junge Fürst wie ein edler

Wein auf ihn gewirkt habe, noch in gewaltiger Gärung. Er wusste nicht, wohin mit seinen Kräften. Sowohl die Stadt als auch das Land Sachsen-Weimar-Eisenach standen noch weitgehend unter dem Einfluss der Mutter. Ihr war es gelungen, die Künste und die Wissenschaften zu fördern und aus Weimar einen ›Musenhof‹ zu machen, indem sie bedeutende Leute herangezogen hatte, unter ihnen Christoph Martin Wieland, den Übersetzer Shakespeares.«

»Der erste Übersetzer?«

»Eine vollständige Übersetzung all seiner Werke war damals nicht selbstverständlich. Goethe lernte Shakespeare, für den ihn schon Herder in Leipzig begeistert hatte, durch Wielands Übertragungen kennen.«

»War Herder denn nicht in Weimar?«

»Er kam ein Jahr später auf Vermittlung Goethes, zu dessen engerem Freundeskreis er schon länger gehörte. Herder war protestantischer Prediger, Theologe, Philosoph und Dichter. Aber noch ein Wort zu Wieland, denn er gab die erste bedeutende literarische Zeitschrift in deutscher Sprache heraus, den ›Deutschen Merkur‹. Wieland begann als frömmelnder Pietist, wandte sich aber vom Religiösen ab und wurde zu einem sinnenfrohen und geistreichen Menschen. Er machte die deutsche Sprache eleganter und formgewandter und bemühte sich um einen Ausgleich zwischen Sinnlichkeit und Vernunft.«

»Das kommt mir ganz undeutsch vor«, murmelte Stefan.

»Wieland war geprägt von der aufgeklärten, weltmännischen Kultur des französischen Spätrokoko, deren Einfluss auf ihn viel größer war als auf Goethe. Das Weimar in Goethes Anfangsjahren war keineswegs so gemütlich, wie man meint. Ringsum tobten Kriege und Revolutionen. Auch das Rokoko war nicht nur zierlich, sondern oft brutal, zum Beispiel mit dem Verschachern junger Männer als Soldaten an andere Länder. Unmittelbar neben Anna Amalias Musenhof veranstaltete man am Vorabend vor Goethes Lesung der ›Iphigenie‹ ein Spießrutenlaufen. Man muss den Dichter und den Naturbetrachter auch in diesen größeren Zusammenhängen sehen. Es war kein goldenes Zeitalter, wie Goethe es bei den Griechen zu finden hoffte; selten hatten die Menschen so viele Umwälzungen zu verarbeiten wie damals. Ich erinnere nur an die Entwicklung von der Kutsche über die Montgolfiere zu Dampfmaschine und Eisenbahn.«

Elender ist nichts als der behagliche Mensch ohne Arbeit

»Weimar hat sich doch bestimmt verändert, während Goethe dort lebte, oder?«

»Daran hatte er als Staatsminister auch seinen Anteil, Berenike. Während Goethes letzten Lebensjahren waren überall neue Schulen gebaut worden, der Grundunterricht wurde verbessert und es gab Hospize für die Armen. Vereinigungen bemühten sich um Wohlfahrt, allgemeine Bildung, um die Landwirtschaft und um die Gefangenenfürsorge; all das kannte man vorher kaum. Goethe schätzte die segensreiche Wirkung seiner amtlichen Tätigkeiten. Er schreibt in seinem Tagebuch: ›Der Druck der Geschäfte ist sehr schön der Seele, wenn sie entladen ist, spielt sie freier und genießt des Lebens. Elender ist nichts als der behagliche Mensch ohne Arbeit, das Schönste der Gaben wird ihm ekel.‹ Er sagte aber auch: ›Das Muss ist hart, aber beim Muss kann der Mensch allein zeigen, wie's inwendig mit ihm steht. Willkürlich leben kann jeder.‹ Nun, ihr müsst wissen, das Frankfurt am Main, wo Goethe 1749 zur Welt kam, war eine Stadt von nur sechsunddreißigtausend Einwohnern. Der bedeutende französische Romancier Stendhal beschrieb ihre Holzhäuser mit zwei Fuß vorspringendem Oberstock, roh geschnitzten Tierfiguren über den Läden, die armselige Gotik der Gebäude, die trübe Sonne. Goethe hat es wohl anders gesehen, im freundlichen Licht einer selten glücklichen Kindheit. Worauf ich aber hinauswill: Als Goethe jung war, wurden in Frankfurt mindestens zwei öffentliche Hinrichtungen durchgeführt, am Prozess, der zur Verurteilung der Kindsmörderin Margarethe Brandt führte, war der Onkel Goethes, ein Senator Textor, mitbeteiligt. Goethe schreibt, dass er Zeuge verschiedener Exekutionen sein musste.«

»Margarethe Brandt … eine Kindsmörderin …« Berenike schaute Senex fragend an. »Hat er aus ihr nicht das Gretchen im ›Faust‹ gemacht?«

»Goethe mag dieses unglückliche Geschöpf in seinem ›Faust‹ poetisch verklärt haben. Doch ich möchte dabei auf einen besonderen Charakterzug Goethes hinweisen. Er verstummte vor den Nachtseiten des Lebens, er schwieg über sie, niemals ereiferte er sich öffentlich, gar politisch, aber später enthüllte er in seiner Dichtung, wie ergriffen er war. Er hat alles miterlebt, das Rokoko, den Siebenjährigen Krieg, Friedrich II. von Preußen, die Aufklärung, die Französische Revolution, den Aufstieg und den Fall Napoleons. Wenn man seine Werke liest, möchte man glauben, das alles sei an ihm spurlos vorübergegangen, so gering ist der Niederschlag, ja, es scheint manchmal, als habe er von all dem keine Notiz nehmen wollen. Und doch hat es ihn und sein Werk geformt. Auf sein Erschrecken über die Blutorgie der Französischen Revolution antwortete er mit verstärkter Hinwendung zur still und gesetzmäßig wirkenden Natur. Er stand damit im Gegensatz zu dem Pathos, mit dem Schiller und Klopstock, selbst Wieland und Herder, den Sturm auf die Bastille begrüßt hatten. Goethe aber fürchtete um die geistige Kultur, die durch die revolutionären Stürme in Gefahr geraten musste. Dabei hatte er die vorangegangene bourbonische Monarchie als unsittlich abgelehnt.«

»Wollte er denn keine Veränderungen?«

»Nur als evolutionäre Prozesse, wie in der Natur. Zu seinem Gesprächspartner Eckermann sagte er noch im vorletzten Jahrzehnt seines Lebens, dass er kein Freund der Französischen Revolution sein könne, da ihm ihre Gräuel zu nahe stünden und ihn empörten, während ihre wohltätigen Folgen noch nicht zu sehen seien. Ebenso wenig sei er ein Freund herrischer Willkür. Er sei auch vollkommen davon überzeugt, dass es keine Revolutionen gäbe, wenn die Regierungen gerecht seien. Zeit seines Lebens löste er alle geschichtlichen Stoffe aus ihren zeitlichen Fesseln, seine Symbolkunst war nur am Überzeitlichen interessiert. Er wollte das Allgemein-Menschliche, wie er es nannte, darstellen. Die Wandlungen, die sich während seines langen Lebens vollzogen haben, waren aber auch gewaltig. Immerhin sah er zum Ende seines Lebens noch das Zeitalter der Industrie heraufziehen.«

»Das hat er doch kritisiert!«

»Man redete bereits von der ›Ausbeutung des Menschen durch den Menschen‹, eine völlig neue Vokabel mit ungeheurer Sprengkraft, wie sich bald zeigte. Goethe war beunruhigt vom Maschinenzeitalter – und doch überhöht er es im zweiten Teil des ›Faust‹ auf dichterische Weise. Er sieht Dampfschiffe und Lokomotiven kommen, sieht Wissenschaft und Kunst von der Technik beeinflusst. Da gibt es nicht mehr den einsamen Schöpfer, das Individuum, nicht mehr das Universalgenie, sondern nur noch umtriebige, materialistische Kaufleute, Gesellschaften und Komitees.«

»Dass ihm das alles zuwider war, glaube ich gern!«

»Im Jahr vor seinem Tod, 1831, beendete Goethe den zweiten Teil des ›Faust‹. Er vermerkte in seinem Tagebuch: ›Das Hauptgeschäft zu Stande gebracht. Letztes Mundum. Alles rein Geschriebene eingeheftet.‹ Einen Monat später siegelte er das Manuskript und bestimmte, dass es erst nach seinem Tod gedruckt werden dürfe. Goethes ›Faust‹ zeigt den Übergang von einer Epoche in eine neue.«

Der Park als Realität und Dichtung

Inzwischen waren sie weit in den Weimarer Park vorgedrungen, der sich an der Ilm ausbreitete. Die Bäume streckten ihre Zweige. Noch waren sie nicht begrünt, aber man ahnte die Blätter, die sich als glänzende Knospen ankündigten. Die fehlenden Farben und das Leben, das sich erst zu regen begann, wurden durch herumschwirrende Vögel wettgemacht, die Halme zum Nestbau suchten.

»Ihr werdet euch wundern«, Senex blieb einen Augenblick stehen und machte eine ausgreifende Armbewegung, »auch der Park ist eine Schöpfung Goethes, zumindest ist er unter seiner Aufsicht und nach seinen Ideen entstanden. Anregung dazu war für ihn ein anderer Park, der des Schlosses Wörlitz bei Dessau. Seinen dichterischen Niederschlag fand Goethes Gartengestaltung in seinem Roman ›Die Wahlverwandtschaften‹. Goethe schuf also einen großen Park sowohl in der Realität als auch in der Dichtung, und dieses doppelte Schaffen ist charakteristisch für ihn. Er war eben nicht nur, ich sage das ›nur‹ in Anführungsstrichen, ein großer Dichter, sondern auch Staatsbeamter, Minister, Schauspieldirektor, Naturforscher, Zeichner und Sammler …«

Senex setzte sich wieder in Bewegung. »Wir sprachen vom Faust, Goethe hat ein Leben lang daran gearbeitet …«

»Das Thema haben doch schon andere Autoren vor Goethe behandelt, glaube ich?«

»Ja, das stimmt. Über drei Jahrhunderte hinweg. Bekannt ist auch der ›Doctor Faust‹ des Engländers Marlowe. Aber im Grunde beruhen alle Faust-Geschichten auf einer Gestalt des 16. Jahrhunderts. Erst Goethe schuf das große Weltgedicht und Welttheater. So wie sein Faust sich wandelt, spiegelt er die Entwicklung von Goethes Denken, vom Sturm und Drang des jungen Mannes im ›Urfaust‹ bis hin zur Weisheit des gealterten. Goethe schuf mit diesem Stück das tiefgründigste Drama der deutschen Sprache, voller Allegorien und Symbole, die in Helenas Erscheinen gipfeln, als Sinnbild des vollkommen Schönen. Mit seinem ›Faust‹ zeigt Goethe das bedeutendste Beispiel eines utopischen Menschen, wie Ernst Bloch sagte; mit diesem Weltgedicht wurde er zum großen Klassiker der deutschen Sprache. Der ›Faust‹ ist sowohl inhaltlich als auch formal ein Höhepunkt der Weltkultur.«

»Wir mussten uns in der Schule an ihm die Zähne ausbeißen«, warf Stefan ein.

»Ich gebe zu, dass man dieses Werk als Schüler nur schwer verstehen kann. Und doch vermag es bereits in jungen Jahren zu faszinieren. Man muss den Faust ein Leben lang in seinen Gedanken immer wieder neu inszenieren. Aber um das zu können, muss man ihm erst einmal begegnet sein. Unüberschaubar ist die Zahl der Bücher, in denen eine Deutung versucht wird, trotzdem scheint mir, als ob die Fülle der Gedanken und der Reichtum der Sprache kaum je ausgeschöpft werden können.«

»Ich glaube auch, einmal lesen genügt nicht.«

Da rief Senex: »Hier wären wir! Unser erstes Ziel: Goethes Gartenhäuschen, ein Geschenk seines Herzogs Karl August.«

Die ganze Natur ist Ausdruck des Göttlichen

Der hellgraue Würfel mit dem hohen schwarzen Dach lag ein wenig erhöht. Eine weiße Gartentür führte zu den wenigen Stufen der Außentreppe, viele Büsche und Bäume umhegten das kleine Haus.

Auch drinnen mussten sie nur wenige Stufen steigen, dann standen sie in Goethes Arbeitszimmer. Der Raum war sparsam ausgestattet. Eines der Fenster zum Park stand offen. Roman lehnte sich an die Brüstung und sah hinunter. »Hier hat er sein Gedicht ›An den Mond‹ geschrieben:

Füllest wieder Busch und Tal
Still mit Nebelglanz,
Lösest endlich auch einmal
Meine Seele ganz …«

Senex zeigte auf drei Stühle. Roman, Stefan und Berenike setzten sich. »Goethe schrieb das Gedicht in einer Winternacht, als die Ilm die Wiesen überschwemmte. Oft inspirierte ihn die Natur, so auch zu diesen so einfach scheinenden Versen:

Über allen Gipfeln
Ist Ruh,
In allen Wipfeln
Spürest du
Kaum einen Hauch;
Die Vögelein schweigen im Walde.
Warte nur, balde
Ruhest du auch.

Goethe kratzte die Zeilen in die Bretterwand eines Jagdhäuschens.«

Sie schwiegen einen Augenblick. Dann sagte Berenike: »Als wir vorhin vom ›Faust‹ gesprochen haben, fiel mir die ›Gretchenfrage‹ ein …«

»… die Frage nach dem Glauben. Wie hat Goethe es eigentlich mit dem Glauben gehalten? Er hat doch die Aufklärung erlebt, er hat von Leibniz und Spinoza gewusst ...«

»Er selbst nennt sich als Dichter und Künstler einen Polytheisten, einen, der viele Götter verehrt. Aber das hat er sicher nicht ernst gemeint. Der griechische Götterhimmel war ihm als Künstler jedoch vertraut. Als Naturforscher, sagte er weiter, sei er Pantheist, er glaubte an einen Gott, der mit dem Weltall identisch ist. Ich denke, dass er damit seine Position am zutreffendsten erklärt. Es scheint mir klar zu sein, dass er keinen christlich-persönlichen Gott meinte. Die himmlischen und die irdischen Dinge waren für ihn ein so weites Reich, dass nur die Organe aller Wesen zusammen es erfassen könnten.«

»Die Organe, nicht der Verstand?« Stefan krauste die Stirn.

»Für Goethe gab es keinen Zweifel daran, dass man Gott nicht mit dem Verstand erfassen kann. Für ihn war die Natur Ausdruck des Göttlichen, dessen wirkenden Geist spiegelt er in der Mannigfaltigkeit der von ihm geschaffenen Gestalten. Davon zeugt Goethes Werk. Ihr wisst ja, dass Goethe auf seine Naturstudien nicht weniger Zeit und Energie verwendete als auf sein poetisches Schaffen. Bereits in jungen Jahren beschäftigte er sich mit Anatomie, in Weimar kamen Botanik, Mineralogie und Geologie dazu, später die Lehre von den Knochen und die Optik. Die Erfahrung bestätigte ihm, was er intuitiv erschaut hatte. Im Alter von fünfunddreißig Jahren, fast hundert Jahre vor Darwin, wies er bereits auf einen evolutionären Prozess hin. Er meinte, dass bei Tieren wie bei Menschen sämtliche Schädelknochen aus verwandten Wirbelknochen entstanden seien. Von hier aus war es nur noch ein Schritt zu seiner umfassenden Lehre von der Morphologie, nach der alle Gestalt ein Bewegliches, ein Werdendes, ein Vergehendes ist. Gestaltlehre war für ihn Verwandlungslehre. Er war von der Existenz einer Urform und von der Verwandtschaft aller Lebewesen untereinander überzeugt.«

»Irgendwie denke ich dabei an die Ideenlehre von Sokrates.«

»Schön, dass du dich daran erinnerst, Roman. Goethe schrieb schließlich auch eine Metamorphose der Tiere und widmete sich mit geradezu missionarischem Eifer über Jahre hinweg seiner Farbenlehre, die zu einem Werk von über tausend Seiten anwuchs.«

»Aber er hatte nicht Recht.«

»Rein wissenschaftlich gesehen nicht, Berenike. Es war ein Irrtum, dass er Newtons mathematische Physik bekämpfte und sich gegen das Messbare in der Natur wandte, indem er von der Anschauung ausging und das Sinnlich-Subjektive nicht aus der Naturerklärung ausgeschlossen wissen wollte. Aber es war ein genialer Irrtum. Nach seiner Überzeugung kann die mathematisch-quantitative Naturwissenschaft nur den messbaren Bereich der Natur erforschen, Goethe aber ging es um eine umfassende Naturanschauung, die eine – freilich unbeweisbare – neue Wahrheit verkündet. Er zielte auf die Einheit der ganzen Natur. Deshalb galt ihm jede einzelne Erscheinung, auch die Farbe, nur als eine spezielle Ausformung eines allem zu Grunde liegenden Urphänomens. Leidenschaftlich wandte er sich gegen Newtons Entdeckung, dass in der Farbe Weiß alle übrigen Farben enthalten sind. Im Gegensatz zu Newton behauptete er, dass alle Farben durch Trübung, durch ein Zusammenwirken von Hell und Dunkel entstünden. Aber wenn er auch nicht Recht hatte, so waren seine Arbeiten doch in höchstem Maße anregend.«

Senex schaute aus dem Fenster.

Flucht aus der Enge der Kleinstadt

Nach einem kurzen Blick in den Park fuhr Senex fort: »Nach dem Studium in Leipzig, wo er auch zeichnete und in Kupfer zu stechen lernte, arbeitete Goethe als Rechtsanwalt in Frankfurt und begann mit seinem literarischen Schaffen. 1772 ging er nach Wetzlar an das Reichskammergericht und verliebte sich in Charlotte Buff. Dieser Liebe verdankt sein geniales Jugendwerk ›Die Leiden des jungen Werthers‹ seine Entstehung, in dem er neue, unerhörte Töne anschlug. Er kehrte nach Frankfurt zurück. Auf den ›Werther‹ folgten der ›Götz von Berlichingen‹ und ›Clavigo‹. Sie gelten als Hauptwerke des so genannten ›Sturm und Drang‹. Plötzlich war Goethe berühmt. Er wollte damals schon nach Italien reisen, wurde aber in Heidelberg von einer Einladung des noch jungen Herzogs Karl August von Sachsen-Weimar eingeholt, kehrte um und trat in dessen Dienst. In den ersten Jahren in der kleinen Residenzstadt verliebte er sich in die spröde Charlotte von Stein, Hofdame Anna Amalias und Gattin des herzoglichen Stallmeisters. Goethe arbeitete in der Verwaltung und an eigenen Werken, die er nicht beendete. Er beschäftigte sich mit Mineralogie und Anatomie. Doch all das und die kleinbürgerliche Weimarer Atmosphäre wurde ihm zu eng, zu höfisch; nicht zuletzt seine Naturstudien sagten ihm, dass er durch den Staatsdienst seine eigentlichen Interessen vernachlässigte. So reifte am Ende seines zehnten Weimarer Jahres der Entschluss, sich zu lösen.«

»Und er ist dann doch wirklich nach Italien gefahren, glaube ich.«

»Er floh überstürzt eines Morgens um drei Uhr während eines Badeaufenthaltes in Böhmen, und zwar 1786, drei Jahre vor der Französischen Revolution. Nur der Herzog wusste von seinen Plänen und versprach, ihm seinen Ministerstuhl freizuhalten.«

»Wie lange ist er geblieben?«

»Zwei äußerst produktive und für die deutsche Literatur entscheidende Jahre. Als er wiederkam, war ihm selbst bewusst, dass er ein anderer Mensch geworden war. Er hatte an innerer, menschlicher Größe, an Wärme gewonnen, er hatte sich noch stärker als zuvor der sinnlichen Welt geöffnet. Er war universeller geworden, ein Künstler, dem die Regierungsgeschäfte lästig wurden, ein Fremder in dem bescheidenen, kleinstädtischen Weimar. Dort lebte Goethe nun mit der jungen Christiane Vulpius zusammen.«

»Damit hat er doch bestimmt die Gesellschaft vor den Kopf gestoßen?«

»Sicher hatte man gehofft, dass es sich um eine vorübergehende Verirrung handeln möge. Christiane besuchte Goethe zunächst heimlich im Gartenhaus. Sie war eine blondlockige, kleinbürgerliche Thüringerin, deren Jugend, Unkompliziertheit, Fröhlichkeit und unverstellte Sinnlichkeit ihn anzogen, vor allem nach der kühlen, zur Melancholie neigenden Frau von Stein, die sieben Jahre älter war als Goethe und ihm seine heimliche Abreise nach Italien nicht verzeihen konnte. Er machte Christiane nicht nur zu seiner Geliebten, sondern bald darauf auch zu seiner Hausgenossin. Achtzehn Jahre später ließ er sich mit ihr in der

Hofkirche trauen. Doch wir sind vorausgeeilt. Goethe ist eben erst aus Italien heimgekehrt. Der Herzog stellte ihn von vielen Staatsaufgaben frei, sodass sich der Dichter umso intensiver den Naturwissenschaften widmen konnte. Es war das Jahrzehnt, in dem er viele Werke endlich vollendete. Den Höhepunkt dieser Phase bildete sicher der Abschluss des ersten Teils des ›Faust‹. Die ›Wahlverwandtschaften‹ erregten die literarisch interessierten Menschen, danach schrieb Goethe in ›Dichtung und Wahrheit‹ seine Erinnerungen bis zur Weimarer Zeit nieder. Einer späten Liebe zur Frankfurter Bankiersgattin Marianne von Willemer verdankt der ›West-östliche Divan‹ seine Entstehung, wobei für alle Zeiten ungeklärt bleiben wird, welche Gedichte Goethe, welche Marianne von Willemer verfasste. Wie auch immer, durch seine Kulturstudien machte Goethe den Orient in der deutschen Literatur heimisch. Der ›West-östliche Divan‹ ist eine lyrische Symbiose von Fremdem und Eigenem, von Tiefsinn und Scherz, und ein Zeugnis von Goethes Wandlungsfähigkeit, von der Jugendlichkeit seines Herzens und seiner Phantasie – eine der bewegendsten Dichtungen deutscher Sprache. Den Vierundsiebzigjährigen überwältigte noch einmal seine grenzenlose Fähigkeit, sich einem anderen Menschen hinzugeben. Er verliebte sich in die anmutige, erst neunzehnjährige Ulrike von Levetzow und machte ihr einen Heiratsantrag. Äußere Widerstände, nicht zuletzt eine zögernde Antwort Ulrikes, veranlassten ihn jedoch zum Verzicht. Diese, wie er selbst wusste, letzte große Liebe fand ihren Niederschlag in der ›Marienbader Elegie‹. Er vollendete den ›Wilhelm Meister‹ und den zweiten Teil des ›Faust‹. Sein Werk umfasst in der kritischen Ausgabe einhundertdreiunddreißig Bände und einige Zusatzbände. – Genug, wir wollen gehen!«

Er scheint zu schlafen

Berenike lief als Erste die Treppe hinab, blieb im Park stehen, breitete die Arme aus und drehte sich mehrmals um sich selbst. »Wunderbar, dieser Frühlingsduft! Diese modernde, feuchte Erde!« Sie hakte sich bei Roman und Stefan ein. So schlenderten sie über die Parkwege zurück, am Schloss vorbei und über den Marktplatz. Von dort aus war es nur noch ein kurzes Stück zum Gebäude am Frauenplan. Gegenüber dem roten, leicht geschwungenen Haus plätscherte Wasser in ein großes Becken. Ungeachtet der vielen dunkel gekleideten Trauergäste, die in Goethes Haus strömten, waren Mägde, Gesellen und Kinder um den Brunnen versammelt, schwatzten, schöpften aus dem Becken, gossen das Wasser in Bütten und trugen die Gefäße wieder fort. Wer gleich trinken wollte, stellte seinen Krug unter den Wasserstrahl. Alles war lebendig, abwechslungsreich. Niemand zeigte Ungeduld. Ein Knabe kletterte auf den Rand, um direkt aus dem Rohr zu trinken.

Senex ging zur Haustür, Zypressen flankierten den Eingang. Gemeinsam mit dunkel gekleideten Menschen traten sie ein. Die Männer trugen ihre Zylinderhüte in der Hand. Vorhalle und Hausflur waren schwarz ausgeschlagen. In Goethes Stube drängten sich die Menschen. Der Verstorbene lag halb aufgerichtet in seinem Sarg. Man hatte ihn in einen Anzug aus weißem Atlas gekleidet. Eine schwarze Samtdecke reichte bis zur Brust, Goethes linker Arm lag ausgestreckt neben dem Körper, der rechte angewinkelt auf der Decke. Über seiner Stirn, auf dem vollen Haar, trug er einen Lorbeerkranz.

»Hinter dem Katafalk seht ihr zur Linken ein Gestell mit dem Kranz aus Gold und Smaragden, den ihm seine Geburtsstadt Frankfurt einige Jahre zuvor geschickt hatte«, erklärte Senex leise. »Rechts ein Podest mit seinen Diplomen. Dazwischen, wie auf einem Altar, steht eine antike Amphore mit Schriftrollen; sie sollen Goethes Werke versinnbildlichen. Daneben die goldene, blumengeschmückte Lyra. Ringsherum steht die Ehrenwache; sie besteht aus den Angehörigen der großherzoglichen Bibliothek, Mitgliedern des Hoftheaters, Künstlern des Zeicheninstituts und Abgeordneten des Armbrustschützenvereins, in dem er – seltsam genug – Ehrenmitglied gewesen war.«

»Er scheint zu schlafen«, flüsterte Berenike zaghaft. Sie fühlte sich beklommen, denn sie hatte erst wenige Tote gesehen.

»Gleich ist es zwölf Uhr, da werden die Türen geschlossen und dann müssen viele Menschen abgewiesen werden. Man wird den Sarg schließen und ihn heute Nachmittag um fünf unter vollem Trauergeläut in die Fürstengruft überführen. Halb Weimar wird ihm folgen, ein Trauerzug von über fünfundzwanzig Abteilungen, wie man damals sagte. Wagen auf Wagen, Ehrenformationen, die Verwandten, der Arzt, die Mitglieder des Hoftheaters. Hunderte von Trauergästen im Zug, tausende am Straßenrand.«

Sie verließen das Haus und kehrten ins helle Licht zurück. Hinter ihnen wurden die Türen zugemacht. Alle Trauernden, die jetzt noch kamen, mussten umkehren.

Einheit von Seele und Leib

Senex schlenderte mit seinen drei Begleitern die kurze Straße zurück, die nach links in eine breite Allee einmündete. Hier war ein beliebter Treffpunkt der Weimarer Bürger, viele flanierten in Gruppen rechts und links.

»Noch ein Stück weiter, und wir kommen zum Schillerhaus«, erklärte Senex. »Aber hier ist eine kleine Wirtschaft. Nutzen wir die Mittagsstunde.«

Gern traten sie ein, setzten sich an einen runden Tisch nahe dem Fenster und gönnten sich einen kleinen Imbiss. Senex ließ sie in Ruhe essen, dann fuhr er fort: »Goethe war ein Mensch mit vielen Widersprüchen. Er selbst fand, er sei aus ›polaren‹ Gegensätzen zusammengesetzt und zur Einheit gestaltet. Man darf nicht nur den Menschen, man sollte auch seine Leistung sehen. Als Einheit von Seele und Leib muss man Goethe erfassen, sonst kann man ihn und sein Werk nicht verstehen.«

»Ich glaube, das kann man sowieso nicht!«

»Er fragte einmal: ›Wer bin ich? Was habe ich geschaffen? Ich habe alles aufgenommen und mir angeeignet, was ich nur hörte und beobachtete. Meine Werke haben sich genährt von tausenden der verschiedensten Wesen, Toren und Weisen, hellen Köpfen und Narren.‹ Er habe auch geerntet, was andere säten. ›Mein Werk ist das eines Kollektivwesens und es trägt den Namen Goethe.‹ Warum sollten wir also nicht versuchen, von ihm zu nehmen, was er uns zu geben vermag? Aber ihr seid fertig? Dann gehen wir die paar Schritte zum Schillerhaus. Wir treten nicht ein, wir werfen nur einen Blick von außen darauf. Dabei möchte ich einige Worte zu Schiller sagen, den Goethe zunächst gar nicht schätzte.«

»Das war doch auch mit Heinrich von Kleist so!«

»Auch Kleist hat er verkannt und diesen Fehler nicht revidieren können, wie bei Schiller. Er wusste mit der Romantik generell nichts anzufangen.«

Sie verließen die Gaststätte.

Durchtränkt von revolutionären Ideen

Bald standen sie vor einem schmalen Gebäude, das so viel bescheidener aussah als das Goethehaus. »Gemessen an Schillers Herkunft, Kindheit und Jugend, symbolisiert dieses Haus aber doch einen größeren Aufstieg seines Besitzers als das Goethes, der Zeit seines Lebens in wohlhabenden, großbürgerlichen Verhältnissen gelebt hatte. Friedrich von Schiller dagegen, von Geburt ebenso wie Goethe nicht adlig, wuchs in beengten Verhältnissen auf. Der Herzog von Württemberg ließ ihn auf der Karlsschule, einer Kadettenanstalt, mehr als spartanisch erziehen. Danach studierte der junge Schiller Jura und Medizin und wurde Regimentsmedikus. Doch ich will euch sein Leben nicht im Einzelnen erzählen. Nur dies: Die völlig unterschiedliche Jugendzeit prägte auch zwei völlig verschiedene Charaktere. Schiller wurde 1759 geboren, er war zehn

Jahre jünger als Goethe, und stammte aus Marbach am Neckar. Anders als Goethe war Schiller beeinflusst, ja jugendlich begeistert von der Aufklärung. Mit Anfang zwanzig schrieb er sein Schauspiel ›Die Räuber‹, das 1782 in Mannheim uraufgeführt wurde und durchtränkt war von aufklärerischen, revolutionären Ideen.«

»Dann fand sieben Jahre vor der Französischen Revolution in Mannheim schon eine Revolution auf dem Theater statt?«

»Die Zeit war reif dafür. Schiller wollte als Autor anonym bleiben. Er verbarg sich in einer Logenecke, er musste ja Kerkerhaft befürchten. Der Erfolg aber war phänomenal, er machte den Verfasser mit einem Schlag bei der aufsässigen Jugend berühmt. Das Publikum raste, die Leute lagen sich in den Armen, schrien, ballten die Fäuste und schüttelten sie gegen die Bühne, aber nicht, weil sie das Stück ausbuhten, sondern aus Hass gegen die herrschende Fürstenordnung.«

»Wusste Goethe von diesem Erfolg?«

»Er erfuhr selbstverständlich von diesem Theaterereignis, er lebte schon in Weimar und erhielt ein von Kaiser Franz Joseph II. ausgestelltes Adelsdiplom.«

»Da konnte er mit den ›Räubern‹ wohl nichts anfangen.«

»Vor allem aus künstlerischen Gründen empfand er das Stück als ungeformt und unreif. Zehn Jahre nach der Uraufführung der ›Räuber‹ wurde Schiller – auch diese Verknüpfung wird viel zu wenig gewürdigt – von der Französischen Revolutionsregierung zum Ehrenbürger der Französischen Republik erklärt. So groß war sein Ruhm über Deutschlands Grenzen hinaus, so groß sein Ansehen im revolutionären Frankreich. Aber auch Schiller wandte sich bald entsetzt von den Schrecken der Revolution ab. Intensiv setzte er sich mit der Philosophie Immanuel Kants auseinander. Das prägte ihn so sehr, dass er eine innere Wandlung durchmachte.«

»Und sich dadurch Goethe annäherte?«

»Die Kluft blieb groß. Auch dann noch, als Schiller nach Weimar übersiedelte. ›Dieser Mensch, dieser Goethe, erinnert mich daran, dass das Schicksal mich hart behandelt hat, während es ihm leicht gemacht wurde‹, soll er damals geäußert haben. Sieben Jahre hat Schiller in Weimar gelebt, ohne dass der Geheimrat Goethe von ihm Notiz genommen hätte. Schiller lehnte sich dagegen auf, dass Goethe ›alle Menschen fesselt und bezaubert und sich dabei selbst freihält, wie ein Gott – ohne sich je selbst zu geben‹. Und er spöttelte, dass ›der Herr Geheimrat‹ ein naturgläubiger Geist sei, der mit seinen Anbetern Mineralogie treibe oder Kräutlein sammeln gehe, mit der reinen Natur kommuniziere, Wege und Grotten in feinen Gärten anlege oder plane. Er machte sich über ›die kindliche Einfalt‹ Goethes und ›seiner ganzen Sekte‹ lustig.«

»Ganz schön hart!«

»Vielleicht hat Goethe deshalb eine Berufung Schillers an die Universität Jena – übrigens unbesoldet – beim Herzog befürwortet, um diesen unbequemen Geist in Weimar loszuwerden. Und doch – gerade in Jena kam es dann zu einer denkwürdigen Unterhaltung, die Goethe ein ›glückliches Ereignis‹ nannte. Die beiden sprachen nach einer Sitzung der Jenaer ›Naturforschenden Gesellschaft‹ miteinander.«

»Wie ist es dazu gekommen?«

»Möglich, dass Schiller es eingefädelt hatte. Er lenkte jedenfalls das Gespräch gleich geschickt auf Goethes naturwissenschaftliche Interessen, genauer, auf sein Lieblingsthema, auf das Problem einer möglichen Urpflanze… Das Eis war gebrochen, Goethe wurde zu einer Mitarbeit an der von Schiller geplanten Zeitschrift ›Die Horen‹ gewonnen, es entwickelte sich die legendäre Freundschaft, in deren Verlauf Schiller nach Weimar zurückkehrte. Nun, durch die Zusammenarbeit mit Goethe, konnte Schiller all seine theoretischen Überlegungen zu Kunst und Philosophie in Literatur verwandeln. Er schrieb seine theoretischen Schriften, die ›klassischen‹ Dramen, den ›Wallenstein‹, ›Maria Stuart‹, die ›Braut von Messina‹, den ›Wilhelm Tell‹ und das Fragment ›Demetrius‹. In allen Stücken leiden seine Protagonisten unter dem Konflikt zwischen Pflicht und Neigung. Und wieder erkennen wir Zusammenhänge, sehen, wie eines ins andere greift, eines auf dem andern aufbaut.«

»Eine geistige Evolution?«

»Schiller hätte all diese Werke nicht schreiben können, wenn es ihm nicht einerseits möglich gewesen wäre, den genialen Handwerker Lessing zu studieren, und wenn nicht andererseits Wieland bereits Shakespeares Königsdramen übersetzt hätte. Von Lessing lernte er die Klarheit, die Präzision, von Shakespeare, wie man so gewaltige historische Stoffe auf die Bühne bringen kann.«

»Hat diese späte Freundschaft Goethe wirklich so viel bedeutet?«

»Wir können nicht in das Herz eines Menschen hineinsehen, Berenike. Und doch – ich glaube, die Freundschaft war für Goethe wertvoll. Jeder Mensch, selbst ein Genie, wird im Alter einsam. Alte Freunde sterben. Goethes Vater war tot, er sah seine Mutter zum letzten Mal. Vier seiner Kinder waren gestorben, Christiane lebte noch. Die Zuneigung zu Schiller beugte einer zu großen Isolation vor. Diesen zehn Jahren der Freundschaft verdanken wir zum Beispiel das produktivste Briefgespräch der deutschen Literatur. Durch Goethe und Schiller wurde das kleine Residenzstädtchen zum Zentrum der deutschen Kultur. Die Liste der wichtigen Persönlichkeiten, die nach Weimar kamen, wurde immer länger. Dazu gehörten Wilhelm und Alexander von Humboldt, die Philosophen Fichte und Schelling, der geniale Schriftsteller Jean Paul, die Dichter August Wilhelm und Friedrich von Schlegel, Ludwig Tieck, der Dichter des ›Gestiefelten Kater‹, der romantische Dichter Novalis und der Philosoph Hegel. Und dieser Besucherstrom endete nicht mit dem Tod Schillers, der 1805 an einem Lungenleiden starb, nur fünfundvierzig Jahre alt. Die Särge der beiden großen Dichter stehen heute nebeneinander in der Fürstengruft.«

Im Biedermeier

Ein Wunschbild bürgerlichen Daseins

Auf der Straße fuhr ab und zu eine Kutsche, manchmal ratterte ein landwirtschaftliches Fahrzeug vorbei, hie und da trabte ein Reiter. Die meisten Leute gingen auf den Trottoirs, die Damen in weiten, auf dem Boden schleifenden Kleidern aus ungemustertem Musselin, hellfarbigem Taft oder schwerer Seide, viele trugen kunstvolle Hüte. Ihre Mägde trugen Kleider aus blau bedruckten Baumwollstoffen. Die Männer bevorzugten Frack und Sakko in dunkelblauem, dunkelbraunem oder schwarzem Wollstoff, für die Hosen weißen oder gelblichen Trikot. Ihre gefältelten Hemden waren aus Baumwolle, die sie mit mehrfach geschlungenen Krawatten schmückten. Vornehmere Herren trugen Zylinder. Arbeiter hatten Schirmmützen auf.

Dem Schillerhaus gegenüber stand ein Gebäude, das die Aufmerksamkeit der drei auf sich zog. Es sah irgendwie nicht echt aus.

Senex lächelte: »Nur hinein!«

Im Flur herrschte gedämpftes Licht, an den Wänden hingen einige Kupferstiche. In der Stube standen Möbel aus hellem Holz: Stühle, eine Kommode, über der drei Scherenschnitte hingen, eine Vitrine mit Nippes, Porzellanschalen und Figürchen, ein aufgeklappter Schreibsekretär, auf dem eine Gänsefeder im gläsernen Tintenfass stand, daneben die Streusandbüchse. Die Gardinen an den kleinen Fenstern waren gestreift, die Tischdecke mit Streublümchen gemustert. An der gegenüberliegenden Wand zeigte ein Bild die Ankunft einer Postkutsche, die von einem Soldaten mit aufgepflanztem Bajonett empfangen wurde.

»Das ist eine so genannte ›gute Stube‹«, erklärte Senex jetzt. »Man benutzte sie nur zu besonderen Gelegenheiten. Sie ist charakteristisch für eine bestimmte Stilrichtung.«

»Das muss Biedermeier sein!« Berenike deutete auf die Möbel.

»Es charakterisiert die Wohnkultur des aufsteigenden Bürgertums dieser Zeit, in der treuherzige, aber auch spießige Menschen lebten. Die Biedermeierzeit gilt als ein Wunschbild bürgerlichen Daseins. Das drückte sich auch in den Wohnungen aus, die wir heute noch von den beliebten Genrebildern kennen, deren Meister Carl Spitzweg ist. Sie zeigen das alltägliche Leben, meist beschaulich, gemütlich, friedlich, wie der Bürger es sich wünschte. Heinrich Heine hat es im französischen Exil treffend geschildert: ›Wie viel heiterer und wohnlicher ist es dagegen in unserm lieben Deutschland! Wie traumhaft gemach, wie sabbatlich ruhig bewegen sich hier die Dinge! Ruhig zieht die Wache auf, im ruhigen Sonnenschein glänzen die Uniformen und Häuser, an den Fliesen flattern die Schwalben, aus den Fenstern lächeln dicke Justizrätinnen, auf den hallenden Straßen ist Platz genug: Die Hunde können sich gehörig anriechen, die Menschen können bequem stehen bleiben und über das Theater diskutieren und tief, tief grüßen, wenn irgendein vornehmes Lümpchen oder Vizelümpchen, mit bunten Bändchen auf dem abgeschabten Röckchen, oder ein gepudertes, vergoldetes Hofmarschällchen gnädig wiedergrüßend vorbeitänzelt!‹«

»So ist es in Deutschland. Und in Frankreich, England, Italien?«

»Das Biedermeier gibt es nur in Deutschland und in Österreich, Stefan, wo wir gleich sein werden.«

Sie blickten Senex erstaunt an.

»Mit diesem Haus«, fuhr er fort, »hat es eine besondere Bewandtnis. Wir können ja nicht dauernd reisen, das müssten wir aber in dieser Zeit, von Stadt zu Stadt, von Land zu Land. Im Evo-Park ist das aber nicht nötig. Er wurde entsprechend geplant. Hier ist es nun wieder so wie damals in Jericho – wir gehen durch ein Haus und kommen in ein anderes Land. Diesmal nach Österreich, nach Wien. Genau genommen, sind wir schon da, ihr seht es nur noch nicht. – Nun, das Biedermeier hatte keine Auswirkungen, es sei denn, man nimmt die kleine Welt als stilbildend. Die Industriekultur blühte auf, Ähnliches hatte es vorher noch niemals gegeben. Aber ruht euch doch einen Augenblick aus.«

Das Trio setzte sich auf die hellen Stühle um den runden Tisch mit der geblümten Decke.

»Wir stehen einem neuen Phänomen gegenüber. Bisher hatten Handwerker ihre Werke gefertigt und auch gestaltet. Handwerk und Künstlertum waren nicht weit voneinander entfernt. Früher waren die Waren in den Manufakturen in Handarbeit entstanden. Ihr wisst, welchen Wert man auch heute noch der ›reinen Handarbeit‹ beimisst. Das änderte sich schlagartig. Die Großindustrie entstand und mit ihr entwickelte sich die Massenproduktion. Dafür brauchte man industrielle Formen, deren Gestaltung wesentlich durch das auf Repräsentation bedachte Bürgertum bestimmt wurde, bei dem man die meisten Abnehmer fand.«

»Und das hat den Geschmack geformt?«

»Nun entstand das, was wir heute Design nennen. Aber noch lange verharrte das Bürgertum wie eine träge Masse mitten in den revolutionären Umschwüngen und bildete einen ruhenden Pol, man kann auch sagen: einen stumpf-unbeweglichen Block. Es wandte den Blick zurück in eine Welt, die ihm behaglicher, gemütlicher, geborgener gewesen zu sein schien, es pflegte Werte, die in der Vergangenheit wurzelten. Die Gedanken der Aufklärung waren ihm sehr, sehr fern.«

»Ich denke, das war genau wie heute. Daran hat sich doch nichts geändert.«

Mittelpunkt der monarchistischen Reaktion

Als sie das Haus wieder verließen, empfing sie ein von Bäumen gesäumter Platz, dessen Längsseite ein Holzgeländer abschloss. Es schützte vor einem steilen Abhang, in dessen Tiefe sich das Häusergewirr einer Großstadt ausbreitete. Aus der Mitte der Giebel ragten ein noch spitzer zulaufendes Dach und der Turm einer gotischen Kathedrale in den Himmel.

»Wir sind im Wienerwald. Das ist die Kaiserstadt Österreichs mit dem Stephansdom. Seht ihr die Hofburg? Noch weiter entfernt Schloss Schönbrunn, dort das barocke Meisterwerk Schloss Belvedere, das Prinz Eugen von Savoyen bewohnte, der Wien gegen die Türken verteidigt hat. Die Praterwiese an der Donau gibt es auch schon, ein Volksbelustigungsort mit Ringelspielen, Schaukeln und Schaubuden. Das Riesenrad wird man erst später bauen. Für kurze Zeit, während Napoleons Zwangsaufenthalt auf Elba und dann noch einmal nach seiner endgültigen Niederlage bei Waterloo und seiner Verbannung nach Sankt Helena, über siebzehn Jahre vor Goethes Tod, war Wien das politische Zentrum Europas ...«

»Ich nehme an, Sie meinen den Wiener Kongress.« Roman stützte sich auf das Geländer. Aus den Kaminen stieg der Rauch von Holzfeuern auf. Der Dunst hing über den Dächern, die Luft war von dem Geruch geschwängert.

»Fürst Metternich, der entschiedenste Gegner Napoleons, versuchte Europa neu zu ordnen, oder sagen wir besser, die alten Strukturen zu restaurieren und die Französische Revolution ungeschehen zu machen. Durch ihn wurde die Wiener Staatskanzlei zum Mittelpunkt der monarchistischen Reaktion. Da war von Verfassung überhaupt nicht mehr die Rede. Nirgends waren mehr Kaiser, Könige, Herzöge, Fürsten, Grafen oder Barone versammelt und jeder brachte seine Gattin, seine Hofdamen, Mätressen, Minister, Staatskanzler, Diplomaten, Lakaien, seinen ganzen Hofstaat mit. Die Wiener Hofburg wurde zum Ameisenbau. Die Diplomaten und ihre Lakaien hasteten, transportierten Akten, Billets, geheime Briefe, undurchschaubare Abmachungen. Unter den gekrönten Häuptern befand sich auch Zar Alexander I. von Russland, dem man nachsagte, dass er sich häufiger in den Ballhäusern vergnügte, als an den Konferenzen teilzunehmen. Er machte allen schönen Damen den Hof, war verstrickt in viele Abenteuer und mischte sich gern unerkannt unter die Tanzenden. Damals kam der Walzer in Mode, er machte die Tänzer verrückt. Wenige Jahre später führten Joseph Lanner, Strauß Vater und Sohn den Walzer auf seinen Höhepunkt – das war keine höfische Musik mehr, auch keine klassische, das war Musik für jedermann, zum Anfassen, im wahrsten Sinn des Wortes, Musik für Verliebte. In den Straßen kursierten Flugblätter, auf denen zu lesen war: ›Er liebt für alle: Alexander von Russland. Er denkt für alle: Friedrich Wilhelm von Preußen. Er spricht für alle: Friedrich von Dänemark. Er trinkt für alle: Maximilian von Bayern. Er frisst für alle: Friedrich von Württemberg. Er zahlt für alle: Kaiser Franz von Österreich.‹ Dieses Wien – dort, unter euch – war eine Stadt ununterbrochener Feste. Kein Tag, an dem nicht getanzt wurde, in der Hofburg, in den Adelspalästen …«

»Der Kongress tanzt!«

»Nicht nur der Kongress, die Tanzleidenschaft packte alle Menschen.«

»Also waren die Vergnügungen kein Privileg der Vornehmen und Reichen mehr?«

»Auch einfachste Bürger trafen sich in öffentlichen Ballhäusern, Berenike, davon gab es viele in Wien. Das ›Odeon‹ wurde eröffnet, der größte Tanzsaal der Stadt. Mehr als zehntausend Menschen – die Zahl muss man sich auf der Zunge zergehen lassen – fanden in dem Saal Platz, der fast einhundertfünfzig Meter lang und vierunddreißig Meter breit war. Drei Kapellen spielten gleichzeitig zum Tanz auf. Zur Einweihung komponierte Johann Strauß Vater, der Wiener Hofballdirektor, die ›Odeonstänze‹ und erweitert sein Orchester auf siebzig Musiker. Manche Leute vergnügten sich bis in den Morgen hinein.«

Brummen, Summen und rhythmisches Stampfen

»Daneben blühte auch die ernste Musik, wie wir heute sagen würden, damals gab es die Unterscheidung zwischen U- und E-Musik noch nicht. Nach Johann Sebastian Bachs Tod in Leipzig war Wien Europas musikalische Hauptstadt geworden. Der geniale, oft unterschätzte Haydn wäre da als Erster zu nennen, er wirkte in Wien und in Eisenstadt. Als Mozart 1780 hierher zog, war Haydn achtundvierzig Jahre alt, 1792 kam Beethoven aus Bonn, um Haydns Schüler zu werden. Da schrieb ihm sein Gönner, Graf Waldstein: ›Sie reisen jetzt nach Wien … Mozarts

Genius trauert noch und beweinet den Tod seines Zöglings …‹ – Mozart war nur ein Jahr zuvor gestorben – ›Durch ununterbrochenen Fleiß erhalten Sie: Mozarts Geist aus Haydns Händen‹.«

»Und doch wurde Beethoven unverwechselbar.«

»Um die Linie zu beenden, Berenike, erwähne ich nur noch, dass Franz Schubert 1797 in Wien geboren wurde. Damals war Beethoven sechsundzwanzig Jahre alt. Ja, bleiben wir bei ihm, gehen wir in sein Haus. Es ist nicht weit. Wenn ich ›sein Haus‹ sage, dürft ihr das nicht wörtlich nehmen. Beethoven hat nie ein eigenes Haus besessen. Und auch dieses ist nur eine seiner vielen vorübergehenden Bleiben, er zog oft um.«

Der Weg stieg leicht an, bis ihnen ein niedriges grau-weißes Gebäude das Weitergehen verwehrte. Es passte sich der Biegung der Straße an.

»Lasst uns hineingehen.« Sie überquerten den Innenhof und betraten ein Stiegenhaus. Gleich hörten sie sonderbare Töne, ein Brummen, lautes, unartikuliertes Summen und manchmal ein rhythmisches Stampfen auf den dröhnenden Holzfußboden.

Im Arbeitszimmer saß der Meister am Tisch, an der Seite stand ein Flügel. Beethoven beugte sich über Blätter, in die er mit flatternder Feder Notenköpfe eintrug, Taktstriche zog. Immer wieder schaute er auf, skandierte mit der Hand, schrieb weiter, strich aus, setzte neu an.

»Beethovens Schwerhörigkeit nimmt rasch zu«, erklärte Senex. »In nur zwei Jahren wird er in die Welt vollkommener Stille versunken sein und nur noch mit dem inneren Ohr hören.«

Im Raum herrschte Chaos. Der Fußboden war wie zugeschneit mit Notenblättern; die Stühle trugen hohe Papiertürme, deren überstehende Ecken wirr herabhingen. Auf dem Tisch wurden Trinkgläser von Notenbüchern voller Flecke und Schlieren zur Seite gedrückt, daneben stand unaufgeräumtes Essgeschirr. Beethovens dicke, schwarze Haare sträubten sich auf seinem Haupt und fransten in die Stirn, in sein volles, rundes, pockennarbiges Gesicht, in dem unruhige Augen leuchteten. Sie lagen tief unter den dichten Brauen. Das Kinn versteckte sich unter einem schmutzigen Bart, der weit hinaufwuchs. Die oberen Schneidezähne standen vor, darüber lag die breite und flache Nase. Seine Jacke war schief geschlossen, voller Flecke. Der größte Musiker seiner Zeit war ein kleiner, aber kräftiger Mann, der eine große innere Spannung ausstrahlte; manchmal schien er zu lauschen, wie es besonders taube Menschen tun, die lebhaft empfinden.

»Sein Aussehen machte ihm das Leben bestimmt nicht leicht«, flüsterte Berenike.

»Vor allem in der so genannten Gesellschaft nicht, und aus der kamen seine Auftraggeber und Gönner. Nein, eine Schönheit war er keinesfalls. Man machte sich über seine geringe Größe lustig und nannte ihn wegen der dunklen Hautfarbe den ›Mohren‹. Gegen Ende seines Lebens stöhnte er: ›O Gott! Was ist man geplagt, wenn man ein so fatales Gesicht hat wie ich.‹«

»Heute läge ihm die Welt zu Füßen!«

Senex schob Bücher und Notenstapel auf einer Truhe an der Wand beiseite, sie bot gerade genug Platz für drei, Stefan zog noch einen Stuhl heran, dessen Last er auf den Tisch hievte.

»Beethoven kam als junger Mann aus seiner Geburtsstadt Bonn nach Wien. Bald nach seiner Ankunft hörte ihn Mozart. Beethoven war ein ausgezeichneter Pianist, sein Ruf war bereits bis nach Prag und Berlin gedrungen. Als Beethoven ein ihm von Mozart gegebenes Thema variierte, sagte jener: ›Auf den gebt Acht, der wird einmal in der Welt von sich reden machen.‹ Doch ich schäme mich, euch diese Anekdote zu erzählen, so bekannt ist sie. Aber sie ist eben auch ein Beweis dafür, wie die großen Komponisten in Beziehung zueinander standen, nicht nur durch zufällige Äußerlichkeiten, sondern viel mehr noch in ihrer musikalischen Substanz, trotz aller Verschiedenartigkeit und Originalität der eigenen Tonsprache. Sie bauten aufeinander auf, im Sinne einer künstlerischen Evolution auch in der Musik. Bezeichnend dafür ist das Urteil eines Zeitgenossen über Beethoven: ›Das ist der Mann, der uns für den Verlust Mozarts trösten wird!‹ Und über seine Kunst zu improvisieren schrieb ein Schüler von Haydn: ›Alle Künstler, die ich je phantasieren hörte, erreichten bei weitem nicht die Höhe, auf welcher Beethoven (...) stand. Der Reichtum der Ideen, die sich ihm aufdrängten, die Launen, denen er sich hingab, die Verschiedenheit der Behandlung, die Schwierigkeiten, die sich darboten oder von ihm herbeigeführt wurden, waren unerschöpflich.‹«

»Er kam doch aus armen Verhältnissen«, warf Berenike ein.

»Die Wunden, die ihm in seiner Jugend geschlagen worden waren, verheilten nie. Nie vermochte er die bedrückende Armut zu vergessen, noch weniger alle Demütigungen, umso mehr, als er noch miterleben musste, wie sein Vater am Alkohol zu Grunde ging. Leider suchte er selbst, je trauriger ihn die Jahre und sein Schicksal, vor allem die zunehmende Taubheit machten, immer öfter und maßloser Trost beim Wein. Das mag auch eine Ursache für seine Leberkrankheit, für viele Leiden und seinen relativ frühen Tod gewesen sein.«

Berenike flüsterte mit einem mitleidigen Seitenblick auf den Meister: »Es ist mir unbegreiflich, wie ein Komponist und Musiker, ein hervorragender Pianist dazu, mit der Taubheit fertig werden kann. Heute hätte man ihm vielleicht helfen können.«

»Das Schicksal jedes Menschen wird nicht nur durch sein Elternhaus und seine Veranlagung bestimmt, dazu gehört auch seine Zeit. Bach starb nach einer missglückten Augenoperation, die heute Routine wäre, Beethoven wurde taub. Er hinterließ uns ein bewegendes Dokument seiner seelischen Qualen mit dem ›Heiligenstädter Testament‹, das er niemanden sehen ließ. Man fand es erst nach seinem Tod. Zum Glück hatte er die Fähigkeit, seine Musik mit den Augen zu hören, wenn er die Noten, deren Erfindung wir in der Abtei von Pomposa miterlebten, auf die Linien schrieb. All seine späten Kompositionen wurden Meisterwerke. Ihre Klänge erfüllen die Konzertsäle rund um den Globus.«

Die Romantik

Flucht in die Traumreiche von Ideen

Senex strich sich die Jacke glatt. Alle vier verließen den Raum und das Haus über den Hof, durch das Tor. Berenike, Roman und Stefan spürten, dass wieder Zeit verstrichen war. Sie schlenderten mit Senex die Gasse hinab, in ihre Gedanken versunken. Das Grün der Bäume schimmerte, die Vögel schwirrten. Noch einmal führte sie Senex an jenen Platz, von dem aus sich der Blick auf Wien öffnete.

»Beethoven starb 1827, fünf Jahre vor Goethe, siebenundfünfzig Jahre alt. Wenn wir ihn nun verlassen, so hat das auch seine innere Logik. Mit seinem Tod erreichte die Wiener Klassik ihr Ende, er lässt die Romantik bereits ahnen.«

Stefan sagte: »Eben erst haben die Menschen in der Aufklärung die Vernunft auf ihre Fahnen geschrieben. Und ich denke, Vernunft gehört nicht zu den Eigenschaften der Romantik.«

»Die Romantik als Lebensstil entstand zu Beginn des 19. Jahrhunderts aus einem Unbehagen an den technischen Entwicklungen und an den Auswüchsen des Kapitalismus. Die Romantiker flohen aus der Wirklichkeit in die Traumreiche ihrer Ideen. Die Romantik löste die Klassik ab. Dabei wirkten die Erschütterungen nach, welche die Französische Revolution in der Kultur ausgelöst hatte. Der Rationalismus der Aufklärung hatte die Menschen nach der Revolution enttäuscht, sie fühlten sich allein gelassen, daher hofften sie auf Bereicherung im Unbewussten und in der Natur. Das war nicht politisch reaktionär gemeint, man suchte auf irrationalen Wegen größere seelische Erfüllung. Man wollte sein Leben von den Künsten durchfluten lassen. Daher schaute man auf das Mittelalter, auf die Romanik und Gotik zurück oder man richtete seine Hoffnung auf die Zukunft. Man entdeckte den Reichtum und die Substanz der Märchen und Sagen …«

»Die Brüder Grimm.«

»Es ließen sich einige Namen nennen, nicht nur in Deutschland. Und doch entstand die Romantik, wie die Reformation, vor allem in Deutschland. Darin drückt sich eine gefühlsbetonte Ablehnung des Nordens gegen die Herrschaft des Verstandes in den romanischen Ländern aus. Die Romantiker wandten sich vom Hier und Jetzt ab und suchten ihr Glück woanders. Man sammelte alte Gedichte und Lieder, fühlte sich zum Unheimlichen, zum Träumen, zum Wahn hingezogen. Damit hoffte man einer als qualvoll empfundenen Heimatlosigkeit zu entgehen.«

»Was für einer Heimatlosigkeit?«

»Einerseits fehlte die absolute Geborgenheit im Glauben, wie sie das Mittelalter noch besessen hatte, andererseits litt man an der Fremdheit der neuen Welt, die dauernden Umbruch und stürmischen Fortschritt brachte. Das erzeugte Heimweh, auch Fernweh. Es wurde viel ›gewandert ohne Ziel‹. Man sehnte sich nach der Einsamkeit und badete sich in seinem Schmerz.«

»Haben nicht die Frauen eine große Rolle in der Romantik gespielt?«

»Das ist richtig, Berenike. Geistige Zentren waren die von Frauen gebildeten Salons. In Deutschland waren es vor allem Caroline von Schlegel, Bettina von Arnim und Rahel Varnhagen von Ense, geborene Levin, die zum Mittelpunkt ihrer literarischen Salons wurden. Zu den herausragenden Frauen der Zeit gehören in der Musik Fany Hensel, die ältere Schwester des Komponisten Felix Mendelssohn-Bartholdy, und Clara Schumann. Die romantische Musik wendete sich kleineren Formen zu und suchte sie mit der Dichtung zu verknüpfen. Das Kunstlied begann zu blühen, eine in dieser Intensität neue Form der Musik. Der Wiener Franz Schubert wurde ihr Meister. Wir können aber kein Schuberthaus besuchen, denn Schubert zog noch öfter um als Beethoven, siebzehnmal in siebenunddreißig Lebensjahren, in dauernder Unrast, in großer Angst vor dem Alleinsein, möglichst zu Freunden, sogar ins ungeliebte Elternhaus. Fast nie kam er über Wiens Grenzen hinaus, und wenn, dann nur in die nächste Nachbarschaft. Im November 1828 starb er, nur ein Jahr nach Beethoven, und doch verkörpert er bereits einen neuen Stil. Richard Wagner spottete über ihn, er sei wie ein Schwamm; wenn man ihn drücke, käme Musik heraus. Aber die Menge seiner Produktion war es ja nicht, die ihn heraushob, es waren die Qualität, die Tiefe, die Beseeltheit, die jede seiner Noten atmet. An Schubert sehen wir, dass man nicht über Wissen, Bildung, Philosophie oder naturwissenschaftliche Kenntnisse zu verfügen braucht, um in die Reihe der unsterblichen Künstler aufzurücken. Er verstand es, alle Höhen und Tiefen des menschlichen Daseins in seiner Musik auszuloten.«

»Indem er seinen eigenen Schmerz ausdrückte?«, fragte Berenike.

»Warum nur den Schmerz? Auch die Freude! Aber nicht nur in der Musik schlug man neue Wege ein. Alle Kunstformen spiegelten den weltanschaulichen Wandel, den die Romantik mit sich brachte, wider. – Es beginnt die Zeit der romantischen Malerei, ich nenne jetzt nur den Deutschen Caspar David Friedrich. Später möchte ich noch von einem Engländer erzählen, dem meine ganze Liebe gehört. »

»Ihre Liebe? Sie machen uns neugierig.«

Dieser fuhr fort: »Doch wir sind noch in Deutschland. Hier werden die mittelalterliche Geschichte, die Sagen und Märchen entdeckt und künstlerisch verarbeitet. Kaum jemals vorher gab es eine solche Flut von Romanen, so viele bedeutende Romanautoren. In Frankreich Stendhal, Balzac und Victor Hugo. Besonders Hugo forderte die Überwindung der klassischen Poetik, indem er schrieb: ›Legen wir den Hammer an die alten Theorien, Systeme und Poetiken! Reißen wir den alten Stuck herunter, der das Antlitz der Kunst verhüllt!‹ Auch in Deutschland und England blühte die romantische Literatur. Da muss ich vor allem Kleist und Novalis nennen; in England begründete Walter Scott den historischen Roman, zu Prototypen der Romantiker wurden Shelley, Keats und Lord Byron. Es wird für mich immer schwerer, die richtige Auswahl zu treffen. Unmöglich kann ich den jungen Dickens, Thackeray und die Schwestern Brontë in England auslassen, die russische Literatur gewinnt mit Puschkin, Turgenjew, Dostojewski und Tolstoi Weltrang. An Dickens und Dostojewski können wir sehen, wie die Romantik in den Realismus und Naturalismus übergeht.«

»Ich denke, das hat auch mit der realen Welt zu tun«, warf Stefan ein. Durch die Technik veränderte sie sich doch sicher gewaltig!«

»Im Wesentlichen war die kulturelle Entwicklung des neunzehnten Jahrhunderts von den technisch-wissenschaftlichen Leistungen, von den Entdeckungen und Erfindungen der industriellen Entwicklung geprägt. In der Elektrotechnik gewann man erste Erkenntnisse. Das Leuchtgas brachte Licht; man lernte künstliche Farben und Medikamente aus Steinkohleteer herzustellen. Es begann die Stahl- und Aluminiumproduktion, schließlich wurde der Verbrennungsmotor von dem Kölner Ingenieur Nikolaus August Otto entwickelt und – weniger kraftvoll, aber auf andere Weise die Welt revolutionierend – die Fotografie wurde erfunden.«

Senex überlegte »Wo soll ich euch jetzt zuerst hinführen? Wir waren in Weimar bei Goethe und Schiller, stellvertretend für eine Epoche deutscher Literatur. Wir waren bei Beethoven, als Höhepunkt der Musik in der Wiener Klassik. Aber das Zeitalter Goethes, Beethovens und – ich nenne einen neuen Namen – Hegels ist überhaupt ein Höhepunkt in der Geschichte Deutschlands wie Europas. Deutschland hatte seit der Renaissance und der Reformation eine vergleichbare Blüte nicht mehr erlebt; die Schrecken und Folgen des Dreißigjährigen Krieges hatten es zu tief und nachhaltig geschädigt. Andererseits will ich nach England, nach London, aber da wir den Philosophen Hegel unmöglich übergehen können und da es nach Literatur und Musik nicht schlecht wäre, sich wieder etwas der Philosophie zuzuwenden, gehe ich mit euch nach Berlin. Hinein, meine Freunde, in unser magisches Haus.«

Der Idealismus

Belebende Frische, durchsichtige Helligkeit

Senex ging auf die Fassade des Gebäudes zu, das sie erst vor kurzem verlassen hatten. Sie traten in den Flur, der von einer Kerze erhellt wurde. Senex lenkte sie in eine andere Richtung: »Nach Nordosten!«

Als sie das Haus wieder verließen, spürten sie sogleich die veränderte Luft, eine – verglichen mit der rauchigen Atmosphäre Wiens – belebende Frische, eine durchsichtige Helligkeit des Himmels.

»Berlin!«, rief Senex. »Größte Stadt des preußischen Staates, der nach dem Sieg über Napoleon mehr und mehr Einfluss in Europa gewonnen hatte. Preußen war zur führenden deutschen Macht geworden. Im Altertum hatte Athen nach den Perserkriegen als Zentrum der Bildung und Erziehung von Hellas gegolten; das Athen dieses geschichtlichen Augenblicks, das geistige Zentrum, war Berlin. Da spöttelte man: ›Hier ist der Weltgeist in einem Wagen angekommen und an der Friedrich-Wilhelm-Universität im Hörsaal des Professors Hegel abgestiegen.‹«

Vor ihnen erstreckte sich ein weiter Platz, der von einem wuchtigen Gebäude abgeschlossen wurde. Ein hohes Gitter schirmte es von der Öffentlichkeit ab. Zwei Seitentrakte fassten einen Vorplatz ein, hinter dem sich das Haupthaus ausbreitete. Der Mitteleingang trug sechs Schmucksäulen, die bis ins dritte Stockwerk reichten, über dem Fries sechs Figuren.

»Die Berliner Universität. Nicht zuletzt durch Hegel wird sie zur maßgebenden geisteswissenschaftlichen Hochschule Deutschlands.«

Berenike, Roman und Stefan fühlten sich zwar an die Gemeinschaft des Pythagoras in Kroton erinnert – vor einer knappen Woche, oder zweitausend Jahren, denn auch hier begegneten sie jungen Leuten, die das Gebäude gerade betraten, anderen, die es verließen. Aber der Unterschied war doch groß. Unter der Sonne Krotons waren die jungen Leute heiter gewesen, leicht und luftig gekleidet, vor allem aber gab es fast genauso viele Mädchen wie Jungen. Hier sah man keine Mädchen, bis auf eines oder zwei, und außerdem hatten sie sich so verhüllt, dass sie kaum als weiblich auszumachen waren, die Röcke so lang, dass sie auf dem Fußboden schleiften, die Arme bis zum Handgelenk bedeckt, die Kleider hochgeschlossen bis zum eng anliegenden Kragen, die Haare straff um den Kopf gekämmt und unter einem Hut verborgen. Und die Augen – da wurde kein junger Mann angeschaut oder gar angelacht, die Blicke waren starr auf den Boden gerichtet.

Das repräsentative Eingangsportal führte in einen Hörsaal, der gut besucht war. Die Vorlesung musste gleich beginnen.

Am Katheder kauerte der Professor. Sitzen konnte man das nicht nennen.

»Georg Wilhelm Friedrich Hegel.« Senex sprach ein wenig leiser. »Seine Vorlesungen galten als langweilig, sie waren aber doch so wichtig, dass sie immer mehr Zuhörer anzogen. Die Studenten kamen schließlich aus allen Ländern Europas, denn Hegel errichtete das vollständigste und einflussreichste Gedankensystem nach Kant. Als Lehrer war er nicht besonders beliebt, er war auch ein mäßiger Redner, wovon ihr euch gleich selbst überzeugen könnt, und von Studentinnen hielt er gar nichts. Ebenso wie Augustinus und Thomas von Aquin war er befangen in traditionellen Anschauungen über die Frauen. Er meinte, das Schicksal der Mädchen sei die Ehe und nur die Ehe. Für sie müsse Liebe und Ehe identisch sein. Seiner Ansicht nach unterscheiden sich Männer und Frauen ebenso voneinander wie Tiere und Pflanzen.«

»Das wird ja immer schöner! Von einem Philosophen erwarte ich eigentlich, dass er kritisch über die Probleme seiner Zeit hinausdenkt und Modelle für eine bessere Zukunft entwirft.« Berenike hatte rote Backen bekommen.

»Man kann es ihm kaum zum Vorwurf machen. So dachte man damals allgemein. Er war nicht frauenfeindlich, führte eine glückliche, liebevolle Ehe mit einer zwanzig Jahre jüngeren Bürgerstochter und hatte vorher ein uneheliches Kind mit seiner Jenaer Hauswirtin gezeugt, einen Knaben, den er immerhin anerkannte und in sein Haus aufnahm. Außerdem sagte er etwas Schönes über die Liebe: ›Was ist die Wahrheit der Liebe? Das wahrhafte Wesen der Liebe besteht darin, das Bewusstsein seiner selbst aufzugeben, sich in einem anderen Selbst zu vergessen, doch in diesem Vergehen und Vergessen sich erst selbst zu haben und zu besitzen.‹«

»Das klingt in der Tat gut, aber das ist keine Entschuldigung für seine anmaßende Haltung den Frauen gegenüber!«

»Warum sind wir eigentlich bei Hegel?«, warf Roman ein.

»Weil er der Meisterdenker des deutschen Idealismus ist.«

»Und was versteht man unter Idealismus? Waren die Vertreter des Idealismus alle das, was wir unter Idealisten verstehen, mehr oder weniger weltfremde Schwärmer?«

»Nein, das Wort leitet sich von ›Idee‹ ab. Im Mittelpunkt dieses Systems steht das Absolute, und zwar als absolute Idee, als Natur und als Geist. Als Idealismus bezeichnet man eine Philosophie, die davon ausgeht, dass alles aus Ideen und Idealen abgeleitet und begründet werden kann, auch das Sein und die Weltanschauung.«

»Auch das praktische Leben?«

»Ja, vielleicht sollte man statt Leben lebenspraktische Haltung sagen. Ideale, als Werte angenommen, sollten das menschliche Verhalten und die Urteile des Einzelnen bestimmen. Man wollte sein Leben nach ethischen und ästhetischen Idealen ausrichten. Im Gegensatz zum krassen Materialismus vertrat der Idealismus die Meinung, dass alle Dinge, auch die materiellen, dem Nichtmateriellen, also Geistigen, ihre Existenz verdanken, wobei man das Wesen des Geistes als Freiheit definierte.«

»Und Hegel?«

»Er entwickelte dafür eines der umfassendsten Systeme der Philosophie, Stefan. Nicht zuletzt war auch seine besondere Denkmethode von großem Einfluss auf das geisteswissenschaftliche wie auf das politisch-soziale Denken.«

»Was ist darunter zu verstehen?«

»Hegels Grundgedanke war, dass jede These notwendig eine Antithese hervorbringt. Sein Hauptwerk, das sowohl überzeugend und herausfordernd als auch unverständlich und entmutigend genannt wurde, übte beträchtlichen Einfluss auf Marx und Kierkegaard, Heidegger und Sartre aus. Marx und Engels übernahmen Hegels dialektische Methode, gaben ihr aber in Umkehrung des absoluten Idealismus eine materialistische Grundlage. Karl Marx glaubte, dass die miteinander rivalisierenden ökonomischen Systeme aufeinander prallen müssten und dass der Sozialismus die Oberhand gewinnen würde. Eine nachhaltige Wirkung hatte Hegel auch auf die christliche, besonders die evangelische Theologie. Doch seht ihn euch bitte zunächst einmal an und vor allem: Hört ihm ein paar Minuten zu. Er hält heute, auch für euch, eine Art Schlussvorlesung des Semesters. Er gibt einen Überblick über seine wesentlichsten Ideen, vielleicht aus dem Zusammenhang gerissen, aber, wie ich hoffe, doch informativ.«

Alles Wirkliche ist vernünftig und nur das Vernünftige ist wirklich

Berenike fiel auf, wie abgespannt, gramvoll Hegel dasaß und wie fahrig er sprach. Ein stetes Räuspern und Husten störte seine Rede, jeder Satz wirkte wie isoliert und kam mit Anstrengung, zerstückt und durcheinander geworfen heraus. Jedes Wort, jede Silbe löste sich nur widerwillig, erhielt aber von der matten Stimme in breitem Schwäbisch doch einen Nachdruck, der ihre Wichtigkeit unterstrich.

Den dreien fiel es schwer, sich auf seine Worte zu konzentrieren. Ja, je mehr sie hörten und je mehr sie sich um Aufmerksamkeit bemühten, desto weniger verstanden sie zunächst; Roman wäre am liebsten hinausgerannt. Erst hielt ihn Rücksicht auf Senex, dann eine Neugierde, die langsam wuchs und allmählich in Interesse überging.

Senex raunte: »Hegel spricht vor allem aus seinem Hauptwerk, der ›Phänomenologie des Geistes‹, flicht aber auch Gedanken aus seinen anderen Werken ein, vor allem aus der ›Enzyclopädie der philosophischen Wissenschaften im Grundriss‹. Er war überzeugt davon, den Reichtum der Erscheinungen des Geistes, der sich auf den ersten Blick als Chaos darbietet, in eine wissenschaftliche Ordnung gebracht zu haben. Die ›Phänomenologie‹ gehört zusammen mit seiner ›Wissenschaft der Logik‹ zu den wichtigsten Arbeiten des Deutschen Idealismus und der Philosophiegeschichte. In der ›Phänomenologie‹ beschäftigt er sich mit den verschiedenen Erscheinungsformen des Geistes und seiner stufenweisen Selbstbewusstwerdung. Er schafft ein Fundament für die philosophische Wissenschaft, indem er den Entwicklungsgang des Bewusstseins vom Ausgangspunkt, dem gesunden Menschenverstand, zum wahren Wissen des Philosophen beschreibt.«

Nun hörten sie Hegel zu. Er sagte auf seine fahrige Weise: »Alle Erscheinungen des Natur- und Geisteslebens sind aus dem Wesen des Geistes abzuleiten. Die gesamte Wirklichkeit ist eine Selbstentwicklung und Selbstentfaltung des absoluten Geistes. Die Grundvoraussetzung dabei ist, dass alles Wirkliche vernünftig und nur das Vernünftige wirklich ist.«

Senex neigte sich wieder zu Roman: »Das ist Hegels wichtigster, zumindest sein meistzitierter Satz: ›Was vernünftig ist, das ist wirklich, und was wirklich ist, das ist vernünftig.‹«

Der Philosoph suchte mit gesenktem Kopf in seinen Papieren, ehe er weitersprach: »Die Absicht der Philosophie ist es, der Wirklichkeit gerecht zu werden. In dieser Wirklichkeit gibt es viel Negatives, das Naturgesetz widerstreitet unseren Vorstellungen von Humanität und noch schlimmer geht es in der Geschichte zu, wo der Weltgeist durch Blut watet. Gegenstand unserer heutigen Untersuchung ist unter anderem ›das Ganze‹, das ich mit dem Weltgeist gleichsetze, sodass ich sagen kann: Das Wahre ist das Ganze. Die Wahrheit einer Pflanze liegt nicht in ihrer Knospe, auch nicht in ihrer Blüte oder in ihrer Frucht, sie liegt in keinem Einzelnen, sondern in allem zusammen. Das Wahre muss als zeitliche Folge verstanden werden. Frucht, Blüte und Knospe folgen einander, sie sind notwendige Momente eines Entwicklungsprozesses. So ist auch Gott nicht, sondern er wird erst. Er ist zu sich unterwegs. Er, der einst Herr über die Zeit und damit über die Natur- und Menschengeschichte war, ist von der Zeit gleichsam eingeholt worden. Gott ist in der Zeit.«

Roman krauste die Stirn und murmelte: »Herr, deine Worte sind dunkel!«

Hegel schien den Faden verloren haben, er blätterte, suchte, fuhr dann verworren fort: »Unter Logik verstehe ich ebenfalls etwas anderes, als man gemeinhin annimmt. Was ich in meiner Logik zu entwickeln versuche, das sind die Gedanken Gottes vor der Schöpfung. Aristoteles hat die Logik als Lehre von den Formen und Gesetzen des Denkens in Begriffen, Urteilen und Schlüssen verstanden, aber das ist nur ein Teil der Logik. Denn als Ganzes betrachtet die Logik nicht Formen oder Inhalte des menschlichen Denkens, sondern den Geist, die Idee im reinen raum- und zeitlosen Zustand des An-sich-Seins. Daher sind Begriffe und logische Sätze nicht Denkformen, sondern Wesenheiten. Die Entwicklung des Weltgeistes erfolgte in drei Stufen: erstens als Geist vor der Erschaffung der Welt. Er ist Gegenstand der Logik. Zweitens als Geist in seiner Selbstentäußerung, das heißt nach dem Übergang in sein Gegenteil, in die Natur. Er ist Gegenstand der Naturphilosophie. Der dritte Teil ist der Geist, der zu sich zurückgefunden hat und auf dem Höhepunkt der Entwicklung, der Philosophie, den Prozess als Ganzes überschauen kann. Er ist Gegenstand der Geistesphilosophie.«

»Uff«, seufzte Berenike.

Roman schniefte, schaute sie aus den Augenwinkeln an und zog verständnisvoll eine Augenbraue hoch.

»Hegel schrieb die ›Phänomenologie des Geistes‹ in Jena, und zwar als sich die französischen Truppen näherten«, flüsterte Senex, um ihnen den großen Philosophen verständlich zu machen. »Hegel sah Napoleon einmal selbst und schrieb einem Freund: ›Den Kaiser – diese Weltseele – sah ich durch die Stadt zum Rekognoszieren hinausreiten; – es ist in der Tat eine wunderbare Empfindung, ein solches Individuum zu sehen, das hier, auf einen Punkt konzentriert, auf einem Pferde sitzend, über die Welt übergreift und sie beherrscht ... Von Donnerstag bis Montag sind solche Fortschritte nur diesem außerordentlichen Manne möglich, den es nicht möglich ist, nicht zu bewundern.‹«

Hegel sprach, in sich zusammengesunken, weiter: »Es geht um das

Begreifen dessen, was das Zentrum der Wirklichkeit ist, es geht um Technik des Denkens in dialektischen Schritten, unterteilt in die Abfolge These, verneinende Antithese und Versöhnung beider in der Synthese. Alle Dimensionen des Daseins sind dialektisch in einem einheitlichen Ganzen vereinigt. Alles menschliche Denken und die Wirklichkeit werden von Widersprüchen beherrscht. Der Widerspruch allein macht die Entwicklung eines höheren Bewusstseins möglich. Durch den dialektischen Prozess von Gegensatz und Synthese befindet sich die Welt auf dem Weg zur Vollkommenheit.«

Überwinden, bewahren und auf eine höhere Stufe heben

Wieder sprach Senex leise zu seinen drei Begleitern: »Es ist einfach zu wichtig: Schon in der ›Phänomenologie‹ bediente sich Hegel der ihm eigenen Methode der Dialektik, wonach der Dreischritt von These, Antithese und Synthese die Entwicklung vorantreibt. Sich notwendig ergebende Gegensätze hebt er im Fortgang der Entwicklung auf. Der Begriff ›Aufheben‹ hat eine dreifache Bedeutung: überwinden, bewahren und auf eine höhere Stufe heben.«

Hegel, der wieder einmal den Faden verloren zu haben schien, redete stockend weiter, fortwährend in seinen Heften blätternd, einmal vorne, einmal hinten etwas suchend: »Schon im Ausgangspunkt des Denkens, in der Frage nach der Liebe, die sowohl Ausdruck der menschlichen Moral als auch eines natürlichen Bedürfnisses ist, gibt es Widerspruch und Versöhnung in der Wirklichkeit. Außerdem glaube ich an einen letzten Zweck in der Geschichte und im Leben der Völker. Menschliche Vernunft und äußere Natur sind zwei Seiten desselben Absoluten, das ich Gott nenne. Ich meine damit einen Gott in der Welt, einen Weltgeist, der ursprünglich einheitlich war und sich in der Geschichte als Antithese in zwei Formen zergliedert hat. Nicht nur die menschliche Vernunft, sondern auch die Natur sind im Grund geistiger Art. Indem die

Philosophie die geschichtlich entstandene Aufteilung des absoluten Geistes als Einheit erkennt, findet der Geist, als Synthese der geschichtlichen Entwicklung, zu sich selbst zurück. Das ist der Sinn meines Satzes: ›Was vernünftig ist, das ist wirklich, und was wirklich ist, das ist vernünftig.‹«

»Hier setzt die Kritik an Hegel ein«, erklärte Senex. »Denn er kann ja nicht die Wirklichkeit gemeint haben, sondern nur das Denken seiner Philosophie. Für uns konkrete Menschen, die wir nicht nur erkennende Wesen sind, sondern auch praktisch handelnde, bleibt Wirklichkeit in sich widersprüchlich und steht noch nicht am Ende ihrer Entwicklung.«

»Jetzt reden Sie wie Hegel«, flüsterte Berenike amüsiert.

Hegel, dessen dunkelgraue Hausjacke von den Schultern rutschte, dozierte weiter: »Nun spreche ich euch noch von meiner wahren Liebe – es ist die Philosophie. Mein Ideal ist nicht der Heilige, sondern der Weise. Ich erkenne für die zukünftige Ausweitung des menschlichen Verständnisses keine Begrenzung an. Das Ziel, das absolute Wissen – oder der sich als Geist wissende Geist –, hat zu seinem Weg die Erinnerung der Geister. Aber lange vor diesem Höhepunkt wird die Philosophie begriffen haben, dass die reale Welt nicht jene Welt ist, die wir sehen oder berühren, sondern dass sie aus den Beziehungen und Regelmäßigkeiten besteht, die ihr Ordnung und Würde geben, den ungeschriebenen Gesetzen, die die Sonne und die Sterne bewegen und die den unpersönlichen Geist der Welt bilden. Dieser absoluten Idee wird der Philosoph sich in Treue verpflichten, in ihr wird er den Gegenstand seiner Verehrung, seine Freiheit und eine ruhige Zufriedenheit finden.«

»Amen«, murmelte Berenike.

»Das klingt wirklich nach Religion, finde ich jedenfalls«, flüsterte Stefan.

»Hört ihn lieber selbst«, antwortete Senex, mit dem Unterton sanften Tadels.

Philosophie als Vollendung der Wirklichkeit Gottes

Hegel sprach weiter. Sein fahles Gesicht wirkte wie erstorben, aber nicht zerstört von Leidenschaft, sondern von dauerndem Denken, Zweifeln, Suchen, Finden, Verwerfen: »Ich sehe eine Synthese zwischen dem absoluten Wissen und der Metaphysik, dabei beziehe ich die Botschaften der Kunst und der Religion mit ein. Für mich gibt es nicht nur die Beherrschung von Sachgebieten mit Hilfe von Abstraktionen und Messungen, sondern auch das Wissen oder Fragen, auf das uns das dichterische Wort verweist und aus dem uns in der theologischen Besinnung das Bedürfnis des Menschen anspricht, über seine Endlichkeit nachzudenken. Es gab eine Zeit, da war man sich dessen wohl bewusst, dass dies ein anderes Wissen ist als das auf Mathematik und Logik allein gebaute. Man nahm von vorneherein an, hier kann man nicht in demselben Sinne wissen, in dem man in den Naturwissenschaften denkt, hier gehört eine andere Gabe dazu. Meine Religionsphilosophie könnte ich so zusammenfassen: Der Inhalt der christlichen Religion als der höchsten Entwicklungsstufe der Religion überhaupt fällt ganz und gar zusammen mit dem Inhalt der wahren Philosophie. Die ganze Philosophie ist nichts anderes als der Beweis der Wahrheit, um die sich das Christentum dreht: dass Gott Liebe, Geist, Substanz, Subjekt und ewig in sich zurückkehrender Prozess ist. Die Philosophie ist für mich nicht nur absolutes Wissen für den Menschen, sondern die Vollendung der Wirklichkeit Gottes.«

Stefan schlug irritiert die Beine übereinander und rückte seine Brille zurecht, während Roman auf seinem Sitz so weit wie möglich nach vorne rutschte.

»So steht die Philosophie der Philosophie, die Selbsterkenntnis des menschlichen und des göttlichen Geistes am Ende meiner Gedanken vor der höchsten Aufgabe, die ihnen je ein Philosoph zugesprochen hat. Außerdem ist die Religion der Ort, wo ein Volk sich die Definition dessen gibt, was es für das Wahre hält. Diese Vorstellung von Gott macht somit die allgemeine Grundlage eines Volkes aus.«

Stefan schaute Senex skeptisch an und flüsterte: »Heißt das, dass Hegel religiös war?«

»Das kann man so nicht sagen. In seinen späteren Jahren zog er sich von der Religion zurück. Er erkannte zwar noch ihre Bedeutung für die Bildung des Charakters und für die soziale Ordnung an, aber er schätzte die Vernunft zu sehr, als dass ihm die Ungewissheit der Theologie, die Entrückungen der Heiligen, die Furcht vor einem zürnenden Gott und die erstarrten Zeremonien noch etwas bedeutet hätten. In seiner Jugend, als Zimmergenosse Hölderlins und Schellings, hatte er sich mit ihnen für die Französische Revolution begeistert. Im reifen Alter bemühte er sich darum, den christlichen Glauben mit seiner Dialektik in Einklang zu bringen.«

»Ist ihm das gelungen?«, fragte Berenike.

»Nicht so recht. Seine Anhänger deuteten seinen Gott später als das unpersönliche Gesetz oder als die Vernunft des Universums und die Unsterblichkeit als die bleibenden Nachwirkungen des Menschen auf der Erde. Dennoch – seiner Ansicht nach machte die Revolution einen Fehler, als sie die Religion zu ihrem Hauptfeind erklärte. Er meinte dagegen, dass die Religion das höchste Werk der sich offenbarenden Vernunft sei.«

Hegels Stirn und Wangen, sogar der Mund wirkten zerfurcht. Manchmal schienen seine Züge alt und welk, aber blitzartig, wenn ihn ein Gedanke fesselte, konnten sie aufblühen: »Das Ziel des Lebens«, rief er und richtete sich auf, »ist nicht Glück, sondern Vollendung. Wenn ein großer Mensch in die richtige Zeit geboren wird, dann treibt er die Entwicklung voran, auch wenn er Elend über eine ganze Generation bringt.«

Er verstummte und sagte dann stockend: »Die Philosophie hat das Gegenwärtige zu erfassen, nicht aber ein Jenseitiges zu postulieren. Der Staat als Gegenwärtiges soll als ein Reich der Freiheit herrschen, durch Gesetze, nicht durch Willkür. Wo aber Gesetzlichkeit herrscht, da ist Vernünftigkeit, das heißt erkennbare und zu erkennende Vernunft. Deshalb sage ich noch einmal: ›Was vernünftig ist, das ist wirklich, und was wirklich ist, das ist vernünftig.‹ Die gesamte Wirklichkeit befindet sich in einem Prozess des Werdens, sie ist keine statische Welt des Seins nach

Parmenides, der die Einheit und Ewigkeit der Substanz lehrte, sondern eine fließende Welt des Werdens nach Heraklit.«

»Er meint den griechischen Philosophen, der gesagt hat: Panta rhei – ›alles fließt‹«, flüsterte Senex.

»Die gesamte Wirklichkeit, alle Gedanken und Dinge, die Geschichte, Religion und Philosophie befinden sich in unablässiger Entwicklung, und zwar durch die Lösung von inneren Widersprüchen und durch das ständige Fortschreiten in Richtung auf ein komplexeres Stadium.«

»Das kommt mir ziemlich modern vor«, murmelte Stefan. »Aber ein ständiges Fortschreiten zu einem komplexeren Stadium wäre dann das Gegenteil von Entropie.«

Senex sah den Jungen einen Augenblick verblüfft an. »Das würde ja wirklich alles auf den Kopf stellen. Darüber lohnt es sich nachzudenken«, meinte er und fuhr fort: »Hegel spielt dabei wieder auf seine Dialektik an, auf die besondere Kunst der Gesprächsführung aus These, Antithese und Synthese: Ein Gedanke birgt auch seinen Widerspruch in sich, entwickelt ihn, bekämpft ihn, vereinigt sich dann mit ihm, um eine neue, wiederum vergängliche Form anzunehmen.«

»Ich«, sagte Hegel nervös, gerade so, als hätte er Stefans Einwand gehört, »ich teile die Vergangenheit in drei Abschnitte ein: den orientalischen, den griechisch-römischen und den christlichen. In ihrer Aufeinanderfolge sehe ich eine fortlaufende Entwicklung. In der orientalischen Welt hatte ein Mensch die Freiheit, andere Menschen zu beherrschen. In der klassischen Antike hatte eine bestimmte Schicht die Freiheit, andere als Sklaven zu unterwerfen. Die christliche Welt strebte die Freiheit für alle Menschen an, da jeder Einzelne eine Seele besitzt.«

»Das ist eine gewagte Behauptung«, murmelte Stefan.

Ein Sonnenaufgang für alle denkenden Wesen

Hegel relativierte seine Aussage gleich: »Doch dieses Streben stieß, was den Sklavenhandel betraf, auf Widerstand und dieser Konflikt wurde erst mit der Französischen Revolution aus der Welt geschafft. Aus diesem Grund stimme ich sogar einen Lobgesang auf diesen Umbruch an, sagen wir lieber, auf die ersten beiden Revolutionsjahre. Es war dies ein herrlicher Sonnenaufgang, alle denkenden Wesen haben diese Epoche mitgefeiert. Die Gewalttaten des Pöbels verdunkelten später diesen Sonnenaufgang allzu sehr. Doch das Blut wurde schließlich weggewaschen und ein wesentlicher Schritt nach vorn getan.«

»Hegel erkannte, welche Verbesserungen die Französische Revolution gebracht hatte, auch den Deutschen«, erklärte Senex. »Wie zum Beispiel den Code Napoléon, die Abschaffung vieler feudaler Privilegien, größere Freiheiten der Person und des Eigentums.«

Man konnte spüren, dass Hegel sich dem Schluss seiner Vorlesung näherte und froh darüber war. Er sprach entspannter: »Der Gang der Weltgeschichte, ich erwähnte es schon, ist ein sinnvolles, zweckgerichtetes Geschehen. Die Mittel, deren sich der Weltgeist zur Verwirklichung seiner Zwecke bedient, sind die Handlungen der einzelnen Menschen. Über den ungeschichtlichen Individuen stehen die welthistorischen Persönlichkeiten. Doch sie wähnen nur, ihre individuellen Zwecke zu verfolgen, in Wirklichkeit bedient sich die List der Vernunft ihrer für die allgemeinen Ziele. Sie sind nur die Geschäftsführer des Weltgeistes. Dass sie aus Leidenschaften auf ihrem Weg manche unschuldige Blume zertreten, vieles zertrümmern, das stört nur die Schulmeister, denen das Verständnis für wahre Größe abgeht. Genies sind keine Vorbilder und doch sind sie auch keine selbstsüchtigen Individualisten. Napoleon war nicht nur Eroberer um der Eroberung willen, er war, bewusst oder unbewusst, der Wegbereiter für das Streben Europas nach Einigkeit und übereinstimmenden Gesetzen. Aber das Genie ist hilflos, wenn es nicht den Zeitgeist verkörpert. Die Individuen dagegen werden preisgegeben und aufgeopfert. Ihre Freiheit besteht nur in ihrer Eingliederung in ein allgemeines sittliches Ganzes. – Nun, meine Freunde, ich komme zum Schluss. Der einzige Gedanke, den die Philosophie einbringt, ist der einfache Gedanke der Vernunft, dass die Vernunft die Welt beherrscht, dass es auch in der Weltgeschichte vernünftig zugegangen ist. Auch in ihr war die Wirklichkeit vernünftig und das einzig logische und notwendige Ergebnis dessen, was vorangegangen war.«

»Das bezweifle ich aber«, murmelte Stefan.

Wie von einer Last befreit, raffte der Meisterphilosoph seine Hefte zusammen, zog sich die schlampig sitzende Hausjacke zurecht und verließ den Raum, ohne auf das Klatschen und Pultdeckelschlagen seiner Zuhörer zu achten.

Senex stand genauso rasch auf, und während die Studenten ihre Papiere, Bücher und Hefte in den Taschen verstauten, verließ er mit dem Trio den Hörsaal. Auf dem Vorplatz der Universität verzierten die Gitter den märkischen Sandboden mit langsam darüber gleitenden Schattenornamenten.

Ein radikales akademisches Trio

Senex deutete auf einen Mauervorsprung, wo sie sich abstützen konnten, halb stehend, halb sitzend. »Hegel«, erklärte, »lehrte am Ende seines Lebens in Berlin, er war gebürtiger Schwabe, ihr habt es ja gehört, er hat diesen Dialekt nie abgelegt. Dennoch bekannte er sich in seinen letzten Lebensjahren zum preußischen Staat als zur idealen Regierungsform, die er als Verwirklichung der Freiheit verstand. Ich habe euch erzählt, dass er in seiner Jugend begeistert war von der Französischen Revolution; als sie ausbrach, war er neunzehn Jahre alt.«

»Und da lebte er mit Hölderlin und Schelling in einem Zimmer?«

»Ja, als er auf dem Tübinger Stift Theologie studierte. Mit dem Philosophen Schelling und dem Dichter Hölderlin bildete er ein munteres, radikales akademisches Trio, das nicht nur die Französische Revolution feierte, sondern auch Gott neu definierte und neue geistige Mischungen aus den Lehren Spinozas, Kants und Fichtes herstellte. Kein Wunder, dass Hegel dann doch kein Geistlicher werden wollte, die freiheitlichen Ideen hatten ihn wohl zu sehr infiziert. Neben Spinoza las er auch Machiavelli, Hobbes, Leibniz, Montesquieu, Locke, Voltaire, Hume und Kant. Damals bedeutete Lesen noch ungleich mehr als heute, man beschäftigte sich intensiv mit den Werken und Hegels sowieso schon labiler Glaube wurde durch so viele Zweifler noch unsicherer. Er war jung, er war voller Widerspruchsgeist, er wechselte zum Heidentum. Sieben Jahre nach der Einnahme der Bastille schrieb er ein ›Leben Jesu‹, das lange unveröffentlicht blieb. In diesem Buch nahm er die Attacke seines späteren Schülers David Strauss vorweg, der das Neue Testament heftig angriff. Hegel beschrieb Jesus als den Sohn von Joseph, dem Zimmermann, und Maria, nicht von Gott und Maria, er lehnte es ab, an die Wunder Jesu zu glauben, oder erklärte sie durch natürliche Ursachen. Sein Buch endet mit dem Begräbnis eines gekreuzigten Rebellen, ohne dessen Wiederauferstehung. Vor allem aber gab er damals schon eine Definition von Gott, bei der er zeitlebens blieb: Göttlichkeit besteht für ihn in der reinen, unbegrenzten und schrankenlosen Vernunft.«

»Ich denke, das klingt nach Aufklärung.«

»Nur dass Hegel den Begriff der Vernunft mit einem Idealismus erfüllte, der den Aufklärern fremd gewesen ist. Zu Hegels Leben will ich nur sagen, dass er sich zunächst als Hauslehrer verdingte, schließlich – mit Goethes Hilfe – eine Dozentur an der Universität Jena bekam, vom Großherzog von Weimar besoldet wurde. Hegel hat in Jena auch sein Hauptwerk geschrieben, verließ die Stadt und erreichte über verschiedene andere Orte endlich sein Ziel Berlin. Dort starb er, einundsechzig Jahre alt, an der Cholera.«

»Dann war auch er ein Opfer medizinischer Rückständigkeit und fehlender Hygiene«, sagte Berenike.

»Und er fand den preußischen Staat ideal?«, fragte Roman voller Zweifel.

»Hegel war der Meinung, dass der normale Bürger nicht in der Lage sei, sich seine fähigen Herrscher selbst zu wählen, daher lehnte er die Demokratie ab.«

»War er ein Reaktionär?«

»Es wäre unfair, ihn so zu nennen, wir sollten Ort und Zeit berücksichtigen. In den nachnapoleonischen Wirren gab es reaktionäre Regierungen, die das Ancien Régime wiederherzustellen trachteten. Hegel war wohl zu alt, um noch umstürzlerische Gedanken zu formulieren, ihm erschien die Ablösung der alten Regierungsform durch unerprobte Theorien oder Pöbelherrschaft zu riskant. Er bevorzugte Regierungsformen, die Gedankenfreiheit und religiöse Toleranz gewährten, mehr aber auch nicht. Hegel wurde mit seiner Schrift ›Grundlinien der Philosophie des Rechts‹ zum anerkannten Staatsphilosophen Preußens. Getreu seinem Gedanken ›Was vernünftig ist, das ist wirklich, und was wirklich ist, das ist auch vernünftig‹ definiert er den preußischen Staat als den Höhepunkt der geschichtlichen Entwicklung.«

»Ich denke, das wird man nicht überall gern hören!«

»Ich rechne es Hegel aber hoch an, dass er sein Eintreten für eine konstitutionelle, liberal geprägte Monarchie mit dem Eintreten für eine verfassungsmäßige Regierung, für die Aufhebung der Leibeigenschaft und die Anerkennung der Juden verband.«

»Das ehrt ihn.« Berenikes Fußspitze malte ein Muster in den Sand.

Vater des modernen Existenzialismus

»Hegels Verehrung des preußischen Staates ebnete den Weg für Bismarck. Jedenfalls, ich deutete es schon an, sahen Søren Kierkegaard, Karl Jaspers, Edmund Husserl, Martin Heidegger und Jean-Paul Sartre in der ›Phänomenologie des Geistes‹ einen deutlichen Hinweis auf den Existenzkampf des Menschen in einer Welt, die ohne göttliche Führung auskommen muss. In diesem Sinn wurde Hegel zum Vater des modernen Existenzialismus, dessen herausragendste Vertreter der Franzose Jean-Paul Sartre und – noch ein wenig früher – der Deutsche Martin Heidegger wurden. Doch vorher noch eine Abschweifung. Hegel war Professor in Weimar und Goethe war sein Staatsminister, beide verband eine Freundschaft. Als Hegel 1827 seinen alten Freund in Weimar besuchte, berichtete er: ›Dann einen Gang in die alten, bekannten, vor fünfundzwanzig Jahren begangenen Wege des schönen Parks, Begrüßung der Ufer der kleinen Ilm und ihrer leisen Wellen, die manches unsterbliche Lied gehört.‹ Damit erweist er sich als eine empfindsame, für die Poesie empfängliche Seele. Goethe wiederum schreibt über den Professor Hegel in Berlin: ›Dieser wundersam scharf und fein denkende Mann ist seit geraumer Zeit Freund meiner physischen Ansichten überhaupt, besonders auch der chromatischen‹, womit er die Farbenlehre meint. In einem anderen Brief bedauert er, dass Hegel nicht länger bleiben konnte, ›denn, was bei gedruckten Mitteilungen eines solchen Mannes uns unklar und abstrus erscheint, weil wir solches nicht unmittelbar unserem Bedürfnis aneignen können, das wird im lebendigen Gespräch alsobald unser Eigentum, weil wir gewahr werden, dass wir in den Grundgedanken und Gesinnungen mit ihm übereinstimmen …‹

Hegel hatte sich gegen Newton und für Goethes Theorie der Farben ausgesprochen. Darüber war Goethe erfreut und schrieb an Hegel: ›Euer Wohlgeboren so willkommene und entschiedene Art, sich zugunsten der uralten, nur von mir aufs Neue vorgetragenen Farbenlehre zu erklären, fordert meinen aufrichtigen Dank doppelt und dreifach, da mein Entschluss über diese Gegenstände mich wieder öffentlich vernehmen zu lassen, sich nach Freunden und Teilnehmern umsieht.‹«

»Selbst Genies können nicht ohne Zustimmung leben!«

»Auch Hegel nicht, der trotz seiner fahrigen und undeutlichen Art des Vortrags ein liebenswürdiger und gern gesehener Gast war. Nach seinem Tod blühte der Hegelianismus, jedoch nicht als eine einheitliche Richtung, sondern aufgespalten in zwei entgegengesetzte Gruppierungen. Es gab die ›Rechtshegelianer‹ und die ›Linkshegelianer‹. Die ›Rechte‹ bildete sich aus den wortgetreuen Schülern, die nur in der historischen Bibelkritik von ihm abwichen, die ›Linke‹ verstärkte im Gegensatz dazu Hegels Angriffe auf religiöse und politische Orthodoxie. Die ›Linke‹ wollte Hegels Gleichsetzung von Gott und Vernunft dahingehend interpretieren, dass die Natur, der Mensch und die Geschichte unabänderlichen und nicht an Personen gebundenen Gesetzen unterworfen sind. Das zitierte sein Schüler Feuerbach so: ›Das Wissen von Gott ist das Wissen des Menschen von sich, von seinem eigenen Wesen.‹

Das heißt, die Vernunft des Universums wird erst im Bewusstsein des Menschen existent; nur der Mensch kann sich kosmische Gesetze erdenken. Dagegen wandelte Marx, der Hegel nur aus seinen Schriften kannte, die dialektische Entwicklung der Kategorien in eine ökonomische Interpretation der Geschichte um, nach welcher der Klassenkampf als Hauptträger die Heroen verdrängt.«

»Jetzt wird mir klar, warum Sie uns Hegel vorgestellt haben. Wenn er unverständlich war, dann ist es doch phantastisch, dass er trotzdem eine so große Wirkung hatte. Ich denke, die Menschen müssen seine Gedanken so gut gefunden haben, dass sie darüber seine schwierige Ausdrucksweise vergessen haben.«

»Nun, da könnte ich auch Schopenhauer zitieren«, antwortete Senex. »Er meinte, auf Kant gemünzt, man könne einsehen, dass das Dunkle nicht immer sinnlos ist. Aber er fuhr fort, hört gut zu: ›Die größte Frechheit im Auftischen baren Unsinns, im Zusammenschmieren sinnleerer rasender Wortgefechte, wie man sie bis dahin nur in Tollhäusern vernommen hatte, trat endlich im Hegel auf und wurde‹ – ich zitiere Schopenhauer weiter – ›das Werkzeug der plumpesten, allgemeinen Mystifikation, die je gewesen, mit einem Erfolg, welcher der Nachwelt fabelhaft erscheinen und ein Denkmal deutscher Niaiserie bleiben wird.‹«

»Nicht nur Schriftsteller zerfleischen sich gegenseitig, das tun auch Philosophen«, meinte Roman lachend und kratzte sich am Hinterkopf. »Was heißt denn, bitte, Niaiserie?«

»Albernheit«, antwortete Senex. »Aber das erscheint mir als Schlusswort zu Hegel doch unangebracht. Schopenhauer ist ein glänzender Kopf, auf dessen pessimistische Meinung über die Menschen es zu hören lohnt, von diesem Verriss Hegels einmal abgesehen.«

»Das haben Sie gesagt«, konterte Stefan.

Das Negative,
ein notwendiges Element des Fortschritts

Senex machte es Berenike nach und zeichnete ein Quadrat in den Sand. »Ich muss etwas viel Schwerwiegenderes anfügen. Hegel sah ja in der Weltgeschichte eine Rechtfertigung Gottes. Diese Rechtfertigung lief für ihn darauf hinaus, das Übel in der Welt, einschließlich des Bösen, zu begreifen. Er meinte zum Beispiel, das Erdbeben, das 1755 Lissabon verwüstet hatte, aber auch die Toten der napoleonischen Schlachten, ja die Ausrottung ganzer Völker durch ihre Eroberer seien letztlich etwas Vernünftiges. Er wollte so den denkenden Geist mit dem Negativen, auf das er in der Geschichte überall stößt, versöhnen. Denn das Negative sieht er als ein notwendiges Element des Fortschritts an.«

»Na, danke!« Berenike verwischte ihr Muster.

»Ach, darauf wollen Sie hinaus, Senex. Mit dieser Ansicht hat Hegel doch ausgerechnet den fanatischen Nazis und Hitler die Rechtfertigung für den Völkermord an den Juden geliefert. Bei Hegel fanden sie ja sinngemäß geschrieben, er sei zwar grausam, aber letztlich vernünftig und daher notwendig!«

»So war es in der Tat, Stefan. Hegels ›Phänomenologie des Geistes‹ wurde oft auch mit Goethes ›Faust‹ verglichen. Im ›Faust‹ sagt Mephisto von sich, er sei die Kraft, die stets das Böse will und stets das Gute schafft. So könnte man Hegel in Umkehrung dieses Verses die Kraft nennen, die stets das Gute will und doch das Böse schafft.«

»Ich glaube, dazu gehören auch die Untaten des Marxismus und des Leninismus-Stalinismus. Marx hat diese Verbrechen gewiss auch nicht gewollt, wenn er die Dialektik Hegels benutzte, um seine Ideen überzeugender zu machen.«

Senex nickte: »Wir hätten noch von Fichte und von Schelling sprechen sollen, die mit Hegel zum Dreigestirn der deutschen Philosophie dieser Zeit gehören. Doch wieder unterliege ich dem Zwang der Auswahl. Fichte ist der Älteste der drei, er war als Mensch und Autor aber interessanter als seine Werke. Auch er lehrte in Jena. Er war ein mitreißender Redner, aber vielleicht doch zu temperamentvoll und hitzig. Schelling nannte ihn einen ›sehr populären Schriftsteller‹. Aus seinen Büchern kann man die Sehnsucht eines Menschen herauslesen, der seinen Glauben verlor und einen Weg zwischen Glauben und Zweifel sucht. Je älter er wurde, desto stärker ergriffen ihn christliche Frömmigkeit und Patriotismus. Bekannt gemacht haben ihn vor allem seine ›Reden an die deutsche Nation‹, mit denen er den Stolz der Deutschen auf ihre Geschichte wecken wollte. Aber das gehört eher ins Gebiet der Politik, weil er damit Begeisterung für den Kampf gegen Napoleon erzeugte. Aus diesem Grunde erklärten ihn vor allem die deutschen Nationalsozialisten zu einem ihrer Lieblingsphilosophen.«

»Und was ist zu Schelling zu sagen? Hat er größere Bedeutung?«

»Sagen wir mal so: für seine Zeit sicher. Es passt mir gut, dass gerade du nach ihm fragst, Berenike. Schelling schloss sich den Romantikern an, billigte auch körperliche Ekstasen und bekannte offen, dass weibliche Schönheit eine erregende Wirkung auf seinen Geist und seinen Körper habe. Schelling konnte sich nicht vorstellen, dass Geist und Materie miteinander vereinbar seien, für ihn war es undenkbar, dass das eine das andere hervorgebracht haben könnte. Er sah in Geist und Materie zwei verschiedene Beifügungen einer komplexen, einheitlichen Realität. Er konnte nichts mit einer Philosophie anfangen, die sich allein auf die Vernunft beruft, sie führe, meinte er, unweigerlich zu Spinoza zurück, und Spinoza war für ihn von so starrer Logik, dass ihm jede Vitalität fehle. Er sah in Kraft und Energie das Wesen von Materie und Geist und meinte, dass der eine allgegenwärtige Gott weder Materie noch Geist an sich sein könne, sondern deren Vereinigung in einem unfassbaren Panorama von Kräften. Mit dieser substanziellen Grundeinstellung schrieb Schelling in seiner ›Naturphilosophie‹ gleichzeitig ein Werk der Poesie wie der Philosophie. Er suchte eine neue, transzendente Gewissheit für all jene, die, von der Wissenschaft überwältigt und verwirrt, nach Glauben verlangten. Im höheren Alter wurde Schelling, der zehn Jahre nach Hegels Tod dessen Nachfolger auf dem Lehrstuhl für Philosophie in Berlin wurde, Mystiker, aber er vermochte seine Hörer nicht zu fesseln. Damals verwandelte sich die Welt geradezu stürmisch. Physik und Chemie eilten von Erkenntnis zu Erkenntnis, von Erfindung zu Erfindung, jede Wissenschaft erlebte einen großartigen Aufschwung. Das Werk von Charles Darwin sollte das alte Weltbild bald vollends vom Sockel stürzen. Manches werden wir noch miterleben.«

»Also wieder nach England?«

»Ja, aber noch nicht gleich zu Charles Darwin. Ich warte schon ungeduldig darauf, euch meinen Lieblingsmaler vorzustellen, der von einer Kühnheit und Modernität ist, die bis in unsere Zeit wirkt.«

»Da bin ich gespannt.«

»William Turner«, sagte Senex und legte darauf eine Pause ein, als wolle er den Klang des Namens ganz auskosten. »Kommt, nach London. Ich war im Zweifel, müsst ihr wissen, wir hätten auch nach Venedig gehen können, denn William Turner malte die schönsten Venedig-Aquarelle. Dürer, den ich sonst vielleicht hätte nennen müssen, war zwar vor ihm da, aber er hat in Venedig nicht aquarelliert. Trotzdem möchte ich euch an die Aquarelle seiner Reise über die Alpen Richtung Süden erinnern. Also auf, Freunde, durch unser magisches Haus.«

Schneller als eine Kutsche

Durch den Gang erreichten sie eine andere Tür, und als sie ins Freie traten, empfing sie ein nebliger, stürmischer Abend. Die Luft lastete undurchdringlich auf der Lunge, sie war geschwängert von Rußpartikeln, Holzfeuergeruch und Qualm aus Schornsteinen. Sie standen an einem Hafenbecken, auf einer Mole. Zur Rechten und Linken erstreckten sich mehrstöckige Lagerhäuser, aus deren Giebeln schemenhaft Flaschenzüge wie Galgen herausragten. Auf dem harten Pflaster wurden Kisten in Wagen und auf Schubkarren transportiert, Fässer gerollt, Ballen aus Jute gestapelt. Vertäute Segelschiffe tänzelten mit schwankenden Masten an der Kaimauer. Über allem schwirrten krächzende Möwen, Seeschwalben, Krähen.

Über den Platz ratterte ein Gestell mit zwei Rädern, in dessen Mitte ein Mann mit Zylinder saß und mit den Beinen strampelte. Senex wies die drei ausdrücklich darauf hin: »Eines der ersten richtigen Fahrräder. Der badische Forstmeister Freiherr Drais von Sauerbronn hatte bereits ein ›Laufrad‹ konstruiert, das 1817 ausprobiert wurde. Er hielt es für leichter, beim Laufen nicht das ganze Körpergewicht heben zu müssen. Deshalb glaubte er, dass ein sitzender Fahrer weniger Kraft brauchen und bei gleichem Energieaufwand trotzdem schneller vorankommen würde als ein Fußgänger. Allerdings waren die Straßen ja noch schlecht. Hier seht ihr nun eine Weiterentwicklung – ein Fahrrad mit einem auf die Hinterräder wirkenden Pedalantrieb. Ein schottischer Schmied mit Namen Kirkpatrick MacMillan hat es hergestellt. Sicher, es ist noch nicht ausgereift, auch noch ungefedert, aber es hat schon eine brauchbare Lenkung. Dieser Radfahrer ist bereits schneller als die Pferdekutsche.«

Wie auf Bestellung rollte gleich darauf eine Kutsche, nur von einem Pferd gezogen, über den Platz. Der Radfahrer überholte sie mühelos. »Das ist zurzeit der beliebteste Kutschentyp. Er ist nur etwa einen Meter zwanzig breit und bietet Platz für zwei Personen. Das tief heruntergezogene Chassis macht das Ein- und Aussteigen leichter. Aus dieser leichten Bauweise entwickelten sich die ersten Automobile.«

Der Radfahrer verschwand hinter einem Stapel Kisten, wie der Kasper hinter dem Seitenvorhang. Das Pferdefuhrwerk steuerte auf ein abgetakeltes Segelschiff zu. Ein Mann mit einem Köfferchen sprang hinaus und eilte über ein schmales Brett auf das Deck.

»Das dürfte ein Arzt sein, der zu einem Kranken gerufen wurde«, mutmaßte Senex. »Die so genannten Brougham-Kutschen wurden von Ärzten besonders geschätzt, weil sie ihnen ihre Hausbesuche bequemer machten.«

Von rechts führte eine Straße aus einer Häuserschlucht auf den Platz. Aus dieser Richtung erschien ein von drei Pferden gezogener Wagen, ein langer, blauer Kasten, wie sie ihn noch nie gesehen hatten. Er hatte nicht nur hinten eine breite Tür, es führte auch eine gewundene Treppe aufs Dach, wo, geschützt durch ein Geländer, einige Bänke standen. Der Wagen hielt, die Tür wurde geöffnet, ein paar Leute sprangen hinaus, gleichzeitig erhoben sich auf dem Dach andere Fahrgäste, auch Frauen in langen Kleidern, die ihre Röcke rafften und die Treppe hinunterstiegen.

»Die erste Omnibuslinie der Welt«, erklärte Senex. »Ihr wisst ja sicher, dass ›omnibus‹ aus dem Lateinischen kommt und ›für alle‹ heißt. So war es auch gedacht. Die Wagen sollten alle Menschen, gleich welcher Klasse, gleich welchen Geschlechts, gleich welchen Alters, befördern, wenn sie nur den Fahrpreis, der gering war, bezahlten. Noch wurden die Wagen von Pferden gezogen. Man setzte die Linie 1828 ein und konnte bis zu zweiundzwanzig Fahrgäste auf einmal befördern. London war schon eine Millionenstadt. Und nur fünfunddreißig Jahre später gab es bereits die erste Untergrundbahn, so überstürzten sich damals die Entwicklungen.«

»Da glaube ich, dass den Menschen schwindlig wurde.«

»Es gab auch schon eine Bahnlinie in England, zwischen Liverpool und Manchester, die bereits 1830 mit einem Personenbahnhof um Vertrauen für das neue Verkehrsmittel warb. Der Bahnhof war ein ebenerdiges Gebäude aus Stein mit großen Fenstern, Säulen und Ornamenten. In dreißig Meter Tiefe darunter, man musste über endlose Treppen hinabsteigen, führten zwei Gleise in ein kilometerlanges Tunnelsystem. Zur Jungfernfahrt standen acht Eröffnungszüge bereit, die über tausend Ehrengäste beförderten. Stephenson selbst steuerte eine der Lokomotiven. Die Fahrt ging durch die Tunnelnacht, was an sich schon eine Sensation war, und wurde, obwohl die Erschütterungen noch groß waren, als erholsam empfunden. Tragischerweise überschattete ein Unfall das große Ereignis, ein Ehrengast stürzte und starb am selben Abend. Trotzdem wurde die Fahrt bis Manchester fortgesetzt, dann umgekehrt nach Liverpool, wo man in finsterer Nacht ankam. Zwei Tage später fand die offizielle Streckeneröffnung statt. Jenseits des Ozeans wurde Nordamerika von einem regelrechten Eisenbahnfieber ergriffen.«

Unvermittelt lenkte Senex die Aufmerksamkeit der drei auf die Wasserseite. Eben kehrte ein Segelboot von der Fahrt zurück. Am Mast war ein mittelgroßer Mann festgebunden.

»Er ist kein Gefangener«, erklärte Senex, »er wollte sich selbst dagegen sichern, über Bord gespült zu werden.«

Dazu passte es, dass er nicht aufsah, sondern sich ausschließlich mit einem Block beschäftigte, den er an einem um den Hals geschlungenen Lederriemen waagerecht vor sich trug. Er zeichnete und war dabei so vertieft, dass er die Einfahrt in den Hafen, das Anlegen und Vertäuen des Schiffes mit keinem einzigen Blick bedachte. Er trug eine eng anliegende Lederkappe, eine wasserdicht beschichtete lange Jacke und hohe Gummistiefel. Erst als das Segelschiff zur Ruhe gekommen war, ließ er sich losbinden und stapfte über den Laufsteg davon, eine dunkle Gestalt, die Mappe unter den Arm geklemmt und ein Köfferchen in der anderen Hand. Er überquerte den Platz im Sturmschritt, bog nach links ab und verschwand.

»Das war er!« Senex sagte sonst nichts als nur: »Es wird dunkel, unfreundlich ist es außerdem. Da trifft es sich, dass wir unsere Bleibe gleich hier finden. Es war ein langer Tag. Freuen wir uns auf den Komfort.«

Ihre Herberge war so in die Front der anderen Häuser integriert, dass sie nicht zu unterscheiden war.

Der zehnte Abend

Die Impression als Wert

Farbe, Licht und Schatten

Das Essen war gut und reichlich, aber nicht erwähnenswert, wie die englische Küche nun einmal ist, wenn sie nicht von den Kochkünsten aus den Kolonien des viktorianischen Empire befruchtet wird.

»Erzählen Sie uns mehr von diesem mürrisch aussehenden Mann«, begann Berenike.

»Wie ich schon sagte, ließ er sich bei seiner Arbeit festbinden«, antwortete Senex. »Er wollte die Natur, die Wellen und den Sturm skizzieren, den Aufruhr der Elemente, um alles später im Atelier in seinen Bildern wiedergeben zu können, aber nicht in peinlich genauem Naturalismus, sondern als Eindruck, als Impression. Ich benutze diese Vokabel bewusst. Sie trifft auf ihn zu. Erst nach Napoleons Niederlage, als die Kontinentalsperre aufgehoben worden war, konnte er aus England nach Italien reisen, das er mehrmals besuchte. Dort empfing er wesentliche Eindrücke, ich nenne nur Venedig und Rom. In sechs Wochen zeichnete er fünfzehnhundert Skizzen und verarbeitete einige nach seiner Rückkehr zu neuen Versuchen mit Farbe, Licht und Schatten, bei denen sogar die Schatten zu reden scheinen. Er besuchte auch den Louvre und schuf in Paris leuchtende Aquarelle von der Seine. Auf diesen Reisen lernte er mehr als andere Kollegen, die nie über die Mauern ihrer Heimatstadt hinauskamen. Er dominierte die Malerei Englands mit weiter Ausstrahlung nach Europa, auch wenn das noch dauern sollte, und übertraf jeden anderen Maler durch den Reichtum seiner Farbpalette und eine Kühnheit, die sich kaum noch an Formen orientierte und gerade dadurch so unglaublich intensiv wirkte.«

»Ich glaube, jede Andeutung ist in ihrer Wirkung auf die Phantasie der Fotografie überlegen.«

»Das finde ich auch, Roman. Es ist doch erstaunlich: Je weniger klar die Konturen auf Turners Bildern sind, desto spontaner vermitteln sie das Gefühl exakter Naturtreue. Seine Zeitgenossen warfen ihm aber gerade vor, dass er nur Farbe zeige, keine Formen, und selbst die Farbe schiene nur so hingeworfen zu sein, als wäre sie der Gegenstand der Darstellung. Und das, meinte man, sei zu wenig.«

»Ich kann mich an eins seiner Gemälde erinnern«, sagte Berenike, schloss die Augen und schaute nach innen. »Es muss in einer Ausstellung gewesen sein, ich weiß nicht mehr, stellte es ein Gebirge dar, einen Berg oder einfach nur Sonne und Himmel, Licht, vielleicht gerade noch Wolken, schwarze und gelbe Wolken, über fast unsichtbaren Bergen.«

»Die Häuser und Menschen auf seinen Bildern sind oft nur dunkle Flecke«, ergänzte Senex, »unwichtige Tupfer, Striche, Punkte. Umso überwältigender ist die Natur, und davon wieder der Himmel. Manchmal glaubt man, dass bei ihm nichts übrig bleibt als Sonne und Wolken, nun ja, auch Berge und stürmische See. Doch seine Übertragung des Lichts in die Malerei ist eine der größten Entdeckungen in der Kunst. Er schuf die lichtdurchflutetsten Gemälde und Aquarelle Europas, er zeigte, dass Licht nicht nur eine Realität ist, sondern auch ein Faszinosum, das man auf ganz verschiedene Weise darstellen kann. Nie hat ein Maler mehr über die Erscheinungen der Natur gewusst, er bereicherte die Kunst um die flüchtigsten Lichteffekte – Sonnenaufgänge, Stürme, lichte Nebel, um Phänomene, die noch nie zuvor – und ich ergänze: nie wieder in dieser Vollkommenheit – mit Pinsel und Farbe erzeugt wurden.«

»Wenn man Sie hört, könnte man glauben, dass Turner ein Impressionist war, noch vor den französischen.«

»Ich nenne Turner den Impressionisten par excellence. Sosehr wir die Franzosen bewundern, sie haben ihn nie übertroffen. Degas, Monet, Pissarro und Renoir schrieben einige Jahre später an einen Londoner Kunsthändler, sie hätten bei ihren Studien über die ›flüchtigen Phänomene des Lichts‹ nicht vergessen, dass ihnen ›auf diesem Weg ein großer Meister der englischen Schule, der berühmte Turner, vorangeschritten‹ sei. Turner setzte alles in reine Farbe um. Nicht nur das Licht, auch Gefühle verwandelten sich in Farbe. So wurde er die mächtigste Stimme der romantischen Malerei, die sich gegen die Themen und Vorbilder wandte, die durch so viele Jahrhunderte geschleppt worden waren, gegen alle überholten Regeln und gegen die Missachtung der Phantasie durch erstarrte Traditionen oder sklavische Wirklichkeitstreue. Wir können uns nur schwer vorstellen, was für ein revolutionärer Vorgang das war. Denn jahrhundertelang hatte man die Dinge nur deshalb für wirklich gehalten, weil man sie anfassen, betasten und berühren konnte.«

»Das tun wir ja heute noch!«

»Diese Illusion sollte die Malerei erzeugen. Alle anerkannte Kunst wollte die Greifbarkeit, entweder plastisch oder durch klare Linien. Ganz folgerichtig fragte der englische Maler William Blake, ein Zeitgenosse Turners, was Ehrlichkeit von Betrug unterscheide, ›wenn nicht die harte, scharfe Linie der Richtigkeit‹. Je älter Turner wurde, desto mehr wandte er sich dem Zauber des Lichts zu. Seine Gegenstände wurden fast unerkennbar, dafür entstanden hinreißende Studien von Farben, Glanz und tiefen Schatten. Gerade Goethes Farbenlehre war es, die ihn zu einigen späten Bildern anregte, in denen Licht und Farben alles zu verschlingen scheinen. Seine letzten Werke aus Venedig wirken körperlos, visionär oder vergeistigt.«

»Sie schwärmen ja geradezu, Senex.«

»Mag sein, Stefan. Jeder hat seine Lieblinge, seine Vorlieben. Man konnte William Turner zwar kaum liebenswürdig nennen, er war weder attraktiv noch charmant. Aber er war ein roher Diamant und ein Solitär. Er selbst war kaum jemals glücklich und meinte: ›Ich bin schändlich behandelt worden.‹ Erst wir können sein Genie erkennen, das so wesentliche Entwicklungen vorwegnahm.«

Ein Übergang von der Kunst zur Technik

Senex trank einen Schluck Rotwein, den man aus jenem Teil Frankreichs importiert hatte, der bis zur Zeit der Jungfrau von Orleans von den Briten besetzt gewesen war.

»Man fing doch damals bereits zu fotografieren an, nicht wahr?«, fragte Roman.

»Ja, und ich finde, das ist ein ganz guter Übergang von der Kunst zur Technik. Denn die Fotografie ist ein technisches Verfahren, das nachhaltig in das Gebiet der bildenden Kunst eingriff und insbesondere der Malerei eine wesentliche Aufgabe fortnahm.«

»Die Abbildung der Realität, oder?«

»Du hast Recht, Berenike. Das konnte die Fotografie wirklich besser, wesentlich einfacher und viel genauer. Aber die Farbfotografie gab es damals noch nicht.«

»Wie fing es an?«

»Schon zu Beginn des achtzehnten Jahrhunderts entdeckte ein Bürger aus Halle an der Saale mit Namen Schulze die Lichtempfindlichkeit des Silbersalzes. Wirklich zu fotografieren begonnen hat der französische Gelehrte Joseph Niepce. 1827 konnte er eine Zinnplatte mit Bitumen beschichten und in einer Camera obscura belichten. Dort, wo Licht einfiel, wurde das Bitumen unlöslich, der Rest wurde abgelöst, es blieb ein sichtbares Bild zurück. Doch die ›Fotos‹ von Niepce waren noch nicht haltbar. Das gelang erst seinem ehemaligen Partner Jacques Daguerre, einem französischen Kunstmaler, im Jahr 1839. Er fand ein Verfahren, bei dem die lichtempfindliche Silberplatte zu einem Positiv entwickelt wurde. Jedoch auch diese so genannte Daguerrotypie hatte Mängel.«

»Mir gefällt sie!«, rief Berenike.

»Aber sie war nicht reproduzierbar. Damals war jede Daguerrotypie ein Einzelstück. Daguerre hatte sich noch energisch dagegen gewandt, sein Verfahren für die Vervielfältigung von Bildern weiterzuentwickeln. Dass sie so einzigartig sind, macht sie gewiss wertvoll, beschränkte aber auch ihre Möglichkeiten. Da half nun der Engländer Fox Talbot, ein

Physiker und Chemiker, der nur fünf Jahre nach Daguerre ein Verfahren für ein Negativbild erfand, von dem positive Papierabzüge gemacht werden konnten.«

»Der Siegeszug der Fotografie begann!«

»Jetzt konnte man Landschaften, Straßen, Gebäude, Menschen – Männer und Frauen, Adlige und Arbeiter –, Szenen, Verkehrsmittel, Stadtansichten, die Mode und vieles andere mehr fotografieren und beliebig oft vervielfältigen.«

»Und die Ansichtskarte wurde geboren!«

»Die Reisefotografie breitete sich rapide aus, zumal das Reisen immer populärer wurde. Das Fotografieren wurde zu einer Leidenschaft. Überall sah man Männer und Frauen mit unförmigen Kästen auf dreibeinigen Stativen, den Kopf unter einem schwarzen Tuch, ihr Objekt auf der Mattscheibe scharf stellen. Das konnte vor dem Mont Blanc sein, vor den Pyramiden von Gizeh, vor der Bucht von Neapel mit dem rauchenden Vesuv als dekorativem Hintergrund, vor den Ruinen des Parthenontempels auf der Akropolis. Du hast Recht, Berenike, für uns haben die alten Fotos einen Charme, der sicher auch daher kommt, dass sie von einer Zeit erzählen, die vergangen ist, so unwiederbringlich, wie jede Zeit vergeht.«

»Sie sagten, die Fotografie veränderte die bildende Kunst. Das glaube ich gern.«

»Sie befreite die Malerei von der Aufgabe, ein möglichst genaues Abbild der Natur zu schaffen, auch wenn sich diese Auffassung erst langsam durchsetzte, zumal es ja noch vieler Entwicklungen bedurfte, bis die Fotografie farbig wurde und ihren gegenwärtigen hohen Stand erreichte.«

»Der schon wieder vom digitalen Bild übertroffen wird.«

»Das sind nur noch technische Variationen, sozusagen Neuschöpfungen aus der Urpflanze. Ob früher auf Chemie oder nun auf Digitalisierung beruhend, mehr und mehr wurde die Fotografie als Kunst akzeptiert.«

Das Zeitalter der Masse

Immer mehr begegnen wir dem Phänomen der Menge

Senex schenkte sich Wein nach und sagte: »Die Erfindungen schossen wie Pilze nach warmem Regen aus dem Boden, nicht nur in Europa, auch jenseits des Ozeans, in Nordamerika, das von Europäern besiedelt worden war. Manch ein Erfinder war Künstler gewesen, so der Amerikaner Samuel Morse, der Porträts, Historienbilder und Landschaften im Stil der Romantik malte. Versuche der raschen Nachrichtenübermittlung gab es ja bereits seit Napoleon – oder noch viel, viel früher, wenn man die Rauchzeichen einbezieht. Aber erst mit den optischen Telegrafen konnte man genauere Botschaften übermitteln, in Sichtweite, von Gestell zu Gestell. Nur war man vom Tageslicht abhängig und vom Wetter. Das verbesserte sich schlagartig, als elektrische Signale durch Metallkabel gejagt wurden. Morse ist zwar nicht der Erfinder der Telegrafie, ihm gelangen aber entscheidende Verbesserungen durch die Morsetaste und das Morsealphabet. Er hatte die Idee zu einem elektromagnetischen Telegrafenapparat und meldete ihn zum Patent an. Zunächst schrieb man Zickzackzeichen auf ein Papierband. Später verwendete er kürzere und längere Signale für die Buchstaben, die beim Empfänger als Striche und Punkte erschienen – das Morsealphabet. Man hat es lange verwendet, am längsten in der Schifffahrt, wo es geholfen hat, Menschenleben zu retten. Mit dem Morsetelegrafen wurde eine erste Versuchslinie zwischen Washington und Baltimore gebaut.«

Stefan rückte seine Brille zurecht. »Nun hat man sich also leichter Nachrichten übermittelt. Und man reiste viel schneller als mit den ersten Eisenbahnen.«

»Nicht nur schneller, sondern auch viel öfter! Von jetzt an begegnen wir dem Phänomen der Menge. Das Individuum tritt zurück, die Masse verdrängt es. Gewiss, die Pilger waren bereits in Scharen gewandert, aber jeder tat es auf eigene Faust, auf eigenen Füßen, in eigener Verantwortung.«

»Und jetzt?«

»Man machte ein Massengeschäft daraus, das Verdienst …«

»War es ein Verdienst?«

»Da die Weltbevölkerung so vehement zunahm, eindeutig ja! Das Verdienst gebührt einem Engländer, der zunächst nicht einmal an ein Geschäft gedacht hat. Der Mann hieß Thomas Cook, ein Drucker und Laienprediger der Baptistenkirche. Er hatte uneigennützige Motive. Seine Idee, Pauschalreisen anzubieten, zielte ursprünglich ausdrücklich darauf ab, Arbeiter von Tabak und Alkohol abzubringen. Er hatte feste moralische Grundsätze, dazu Ideen und ein beachtliches Organisationstalent, mit dem er die Konkurrenz der verschiedenen Transportunternehmen zum Erzielen besonders günstiger Preise ausnutzte. 1841 veranstaltete er die erste Ausflugsfahrt mit fünfhundertsiebzig Teilnehmern von Leicester ins etwa zwanzig Kilometer entfernte Loughborough und zurück. Der Fahrpreis war lächerlich gering, dafür bekamen die Mitreisenden nicht nur die Bahnfahrt, sondern auch Getränke und Verpflegung, Musik und Tanz. Cook wollte den Arbeitern billige sonntägliche Rundfahrten an die Küste organisieren, wo sie zu Atem kommen sollten. Noch in derselben Nacht konnten sie wieder zu Hause sein, um am frühen Montag ihren Alltag beginnen zu können. Deshalb hießen die Reisen auch ›Cooks Mondscheinfahrten‹. Er wurde zum Erfinder des Pauschaltourismus. Vorher war das Reisen, trotz vieler Erleichterungen, noch beschwerlich gewesen.«

»Dazu war wohl der Ausbau des Eisenbahnnetzes Voraussetzung.«

»Das stimmt. Da griffen die Dinge Hand in Hand. Cook setzte Gruppenrabatte durch, die das Reisen erschwinglich machten. Bald drängte er in die Ferne, neue Routen und Ziele kamen hinzu. Man fuhr an den romantischen Ufern und verfallenen Burgen des Rheins entlang, Cook organisierte sogar geführte Touren durch die Schweiz. Vor allem die Frauen nahmen die Angebote begeistert an, gaben sie ihnen doch Möglichkeiten, die sie als Alleinreisende früher nie gehabt hatten. Cooks Touristen waren bei der Eröffnung des Suezkanals dabei – den die Briten daraufhin ›Cooks Canal‹ nannten – und ergänzten die Reise durch eine Luxuskreuzfahrt auf dem Nil. Sein Erfolgsrezept war, dass er sich selbst um alles kümmerte und auch die Reiseleitungen übernahm. Er gründete eine Reisezeitschrift und achtete darauf, dass sich seine Reisenden ohne Sorgen wohl fühlen konnten.«

»Also Erfolg auf der ganzen Linie?«

»Das Reisen als Urlaub, auch Gesellschaftsreisen, all das war erst jetzt möglich. Luxuszüge und Luxusdampfer, sogar die Palasthotels, resultierten daraus. Als Cook gegen Ende des 19. Jahrhunderts starb, hinterließ er das weltweit führende Reisebüro.«

»Ich glaube, wir haben heute eine andere Einstellung zu den Gesellschaftsreisen. Damals fing doch auch die Zerstörung von Landschaften an, die der Massentourismus mit sich bringt.«

»Die so genannten Rucksacktouristen, lieber Roman, die sich auf ihre Individualität so viel einbilden, sind nicht weniger problematisch, oder?«

»Ihr habt sicher beide Recht. Schon damals waren keineswegs alle von Cook begeistert. Vor allem die Reichen rümpften die Nase, weil nun ganze Meuten ›ungebildeter Leute‹ in Italien einfallen konnten. Auch die noble ›Times‹ zog, wenn auch vergeblich, gegen die ›Massenwanderungen‹ vom Leder!«

»Ich denke, heute will niemand – trotz so vieler negativer Begleiterscheinungen – auf die Möglichkeit, billig und bequem zu reisen, verzichten.«

»Das glaube ich auch. Es sind jährlich sicher Millionen, wenn nicht Milliarden Menschen – uns eingeschlossen –, die sich in Bewegung setzen«, sagte Roman.

»Millionen von Menschen… Da bin ich gleich beim Bevölkerungswachstum. Vom sechsten Jahrhundert nach Christus bis zum Anfang des neunzehnten Jahrhunderts war die Bevölkerungszahl Europas fast gleich geblieben. Genaue Zahlen kennt man jedoch nicht, weil es noch keine Statistiken gab. Dennoch hielten sich die Veränderungen in engen Grenzen. Erst am Beginn des neunzehnten Jahrhunderts stieg die Bevölkerungszahl sprunghaft an. Man schätzt, dass um das Jahr 1650 etwa sechshundertfünfzig Millionen Menschen auf der Erde lebten. Infolge verbesserter medizinischer Versorgung und Hygiene sank zunächst die Sterberate, die Menschen vermehrten sich schneller, wenn auch noch nicht in dem Maße wie heute.«

»Das größte Problem für die Menschheit.«

Ein tiefer Eingriff in das Leben der Familien

Roman nahm seine nachdenkliche Stellung ein, rutschte vor, streckte die Beine aus, lehnte sich zurück: »Muss man in diesem Zusammenhang nicht auch über die zunehmende Industrialisierung sprechen?«

»Ein Thema, das auch Berenike wieder munter machen wird!«

»Ich schlafe doch nicht«, protestierte sie.

Senex lächelte. »Die Industrialisierung ist keine reine Männersache gewesen. Es stimmt zwar, dass sich das Gros der Erfinder, Ingenieure, Maschinenbaumeister aus Männern zusammensetzte. Auch die Mehrzahl der Arbeiter war männlich. Aber die Industrialisierung, genauer, die Fabrikarbeit, griff tief in das Leben der Familien ein, eben nicht nur der Männer und Väter, sondern auch der Frauen und Mütter, sogar in das der Kinder, und zwar in einem Maße, wie wir es uns in Europa kaum mehr vorstellen können.«

»Meinen Sie Frauen- und Kinderarbeit?«

»Wir haben das Thema bereits einmal angeschnitten. Es entstand ein riesiger Bedarf – auf allen Gebieten, aber es genügt, wenn wir als Beispiel von der Textilindustrie sprechen und nicht vergessen, dass die rasante Entwicklung der Eisenbahnen in ganz Europa die größten Umwälzungen hervorrief. Dem kam ein rasantes Bevölkerungswachstum zwischen 1780 und 1850 entgegen, denn nur dadurch gab es während der industriellen Revolution – wie man diese Zeit nennt – genügend Arbeitskräfte, wobei Frauen und Kinder mithelfen mussten.«

»Die Arbeit wurde doch körperlich leichter?«

»Und sie verlangte weniger Kenntnisse. Speziell in den Spinnereien und Webereien, an den neuen Maschinen, beschränkten sich die Tätigkeiten auf wenige rasch zu erlernende Handgriffe.«

»Aber Kinder und Frauen wurden schlechter bezahlt als Männer.«

»Frauen wurden auch deshalb überall, wo es nur möglich war, eingesetzt, weil sie nicht nur billiger, sondern auch fügsamer waren. Nur die Maschinenführer blieben in der Regel Männer. Unterordnung, Disziplin und Gehorsam bei gleich bleibend monotonen Handgriffen waren Voraussetzungen für die Fabrikarbeit. Wer keine Arbeit bekam oder entlassen wurde, dem drohte das Elend, bestenfalls das Arbeitshaus. Es gab keine Vorsorge für Not, Krankheit, Alter und Gebrechen, keine Krankenversicherung, keine Hilfe bei Arbeitsunfähigkeit, keine bei Todesfällen, Beerdigungen. Erst nach und nach riefen die Arbeiter selbst Unterstützungsvereine ins Leben, wie die so genannten ›Friendly Societies‹.«

»Man hatte sich doch von den Maschinen Erleichterung versprochen, aber wenn man Sie hört, Senex, dann ist eher das Gegenteil eingetreten!«

»Als Ideal war eine Erleichterung der Arbeit angestrebt worden, vor allem eine Abkehr von härtester körperlicher Anstrengung, die man in den frühen Kulturen den Sklaven aufgebürdet hatte. Aber im Prinzip ging es den Fabrikherren primär um Gewinn. Die wachsende körperliche und seelische Belastung hatten die Ingenieure gewiss nicht gewollt, sie hatten auch nicht vorhersehen können, dass nun für die angeblich leichtere Arbeit körperlich schwächere Kräfte eingestellt wurden, da sie billiger waren. Das Ergebnis war eine andere Form von Sklaverei, Verelendung und die Entstehung des Industrieproletariats.«

Die Atmosphäre gleicht einem Hexenkessel

Berenike grübelte: »Dann hatten die Ingenieure, Techniker und Erfinder ihr Ziel verfehlt?«

»Zwar trieb man sozusagen den Teufel mit Beelzebub aus, aber ich muss zugeben, dass nur die Industrialisierung genügend Arbeitsplätze für die immer zahlreicher auf den Arbeitsmarkt drängenden Menschen schaffen konnte. Ohne sie wäre das Elend noch größer gewesen. Das Wachstum der Industrie ermöglichte andererseits ja auch höhere Löhne. Die Atmosphäre glich einem Hexenkessel. Zunächst schienen die Vorteile der Technik atemberaubend zu sein, eine Wohltat für die Menschheit. Noch waren ja auch unerschöpflich scheinende Mengen an Rohstoffen vorhanden, niemand dachte daran, dass es nicht möglich ist, unbegrenzt in den Haushalt der Natur einzugreifen.«

»Man hat es ja heute noch nicht begriffen!«

»Ich meine schon, Stefan, nur klafft zwischen Erkenntnis und Verwirklichung eine schier unüberbrückbare, durch die Praxis erzwungene Kluft. Wir sind Zwängen unterworfen, die niemand einfach beseitigen kann. Damals dachte man noch, der Mensch könne die Natur beherrschen. Heute müssen wir umdenken und lernen, sie als unsere Lebensgrundlage zu erhalten. Es war aber nicht so, dass man damals völlig blind gewesen wäre. Einige wenige – leider zu wenige – ahnten bereits nachteilige soziale und ökologische Folgen. Aber sie galten als ›Spinner‹, die man nicht ernst zu nehmen brauchte, als weltfremde Idealisten; meist waren es Ärzte – hier und da sogar einmal weitsichtige Unternehmer. Dann arbeitete man der Verpestung der Luft entgegen, indem man die Schornsteine höher baute und die Schadstoffe weiter verteilte. Die Flüsse dienten überall als Kloaken für jede Art von Abwässern und Abfällen. Friedrich Engels, der Mitkämpfer von Karl Marx, schrieb schon damals, dass die Flüsse ›am einen Ende klar und durchsichtig in die Stadt hinein und am anderen Ende dick, schwarz und stinkend von allem möglichen Unrat‹ hinausflössen.«

»Ich denke, dass man noch weniger davon wissen wollte als heute.«

»Die Schäden zeigten sich ja auch noch nicht so verheerend. Die sanitären Verhältnisse waren freilich oft unbeschreiblich, aber für sie fühlte sich lange Zeit niemand zuständig. Die Arbeiterviertel der Städte erschreckten jeden durch ihren Schmutz, der sie wie ein Smog von Hoffnungslosigkeit bedeckte. Die Armut zeigte überall ihr verhärmtes Gesicht, aber niemand wollte es sehen. Die Gesundheitsfürsorge war miserabel, Krankheit und Elend die Regel, die Wasserversorgung unzureichend, an Reinigung kaum zu denken. Zwar hätte es die Technik dafür bereits gegeben, doch die Betroffenen hatten kein Geld und die Wohlhabenden suchten sich einfach bessere, noble Viertel aus.«

»Charles Dickens hat doch diese entsetzlichen Verhältnisse in den Armenvierteln Londons beschrieben.«

»Solange es den Reichen gut ging, solange der Gestank nicht bis zu ihnen vordrang, taten die Behörden nichts oder doch zu wenig. Erst die Angst vor Ansteckung, der Schrecken zweier Choleraepidemien mit fast hunderttausend Toten und andere schockierende Folgen führten endlich zu den ersten minimalen Verbesserungen. Es gab zaghafte Ansätze, auch Versuche, die Lage der Arbeiter zu verbessern, aber all das war wenig effektiv und reichte nicht in die Zukunft. Von Umweltbewusstsein konnte noch lange nicht die Rede sein, nicht einmal bei Karl Marx. Es war so, wie es heute ist: Keiner ließ sich davon abhalten, neue Techniken einzusetzen, weder durch soziale, noch durch ökologische Rücksichten. Am allerwenigsten durch Kritik an den Verhältnissen in den Fabriken. Es waren aber auch erhebliche Investitionen notwendig. Diese mussten sich nicht nur amortisieren, sie mussten sich auch lohnen, sonst nahm kein Unternehmer das Risiko auf sich – oder er ging unter. Es durfte keinen Stillstand, keine Verzögerung, keine Unterbrechung der Produktion geben. Die festen Kosten waren da und blieben gleich, sie konnten rasch zu Verlusten führen. Man brauchte regelmäßige Arbeitszeiten und möglichst lange Arbeitstage, am besten rund um die Uhr.«

»Das hört man heute genauso!«

»Für den Arbeiter oder die Arbeiterin bedeutete die Fabrikarbeit im Vergleich etwa zur Heimarbeit oder dem Handwerk die Trennung von Wohnung und Familie. Außerdem – aber das war in der Manufaktur schon ähnlich gewesen, wenn auch nicht so krass – verloren sie jede Möglichkeit, selbst über ihre Arbeit und deren Rhythmus zu bestimmen. Die Länge der Arbeitszeit und die Einteilung des Arbeitstages, der Arbeitswoche wurden genau geregelt.«

»Wie lange musste gearbeitet werden?«

»Sechs Tage in der Woche, zwölf bis vierzehn Stunden am Tag. Das hing nicht nur vom Arbeitgeber, das hing auch von den Maschinen ab. Alles war festgelegt, auch die Arbeitspausen und die Zeiten, in denen die Maschinen stillstanden – stillstehen mussten, zum Ärger der Fabrikanten.«

»Heute wäre das Stichwort ›Gewinnmaximierung‹.«

»Noch bedrohte die hohe Kindersterblichkeit die Familien. Ihre Ursachen waren vor allem die verheerenden sozialen Verhältnisse, dazu kam die erschreckend weit verbreitete Kinderarbeit. Viele Kinder waren verkrüppelt oder litten an Schwindsucht. Ein Tapetenfabrikarbeiter berichtete, dass er seinen Sohn täglich in die Fabrik und nach sechzehnstündiger Arbeit wieder nach Hause tragen und ihn mittags füttern müsse, während der Kleinere an der Maschine stehe, die er nicht verlassen dürfe. Oft fingen die Kinder bereits mit sieben Jahren an zu arbeiten, um beim Unterhalt mitzuhelfen. Ein achtzehnstündiger Arbeitstag war keine Seltenheit. In den Zündholzfabriken wurden die fünf- bis siebenjährigen Kinder giftigen Phosphordämpfen ausgesetzt, die ihre Gesichtsknochen zerstörten. Unter Tage, in Kohle- und Eisenbergwerken, schleppten die Kleinsten das gebrochene Material, verluden es auf Loren und schoben diese schwer beladen zum Förderschacht. Oft sahen die Ärmsten wochenlang kein Tageslicht. Andere mussten mit blutenden Händen die scharfen Schieferstücke aus der gehauenen Kohle aussortieren. In der Landwirtschaft war es nicht besser, auch dort war Kinderarbeit weit verbreitet.«

»Was für ein Elend! Schlimm, dass wir das alles vergessen haben«, murmelte Stefan.

»Du meinst, wir hätten allen Grund, mit der Gegenwart zufriedener zu sein?«

»Ja, das denke ich!«

Der Mensch kannte noch nie Skrupel

Berenike murmelte: »So schlimm habe ich es mir nicht vorgestellt.«

»Dabei – ich sage es ungern – hatten es die Kinder aus intakten Familien noch gut, denn bis zu dem ersten Kinderschutzgesetz von 1802 gaben viele Waisenhäuser, um ihre meist schlimme finanzielle Situation zu verbessern, ihre bedauernswerten Zöglinge in Baumwollfabriken, angeblich zur Ausbildung. Dabei war an Ausbildung jedoch nicht zu denken, die Kinder mussten oft in zwei Schichten rund um die Uhr arbeiten.«

»Das war ja Sklaverei!«

»Das Wort trifft es leider genau. Der Mensch kannte noch nie Skrupel, wenn es um seinen eigenen Vorteil ging. Schließlich jedoch gerieten die Baumwollbetriebe in den Ruf von Kerkern, sie handelten sich empörte Kritiken ein. Zu den Kritikern gehörte auch der Schriftsteller Charles Dickens, den Roman eben erwähnte. Manches besserte sich zögernd, der Anteil der Kinderarbeit aber ging nicht zurück. Erst nach 1833 wurde die Arbeitszeit von Jugendlichen zwischen vierzehn und achtzehn Jahren auf zwölf Stunden und zwischen neun und dreizehn Jahren auf neun Stunden täglich begrenzt und das wurde auch kontrolliert. Danach nahm die Kinderarbeit allmählich ab.«

»Aber es war trotzdem noch nicht alles gut, oder?«

»Keineswegs, die von der Industrialisierung hervorgerufenen Veränderungen krempelten alles um, seien es nun die wirtschaftlichen oder sozialen Strukturen, die Arbeitsmethoden oder die Lebensformen. Sogar der Siedlungsbau wurde beeinflusst und die Landschaften änderten sich durch vergrößerte Städte, Eisenbahngleise, neue Straßen. Alles war plötzlich leicht und schnell erreichbar! Und das empfanden viele Menschen als eine radikale Zerstörung ihrer vertrauten Verhältnisse. Aber daneben gab es auch begeisterte Stimmen, die sich an jedem Erfolg berauschten.«

»Das alles kann einen ganz schön ins Grübeln bringen, Senex.« Stefans gekrauste Stirn verlieh seinen Worten Nachdruck. »Ich denke mal, dass keiner von uns in das vorindustrielle Zeitalter zurückmöchte, aber in diese Anfangsphase der Industrialisierung genauso wenig.«

»Schon damals schrieb man, dass die Sklaverei noch nicht vorüber sei. Man sollte, so wurde gefordert, nur einmal die Fabriken Englands besuchen und man würde hunderte von Männern und Frauen finden, die abgemagert und elend im Dienste eines Einzelnen ihre Gesundheit und ihr Leben zum Opfer brächten, bloß um die primitivsten Bedürfnisse zu befriedigen. Sei das, so wurde gefragt, nicht Sklaverei, wenn man den Menschen wie ein Tier ausnutze? Und die Forderung wurde laut, dass der Staat für die ärmste und unterste Klasse sorgen müsse. Beachtet bitte das Wort ›Klasse‹, es ist nicht mehr von ›Stand‹ die Rede. Das Mittelalter hätte mit seinen Zünften eine Organisation für die Arbeiter gehabt, auch wenn sie nicht vollkommen war. Die Zünfte waren zerstört, sollten jetzt die angeblich freien Arbeiter in eine andere Art von Knechtschaft gezwungen werden? Aus der Herrschaft der Meister unter die Knute des Fabrikherrn? Ebenso erhob sich die Frage, ob es kein Mittel dagegen gebe.«

»Gab es eines, Senex?«

»Eine Antwort lautete: freier Zusammenschluss, Vergesellschaftung.«

»Produktionsmittel in Arbeitnehmerhand!«

»Wir sind auf dem Weg dorthin. Zunächst solltet ihr diese Forderung ohne Vorurteile bedenken. Erst die Erfahrungen, die unser Jahrhundert mit den kommunistischen Regimen gemacht hat, brachte sie in Verruf. Wir aber stehen jetzt noch am Anfang des neunzehnten Jahrhunderts. Da waren Lenin und Stalin noch nicht zu ahnen, nicht die kommunistische Schreckensherrschaft, nicht die Sowjetunion und ihr Scheitern. Jetzt sind wir noch in Großbritannien. Eine Volkszählung hatte 1831 die von vielen nicht für möglich gehaltene Bevölkerungszahl von vierundzwanzig Millionen Mitbürgern ergeben. Das bedeutete eine Verdoppelung in nur dreißig Jahren. Waren die Winter hart, lebte jeder Zehnte von der Fürsorge. Die Steuerzahler des Mittelstands hielten die Grenze für erreicht, sie wollten ein hartes Vorgehen gegen dieses ›Eitergeschwür des Staates‹, wie man es nannte. Warum sollten die Arbeitsscheuen unterstützt werden?«

»Das klingt alles sehr modern!«

»Aber eines war doch anders. Das Elend der Massen war ungleich größer, ungleich lebensbedrohender als heute. Und die Bevölkerung explodierte – in unsagbar schlechte hygienische Verhältnisse hinein. Die Bessergestellten fragten, warum sie ›Eheschließungen zwischen armen Jungen und Mädchen‹ und die Geburt noch elenderer Kinder subventionieren sollten? Diese Klagen zeigten Wirkung, es wurde eine Novelle zum Armengesetz erlassen, die drastische Maßnahmen vorsah – und das Elend vergrößerte. Die Fürsorge für alle wurde rigoros beendet, außer für die Allerärmsten, die so krank oder alt waren, dass sie sogar die entsetzlichen Armenhäuser aufsuchten, um wenigstens Essen oder etwas Geld zu bekommen. In den Armenhäusern wurden die Menschen bewusst wie im Gefängnis behandelt, um sie abzuschrecken. Eheleute wurden getrennt, um Nachwuchs zu verhindern. Auf diese Weise, hoffte man, müsste die Zahl der Fürsorgeempfänger drastisch zurückgehen und man würde gewaltige Einsparungen verzeichnen können. Zyniker behaupteten, das würde den Armen selbst zugute kommen, weil es sie aus ihrer Abhängigkeit befreie.«

Die soziale Frage

Ein Bürgerschreck

Sie sahen es Senex an, dass ihm dieses Thema nicht behagte. Er fuhr rasch, fast ohne Betonung fort: »Nur wenn man sich dieses Elend klarmacht, kann man das Kommende verstehen, vor allem den Mann, dem wir heute kaum noch Gerechtigkeit widerfahren lassen.«

»Ich nehme an, Sie meinen Karl Marx?«

»Unsere Zeit hat Schwierigkeiten, ihn richtig zu bewerten. Städte in den ehemals sozialistischen Ländern, die zunächst nach ihm benannt worden waren, Plätze und Straßen, die seinen Namen trugen, wurden später wieder umgetauft. Dabei ist die Geschichte des so genannten ›Marxismus‹ nicht die Geschichte von Karl Marx. Er hatte den Kommunismus so nicht gewollt. Man benutzte seine Ideen, trennte sie aber von ihrem Schöpfer. Der Marxismus-Kommunismus führte, entstellt und missbraucht, genau zu den Staatsformen, von denen er sich abwenden wollte. Jede Idee ist das Produkt der Zeit, in der sie entsteht, in diesem Fall der sozialen Verhältnisse. Daher ist es so wichtig, diese wenigstens andeutungsweise zu kennen. Das, was heute Marxismus genannt wird, ist nicht die Schöpfung von Karl Marx.«

»Aber die Gedanken des Kommunismus sind doch von ihm?«

»Nicht einmal das, Berenike. Schon bei Platon fand sich die Ablehnung des Privateigentums, später nahmen die Urchristen und zahlreiche Sekten diese Forderung auf, zum Beispiel die Katharer und Waldenser oder die Wiedertäufer und Thomas Münzer. Bereits im sechzehnten Jahrhundert beschrieb Thomas Morus ein auf Gemeineigentum beruhendes Gemeinwesen unter dem Titel ›Utopia‹, das Schule machte. Im achtzehnten Jahrhundert und vor allem während der Französischen Revolution gewann die Idee neue Anhänger und fand ab 1830 in Frankreich großen Widerhall, zunächst bei geheimen politischen Gesellschaften. Zu Beginn der vierziger Jahre des neunzehnten Jahrhunderts gab es in Deutschland eine Unmenge Literatur über die soziale Frage. In Frankreich erschien 1840 erstmals auch das Wort ›Kommunismus‹ in einem Roman, es fand rasch Verbreitung.«

»Und was hat man damals darunter verstanden?«

»Einen Sammelbegriff für Gütergemeinschaften, die ohne Geld und Eigentum auskommen. Zusammenschlüsse, in denen nicht mehr regiert, sondern nur noch verwaltet wird. Das Ziel war eine durch das revolutionäre Proletariat geschaffene Gesellschaft.«

»Aber ich denke, Karl Marx hat das ›Kommunistische Manifest‹ formuliert?«

»Zusammen mit Friedrich Engels. Die Schrift beginnt mit den Worten: ›Ein Gespenst geht um in Europa – das Gespenst des Kommunismus.‹ Marx und Engels veröffentlichten die Schrift im Auftrag des ›Bundes der Kommunisten‹ und stellten in ihr die kommunistische Theorie zusammenfassend dar. Als sie das ›Kommunistische Manifest‹ im Februar 1848 veröffentlichten, konnten sie nicht ahnen, was für eine Wirkung es erzielen und dass es zu den am weitesten verbreiteten Büchern gehören würde. Zunächst waren die Auswirkungen auch bescheiden. Die Auflage betrug nur eintausend Exemplare, auch die kommunistische Bewegung steckte organisatorisch noch in den Kinderschuhen.«

»Was war mit Friedrich Engels?«

»Engels war der Sohn eines Fabrikanten aus Wuppertal-Barmen und selber Kaufmann. Er kannte – was Marx fehlte – die praktische Wirtschaft. Sie ergänzten sich nicht nur menschlich, sondern auch fachlich. Marx konnte sich erst äußern, wenn er etwas intensiv studiert hatte, Engels erkannte die Probleme schnell in ihren Zusammenhängen und formulierte elegant, unbekümmert und treffend.«

»Sie haben von den Verhältnissen in England gesprochen, von der industriellen Revolution und der Ausbeutung der Arbeiter. Jetzt erscheint aber ein Buch von zwei Deutschen. Warum, Senex?«

»Karl Marx war nach seinem Studium nach Paris gezogen und pflegte dort Kontakte zu französischen Sozialisten und russischen Anarchisten. Auf preußischen Druck wurde er aus Frankreich ausgewiesen und lebte, als er das ›Kommunistische Manifest‹ schrieb, in Brüssel. Bald darauf zog er nach London, wie auch Friedrich Engels. Engels unterstützte Karl Marx, der ständig Not litt, großzügig, sodass er später keine Sorgen mehr zu haben brauchte. Nun aber: warum zwei Deutsche, warum in deutscher Sprache? Die Kommunisten hatten Deutschland aufs Korn genommen, weil es vor einer bürgerlichen Revolution zu stehen schien. Das deutsche Proletariat war damals am fortschrittlichsten organisiert, man konnte einen Erfolg erhoffen, der zum Auftakt der proletarischen Revolution auch in England und Frankreich werden würde.«

»Das war doch richtig, oder?«

»Jedenfalls standen sich 1848 Bourgeoisie und Proletariat als unversöhnliche Klassen gegenüber.«

»Gab es denn eine so große Kluft zwischen Bürgertum und Arbeiterklasse?«

»Friedrich Engels hat erklärt, dass unter Bourgeoisie die Klasse der modernen Kapitalisten zu verstehen sei, die Besitzer der Produktionsmittel, und dass die Lohnarbeiter, die Proletarier, ausgenutzt würden. Marx und Engels hatten ursprünglich auch das Bürgertum für eine revolutionäre Klasse gehalten, die aus dem Untergang der feudalen Gesellschaft des Mittelalters hervorgegangen war. Aber es waren nur neue Bedingungen der Unterdrückung, neue Formen des Kampfes an die Stelle der alten gesetzt worden.«

»Ich denke, Marx sah in der Geschichte einen Klassenkampf?«

»Marx und Engels definierten die Geschichte vor allem als eine Abfolge von Klassenkämpfen. Immer standen Freie und Sklaven, Patrizier und Plebejer, Adlige und Leibeigene, Zunftmeister und Gesellen, mit einem Wort: Unterdrücker und Unterdrückte, in Gegensatz zueinander, trugen ununterbrochen, bald versteckt, bald offen, Fehden aus, die jedes Mal mit einer Umgestaltung der Gesellschaft endeten oder mit dem gemeinsamen Untergang der kämpfenden Klassen. Nun glaubten sie, das Ende dieser Entwicklung sei gekommen, der Untergang des Bürgertums und der Sieg des Proletariats sei unvermeidlich.«

»Es kam erst einmal anders, oder?«

Politisch änderte sich im Grunde nichts

»Nicht nur in Preußen, in ganz Europa schien im März 1848 eine neue Epoche begonnen zu haben. Geradezu stürmisch hatte sich die Presse entwickelt, viele neue Zeitungen erschienen und artikulierten die allgemeinen Forderungen. Zahllose Vereine wurden gegründet. Aber Louis Napoléon Bonaparte, der Neffe des großen Kaisers, als ›Retter der Gesellschaft‹ zum Präsidenten gewählt, fand einen Vorwand, gegen die Arbeiter vorzugehen. Der Juliaufstand in Paris wurde blutig niedergeschlagen, dreitausend Arbeiter wurden getötet, fünfzehntausend in die Verbannung geschickt. Der Sieg der Ordnungskräfte über die schlecht vorbereiteten Aufständischen gab in Europa das Signal für den Triumph der Reaktion über die nationalen und demokratischen Bewegungen. Die Belle Époque begann.«

»Aber eben haben Sie doch gesagt, dass die Arbeiter in Deutschland besser vorbereitet waren?«

»Dennoch war auch hier der Erfolg gleich null. In fast allen Staaten des Deutschen Bundes kam es im Frühjahr 1848 zwar zu blutigen bürgerlich-demokratischen Kundgebungen, aber sie erzielten keinen Durchbruch. Zum ersten Mal in ihrer Geschichte strebten die Deutschen zu Einheit und Freiheit. Die Revolution scheiterte zwar, aber ihre Ziele blieben. Deutschland war nach der Niederlage Napoleons I. noch ein Flickenteppich. Viele Forderungen von 1848 wurden erst im zwanzigsten Jahrhundert erfüllt. Trotzdem ist der Wert der Revolution für die Demokratie unbestreitbar. Vor allem in Deutschland wollte man eine Verfassung, das Ende der Zensur, das Ende aller feudalen Vorrechte. Aber die Monarchie war zu mächtig und sie reagierte entschlossen. Auf dem Land gelang es ihr rasch, die Unruhen der ersten Märzwochen ins Leere laufen zu lassen. Meist genügte schon die Zusage, feudale Rechte aufzuheben; doch es blieben leere Versprechungen. In den Städten wuchs einerseits – angesichts eines misslungenen Versuches in Baden und des revolutionären Desasters in Paris – die Furcht vor der ›Pöbelherrschaft‹. Andererseits stieg die Unzufriedenheit der unteren

Schichten. Während die Arbeiter soziale Reformen wollten, strebte das Bürgertum nach nationaler Einigung, nach verfassungsrechtlicher Liberalisierung und Freiheit der Privatwirtschaft.«

»Und was wurde besser?«

»Geändert hat sich im Grunde nichts, der preußische König und die anderen Monarchen erhielten zwar einen Dämpfer, einen Warnschuss vor den Bug, aber sie ernannten weiter selbstherrlich ihre Minister und kommandierten das ihnen bis in den Tod ergebene Militär. Das ganze neunzehnte Jahrhundert, bis zum Beginn des zwanzigsten, kann man als Kampf der Unterprivilegierten gegen die herrschende Gesellschaftsordnung ansehen, gegen das Bürgertum, das sich in den Besitz des Kapitals und damit aller Machtmittel gesetzt hatte.«

»Und dann?«

»Am Ende des Ersten Weltkriegs stieg in Russland, wie eine Erscheinung, wie eine gloriose Erleuchtung, als Folge der Oktoberrevolution von 1917 der Leninismus-Stalinismus empor, danach der Sowjetstaat. In Europa war der Feudalismus praktisch tot; der Adlige wurde zur beliebten Staffage eines Operettendaseins in den Medien.«

»Aber Sie wollten uns doch noch von Karl Marx erzählen. Ich finde, dass man viel zu wenig von Karl Marx selbst weiß. Ein einzelner unscheinbarer Mann – und dann so eine gewaltige Wirkung. Das lässt sich ja fast mit Jesus vergleichen!«

»Das ist eine interessante Analogie. Jesus und Karl Marx versprachen den Menschen Heil, eine Verbesserung ihrer Verhältnisse. Jesus verlegte die Verheißung ins Jenseits. Marx wollte sie auf der Erde, im Diesseits erreichen. Sehen wir einmal von den Botschaften ab, die wirklich einige Parallelen enthielten, so besteht allerdings ein großer Unterschied. Von Jesus wissen wir so wenig, dass immer wieder Zweifel daran geäußert werden, ob er wirklich gelebt hat. Bei Karl Marx ist das anders. Sein Leben ist vielfach belegt. Zeitgenossen stellen ihn als einen Menschen dar, der aus Energie, Willenskraft und Überzeugung zusammengesetzt war und in der äußeren Erscheinung höchst merkwürdig wirkte. Eine dichte schwarze Mähne bedeckte den Kopf, auch die Hände waren behaart, der Rock schief zugeknöpft. Und trotzdem forderte sein Aussehen Achtung, mochte es auch seltsam erscheinen. Er sprach nur in Imperativen, duldete keinen Widerspruch und verkündete seine Mission mit Überzeugungskraft. Seine Gesichtszüge drückten große Energie aus, in ihm brannte das Feuer einer kühnen Seele. Gewiss, gewöhnlich sieht man ihn als finsteren Verneiner der bürgerlichen Ordnung, Wissenschaft und Kultur. In Wirklichkeit war er ein englisch-deutscher Gentleman, der aus dem herzlichen Umgang mit Heinrich Heine seine Fähigkeiten zu geistreicher Satire und Fröhlichkeit gewonnen hatte. Heinrich Heine und Karl Marx waren einige Jahre lang Freunde und ich finde, es spricht für Karl Marx, dass er sich die Sympathie dieses geistreichen Spötters erwerben konnte. Auch Heine war von Karl Marx beeindruckt, schrieb unter seinem Einfluss einige Gedichte mit kommunistischer Tendenz und ein paar seiner schärfsten Satiren, wie ›Die schlesischen Weber‹ und ›Deutschland, ein Wintermärchen‹. Als Marx aus Paris ausgewiesen wurde, schrieb er an Heine: ›Ich möchte Sie gern miteinpacken.‹ Was für ein liebes, herzliches Wort! Es beleuchtet den ganzen Menschen. Was Heine am Kommunismus anzog, war freilich nicht dessen Einstellung zum Eigentum – die lehnte er ab –, sondern der Atheismus, der nicht notwendig zum Kommunismus gehört hätte, aber durch Marx eingebracht und philosophisch begründet worden war.«

Roman schlug die Füße übereinander. »Marx beruft sich doch auch auf Hegel, oder?«

»Marx kann man nicht von Hegel trennen, auch nicht dort, wo es grundlegende Unterschiede zwischen den beiden gibt. Marx erklärte, dass die Philosophen die Welt nur verschieden interpretiert hätten. Und Interpretation war ihm nicht genug. Ihm kam es darauf an, die Welt zu verändern. Noch nie hatte ein Philosoph eine solch aggressive Forderung gestellt, auch nicht Hegel. Marx richtete sich also gegen die hegelsche Philosophie, soweit sie das Bestehende rechtfertigte. Wir wissen ja, dass Hegel die Ansicht vertreten hatte, die Philosophie habe durch sein System ihren Abschluss gefunden; die Zukunft interessierte ihn nicht mehr. Gerade auf sie aber richteten sich die Gedanken der Jugend, nicht zuletzt angesichts so vieler Probleme, und das galt auch für Karl Marx. Dennoch führte er seinen Kampf doch auch wieder im Sinne von Hegel, dessen Philosophie auch eine revolutionäre Seite hatte, nämlich die dialektische Methode. Sie fasste die Welt und das Geschehen nicht als fertig und unveränderbar auf, sondern als ununterbrochenen Prozess, in dem alles der ständigen Veränderung des Werdens und Vergehens unterworfen ist. Damit konnte sich auch Marx identifizieren. Aber bekennen konnte er sich zu Hegels Gedanken nur, insofern sie den Einsichten seines Verstandes entsprachen, daher musste er vor allem die hegelsche Staatsphilosophie kritisch überprüfen. Als er das tat, vollzog sich seine Entwicklung zum Kommunismus rational und logisch, als Entscheidung eines strengen Denkers. Es handelte sich für ihn darum, Klarheit über die Stellung des Proletariats in der bürgerlichen Gesellschaft zu gewinnen. Er fand, dass der Mensch entarte, seinem wahren Wesen entfremdet werde, dass die Entfremdung ihren Höhepunkt in der auf Arbeitsteilung und Marktwirtschaft beruhenden Industrie erreicht habe und dass der Mensch sein wahres Wesen nur durch die allgemeinmenschliche Emanzipation in der sozialen Revolution zurückgewinnen könne.«

Die Arbeiter von Abhängigkeit und Not befreien

Roman rückte sich ein wenig gerade. »Marx hat doch nicht nur das ›Kommunistische Manifest‹ geschrieben?«

»Sein Hauptwerk war ›Das Kapital‹. Allerdings hat er es nie vollendet. Es ist wohl auch das Werk, das jeder im Munde führt, aber kaum einer gelesen hat. Aber zunächst möchte ich gern ein kleines Detail aus seinen Anfangsjahren in London erzählen. Es ging ihm damals sehr schlecht, Friedrich Engels konnte ihm seine Sorgen erst später nehmen. Damals wurde die Tochter Franziska geboren. Es war um die Mitte des neunzehnten Jahrhunderts. Das Mädchen starb bald. Ein erschütterndes Schlaglicht auf die Situation der Familie wirft der Brief, den seine Frau an eine Freundin schrieb: ›Da lagen die drei lebenden Kinder mit uns und wir weinten um den kleinen Engel, der kalt und erblichen neben uns ruhte. Der Tod des lieben Kindes fiel in die Zeit unserer bittersten Armut. Da lief ich zu einem französischen Flüchtling, der in der Nähe wohnte und der uns kurz vorher besucht hatte. Er gab mir gleich mit der freundlichsten Teilnahme zwei Pfund Sterling. Mit ihnen wurde der kleine Sarg bezahlt, in dem mein armes Kind nun in Frieden schlummert. Es hatte keine Wiege, als es zur Welt kam, und auch die letzte kleine Behausung war ihm lange versagt.‹«

Berenike presste die Lippen aufeinander.

»Auch daran muss man erinnern, wenn man die Situation der Persönlichkeit Karl Marx verstehen will. In jene Zeit fällt auch seine politische Tätigkeit in der Internationalen Arbeiter-Assoziation, die 1860 aus einer Initiative englischer und französischer Arbeiter entstand. Er wurde ihr führender Kopf. Interessant finde ich in diesem Zusammenhang, dass der russische Revolutionär Bakunin der Internationale beitrat und dennoch den Kommunismus ablehnte, da er bereits damals klar erkannte, dass dieser alle Gewalt bündele und zwangsläufig zur Konzentration aller Macht und allen Kapitals in den Händen des Staates führe. Bakunin wünschte die Abschaffung des Staates, ›die radikale Ausrottung jenes Prinzips der Autorität des Staates, das bisher die Menschen versklavt, unterdrückt, ausgebeutet und erniedrigt hat‹. Er war also noch radikaler als Marx und Engels. Auch er gehört in das Bild der Epoche.«

»Marx hat sicher nicht geahnt, welche Wirkungen er mit seinen Schriften erzielte.«

»Er hat nicht erlebt, dass sich in allen europäischen Ländern einmal die demokratischen Massenparteien zu ihm bekennen würden. Als der Zürcher Kongress der Zweiten Internationale 1893 Friedrich Engels feierte, sagte dieser bewegt: ›Wenn doch Marx neben mir stehen und das sehen könnte …‹ Für einige Arbeitergenerationen wurde Marx das Symbol ihrer Hoffnung auf ein menschenwürdiges Leben. Wo der Kampfruf des Kommunistischen Manifests erklang, ›Proletarier aller Länder, vereinigt euch!‹, formierten sich die Arbeiter. Die Lehren von Karl Marx, auch wenn keiner sie gelesen hatte, schweißten sie zusammen und verschafften ihnen schließlich ihren Platz in der Gesellschaft.«

»Aber doch nicht ganz, Senex. Warum wurde das Ziel schließlich nicht erreicht?« Berenike hob fragend die Hände.

»Darauf will ich heute noch keine Antwort geben. Ich kann nur andeuten, dass es sich dabei nicht um eine politische, sondern vielmehr um eine psychologische Frage handelt. Doch dazu morgen mehr. Jetzt nur dies: Drei Männer haben in den letzten fünfhundert Jahren Revolutionen in Gang gesetzt, die das Christentum erschütterten.«

»Zuerst Kopernikus, glaube ich.«

»Karl Marx meinen Sie wohl nicht. Aber vielleicht Charles Darwin? Ich denke, er hat die Schöpfungsgeschichte der Bibel zum Mythos und Kindermärchen zusammenschrumpfen lassen.«

Berenike zog die Augenbrauen hoch. »Mir fallen so viele Namen ein. Vielleicht Sigmund Freud, der vorhin genannt wurde?«

»Das stimmt. Er hat das alte, christliche Menschenbild auf den Kopf gestellt. Er setzte die Psychoanalyse an die Stelle der christlichen Seelenlehre. Nicht der Geist, sondern die Sexualität wurde von ihm als die wesentlichste Triebkraft erkannt. Doch bin ich schon wieder vorausgeeilt. Ein Grund mehr, diesen Abend zu beschließen. Eine Frage habe ich nur noch. Was meint ihr: Wird die Welt einfacher, überschaubarer, oder wird sie komplizierter und differenzierter?«

Roman und Stefan blickten sich an, Stefan nahm seine Brille ab, Roman legte den Zeigefinger an die Lippen. Sie überließen Berenike die Antwort.

»Das ist doch klar«, erwiderte diese. »Sie wird komplizierter. Aber deshalb lebe ich nicht weniger gern.«

Der elfte Tag

Die darwinsche Wende

Ein Dreimaster

Der Leitung des Evo-Parks war es gelungen, das Trio zu überraschen. Berenike, Roman und Stefan wunderten sich am elften Morgen, wie sehr ihre Zimmer zusammengeschrumpft waren: klein wie Kabinen. Und als sie hinaustraten, standen sie auf dem Deck eines Segelschiffs.

Hitze schlug ihnen wie ein feuchter Schwall in der Sauna entgegen.

Senex war bereits aus seiner Kajüte getreten. »Wir haben«, erklärte er, »Europa für diesmal verlassen, wenn auch in ausnahmslos europäischer Gesellschaft. Dieses Schiff ist die ›Beagle‹, ein kleiner Dreimaster, eine Brigg. Von Dampf will man noch nichts wissen. Die ›Beagle‹ hat zehn Kanonen und hätte – historisch getreu – nur zwei enge Kajüten haben dürfen. Wir haben da für unsere Zwecke ein bisschen gezaubert und die Anzahl vermehrt. Das Schiff ist sowieso nicht das Wichtigste.«

»Sondern?«

»Blickt euch um!«

Eine schimmernde Wasserfläche umgab sie, aber sie fuhren zwischen Landzungen oder Inseln hindurch. Der Anblick war aber nicht so idyllisch, wie man ihn sich in den Tropen vorstellt. Es gab weder Sandstrände, auf denen dekorative Palmen ihre Fächer ausbreiteten, noch üppig bewachsene Ufer, dafür viel schwarze Lava, die wellig, von großen Spalten durchzogen und von verkümmertem sonnenverbranntem Buschholz bedeckt war. Die trockene, ausgedörrte Oberfläche erzeugte das Gefühl trostloser Einsamkeit, das auch durch vereinzelte Pflanzen nicht aufgehellt wurde.

»Es riecht so komisch«, murmelte Berenike.

Roman und Stefan nickten.

Senex ließ ihnen von einem Matrosen drei Ferngläser aushändigen. Da entdeckten sie auf der gegenüberliegenden Insel Akaziensträucher und bizarre Kakteen, die kleine Schatten warfen. Die Pflanzen trugen nicht nur Blätter, viele standen in Blüte.

»Beachtet vor allem die Vögel«, bat Senex, »besonders die Finken. Könnt ihr erkennen, dass die Tiere mit ihren kurzen Flügeln, der Form des Körpers und dem Gefieder miteinander verwandt sind? Man kann dreizehn Arten zählen, die für die Galapagosinseln charakteristisch sind. Charles Darwin fand heraus, dass die Größe und Form der Schnäbel dieser Finken bei allen anderen Arten wieder vorkommen. Er verglich die Schnäbel von Kernbeißern mit den Schnäbeln von Singvögeln und fand nicht weniger als sechs verschiedene Arten mit sich unmerklich abstufenden Schnäbeln. Vom Starenschnabel bis zum Papageienschnabel ist alles vertreten.«

»Und da hat es bei ihm klick gemacht?«

»Ja, Berenike, er wollte nicht nur ein Biologe sein, der die Natur beschreibt, sondern er wollte die Dinge verstehen. Also musste er nach einer Erklärung für die Variationen der Galapagos-Finken suchen. Das wurde zu einer Sternstunde der Naturwissenschaft. Denn hier, auf den Galapagosinseln im Pazifik, wurde Charles Darwin klar, dass jedes Leben nur als Entwicklung verstanden werden kann. Wer in seinem Lebensraum am besten zurechtkommt, überlebt und hat die meisten Nachkommen. – Doch setzt euch zu mir auf diese Fässer oder die Schiffstruhe. Ich muss euch ja erst mal sagen, dass Darwin gerade mal zweiundzwanzig Jahre alt war, als ihm die Teilnahme an einer Weltumsegelung mit der ›Beagle‹ angeboten wurde, die fünf Jahre dauern sollte. Wie und warum, ist nicht so wichtig, bemerkenswert ist höchstens, dass Darwin ursprünglich Theologie studieren wollte, dann aber Naturforscher wurde. Zwanzig Jahre lang arbeitete er später an seinem Werk ›Über den Ursprung der Arten durch natürliche Selektion‹, das 1859 veröffentlicht wurde. Nun, als die ›Beagle‹ die Galapagosinseln erreichte, hatte sie bereits Südamerika umsegelt, dessen Schönheiten Darwin begeisterten. Er war auf Feuerland gewesen, auf den Falklandinseln, in Montevideo, in Patagonien, Chile, auf den Kordilleren, hatte

Mendoza, Peru, Lima besucht und nun, in seinem sechsundzwanzigsten Lebensjahr, erreichte er Galapagos. Jetzt sind wir hier, im September 1835.«

»Und hier hatte er seine Erleuchtung, wie Pascal bei der Heilung seiner Schwester oder Descartes in seinen Träumen?«

»Schön gesagt, Roman, denn Darwin fand wirklich ideale Studienmöglichkeiten. Auf seiner bisherigen Reise hatte er gesehen, wie verschiedenartig die Menschenrassen sind, er hatte Funde gemacht, die ihm Aufschlüsse über das Leben in vergangenen Erdzeitaltern gegeben hatten. Und nun beobachtete er die Modifikation der Finken. Sie führten ihn – nach seinen eigenen Worten – zum Studium des Ursprungs der Arten.«

»War das nun genial oder einfach genaue Beobachtung?«

Entwicklung statt Erschaffung

Senex legte eine Hand auf Romans Schulter, während sein Blick über Meer und Insel wanderte.

»Da kam vieles zusammen. Seit biblischen Zeiten hatte man geglaubt, Gott habe die Welt, die Pflanzen und Tiere in einem grandiosen Schöpfungsakt gleich in ihrer vollkommenen Gestalt erschaffen. Diese statische Anschauung revidierte Darwin und ersetzte sie durch einen neuen dynamischen und dramatischen Vorgang.«

»Statt vollkommener Erschaffung aus dem Nichts allmähliche Entwicklung«, murmelte Roman.

Er erhielt keine Antwort, erwartete sie auch nicht.

Berenike sagte: »Ich sehe nur Krabben und gelbe und rote Leguane. Eklig!«

»Du sollst sie ja nicht streicheln wie eine ägyptische Katze, Nik«, sagte Roman.

Entfernt zeichneten Kegel erloschener Vulkane ihre charakteristische Form gegen den Himmel, da und dort klammerte sich spärliche Vegetation an den dürren Boden, mehr grau als grün. Andere Erhebungen waren nackt, kahl und schrundig. In dem unfruchtbaren Gestrüpp tummelten sich schartige Riesenechsen, schwerfällige Exemplare schliefen auf den Küstenfelsen neben Landleguanen. Gewaltige Schildkröten schleppten sich über ausgewalzte Pfade zu Regenwassertümpeln auf die Hänge oder sie knabberten unterwegs an stachligen Früchten. Andere, eidechsenähnliche Tiere huschten fast so dicht über den Boden wie Schlangen. Nur ihre Drachenköpfe ragten manchmal in die Höhe und ihre Schwänze peitschten, wenn sie in Erregung gerieten. Durch die Bucht glitten Wasserschildkröten mit winzigen Köpfen.

Aber trotz des Bildes, das sie immer mehr faszinierte, forderte Senex sie auf: »Hört mir ein wenig zu. Ich will über Charles Darwin sprechen. Wir haben ja erst kürzlich festgestellt, dass seit der kopernikanischen Wende nichts die Christen so erschüttert hatte wie Darwins Lehre. Heute ist sie im Wesentlichen anerkannt, aber damals hat keine andere Veröffentlichung so revolutionär gewirkt wie seine Schrift.«

»Warum die Aufregung?«

»Nun, mit Darwin begann sich ein evolutionäres Denken durchzusetzen. Es stellte nicht nur viele Aussagen der Philosophie in Frage, sondern es versetzte vor allem die Schöpfungsgeschichte der Bibel in den Rang eines Märchens.«

»Ich glaube, sie wurde dadurch nicht weniger eindrucksvoll.«

»Niemand wird dir darin widersprechen, Romi«, entgegnete Stefan. »Aber Märchen sind nun einmal nicht wahr!«

»Der Lehrsatz – wohlgemerkt, nicht nur eine Behauptung –, dass die Vielfältigkeit der Welt das Ergebnis natürlicher, lang andauernder Prozesse ist und nicht das einmalige Schöpfungswerk Gottes, warf alles bisher Gelehrte und Geglaubte über den Haufen, noch radikaler als die Aussagen des Kopernikus. Plötzlich sollte der Mensch nicht mehr Gottes Geschöpf sein, von ihm in all seiner Vollkommenheit geschaffen, sondern ein historisch gewachsenes, über unendliche Zeiträume langsam entstandenes Wesen, im Klartext: nur ein höchst erfolgreiches Tier!«

»Aber doch ein hoch entwickeltes!«

»Nur nicht mehr das Lieblingsgeschöpf des Universums, sondern lediglich eine von vielen einander ähnlichen Arten. Das musste das bisherige Weltbild umstürzen. Was war man denn nun? Adam und Eva, die aus dem Paradies vertrieben wurden? Die Krone der Schöpfung oder ein Affe, der sich zum Menschen gemausert hatte? Darwin selbst hatte zwar niemals vom Affen gesprochen, aber das Wort fiel sofort und wurde zum Gegenstand leidenschaftlicher Diskussionen, die manchmal amüsant waren, die ich aber doch nicht wiederholen möchte, weil sie am Kern der Sache vorbeigehen. Es ist ja auch für unsere Ehre ohne Bedeutung, ob der Affe unser Ahne ist oder eine Abzweigung derselben Urahnen. Ich jedenfalls fühle mich nicht herabgesetzt.«

»Aber die Kirchen haben sich doch leidenschaftlich dagegen gewehrt!«

»Das widersprach ja auch all ihren Lehren und der Bibel. Der Mensch – eine Entwicklung aus dem niederen Tierreich? Das durfte nicht sein, da Gott uns doch einmalig und einzigartig erschaffen hat, noch dazu ›nach seinem Bilde‹. Ein größerer Affront gegen das christliche Weltbild war gar nicht denkbar. Die Frage, die Darwin in Bezug auf die Schöpfung stellte, lautete ja: Gott – oder Evolution durch natürliche Selektion? Und er stellte die Frage nicht nur, er beantwortete sie im gleichen Atemzug, und zwar zum Nachteil der Religion.«

»Die Idee Darwins, denke ich jedenfalls, ist selbst ein Teil des evolutionären Prozesses!«

»Gut beobachtet. Das trifft aber auf jede neue Erkenntnis zu, die das Leben verändert. Wenn wir heute von Darwinismus sprechen, meinen wir Evolution durch natürliche Auslese, durch Selektion. Ich nenne zunächst das Schlagwort vom ›Kampf ums Dasein‹, bei dem nur die jeweils am besten Angepassten überleben. Nur diese vermehren sich, woraus allmählich eine Umbildung der Arten und eine Höherentwicklung erfolgt, die man vielleicht besser Weiterentwicklung nennen sollte. Der Kampf ums Dasein, der alle Gebiete der Natur durchdringt und von uns gern als brutal aufgefasst wird, ist in Wirklichkeit eine Notwendigkeit. Darwin erkannte, dass es ohne diesen Kampf weder Ordnung noch Fortschritt geben kann. Es wäre doch verheerend, wenn von den vielen Individuen einer Art, die geboren werden, mehr als nur eine geringe Anzahl am Leben bliebe. Stellt euch nur vor, dass aus allen Fischeiern Fische, aus jedem Grassamen eine Graspflanze hervorginge.«

»Oder wenn Ratten, Mäuse, Wanzen, Läuse und Mücken sich uferlos vermehren würden«, rief Berenike. »Obwohl es andererseits doch grausam ist, dass sich alle Lebewesen gegenseitig fressen.«

»Die Natur ist weder grausam noch weise, sie ist gleichgültig. Der ›Kampf ums Dasein‹ ist dennoch nicht nur notwendig, sondern sogar segensreich. Nur er garantiert, dass sich ein biologisches Gleichgewicht erhält. Darwin prägte dafür den Begriff ›survival of the fittest‹, also vom Überleben der am besten an die Umgebung angepassten Lebewesen. Die Nazis machten daraus die Formel vom ›Überleben der Tüchtigsten‹ und rechtfertigten damit ihre Ideologie von der Überlegenheit der arischen Rasse. Doch weder in der Natur noch unter uns Menschen überleben die ›Tüchtigsten‹. Glück, Zufall, die Umstände spielen eine entscheidende Rolle. Dennoch, wenn alle sich ungehemmt vermehren würden, bliebe für niemanden genug Platz, dann wäre das biologische Gleichgewicht rasch zerstört, der Lebensraum für alle vernichtet. Es kommt eben nicht nur auf Erhaltung des Lebens an. Die natürliche Auslese sorgt dafür, dass nur einige – im Durchschnitt etwa zwei – Nachkommen eines Elternpaares lange genug überleben, um sich selbst ebenfalls fortpflanzen zu können.«

»Nur der Mensch verstößt zu seinem Schaden gegen die natürliche Regelung – wie wir vielleicht zu spät erkennen.« Stefan zog die Stirn in Falten.

»Du meinst damit das beängstigende Wachstum der Weltbevölkerung in diesem Jahrhundert. Und du hast Recht. Der Mensch setzt die natürliche Auslese außer Kraft. In der Natur, in die der Mensch nicht eingreift, ist sie Gesetz. Einige wenige, die entweder mehr Glück haben als die anderen oder über bessere Eigenschaften verfügen, können sich erhalten«, fuhr Senex fort. »Denn wenn sich eine Art oder Form als günstiger zum Überleben erwiesen hat, ergibt sich daraus für sie ein Vorteil, sei es zum Überleben, sei es für die Fortpflanzung.«

»Meinen Sie, dass eine bessere Art erzeugt wird?«

Die Evolution hat kein Ziel

Senex überlegte: »Das Bessere, wie du es nennst, das Überlebensfähigere, wird nicht erzeugt, Berenike. Die Evolution hat keine Absicht, sie hat kein Ziel. Es gibt in ihr keinen bewussten Willen. Die meisten Mutationen sind von Nachteil, nur wenige sind vorteilhaft, und nur diese wenigen sind es, die sich behaupten können. Es gibt weder eine bewusste Auswahl durch die Natur noch einen bestimmt handelnden Geist, der lenkt und auswählt. Der größte Teil verdankt sein Überleben dem Zufall.«

»Oder dem Glück, wie Sie ja schon angedeutet haben!«

»Zunächst einmal hängt es vom vorteilhafteren Funktionieren des Körpers ab, ob ein Individuum besser mit den Wechselfällen der Umwelt fertig werden kann als seine Artgenossen. Es ist nicht die Umwelt, die auswählt, sondern es ist die Kraft eines Organismus, der sich als erfolgreicher erweist.«

»Aber die Umwelt spielt doch eine Rolle?«

»Jede Entwicklung erhält ihre Richtung durch die Bedingungen des Lebensraums. Darwin nennt das die ›natürliche Selektion‹. Alles, was heute existiert, trägt sozusagen ein Gütesiegel, denn es hat die natürliche Auslese überstanden.«

»Dann hat alles, was heute lebt, eine unendliche Reihe erfolgreicher Vorfahren.«

»Genau so ist es, Berenike. Wir Menschen haben Gehirne, die Pläne entwerfen und Gedanken entwickeln können, wir können Gefühle, Liebe und Hass erzeugen – aber wir sind dennoch rundum Produkte der natürlichen Selektion.«

»Und was halten Sie für Darwins wichtigste Erkenntnis?«

»Dass die Evolution durch Variation, durch natürliche Auslese, durch das Wechselspiel von Zufall und Notwendigkeit, das heißt ohne jegliche übernatürliche Einwirkung zu Stande gekommen ist.«

»Wohin geht die Evolution, Senex?«

»Nirgendwohin, Berenike. Die Lebewesen werden sich weiterhin den jeweiligen Gegebenheiten auf die bestmögliche Weise anzupassen versuchen.«

»Es sei denn, dass jetzt der Mensch eingreift«, warf Stefan ein. »Darwin kannte noch keine Gene, noch weniger ahnte er etwas von Genmanipulation.«

Senex nickte. Doch dann brach er das Gespräch plötzlich ab. Er rief: »Steigt nun aus, wir sind da!«

Zweifel und Pessimismus

Die Voraussetzung für ein rücksichtsloses Denken

Die drei hatten nicht bemerkt, dass die tropische Inselwelt längst hinter ihnen lag. Ihr Schiff – war es überhaupt noch die ›Beagle‹? – ging in einer sandigen Bucht vor Anker. Ringsum wuchsen Buchen und Eichen, vor allem jedoch struppige Kiefern.

»Wo sind wir?«, fragte Berenike. »Das sind doch nicht mehr die Galapagosinseln!«

»Die liegen weit zurück. Wir sind wieder da, wo wir hingehören, in Europa. Vor uns liegt das Ufer der Havel, wir sind mitten in Deutschland, in Preußen, in Berlin.«

Sie stiegen aus und kamen in eine parkähnliche Anlage. Die sandigen Wege knirschten. Auf einem Pfad, der parallel zu ihrem verlief und in einer Schleife um eine Rasenfläche herumführte, näherte sich ein älterer Herr, der es außerordentlich eilig zu haben schien. Er war klein und schmächtig und trug einen tadellosen Anzug. Neben ihm, niedlich und wohlerzogen, trottete ein geschorener Pudel mit einem Haarkrönchen auf dem Kopf und einem quastenförmigen Schwanz, mit Pudelmanschetten um die Fußgelenke und wolligem Oberkleid vor glatt geschorenem Hinterteil.

Der Mann eilte weiter, ohne Notiz von ihnen zu nehmen. Er hatte blaue, lebhaft-aufmerksame Augen, dünne Lippen, die ein feines, sarkastisches Lächeln umspielte, als sei ihm gerade ein lustiger Gedanke gekommen. Zwei weiße abstehende Haarlocken verliehen seiner hohen Stirn den Anschein geistreich-sprühender Bosheit, aber es war nichts Gemeines an seiner Physiognomie. Alles an ihm, seine Kleider, seine

Spitzenkrause, seine weiße Halsbinde, erinnerten an einen alt gewordenen vornehmen Adligen aus der Zeit vor der Französischen Revolution.

»Das ist der Philosoph Arthur Schopenhauer«, erklärte Senex. »Noch im achtzehnten Jahrhundert in Danzig geboren, siedelte er bald nach Hamburg über, reiste ruhelos durch Nordeuropa, lernte Französisch und Englisch, besuchte die Universitäten Göttingen und Berlin, lebte in Dresden, fuhr nach Italien und ist nun Dozent an der Universität Berlin. Dass er Dozent, also Professor, wurde, widersprach im Grunde seiner Auffassung von intellektueller Unabhängigkeit, denn er verachtete die so genannte ›Professorenphilosophie‹. Für ihn war sie verbunden mit geistiger Unfreiheit. Sie beruhe, meinte er, nicht auf einem Leben *für* die Philosophie, sondern auf einem Leben *von* der Philosophie. Er vertrat die Ansicht, dass die völlige Unabhängigkeit eine Voraussetzung für ein ›rücksichtsloses Denken‹ sei. Von der unmittelbaren Lebenserfahrung ausgehend, wollte er vom Leben selbst zum Philosophieren veranlasst werden. Er sagte: ›Die Gelehrten sind die, welche in den Büchern gelesen haben; die Denker, die Genies, die Welterleuchter und Förderer des Menschengeschlechts sind aber die, welche unmittelbar im Buche der Welt gelesen haben.‹«

»Gut und schön, aber nun lehrt er doch selbst, ist Professor und lebt von der Philosophie.«

»Theorie und Praxis, Roman. Es lässt sich nun einmal vieles nicht so verwirklichen, wie man möchte. Vielleicht trug das zu seiner pessimistischen Einstellung bei. Seht nur, wie rasch er geht! Charakteristisch für ihn sind diese meist zweistündigen Eilspaziergänge.«

»Dieser Tierfreund und Pessimist!« Roman betrachtete den kleinen Herrn interessiert. »Ich hätte ihn an seinem Pudel erkennen können.«

»Er ging nie ohne einen Hund aus, er lebte mit Hunden, obwohl das viele Unbequemlichkeiten mit sich brachte. Aber Schopenhauer konnte viel leichter auf die Gesellschaft von Zweibeinern, sprich Menschen, verzichten, während er sich nicht vorstellen konnte, ohne Hund zu leben. Er schaute ihnen tief in ihre treuen Augen und nannte seine vierfüßigen Gefährten auch ›Atma‹, was Weltseele bedeutet. Für ihn hing das Mitleid mit Tieren mit der Güte des Charakters so eng zusammen, dass er daraus schloss, wer gegen Tiere grausam sei, könne kein guter

Mensch sein. Der Menschenfeind, als der er gesehen wird, hatte ein fühlendes Herz.«

»Und trotzdem großen Einfluss?« Berenike fragte es mit deutlicher Sympathie für Schopenhauer. »Ich meine, ein gutes Herz und Erfolg schließen einander meist aus!«

»Er beeinflusste vor allem Denker und Künstler. Ich nenne zunächst Richard Wagner, der Schopenhauers Hauptwerk ›Die Welt als Wille und Vorstellung‹ um die Mitte des 19. Jahrhunderts kennen lernte und fand, dass dessen Grundaussage des Verzichts verwandt sei mit seinem Zyklus ›Der Ring des Nibelungen‹. Schopenhauers Philosophie hat Wagners spätere Bühnendichtungen und sein musiktheoretisches Denken stark beeinflusst. Friedrich Nietzsche beschäftigte sich mit ›Schopenhauer als Erzieher‹, Thomas Mann widmete ihm in seinem Roman ›Die Buddenbrooks‹, für den er den Nobelpreis erhielt, ein eigenes Kapitel und einen Essay. Doch genug der Namen, nur kurz noch einen. Der Mann, der die dritte der großen Umwälzungen in die Wege leitete, welche die Kirche erschütterten, hat viel von Schopenhauer übernommen. Wen könnte ich meinen? Wir haben seinen Namen schon kurz erwähnt.«

»Nach Kopernikus haben Sie Darwin genannt… Es liegt mir auf der Zunge.«

Senex lächelte. »Er hat eine Tür energisch und weit aufgestoßen!«

»Die Tür zur menschlichen Seele!«, rief Berenike. »Sigmund Freud!«

»Was hat er mit Schopenhauer zu tun?«

»Schopenhauer hat Freuds Lehre in gewisser Weise vorweggenommen. Schopenhauer scheint mir wirklichkeitsnäher zu sein. Freud war ja monomanisch auf das Sexuelle fixiert. Damit trieb er Schopenhauers Aussage auf die Spitze, dass die geschlechtliche Liebe, neben der Liebe zum Leben, die stärkste aller Triebfedern sei, dass sie die Hälfte der Kräfte und Gedanken des jungen Menschen in Anspruch nehme und das letzte Ziel jedes menschlichen Strebens sei. Freud macht aus der stärksten und tätigsten praktisch die einzige Triebfeder, aus der Hälfte der Kräfte und Gedanken der Jugend alle Menschen bis ins hohe Alter.«

»Damit hat Freud übertrieben, glaube ich mal.«

»Zu Freud kommen wir bald ausführlicher. Wir sind jetzt noch bei

Schopenhauer. Seine Mutter war durch ihre großzügige Haltung aufgefallen, als sich die Weimarer ›gute Gesellschaft‹ darüber aufregte, dass Goethe Christiane Vulpius heiratete. Der Sohn besuchte den alt gewordenen Dichter zweimal und Goethe nannte ihn ›einen meist verkannten, aber auch schwer zu kennenden, verdienstvollen jungen Mann‹, dessen Besuch ›zur wechselseitigen Belehrung‹ diente. Die Manieren des Misanthropen Schopenhauer waren die allerbesten. Wenn er redete, begleitete er seine Worte durch lebhafte, manchmal heftige Bewegungen, so wie Berenike, mischte lateinische, griechische, französische, englische und italienische Floskeln ein. Er verfügte über einen Schatz schwungvoller, knapper und witziger Einfälle, hatte viele Zitate parat und war dennoch genau und sorgfältig in allen Einzelheiten. In seiner Gesellschaft gingen die Stunden rasch vorbei. Davon abgesehen war sein Leben arm an äußeren Ereignissen, er las viel und spielte zu seiner Entspannung Flöte.«

»Das klingt sympathisch. Ich denke aber, darum geht es nicht.«

»Richtig. Schopenhauers Hauptwerk ›Die Welt als Wille und Vorstellung‹ blieb jahrzehntelang unbeachtet. Neu an seiner Philosophie war, dass er eine ungerichtete, unbewusste Urkraft postulierte, einen ›Willen‹, der alle unsere Lebensäußerungen steuert.«

»Wie meint er das?«

»Der Wille ist etwas, das jeder in sich selbst erleben kann, und zwar als das Unmittelbarste seines Bewusstseins. Im Einzelnen äußert sich der Wille als ›Wille zum Leben‹, der ständig strebt, aber nie sein Ziel erreicht. Dieser Wille lässt sich ebenso als das innerste Wesen aller Erscheinungen der Natur erkennen. Auch die Kraft, welche in der Pflanze wirkt, die Kraft, durch die sich der Kristall bildet oder die die Kompassnadel zum Nordpol zeigen lässt, ja sogar die Schwerkraft, die den Stein zur Erde und die Erde zur Sonne zieht, dies alles nennt er ›Wille‹. Für Schopenhauer wird das Leben zu einem ewigen Leiden, weil der Wille unendlich, die Möglichkeiten der Befriedigung aber begrenzt sind und daher eine Quelle neuer Unzufriedenheit bilden. Aus jedem Wunsch wird ein Bedürfnis, ein Mangel, aus dem ein Leiden hervorgeht, und jede Befriedigung ist nur eine zeitlich begrenzte Linderung des Schmerzes. Das ist, meint er, der Grund für das menschliche Leid.«

Ein Tummelplatz geängstigter Wesen

Senex forderte die drei auf, sich kurz ein bisschen ins Gras zu setzen.

»Das kann einen ja furchtbar traurig machen«, sagte Berenike seufzend.

»Schopenhauer glaubte, dass uns aus diesem unendlichen Kreislauf die Kunst erlösen könne – allerdings nur vorübergehend –, während er eine dauerhafte Befreiung im Verzicht auf jegliches Wollen sieht: durch die Überwindung des Willens zum Leben in der Askese und den Eingang in das Nirwana durch Meditation.«

»Na, das klingt aber nach Buddhismus!«

»So hat er es auch gemeint. Diese Ansicht, die sich auch im Buddhismus findet, durchzieht Schopenhauers Werk. Er nahm Gedanken der indischen Philosophie auf. Im Christentum vermisste er den Optimismus, da in den Evangelien der Begriff ›Welt‹ mit der Bedeutung ›Übel‹ beinahe übereinstimme.«

»Ich denke, da kann ich ihm folgen. Man braucht nur an die Erbsünde zu denken.«

»Deshalb sagt Schopenhauer, dass vom Christentum unser Zustand als heillos betrachtet wird und wir der Erlösung bedürfen. Er sieht in unserer Welt einen Tummelplatz gequälter und geängstigter Wesen, die nur dadurch bestehen können, dass eines das andere verzehrt und jedes reißende Tier das lebendige Grab tausend anderer Tiere ist: eine Kette von Martertoden. Er protestiert dagegen, dass man diese Welt zur besten aller möglichen erklärt.«

»Wie Leibniz!«

»Er denkt an dessen religiös begründete Annahme einer prästabilierten Harmonie. Damit kann Schopenhauer sich nicht anfreunden. Er bleibt gewissermaßen irdischer, er glaubt nicht an eine wohl gelungene Welt, er erklärt, dass die wahre Triebfeder aller Lebewesen, der Menschen wie der Tiere, amoralischer Natur sei – ein Egoismus als Drang zum Dasein und Wohlsein. Und diesen Egoismus sieht er als grenzenlos an, er bezeichnet ihn als ›kolossal‹: Er überrage die Welt.«

»Schlägt Schopenhauer ein Mittel dagegen vor?« Berenike hätte gern eine positive Antwort bekommen.

»Wenn er das nicht täte, wäre er nur ein Zustandsbeschreiber. Er empfiehlt die Unterdrückung aller natürlichen Triebe, vor allem des Geschlechtstriebs. Er denkt an die Bekämpfung aller Leidenschaften, an die Abtötung allen Begehrens, an die Herstellung absoluter Ruhe des Gemüts. Dazu bräuchten wir den Intellekt, denn durch nichts anderes könne der Mensch den Willen zum Schweigen bringen als durch die Erkenntnis.«

»Das Denken, der Intellekt, da bin ich mit ihm einer Meinung«, rief Stefan ungewohnt lebhaft. Er streckte die Beine aus und stützte sich mit den Armen im Gras ab.

»Ich frage mich, warum wir dann überhaupt noch leben sollen«, murmelte Roman.

»Das fragte sich Schopenhauer selbst. Er lehrte, dass die Erlösung nur durch den Menschen selbst bewirkt werden könne, da er der Einzige sei, der dank der Gabe seiner Vernunft sein eigenes Wesen und das Wesen der Welt zu durchschauen vermag. Daraus entspringe eine moralische Verpflichtung, das Dasein abzulegen.«

»Wie? Propagiert er etwa den Selbstmord? Da kann ich ihm nicht folgen«, rief Stefan.

»Er meint, dass das Ablegen des Daseins nur durch bewusste Askese geschehen könne.«

»Hat dieser Mann denn nie jemanden geliebt?«

»Jedenfalls hatte er eine mitfühlende Seele, Berenike. Er sagt: ›Denn wie Fackeln und Feuerwerk vor der Sonne blass und unscheinbar werden, so wird Geist, ja Genie, und ebenfalls die Schönheit, überstrahlt und verdunkelt von der Güte des Herzens.‹«

»Das gefällt mir.« Berenike nickte.

Und Stefan und Roman empfanden in diesem Augenblick beide, wie sehr sie ihnen gefiel.

»Für Schopenhauer wurzeln Gerechtigkeit und Menschenliebe im natürlichen Mitleid. Und dieses Mitleid selbst ist eine unleugbare Tatsache des menschlichen Bewusstseins, ist diesem wesentlich eigen, beruht nicht auf Voraussetzungen, Begriffen, Religionen, Dogmen, Mythen,

Erziehung und Bildung, sondern es ist ursprünglich und unmittelbar, es liegt in der menschlichen Natur selbst.«

»Das klingt ja überhaupt nicht menschenfeindlich!«

»Du wirst deine Ansicht gleich wieder ändern, Berenike, wenn ich von seinem Traktat über die ›Weiber‹ erzähle. Manches darin mag ja stimmen, aber dass ›das Weib, seiner Natur nach, zum Gehorchen bestimmt sei‹, wird dir nicht gefallen. Er meint weiter, dass ›eine jede, welche in die ihr naturwidrige Lage gänzlicher Unabhängigkeit versetzt wird, alsbald sich irgendeinem Manne anschließt, von dem sie sich lenken und beherrschen läßt; weil sie eines Herrn bedarf. Ist sie jung, so ist es ein Liebhaber; ist sie alt, ein Beichtvater.‹«

»Ach, Dummheiten über Frauen habe ich schon genug gehört, gerade auch von klugen Männern«, murmelte Berenike.

»Zum Schluss noch ein Wort zu Schopenhauers Werk. Ähnlich Immanuel Kant unterscheidet er zwischen Dingen, die nicht sinnlich wahrgenommen werden können, und der Welt, wie sie uns erscheint.«

»Meint er unsere Vorstellung von der Welt?«

»Er sagt, die Welt ist meine ›Vorstellung‹, die Wirklichkeit ist unsere ›Vorstellung‹. Kant hatte ja auch erklärt, dass wir die Dinge nicht so erkennen, wie sie an sich sind, sondern wie sie uns infolge der Beschaffenheit unserer Erkenntnisorgane erscheinen; der Mensch muss grundsätzlich zwischen dem ›Ding an sich‹ und der ›Erscheinung‹ unterscheiden.«

»Aber wir stellen uns die Welt doch nicht nur vor, sie ist doch Realität!«

»Doch unser Bewusstsein und unser Empfinden prägen ihr Bild und unser Wille verändert wiederum unser Empfinden und unser Bewusstsein. Wären wir Ameisen, wäre ein Ast kein einfacher Ast sondern ein riesiges Hindernis, ein Baum kein Baum, ein Haus kein Haus. Auch die moderne Hirnforschung sieht im Willen das Wesentliche des Bewusstseins.«

»Warum ist Schopenhauer überhaupt nach Berlin gegangen?«

»Berlin galt damals als Zentrum der Geisteskultur. 1820 wurde Schopenhauer gewissermaßen zum Konkurrenten Hegels an der Universität Berlin. Er war so überzeugt von sich selbst, dass er seine Vorlesungen genau auf die gleiche Zeit wie die Hegels legte, der damals gerade auf dem Höhepunkt seines Ruhmes stand. Schopenhauer tat sich damit keinen Gefallen, denn es kamen so gut wie keine Hörer zu ihm, es war ein katastrophaler Misserfolg. Nur in einem war Schopenhauer klüger als Hegel ... «

»Und zwar?«

»Hegel starb, wie ihr wisst, an der Cholera in Berlin. Schopenhauer, zeitlebens ein hochgradiger Hypochonder, floh rechtzeitig vor der Seuche nach Frankfurt am Main, wo er bis zu seinem Tode blieb und später auch Anerkennung fand.«

»Wodurch?«

»Vor allem durch seine ›Aphorismen zur Lebensweisheit‹. Sie sind zwar nur ein Stück aus einem größeren Werk, ›Parerga und Paralipomena‹, das heißt ›Nebenarbeiten und Nachgelassenes‹. Die in ihr enthaltenen ›Aphorismen zur Lebensweisheit‹ haben viel zu tun mit der Kunst, das eigene Dasein möglichst angenehm und glücklich zu verbringen.«

»Das klingt doch nach Lebensbejahung!«

»Besonders in diesem Werk entfaltet Schopenhauer seinen Reichtum an treffenden, klug begründeten Beobachtungen. Die meisten Menschen, die von Schopenhauer sprechen, denken an die Aphorismen. Er starb in Frankfurt 1860, zweiundsiebzig Jahre alt. – Doch noch etwas anderes: Meines Wissens ist Schopenhauer der erste Philosoph von Rang, von dem wir bereits Fotografien besitzen, Daguerrotypien.«

»So wollen Sie wohl wieder zur Technik überleiten, Senex?«

»Noch nicht, Stefan. Kommt nun, setzt euch mit mir auf die Bank dort unter der Linde.«

Suche nach neuen Werten

Wir sollen uns mit unseren Eigenschaften und unserem Verhalten beschäftigen

Senex schlug die Beine übereinander: »Es ist klar, dass die Technik wichtiger wird. Der rasche Aufbau des Eisenbahnnetzes führte zu den größten sozialen, wirtschaftlichen und politischen Veränderungen. Aber ich will mich doch noch nicht von den Philosophen lösen, ohne zumindest zwei Namen und ihr Werk gestreift zu haben.«

»Da kann doch nur noch Nietzsche fehlen.«

»Den heben wir uns für heute Abend auf.«

»Dann Kierkegaard?«, fragte Roman.

»Das ist der eine. Der Zweite ist sein absoluter Gegenpol, über den ich aber zuerst sprechen möchte. Beide haben insofern mit Schopenhauer zu tun, als sie sich mit dem Christentum beschäftigen.«

»Und wo sind die Frauen? Ich höre wieder nur von Männern!«

»Die Welt wandelt sich und sie wandelt sich auch in ihrer Einstellung zur Frau. Leider aber sind wir noch nicht so weit. Doch ich vergesse es nicht, Berenike. Lass mich jetzt vom Philosophen Ludwig Feuerbach sprechen. In ihm, der 1841 sein Werk über ›Das Wesen des Christentums‹ veröffentlichte, begegnen wir dem bis dahin schärfsten deutschen Kritiker unserer Religion. Zwar hatte schon David Friedrich Strauß sechs Jahre vor ihm ein Buch ›Das Leben Jesu‹ geschrieben, darin das Neue Testament als eine mythisch aufbereitete Sammlung von uralten Weisheiten bezeichnet und das ›Staatschristentum‹ scharf kritisiert.«

»Ich finde, die Philosophen waren damals wirklich mutig. Sie haben die Staatsreligion angegriffen und ›Gotteslästerung‹ wurde doch bestimmt bestraft.«

»Das ist alles richtig, aber die Philosophen der Aufklärung, vor allem Voltaire, waren ja vorausgegangen. Nun, Ludwig Feuerbach, dessen Religionskritik dann wirklich seine akademische Karriere verhinderte, vertrat einen konsequenten Atheismus. Er meinte, dass jede Religion nur der Ausdruck unterdrückter Wunschvorstellungen sei und den Menschen von seinem wahren Wesen entfremde. Er kreidete es der Religion an, dass sie uns ein Jenseits vortäusche, das zu unserer irdischen Existenz überhaupt keine Beziehung habe. Wir sollten uns doch besser mit unseren Eigenschaften und unserem Verhalten beschäftigen statt mit Theologie.«

»Ist nicht jeder Atheismus negativ?« Berenike lehnte sich zurück.

»Feuerbach war anderer Ansicht. Er wollte einen lebensbejahenden Atheismus, Freiheit und Selbstverwirklichung.«

»Lässt sich das überhaupt vereinen?«

»Vielleicht in der Zukunft...«, murmelte Stefan. Dann fuhr er lauter fort: »Sie haben aber auch von seinen Mitstreitern gesprochen. Wen gibt es sonst noch?« Stefan beugte sich ein wenig vor, offenbar war er mit wachsendem Interesse bei der Sache.

»Vor allem Karl Marx, der aber – noch radikaler als Feuerbach – die These vertrat, Religion sei ›Opium für das Volk‹. Als anderen nenne ich Søren Kierkegaard, obwohl er christlich dachte. Man sieht in ihm einen der Begründer der Existenzphilosophie. Er war mehrmals in Berlin, wo er auch Vorlesungen Schellings gehört hat, und veröffentlichte einen Roman mit dem Titel ›Entweder-oder‹, in dem er darlegt, dass der Mensch ständig Entscheidungen treffen müsse, und zwar entweder für ein ästhetisches oder für ein ethisches Leben.«

»Ethisch oder ästhetisch? Was versteht er darunter?«

»Ein ästhetisches Leben ist für Kierkegaard ein Leben der Leere, der Schwermut und des Selbstgenusses. Es führt zur Verzweiflung.«

»Und davor rettet uns das ethische Leben?«

»So sieht er es, Berenike. Man kann sich nur durch einen kühnen Sprung aus der Verzweiflung über die Leere des ästhetischen Lebens in das ethische Leben retten. Dieser Sprung muss im Vertrauen auf die Gnade Gottes geschehen. Dann kann man sich, aktiv handelnd, selbst verwirklichen. Kierkegaard versucht sich mit seiner Zeit auseinander zu setzen, mit ihrem Romantizismus und Hegelianismus. Dabei denkt er nicht abstrakt, sondern an den Menschen in seiner konkreten Existenz. Seine christliche Existenzphilosophie wurde lange nicht beachtet. Erst im 20. Jahrhundert kam sie voll zur Wirkung, vor allem durch Martin Heidegger und Jean-Paul Sartre, hier jedoch ohne Verankerung im Christentum.«

Der Gesellschaft den Spiegel vorhalten

Noch einmal monierte Berenike auf ihre stille, aber unnachgiebige Art: »Und die Frauen?«

»Dazu muss ich etwas ausholen. Wir hatten ja schon über die wirtschaftliche und soziale Situation in der ersten Hälfte des 19. Jahrhunderts gesprochen. Man schätzt, dass in den deutschen Staaten damals zur ersten Klasse, den Wohlhabenden, etwa fünf Prozent der Bevölkerung gehörten, die zweite Klasse, der Mittelstand, machte mehr als das Doppelte dieser Zahl aus, dreizehn Prozent. Der überwiegende Teil bestand aus der so genannten dritten Klasse, aus den Besitzlosen, ungefähr dreiundachtzig Prozent. Was es aber hieß, besitzlos zu sein, davon machen wir uns überhaupt keine Vorstellung mehr. Und nun komme ich zu den Frauen, Berenike, denn das betraf nicht nur die Männer, sondern in viel schlimmerem Ausmaß die Frauen, zumal sie zum allgemeinen Elend, Hunger, Krankheit, Demütigung, Schutzlosigkeit, oft noch das Leid und die Last einer ungewollten Schwangerschaft zu tragen hatten. Jetzt sind wir vier gerade in Berlin. Hier entstanden Beamtenhaushalte, Bürgerhaushalte, Industriellenhaushalte, auch einige Künstlerhaushalte, die auf Dienstboten angewiesen waren. Dienstboten, das hieß vor allem Mägde, die, angelockt von besseren Verdienstmöglichkeiten, vom Land in die Stadt kamen und versuchten durch einen Vermittler einen Arbeitsvertrag zu bekommen. Bis zur Erfindung des Zündholzes war ein wichtiges Anstellungskriterium, ob sie in der Lage waren, Feuer in der Küche anzumachen. Konnten sie das nicht, hatten sie schlechte Aussichten. Alles andere war Glückssache.«

»Wie wurden die weiblichen Dienstboten behandelt?«

»In der Regel schlecht, aber sie hatten im Vergleich zu den Fabrikarbeiterinnen zumindest eine gewisse, wenn auch oft fragwürdige Geborgenheit im Haus. Dass sie schon in der Früh um vier Uhr aufstehen und die Wäsche waschen mussten, war keine Seltenheit. Zwar gab es einen minimalen Rechtsschutz, aber in der Praxis muss man eher von Rechtlosigkeit sprechen.«

»Ist denn niemand für sie eingetreten? Wurden die Menschen denn nicht von dieser Not, von diesen Verhältnissen aufgerüttelt?«

»Das ist ein gutes Stichwort, Berenike! Zeitgenössische Schriftsteller, unter ihnen Theodor Fontane, schilderten diese menschenunwürdige Situation eindringlich. Eine Frau, die in Berlin lebende Schriftstellerin Bettina von Arnim nahm sich des sozialen Elends an und veröffentlichte 1843 ein Buch, dem sie den provozierenden Titel ›Dies Buch gehört dem König‹ verlieh. Das war eine geradezu sensationelle Tat. Kritischer als sie konnte man kaum sein. Sie war mit Achim von Arnim verheiratet und die Schwester Clemens von Brentanos, die beide ›Des Knaben Wunderhorn‹ herausgaben. Bettina von Arnim ahnte wohl, welchen Wirbel ihr Buch machen würde, deshalb wählte sie diesen Titel, in der Hoffnung, es dadurch vor Zensur und Verfolgung schützen zu können – umsonst. Man verdächtigte sie, eine Kommunistin zu sein, und selbst ihre Familie zog sich von ihr zurück.«

»Warum?«

»Weil es keine Gesellschaft verträgt, wenn ihr ein Spiegel vorgehalten wird, in dem ihr Bild so negativ erscheint. Und das tat dieses Buch schonungslos. Bettina schrieb die erste Sozialreportage in deutscher Sprache. Heute würde das keinen mehr aufregen, damals war es ein Skandal. Sie fand die eindringlichsten Worte für das Elend der Armen in und um Berlin. Damit verärgerte sie alle, schreckte die Damen der Gesellschaft auf, ohne jedoch Eindruck auf ihr Gewissen zu machen. Kurzum, sie machte sich unmöglich. War sie nicht selbst aus ›guter Familie‹? Witwe eines geachteten Schriftstellers? Und nun äußerte sie derartig schockierende politische Ideen, setzte sich für die Benachteiligten und Unterdrückten ein, vergaß völlig, dass sie als Frau doch bescheiden und zurückhaltend zu sein hatte.«

»Sie muss unglaublich mutig gewesen sein!«

»Vor allem besaß sie etwas, das bis dahin bei Zeitgenossen noch kaum entwickelt war: ein soziales Gewissen. Bettina von Arnim hatte Karl Marx gewiss nicht gelesen und sicher hätte sie keineswegs alle seiner Ideen akzeptiert, aber sie kam zu einer ähnlichen Bestandsaufnahme. Und deshalb ist sie eine der größten Vorkämpferinnen für mehr soziale Gerechtigkeit.«

»Immerhin hat sie ihr Werk doch herausgeben können.«

»Die Schwierigkeiten bei der Veröffentlichung ihrer Bücher waren nervenaufreibend für sie. Um ihnen zu entgehen, gründete sie einen eigenen Verlag. Leicht wurde es ihr nicht gemacht.«

Die Vorrechte des Mannes sind nicht naturgegeben

Berenike legte den Kopf in den Nacken und schüttelte ihre Haare. Sie war noch nicht zufrieden: »Waren denn die Männer grundsätzlich gegen die Frauen, ich meine, gegen deren Rechte?«

»Die Gesellschaft war patriarchalisch. Aber wir wissen, dass sich zu allen Zeiten auch Männer für Frauen eingesetzt haben. 1862 veröffentlichte der Rechtshistoriker Johann Jakob Bachofen sein Werk ›Das Mutterrecht‹, in dem er nachwies, dass in den frühen Kulturen die Frauen die Vorherrschaft hatten, nicht nur in der Familie, sondern auch in der Politik.«

»Da hat er die bürgerliche Gesellschaft bestimmt schockiert.«

»Er sorgte für Aufregung, zunächst unter seinen Kollegen, aber auch in der weiteren Öffentlichkeit. Seine Untersuchungen weisen eindeutig auf die Dominanz des weiblichen Prinzips in den alten Religionen hin. Uns Besuchern des Evo-Parks ist das nicht neu, wir wissen von der herausragenden Rolle der Frau im vorgeschichtlichen Jericho, vor allem auch in der ägyptischen Hochkultur. Jakob Bachofen beschreibt, wie sich das Mutterrecht mit dem Ackerbau durchgesetzt habe.«

»Mutterrecht?«

»Nun, Berenike, das Mutterrecht zeigt sich am deutlichsten in der weiblichen Erbfolge. So sonderbar das für uns klingt, aber man wusste in den allerfrühesten Kulturen noch nichts von Zeugung – in Ägypten allerdings schon –, wusste nicht, dass auch der Mann an der Zeugung von Kindern beteiligt ist. Zwar sieht Jakob Bachofen in den späteren vaterrechtlichen Gesellschaftsordnungen, wie wir sie aus dem antiken Griechenland kennen, einen Fortschritt, fort vom ›Stofflichen‹ – womit das Weibliche – hin zum ›Geistigen‹ – womit das Männliche gemeint ist.«

»Der männliche Größenwahn ist doch nie zu bremsen«.

»Immerhin stellt Bachofen aber doch fest, dass die Vorrechte des Mannes weder naturgegeben noch besser – im Sinne von wirkungsvoller – sind, sondern sich geschichtlich entwickelt haben und daher auch verändert werden können.«

»Nur tut es keiner!«

»Die Frauen nahmen ihre Sache selber in die Hand. Ansätze dazu hatte es immer einmal gegeben. So borniert wie im alten Athen waren die Männer doch nicht mehr, immer wieder konnten sich die Frauen zu Wort melden. Freilich, es waren stets nur Einzelstimmen. Aber das änderte sich allmählich. Im Oktober 1865 gründete die erste deutsche Frauenkonferenz den ›Allgemeinen Deutschen Frauenverein‹.«

»Das wurde auch Zeit!« Berenike entspannte sich.

»Es war nicht der erste Versuch. Doch die Frauenbewegung war nach dem Scheitern der Revolution 1848 unterdrückt worden. Sie hatte einen herben Rückschlag erlitten. Jetzt lebte sie wieder auf. Nun gab es die erste organisierte Frauenvereinigung Deutschlands.«

»Was wollte sie?«

»Man trat energisch für eine höhere Bildung der Frauen ein und für eine Verbesserung der Arbeitsbedingungen. Mit dem Verwirklichen hatte man noch einige Schwierigkeiten, aber immerhin bildeten sich rasch Zweigvereine und fünf Jahre später zählte man bereits zehntausend Mitglieder, vorwiegend Frauen, die mit ihrer Rolle unzufrieden waren und etwas dafür tun wollten, sie zu verbessern. Leider organisierten sich viele nicht.«

»Wahrscheinlich haben sie sich nicht getraut!«

Technik und Kapitalismus

Eine Zeit rasanter technischer Entwicklung

Senex verschränkte die Hände. »Ich kehre jetzt zur Technik zurück, deren Entwicklung das Jahrhundert geprägt hat. Eine besondere Rolle spielte dabei die Elektrizität. In diesem Bereich arbeitete Werner von Siemens. Er lebte von 1816 bis 1892. Gemeinsam mit dem Mechaniker Johann Georg Halske gründete er eine Telegrafenanstalt. Er entdeckte das dynamoelektrische Prinzip und erfand die Dynamomaschine, mit der man elektrische Ströme von unbegrenzter Stärke auf einfache Weise preiswert erzeugen konnte. Verblüffend schnell verdrängte der Elektromotor die Wasserräder, Windräder und Dampfmaschinen.«

»Und jetzt versuchen wir zur Windkraft zurückzukehren! War es Siemens, der die Starkstromtechnik entwickelt hat?«

»Im Wesentlichen ja. 1879 baute er die erste elektrische Eisenbahn und bald darauf die erste elektrische Straßenbahn. Er selbst schrieb: ›Der Technik sind gegenwärtig die Mittel gegeben, elektrischen Strom von unbegrenzter Stärke auf billige und bequeme Weise überall da zu erzeugen, wo Arbeitskraft disponibel ist.‹ Ich will mich aber mit diesem deutschen Erfinder nicht lange beschäftigen, obwohl sein Beitrag zur technischen, vor allem zur elektrotechnischen Entwicklung bedeutend ist. So ließ er von Halske das Modell eines von ihm erfundenen Zeigertelegrafen bauen. In diesem arbeitete beim Empfänger kein Uhrwerk mehr, das den Telegrafenstreifen weiterbewegt, sondern ein elektrisches Laufwerk, das mit dem Sender synchronisiert war. Das war eine entscheidende Verbesserung gegenüber älteren Modellen. Zu seinen Erfindungen zählt auch die Einführung telegrafischer Feuermelder mit Untergrundkabeln in Berlin.«

»Unter der Erde? Da mussten sie doch isoliert werden. Womit?«

»Man versuchte es zunächst mit Guttapercha, Roman, einem kautschukähnlichen Material, das aber nicht grundwasserfest war und außerdem von Ratten zerfressen wurde. Man lernte allerdings rasch und löste das Problem. Außerdem fertigte Siemens einen Universal-Galvanometer zum Messen von Spannungen, Strömen und elektrischen Widerständen. Nicht weniger wichtig waren die Glühbirnen von Thomas Alva Edison, obwohl ihr Erfinder genau genommen der deutsche Auswanderer und Uhrmacher Heinrich Goebel in New York war. Edison verbesserte sie erheblich und machte sie produktionsreif. Edison erfand auch den Fonografen und das Radio. Im gleichen Atemzug nenne ich Alexander Graham Bell, einen nordamerikanischen Physiologen schottischer Herkunft, der auf der Weltausstellung in Philadelphia das erste Telefon vorstellte.«

»Dann war er der Urvater der Telekommunikation?«

»Derartige Urväter gab es viele in diesem Jahrhundert, dessen zweite Hälfte den bezeichnenden Namen ›Belle Epoque‹ – die schöne Epoche – bekam. Aber schön war die Epoche nur für die Wohlhabenden. Napoleon III., der den Pariser Aufstand im Juni 1848 niedergeschlagen hatte, gab den Befehl, lange Schneisen durch die verwinkelte Stadt zu schlagen. Darüber möchte ich mehr sagen, denn das war in der Geschichte der Stadt doch ein neuartiger Vorgang. Baron Georges Eugène Haussmann wurde 1853 Präfekt des so genannten Seine-Departements. Napoleon III. wies ihn an, ganze Viertel des mittelalterlichen Zentrums der Stadt mit ihren engen Gassen und feuchten Häusern abzureißen und durch neue zu ersetzen. Sicher, auch früher waren schon Städte und Stadtviertel erneuert und wieder aufgebaut worden, vor allem nach Feuersbrünsten oder anderen Zerstörungen. Denkt nur an den Wiederaufbau Roms nach dem großen Brand. In Paris beseitigte man aber nun intakte, wenn auch marode Viertel und veränderte sie vollkommen. Man zerstörte zwar das gewachsene Stadtbild, aber man schuf ein anderes, das nicht seinesgleichen hatte. Paris wurde wieder einmal zum Zentrum Europas, in dem sich eine unverwechselbare Lebensart, Esprit, Charme und Eleganz entfalteten. In Paris trafen sich Künstler, Maler, Schriftsteller, elegante Schneider und viele andere mehr.«

»Der Umbau wurde aber doch sicher nicht deshalb vorgenommen?«

»Einer der Gründe war, dass zwei Cholera-Epidemien tausende von Opfern gefordert hatten. Napoleon III. wollte bessere Lebensbedingungen schaffen. Vielleicht träumte er auch von dem Ruhm, als großer Bauherr und Stadtgestalter in den Geschichtsbüchern zu überdauern. Außerdem sollte nach den Kämpfen von 1848 die Errichtung von Barrikaden durch verbreiterte Boulevards erschwert werden.«

»Das verstehe ich eher.«

»Dazu entstanden zusätzliche Wohnviertel im Westen, mit allen Begleiterscheinungen des Kapitalismus. Die Bodenspekulation blühte, die Preise stiegen, Millionenvermögen wurden erworben. Es wurde abgerissen, neu gebaut, alles ermöglicht durch eine großzügige Kreditaufnahme. Der Romanautor Emile Zola schrieb, das Räderwerk der Enteignungen durchpflüge Paris fünfzehn Jahre lang wie eine mächtige Maschine. Einheitliche Vorschriften regelten den Neubau. Die Straßen sollten repräsentativ und gerade von einem Platz zum nächsten oder von einem wichtigen Gebäude zum anderen führen, mochte das nun der Bahnhof, die Börse oder die Oper sein. Es wurden schöne Ausblicke angestrebt, daher ließ man die Straßen sternförmig auf Plätze zulaufen, einer der schönsten trägt den Namen ›Etoile‹: ›Stern‹.«

»Das ist doch der mit dem Arc de Triomphe.«

»Baron Haussmann machte ihn zum Mittelpunkt seines Planes. Er leistete sich dabei eine für Großstädte ungewöhnliche Raumverschwendung, einen Raumluxus, indem er um den Triumphbogen einen großen Ring in Form eines runden Platzes legte. Damals, als der Platz noch nicht vom Autostrom erdrückt wurde, als sich zwischen den rot blühenden Kastanien die Reihen eleganter offener Pferdekutschen mit Damen in lichten Kleidern drängten, war das ein schöner Anblick. Das war das Paris, das die Menschen des ausgehenden 19. Jahrhunderts anzog. Das war ihre Metropole von Eleganz und Kunst, über der sich der klare Himmel wölbte.«

»Ein Himmel, der noch klar war! Die Stadt bekam von Haussmann nicht nur ein neues Kleid, sondern auch einen neuen Charakter.«

»Deswegen trägt einer der schönsten Boulevards seinen Namen. Viele Plätze und Straßen verdanken ihm Einheitlichkeit und Harmonie. Er wollte keine Einzelvillen, sondern große Mietshäuser mit luxuriösen Wohnungen und einheitlichen Fassaden. Er machte Paris zum Mekka der intellektuellen und künstlerischen Jugend.«

»Dazu haben doch besonders die Maler beigetragen?«

»Cézanne, Manet, Renoir, Gauguin, Monet und der Holländer van Gogh. Außerdem die Schriftsteller Emile Zola, Honoré de Balzac, Gustave Flaubert, Guy de Maupassant, Marcel Proust. Die Komponisten Ravel, Debussy, Richard Wagner, der entscheidende Jahre in Paris verbrachte, und, nicht zu vergessen, der große Pole Frédéric Chopin. Doch genug der Kunst. 1889, genau hundert Jahre nach der Erstürmung der Bastille, fand in Paris die erste Weltausstellung statt. Napoleon III. hatte inzwischen abdanken müssen, die Deutschen mit dem Kanzler Bismarck hatten Frankreich besiegt und Preußens König war als Wilhelm I. im Schloss von Versailles zum Kaiser der Deutschen erklärt worden.«

»In Versailles! Ein zusätzlicher Affront gegen die Franzosen!«

»Ja, es war höchst unklug. Nun, zu dieser Weltausstellung baute man den Eiffelturm. Er strahlte nachts im Licht tausender elektrischer Lampen; die ganze Stadt war in ein Meer von Helligkeit getaucht. Zwanzig Millionen Besucher kamen aus allen Ländern. Das war, nach vielen vergeblichen Versuchen, für den Stuttgarter Ingenieur Gottlieb Daimler der rechte Augenblick, seine Motorfahrzeuge vorzustellen. Dass ihm das gelang, verdankte er der Witwe eines verstorbenen Geschäftsfreundes. Sie hieß Madame Sarazin und war nicht nur schön, sondern auch energisch und klug.«

»Madame Sarazin?« Berenike horchte auf.

»Drei Jahre zuvor hatte Daimler einer herrschaftlichen Kutsche einen Motor eingebaut. Er wollte sie seiner Frau zum Geburtstag schenken: das erste Daimler-Automobil. Es erreichte die Geschwindigkeit von zwölf Stundenkilometern. Daimler wollte mehr solcher Fahrzeuge bauen und verkaufen. Aber die Stuttgarter empörten sich über den Gestank und den knatternden Lärm. Die Presse beklagte die Gefährdung der Sicherheit. Einige besonders wütende Gegner bewarfen den Wagen mit Steinen. Da wich Daimler auf ein Boot aus, das er mit einem Motor versah. Mit ihm unternahm er auf dem Neckar Probefahrten. Doch auch damit bekam er Ärger. Die Zeitungen riefen zu Protestkundgebungen auf. Es half Daimler nichts, dass er seine Versuche in die dunklen Morgenstunden verlegte.«

»Misserfolg auf der ganzen Linie?«

»Und doch setzten sich die Motorboote langsam durch. Sogar Reichskanzler Bismarck ließ sich eines schenken und fuhr damit auf dem Friedrichsruher See spazieren.«

»Aber irgendjemand muss doch Erfolg mit den Autos gehabt haben!«

»Daimler versuchte es mit seinem Motor auf Volksfesten und Ausstellungen. Er baute eine motorisierte Straßenbahn, die im Wiener Prater in vier Monaten fünfundzwanzigtausend Kilometer zurücklegte, ohne jede Panne. Daraufhin führte endlich auch die ›Stuttgarter Pferde-Eisenbahngesellschaft‹ den motorisierten Straßenbahnbetrieb ein. Eine andere Straßenbahn wurde nach Holland geliefert und eine nach Sizilien.«

Die Ausbeutung der Bodenschätze in großem Stil beginnt

Berenike richtete sich ein wenig auf: »Was war nun in Paris?«, fragte sie.

»Die schöne Louise Sarazin reiste zu Daimler nach Stuttgart. Sie wurde schnell mit ihm einig. Es entstand eine Freundschaft, die für die Entwicklung des Automobils von großer Bedeutung war. Madame Sarazin wollte einen Motor über die Grenze nach Frankreich schaffen lassen, doch da gab es viele Schwierigkeiten, die sie nur dank ihrer guten Beziehungen zu höchsten Regierungskreisen überwinden konnte – indem sie mehrmals nach Paris telegrafierte!«

»Und dann?«

»Dann kamen rechtzeitig zur Weltausstellung eine Liliput-Trambahn, ein Motor mit zwei PS Leistung, der über einen Dynamo eine kleine Lichtanlage speiste, ein Stahlradwagen und zwei Motorboote. Daimler und der Ingenieur Wilhelm Maybach reisten ebenfalls nach Paris.

Madame Sarazin stieg in eines der Motorboote, fuhr damit auf dem Seinekanal und zog die Blicke aller Herren auf sich. Am Ufer fuhr gleichzeitig der mit jungen, Hüte schwenkenden Männern besetzte Stahlradwagen. Das war eine durchschlagende Propaganda.«

»Sie hat gewirkt?«

»Ja, Berenike, jetzt wurde Daimlers Automobil verkauft. Der Fabrikant Emile Levassor war der Erste. Bisher kannte man ihn nur als leidenschaftlichen Reiter, der mehrmals täglich zwischen seinen beiden Fabriken für Holzbearbeitungsmaschinen hin- und herritt. Nun faszinierte ihn Daimlers Stahlradwagen. Er knatterte begeistert durch Paris. Und genauso begeistert begann er den Wagen zu verbessern. Er unterschrieb einen Lizenzvertrag, der ihn berechtigte, Daimlers Motoren und Fahrzeuge nachzubauen. Seine Verhandlungspartnerin: Madame Sarazin. Mit Daimler und Maybach verband ihn eine lebenslange Freundschaft.«

»Und das war der Durchbruch?«

»Wieder ja. Ich sollte jetzt wohl erwähnen, dass 1857 die erste planmäßige Erdölbohrung durchgeführt wurde.«

»Damals schon? Wo? Vielleicht in Saudi-Arabien?«

»Nein. Ausgerechnet in der Lüneburger Heide. Aber im gleichen Jahr erschloss man in Rumänien zwei Quellen mit Hacke und Schaufel.«

»Damit fing dann wohl die Ausbeutung der Bodenschätze im großen Stil an.«

»Und ein beispielloser technischer Fortschritt.«

»Wir verbrauchen heutzutage in wenigen Tagen Mengen, auf deren Erzeugung die Natur Jahrmillionen verwenden musste, und wir zerstören die Erdatmosphäre.«

»Das ist alles richtig, Roman, aber heute, auf unserem Spaziergang durch den Evo-Park, stehen wir erst am Anfang dieses Prozesses. Den Beginn einer Entwicklung mit weitreichenden Konsequenzen werden wir selbst miterleben. Wir gehen ein paar Schritte. Unser Ziel ist eine Erhebung am Stadtrand von Berlin-Lichterfelde.«

Ein Gebilde mit überdimensionierten Flügeln

Senex führte sie durch die geschäftige Stadt. Als die Bebauung lockerer wurde, erreichten sie ein freies, spärlich bewachsenes Feld; da und dort schaute der märkische Sandboden hervor. Im Hintergrund lagen ein paar flache Schuppen, davor wölbte sich ein Hügel.

»Das ist keine natürliche Erhebung«, erklärte Senex. »Die Anhöhe wurde aufgeschüttet. Der Mann, zu dem wir jetzt gleich gehen werden, brauchte sie für seine Versuche. Er wird gleich kommen.«

»Wo?«

»Seht hinauf zum Hügel!«

Da erschien er: In einem Gebilde mit überdimensionierten Flügeln, deren dünne Haut von zahlreichen Stäben aus Weidenruten durchzogen war, ähnlich wie bei Insekten, hing vorne ein Mann. Seine Unterarme lagen auf einem Gestellkreuz, mit den Händen umfasste er die vorderen Holme. Kopf und Oberkörper ragten über die Konstruktion hinaus, sein Rücken war gekrümmt, er trug eine eng anliegende Kappe und Hosen, die unter dem Knie endeten.

Unten hatten sich etwa zwei Dutzend Zuschauer versammelt.

»So ähnlich, nur viel besser, weiter und unendlich viel höher segeln heute die Drachenflieger mit ihren farbigen Stoffflügeln von den Bergen«, meinte Senex.

»Das muss Otto Lilienthal sein.«

»Er hat die Serie seiner Versuche – man schätzt sie auf über zweitausend – fast beendet. Zu seinem letzten wird er im August 1896 mit einem Zwei-PS-Motor aufsteigen, eine Windböe wird sein Flugzeug vorn emporreißen, es wird sich aufbäumen, er wird abstürzen und im Krankenhaus sterben.«

Jetzt aber war der Mann nach seinem Hüpfer – mehr als hundert Meter dürfte er kaum geflogen sein – sicher gelandet. Langsam bremste er ab, knickte leicht ein, richtete sich aber sofort wieder auf, wobei ihn einige Gehilfen unterstützten, indem sie die Flügel an den Enden fassten, ausbalancierten und das Fluggerät anhoben.

Die Zuschauer riefen »Bravo« und klatschten.

»Der Traum vom Fliegen – er ist wohl so alt wie die Menschheit. Die Höhe war die letzte Dimension, die der Mensch bisher noch nicht erobert hatte. Ihr kennt die griechische Sage von Ikarus?«

»Der abstürzte, weil er der Sonne zu nahe gekommen war?«, erwiderte Roman.

»Das Wachs, mit dem er seine Flügel befestigt hatte, wurde zu weich. Ihr wisst auch von den Studien Leonardo da Vincis. Mit diesen und vielen anderen Möglichkeiten des freien Fluges für Menschen hatte sich Otto Lilienthal theoretisch beschäftigt, ebenso wie er die erfolglosen Versuche geflügelter Turmspringer, des Schneiders von Ulm und die zahlreicher Gleitflügelmodelle seines Jahrhunderts kannte. Aber im Gegensatz zu diesen war er zunächst der Überzeugung, dass nur die genaue Nachbildung der schwingenden Vogelflügel erfolgreich sein könnte. Dass all seine Vorgänger höchstens kleine Hopser zu Stande gebracht hatten, führte er darauf zurück, dass sie starre Flügel verwendet hatten, die in seinen Augen untauglich waren.«

»War er der Einzige?«

»Keineswegs, Stefan, in den meisten europäischen Ländern versuchte man zu fliegen, in England, in Frankreich und in Russland, mit wechselnden, wenig ermutigenden Ergebnissen. Otto Lilienthals Gleitflüge, mit und ohne Motor, gelten als wegweisend, vielleicht sollte ich lieber sagen: luftweisend. Er hat das Fliegen nicht erfunden, aber seine Forschungen brachten die Entwicklung entscheidend voran. Er erkannte, dass man zuerst die Natur der Fluges systematisch ergründen musste. Daraus resultierte sein Buch ›Der Vogelflug als Grundlage der Fliegekunst‹, das er 1889 im Alter von einundvierzig Jahren veröffentlichte. Darin beschäftigt er sich mit dem Segelflug der Störche, während Leonardo da Vinci sich dreihundertsiebzig Jahre zuvor am Flügelschlag der Adler orientiert hatte. Otto Lilienthals spätere Versuche führten ihn aber doch zu starren Tragflächen. Mit ihnen baute er ein erstes Gleitflugzeug und fertigte fünf weitere Eindecker, die er durch schnelles Laufen startete und mit denen er Weiten von neunzig, später über zweihundert Metern erreichte.«

»So weit fliegen heute beinahe unsere Skispringer, und sogar ohne Flügel«, meinte Roman.

Langsam legte sich Dämmerung über den Hügel. Der Flugapparat wurde in den Schuppen gebracht. Senex schlug den Rückweg ein, im Gehen sprach er weiter.

»Otto Lilienthal studierte Maschinenbau, wurde Ingenieur, baute in Berlin eine Maschinenfabrik auf. 1890 gelangen ihm erste Sprungflüge. Zuerst konstruierte er vogelähnliche Gleiter, die er mit Gewichtsverlagerungen seines Körpers steuerte. Später baute er ungefähr zwanzig Doppeldecker. Er wurde achtundvierzig Jahre alt.«

»Und die Versuche gingen weiter?« Berenike strich ihre Haare zurück.

»1901 gelang Gustav Weißkopf, der wahrscheinlich früher mit Lilienthal zusammengearbeitet hatte, der erste Motorflug mit Dampfkraft, und zwar in den Vereingten Staaten. Er hatte sich nach seiner Übersiedlung in Gustave Whitehead umbenannt. Allerdings endete sein Flug mit einem Absturz. Aber Lilienthal hatte auch sonst zahlreiche vom Fliegen faszinierte Nachfolger gefunden.«

»Was ist mit den Gebrüdern Wright?«

»Diesen Amerikanern gelangen die ersten präzise gesteuerten Flüge, erst nur für Sekunden, dann für Minuten und schließlich über eine halbe Stunde. Da erzielten sie bereits eine Geschwindigkeit von sechzig Stundenkilometern. In Deutschland konzentrierte man sich vor allem auf den Bau von Luftschiffen. 1900 startete der erste Zeppelin. 1908 gelang dem Franzosen Louis Blériot der erste Flug über den Ärmelkanal. Im Ersten Weltkrieg gab es dann – tragisch genug – bereits Kampfflugstaffeln, es entstand der Mythos von den ›Helden der Luft‹.«

»Und heute ist uns das Fliegen selbstverständlich, nach nicht einmal hundert Jahren!«

»Ja, Romi, in jeder Minute sind tausende von Maschinen in der Luft«, ergänzte Stefan.

Nun war es Abend geworden. Bald erreichten sie ihr Gästehaus.

Der elfte Abend

Künstler und Denker, vereinigt euch!

Ein scharf denkender Künstler

»Heute«, leitete Senex das abendliche Gespräch ein, »erzähle ich euch von Friedrich Nietzsche. Mit diesem Philosophen fand der Nihilismus seine erste und gleich seine wichtigste Stimme. Nietzsches radikaler Blick, seine kritische Empfindsamkeit und seine beißende Vorwegnahme späterer Entwicklungen machten ihn zum Propheten des modernen Denkens.«

»Wie das?«

»Zum Beispiel, indem er sagte: ›Der Mensch ist etwas, das überwunden werden muss.‹ Das Großartige am Menschen sei, dass er eine Brücke und kein Ziel sei. Nietzsche lebte von 1844 bis 1900. Er war vielleicht der einzige Philosoph, den man auch unter die Künstler einreihen kann. Damit meine ich nicht seine Neigung zur Musik, die er in eigenen, allerdings mäßigen Kompositionen ausdrückte, sondern seinen Rang als Sprachschöpfer und Lyriker. In ihm wurde der Philosoph zum Poeten, oder umgekehrt, der Poet zum Philosophen. Thomas Mann sprach von ›wundervoller Prosa‹, ein seltenes Lob aus diesem Mund. Nietzsche hatte seine Wurzeln in der Romantik, aber er wuchs über sie hinaus. Er band die romantische Sensibilität mit der aufklärerischen Skepsis in einem Strauß zusammen. Schopenhauer, der ihn anfänglich beeinflusste, war der kühlere Denker, Nietzsche dafür der kühnere. Oder anders ausgedrückt: Nietzsche war ein scharf denkender Künstler. Von kühl kann bei ihm keine Rede sein.«

»Ich kenne ein paar Gedichte von ihm«, sagte Roman. »Ich mag sie, weil sie einen unverwechselbaren Klang haben. Ich glaube, er wird als Lyriker unterschätzt.«

»Auch sein großes Werk ›Also sprach Zarathustra‹ betrachte ich mehr als Dichtung denn als Philosophie«, antwortete Senex. »Man kann zu Nietzsche und seinem Werk stehen, wie man will, es wird einen immer berühren, ergreifen oder zum Widerspruch reizen. Er hat viele verschiedene Gattungen verwendet, Notizen, Fragmente, Aphorismen, Pamphlete, Gedichte, Essays, Polemiken und Briefe. Wie ich schon sagte, hat er außerdem komponiert. So schrieb er zum Beispiel an seinen Freund Peter Gast aus Venedig: ›Die letzte Nacht an der Rialtobrücke brachte mir noch eine Musik, die mich zu Tränen bewegte, ein unglaubliches altmodisches Adagio, wie als ob es noch gar kein Adagio vorher gegeben hätte.‹«

»Heißt nicht eins seiner Werke ›Die Geburt der Tragödie aus dem Geiste der Musik‹?«, fragte Roman.

»Mit ihm befreite sich der Altphilologe Nietzsche aus der Enge der Altphilologie und wandte sich der Philosophie zu. Seine Kollegen reagierten äußerst kühl. Umso begeisterter war Richard Wagner, der sich von Nietzsche – irrtümlich, wie sich zeigen sollte – verstanden fühlte.«

»Aber Nietzsche hat Wagner doch angebetet«, warf Berenike ein. »Oder Wagners Frau Cosima?«

»Richtig ist, dass der eher menschenscheue Nietzsche, der eine außerordentliche Professur für griechische Sprache und Literatur in Basel innehatte, Richard Wagner und dessen Frau Cosima oft in Triebschen am Vierwaldstätter See besuchte.«

»Woher stammt Nietzsche? Sein Name klingt eher fremd.«

Der Wille zur Wahrheit und der Wille zum Sein

»Nietzsches Vorfahren kamen aus Polen. Er selbst wurde als Pfarrerssohn in Röcken bei Lützen geboren und verlebte seine erste Schulzeit in Naumburg an der Saale. Danach besuchte er das angesehene Internat Schulpforta. In Bonn und Leipzig studierte er alte Sprachen.«

»Warum ist die Freundschaft zwischen ihm und Richard Wagner in die Brüche gegangen?«

»Weder Nietzsche noch Wagner waren einfache Charaktere. Vor allem verübelte es Nietzsche Richard Wagner, dass dessen Oper ›Parsifal‹ so viel christliches Gedankengut enthielt, noch dazu auf so hymnisch verklärende Weise. Nietzsche lehnte das Christentum ab, wie auch den Sozialismus. Am Christentum störte ihn die ›Ethik‹, am Sozialismus die ›Sklavenmoral‹. Er war gegen alles, was Mitleid erregte. Er hielt Mitleid für unproduktiv. Tatkräftiges Helfen – ja, dafür war er, aber sich von fremdem Leid niederdrücken zu lassen, ohne etwas dagegen tun zu können, das lehnte er ab. Nietzsche meinte, dass Mitleid nur das Elend der Welt vergrößere, da statt *eines* Menschen – des ursprünglich Leidenden – nun *zwei* leiden, nämlich auch noch der nachträglich Mitleidende, womit der Wille und die lebensbejahenden Kräfte der Menschen vermindert würden. Diese Gedanken prägen auch die auf ›Die Geburt der Tragödie‹ folgenden Werke ›Menschliches Allzumenschliches‹ und ›Die fröhliche Wissenschaft‹. Nietzsche unterschied darin zwischen dem ›Dionysischen‹, worunter er eine kraftvolle Äußerung des Lebenswillens verstand, und dem ›Apollinischen‹, dem er gestaltende, formende Kräfte zuschrieb.«

»Mit Dionysos habe ich wenig am Hut«, erklärte Stefan. »Wir haben unseren Verstand, um ihn zu gebrauchen, nicht, um ihn im Rausch zu betäuben. Ich halte es mehr mit Apoll.«

Senex nickte mechanisch, weder zustimmend noch ablehnend: »So wie Schopenhauer sah auch Nietzsche die Welt von einer Urkraft des Willens beherrscht. Aber seine Gedanken trennten sich bald von denen seines Lehrmeisters, da er die Lösung aus der Tragik eines vom Willen diktierten Daseins keineswegs – wie Schopenhauer – in Verzicht und Verneinung sah, sondern, im Gegenteil, in der Bejahung, wobei sich der Wille vor allem in der Kunst ausdrücken sollte. Er sah in der Kunst den ›Willen zur Wahrheit‹ und den ›Willen zum Sein‹, demgegenüber die Wissenschaft flach bleibe. Er meinte auch, dass es keine objektive Wahrheit gebe, sondern nur eine Wahrheit der subjektiven Erfahrung, die den Charakter der Inspiration tragen könne. Er zweifelte an allem und meinte, dass alle klugen Menschen Skeptiker seien, er sah im Zweifler ein zärtliches Geschöpf.«

»Das geht mir auch so, denke ich.«

»Nietzsche lehrte die Umwertung aller Werte, wobei er vor allem die überkommenen Wahrheiten, und unter diesen wiederum die moralischen Positionen, im Visier hatte. In Überzeugungen sah er Gefängnisse, die rechnende Wissenschaft nannte er ein Betäubungsmittel. Für Nietzsche war der Zweifel an allem eine Form der intellektuellen Redlichkeit.«

»Nietzsche war doch Atheist, oder?«

»Nietzsche erklärte Gott für tot – tot wie die Wahrheit. In ›Ecce homo‹ schreibt er: ›Alles, was bisher Wahrheit hieß, ist als die schändlichste, typischste, unterirdischste Form der Lüge erkannt; der heilige Vorwand, die Menschheit zu verbessern, als die List, das Leben aufzusaugen, blutarm zu machen.‹«

»Das ist mir zu negativ«, erklärte Berenike. »Hat er denn nichts Positives zu sagen?«

»Aber gewiss. Freilich wurde er gründlich missverstanden, vor allem die Nationalsozialisten, die er verabscheut hätte, vereinnahmten seine Philosophie zur Rechtfertigung für ihre Verbrechen. Besonders sein Werk ›Der Wille zur Macht‹ und die Verkündung des ›Herrenmenschen‹ wurden von ihnen benutzt. Seine Schrift ›Also sprach Zarathustra‹ – wie gesagt, mehr eine Dichtung als ein philosophisches Werk …«

»Hat er da nicht gefordert: ›Wenn du zum Weibe gehst, vergiss die Peitsche nicht‹?« Berenike ballte beide Hände zu Fäusten.

»Das war wohl mehr ein Wunschtraum aus verschmähter Liebe als ein ernst gemeinter Rat. Er lässt sich aber leicht missverstehen. In ›Jenseits von Gut und Böse‹ verkündete er eine ›Herrenmoral‹, die nicht, wie im Christentum, zwischen ›gut‹ und ›böse‹ unterscheidet, sondern zwischen ›stark‹ und ›schwach‹. Er selbst war aber ein sensibler, empfindsamer Mensch, der sich mehr als einmal gegen die in seiner Zeit herrschenden Meinungen wandte.«

»Aber ›Zarathustra‹…«

»Nietzsches bekanntestes Werk, Berenike. Es steht auch dort in Bücherschränken, wo man mit Philosophie wenig anfangen kann. Zarathustra, der persische Religionsstifter, richtet sich an die Menschen und verkündet ihnen nach zehnjähriger Einsamkeit seine Botschaft. Natürlich ist es Nietzsche, der spricht, wieder vom ›Übermenschen‹, der sich jetzt verwirklichen und die Welt erobern kann, weil Gott den Menschen nichts mehr bedeutet.«

»Gott ist tot!«

»Mit Gott verschwinden auch das Mitleid und die so genannte Nächstenliebe. Nietzsche führt das noch weiter aus.«

»Wie ist Nietzsche auf die Idee zum ›Zarathustra‹ gekommen?«

»Er hat es selbst beschrieben. Als er eines Tages am See von Silvaplana im Oberengadin durch die Wälder ging und bei einem mächtigen Felsblock Halt machte, kam ihm der Gedanke: ›Sechstausend Fuß jenseits von Mensch und Zeit.‹«

Die freudsche Wende

Der Schlüssel zur Seele

Eine kleine Pause trat ein. Dann sagte Senex: »Auch wir wollen uns jetzt jenseits von Mensch und Zeit begeben – ins Reich der Träume.

Stellt euch eine bürgerliche, mit Kleinmöbeln voll gestopfte Stube vor. Es riecht nach Zigarrenrauch, der kalte Qualm machte den Raum dunstig.

Der Wohnungsinhaber hat wohl eine Vorliebe für den Orient. Nicht nur der Fußboden ist mit einem üppig gemusterten Teppich belegt, ein zweiter bedeckt eine Couch mit erhöhtem Rückenteil. Das Ensemble setzt sich in einem ähnlichen Wandbehang fort. Dazu passt auch ein Stich des Tempels von Abu Simbel mit den vier Kolossalstatuen des Pharaos Ramses II. Das Zimmer an sich ist klein, kaum breiter als das Liegemöbel. In die Ecke am Fußende quetscht sich ein raumhoher Kachelofen, hinter dem Kopfende, auf dem sich helle Kissen türmen, ist ein Lehnstuhl eingezwängt. Auf der Couch ruht eine Dame im gerüschten Kleid, schaut zur Decke, die Beine in den hoch geschnürten Stiefeln übereinander gelegt, der Saum des Rockes streift den Boden. Sie redet mit leiser, stockender Stimme. Im Lehnstuhl hinter dem Kopfende sitzt ein älterer Herr, der eine Zigarre raucht. Ein Block liegt vor ihm auf dem Schoß. Er macht sich Notizen, die offenbar im Zusammenhang mit den Worten der Dame stehen. Auffällig ist sein prüfender Blick, seine kräftige Nase und der graue Schnurrbart, der in einen gepflegten Kinnbart übergeht. Sein steifer Hemdkragen hängt lose herunter, an der Weste mit V-Ausschnitt baumelt eine Uhrkette. So in etwa müsst ihr euch Sigmund Freud vorstellen, den Vater der Psychoanalyse.

Im Haus in der Berggasse in Wien lebt und arbeitet er von 1891 bis 1938. Dann muss er – als Jude gefährdet – beim Einmarsch der Nazis Wien verlassen und nach London übersiedeln. Er hat die christliche Seelenlehre durch eine quasi naturwissenschaftliche Betrachtungsweise, durch die Psychoanalyse, ersetzt.«

»Was hat denn das mit dem Christentum zu tun?«

»Nun, bisher hatte man den Menschen nicht nur als ein von Gott nach seinem Bilde geschaffenes, sondern auch als ein geistiges Wesen gesehen. Nun stellte Freud den Menschen gewissermaßen auf den Kopf, denn er sagte, dass nicht der Geist, sondern die Sexualität seine wesentlichste Triebkraft sei. Seit Freud ist nicht nur die Gottähnlichkeit des Menschen fragwürdig geworden, sondern sogar seine Menschlichkeit! Freud zeigt uns Menschen als Geschöpfe mit niederen Instinkten und leitet eine kopernikanische Wende auf einem ganz anderen Gebiet ein. Seine Psychoanalyse beleidigt – nach Kopernikus und Darwin – zum dritten Mal unseren naiven Stolz. Denn die Psychoanalyse überbietet die Erkenntnisse, dass die Erde nicht im Mittelpunkt des Universums steht und dass der Mensch nicht Ziel und Höhepunkt der Schöpfung ist, noch mit der Feststellung, dass weder der menschliche Geist noch das Ich Herr im eigenen Hause sind.«

»Sie nennen ihn den Vater der Psychoanalyse. Gibt es denn auch Groß- oder Urgroßväter?«

»Nicht direkt, Stefan. Aber ich sehe in dem griechischen Arzt Hippokrates, der vor zweieinhalb Jahrtausenden lebte, einen Urvater der Psychologie, vielleicht den der Psychoanalyse, denn er skizzierte bereits die Grundlagen einer Charakterkunde, indem er den Menschen in vier Temperamente einteilte, in Sanguiniker, Choleriker, Phlegmatiker und Melancholiker. Darüber hatte man sich bisher keine Gedanken gemacht. Aber natürlich ist Freud der wahre Begründer der Psychoanalyse. Er entwickelt eine Methode, mit der die unbewusste oder verdrängte Krankheitsursache aufgedeckt werden soll. Er glaubt auch, dass sich aus den Träumen das Unbewusste enthüllen lässt. Man bezeichnet seine Traumanalyse oft als den Königsweg zum Unbewussten. Er hat die ersten Schritte in das dunkle, rätselhafte, uns bisher verschlossene Reich der menschlichen Seele getan, die man als etwas Unerklärliches, von Gott Gegebenes angesehen hatte. Die Seele war lange ein Tabu; das hat sich seit Freud geändert. Die prüde puritanische Haltung, die das neunzehnte Jahrhundert weitgehend prägte, betrachten wir heute nur noch als Verklemmung. Man verdammt Freud nicht mehr im Namen der Moral. Denn er hat gezeigt, wie wichtig alle seelischen Vorgänge sind. Er hat uns ein wenig von der Unwissenheit über uns selbst und unsere Schwächen genommen. Freilich wurde und wird in seinem Namen auch viel Missbrauch getrieben.«

»Freud hat sich doch besonders mit der Sexualität beschäftigt?«

»Gerade darüber zu reden galt zu seiner Zeit als unmöglich. Freud stellt fest, dass der Mensch kein sanftes, liebebedürftiges Wesen ist, sondern eines mit stark ausgeprägten Aggressionen.«

»Dann ist er völlig schonungslos«, meinte Berenike.

»Freud spricht aus, was er denkt und für richtig hält. Seine Lehre wirkt schockierend, aber auch bahnbrechend. Sie beeinflusst die Psychologie, Psychiatrie und Philosophie. Auch der von Freud formulierte Ödipuskomplex nimmt trotz aller Angriffe und Berichtigungen der letzten Zeit noch immer einen Sonderplatz in seinem Werk ein.«

»Der Ödipuskomplex …« Stefan sagte es so gedehnt, dass Senex es als Frage auffasste.

»Der Ödipuskomplex geht zurück auf die griechische Sage von König Ödipus, der unbeabsichtigt, nichts ahnend seine Mutter liebte und seinen Vater tötete. Sinngemäß behauptet Freud, dass jeder Junge seine Mutter liebe und seinen Vater hasse. Aber das ist längst in Frage gestellt, wenn nicht widerlegt. Immerhin ist der Gedanke an eine kindliche Sexualität bis dahin unbekannt gewesen, oder, wenn nicht, so verschloss man vor einer so unliebsamen Tatsache die Augen. Nach Freuds Lehre hat jede Neurose ihren Ursprung in der Kindheit und zeichnet sich durch ihren sexuellen Charakter aus – was heute aber auch schon wieder bezweifelt wird.«

»Was tut Freud für die Frauen?«

»Er führt eine gute Ehe, hat aber kein Interesse an der Frauenbewegung. Dennoch hat seine Lehre viel zur Befreiung der Frauen beigetragen.«

»Und wie stand man damals zu seinen Ideen?«, fragte Roman.

»Zunächst stößt er auf Ablehnung und Unverständnis. Erst nach und nach erkennt man seine Verdienste. Der Schriftsteller Thomas Mann drückt es wohl am besten aus, wenn er sagt, er sei vollkommen davon überzeugt, dass man in Freuds Lebenswerk einmal einen der wichtigsten Bausteine erkennen werde zum Fundament der Zukunft. Sigmund Freud wird 1856 in Mähren geboren, kommt im Alter von drei Jahren nach Wien und stirbt 1939 ...«

»Als der Zweite Weltkrieg ausbricht!«

»... in London an Kehlkopfkrebs. Seine Lehre findet bald eine wesentliche Ergänzung durch den knapp zwanzig Jahre jüngeren Schweizer Carl Gustav Jung, der von einem kollektiven Unbewussten spricht, das allen Menschen gemeinsam sei. Man erkennt, dass unsere Erfahrungen von vielen Faktoren abhängen, mögen sie nun sozial, kulturell oder historisch bedingt sein. Die Tiefenpsychologie Freuds und Jungs berücksichtigt Kunst, Religion und innere Wirklichkeiten, wird hellhörig für die vielen Dimensionen menschlicher Schicksale und Erfahrungen und stellt sich in die Mitte zwischen Natur- und Geisteswissenschaften. Sie will das empirisch Genaue mit dem rational Schlüssigen verbinden, sucht nach einem praktischen, therapeutisch anwendbaren Wissen. Doch damit«, endete Senex, »möchte ich das Thema Freud beenden. Ich schlage vor, dass wir uns jetzt ins Reich unserer eigenen Träume begeben. Wir brauchen sie ja nicht von Freud analysieren zu lassen.«

Alle drei nickten. Sie verabschiedeten sich voneinander und suchten ihre Zimmer auf.

Der zwölfte Tag

Naturwissenschaft im Durchbruch

Eine Epoche stürmischer Fortschritte

Der zwölfte Morgen! Senex erwartete sie. »Unser letzter Tag. Noch sind wir im neunzehnten Jahrhundert, gleiten ins zwanzigste und wagen den ersten Blick ins einundzwanzigste Jahrhundert hinüber.«

Er lächelte verschmitzt: »Wir werden uns gleich ein völlig neuartiges Verfahren zu Nutze machen.« Er deutete auf einen Türdurchbruch zum Nebenzimmer. »Ihr könnt Ähnliches auf allen Flughäfen sehen. Man geht hindurch, damit Metallteile, speziell Waffen, aufgespürt werden. Wenn ihr nun durch diesen Rahmen geht, werdet ihr digitalisiert, dann auf dem Datenhighway an einen anderen Ort versetzt und dort rematerialisiert. Ihr spürt nichts davon. Unser Millenium-Prozessor arbeitet mit Lichtgeschwindigkeit. Wir nennen das Gerät einen ›Telewandler‹. Geht ruhig voran, ich folge.«

Berenike ging zuerst, sie verschwand, als hätte sie sich in Luft aufgelöst, ihr folgten Stefan und Roman, schließlich Senex.

Als sie wieder aus dem Rahmen traten, standen sie unvermittelt in einem verfallenen Hinterhof von unbeschreiblicher Traurigkeit, Düsternis, Schmutzigkeit. Große Pfützen im schlammigen Boden spiegelten einen wolkenverhangenen Himmel, der aussah, als wollte er jeden Augenblick zu regnen, zu weinen beginnen.

»Wir sind wieder einmal in Paris. Seht nach links«, forderte Senex die drei auf. »In diesem schmutzigen Gebäude befindet sich das Physikalische Institut, die Ecole de Physique. Dort unterrichtet … Doch halt, ehe wir von ihm sprechen, will ich euch zuerst seine Frau vorstellen. Gehen wir ein Stückchen, am Rand des Hofes ist es einigermaßen trocken. – Nun, ihr werdet schon erkannt haben, dass das neunzehnte Jahrhundert eines der folgenreichsten und aufregendsten der menschlichen Entwicklungsgeschichte war.«

»Und ich habe es immer für verstaubt und düster gehalten«, murmelte Stefan.

»Verstaubt und düster war es außerdem«, antwortete Senex. »Aber es hatte bisher noch keine Epoche mit einer so explosionsartigen Entwicklung gegeben, und zwar auf allen Gebieten der Wissenschaft und der Technik. Auch für uns hat sie die Fundamente gelegt.«

»Da kommt mir ein Gedanke«, murmelte Stefan, teils zu sich, teils zu den anderen. »Ich finde, wir sind undankbar!«

»Wie meinst du das?«

»Nun, wir nehmen alles als so selbstverständlich hin, wir fahren Auto, fliegen, heizen unsere Wohnungen mit Gas oder Öl, verwandeln die Nacht in den Tag durch Elektrizität, hören Radio, sehen fern und, und, und… Und das alles haben doch unsere Großeltern und Eltern geschaffen.«

»Da passt es ja, wenn ich jetzt von einer Frau spreche, die daran großen Anteil hat. Sie hat unsere Hochachtung wahrhaftig verdient, umso mehr, als sie für ihre Forschungen ihre Gesundheit ruinierte und mit dem Leben bezahlte.«

»Marie Curie«, rief Berenike.

»Richtig. Marie Curie war Polin, ihr Mädchennamen lautete Maria Salome Sklodowska, sie wurde 1867 in Warschau geboren, das damals unter russischer Herrschaft stand.«

»Warum ist sie nach Frankreich gezogen?«

»Sie wollte studieren, Mathematik und Physik. Aber Frauen waren an der Warschauer Universität noch nicht zugelassen. Marie Curie, damals noch Sklodowska, studierte deshalb an der Pariser Sorbonne. Als sie ihr Studium abgeschlossen hatte, arbeitete sie in einem Pariser Laboratorium. Mit siebenundzwanzig Jahren lernte sie den fünfunddreißigjährigen Physiklehrer Pierre Curie kennen. Sie wurden ein Paar. Auf Fahrrädern, die nun bereits verkehrstauglich waren, durchstreiften die frisch Verheirateten die Umgebung von Paris. Sie arbeiteten ohne jeden Gedanken an wirtschaftlichen Erfolg. Ihnen reichte das Nötigste zum

Leben. Bald konnte Marie ihre ersten wissenschaftlichen Schriften veröffentlichen. Nun gut… In dem Jahr, als Marie und Pierre Curie heirateten, 1895, entdeckte Wilhelm Röntgen an der Würzburger Universität die später nach ihm benannten X-Strahlen, die Röntgenstrahlen. Er erregte damit weltweit Aufsehen. Ein Jahr später fand der Franzose Henri Becquerel eine andere Art von durchdringenden Strahlen, ausgehend von dem Schwermetall Uran. Diese Becquerel-Strahlen machte Marie Curie zum Thema ihrer Doktorarbeit.«

»Sie musste doch mit primitiven Mitteln arbeiten?«

»Seht euch um, dann wisst ihr, dass es primitiver nicht geht. Ihr Labor liegt dort auf der linken Seite; da hat Marie Curie ihre ersten Versuche gemacht. In der Ecole de Physique unterrichtet Pierre. Gegenüber seht ihr eine Holzbaracke, deren Glasdach so schadhaft ist, dass es durchregnet. Früher hatte die Medizinische Fakultät den Raum als Seziersaal verwendet, doch wollte man jetzt nicht einmal mehr Leichen als Studienobjekte darin lagern.

»Im Winter muss es scheußlich feucht und kalt gewesen sein«, murmelte Berenike, wobei sie die Schultern zusammenzog.

»Das ist noch milde ausgedrückt. Im Sommer war es zu heiß. Es gibt nicht einmal einen Holzboden, die nackte Erde ist mit einer dünnen Schicht Asphalt bedeckt. Als Mobiliar dienen ein paar Küchenstühle, eine Schultafel und ein alter Eisenofen mit verrostetem Rohr.«

»Mein Gott«, rief Roman, der durch die blinde Fensterscheibe einen Blick ins Innere gewagt hatte, »niemand würde heute in so einer Bude arbeiten.«

»Pierre und Marie mussten diese Verhältnisse wohl oder übel akzeptieren. Die Baracke hatte auch einen Vorteil. Sie war so verwahrlost, so miserabel, dass sie ihnen von niemand anderem streitig gemacht wurde. Trotz der mehr als bescheidenen Möglichkeiten wollte Marie Curie herausfinden, ob die von Becquerel entdeckten Strahlungen nicht von den kleinsten Teilchen des Urans ausgingen.«

»Von den Atomen…«

»Das ist das Stichwort, Roman. Marie Curie leistete auch körperlich Schwerarbeit. Es gelang ihr – mit welchen Mühen, will ich jetzt nicht schildern –, eine Tonne mit Rückständen aus der letzten Urangewinnung von Österreich nach Paris schaffen zu lassen. Eines Tages fuhr der Lastwagen vor. Beide Curies stürzten hinaus – ihre Pechblende. Aus ihr wollte Marie Curie das Radium gewinnen, selbst wenn sie einen Berg dieser ekligen Masse bewältigen müsste. Eine mehrjährige, aufreibende Arbeit begann.«

»Und ihr Mann?«

»Pierre Curie war in der Baracke in schwierige Experimente vertieft. Marie schuftete wie in einer Fabrik, in einem durch Säure befleckten Kittel, mit offenen Haaren, von beißendem Rauch eingehüllt. Vier Jahre lang war sie Physikerin, Chemikerin, Ingenieurin und Schwerarbeiterin in einer Person. Sie heizte und überwachte die schweren Abdampfkessel mit der schmelzenden Masse. Darauf folgte, nun in der Baracke, die Reinigung und Kristallisation der hochradioaktiven Lösungen. Auf den alten Tischen lagerten die konzentrierten, immer radiumreicheren Stoffe. Sie zermahlte das Ausgangsmaterial, zerlegte es in seine Bestandteile, löste es in kochender Säure, kühlte, filtrierte, destillierte und leitete Strom durch die Lösungen. Schließlich entdeckte sie ein neues chemisches Element, das sie nach ihrer Heimat Polen ›Polonium‹ nannte. Als erster Mensch verwendete sie in ihrer wissenschaftlichen Arbeit über Stoffe, von denen eine durchdringende Strahlung ausgeht, das Wort ›Radioaktivität‹.«

»Vor dem wir zurückschrecken«, murmelte Roman.

»Von den Gefahren ahnte Marie Curie noch nichts. Sie prägte den Begriff für ein weiteres von ihr entdecktes Element, das Radium, von lateinisch ›radius‹, der Strahl. Sie wollte Radium und Polonium in reinem Zustand herstellen. Das Ergebnis war noch märchenhafter als all ihre Erwartungen. Nachts, in der Finsternis, schimmerten die über Tische und Wandbretter verteilten Stückchen in ihren gläsernen Behältern bläulich phosphoreszierend.«

»Und davon wurde sie krank!«

»So ist es, Berenike. Krankheiten wurden ihre ständigen Begleiter. Sie bekam Tuberkulose, ihre Hände wurden steif, auf ihrer Haut bildeten sich Risse und Geschwüre.«

»Wahrscheinlich war ihr Laboratorium radioaktiv verseucht.«

»Viele von Marie Curies Mitarbeitern, die sie später beschäftigen konnte, wurden krank, einige starben jung. Dass sie so lange lebte, bis zu ihrem siebenundsechzigsten Jahr, war ein Wunder. Ihr zweites Kind starb, schon im Mutterleib der gefährlichen Strahlung ausgesetzt, kurz nach der Geburt. Aber niemand führte das, ebenso wenig wie Marie Curies eigene Beschwerden, ihre Schmerzen, ihre Müdigkeit, auf die Radioaktivität zurück. – Nun, ihr wisst vielleicht, dass Marie Curie zusammen mit ihrem Mann Pierre und Henri Becquerel 1903 den Nobelpreis für Physik erhielt, der erst zum dritten Mal verliehen wurde.«

»1903, das ist schon zwanzigstes Jahrhundert. Nobel aber gehört doch ins neunzehnte, soweit ich weiß«, warf Stefan ein.

»Ja, Alfred Nobel war 1896 gestorben. Er war ein schwedischer Chemiker und Industrieller, Erfinder des Dynamits; damit ist er reich geworden. Er stiftete den nach ihm benannten Preis. Die von Nobel ausgesetzte Summe wird dabei nie angetastet, nur die Zinsen werden verwendet, die Höhe des Preises verändert sich mit dem Vermögen der Stiftung. Derzeit beträgt es mehr als zwei Millionen schwedische Kronen.«

»Ich glaube, da haben ihn Gewissensbisse geplagt wegen der zerstörerischen Folgen seiner Erfindung«, mutmaßte Roman.

»So wird es berichtet. Der Nobelpreis wird alljährlich für verschiedene Verdienste verliehen, er dürfte der international angesehenste Preis sein. Jetzt war Marie Curie, eine Frau, Preisträgerin. Tragischerweise verunglückte ihr Mann kurz nach der Geburt ihrer Tochter, die als Irène Joliot-Curie – zusammen mit ihrem Mann Frédéric Joliot – 1935 ebenfalls den Nobelpreis bekam, für Chemie. Marie Curie wurde die Nachfolgerin ihres Mannes und damit die erste Professorin der Pariser Universität. Ihren zweiten Nobelpreis erhielt sie 1911, diesmal allein. Mehr und mehr interessierten sich Wissenschaftler, aber auch die Presse und die Weltöffentlichkeit für sie. Allmählich begann man auch die Schäden zu erkennen, die von den radioaktiven Strahlen ausgehen, als da sind Verbrennungen, Geschwüre, Schmerzen, Krebs – und vieles andere mehr. Marie Curie selbst starb in einem Schweizer Sanatorium.«

»Hat sie mit ihrer Arbeit nicht auch zur Entwicklung der Atombombe beigetragen?«, fragte Roman.

»Vom Radium selbst spricht heute kaum noch jemand«, erklärte Senex, »aber dass Marie Curie es zu isolieren lernte, trug zum Verständnis der Radioaktivität und der Atome bei. Viele andere Wissenschaftler wie Albert Einstein, Otto Hahn, Max Planck und Nils Bohr forschten weiter, um – zum Zweck der Energiegewinnung – Atome zu spalten oder zu verschmelzen. Damit sind wir im zwanzigsten Jahrhundert angelangt. Diese Spur führt auch zur Atombombe, das ist richtig. Auf das ›auch‹ lege ich aber Wert, weil es noch andere, nicht so schreckliche Ergebnisse dieser Forschungen gibt, durchaus auch segensreiche.«

Senex schwieg und überlegte.

Die Mikrobe und ihr Prophet

Nach einer Pause des Nachdenkens fuhr er fort: »Ja, bleiben wir noch in Paris. Es passt ganz gut. Die Forscher des neunzehnten Jahrhunderts waren auch in der Medizin sehr erfolgreich. Sie haben uns von der Geißel vieler meist tödlicher Krankheiten befreit.«

Senex blieb wieder stehen und betrachtete die schäbige Rückfront des Schulgebäudes, das keinen sehr fröhlichen Eindruck machte.

Stefan stellte sich neben ihn und sagte: »Fing es nicht mit der Pockenschutzimpfung an?«

»Das war schon im Zeitalter der Aufklärung. Eine erste segensreiche Tat. Aber noch kannte man die Überträger vieler Seuchen nicht. Dass heute die meisten Kinder in Europa gegen Diphtherie, Wundstarrkrampf, Keuchhusten, Kinderlähmung, Masern, Mumps, Röteln und Tuberkulose geimpft werden können, ist das Verdienst einiger weniger Chemiker und Mediziner. Zu diesen gehörte in vorderster Front der Mann, der einige Jahre seines Lebens an der Ecole Normale Supérieur forschte.«

»Nun sagen Sie schon, wer dieser geheimnisvolle Herr ist, Senex«, bat Berenike.

»Ich glaube, Louis Pasteur«, erklärte Roman.

»Das ist korrekt. Nun müsst ihr euch klarmachen, dass man das Mikroskop zwar seit dem sechzehnten Jahrhundert kannte, aber niemand wusste, dass es Mikroorganismen gibt, Kleinstlebewesen wie Bakterien, Algen und Pilze. Erst Louis Pasteur brachte die entscheidende Wende. Er beendete die Unwissenheit, indem er die Mikrobiologie als Wissenschaft begründete. Erst danach kam es zu wesentlichen Fortschritten in Medizin, Hygiene und Gesundheitspflege.«

»Wurde er in Paris geboren und ist er hier aufgewachsen?«

»Er stammt aus dem Städtchen Dôle in Ostfrankreich, man schrieb das Jahr 1822. Zunächst hatte er Maler werden wollen, er war künstlerisch begabt, aber sein Schuldirektor erkannte auch seine wissenschaftliche Befähigung und riet der Familie, ihn studieren zu lassen. Nun, wie wir wissen, muss Paris damals eine Schmiede von Talenten aller Färbungen gewesen sein. Und dazu gehörte auch Louis Pasteur. 1854 wurde er Dekan einer neuen naturwissenschaftlichen Fakultät der Universität Lille. Bei Forschungen über die Gärung von Trauben zu Wein entdeckte er, dass einzellige Hefepilze den Zucker in Alkohol verwandeln. Seine Kollegen machten sich über ihn und seine Forschungsergebnisse lustig. Sie meinten: ›Die Mikrobe ist klein und Pasteur ist ihr Prophet.‹ Und doch wurden seine Erkenntnisse für die Alkoholerzeugung unverzichtbar. Pasteur kehrte nach Paris zurück, wurde Direktor für wissenschaftliche Studien an seiner alten Hochschule. Dort waren seine Möglichkeiten zwar auch bescheiden, aber doch wesentlich besser als die von Marie Curie. Er hatte in einer kleinen Mansarde ein Laboratorium und im Keller einen Brutkasten, in dem er Mikroorganismen züchten konnte. Mit schwarzem Vollbart, im dunklen Herrenanzug, dem unsrigen ähnlich, beugte er sich über sein Mikroskop, hantierte mit Flaschen, Schläuchen, Glaskolben, Reagenzgläsern und allen ihm verfügbaren Hilfsmitteln. Er konnte nicht nur nachweisen, dass unterschiedliche Mikroorganismen verschiedene Arten von Gärung bewirken, er ahnte – und sagte – zum ersten Mal, dass Krankheiten von Mikroorganismen verursacht werden können.«

»Was versteht man unter Mikroorganismen?«

»Kleinste, meist einzellige Lebewesen, Stefan. Dazu zählt man die Bakterien, die im Wasser, in der Luft und in vielen lebenden Wesen vorkommen. Ihr Durchmesser beträgt kaum einen hundertstel Millimeter. Viele von ihnen sind Krankheitserreger.«

»Aber viele sind doch nützlich!«

»Unersetzlich. Ohne Mikroorganismen kein Leben. Sie bilden Humus und sind für die Verdauung bei Mensch und Tier wichtig. Zur Alkoholerzeugung, zur Bier- und Weingärung braucht man Hefepilze. Aber wir kennen auch Keime, die Krankheiten auslösen. Pasteur gelang es, Bakterien durch Erhitzung abzutöten. Seine Arbeiten über die Gärung und Haltbarmachung waren von größtem Nutzen. Heute gibt es kaum noch Milch, die nicht pasteurisiert wird. Und schließlich bewies Pasteur auch, dass selbst saubere Luft von schwebenden Mikroorganismen, Sporen und anderen Kleinstlebewesen nur so wimmelt, dass man sie aber mit Filtern einfangen kann. Und schließlich kam man durch Pasteur zu dem Schluss, dass es nie eine ›Urzeugung‹ gegeben haben kann.«

»Wie das?«

»Im Altertum hatte man geglaubt, dass Leben durch eine Urzeugung aus leblosem Stoff entstehen könne, wenn die Bedingungen dafür stimmen. So erklärte man sich zum Beispiel die Maden im Fleisch und die Mehlwürmer. Später rückte man davon ab, jedenfalls in Bezug auf Säugetiere und Insekten. Aber lange dachte man noch, dass Mikroorganismen in Nährflüssigkeiten ›von selbst‹ entstehen. Pasteur jedoch bewies, dass sie aus der Luft in die Substanzen gelangen. Heute vertritt man die Ansicht, dass in den riesigen Zeiträumen der geologischen Entwicklung organische Moleküle entstanden, die sich vor Millionen von Jahren aus lebloser Materie zu einfachen Lebewesen entwickelten.«

»Da gefällt mir die Idee, die wir am Anfang unserer Wanderung gehört haben, wonach das Leben frei im Weltraum vagabundiert und von dort auf die Erde gekommen ist, aber besser«, erklärte Berenike.

»Du willst wohl unbedingt an eine höhere, ›himmlische‹ Herkunft des Lebens glauben«, spöttelte Stefan.

»Keine dieser beiden Annahmen kann bewiesen werden, zumindest bis heute nicht. – Doch weiter: Ausgehend von Louis Pasteurs Forschungen entdeckte der Bakteriologe Robert Koch, der 1905, also zwei Jahre nach Madame Curie, den Nobelpreis erhielt, dass man Milzbrandbazillen im Laboratorium züchten kann. Er beschrieb den Bazillus als Ursache der Infektionskrankheit Hautmilzbrand, die meist zum

Tode geführt hatte. Bald darauf entdeckte er das Tuberkulosebakterium und den Choleraerreger. Robert Koch wurde einer der wichtigsten Forscher auf dem Gebiet der Bakteriologie, der erste Forscher, der eine Verbindung zwischen einem Erreger und einer Krankheit nachwies. Aber es wurde in den verschiedensten Bereichen geforscht. Als eine der segensreichsten Maßnahmen erwies sich dabei die des Ungarn Ignaz Semmelweis, der sterile Verhältnisse in der Geburtshilfe einführte, gegen heftigen Widerstand. Mit seiner antiseptischen Methode besiegte er das gefürchtete Kindbettfieber, an dem bis dahin Millionen von Frauen gestorben waren. Heute ist optimale Hygiene in jeder Klinik eine Selbstverständlichkeit, nicht nur bei der Geburtshilfe, sondern vor allem für jede Operation. Dabei hatte sich ein britischer Chirurg, Joseph Lister, die größten Verdienste erworben. Mit der Entwicklung der Vollnarkose und der Lokalanästhesie machte die Chirurgie atemberaubende Fortschritte.«

»Und tut es immer noch«, warf Berenike ein.

»1878 veröffentlichte Pasteur seine Schrift ›Die Lehre von den Mikroben und ihre Bedeutung für Medizin und Chirurgie‹. Paris ehrte ihn – obwohl er von manchen Seiten noch bekämpft wurde – durch die Einrichtung eines Pasteur-Instituts und zu seinem siebzigsten Geburtstag mit einer Feier in der Pariser Sorbonne.«

Jetzt konnte sich Stefan die Bemerkung nicht versagen: »Was für ein weiter Weg von Thomas von Aquin bis hierher. Thomas von Aquin hat auch an der Pariser Universität gelehrt und konnte noch behaupten, dass der Teufel Sex mit Frauen habe, die er zu Hexen mache. Und man glaubte ihm!«

Senex nickte: »Thomas von Aquin zerbrach sich den Kopf über das Wesen und die Gestalt von Engeln. Jetzt beschäftigte man sich mit dem Wesen und der Wirkung von Mikroorganismen. So lassen sich an einer Universität der Wandel der Anschauungen und die Fortschritte des Wissens nachweisen.«

»Daraus sollte man die richtigen Schlüsse ziehen.«

»Und die wären, Stef?«

»Nicht ungeprüft jeden unbeweisbaren Unsinn glauben!«

Berenike schaute von einem zum anderen, sagte aber nichts.

Senex tat, als höre er nichts. Er fuhr fort: »Nun läge es für mich nahe, bei der Wissenschaft zu bleiben. Doch ich bin für Abwechslung. Erinnert ihr euch an Kolumbus?«

Die letzten weißen Flecken

Abenteuergeschichten aus längst vergangener Zeit

Roman nickte: »Aber sicher, Senex. Das war eine schöne Reise nach Barcelona.«

»Gut. Wir werden zwar keine Schiffsreise machen, uns aber noch einmal digitalisieren und verschicken lassen. Hinein mit euch – durch den Telewandler.«

Aus der halb zerfallenen Mauer, die den Hinterhof von der Straße trennte, waren zwar schon viele rote Steine herausgebrochen, aber der unauffällige Rahmen war doch nahtlos eingefügt. Als sie hindurchgegangen waren, erschien ihnen der Wechsel noch krasser als der von ihrer Unterkunft in den Pariser Hinterhof Marie Curies.

Aber bevor Berenike etwas erkennen konnte, spürte sie die große Kälte. Sie zog die Schultern zusammen. Gleich war ein Händler zur Stelle, der ihnen dicke Wollmäntel gab, die bis zu den Füßen reichten. Er brachte auch graue unförmige Filzstiefel mit, in die sie mit ihren Schuhen hineinschlüpfen konnten. Wollschals vervollständigten die Ausrüstung.

»Das ist ja wie am Nordpol«, murmelte Berenike bibbernd.

»Wir sind auch nahe daran«, antwortete Senex. »Ihr seid auf Spitzbergen, der am nördlichsten gelegenen Insel im Nordmeer. Nicht weit entfernt beginnt der Packeisgürtel.

Hinter ihnen erhob sich ein Steingebirge, auf dem sich rinderähnliche Tiere, Yaks, bewegten. Rechts erstreckte sich eine dürre Wiese, auf die Vögel niederstießen.

Vor ihnen lag eine Bucht, auf deren Ufer ein Fesselballon vor einem Holzschuppen befestigt war. Im türkisfarbenen, kristallklaren Wasser trieben kleinere Eisberge, weißer als weiß, blendend und funkelnd.

Der Himmel war durchscheinend, das Licht intensiv. Wolken zogen rasch von Süden herüber.

Ein paar Männer machten sich am Ballon und dem Korb aus Weidengeflecht zu schaffen.

»Wir bleiben in dieser Entfernung«, riet Senex. »Desto besser können wir alles beobachten. Wir schreiben heute den 11. Juli 1897. Vor euch seht ihr den schwedischen Ingenieur Salomon Andrée mit seinen Begleitern. Er hat den Plan entwickelt, sich in einem Fesselballon über den Nordpol treiben zu lassen.«

»Was wollte er dort?«

»Kolumbus entdeckte einen Erdteil, den bis dahin noch kein Europäer betreten hatte. Jetzt wollte man die beiden letzten unbekannten Erdteile, auf die noch nie ein Mensch seinen Fuß gesetzt hatte, entdecken. Nur Tiere lebten dort.«

»Die letzten beiden Erdteile – die Arktis und die Antarktis?«

»Nordpol und Südpol. Um sie zu erforschen, nahmen einige Männer ungeheure Strapazen auf sich, völlig auf sich gestellt, nur mit der sparsamsten Ausrüstung. Viele ließen ihr Leben, sind an Hunger, Erschöpfung, Krankheit oder Frost gestorben. Gegen ihre Leistung wirken die Umkreisung der Erde und die Reise zum Mond wie Ausflüge in Luxuslimousinen mit Klimaanlage. Jetzt, wo unter dem Eis des Nordpols atomgetriebene Unterseeboote kreuzen und Jumbojets darüber hinwegfliegen, klingt das alles wie eine Abenteuergeschichte aus längst vergangener Zeit.«

»Aber warum wollte man unbedingt zu den Polen?«

»Eine Erklärung ist, dass am Nordpol das Jahr nur aus einem Tag und einer Nacht besteht und beide Perioden jeweils sechs Monate dauern. Die Erde dreht sich um die Achse der Pole und unsere Kompassnadeln zeigen unbeirrt zum Nordpol. Konnte man sich da nicht interessante Aufschlüsse erhoffen? Und schließlich, die Pole waren völlig unberührt, welche Geheimnisse mochte das ewige Eis bewahren? Zahllose Männer waren seit dem ersten Jahrtausend nach Christi Geburt schon dorthin aufgebrochen. Wenige kehrten zurück, noch keiner hatte den Pol erreicht. Am ergreifendsten fand ich stets die Geschichte von Andrée und seinen beiden Begleitern, deshalb habe ich euch hierher gebracht. Es ist ihr zweiter Versuch, mit dem Ballon aufzusteigen, im vergangenen Jahr mussten sie vor dem Start aufgeben. In diesem Jahr scheinen die Witterungsverhältnisse günstiger zu sein. Wie ihr seht, treiben die Wolken schnell nach Norden.«

Senex reichte seinen drei Begleitern kleine Ferngläser. Sie sahen unter mehreren Männern einen, der den Himmel lange beobachtete, Wolken und Wind.

Senex fuhr in seinen Erläuterungen fort: »Der runde Ballon war in Paris aus dreifacher, gefirnisster indischer Seide angefertigt und mit einem Netzwerk von Tauen umschnürt worden, die in einem Tragring endeten. Die kleine Gondel aus Weidengeflecht nimmt die drei Luftfahrer auf. Auf der ›Virgo‹ hatte man alles nach Spitzbergen gebracht.«

»Was hat es mit den Seilen auf sich?«, fragte Stefan.

»Sie sind verschieden lang und schleifen auf dem Boden. Sie sollen anzeigen, ob der Ballon in gleichmäßiger Höhe über der Erde schwebt. Die Schlepptaue sind auch Bremsvorrichtungen, die eine primitive Steuerung durch drei Segel, die über der Gondel angebracht werden, ermöglichen. Ohne diese Bremseinrichtung, ohne den Widerstand des Ballons gegen den Wind, ist jede Steuerung unmöglich. – Doch hört: Jetzt fragt Andrée seine beiden Begleiter, den Physiker Strindberg und den Ingenieur Fraenkel, ob sie starten sollen.«

Männer eilten hin und her, der Schuppen wurde abgerissen, der Ballon startklar gemacht. Noch einmal wurde die helle, laute Stimme durch die reine Luft zu ihnen getragen: »Fertig zum Einsteigen?« Dann befahl Andrée: »Alles kappen!« Die Seile, die den Ballon an der Erde hielten, wurden zerschnitten. Der Ballon hob sich. Er stieg in die schimmernde, blauseidene Himmelskuppel.

Wie fühlte sich Berenike in diesem Moment an den Aufstieg der Montgolfiere im Hof von Versailles erinnert!

Der gelbliche Ballon mit lang herabhängenden Tauen in dieser Einsamkeit, über der kristallfunkelnden See mit den Eisbergen, sah aus wie ein Schmuckstück.

Sie hörten die auf der Erde Zurückbleibenden rufen: »Hoch!«

Aus dem Korb am Ballon tönt es zurück: »Schweden soll leben!«

Ruhig trieb der Ballon davon, nach Norden. Schon hatte er die Mitte der kleinen Bucht, wo der Hafen lag, erreicht. Da verlor er plötzlich an Höhe und sank.

Berenike legte erschrocken ihre Hand vor den Mund.

Ein Windstoß mochte den Ballon erfasst und hinabgedrückt haben. Die geflochtene Gondel berührte das Wasser.

»Andrée lässt neun kostbare Säcke Sand-Ballast abwerfen!«, sagte Senex. »Jetzt stellt man auch fest, dass die Schleppseile – der wichtigste Teil der Lenkvorrichtung, auf welcher der Expeditionsplan basiert – sich gelöst hatten. Sie waren mittels Verschraubungen aus mehreren Stücken zusammengesetzt gewesen. Nun wurde aus dem halb gefesselten Ballon mit seiner beschränkten Steuerungsmöglichkeit ein entfesselter Freiballon, ein hilfloser Spielball jeder Windströmung. Das war sein Untergang«

Der Ballon stieg. Bald entschwand er hinter dem Horizont.

»Weder Andrée noch seine beiden Kameraden kehrten zurück, 1930 fand man ihre Leichen im Nordosten Spitzbergens, dazu ein Tagebuch. Der Ballon hatte Gas verloren und musste aufgegeben werden, auf dem Rückmarsch über Land sind die drei nacheinander umgekommen.«

Die Nächte mit Nordlicht sind märchenhaft

»Über die Polarforscher könnte ich lange sprechen, aber ich will nur noch an einen erinnern, der sein Ziel zwar nicht erreicht hat, der aber auch nicht zu Grunde ging. Seine Reise war eine der spektakulärsten und brachte wissenschaftlich die besten Ergebnisse.«

»Wen meinen Sie?«, fragte Roman.

»Ich will euch helfen, seinen Namen zu erraten. Er bekam später für seinen Einsatz zur Rückführung der Gefangenen des Ersten Weltkriegs den Nobelpreis. Ein Pass für heimatlose Flüchtlinge trägt seinen Namen.«

»Keine Ahnung!«

»Fridjof Nansen, der Norweger. Seine Abenteuer erregten die Weltöffentlichkeit.«

»Er hat den Pol doch auch nicht erreicht!«

»Aber seine Idee war großartig. Er hatte die Eisdrift studiert. Deshalb versuchte er sich mit einem eigens dafür gebauten Schiff, der ›Fram‹, zum Nordpol treiben zu lassen.«

»Im Eis?«

»Die ›Fram‹ fror an der nördlichsten Spitze der Alten Welt ein. Nansen entschloss sich, seine Männer im Schiff zurückzulassen, sie durften sich, umgeben von der lautlosen Eiswüste, sicher fühlen. Nansen wollte nur mit einem Gefährten den Fußmarsch über das Eis wagen. Ein Abenteuer, das leicht tödlich enden konnte. Allein die Vorbereitungen dauerten über ein Jahr. Mit drei Schlitten und zwanzig Hunden brachen die beiden schließlich auf. Sie erlebten alles, was man durchleiden kann, die Furcht, sich zu verirren, Hunger, nach und nach mussten sie ihre Schlittenhunde schlachten. Um zu überwintern, bauten sie sich eine Steinhütte, kämpften mit Walrossen und Bären.«

»Hatten sie denn genügend Munition?«

»Das war ihre große Sorge. Die Dunkelheit ohne Ende begann. Selbst dicht bei der Tranlampe stieg die Temperatur niemals über null Grad.«

»Wovon lebten sie?«

»Von Bärenbouillon, gebratenen Bären, Walross- und Hundefleisch. So überstanden sie zwei unendlich lange Jahre. Und doch – die Nächte mit dem Nordlicht waren märchenhaft. Es zeigten sich blassgelbe Bogen, eine Krone aus Licht, Strahlen flammten, der Himmel loderte, bis das Feuerwerk verblasste und nur die Sterne glitzerten.«

»Sie überlebten den Winter?«

»Ende Mai nahmen sie den Kampf mit Schneesturm und Treibeis wieder auf. Oft drohten ihre Kajaks davonzutreiben. Aber eines Tages hörte Nansen einen Hund bellen. Da mussten Menschen sein. Die Irrfahrt durch Eis und Polarnacht war zu Ende. Als Nansen und sein Begleiter im August Hammerfest erreichten, wurden sie von tausenden jubelnd begrüßt.«

»Und die anderen, die Besatzung der ›Fram‹?«

»Sie waren in eisfreies Wasser gekommen. Gemeinsam traten sie die Heimreise nach Norwegen an, die zu einem Triumph wurde.«

»Obwohl Nansen sein Ziel nicht erreicht hatte.«

»Dieser Ruhm gebührt entweder Frederic Albert Cook oder Edwin Peary, die den Pol beide 1908 erreicht haben wollen. 1911 betrat schließlich Roald Amundsen den Südpol. Seit diesem Tag gab es keinen unentdeckten Kontinent mehr.«

Stefan schob wieder einmal seine Brille hoch, warf einen Blicke nach oben und sagte nachdenklich: »Und jetzt erforschen die Menschen die Planeten.«

»Das ist schon aufregend!«, rief Roman. »Ich meine, unser Jahrhundert!«

»Zurück nun durch den Telewandler«, schlug Senex vor. »Ausnahmsweise kehren wir schon heute Mittag in unser Gästehaus zurück.«

Wie leben im Raum-Zeit-Kontinuum

Ein großer Wissenschaftler und ein moralisches Vorbild

Sie traten aus dem Rahmen in ihr Selbstbedienungsrestaurant. Durch die Fenster sahen sie auf Kiefern und Birken – sie waren wieder in Berlin.

Die Ausflüge, vor allem der nach Spitzbergen, hatten ihnen Appetit gemacht.

»Ich denke«, sagte Senex, »wir haben Grund genug, uns an der Gegenwart zu freuen und auch unseren Vorfahren dankbar zu sein.« Da er sich mit einer kleinen Tortilla aus der Mikrowelle begnügte, war er rasch fertig mit Essen. Den Kaffee, auf den er nicht verzichten mochte, trank er im Stehen. Er trat hinter seinen Stuhl und fasste die Rückenlehne. »Mein nächstes Thema ist Albert Einstein. Er wurde 1879 geboren, sein wesentliches Wirken gehört aber in das zwanzigste Jahrhundert und nach Berlin. Zehn Jahre nach dem Ende des Zweiten Weltkriegs starb er in den Vereinigten Staaten. Er war Professor in Zürich und Prag, Leiter des Kaiser-Wilhelm-Instituts für Physik in Berlin und wurde 1933 Professor in Princeton. Geboren ist er als Deutscher, gestorben als amerikanischer Staatsbürger.«

»Da war er wohl nicht der Einzige in diesen schlimmen Jahren, glaube ich jedenfalls.«

»Weil er als Jude galt und vor den Nazis aus Berlin geflohen war?«

»Ja, obwohl er sich selbst gar nicht als Jude fühlte. Aber der Antisemitismus und die einsetzenden Verfolgungen machten ihn aus Loyalität zu einem Verfechter der jüdischen Kultur. Er war ein moralisch durch und durch integerer Mensch, nicht nur ein großer Wissenschaftler, vielleicht der größte in diesem Zeitraum. Ach – da habe ich eben einen Begriff gebraucht, der im Zusammenhang mit Einstein sehr gut passt. Ist er euch aufgefallen?«

Eine Pause folgte, in der die drei über Senex' Worte nachdachten.

»Vielleicht Zeitraum?«, fragte Berenike.

»Das ist es. Die Verknüpfung von Raum und Zeit zum so genannten Raum-Zeit-Kontinuum geht auf Einstein zurück. Er fügte der Dreidimensionalität des Raumes die vierte Dimension hinzu. Die Zeit existiert nicht mehr eigenständig, sie ist mit dem Raum zu einem vierdimensionalen Gebilde, der Raumzeit, verbunden. Beide – Raum und Zeit – können durch Materie und Energie im Universum gekrümmt werden. Seitdem sieht man die Zeit nicht mehr unabhängig vom Universum, sie ist seinem Einfluss unterworfen. Aber ich gestehe, dass es mir unmöglich sein wird, Einsteins Theorien exakt zu erklären. Der Physiker Stephen Hawking meint, dass die Wissenschaftler, die sich in der Relativitätstheorie auskennen, immer noch eine Minderheit sind. Also seid bitte nachsichtig mit mir. Einstein schuf eine neue Raum-Zeit-Lehre, die allerhöchste Anforderungen an die Abstraktionsfähigkeit und an die Einbildungskraft der Physiker stellt, wie Max Planck es ausdrückte. Das trifft nicht nur für seine erste, die spezielle Relativitätstheorie zu, sondern in noch stärkerem Maße auf die spätere allgemeine Relativitätstheorie, mit der er die Massenanziehung, die Gravitation, erklärt.«

»Newton hatte doch schon bewiesen, dass jeder Körper Anziehungskraft besitzt.«

»Jedes massive Objekt sendet eine Kraft aus. Nach Einstein bewirkt es damit aber gleichzeitig auch eine Krümmung der Raumzeit. Durch sie wird die Richtung eines weiteren Objekts geändert. Also sind ›Gravitationsfeld‹ und ›Krümmung‹ dasselbe. Einsteins spezielle Relativitätstheorie enthält dann die Gleichung, mit der für jede Masse oder Energie berechnet werden kann, wie stark die von ihr hervorgerufene Krümmung ist. Seine ersten Aufsehen erregenden Arbeiten publizierte der junge Physiker, der übrigens kein guter Schüler gewesen ist, bereits mit sechsundzwanzig Jahren, und zwar in Zürich. Damals vermutete er schon, dass alle in Atomen auftretenden Energie-Umsetzungen quantenhaften Charakter haben. Sechzehn Jahre später erhielt er den Nobelpreis.«

»Sagen Sie uns ruhig ein bisschen mehr darüber, Senex.«

»Einstein entdeckte die Lichtquanten; damit baute er auf Max Planck auf. Er beschrieb das Licht als ein Bombardement von Teilchen, Photonen, und wies nach, dass die Energie, die aus Metall Elektronen ›herauszureißen‹ vermag, geringer ist, je größer die Wellenlänge eines solchen Teilchens ist. Er sprach von der Doppelnatur des Lichts, das aus Welle und aus Teilchen bestehe.«

»Wieso konnte Einstein auf Max Planck aufbauen? War Planck denn älter?«

»Max Planck wurde 1858 geboren, er war bereits siebenundvierzig Jahre alt, als Einstein die spezielle Relativitätstheorie veröffentlichte. Max Planck hatte die Physik auf völlig neue Grundlagen gestellt und wurde durch das 1900 veröffentlichte Strahlengesetz, auf das sich Albert Einstein stützte, weltberühmt. Plancks Quantentheorie bildet eine der Grundlagen der modernen Physik, er gab das auf Leibniz zurückgehende Kontinuitätsprinzip – das Prinzip der Stetigkeit – auf, das gelautet hatte: ›Die Natur macht keine Sprünge.‹ Von jetzt an rechnete auch die Physik mit sprunghaften Veränderungen.«

»Da konnte man sich wohl auf nichts mehr verlassen? Und was ist mit der speziellen Relativitätstheorie?«

»Einstein erkannte, dass sich das Licht im Vakuum konstant ausbreitet, und zwar unabhängig von der Bewegung der Lichtquelle und der des Beobachters. Das heißt, dass die Lichtgeschwindigkeit stets gleich ist, gleichgültig, an welcher Stelle des Universums sich etwas befindet und wie es sich bewegt. Anders ausgedrückt: Auch die Lichtgeschwindigkeit ist eine Konstante, die von der Geschwindigkeit des Beobachters, der sie misst, nicht beeinflusst wird. Er stellte auch fest, dass es nichts gibt, was schneller sein könnte als das Licht, was nach neuesten Erkenntnissen allerdings nicht mehr als völlig sicher angesehen wird. Einstein selber hat über seine Forschungen gesagt, dass ihn während seines einjährigen Aufenthalts an der Aarauer Kantonsschule zwei Fragen beschäftigt hätten, deren Beantwortung ihn viele Jahre harter Arbeit kosten sollte.«

»Was für Fragen?«

»Die erste lautet: Was würde geschehen, wenn ich hinter einem Lichtstrahl hereilen und ihn schließlich einholen würde? Daraus entwickelte er die spezielle Relativitätstheorie.«

»Und die zweite Frage?«

»Wie würden sich physikalische Vorgänge in einem frei fallenden Aufzug verhalten?«

»Wie kommt man nur auf solche Gedanken?«, grübelte Roman.

»Einstein war ein genialer Kopf, den die Welträtsel nicht ruhen ließen. Sechzehn Jahre Gedankenarbeit brauchte er, bis er seine Antwort in der allgemeinen Relativitätstheorie vorlegte.«

»Da wissen wir so viel wie vorher, Senex.«

»Ich würde zu viele Fehler machen, wollte ich versuchen, euch alles in Kürze zu erklären. Es hat sich schon mehr als einer die Zähne daran ausgebissen, Einsteins Theorien verständlich zu machen.«

»Ein oder zwei Sätze!«

»Aber mit allem Vorbehalt.«

Ein neues physikalisches Weltbild

Senex senkte den Kopf und dachte nach: »Einstein konnte in der speziellen Relativitätstheorie nachweisen, dass sowohl Zeitabläufe wie auch räumliche Dimensionen nicht konstant sind, sondern von dem Bewegungszustand eines Systems – oder Körpers – abhängen. Besonders wichtig ist, dass sich Masse in Energie und Energie in Masse umwandeln lässt. Nach Einstein gibt es keinen grundlegenden Unterschied zwischen Masse und Energie. Er sagt, dass die Masse eines Teilchens eine eingefrorene Energie ist und dass die Masse eines Körpers mit seiner Geschwindigkeit zunimmt. Ein Körper, der sich mit Lichtgeschwindigkeit bewegt, bekommt eine unendliche Masse. Seine berühmte Formel lautete: Energie ist gleich Masse mal Quadrat der Lichtgeschwindigkeit. Oder, als Formel: $E = mc^2$. Zehn Jahre später veröffentlichte Einstein die noch umfassendere allgemeine Relativitätstheorie. Damit schuf er ein neues physikalisches Weltbild. Mit Einstein ist die Wissenschaft zum ersten Mal über Newtons Lehre von der Bewegung der Himmelskörper hinausgegangen. Er überwand auch die Geometrie Euklids.«

»Das ist mir zu allgemein.«

»Einstein hat die Begriffe Raum und Zeit relativiert und gleichzeitig objektiviert, was uns als Widerspruch erscheint. Er hat eine Entscheidung über den Raum- und Zeitbegriff herbeigeführt. Aber nein, ich beschränke mich doch lieber auf das, was andere Leute über seine Arbeiten gesagt haben. Man hat seine Theorien als die Krone des naturwissenschaftlichen Weltbilds bezeichnet. Max Planck sagte, dass sich die Bedeutung von Einsteins Theorie sowohl auf die Vorgänge der großen wie auch auf die der kleinen Natur erstrecke, angefangen bei den Wellen und Korpuskeln, also den kleinen Teilchen der Materie, der ausstrahlenden Atome, bis hinauf zu den Bewegungen der Millionen von Lichtjahre entfernten Himmelskörper.

»Hat Einstein nicht bei der Entwicklung der Atombombe mitgeholfen?«

»Ja, Berenike, zunächst einmal, indem er nachwies, dass eine sehr kleine Masse in eine gewaltige Energie umgewandelt werden kann. Dann befürwortete er auch den Bau der amerikanischen Atombombe, weil er überzeugt davon war, dass im Deutschland Adolf Hitlers daran gearbeitet wurde, und dem wollten er – und andere Wissenschaftler – zuvorkommen. Niemand kam auf die Idee, dass man in Nazi-Deutschland, wo es so viele maßgebende Wissenschaftler gab, nicht fieberhaft daran arbeitete. Aber Einstein war überzeugter Pazifist und seit 1941 amerikanischer Staatsbürger. Als Gegner Hitlers fühlte sich Einstein zwar dazu verpflichtet, für den Bau von Atomwaffen durch die USA einzutreten. Aber, schockiert über deren Wirkung, engagierte er sich ab 1946 für die Verhütung jedes Atomkriegs. Jakob Robert Oppenheimer, den man auch den ›Vater der Atombombe‹ nennt, sagte, dass die Physiker jetzt die Sünde kennen gelernt hätten und dass sie dieses Wissen nie mehr verlassen würde. Einstein verfasste einen leidenschaftlichen Aufruf: ›Es muss unsere feierlichste und vornehmste Pflicht sein, nach besten Kräften zu verhindern, dass diese Waffen zu den brutalen Zwecken gebraucht werden, für die man sie erfand.‹ Er meinte, es würde zu einer beispiellosen Katastrophe kommen, wenn der Mensch nicht neu zu denken lerne. Er drückte das so aus: ›Wir müssen unser Denken revolutionieren, unser Tun revolutionieren und den Mut haben, auch die Beziehungen unter den Völkern zu revolutionieren.‹ Er kannte die Schrift von Immanuel Kant, die den Frieden zur moralischen Kategorie erklärt hatte. Einstein war überhaupt beeinflusst von Kants Philosophie und schrieb ihr eine suggestive Wirkung zu. Sosehr er Kant schätzte, so sehr lehnte er andererseits Hegel ab, dessen Philosophie er das Gefasel eines Trunkenen nannte. Ähnlich urteilte er auch über Aristoteles, indem er dessen Schriften als ›enttäuschend, dunkel und konfus‹ bezeichnete. Wenn sie das nicht gewesen wären, hätten sie sich nicht so lange halten können, meinte er, denn die meisten Menschen hätten einen heiligen Respekt vor Worten, die sie nicht begreifen, und betrachteten es als ein Zeichen von Oberflächlichkeit eines Autors, wenn er verständlich sei. In seinem Denken war er erkenntnistheoretisch orientiert, was nicht erstaunt, denn seine Relativitätstheorie übertrifft, um mit Max Planck zu sprechen, ›wohl alles, was bisher in der spekulativen Naturforschung, ja in der philosophischen Erkenntnistheorie geleistet wurde‹.«

»Dann war Einstein nicht nur Physiker, sondern auch Philosoph?«, fragte Stefan.

»Und ein künstlerischer Mensch. Er spielte so gut Geige, dass er in Prag einmal öffentlich auftreten konnte, er sagte auch, das Schönste, was wir erleben können, sei das Geheimnisvolle. Es sei das Grundgefühl, das an der Wiege von wahrer Kunst und Wissenschaft stehe. Wer es nicht kenne und sich nicht mehr wundern, nicht mehr staunen könne, der sei wie tot und sein Auge erloschen.«

»Das würde kein knochentrockener Wissenschaftler sagen.«

»Dieser große Mann war äußerst bescheiden. Auf sein Äußeres legte er überhaupt keinen Wert. Er pflegte das Katheder bei Universitätsvorlesungen in abgetragenen Kleidern, mit zu kurzen Hosen und eiserner Uhrkette zu betreten.«

»Konnte er denn, mit solch tiefen Einblicken in die Urkräfte des Universums, noch an eine göttliche Schöpfung glauben?«

»Er war, nach seinen eigenen Worten, erfüllt von dem wunderbaren Anblick des Bauwerks Natur, das für ihn ein Werk der Vernunft darstellte, auf dem Gipfel des für uns Erkennbaren. Nach seiner Überzeugung waltet im Weltenraum die Vernunft…«

»Man hört die Aufklärung!«

»… und in der Natur die Harmonie, Stefan. Er fährt damit fort, dass das, was er an diesem Bauwerk Natur zu erkennen glaube, sich ausdrücke in dem Gefühl kosmischer Religiosität.«

»Was meinte er damit?

»Ein Gefühl, wie es Liebende kennen und wie es schöpferische Menschen zu allen Zeiten erfüllt hat. Er schreibt von der Welt, diesem großen ewigen Rätsel, das unserem Schauen und Denken wenigstens teilweise zugänglich sei. In sein Geheimnis einzudringen wirke als Befreiung. Der Weg sei die Erkenntnis, das Mittel die wissenschaftliche Forschung, das Ziel der erlöste wissenschaftliche Mensch und seine ›Wahrheit‹.«

»Schöner kann man es kaum sagen, glaube ich.« Man konnte Roman ansehen, wie es in ihm arbeitete.

»Auch ich kann mich damit identifizieren«, erklärte Stefan.

Berenike schwieg, aber in ihrem Blick las er, wie bewegt sie war.

Sozialismus – Kommunismus Faschismus

Die Massen stürmen das Winterpalais

Sogar vom Restaurant aus sah man, dass die Sonne über den höchsten Punkt hinausgestiegen war. Alle vier hatten neue Energie getankt.

»Ich entführe euch wieder.« Senex deutete auf den Telewandler in der Wand.

Keiner zögerte.

Sie traten hinaus, mitten in eine brodelnde Menge. Es war kalt, feucht und dämmrig. Der Platz war voller dunkel gekleideter Männer. Befehle gellten, Marschtritte dröhnten, Soldaten rannten durcheinander, Schüsse peitschten. Auffällig aber war die Pracht der Gebäude, vor denen sich alles abspielte. Das gegenüber liegende Ende des weiträumigen Platzes wurde von einem riesigen Gebäude abgeschlossen, das jedoch nur undeutlich zu erkennen war.

»Wir sind im heutigen Sankt Petersburg, dem damaligen Petrograd«, erklärte Senex. »Heute ist der 25. Oktober oder der 7. November, je nachdem, ob nach russischem oder europäischem Kalender. Wir schreiben das Jahr 1917 und es ist Abend, wie ihr an der Beleuchtung erkennt. Das ist der schönste Platz Russlands und einer der schönsten der Welt, der Schlossplatz. Dort drüben seht ihr das Winterpalais. Der italienische Architekt Rastrelli hat es Mitte des achtzehnten Jahrhunderts für die Zarin Elisabeth I. erbaut. Obwohl wir mitten in einer Revolution sind, solltet ihr einen Blick darauf werfen. Dort drüben haben die Zaren residiert. An den weißen Säulen vor der hellblauen Fassade, die mit Statuen und Stuck geschmückt ist, und an den goldenen Friesen erkennt ihr die Mischung: Barock und Rokoko. Rastrelli schuf viele der prachtvollen, üppig verzierten Bauten, deren Stil man auch als ›Petersburger Barock‹ bezeichnet. In der Mitte des Platzes erhebt sich die Alexandersäule mit dem Engel, die höchste der Welt. Sie wurde nach dem Sieg über Napoleon errichtet. Hinter uns, im Halbrund geschwungen, mit dem gewaltigen Triumphbogen in der Mitte – er sollte ebenfalls an den Sieg über Napoleon erinnern –, schließt das Generalstabsgebäude den Platz ab. Aber genug, bald wird es dunkel sein. Zurück in die vergangene Gegenwart. Im Winterpalais hat sich die derzeitige Regierung des Ministerpräsidenten Kerenski verschanzt. Sie wird von einem Frauenbataillon verteidigt, Berenike. Kerenski setzt sich gegen die Bolschewisten zur Wehr, die, befehligt von Leo Trotzki, heute Morgen um zwei Uhr früh mit den ›Roten Garden‹, Matrosen und Soldaten, in Petrograd eingedrungen sind. Sie haben alle strategisch wichtigen Punkte, wie die Telefon- und Telegrafenzentralen, die Ministerien, die Staatsbanken und die Bahnhöfe, besetzt, das Winterpalais aber aus Rücksicht auf das Frauenbataillon bisher nicht angegriffen.«

In diesem Augenblick dröhnten Kanonengeschosse. Die Truppen auf dem Platz brachen in Jubel aus. Sie feuerten in die Luft und drohten mit hochgereckten Gewehren zum Winterpalais hinüber.

»Der Kreuzer ›Aurora‹ hat die Signalschüsse abgefeuert. Das Winterpalais liegt mit seiner Rückfront an der Newa, dem breiten Strom, der in die Ostsee mündet. Am gegenüberliegenden Ufer drohen die Geschütze der Peter-Paul-Festung. Die Lage der Eingeschlossenen ist äußerst kritisch. Kerenski ist deshalb auch bereits geflohen. Wie gesagt, heißt die Stadt gegenwärtig Petrograd, 1924 wird sie den Namen des gestern in das Zentralkomitee gewählten späteren Führers der Sowjetunion tragen.«

»Leningrad!«

»Seit dem Zerfall der Sowjetunion, nach 1991, heißt sie wieder Sankt Petersburg. Lenin teilt damit das Schicksal von Marx, nach dem zunächst ja auch in kommunistisch-sozialistischer Euphorie Städte, Straßen und Plätze benannt wurden – nun, davon sprachen wir ja schon. Jetzt, nach diesen Schüssen des Kriegsschiffs, werden die Roten Garden angreifen.«

Die Soldaten und Matrosen formierten sich. Wieder schallten Befehle, knatterten Gewehre, einige Formationen setzten sich zum Sturm auf das Winterpalais in Marsch.

»Sie werden das Palais rasch erobern. Es wird Tote geben, doch glücklicherweise verhältnismäßig wenige. Wir ersparen uns den Anblick der Kämpfe. Ich wollte euch nur einen Eindruck des Ortes und der Situation vermitteln. Kommt mit, durch den Triumphbogen des Generalstabs. Würden wir hier noch weitergehen, kämen wir auf die Hauptstraße, den Newskij-Prospekt. Doch wir ziehen uns gleich links ins Literaturcafé zurück, Haus Nummer achtzehn. Es ist ein beliebter Treffpunkt der Künstler, Roman. Nur heute sind die Leute begreiflicherweise zu Hause geblieben. Aber Puschkin war da, auch Tschaikowski – und viele andere. Wir können uns hier gut über die kommunistische Utopie unterhalten.«

Das Gebäude prunkte mit kalter Pracht, auch im Inneren. Aber elektrische Lampen mit gläsernen Schirmen in Blütenform erzeugten ein romantisches Licht. Berenike empfand die Wärme als angenehm.

Senex und das Trio setzten sich an einen Tisch beim Fenster, ein Kellner brachte dunklen Tee aus dem Samowar.

»Wir haben«, sagte Senex, »wieder einen Sprung rückwärts gemacht. Kein Mensch könnte all die Entwicklungen aufzeigen, die im neunzehnten und zwanzigsten Jahrhundert ihren Anfang nahmen, und schon gar nicht in richtiger Reihenfolge, denn die Abläufe überschneiden sich ja dauernd. Und alles geht weiter, alles ist nur ein Übergang, technisch, soziologisch, politisch, kulturell. Nun, ich will von dem Mann sprechen, der erst Anfang dieses Jahres 1917 in die Sowjetunion zurückgebracht wurde, mit deutscher Hilfe, um gegen Ende des Ersten Weltkrieges einen Waffenstillstand zu erreichen. Damit betrat er die Bühne der Weltgeschichte. Oder – im Grunde will ich doch eher von der Utopie sprechen, die auch mit seinem Namen in Verbindung gebracht wird. Es ist Wladimir Iljitsch Lenin und die Utopie ist der Kommunismus.«

»Sie meinen den Marxismus-Leninismus?«

»Eine Ausprägung des Kommunismus.«

Die große Vision von Freiheit und Gleichheit

»Lenin«, sagte Senex, »wurde in der zweiten Hälfte des neunzehnten Jahrhunderts geboren, 1870, aber seine revolutionäre Wirkung entfaltete er erst im zwanzigsten, als er schon über vierzig Jahre alt war. Mit ihm erreichte die kommunistische Utopie ihren Höhepunkt, auf dem sie sich einige Jahrzehnte hielt, bis die große Vision von Freiheit und Gleichheit zerbrach. Lasst mich zurückblicken: Auf die Aufklärung folgte die Französische Revolution. Durch Darwin und Freud wurde der Glaube an die Bibel zusätzlich erschüttert. Parallel dazu hatte die stürmische Industrialisierung den Kontinent gründlich verändert, in ihrer Folge wuchs das Proletariat, das von Karl Marx sein geistiges Rüstzeug für den Kampf um bessere Lebensbedingungen erhielt.«

»Und daraus resultierten die Oktoberrevolution und die Gründung der Sowjetunion?«

»Auch jetzt will ich nicht die historischen Ereignisse aufzählen. Ich möchte nur sagen, dass in der Sowjetunion eine Entwicklung auf die Spitze getrieben wurde, deren Wurzeln mehr als zwei Jahrhunderte zurückliegen, die aus vielen Quellen gespeist wurde und mächtig gewachsen war – und vorläufig noch weiter wuchs.«

»Sie sprechen von Utopie?«

»Vielleicht hat es nie eine mächtigere gegeben, Roman, eine Utopie für die Verhältnisse auf der Erde. Das Jenseits war dabei, anders als in den religiösen Utopien, völlig ausgeklammert. Karl Marx war Atheist, Lenin war Atheist, der Marxismus-Leninismus war atheistisch, die Sowjetunion war es ihrem Wesen nach ebenso, wenn sich auch der orthodoxe Glaube erhielt. Umso überzeugter war man von der baldigen Verwirklichung eines vollkommenen Zustands auf der Erde, keineswegs nur in Russland.«

»Es waren doch auch viele Intellektuelle unter den Kommunisten.«

»Eine Zeit lang jeder, der Anspruch auf moralische Integrität erhob. Umso größer war später die Enttäuschung bei den Schriftstellern, Künstlern und Philosophen. Die Idee von der klassenlosen Gesellschaft, vom Ende der Geschichte, die von Marx als ein einziger Klassenkampf gedeutet worden war, die Hoffnung auf ein Ende aller Konflikte, auf ewigen Frieden, Glück und Wohlbefinden beflügelte die besten und idealistischsten Köpfe. Ich sehe in der russischen Revolution viel weniger eine Militäraktion als vielmehr das wichtigste intellektuelle Ereignis unseres Jahrhunderts, getragen von der Überzeugung an die endgültige und vollkommene Verbesserung aller Verhältnisse.«

»Worauf gründete sich diese Hoffnung?«

»Man träumte von einer Gesellschaft, in der das Privateigentum abgeschafft, die Produktionsmittel in Gemeineigentum überführt, der Konsum auf der Grundlage gemeinschaftlicher Lebensführung und umfassender Gütergemeinschaft geregelt und die materiellen und kulturellen Bedürfnisse aller Menschen gleichmäßig befriedigt werden würden. Außerdem sollten sich die Nationen im Kommunismus so weit annähern, dass sie schließlich zu einer Weltgemeinschaft ohne materielle und geistige Not, ohne Krisen und Kriege verschmelzen konnten. Das und die Idee von einem Staat, in dem es keine Herrscher mehr gibt, auch keine wirtschaftlichen, nur Gleichheit und Gerechtigkeit, war für die Intellektuellen das Faszinierendste am Kommunismus.«

»Aber diese Idee ist doch noch nicht gestorben!«

»Möglich, Berenike. Einige Leute glauben auch heute noch mit Karl Marx, dass die Menschheit in der Lage sein wird, eine Gesellschaft ohne Unterdrückung, Ausbeutung und Krieg aufzubauen.«

»Was ist denn der wesentliche Unterschied zwischen Sozialismus und Kommunismus?«

»Zunächst gab es keine klare Abgrenzung, Stefan. Beide entstanden im Wesentlichen im achtzehnten und neunzehnten Jahrhundert als Reaktion auf den Kapitalismus und die Ungerechtigkeiten im Zuge der Industrialisierung. Aber nach und nach änderte sich ihr Charakter. Während die Kommunisten die ›Diktatur des Proletariats‹ auf ihre Fahnen schrieben, akzeptierten die Sozialisten in der Regel die Demokratie und einen politischen Pluralismus. In Europa begannen die sozialdemokratischen Bewegungen ihren Vormarsch, gewannen liberale Strömungen und der Parlamentarismus die Oberhand.«

»Es war doch ein langer Weg bis dahin!«

»Am Anfang steht in meinen Augen Platons ›Politeia‹, auch das Urchristentum würde ich nennen. Im sechzehnten und siebzehnten Jahrhundert träumte nicht nur Thomas Morus von kommunistisch organisierten Staaten. Im neunzehnten Jahrhundert wurden Bilder von eigentumslosen Gesellschaften entworfen, die nicht mehr regiert, sondern nur noch verwaltet werden sollten. Für Karl Marx begann die Geschichte erst mit dem Kommunismus. Er und Friedrich Engels erwarteten vom Kommunismus die vollkommene Selbstverwirklichung des Menschen. Sie meinten, wenn man das Eigentum an den Produktionsmitteln abschaffte, würden Ausbeutung und Klassengegensätze unmöglich und die politische Ordnung überflüssig. Wenn die Produktionsmittel auf die Arbeiter übergehen würden, müssten die Maschinen alles zum Guten verändern. Der Kommunismus wollte eine Gesellschaft ohne Klassen, ohne wesentliche Unterschiede zwischen Stadt und Land, zwischen körperlicher und geistiger Arbeit, eine Gesellschaft des Wohlstands, in der das Prinzip herrscht: Jeder nach seinen Fähigkeiten, jedem nach seinen Bedürfnissen.«

»Das klingt doch alles wunderbar! Warum ist das gescheitert?«

»Die russische Revolution scheiterte aus vielen Gründen. Russland war kein Industriestaat, sondern ein rückständiges Agrarland und ein Vielvölkergebilde. Ich will hier aber einmal nicht von der sowjetischen Gewaltherrschaft sprechen, von Tyrannei und Unterdrückung. Meiner Meinung nach krankt die kommunistische Idee grundsätzlich an einem Mangel an Psychologie. Der Mensch will Eigentum, er will seinen eigenen Herrschaftsbereich, er ist auch nur durch die Aussicht auf Besitz und die Verbesserung seiner Verhältnisse zu motivieren. Er braucht den Lebenskampf, für den er von der Natur geschaffen und ausgerüstet wurde. Was ihm nicht gehört, lässt er verkommen, was ihm ohne Mühe angeboten wird, beutet er aus. Im Leben wird nie etwas funktionieren, wenn es nicht auch den eigenen Interessen dient. Die Folge ist, dass alles verfällt, dass schließlich nichts mehr funktioniert, wie in der Planwirtschaft. Daran scheiterte der Kommunismus, denn er konnte nur mit Zwang, Unterdrückung und Gewalt regieren. Man schätzt, dass während der Zeit des Kommunismus zwischen fünfundsechzig und einhundert Millionen Menschen getötet worden sind.«

»Eine unfassbare Zahl!«

»Die zur Zeit des Erfolgs freilich niemand kannte!«

»Der Kommunismus ist also moralisch und geistig misslungen.«

»Er war eben nicht eine ›Diktatur des Proletariats‹, sondern eine Diktatur von Männern«, sagte Berenike mit Bestimmtheit.

»Die Oktoberrevolution begründete das bolschewistische Regime in Russland, getragen von Trotzki, Lenin, vor allem von Stalin, und vielen Nachfolgern, über Chruschtschow, Breschnew zu Gorbatschow. Aber man muss zugeben, dass viele Frauen überzeugte Kommunistinnen waren und wichtige Rollen spielten.«

»Warum bolschewistisch, warum nicht kommunistisch?«

»Bolschewismus bezeichnet die Theorie und Praxis des Kommunismus sowjetischer Prägung, Berenike.«

»Und sowjetisch?«

»›Sowjet‹ ist das russische Wort für ›Rat‹, es meinte ursprünglich den Arbeiter- und Soldatenrat. ›Sowjet‹ wurde dann zur Bezeichnung für alle Organe des Sowjetstaates. Mit der Revolution entstand die erste Gesellschaftsordnung, der erste Staat, in dem der Kommunismus in der leninistischen Ausprägung an die Macht kam. Lenin sagte in revolutionärem Pathos: ›Wir entreißen den Kapitalisten all ihr Brot und all ihre Stiefel. Wir lassen ihnen nur die Brotrinde und ziehen ihnen Bastschuhe an.‹ Aber der große russische Dichter Maxim Gorki hat die Wahrheit rasch erkannt. Er sagte: ›Lenin und seine Mitstreiter sind zu jedem Verbrechen fähig.‹ Und er schloss: ›Lenin ist kein allmächtiger Wundertäter, sondern ein kaltblütiger Taschenspieler, dem weder die Ehre noch das Leben des Proletariats etwas bedeuten.‹«

»Das ist deutlich. Und doch hat der Kommunismus zuerst so viele Menschen begeistert. Wenn er in Russland und im gesamten Ostblock schließlich doch gescheitert ist, so muss die Enttäuschung der Idealisten, die an ihn geglaubt haben, sehr groß gewesen sein.«

»Sie ist wohl noch nicht überwunden, Roman.«

Senex sah aus, als müsse er einen inneren Widerstand überwinden. Schließlich sagte er. »So weit der Ausflug in die kommunistische Utopie. Wir kehren jetzt noch einmal nach Berlin zurück.«

»Wie, ist Ihr digitaler Zauberrahmen auch hier?«

»Der Telewandler? Gleich hinter dir. Da ein Vorhang aus rotem Filz davor hängt, hast du ihn nur nicht bemerkt.«

Einer der unbelehrbarsten Fanatiker der Geschichte

Sie traten auf ein helles, in Licht getauchtes Feld, auf dem ein wuchtiges dreimotoriges Propellerflugzeug stand, dessen mittlerer Propeller hoch über den Boden ragte. Auffällig war die grau-silberne, aber doch eher schmutzige Wellblechverkleidung des Rumpfes und der Flügel.

»Dies ist ein Privatflugplatz am Rande Berlins«, sagte Senex. »Es ist Anfang August 1936. Steigt ein!«

»Eine Ju 52. Die gute alte Tante Ju«, sagte Roman. »Ich hätte nie gedacht, dass ich einmal mit ihr fliegen würde.«

»Nun, wenn du sie kennst, weißt du, dass die Ju 52 eines der zuverlässigsten Flugzeuge der Welt ist.«

Sie kletterten die steile Treppe hoch und kamen in den spartanisch eingerichteten Innenraum, der Platz für zwanzig Personen bot. Kaum hatten sie sich auf den Sitzen niedergelassen, als die Motoren angelassen wurden, die Propeller sich nacheinander in Bewegung setzten und die Maschine auf das Feld rollte.

Nach einigen unangenehmen Stößen waren sie in der Luft, nicht so ruhig und komfortabel wie in einem modernen Jet, aber dafür kamen sie sich auch wie in der Pionierzeit des Fliegens vor. Senex forderte sie auf, aus dem Fenster zu schauen. Sie überflogen den Funkturm von Berlin und in geringer Höhe das Häusermeer, den Kurfürstendamm, den Tiergarten mit der Siegessäule, auf deren Spitze die goldene Viktoria-Statue leuchtete, die Gedächtniskirche, die Verästelungen der Stadtbahngleise, den Alexanderplatz.

Die Straßen waren voller Autos, zweigeschossiger Omnibusse, Straßenbahnen, Motorrädern, auch Pferdewagen, die Bürgersteige voller Menschen. Überall hingen Fahnen, überwiegend lange rote Tücher mit einem weißen Kreis und dem schwarzen Hakenkreuz in der Mitte, aber viele Straßen waren auch mit zusammengebundenen kleineren Fahnen zahlreicher Staaten der Erde geschmückt. Sie wirkten wie Blumensträuße.

»Prägt es euch gut ein.« Senex kämpfte gegen den Propellerlärm an und doch konnten die drei einen gedrückten Unterton heraushören.

Nun flogen sie über eine andere breite, mit Fahnen besonders reich dekorierte Allee, über Hallen und Sportfelder, eine in den Abhang am Wald eingebaute Freilichtbühne, dem Dionysostheater in Athen nachempfunden, ein weites Feld, darauf ein marmorweißes ovales Stadion. Die Ränge waren dunkel vor Menschen, in der Mitte einer der beiden Längsseiten ragte ein Balkon vor, auf dem ein Mann in brauner Uniform stand und immer wieder mit herrischer Bewegung den rechten Arm hob, ausstreckte und danach erneut anwinkelte. Unter ihm, auf den roten Sandbahnen, bewegten sich Gruppen von hell gekleideten jungen Leuten, die in das Stadion einmarschierten, jeweils eine Fahne vorantragend. Viele reckten ihrerseits den rechten Arm, wenn sie an dem Balkon vorbeikamen.

Die Rasenfläche in der Mitte des Stadions war schon fast gefüllt. Dort hatten sich die Sportler gesammelt.

Über dem Eingang des Stadions, zwischen zwei Türmen, ruhte eine Metallschale, ein wenig versetzt davor die fünf olympischen Ringe.

Der Einmarsch der Mannschaften war beendet.

»Die Olympischen Spiele«, rief Berenike Senex zu. Obwohl sie neben ihm saß, musste sie sich zu ihm vorbeugen, um sich gegen den Fluglärm verständlich zu machen.

Er nickte.

In der Mitte des Stadions hatten die Formationen der Athleten Aufstellung genommen. Vor jeder Abteilung stand der Träger mit der Landesfahne. Es war ein Bild der Gemeinschaft, des Friedens und der Verständigung, mehr noch – der Freundschaft. So jedenfalls konnte es scheinen.

Die Ju 52 kurvte mehrmals darüber hinweg, bis eine kleinere Gruppe einzelner Läufer, deren erster eine Fackel mit brennender Flamme trug, über das Vorfeld lief und in das Tor einbog. Als sie auf der anderen Seite im Stadion wieder herauskam, brandete ihr Begeisterung entgegen, die Sportler umrundeten die Arena, vom stehenden Publikum bejubelt. Wieder am Tor angelangt, lief der Erste energisch die Stufen zur Bronzeschale empor, reckte die Fackel den Zuschauern entgegen und tauchte ihre Flamme dann in die Schale. Das olympische Feuer loderte.

Die drei konnten in der Maschine weder die Musik noch die Glocken noch die Fanfaren und den Beifall hören, aber sie konnten die Erregung der Massen mit allen Sinnen spüren, wie eine Vibration.

»Ihr erinnert euch an unseren Besuch in Olympia?«, rief Senex. »Das ist aus der olympischen Idee geworden: ein verabscheuungswürdiges Betrugsmanöver. Der Vorgang ist nicht ohne Symbolgehalt, auch die Entzündung der olympischen Flamme ist es nicht, denn so wird Hitler in drei Jahren die Welt in Brand setzen. Er benutzt die Olympischen Spiele dazu, der Welt ein friedliebendes, tolerantes, aufblühendes Nazi-Deutschland vorzugaukeln, während er, nur drei Jahre nachdem er 1933 die Macht an sich gerissen hatte, den Krieg vorbereitet. – Wir aber fliegen jetzt weiter – weiter im Raum, weiter auch in der Zeit.«

Der Hass auf Minderheiten besteht noch heute

Nebel kam auf, er nahm jede Sicht. »Taifun über Europa, Orkan über der Welt«, murmelte Senex.

Sie flogen wie in substanzloser Watte.

Plötzlich war der Dunst wie weggeblasen. Da sahen sie die Stadt wieder unter sich. Aber das war nicht mehr das lebensvolle, freudige Berlin. Der festlich geschmückte, turbulente Ort war versunken, verwandelt in eine apokalyptische Trümmerlandschaft, in ein rot-braunes Totenfeld, in kilometerlange Ruinen, zerborstene Wände, Kamine, Häuserreste, zerfallende Mauern, Schächte aus Backsteinen, rauchenden Schutt …

»Das war Hitlers Werk. Der olympische Friede – das wurde daraus!«

Senex schwieg, auch von den dreien sagte keiner ein Wort. Der beklemmende Eindruck war zu stark. Auch sank die Maschine jetzt rasch, der Rasen kam näher, sie spürten die Stöße, das Holpern, Rumpeln. Die Maschine rollte aus. Als sie stand, wurden die Motoren abgestellt. Die Propeller drehten sich nicht mehr, Stille kehrte ein.

»Wir steigen aus!« Senex und das Trio kletterten aus der Maschine. Die drei jungen Leute waren blass.

Senex führte sie in ein niedriges hellgraues Gebäude am Flugfeld. Als sie es betraten, waren sie wieder im Selbstbedienungsrestaurant ihres Gästehauses.

Sie nahmen Platz.

»Ihr habt sicher gemerkt, wie ich vorhin gezögert habe«, sagte Senex. »Mein nächstes Thema widerstrebt mir. Es ist zu bedrückend. Aber wir können es unmöglich übergehen. Das hat der Mann, den ihr eben auf dem Balkon gesehen habt, immerhin erreicht: Niemand kann vom zwanzigsten Jahrhundert sprechen, ohne ihn zu erwähnen.«

Senex machte eine Pause. »Wir haben es mit einem Phänomen zu tun, das zur menschlichen Entwicklungsgeschichte gehört, obwohl es wahrhaftig kein Ruhmesblatt darstellt, sondern das krasse Gegenteil. Gegen Hitler erscheinen mir Männer wie Alexander der Große, Napoleon, Bismarck – mit denen er auch verglichen wurde – human. Lenin, Stalin und Mao Tse-tung habe ich nicht genannt, denn da wären einige Vorbehalte anzumelden. Aber sogar Robespierre wirkt neben dem selbst ernannten ›Führer‹ fast wie ein Edelmann, obwohl ich einschränkend sagen muss, dass Robespierres Blutdurst durch weniger umfassende technische Möglichkeiten begrenzt wurde. Selbst dutzende von Guillotinen sind eben noch keine Bomben, Granaten oder Gaskammern. Hitler hatte all diese Mittel. Das deutsche Volk hatte sie ihm gegeben.«

»Aber doch nicht zu diesen entsetzlichen Zwecken!«

»Wohl wahr, Berenike. Hitler hat alle Welt belogen, auch seine Parteigenossen, viel mehr noch die Deutschen und andere Völker. Er hat im größten Blutbad der bisherigen Geschichte mehr Menschenleben vernichtet als irgendein anderer vor ihm. Anfangs wurde er auf einer Welle der Begeisterung getragen, am Schluss folgte man ihm nur noch heimlich murrend, apathisch, demoralisiert, verängstigt ins eigene Verderben – bis auf jene wenigen Fanatiker, die auch dann noch, bis ans grausame Ende, Erfüllungsgehilfen des unbelehrbarsten und primitivsten Fanatikers geblieben sind.«

»Warum müssen Sie ihn erwähnen, Senex?«

»Ich werde nicht in Einzelheiten gehen. Ich muss aber zeigen, dass die Jahrtausende menschlicher Reifung, beginnend mit der Steinzeit, über die großen Kulturen der Antike bis in unsere Tage, trotz Religion, Philosophie, Wissenschaft und Kunst es nicht verhindern konnten, dass ein solches Ungeheuer emporzusteigen vermochte.«

»Sie haben vom Fanatismus gesprochen«, warf Stefan ein. »Ich denke doch, dass verbrecherische Regime meist weniger von Kriminellen geführt werden als von Fanatikern.«

»Hitler war nicht nur ein gewöhnlicher Verbrecher, das wäre noch zu wenig, er war ein Massenmörder. Er huldigte einer Weltanschauung, deren Mittel Krieg und Mord waren und die von keiner anderen an Primitivität und Brutalität übertroffen wurde. Bis zu Hitlers Machtergreifung hatten die Deutschen eine mehr oder weniger normale Geschichte gehabt, die sich im Prinzip nicht von der anderer Völker unterschied. Da gab es Kriege, Unterdrückungen, Grausamkeiten, aber auch Frieden, Aufschwünge, Kultur. Erst Hitler hat die Deutschen zu den Aussätzigen unter den Völkern gemacht. Und zwar, das muss ich deutlich sagen, nicht einmal so sehr deswegen, weil er den Zweiten Weltkrieg angezettelt hat – so verbrecherisch das auch war, aber damit steht er nicht allein –, sondern wegen der unfassbaren Vernichtung der Juden. Von den Zigeunern und anderen Minderheiten nicht zu reden. Dafür gab es in diesem Ausmaß und mit dieser eiskalten Perfektion kein Beispiel.«

»Wirklich nicht?«

»An dieser Frage hat sich ein Streit entzündet, der noch nicht entschieden ist. Ich will das nicht vertiefen. Gleich welcher Rasse, Religion, Nationalität oder Hautfarbe: Der latente Hass auf alles Fremdartige oder angeblich Minderwertige besteht auch heute noch, überall auf der Welt.«

»Schlimm, aber wahr. Wie kam denn Hitler zu seinem fanatischen Hass auf die Juden?«

Rassenmythos als Ersatzreligion

»Der Antisemitismus, das wissen wir, war seit dem Mittelalter, seit den Judenverfolgungen unter den christlichen Kirchen und Fürsten, ob in katholischen oder reformierten Gebieten, latent vorhanden und immer wieder geschürt worden. Dennoch sollte man einen Unterschied machen. Die frühere Feindschaft bezog sich auf die jüdische Religion, man spricht deshalb besser vom Antijudaismus. Der religiös begründete Antijudaismus belastete die Juden mit der Schuld am Tod Jesu, entzündete sich an leichtfertig in die Welt gesetzten und noch leichtfertiger geglaubten Gerüchten über angebliche Hostienschändungen, Ritualmorde an christlichen Kindern oder Brunnenvergiftungen, er führte zu mörderischen Verfolgungen, nicht nur in Deutschland und Mitteleuropa. Ich nenne für Westeuropa die Vertreibung der Juden unter den katholischen Königen Spaniens und im Osten die Pogrome Russlands. Gewiss bekämpfte die katholische Kirche bis zum Zweiten Vatikanischen Konzil die Juden als Andersgläubige, aber ihr Ziel war nicht primär ihre Ausrottung, sondern ihre Bekehrung. Wenn sich die Juden taufen ließen, sollte alles gut sein, in der Theorie. Die Praxis sah leider meist anders aus. Immerhin – die Juden konnten sich ihrer Verfolgung unter günstigen Umständen entziehen. Auf den religiös begründeten Antijudaismus folgte der soziale. Da den Juden der Zugang zu den ›ehrsamen‹ Handwerken untersagt war und ihnen die Zünfte verschlossen blieben, wurden sie zwangsläufig ›unehrenhafte‹ Geldverleiher und Händler. Unehrenhaft deshalb, weil zum Beispiel ein Kleriker nie Geld verleihen, das heißt ›Wucherzinsen‹ nehmen durfte. Viele Menschen wurden dadurch zu Schuldnern von Juden, die sich den Schutz ihres Landesherrn teuer erkaufen mussten und isoliert in Gettos lebten. Zeiten relativer Toleranz wechselten mit grausamer Feindschaft. Erst mit der Aufklärung änderte sich das, obwohl die Abneigung gegen die Minderheit so tief verankert war, dass viele Aufklärer, bis hin zu Voltaire, ebenfalls antijüdische Gedanken äußerten. Auch erklärte Gegner des Christentums hegten ihre Vorurteile. Dennoch, zuerst erhielten die Juden im revolutionären Frankreich offiziell die Gleichberechtigung, später ebenfalls in anderen Staaten, auch wenn es oft nur eine relative Gleichberechtigung war, bis sie endlich 1871 im Deutschen Reich wirklich gleichgestellt wurden. Dann assimilierten sich zahlreiche Juden, viele änderten ihre traditionellen Lebensgewohnheiten, manche konvertierten zu einer christlichen Konfession, zumal das die Aufnahme in die Gesellschaft, eine akademische Karriere oder eine Laufbahn in der Armee oft erst ermöglichte. So konnte zwar der einzelne Jude durchaus einen geachteten Platz in der Gesellschaft finden, die Vorbehalte gegen das Judentum als Ganzes blieben aber bestehen.«

»Aber es gab keinen religiös begründeten Antijudaismus mehr?«

»Kaum noch, Roman, obwohl es immer wieder auch Kirchenmänner waren, wie zum Beispiel in den achtziger Jahren des neunzehnten Jahrhunderts der preußische Hofprediger Adolf Stöcker, die gegen die ›Verjudung des deutschen Geistes‹ wetterten und verlangten: ›Wir müssen den Gifttropfen der Juden aus unserem Blut loswerden!‹ – Das ging bis zu Theologen des zwanzigsten Jahrhunderts, die über den vergiftenden Einfluss der Juden predigten, selbst wenn sie später zu entschiedenen Gegnern Hitlers wurden.«

»Dann kann man doch auch sagen, dass es ohne christliche Propaganda und Verfolgung keinen Antisemitismus und wahrscheinlich auch keinen Holocaust gegeben hätte.«

»Man kann das Christentum des zwanzigsten Jahrhunderts nicht mit dieser Schuld belasten, Stefan. Kein Christ hat jemals ein solches Verbrechen gewollt. Das trifft sogar auf viele nicht religiöse Antisemiten zu. Der Historiker Heinrich von Treitschke hatte zwar die schlimme Behauptung ›Die Juden sind unser Unglück!‹ in die Welt gesetzt, der Philosoph Johann Gottlieb Fichte und der Komponist Richard Wagner hatten antisemitische Schriften verfasst – und sie waren nicht die Einzigen, die forderten, man müsse die Juden vernichten. Aber man täte ihnen doch Unrecht, würde man sie als potenzielle Massenmörder bezeichnen.«

»Aber die konsequent betriebene Vernichtung der europäischen Juden unter Hitler war doch das Ergebnis einer jahrhundertelangen Unterdrückung und Verfolgung.«

»Wobei man aber doch sehen muss, dass Anfang des neunzehnten

Jahrhunderts der religiös begründete Antijudaismus seine Bedeutung verloren hatte, Stefan. An seine Stelle trat etwas Neues, was man bisher noch nicht kannte. Ausgehend von Frankreich, von dem Franzosen Joseph Arthur de Gobineau, kam, als dieser 1854 einen ›Essay über die Ungleichheit der menschlichen Rassen‹ veröffentlichte, der Begriff ›Rasse‹ erstmals ins Spiel. Das Buch wurde zur Grundlage für alle Rassenfanatiker, der Rassenmythos zu einer Art Ersatzreligion. Seitdem wurde die Überlegenheit der ›Arier‹ über die ›Juden‹ verkündet. Dieser Antisemitismus wucherte, mehr oder weniger stark, überall in Europa, ohne Ausnahme, vor dem Ersten Weltkrieg besonders heftig in Wien. Hier sog ihn der noch junge, unreife Adolf Hitler ein. Er wurde zu seiner fixen Idee, die ihn so beherrschte, dass sie später zu einem seiner beiden Lebensziele wurde: die Ausrottung des Judentums. Er brandmarkte die Juden wahlweise als ›international‹ oder als ›bolschewistisch‹, manchmal auch beides. In dieser Verblendung sah er in der bisherigen Geschichte ›eine Äußerung des Selbsterhaltungstriebes der Rassen.‹«

»Und sein zweites Lebensziel?«

»Das entstand aus seinem völkisch-großdeutschen Nationalismus, der sich die Eroberung von neuem Lebensraum im Osten, in Russland, zum Ziel setzte, Roman. Das war der Grund für ihn, den Zweiten Weltkrieg zu entfachen. Er glaubte das militärisch schwache Russland im Blitzkrieg besiegen zu können, sobald er im Westen durch die Niederwerfung Frankreichs den Rücken frei hatte. Als die deutschen Truppen vor Moskau zum Stehen kamen und er sah, dass er nicht mehr siegen konnte, unternahm er nicht den geringsten Versuch, den Krieg zu beenden und zu einem Friedensschluss zu kommen, was nach Meinung vieler Historiker damals vielleicht noch möglich gewesen wäre, sondern er zog die Kämpfe so lange wie möglich hin.«

»Aber warum? Damit hat er doch nicht nur dem deutschen Volk, sondern auch sich selbst geschadet!«

»Er tat es, um Zeit dafür zu gewinnen, sein erstes Ziel zu verwirklichen, die europäischen Juden in den Todeslagern auszurotten.«

»Irgendwo habe ich den Satz gelesen: ›Gott ist endgültig in Auschwitz gestorben.‹«

»Diese Ansicht erscheint mir begreiflich als Ausdruck einer maßlosen Erschütterung angesichts des Unfassbaren und Unerklärlichen. Der Holocaust, oder auch die Schoah, ist das dämonischste, unmenschlichste Ereignis der Geschichte. Mit ihm setzte Hitler bewusst seine eigene Existenz und die deutsche Zukunft aufs Spiel.«

»Irrsinn, bis zur Vernichtung des eigenen Lebens?«

»Hitler ist immer zum Selbstmord bereit gewesen. Sein Tod ist ein Beweis dafür. Er hinterließ eine völlig veränderte Welt.«

»Ist er nicht das vollkommenste Beispiel menschlichen Wahns, das jemals zu politischer Macht gekommen ist?«

»Ich möchte das schöne Wort ›vollkommen‹ auf keinen Fall in Zusammenhang mit Hitler anwenden, aber ich weiß, was du meinst, Roman, und in diesem Sinne hast du Recht. Fest steht, dass der Welt unendliches Leid und Elend erspart geblieben wäre, wenn die Deutschen Hitler nicht gläubige Begeisterung, sondern Skepsis entgegengebracht hätten.«

Niemand wollte dazu noch etwas sagen.

Senex hatte sich zusehends entspannt. »Ihr habt euch vielleicht gefragt, warum wir hier keinen Kaffee getrunken haben. Nun, einerseits kommen wir vom Tee in Petrograd, andererseits werde ich noch ein anderes Lokal mit euch aufsuchen. Noch einmal geht es nach Paris. Dort wartet eine der vielen Künstlerkneipen in Saint-Germain-des-Prés auf uns. Kneipe oder Bistro, der Name spielt keine Rolle. Es ist genauso gut ein Keller. Kommt durch unseren Telewandler.«

Das Sein und das Nichts

Existenzielle Erlebnisse

Senex und seine drei Begleiter betraten den Raum durch eine Seitentür. Gegenüber war wohl der allgemeine Eingang, eine einfache Kellertreppe. Vergnügte junge Leute tobten herunter. Die Decke der Kneipe bestand aus bemalten Gewölben, auch die Pfeiler, die sie stützten, waren bunt. Einige Bilder ahmten Picasso, andere Matisse, wieder andere bekannte Surrealisten nach.

Der Keller war gut besucht, an den runden, kleinen Tischen hockten die Gäste in nachlässiger oder phantasievoller Kleidung, die Herren in Jeans oder Samthosen, die Mädchen und Frauen in Pullis oder Shirts, Wolljacken oder Blusen.

Man trank Pastis, Absinth, Rotwein oder Bier, knabberte Brioches oder Baguette und alle rauchten, Mädchen wie Männer, kaum einer ohne Zigarette im Mundwinkel, zwischen den Fingern, auf dem Aschenbecher. Dementsprechend war die Luft: zum Zerschneiden. Irgendwo versteckt brannten Glühbirnen, aber das meiste Licht kam von Kerzen in Weinflaschen, die vom herablaufenden Wachs mit plastischen Ornamenten geschmückt waren.

Senex und das Trio nahmen Platz. Im vorderen Viertel befand sich ein niedriges Podest mit einem Klavier.

Hoch im Gewölbe, an einer der Seitenwände, ließen fünf ovale Fenster ein wenig Nachmittagslicht vom Bürgersteig draußen ein. Eines stand offen, herein strömten Schwaden von Autoabgasen.

»Dies ist«, sagte Senex, nachdem auch ihnen Pastis hingestellt worden war, »einer der meistbesuchten Existenzialistenkeller von Saint-

Germain-des-Prés, und Saint-Germain-des-Prés wiederum ist das bevorzugte Stadtviertel aller Bohemiens, Künstler, Schriftsteller, Maler, Existenzialisten. Ihretwegen sind wir hier. Der Existenzialismus, dessen Morgendämmerung wir ja schon mehrfach miterlebten, ist zur bestimmenden geistigen Strömung nach dem Zweiten Weltkrieg geworden. Er ist nicht nur eine von der Wirklichkeit abgehobene Philosophie, sondern eine Lebenseinstellung.«

»Warum, Senex?«, fragte Berenike.

»Die Welt hatte sich entscheidend verändert. Schon nach dem Ersten Weltkrieg war die alte Gesellschaftsordnung mit all ihren Werten in Trümmer gegangen. Die Menschen, vor allem die jungen, suchten nach einer neuen Orientierung und glaubten sie im Existenzialismus zu finden. Diese Philosophie ist der Ausdruck einer schweren Krise und Unsicherheit. Sowohl Hegel als auch Kierkegaard gehören zu ihren Vätern, wie auch Nietzsche und Edmund Husserl.«

»Von Husserl hören wir jetzt zum ersten Mal, glaube ich.«

»Ein deutscher Philosoph. Er suchte nach einem ›reinen Bewusstsein‹, nach einer Philosophie als ›strenger Wissenschaft‹. Sein Einfluss auf andere, beispielsweise Heidegger, war bedeutend.«

»Die Existenzialisten waren doch vor allem pessimistisch, denke ich jedenfalls.«

»Für sie gibt es einige ›Grunderfahrungen‹, die sie auch ›existenzielle Erlebnisse‹ nennen. Sie sprechen illusionslos über unsere elementaren Ängste. Schon bei Kierkegaard war es die Angst, bei Martin Heidegger ist es der Tod, bei Jean-Paul Sartre der Ekel. In Angst, Sorge, Tod, Scheitern, Ekel, dem Nichts und der Absurdität der Welt sehen sie die prägenden Erfahrungen des Individuums.«

»Ich werde jetzt schon traurig«, murmelte Berenike und schob eine Haarsträhne nach hinten.

Senex warf ihr einen verständnisvollen Blick zu: »Der Existenzialismus versucht – anders als die traditionelle Philosophie – die Wirklichkeit des Menschen von der individuellen Existenz her zu erklären, ein von Sterblichkeit, Risiko, Angst, Langeweile, Widerspruch und Ungewissheit aufgezehrtes Dasein. So denkt Heidegger zum Beispiel nur an den einzelnen Menschen, ohne die gesellschaftlichen Probleme mit einzubeziehen. Angesichts des vorherrschenden Nihilismus versucht Heidegger die Frage nach dem Sinn des Seins neu zu stellen.«

»Ein Beispiel, bitte!«

»Heidegger fragt: ›Was ist Sein?‹ Und antwortet: ›Wir wissen es nicht.‹ Wir könnten aber einen Unterschied sehen zwischen dem Menschen, der über sich selbst nachdenken kann, und dem, der das nicht vermag. Ein Stein ›ist‹, aber er hat keinen Bezug zu sich selbst. Das Gleiche gilt vom Baum und vom Stuhl. Der Mensch aber ist nicht nur, sondern er entfaltet auch einen Bezug zu sich selbst, zum Mitmenschen und zum nichtmenschlich Seienden. Der Mensch ›ist‹ nicht bloß, sondern er hat zu ›sein‹, sein Sein ist ihm aufgegeben, es ist etwas, das sich in seiner Existenz erst noch verwirklichen muss.«

»Das finde ich nicht einmal schwer zu verstehen. Unser Sein als eine Aufgabe, glaube ich, oder?«

»Heidegger greift damit ein Thema der klassischen Metaphysik auf: die Frage nach dem Sinn des Seins. Seine Hauptwerke heißen: ›Sein und Zeit‹ und ›Was ist Metaphysik?‹. Entscheidendes Charakteristikum des Daseins ist für ihn die ›Zeitlichkeit‹ als eine Einheit von Vergangenheit, Gegenwart und Zukunft. Es ist ein ›Sein zum Tode‹. Heidegger prägt für die Grunderfahrungen der menschlichen Existenz die Begriffe des ›In-der-Welt-Seins‹, der ›Sorge‹, der ›Angst‹, des ›Schuldigseins‹ und der ›Geworfenheit‹.«

»Das klingt schon wieder schrecklich pessimistisch. Was meint er mit ›Geworfenheit‹?«

»Ein einfaches Beispiel, Roman. Dass ich als Franzose, Italiener oder Deutscher existiere, in einer bestimmten Zeit, mit bestimmten Begabungen, darüber konnte nicht ich entscheiden, das muss ich als meine Geworfenheit annehmen. Wir leben in einer dauernden Ungewissheit über unsere Zukunft, wir sind in ein begrenztes, an seinen beiden Enden – Geburt und Tod – vom Nichts bedrängtes Dasein geworfen.«

»Ist Heideggers Sprache nicht besonders schwer verständlich?«

»Vielleicht liegt die größte Schwierigkeit nicht in seiner komplizierten Sprache, sondern darin, dass er in unvertrautes Gebiet vorstößt. Er glaubt, das Fremde, uns Unvertraute nicht mit vertrauten Wörtern ausdrücken zu können. Einer der von ihm geprägten Begriffe ist eben die

›Geworfenheit‹. Dieses Wort traf den Zeitgeist so gut, dass es Mode wurde. ›Sein und Zeit‹, Heideggers erstes Werk, erregte auch über die Zunft der Philosophen hinaus Aufsehen. Vor allem junge Leute fühlten sich angesprochen. Denn Heidegger untersuchte die Seinsfrage in Bezug auf den Menschen, der sich auf seine eigene Existenz besinnen kann. Und diese ist nun einmal wesentlich durch die Vergänglichkeit bestimmt.«

»Sagt Heidegger denn auch, wie man bei so düsteren Voraussetzungen noch leben kann?«

»Die Hauptbestimmung des Daseins sieht er darin, dass man ›besorgend‹ und ›fürsorgend‹ lebt. Er bemängelt, dass der Mensch besser Bescheid wisse über die Dinge, mit denen er umgehe, als über sich selbst. Es ist daher nicht verwunderlich, dass Heidegger die Psychologie, die Theologie und die Kunst beeinflusste.«

»Wirklich? Wo und wie?«

»Zum Beispiel hier in Frankreich, wo der Existenzialismus besonders viele Anhänger fand.«

»Vor allem wohl durch Jean-Paul Sartre?«, fragte Roman. »Er ist ja auch ein bekannter Schriftsteller gewesen.«

Eine Philosophie, die zur Mode wurde

Senex nickte. »In Frankreich beeinflusste der Existenzialismus von Anfang an auch die Literatur, die bildende Kunst und den Film. Es gab mehr als ein Existenzialistencafé, einen Keller oder eine Kneipe, wo sich alles traf, was dazugehören wollte, so wie hier. Da sang Juliette Gréco, die ›Muse des Existenzialismus‹.«

Senex wurde unterbrochen. Ein junger Mann im schwarzen Rollkragenpulli kam auf die Bühne und öffnete den Klavierdeckel. Er spielte einige Akkorde, Läufe und wieder Akkorde. Alle Gespräche verstummten. Als völlige Ruhe eingekehrt war, betrat eine junge Frau das Podest, empfangen von jubelndem, lang anhaltendem Beifall und Bravorufen.

Ein apartes Geschöpf, kaum zwanzig Jahre alt. Ihr ebenmäßiges Gesicht wurde von großen, dunklen Augen beherrscht, über denen eine kastanienrote Ponyfrisur die hohe Stirn mit glatter Linie abschloss. Ihr Mund war weich und voll, rot geschminkt, ihre Figur zierlich und schlank, betont durch ein hochgeschlossenes, hautenges schwarzes Kleid ohne jeden Schmuck, ohne jede Falte oder Rüsche.

Ihr Begleiter spielte einige Takte, dann sang sie. Ihre Stimme klang dunkel, sinnlich, eindringlich. Es war mehr ein Vortragen als ein Singen, eine Mischung aus Einflüsterung und Beschwörung. Der Vortrag war ihr wichtiger als der Gesang, die Botschaft wichtiger als die Musik. Am eindringlichsten waren ihre Handbewegungen, die ihre Gestalt umspielten, schwebten, dahinstrichen, aufstiegen und sich wieder senkten, das Mikrofon wie ein Heiligtum umfassten, es liebkosten.

Sie sang von vergangenen Zeiten: »Les années d'autrefois«; von der Jugend, träumerisch und zerbrechlich: »Rêveuse et fragile«; von toten Blättern: »Feuilles mortes«; von der Existenzangst, Verlorenheit, und schloss mit der Aufforderung: »Déshabillez-moi«: »Zieht mich aus«, wobei ihre Hände über den Körper strichen, alles versprechend und gleichzeitig versagend.

Die Besucher klatschten, trampelten, pfiffen. »Bis! Bis!« – Mehr, mehr! Aber Juliette Gréco verneigte sich nur mit gefalteten Händen, ihre Haare flogen nach vorn und bedeckten ihr Gesicht. So blieb sie kurz, dann warf sie ihre Haarflut zurück und verschwand durch die Seitentür.

»Das war sie!«, sagte Senex. »Juliette Gréco. Einige ihrer Texte haben Jean-Paul Sartre, Albert Camus und andere bedeutende Literaten geschrieben. Sartres erstes philosophisches Hauptwerk ›Das Sein und das Nichts‹ aus dem Kriegsjahr 1941 war zum maßgebenden Werk des französischen Existenzialismus geworden.«

Die Gäste wandten sich wieder einander zu, ihre Gespräche bildeten eine schwirrend-summende Geräuschkulisse. »Der Existenzialismus hatte vor allem nach dem Zweiten Weltkrieg große Wirkung und artete zeitweise zur Mode aus. Das lag nicht zuletzt an den geistig überragenden Persönlichkeiten Jean-Paul Sartre und seiner Gefährtin Simone de Beauvoir.«

»Seine Gefährtin, Senex? War sie nicht seine Frau?«

»Nein, und das war für beide charakteristisch. Sartre hatte Simone de Beauvoir bereits während seiner Studienzeit kennen gelernt. Aus ›absoluter Aufrichtigkeit‹ wollten sie auf eine bürgerliche Bindung verzichten.«

»War Sartre nicht auch überzeugter Kommunist?«

»Der Marxismus war nun einmal die große utopische Vision der Intellektuellen. In seinem Werk ›Marxismus und Existenzialismus‹ räumte Sartre der marxistischen Philosophie den ersten Rang ein. Vor allem in seinen späteren Jahren betont er die Notwendigkeit eines persönlichen politisch-sozialen Engagements, denn er vertrat die Meinung, dass der Mensch nur das ist, was er aus sich selbst macht, was er leistet und was von ihm gelebt wird.«

»Hat er denn die negativen Seiten des Kommunismus, vor allem in der Zeit Stalins, nicht gesehen?«

»Doch, vor allem in den fünfziger und sechziger Jahren. Er vertrat zwar marxistische Ansichten, kritisierte jedoch jede dogmatische Verwirklichung oder gar Gewalt. Er war Atheist. Überhaupt ist die Frage nach Gott, die früher eine so große Rolle gespielt hatte, bei den Denkern des zwanzigsten Jahrhunderts kein Thema mehr. Sartre sah den Menschen als zur Freiheit verurteilt, daher müsse er sich den Sinn seiner Existenz selbst geben. In diesem Geist engagierte er sich für die Weltfriedensbewegung.«

»Da finde ich den großen Nihilisten aber positiv«, erklärte Stefan.

Senex nickte. »Man könnte ihn mit Recht einen modernen Humanisten nennen. Womit wir dieses Kapitel abschließen.«

Plötzlich hörte jedes Ding auf, an seinem Platz zu sein

Senex lud sie ein, sich noch einmal einige Jahre zurückzuversetzen. »Ihr habt gesehen, dass die Veränderungen der vergangenen Jahre großen Einfluss auf die Menschen ausübten«, fuhr er fort. »Das traf auch auf die bildenden Künstler zu. Vor allem der Verlust des Glaubens hatte sie ihrer seit Jahrhunderten vertrauten Themen beraubt. Dazu kamen nun neue, bahnbrechende Erkenntnisse der theoretischen Physik und ein komplexeres Wissen vom Kosmos. Die Menschen wurden mit der Quantentheorie und der Relativitätstheorie konfrontiert. Bis dahin hatte man angenommen, dass die Welt der Körper mit den bloßen Augen wahrnehmbar sei und sich vom unendlich Kleinen bis zum endlich Großen erstrecke. Nun schien es aber durch die Theorien von Max Planck und Albert Einstein weder beim Atom noch im Kosmos so zu sein. Die Quantentheorie brachte die überlieferte Auffassung vom materiellen Universum ins Wanken. 1927 erklärte der Physiker Werner Heisenberg den Indeterminismus, die Unbestimmbarkeit der Materie.«

»Und Sie meinen, dass die Menschen damit noch mehr verunsichert wurden?«, fragte Roman.

»Zumindest mussten sie nach neuen Erklärungen suchen«, antwortete Senex. »Werner Heisenberg, Max Born und Ernst Pascual Jordan hatten mit der Quantenmechanik ein neues physikalisches Weltbild geschaffen.«

»Inwiefern?«

»Die klassische Mechanik war von stabilen, stetigen Vorgängen ausgegangen, während die Quantenmechanik eine Vielzahl einzelner sprunghafter Änderungen, die so genannten Quantensprünge, erkannte. Max Planck fand heraus, dass Licht aus Wellen besteht, aber nur in Paketen, in Quanten, ausgestrahlt und absorbiert werden kann. Die klassische Mechanik arbeitete mit festen, bestimmbaren Werten. Im Allerkleinsten, im Mikrobereich, geht die Quantenmechanik dagegen von wechselnden Wahrscheinlichkeiten aus.«

»Damit wurde alles unsicher?«

»Zumindest schwerer berechenbar, Roman. Heisenberg bewies, dass sich Orte und Impulse von Elementarteilchen – das sind die allerkleinsten, nicht weiter zerlegbaren materiellen Teilchen – niemals zugleich genau bestimmen lassen. Diese ›Unschärferelation‹ macht eine exakte Vorausberechnung von Vorgängen der Mikromechanik unmöglich. Man kann entweder ein den Ort betreffendes Messergebnis vorhersagen oder eines für die Zeit, nicht aber für beide.«

»Dann wurde die Möglichkeit endgültiger Vorhersagen sozusagen halbiert?«

»Ja, Stefan, die Quantenmechanik führte den Zufall, die prinzipielle Unbestimmbarkeit einzelner Ereignisse, in die Physik ein.«

»Und das soll auch die Künstler irritiert haben?«

»Jedenfalls hat es sie beeinflusst. So hat die Nachricht von der Atomspaltung den Maler Wassili Kandinsky, den ersten, der gegenstandslose Bilder schuf, so erschüttert, dass es ihn, wie er sagt, ›nicht überrascht hätte, wenn sich die Steine plötzlich gehoben und in Luft aufgelöst hätten‹. Für ihn hörte jedes Ding auf, an seinem Platz zu sein. Die bildende Kunst ist eben viel enger mit dem Wissen ihrer Zeit verbunden, als man meint. Schon Nietzsche hatte ja geklagt: ›Was taten wir, als wir diese Erde von ihrer Sonne losketteten? Wohin bewegt sie sich nun? Wohin bewegen wir uns? Fort von allen Sonnen? Stürzen wir nicht fortwährend? Und rückwärts, seitwärts, vorwärts, nach allen Seiten? Gibt es noch ein Oben und ein Unten? Irren wir nicht wie durch ein unendliches Nichts? Haucht uns nicht der leere Raum an? Ist es nicht kälter geworden? Kommt nicht immerfort die Nacht und mehr nicht?‹«

»Bewegender kann man es nicht sagen!«

»Man suchte nicht nur nach neuen Inhalten, sondern auch nach neuen Formen, zumal ja inzwischen die Fotografie die Gegenstände auch viel genauer wiedergeben konnte als die Malerei. Ihr werdet es an einem Beispiel erleben. Wir brechen jetzt auf, denn wir haben noch einen Besuch vor uns, für den wir Tageslicht brauchen, auch wenn es bereits auf den Abend zugeht.«

Senex stand auf. Das Trio folgte ihm zum Telewandler, der in die Wand als Tapetentür eingelassen war.

Maler, Künstler, schöpferischer Mensch

Als sie hinaustraten, empfanden sie die schmeichelnde Luft, die angenehme Wärme, das blühende Licht, die duftende Atmosphäre mit allen Sinnen. Vor ihnen erhob sich ein großes Haus im Stil der Belle Epoque. Es war von Büschen und Bäumen umgeben, die einen würzigen, alle Organe durchflutenden Geruch verströmten. Eine üppig wuchernde Bougainvillea zeigte ihre farbigen Blätter mit solcher Pracht, mit solcher schöpferischen Wucht, dass Berenike tief die Luft einsog – vor Glück.

Senex sagte: »Das ist die Villa California oberhalb von Cannes. Wir sind in der Provence.«

»Daher!«, murmelte Berenike. Das letzte Licht des Nachmittags legte sich auf die umliegenden ausschwingenden Hügel.

Senex fuhr fort: »Der neue Eigentümer des Hauses steht auf der Höhe seines Ruhmes. Er war es, der den Übergang von der klassischen Kunst zur Moderne am vollkommensten vollzog. Mit der Bezeichnung ›Maler‹ würde man ihm nur unvollkommen gerecht. Er war mehr.«

»Ich glaube, Sie meinen Pablo Picasso. Habe ich Recht?«

»Dein Glaube trifft ausnahmsweise in die Mitte der Wahrheit.« Senex schmunzelte. »Wir setzen uns einen Augenblick auf diese Gartenbank. Pablo Picasso wurde 1881 in Malaga geboren. Er wird neunzigjährig in Südfrankreich sterben. Er wird, sage ich, denn heute schreiben wir 1955 und er ist vierundsiebzig Jahre alt.«

»Das wird eine Begegnung, auf die ich mich freue!«, rief Berenike begeistert.

»Wenn er dich sehen würde, dann würde er dich wohl malen, aber es fragt sich, ob wir dich in seinem Bild wieder erkennen könnten.«

»In einem höheren Sinne sicher«, meinte sie.

Senex bestätigte es ihr. »Die Kunst hilft uns, unsere eigenen Grenzen zu überschreiten und die Welt mit den Augen eines anderen zu sehen. Picassos Vater, selbst Maler und Zeichenlehrer, erkannte früh, dass sein Sohn wesentlich begabter war als er selbst. Der Junge konnte zeichnen, bevor er sprechen lernte, ohne je in der Art eines Kindes gemalt zu haben. Er lernte und entwickelte sich schnell, zog schon in jungen Jahren nach Paris, wo er bis nach dem Zweiten Weltkrieg lebte. Dort malte er Motive aus der Welt des Zirkus. Er war so sehr Maler, Künstler, schöpferischer Mensch, dass er sagen konnte, die Malerei sei stärker als er, sie bewege ihn dazu, das zu tun, was sie wolle. Und das kann man ihm glauben, denn sein Gesicht gleicht dem eines weise gewordenen Zen-Meisters, der das Ziel ›Nicht ich male, es malt!‹ erreicht hat. Noch im Alter von neunzig Jahren wird er von der Malerei besessen sein und neue Techniken erproben, neue Farben und Formen. Bis an sein Lebensende erlahmen weder seine Sinnlichkeit noch seine Lebensbejahung; er besitzt die Hand eines Magiers mit grenzenloser Phantasie, von der andere mit zwanzig nicht einmal träumen können.«

»Sie schätzen ihn offenbar sehr, Senex?« Berenike ringelte eine Locke um den Finger.

»Ich sehe in ihm das Genie des Jahrhunderts. Darauf kommt es aber nicht an«, antwortete er. »Ich möchte nur ausdrücken, dass sich auch in unserer als so technisch-materialistisch gebrandmarkten Zeit schöpferische Begabungen zu entfalten vermögen, die sich mit den größten der Vergangenheit messen können.«

»Sie machen uns Mut, Senex!«

»Das kannst du so sehen, Stefan. Die menschliche Gestaltungskraft ist ungebrochen, auch wenn sich Formen und Inhalte geändert haben. Und wenn die menschliche Gestaltungskraft derart lebensvoll ist, dann hat sich auch die menschliche Substanz erhalten. Die moderne Kunst verdankt Picasso fast alle wesentlichen Entwicklungen, er erneuerte sich ständig, wobei er eine ungeheure Energie entfaltete. Ich glaube, dass es seit der florentinischen Renaissance keine so radikale malerische Revolution gegeben hat wie die des Kubismus, die von Picasso und George Braque ausgelöst wurde. Dieser Stil begründete eine neue Ästhetik, er schlug wie ein Blitz in das Haus der etablierten Malerei ein. Picassos Gemälde ›Les Démoiselles d'Avignon‹ ist das meistgehasste Bild seiner Zeit geworden, aber auch das bekannteste.«

Berenike wollte wissen: »Was war denn das Besondere daran?«

»Die Reduzierung der Gegenstände auf winklige Flächen. Ein Rechteck wird zum Mund, ein Zylinder zu Augen, ein Loch zur Nase. Aber man kann dieses Genie der Kreativität und dauernden Verwandlung nicht auf eine bestimmte Stilrichtung festlegen. Siebzig Jahre lang leistete er ein unglaubliches Pensum. Alle zehn Jahre brach er mit seinem früheren Werk, ging von der so genannten ›blauen‹ über die ›rosa Periode‹ zum Kubismus und zur modernen Plastik über. Er enthüllte das Leid einsamer, von der Gesellschaft ausgestoßener Menschen und malte abgezehrte Kinder und Mütter, Trinkerinnen und arme Frauen, Bettler und Süchtige, umgeben von einer Mauer der Verzweiflung. Er enthüllte die leise Melancholie des fahrenden Volkes, die existenzielle Verlorenheit des Menschen, zeigte traurige Harlekine, Clowns und Akrobaten als Symbole für menschliches und künstlerisches Dasein, deren Gesten Grazie und Demut ausdrücken. Seine Geschöpfe sind zart und zerbrechlich, die Mädchen voller Anmut. Er selbst spricht vom ›Denken der Augen‹. Er nahm seine Eingebungen von überall her, von afrikanischen Masken, alten iberischen und ozeanischen Skulpturen, von etruskischer und ägyptischer Kunst. Er bewunderte gotische Bildwerke ebenso wie japanische Holzschnitte. Unablässig erfand er neue Stile, neue Formen. Er wühlte in Müllhalden und kehrte mit den seltsamsten Dingen zurück, mit Blechteilen, Holzstücken, verrosteten Drähten, kaputten Dosen, zerschlissenen Körben. Aus einem alten Fahrradsattel und einer verrosteten Lenkstange macht er einen Stierkopf oder er verwandelte altes Eisen in einen großen Vogel. Es gibt so gut wie nichts, was er nicht berührt und durch seine Berührung verwandelt hätte. Aus dem profansten Material schuf er auch seine anrührendste Skulptur, eine Ziege, die wohl jeder Kunstfreund kennt. Er malte und zeichnete, schuf Collagen, Plastiken und Keramiken. Kein anderer Künstler verband jemals einen derartigen Erfindungsreichtum mit einer so vitalen Schaffenskraft.«

»Er hat sich doch auch politisch engagiert, oder?«

»Picasso gehörte ebenfalls zu den Intellektuellen, die zunächst von der kommunistischen Idee überzeugt waren, Roman. Für die Kommunisten schuf er die Friedenstaube. Selten hat ein Künstler noch zu Lebzeiten die Welt so angesprochen wie er mit diesem einfachen Vogel, die zum Symbol wurde. Zwei Jahre vor Beginn des Zweiten Weltkriegs hatte er bereits das Wandgemälde ›Guernica‹ geschaffen, das aus der Erschütterung über die Zerstörung der gleichnamigen Stadt entstand. Dieses Bild, eine Mahnung gegen jedes Massaker an Unschuldigen, wurde für viele zum Inbegriff antifaschistischer Kunst. Es ist nicht nur eine Anklage gegen Franco und Hitler, der Franco unterstützte, sondern mehr noch ein Aufschrei gegen die Schrecken des Krieges überhaupt. Dieses Werk zieht Jahr für Jahr so viele Menschen an wie etwa Rembrandts Nachtwache oder Leonardo da Vincis Mona Lisa.«

»Wie viele Bilder mag er wohl geschaffen haben?«

»Viele tausend sehr unterschiedliche Gemälde, hunderte von Skulpturen, ungezählte grafische Zeichnungen und Keramiken. Er schrieb Gedichte und ein Theaterstück. Fast siebzigjährig, zog er nach Südfrankreich, zunächst nach Vallauris, die Stadt der Töpfer, in eine Landschaft, die er ›seine ganz eigene‹ nannte. Noch in seinen letzten Jahren wird er mit bemalten Keramiken experimentieren, deren Formen auf die Frühzeit der Menschheit zurückgehen. Und jetzt sind wir hier, bei Cannes. Lasst uns zu ihm ins Haus gehen.«

Ein schöpferisches Chaos, eine verwandelnde Hand

Senex führte sie die Treppe hinauf. Alle Zimmer waren miteinander verbunden, jedes wurde als Atelier genutzt. In allen herrschte Chaos, sodass jeder Blick ein anderes wüstes Stillleben erfasste, gebildet aus Blättern, Leinwänden, Tischen, Glasdosen, Flaschen. Vor allem aber quollen die Räume über von Entwürfen, Zeichnungen, Bildern in jedem Stadium, von der ersten groben Skizze bis zur achtlos weggestellten vollendeten Version, an den Wänden, auf Staffeleien, angelehnt an Bücherwände, an Hocker. Vor allem die Porträts zogen die Blicke der drei auf sich; sie entwickelten eine suggestive Kraft. Auf jedem war etwas anderes zu sehen, nicht nur Köpfe, Körper, sondern auch Dreiecke, Eiformen, Kometenschwänze, Karos, Linien. Auf den Tischen suchten Vasen und Figuren aus Keramik zwischen Dosen und Müll einen Platz. In allen Fluren stapelten sich Kartons und Leinwände.

Senex führte sie durch diesen Dschungel der Kreativität, der durchströmt war vom durch die offenen Fenster hereinflutenden Duft der Pinien und Eukalyptusbäume. Auch der große Wohnraum war zum Atelier geworden.

»Was für ein Unterschied zum Arbeitsraum von Rubens in seiner barocken Pracht«, stellte Roman fest. »Alles hier ist so explosiv, so schöpferisch!«

»Ein Nest der Kunst, aus dem die flügge gewordenen Kinder ausschwärmen werden«, ergänzte Berenike.

»Hier hat er alles, was er liebt«, sagte Senex. »Seine Arbeiten, Gemälde, Skizzen, Skulpturen und Möbel. Auch von diesem Atelier hat er ein Bild gemalt, hier lehnt es, in seiner Mitte seht ihr die reine Leinwand auf einer Staffelei, rechts eine Skizze von Jacqueline, links eine Skulptur, dort einen kleinen Frauenkopf als Rhombus und eine marokkanische Schale. All das braucht er zum Arbeiten, seltsame Gegenstände, offene Kisten, vertrocknete Blumen, aufeinander liegende Kleider, Vasen, in denen Pinsel jeder Stärke wie Blumensträuße stehen, Farbtuben, neue oder ausgequetschte, verbogene, eine Lampe, Verpackungen, Vogelkäfige. Wie ihr seht, sind es nicht nur die Dinge selbst, es sind auch ihre Schatten, die den Eindruck des Chaotischen hervorrufen.«

»Wahrscheinlich ist jede Leinwand für ihn ein Experimentierfeld.«

Senex nickte. »Was da entsteht, hat es vor ihm noch nie gegeben.«

»Das ist doch bei jedem Künstler so!«, warf Roman ein.

»Ja, aber nicht in dieser Vielfalt und Originalität. Auch der Plastik verleiht er neue Formen und den neuen Formen neue Farben. Und durch die neuen Farben und Ornamente verändert er wieder die Formen. So entsteht aus einer Vase in rohem Ton, der er den Hals abknickt, eine schwimmende Taube.«

Ein Geräusch ließ sie aufmerken. Ein Mann kam herein, der nur aus geballter Kraft zu bestehen schien. Er war nicht groß, aber selbst wenn er einem anderen nur bis zur Schulter gereicht hätte, so hätte er doch alle Aufmerksamkeit auf sich gelenkt. Am eindringlichsten waren seine dunklen Augen, sein glühender, prüfender Blick. Er wirkte einerseits nervös und gespannt, andererseits strahlte er eine kraftvolle Ruhe aus.

Sein Kopf, nur von einem schmalen Kranz weißer Haare umrahmt, wirkte wie nackt.

»Er hat nicht so sehr den Kopf eines japanischen Zen-Meisters, sondern eher den eines von Wind und Wetter gegerbten Indianers«, murmelte Berenike.

Tiefe Furchen liefen, von der Nase ausgehend, zum Kinn. Trotz seiner vorgerückten Jahre erschien er jung, wie auf der Lauer. Er trug schwarze, ausgebeulte Hosen, das weiße Unterhemd hing lose über dem Bund.

Picasso stellte sich an eine Staffelei, fixierte sie kurz, zog energisch schwarze Striche darüber, zeichnete eine provenzalische Landschaft, ein Dorf mit der Kirche, füllte die Leere zwischen den Linien mit Bäumen, Ästen, Schatten, mit einem Hügel im Hintergrund, einer Wolke darüber, dann verschmierten seine Fingerkuppen die Kreide, ließen Rauch aus Kaminen steigen, Schatten sich zwischen die Häuser legen.

Er hielt inne und zündete sich eine Zigarette an, blies den Rauch durch die Nasenlöcher und rauchte, bis die Kippe, kaum noch einen Zentimeter lang, zwischen den Fingerspitzen glühte.

Der Abend kam. Senex drängte zum Aufbruch.

»Was für ein Vulkan«, murmelte Berenike, als sie die Treppe hinunterstiegen.

»Seine Maxime war: ›Die Bewältigung der Arbeit bringt Freiheit. Man muss arbeiten, arbeiten, arbeiten.‹ Das sind die Worte, die er am häufigsten gebrauchte.«

»Ich glaube, da ist etwas dran. Goethe hat sich ja ähnlich geäußert.«

»Er sagte: ›Elender ist nichts als der behagliche Mensch ohne Arbeit.‹«

Sie traten in den Garten, aus dem sich das Licht zurückzog, dafür den Düften umso mehr Raum ließ. Und die Bougainvillea glühte.

Senex sprach die Schlussworte: »Er wird bis zu seinem Tod unablässig tätig bleiben, ein Mensch, den das Alter nicht zu brechen vermag. Der Tod wird gnädig zu ihm sein, er hört im selben Augenblick auf zu malen und zu atmen.«

Eine dem Buchdruck vergleichbare Erfindung

Ein Schritt durch den Telewandler, und schon waren sie wieder in Berlin.

Im Gästehaus brannte noch kein Licht. Es war ruhig. Alle Schlüssel lagen bereit, aber Senex sagte: »Wartet noch einen Augenblick. Ehe ihr auf eure Zimmer geht, will ich noch von etwas anderem sprechen, das uns freilich besonders betrifft.«

Er lehnte sich an die Theke und stützte den Unterarm auf. »In den ersten Jahren des Zweiten Weltkriegs wurde hier in Berlin ein Gerät konstruiert und damals konnte noch niemand voraussehen, wie wichtig es einmal werden würde.«

Sie sahen sich einen Augenblick an. Stefan zuckte die Achseln.

»Ihr kennt es alle! Schon vor mehr als dreihundert Jahren hatten Pascal und Leibniz Rechenmaschinen konstruiert.«

»Ach, der Computer!«, rief Berenike.

»Im Jahr 1936 hatte der Franzose Valtat ein Patent angemeldet, mit dem er das Prinzip eines mit Dualzahlen arbeitenden Rechengerätes beschrieb, ein Zahlensystem, in dem jede Zahl durch eine Folge von nur zwei Symbolen ausdrückt wird. Es war vorerst nur ein einfacher Rechner.«

»Das duale oder binäre Zahlensystem hatte doch schon Leibniz erfunden!«

»Und nun ist es etwa fünfzig Jahre her, dass der Bauingenieur Konrad Zuse, der oft große Mengen von Daten zu verarbeiten hatte, damit begann, eine mechanisch arbeitende, programmgesteuerte Maschine für seine statistischen Berechnungen zu entwickeln. Auch er verwendete das duale oder binäre Zahlensystem, weil es mit wesentlich einfacheren Speicherelementen auskommt als das algebraische und nur die Werte null und eins kennt. Jede andere Zahl drückte Zuse durch die Kombination von null und eins aus.«

»Damit arbeiten heute doch alle Computer!«

»Zuse nannte sein Versuchsgerät ›Zuse 1‹. Er gab sich mit dem Ergebnis nicht zufrieden, auf den ›Z 1‹ folgte der ›Z 2‹, sodann der ›Z 3‹ mit bereits zweitausend Relais. Das war der erste programmgesteuerte Rechner, der einwandfrei arbeitete, aber noch ein Gerät von beachtlicher Größe, gebaut vor allem aus gebrauchten Telefonrelais und Altmaterial. Zuse gründete eine Fabrik, die heute zu Siemens gehört. Mit dem ›Z 22‹ entstand 1965 das erste elektronische Gerät. – Die weitere Geschichte kennt ihr oder ihr erlebt sie täglich.«

»Ich glaube, dass wenige Erfindungen seit dem Buchdruck die Welt so gründlich verändert haben. Der Vergleich drängt sich mir deshalb auf, weil es in beiden Fällen darum geht, Informationen zu verarbeiten und zu übermitteln.«

»Nur dass man bei den ersten Rechnern noch gar nicht an einen Austausch von Informationen gedacht hat, schon gar nicht von Rechner zu Rechner, noch viel weniger von Kontinent zu Kontinent, über den ganzen Globus hinweg, in den Orbit und zu den Planeten. Doch jetzt wollte ich nur vom Beginn dieser Revolution sprechen. Wir sind sowieso am Ende unseres Spazierganges angekommen. Ich werde nur noch von wenigen Dingen erzählen.«

»Mir werden unsere Gespräche fehlen«, sagte Berenike herzlich.

Ein Feuersturm von apokalyptischer Stärke

Berenikes Worte freuten Senex: »Trotzdem, ich muss zum Schluss kommen. Wir haben Marie Curie kennen gelernt und über den Siegeszug der Physik gesprochen. Aber da der Mensch nun einmal januskopfig ist, sowohl ein liebevolles als auch ein grausames Gesicht tragen kann, sind auch seine Werke januskopfig. Als seine widersprüchlichste Errungenschaft, mit der er vielleicht schon zu weit in die Natur eingegriffen hat, sehe ich die Kernspaltung an. Ihr Gelingen traf die Welt wie ein Blitz auf dramatische, grauenvolle Weise.«

»Sie meinen die Atombombe, Senex?«

»Wir wissen, dass Becquerel am Ende des neunzehnten Jahrhunderts die natürliche Radioaktivität entdeckt hat. Marie Curie isolierte das Radium und erkannte seine Strahlung. Marie Curies Tochter Irène und deren Mann Frédéric Joliot fanden heraus, wie sich künstliche Radioaktivität erzeugen lässt. Ernest Rutherford, Albert Einstein, Otto Hahn und viele andere erforschten die Atome und versuchten sie zu spalten oder sie – im Gegenteil – zu verschmelzen. Sie wollten eine neue Energiequelle erschließen, da sie herausgefunden hatten, dass bei beiden Vorgängen, Spaltung und Verschmelzung, große Mengen von Wärme, Licht und anderen Kräften freigesetzt werden können.

Im Zweiten Weltkrieg verlagerte sich die Forschung in die Vereinigten Staaten von Amerika, da man, wie schon gesagt, befürchtete, dass die deutschen Atomphysiker für Hitler eine Atombombe entwickeln könnten. Im Dezember 1942 gelang dem Italoamerikaner Enrico Fermi die erste kontrollierte Kettenreaktion. Danach leitete Julius Robert Oppenheimer die weiteren Experimente. Drei Jahre später erklärte er, dass bei einer Explosion über einer Stadt, in der sich die Bewohner in Luftschutzräumen aufhielten, etwa zwanzigtausend Menschen getötet werden würden, und wenn sie ungeschützt wären, würden es noch unendlich viel mehr sein.«

»Es ist mir unbegreiflich, dass eine Waffe mit so fürchterlicher Wirkung tatsächlich eingesetzt wurde.«

»Das lag an der Situation der letzten Tage des Zweiten Weltkrieges, Berenike. Deutschland hatte bereits kapituliert. Nur die Japaner leisteten noch erbitterten Widerstand. Präsident Truman wollte die Opfer seiner Truppen so gering wie möglich halten und den Krieg endlich vollständig beenden. Darum gab er den Befehl zum Einsatz.«

»Über Hiroshima.«

»Der grelle Atomblitz zündete zuerst über dieser Universitätsstadt. Eine pilzförmige rote Wolke stieg zum Himmel empor. Ein Feuersturm apokalyptischer Stärke fegte durchs Zentrum und vernichtete alles, Gebäude und Leben. Aber die Japaner gaben nicht auf und drei Tage später wurde eine zweite Bombe über Nagasaki abgeworfen. Bei diesen beiden Explosionen starben etwa eine halbe Millionen Menschen, viele der zunächst verschont Gebliebenen gingen später an den Folgen der radioaktiven Strahlung, nach qualvoller Krankheit, zu Grunde.«

»Seitdem gilt der Name Hiroshima als Symbol für Tod und Verderben.«

»So wie Auschwitz für die Verbrechen Hitlers steht.«

»Oder Tschernobyl für den GAU eines Atomkraftwerkes.«

»Damit war die Wissenschaft in eine für sie neue Situation geraten. Die Überzeugung wuchs, dass nicht alles, was machbar ist, auch gemacht werden dürfe. Viele führende Köpfe erkannten, dass in Zukunft Wissenschaft mit Moral verknüpft werden müsse. Das hatte es bisher noch nie gegeben. Damals entstand der Begriff ›Technikfolgenabschätzung‹.«

Stefan überlegte: »Vielleicht hat diese grauenhafte Waffe uns aber doch vor einem neuen, noch fürchterlicheren Krieg zwischen dem früheren Ostblock und dem Westen bewahrt. Und vielleicht hat das dazu geführt, dass alle Seiten begreifen: Ein Atomkrieg ist nicht zu gewinnen – für keinen.«

»So viel ist jedenfalls sicher: Der Abwurf der Atombomben beendete den Zweiten Weltkrieg auch in Asien«, schloss Senex.

»Aber es wurde doch weitergeforscht. Und gegen die heute zur Verfügung stehenden Wasserstoffbomben wirken die ersten Atombomben ja wie Kinderspielzeug!«

»Leider hast du Recht, Stefan. Seit 1970 können etwa acht Millionen Menschen auf einmal getötet und Millionen weitere durch die Strahlung für immer schwer geschädigt werden, falls auch nur eine einzige Wasserstoffbombe auf eine Millionenstadt wie New York, London, Paris, Moskau oder Tokio abgeworfen werden würde.«

Stefan murmelte: »Ist das die logische Konsequenz der technischen Evolution?«

Die Frage blieb unbeantwortet. Die Dämmerung hatte alle Gesichter zu Schemen werden lassen.

»Es wäre Zeit abzubrechen«, sagte Senex. »Wir machen heute nur eine kurze Pause, um uns zu erfrischen.« Er knipste das elektrische Licht an.

Der zwölfte Abend

Im zwanzigsten Jahrhundert

Ein expandierendes Universum mit materiellen Objekten

Sie aßen schweigend. So viel ging ihnen durch den Kopf. Ein wenig bekümmerte es sie auch, dass der Spaziergang durch den Evo-Park nun zu Ende ging. Als sie ihr Geschirr weggeräumt hatten, bat Senex sie in einen kleinen Klubraum. Sie zündeten die Kerzen auf dem Tisch an und knipsten das Oberlicht aus.

In den tiefen Sesseln versanken sie fast. Berenike fasste ein Knie und zog es bis unter ihr Kinn, indem sie den Fuß aufstützte. Der Duft ihrer lang herabfallenden Haare vermischte sich mit dem des Bienenwachses.

Roman breitete seine Arme auf den beiden Lehnen aus, als wollte er jemanden umarmen.

Stefan schob seine Brille zur Nasenwurzel zurück. Grübelte oder träumte er?

Senex, unscheinbar und zerbrechlich, begann: »Wir sind in der Gegenwart angekommen.«

»Um die Worte des ersten Menschen auf dem Mond, Neil Armstrong, zu variieren: ein kurzer Ausflug für uns drei, aber ein weiter Weg für die Menschheit«, ergänzte Stefan.

Senex lächelte. »Es konnten nur Ausschnitte sein, aber vielleicht habt ihr trotzdem miterlebt, welche Wege der Mensch gegangen ist, um sich in dieser Welt zurechtzufinden, sie mehr und mehr nach seinen Bedürfnissen zu gestalten. Ihr habt gesehen, wie er versuchte die Gesetze zu verstehen, denen er sein Dasein verdankt. Diese Gesetze liegen gleichermaßen der Evolution wie dem Universum zu Grunde. – Ihr habt das alles doch nicht bereut?«

Sie schüttelten den Kopf.

Senex freute sich. »Dann werfen wir noch einen abschließenden Blick auf den Kosmos, aus dem wir kommen. Wir haben gesehen, dass es den Physikern gelungen war, sich der Lösung uralter Menschheitsrätsel zu nähern. Mit der Relativitätstheorie und der Quantenmechanik konnten sie den Raum, die Zeit und die Materie in Gleichungen ausdrücken. In die Quantenphysik führte Werner Heisenberg die Unschärferelation ein. Damit wurde auch der Begriff ›Wirklichkeit‹ relativiert, der Begriff ›Zufall‹ dagegen aufgewertet. Zeit seines Lebens hatte Albert Einstein das bestritten und behauptet: ›Der liebe Gott würfelt nicht.‹ Aber nun gibt es einen Mann, der dagegenhält: ›Falsch! Alles spricht dafür, dass Gott ein unverbesserlicher Spieler ist und bei jeder sich bietenden Gelegenheit würfelt.‹«

»Wer ist das?«, fragte Roman.

»Ihr kennt ihn sicher. Eines seiner Bücher wurde überraschenderweise ein Weltbestseller. Sein Foto hat wohl auch dazu beigetragen, denn es ist ergreifend. Eine Muskelerkrankung fesselt ihn an den Rollstuhl. Er kann sich nur mittels eines eigens für ihn konstruierten Computers verständlich machen.«

»Sie meinen sicher Stephen Hawking. Ich habe sein Buch ›Eine kurze Geschichte der Zeit‹ zwar gelesen, aber wohl nicht alles verstanden. Ich erinnere mich aber, dass er den Begriff ›Gott‹ nur als anderen Ausdruck für die physikalischen Gesetze benutzt. Es hat sogar mich betroffen gemacht, dass er uns Menschen als unbedeutende Kreaturen auf einem kleinen Planeten am Rand einer von hunderttausend Millionen Galaxien ansieht. Er sagt, es fiele ihm schwer, sich einen Gott vorzustellen, der uns behütet – oder auch nur zur Kenntnis nimmt.«

»Einstein war ähnlicher Ansicht«, sagte Senex. »Nach Hawking muss es aber ein System von Gesetzen geben, durch die die Evolution des Universums von Anfang an bestimmt worden ist.«

»Er sagt aber auch, wenn diese Gesetze von Gott vorgegeben sein sollten, so ließe er ihnen jetzt freien Lauf und mische sich nicht mehr in die Geschicke des Kosmos ein.«

Berenike schaute vom einen zum anderen: »Hawking ist doch Physiker, Naturforscher. Wie kann er das sein, mit einer so schweren Behinderung?«

»Es ist mir wichtig, darüber zu sprechen. Er ist unfähig, ohne fremde Hilfe zu leben, und seine Krankheit ist unheilbar. Er ist – wirklich ausschließlich – auf seinen Verstand angewiesen. Er kann kein Experiment machen, er kann nicht einmal schreiben und doch glaubt er, dass ihn gerade diese Beschränkung zu einer Konzentration befähige, die er sonst nicht aufgebracht hätte. Er geht noch weiter, indem er versichert, dass er heute glücklicher sei als früher, denn bevor er krank wurde, hätte er sich gelangweilt. Doch die Aussicht auf einen frühen Tod machte ihm bewusst, wie wertvoll das Leben ist. Er sei froh, dass seine Krankheit niemals seine geistigen Fähigkeiten lähmen werde. In mei-nen Augen gehört er allein dadurch zu jenen Ausnahmeerscheinungen, die uns beweisen, dass der Mensch zu den größten Leistungen fähig ist, dass er alle Hindernisse überwinden kann. Sein Beispiel bezeugt den Triumph des Geistes über die Gebrechlichkeit des Körpers.«

»Und mit diesem Geist sucht er den Weg zu einem neuen Verständnis des Universums?«, fragte Berenike.

»Hawking möchte die Allgemeine Relativitätstheorie – die sich mit Raum und Zeit und ihrer Krümmung befasst – und die Quantenmechanik, die Welt sehr kleiner Dimensionen, zu der das Unbestimmtheitsprinzip oder die Unschärferelation gehören, miteinander verknüpfen. Er glaubt, dass uns ein Universum umgibt, das darauf wartet, untersucht und verstanden zu werden. In ihm bewegen sich Teilchen mit Überlichtgeschwindigkeit, treiben Schwarze Löcher ihr Unwesen und werden zu ›Eltern neuer Baby-Universen‹.«

»Halt, halt! Was sind Schwarze Löcher?«, fragte Roman.

»Ich kann nicht Hawkings ganzes Gedankengebäude erläutern. Über die Schwarzen Löcher nur so viel, dass es sich dabei um Himmelskörper mit so kompakt verdichteter Materie handelt, dass nicht einmal Lichtstrahlen schnell genug sind, um ihre Anziehungskraft überwinden zu können. Deshalb dringt kein Licht nach außen.«

»Wie kann man dann feststellen, dass es sie gibt?«

»Man kann auf ihr Vorhandensein aus dem Verhalten anderer Himmelskörper in ihrer Umgebung schließen. Noch wichtiger für uns normale Menschen aber ist Hawkings Ansicht, dass wir nicht nach der

Herkunft und nicht nach der Zukunft des Weltalls fragen sollen. Es wurde weder erschaffen noch wird es jemals vernichtet – es *ist* einfach. Mit dieser Ansicht bringt er all die Gespräche auf den Punkt, die wir im Laufe unseres Spaziergangs durch den Evo-Park darüber geführt haben. Denn wenn er Recht hat und wenn wir Menschen eine schlüssige Theorie finden, dann werden wir den Plan Gottes kennen – wobei Gott wieder nicht im religiösen Sinn zu verstehen wäre.«

»Alles ist ungewiss! Da kann man aber doch ein großes Fragezeichen machen«, meinte Stefan.

Roman fragte: »Unser Universum besteht doch aus Körpern im Raum. Woher kommt denn diese Materie?«

»Nach der Relativitätstheorie und der Quantenmechanik kann Materie in Form von Teilchen-Antiteilchen-Paaren mit Hilfe von Gravitationsenergie in beliebiger Menge erzeugt werden. Das Ergebnis ist ein expandierendes Universum, angefüllt mit materiellen Objekten, Galaxien, Sternen, Planeten – und Leben.«

»Aber wo beginnt und wo endet der Raum?«

»Ein Modell zeigt den Raum, der durch die Gravitation gekrümmt und somit in sich abgeschlossen ist. Also ist das Universum nicht unendlich groß, es hat aber auch weder ein Ende noch eine Grenze. Kein Raumschiff könnte jemals an einen Ort kommen, an dem es nicht mehr weitergeht. Das können wir schwer verstehen, weil uns das Vorstellungsvermögen dafür fehlt. Vielleicht hilft euch aber das Bild unserer Erde, deren Oberfläche ja auch weder ein Ende noch eine Grenze hat.«

»Senex, Sie haben uns am Anfang unseres Spaziergangs das Entstehen des Universums miterleben lassen, wie man es sich vorstellt. Was war davor?«

»Mit dieser Frage kehren wir an den Beginn unseres Ausflugs zurück, Berenike. So schließt sich der Kreis. Hawking sagt dazu, dass, wenn in einem Schwarzen Loch die Materie in sich zusammenstürzt und für immer verloren ist, gleichzeitig an ihrer Stelle neue Materie hervorgebracht wird. Daher sei es denkbar, dass es eine noch frühere Phase des Universums gab, in der die Materie zusammenstürzte, um dann im Urknall wieder erschaffen zu werden. Man spricht auch von einem ewigen

Pulsieren: Urknall – Ausdehnung – Umkehr – Zusammenstürzen und neuer Urknall. Ich weiß, dass das keine befriedigende Antwort ist, aber die werden wir Menschen wohl niemals finden. Es war auch nicht der Sinn unserer Wanderung, die letzten Rätsel zu lösen. Das ist unmöglich. Wir, das heißt die Leitung des Evo-Parks und ich, wollten euch einen Eindruck von dem gewaltigen Weg der Menschheit vermitteln, den sie in nur fünfzehntausend Jahren zurückgelegt hat, vom jagenden Urmenschen bis zur gegenwärtigen hoch differenzierten Stufe.«

»Und wer ist die Leitung des Evo-Parks?«, fragte Stefan. »Und wer sind Sie?«

Da hob Senex beide Hände und zuckte die Achseln. »Kommt zum Schluss noch einmal mit mir hinaus!«

Milliarden Sterne erstrahlen

Sie durchquerten den Raum, gingen durch die Eingangstür und standen im Freien. Nun staunten sie noch einmal, denn vor ihnen lag jener Platz, den sie vor zwölf Tagen zuerst betreten hatten. Nur dass es damals heller Tag gewesen war, und nun war es Nacht. Und doch erkannten sie vor sich, sparsam beleuchtet, das Gebäude mit seiner Metallkuppel. Die Inschrift über seinem Tor hatte sich jedoch geändert. Hatte sie am ersten Tag ›Die Geburt des Kosmos‹ gelautet, so lasen sie jetzt in Leuchtbuchstaben: ›Der Blick auf die Erde‹.

»Diesen Blick werden wir noch erleben«, meinte Senex. »Ein sinnvoller Abschluss.«

Sie gingen hinüber und nahmen in der ersten Sitzreihe Platz, wie am Anfang. Aber wie sehr hatte sich ihre Sicht der Dinge gewandelt!

Der Raum wurde dunkel, nachtfinster. Gleichzeitig dehnte er sich nach allen Seiten ins Unendliche. Überall, oben, seitlich, hinten, erstrahlten Milliarden von Sternen. Die Mauern wichen ins Grenzenlose.

Stefan murmelte: »Das sind doch viel mehr Sterne, als wir normalerweise sehen, und sie flimmern überhaupt nicht.«

»Die Sterne leuchten so ruhig, weil es auf dem Mond keine bewegte Atmosphäre gibt«, antwortete Senex.

Das war es also, sie waren auf dem Mond!

Von irgendwo her kam eine Stimme: »Unsere Erde kreist in einer Galaxie um die Sonne. Diese Galaxie ist nur eine von einigen hundert Milliarden, die mit modernen Teleskopen erkannt werden können. Mit einem Durchmesser von etwa hunderttausend Lichtjahren dreht sich die Galaxie, die wir auch Milchstraße nennen, langsam um sich selbst. Die Sterne ihrer Spiralarme brauchen für eine Umkreisung des Zentrums ungefähr hundert Millionen Jahre. Unsere Sonne, der wir unser Leben verdanken, ist ein normaler gelber Stern am inneren Rand eines der Spiralarme.«

»Da ist die menschliche Erkenntnis gewaltig gewachsen, seit Ptolemäus die Erde zum Mittelpunkt des Universums erklärt hat!«

Die Stimme fuhr fort: »Während die Sterne verglühen, verschmelzen die Galaxien zu riesigen Schwarzen Löchern, die sich im All fortbewegen.«

Nun wurde ihre Aufmerksamkeit von dem Schauspiel abgelenkt, das sich vor ihnen entfaltete. Zuerst erschien zuunterst ein gleißend-marmorierter, leicht gewölbter Grund.

»Die Oberfläche des Mondes«, erläuterte Senex. »Wir verlassen unseren Erdtrabanten jetzt in einer Raumkapsel.«

Langsam tauchte eine blau-weiße Kugel auf. Ein himmelblaues Juwel, umkränzt von weißen Schleiern, stieg wie eine Perle aus dem schwarzen kosmischen Meer.

»Unsere Erde«, sagte Senex. »Gesehen aus dem Orbit, aus der Umlaufbahn der Erde.«

»Sie ist schön!«, meinte Berenike.

»Schön und zerbrechlich«, stimmte ihr Stefan zu.

In der Weltraumdunkelheit sah die Erdkugel sehr zart aus, als ob man sich hüten müsste, sie mit der Fingerspitze zu berühren.

Als sie sich der Erde wieder näherten, tauchte zunächst eine tiefblaue Fläche auf, die von grünen, grauen und weißen Farbtönen durchsetzt war.

»Atolle im pazifischen Ozean und Wolken darüber«, sagte Senex leise. »Das Meer wird von dem gekrümmten Rand der Erde begrenzt, über dem die Atmosphäre als schmaler blauer Lichtschein im schwarzen Weltraum leuchtet.«

»Ich glaube, dieser Blick auf unsere Erde ist das wichtigste Ergebnis der Raumfahrt. Wir sehen, dass auch sie ein Raumschiff ist.«

»Deshalb sollten wir besonders sorgsam mit ihr umgehen, denn in einem Raumschiff ist jede Gewalt tödlich. Und dabei muss es bald sechs Milliarden Passagiere aufnehmen!«

Ihre Kapsel näherte sich der Erdkugel und umrundete sie, sodass sie in die Erdnacht eintauchte. Das war nicht weniger faszinierend, vielleicht noch schöner als der Tag. Wo Gewitter tobten, erleuchteten Blitze die Wolkenschichten über den Kontinenten. Dabei hörte man nichts, keinen Laut, kein Donnergrollen, und spürte auch keinen Windstoß. Alles hatte den Zauber eines Polarlichts.

»Das sind wohl dicht bewohnte Gebiete, Senex, Millionen von Lichtern, Großstädte?«

»Dort oben erkennt ihr Südengland, darunter Paris, ganz nah, etwas nach Norden, Belgien, schräg darunter das Ruhrgebiet«, erklärte Senex. »Und noch weiter unten das ewige Rom.«

Während sie schauten, geschah etwas noch Unerklärlicheres. Alles veränderte sich. Sie dachten, dass sie sich nun der Erdkugel näherten, dieser schönen Murmel, aber diese wurde von einer blauen Atmosphäre umhüllt.

»Stickstoff«, sagte Senex.

Gleichzeitig verkleinerte sich die Erde, als ob sie sich sehr rasch, wie explosiv entfernte. Dabei verwandelte sie sich in einen Feuerball. Dann tauchte die Sonne mit ihren neun Planeten auf. Immer größer wurde die Entfernung, immer rascher die Fahrt. Bald erschien die Diskusscheibe der Milchstraße, gebildet aus Milliarden von Sonnen und Sternen, die rasch in noch mehr und zahlreicheren Galaxien aufgingen, bis es nur noch um sich selbst kreisende Spiralen, rotierende Sternennebel gab, die sich auflösten und in einen Mittelpunkt zurückstürzten, in dem nun alles enthalten war.

Dann verging das Bild in Nachtschwärze, im vollkommenen Nichts.

»Das Ende unseres Kosmos, zurück an den Anfang, zu neuer Entwicklung.«

Das waren die letzten Worte von Senex. Die Vorstellung war beendet. Es blieb aber noch dunkel und sie standen auch noch nicht auf, sie brauchten einen Augenblick der Besinnung.

Dann ging das Licht an. Befanden sie sich wirklich in einem nüchternen Raum mit Sitzreihen, wie in einem Kino? Sie waren unschlüssig. Was geschah nun? Ein Abschied von Senex? Was sollten sie ihm sagen, wie ihm danken?

Er war nicht mehr da. Sein Sitz war leer. Niemand hatte gehört, dass er aufgestanden, keiner bemerkt, dass er weggegangen war.

War er jemals da gewesen?

Die größten Fragen

Im ersten Augenblick fühlten sie sich verlassen. Schließlich sagte Stefan: »Er ist fort. Ich denke nicht, dass wir ihn jemals wieder sehen werden. Im Grunde wundert es mich nicht. Dieser Abgang passt zu seinem ersten, geheimnisvollen Erscheinen – wie überhaupt zu diesem Park.«

Berenike schloss kurz die Augen. Sie wollte die Fülle der flüchtigen Bilder festhalten. »Hoffentlich vergesse ich das alles nicht wieder«, murmelte sie. »Während unserer Wanderung habe ich manchmal gedacht, alles sei wirklich, sei Realität, aber dann erschien es mir wieder so unwahrscheinlich. Mir kommen diese Tage wie ein Traum vor.« Ihre Stimme klang körperlos, wie noch nicht in die Gegenwart zurückgekehrt. »Ich verstehe nicht, dass der Evo-Park überhaupt existieren kann. Aber das trifft auch auf unsere Erde zu, dieses winzige Korn unter Milliarden anderer Weltkörper. Wieso ist sie überhaupt da?«

Darauf antwortete zunächst keiner. Bis es wieder Stefan war, der sagte: »Vor zwölf Tagen, bevor wir zu unserem kleinen Stadtbummel aufbrechen wollten, der dann so unverhofft in den riesigen Evo-Park führte, haben wir von einigen der Fragen gesprochen, die uns Menschen bewegen. Was meint ihr: Können wir sie jetzt beantworten? Schließlich sollten wir ja nicht nur unseren Hochmut fahren lassen, sondern auch unseren Verstand gebrauchen.«

Roman zuckte die Achseln: »Die erste Frage hat Berenike eben wieder angeschnitten: ›Warum existiert überhaupt etwas?‹ Was mich betrifft, so weiß ich darauf immer noch keine Antwort. Und das geht bestimmt nicht nur mir so, sondern auch anderen Menschen, und es wird immer so bleiben. Und doch glaube ich an eine bewegende Kraft, der das All seinen Ursprung verdankt. Du musst sie ja nicht Gott nennen, Stef.«

»Denkst du an die unendlich kleine, aber unmessbar dichte Masse, die vielleicht nur erbsengroß war, im Urknall explodierte, sich zum Universum entwickelte – und in ihm das Leben?«

Roman nickte.

Stefan fuhr fort: »Also etwas Unbegreifliches, das uns weder gewollt hat noch sich um uns kümmert. Das kann ich akzeptieren. Da hatte sicher kein Überwesen die Hand im Spiel, das uns nach seinem Bild formte.«

»Kein allmächtiger, gütiger und liebevoller Vater?« Es war mehr eine Feststellung, die Berenike traf, weniger eine Frage.

Stefan schüttelte dennoch den Kopf: »Nein, Nik. Das Universum braucht keine höhere Instanz. Ich meine, es enthält alles. Freilich, wer sagen könnte, wie und warum sich Verstand und Bewusstsein in ihm entwickelten, der hätte vielleicht den Schlüssel zur Weltformel – oder die Weltformel selbst.«

»Wie auch immer, für mich ist der Kosmos mehr als eine zufällige Ansammlung von Materieklumpen. Ich sehe auch Intelligenz, Liebe und Harmonie darin«, widersprach Berenike. »Und noch immer bleibt die Frage, was wir Menschen sind, warum wir sind, woher wir kommen, wohin wir gehen und was aus uns wird.«

»Wir sind Sternenstaub«, antwortete Stefan. »Wir kommen aus dem Ur-All und gehen in das Ur-All zurück.«

»Dann werden wir wieder zu Sternenstaub, Sternenstaub ohne Bewusstsein. Wenn das so ist, wozu leben wir dann?«

»Darüber könnte man stundenlang reden«, sagte Roman. Er schaute in die Höhe, wo sein Blick etwas zu suchen schien. »Wir müssen etwas weitergeben. Ich glaube, dass wir mindestens eine Aufgabe haben: Jeder ist ein Glied in der Kette der Evolution. Unseren Lebenssinn finden wir vielleicht überhaupt nur in der Evolution. Wenn wir für spätere Generationen die Grundlagen schaffen, so ist das wohl genug!«

»Aber wir müssen handeln«, sagte Stefan entschieden. »Nur träumen genügt nicht. Noch so viele Fernsehprogramme können die Welt nicht für uns entdecken und ändern schon gar nicht.«

»Das ist mir zu allgemein. Was hat diese Wanderung uns denn nun gebracht, dir, Nik, dir, Stef, und natürlich auch mir? Das möchte ich jetzt wissen.«

Lernen, handeln, fühlen

Alle versanken in Nachdenken. Roman rutschte auf dem Sitz vor, Stefan beschäftigte sich mit seiner Brille, Berenike hakte die Finger ineinander.

»Dann fang du doch gleich mal an«, gab Stefan Roman einen Gedankenschubs.

»Ein bisschen was habe ich schon gesagt. Wir haben im Evo-Park natürlich nur kleine Ausschnitte der menschlichen Entwicklung miterlebt, aber umso reizvoller finde ich es, mich jetzt weiter damit zu beschäftigen. Ich möchte noch mehr von dem erfahren, was die Menschen vor uns gedacht, wie sie gelebt, was sie erschaffen haben. Das hilft mir, mich heute zurechtzufinden. Diese Wanderung darf nicht alles gewesen sein. Jede Gestalt und jedes Ereignis hat seine Bedeutung. Für uns waren es Blitzlichter. Aber hier läge mehr als genug Stoff für mehrere Leben! Man muss ja nicht unbedingt aus allem einen Roman schreiben wollen, es genügt, wenn man sich hineinvertieft. Das ist doch genug Ergebnis, oder etwa nicht?«

Berenike schaute ihn zustimmend an.

Roman fuhr fort: »Ich möchte an einer Änderung unseres Bewusstseins mitwirken, schriftstellerisch oder auch journalistisch. Ich weiß noch nicht, was ich machen werde, aber das muss ich heute ja auch noch nicht entscheiden. – Und du, Stef, ewiger Zweifler! Zu welcher Erkenntnis bist du gelangt?«

»Du sprichst es schon an, Romi: Erkenntnis! Mir geht es noch mehr als früher um die Vernunft. Ich kann nicht nur glauben, ich will denken und nichts Unbewiesenes als wahr nehmen. Wir haben doch gesehen, wie verrückt die Menschen immer wieder geglaubt haben. Und wohin hat das geführt? Zu Krieg, Versklavung, Verfolgung und Ausrottung, Scheiterhaufen – immer wieder.«

»Wo bleibt der Trost?«, fragte Roman.

»Lieber die harte Wahrheit als eine tröstliche Lüge.«

Berenike war wieder in einen träumerischen Zustand geraten. Sie sagte leise: »Habt ihr das nicht auch so empfunden: Je näher wir dem Himmel kamen, desto schöner wurde die Erde!«

Stefan stockte. Er fand aber nichts an ihren Worten, was ihm widersprochen hätte. Deshalb fuhr er fort: »Diese Schönheit muss man aber auch sehen und etwas dafür tun. Ich möchte, dass die Menschen ihren Verstand benutzen, statt sich Träumen und Phantasien hinzugeben. Dem Satz von Descartes, ›Ich denke, also bin ich‹, kann man doch auch den logischen Umkehrschluss anfügen: ›Ich bin, also denke ich!‹ Und das ist vielleicht die wichtigste Maxime für mein Leben.«

»Also mehr Auklärung!«

»Wenn du so willst, ja! Zur Phantasie gehört der Zweifel. Begeisterung ohne Zweifel kann tödlich werden. Ich will den Aberglauben bekämpfen. Am liebsten hätte ich gesagt: den Aberglauben ausrotten! Aber das wird nie möglich werden. Trotzdem: Die Wissenschaft mag nicht unanfechtbar sein, aber wir haben nichts Überzeugenderes. Es gibt keine anderen Lebewesen, die Wissenschaft betreiben können, als uns Menschen. Vielleicht ist es also einzig die Wissenschaft, die uns auszeichnet. Nur unser Verstand kann uns zu einem besseren Leben verhelfen, vielleicht überhaupt zum Überleben. Mich interessiert die Naturwissenschaft: Physik, Astronomie – und auch die Technik. – Aber jetzt bist du dran, Nik, ich habe genug geredet.«

»Ach, ich weiß nicht, ob man unbedingt immer etwas wollen muss, ob es nicht genügt, einfach zu sein. Ich möchte auch denken, gewiss, aber doch auch fühlen. Ohne Gefühl kann keiner leben. Mein Hauptinteresse gilt, das habt ihr ja oft genug gehört, den Frauen. Ich finde, dass sie immer noch nicht zu ihrem Recht kommen. Das konnte man ja mit Händen greifen, wie sehr unsere Geschichte von Männern bestimmt wurde. Sokrates, Paulus, Luther, Kopernikus, Galilei, Descartes, Newton, Darwin, Marx, Freud – Männer, Männer! Das kann so nicht weitergehen. Die männliche Dominanz ist doch nicht die Folge von mangelnder Intelligenz der Frauen! Naja, ich weiß schon, die Rolle der Frau, die Ehe, die Kinder – Also, was mich betrifft, ich werde vielleicht heiraten und eine ganz normale Ehe führen, vielleicht aber auch nicht. Ich hoffe, dass ich mich dabei nicht aufgeben werde und mich immer am Leben freue. Gern würde ich etwas mit meinen Händen tun, Malen, Zeichnen, Design, vielleicht auch nur als Hobby, ich grüble noch. Man muss sich Ziele setzen und Weggefährten suchen. Bestimmt will ich etwas mit Menschen machen, für andere da sein, in der Medizin, im sozialen Bereich oder in der Politik.«

»Das ist ein Stichwort«, rief Stefan. »Wer nur für sich und nicht für andere lebt, kann nie glücklich werden. Es gibt so viel zu tun, im Kleinen wie im Großen, in jeder Gemeinschaft.«

»Das denke ich auch«, antwortete Berenike. »Und noch etwas: Bestimmt hilft uns keiner, der sich in die Vergangenheit zurückwünscht. Zwar ist die Nostalgie nach der Zeit vor der Technik heute wieder groß. Aber das haben wir doch nun wirklich gesehen: Die ›gute alte Zeit‹ hat es nie gegeben.«

»Kein ›Zurück zur Natur!‹«, sagte Stefan.

»Wir verdanken unseren Vorfahren nicht nur unser Da-Sein, sondern auch unser So-Sein«, fuhr Berenike fort. »Daraus folgt auch, wie unser heutiges Verhalten das Leben der folgenden Generation bestimmt. Gerade deshalb finde ich es auch so wichtig, so viel wie möglich über die Vergangenheit zu wissen. Das rückt unsere Maßstäbe zurecht und macht uns sicherer.«

Sie schwieg, jeder dachte nach. Sie wussten, dass es nie endgültige Lösungen gibt, sondern immer nur Versuche.

Jetzt spürten sie eine gewisse Entspannung, vielleicht auch die Müdigkeit der vergangenen zwölf Tage.

»So schwer es mir fällt«, sagte Berenike, sich dehnend, »wir können wohl nicht immer hier bleiben.«

Zurück in die Zukunft

Sie hakten sich unter und verließen den Raum. Auf dem kleinen Vorplatz war es stockdunkel, nur ein paar tief angebrachte Lämpchen leuchteten zur Pforte.

Die Eingangstür ging wie von selbst auf. Danach änderte sich alles, die Luft, die Gerüche, die Geräusche. Es wurde feuchter, es roch nach Benzin, Rauch, Abgasen. Die rötliche Lichtglocke der Stadt wölbte sich über den Dächern.

In der Mitte der Straße leuchteten die Fenster eines leeren Trambahnwagens, hell und einladend.

Ehe sie einstiegen, drehte sich Berenike noch einmal um und rief: »Schaut mal!«

Der Park war versunken, verschwunden, nichts war mehr zu sehen, keine efeubewachsene Mauer, kein Schild ›Evo-Park‹, nur Mietshäuser. Aber auf einer Plakatwand erschienen als flackernder Schriftzug die Worte:

Prendete ogni speranza,
Voi ch' andate!

»Und was heißt das nun, im Gegensatz zum Anfang?«, fragte Berenike.

Roman antwortete: »Ich möchte das im Versmaß mal so übersetzen: ›Nehmt, die ihr fortgeht, alle Hoffnung mit euch!‹«

»Hoffnung werden wir wohl jede Menge brauchen«, meinte Stefan. »Und Optimismus.«

Kaum hatte er das gesagt, erlosch die Verszeile. Nichts erinnerte mehr an den Park in dieser öden Vorstadt. Hinter einigen Fenstern flimmerte das blasse Licht von Fernsehgeräten.

Sie stiegen in die Straßenbahn, ließen sich auf die Sitze fallen und hofften – nein, sie waren sicher, auf dem Rückweg zu sein.

Auf dem Rückweg? Wohin? Vielleicht in die Zukunft.

Die Bahn fuhr an.

ENDE

EPILOG

Wir konnten die Finsternis der Nacht und die Dunkelheit
des Denkens erhellen.
Wir verwandelten uns von sesshaften Ackerbauern in Geschöpfe,
die Kontinente und Meere überfliegen.
Unserem Tatendrang stehen mehr Möglichkeiten offen,
als sie je eine Generation vor uns besessen hat.
Unsere Freiheit scheint grenzenlos zu sein.

Wie aber können wir unsere Lebenszeit sinnvoll gestalten?

Nachklang und Ausblick

Entrückung

Einige Tagen waren vergangen. Berenike, Roman und Stefan waren wieder in ihr modernes Leben zurückgekehrt. Aber es wäre recht seltsam gewesen, wenn sie die Wanderung durch den Evo-Park schon vergessen hätten. Sie blieb ein Einschnitt. Ja, dieses Erlebnis kam ihnen jetzt noch unwahrscheinlicher vor als unmittelbar danach, am Abend der Heimfahrt. Aber andererseits hatten sich die Eindrücke nun gesetzt, manches hatte sich geklärt, anderes war zur Ruhe gekommen, über vieles hatten sie nachgedacht und taten es noch. Sie waren in eine Stimmung geraten, die sie aus der Normalität heraushob. Gewiss waren sie noch sie selbst, aber stimuliert, mit einem erweiterten Bewusstsein. Auch Erlebnisse können wie Drogen wirken und eine solche Erfahrung lag gerade erst hinter ihnen. Das entrückte sie der Gegenwart.

Die Frage, die jeden der drei auf seine Weise beschäftigte, lautete: Was haben mir diese zwölf Tage, in denen ich in die Menschheitsgeschichte des Abendlands eingetaucht war, gebracht?

An Ende jeden Tages ihres Ausflugs hatten sie sich zu einem Gespräch mit Senex getroffen, am schönsten war ihnen der fünfte Abend in Pisa in Erinnerung geblieben. Da hatte eine besondere Übereinstimmung zwischen ihnen geherrscht, sie hatten gespürt, wie sie zusammengehörten, als Kinder dieser Erde und als Kinder des Kosmos. Gern wären sie noch einmal in den Garten des Gästehauses von Pisa zurückgekehrt – aber sie würden es nie wieder finden, es gab keinen Senex mehr, der sie hätte dorthin führen können.

Eines Abends, es war bereits dunkel, rief Berenike nacheinander Roman und Stefan an. »Was haltet ihr davon, wenn wir uns treffen, um noch einmal miteinander zu sprechen?«

Die beiden Jungen stimmten sofort zu.

»Wie wäre es mit dem Fernsehturm? Von dort hat man einen so schönen Überblick.«

Die drei trafen sich an der Kasse. Der Aufzug war leer, Roman drückte den Knopf ›Aussichtsebene‹. Die Tür schloss sich, ein Summen ertönte, keine Bewegung war zu spüren.

Fuhren sie nun oder standen sie noch auf der gleichen Stelle?

»Das ist wie eine Illustration zu Einsteins Relativitätstheorie«, meinte Stefan.

»Genau, oder wie wenn wir in einem stehenden Zug sitzen und auf einem Nachbargleis fährt ein anderer ab. Dann glauben wir auch, dass wir es sind, die sich bewegen«, stimmte ihm Roman zu und ergänzte: »Es ist aber auch eine Parallele zum Evo-Park. Haben wir alles erlebt – oder nur geträumt?«

Kurz darauf gab es einen kaum spürbaren Ruck. Hinter einem Vorraum, in dem Zeitschriften und Reiseandenken angeboten wurden, öffnete sich der Durchgang zur Aussichtsplattform mit ihrer raumhohen Verglasung. Die Veranda drehte sich im Schneckentempo. Ihre vordere Hälfte war unbeleuchtet. Nur an der Rückwand waren einige matte Lichter angebracht. Im technisch-kahlen Raum herrschte eine diffuse, dunkle Atmosphäre. Umso schöner entfaltete sich darunter das Lichterpanorama der Stadt.

In der Mitte des schmalen Umganges standen in regelmäßigen Abständen Bänke. Auf den meisten saßen Leute, aber Berenike, Roman und Stefan fanden noch eine, die unbesetzt war. Die beiden Jungen nahmen Berenike in die Mitte. Roman schob seinen Arm hinter sie auf die Rücklehne.

Eine Weile schauten sie nur auf das Lichtermeer, das sich bis an den tiefdunklen Horizont ausdehnte. Die Sterne wurden von der flimmernden Dunstglocke verschluckt. Vorne leuchteten Fenster, Peitschenlampen erhellten die Straßen, auf denen sich Autoschlangen aneinander vorbeischoben: Scheinwerfer und Rücklichter.

Das ist unsere Welt

Das Bild der nächtlichen Stadt veränderte sich langsam mit der Drehung.

»Mir kommt es vor, als ob ich heute alles anders sähe als früher«, sagte Roman nachdenklich. Er sprach leise, mit Pausen. Die Gedanken formten sich ihm beim Reden: »Da unten, das ist nun unser Leben und es ist ebenso ein Produkt dessen, was vorher war. Konzerte und Opern, Theater, Filme, Restaurants, Bars – Fernseher in allen Häusern, Kliniken, Ärzte und Ärztinnen, Schwestern und Pfleger, Altenheime, Verbrecher mit Schusswaffen, Polizisten …«

»Und noch viel mehr«, fuhr Berenike fort. »Ja, das ist wirklich die Welt, deren Teil wir sind. Und ich bin wieder einmal richtig froh, dass ich heute lebe, nicht gestern oder gar vorgestern, und wohl auch nicht morgen. Da berufe ich mich, leicht abgewandelt, auf Leibniz – erinnert ihr euch? –, indem ich behaupte: Wir leben vielleicht nicht in der besten aller Welten, aber möglicherweise in der besten aller Zeiten.«

Stefan nickte. »Nik hat Recht. Ich finde, auch das hat uns der Spaziergang durch den Evo-Park gezeigt. Noch nie konnten sich so viele Menschen so gut ernähren, noch nie standen ihnen so viele Schulen und Universitäten offen, noch nie gab es so viele Informationen und Bücher, noch nie konnte man so komfortabel, sicher und mühelos reisen.«

»Ja, das meine ich«, stimmte ihm Berenike zu. »Wir haben unheimlich viel Glück gehabt, mit der Zeit und mit dem Ort unserer Geburt.«

Stefan fuhr fort: »Außerdem leben wir gesünder und viel länger. In den frühen Kulturen betrug die durchschnittliche Lebenserwartung etwa dreißig Jahre, auch im Mittelalter war es nicht besser. Heute können wir mit achtzig Jahren rechnen.«

»Noch vor hundert Jahren hätte ich am Kindbettfieber sterben können«, spann Berenike den Faden weiter. »Da konnte eine Blinddarmentzündung mein Todesurteil sein. Und jetzt sind sogar schwierigste Herzoperationen bereits Routine.«

»Und trotzdem«, Roman bewegte den Kopf abwägend. »Du hast ja auch schon angedeutet, dass du nicht einmal in der Zukunft leben möchtest. Es ist doch keineswegs alles wunderbar und die Probleme werden größer. Ich will sie gar nicht alle aufzählen. Außerdem ersticken uns doch auch die zahllosen Möglichkeiten und – jetzt zusätzlich – die Überfülle von Informationen. Theoretisch steht uns auf Knopfdruck das gesamte Wissen aller Kontinente und Jahrhunderte zur Verfügung. Aber was nützt diese Überfülle von Informationen, wenn sie niemand mehr verarbeiten kann. Da sind wir doch überfordert!«

»Wir müssen sicher noch lernen, damit umzugehen. Ich denke, da gibt es nur eine Methode, Kreativität«, antwortete Stefan. »Du hast Recht, die Inflation der Informationen kann zur Gefahr werden, wenn wir sie nicht ordnen und auswerten. Aber unsere Schwierigkeiten resultieren doch nicht aus einem Zuviel an Wissen, sondern aus der Unfähigkeit, effektiv damit umzugehen.«

»Ich denke, wir werden es lernen.« Berenike sah ihn hoffnungsvoll an.

Wir sind nicht für die Moderne programmiert

Stefan nickte.

»Und trotzdem, Stef«, wandte Roman ein, »jeder bleibt ein Produkt der Urwelt, ein Kind der Eiszeit. Wir sind nicht für die moderne Welt programmiert, in der wir uns durchsetzen müssen.«

Berenike verstand ihn: »Also müssen wir uns ändern, Romi. Da bin ich schon zuversichtlich. Keiner von uns dreien, wahrscheinlich nicht einmal einer von all den Leuten hier auf dem Turm, denkt noch so wie vor zehn oder zwanzig Jahren – zum Beispiel über unseren Umgang mit der Natur. Und genauso grundlegend hat sich die Einstellung zum Krieg geändert, wenigstens in den industrialisierten Ländern.«

»Hoffentlich bleibt es so«, murmelte Roman.

»Und noch etwas«, erklärte Berenike. »Wir haben ja auch gesehen, wie viel der Mensch leisten musste, bis er zur heutigen Stufe gelangte.

Unsere Fähigkeiten sind sicher gewachsen, auch dank raffinierterer Werkzeuge! Ich hoffe, dass wir es ebenfalls schaffen, trotz aller globalen Risiken.«

Stefan fuhr fort: »Ich denke schon, dass Verstand und Erkenntnis uns nicht nur die Chance geben zu überleben, sondern besser zu leben. Sicher, wir kennen alle die großen Probleme. Darüber brauchen wir nicht zu reden, wir werden täglich damit konfrontiert, mindestens durch die Medien. Aber man beginnt doch auch über die Ursachen nachzudenken. Meiner Meinung nach haben weder der Verstand noch die Wissenschaft und schon gar nicht die Vernunft die Welt zerstört, sondern im Gegenteil ein Mangel an beidem.«

»Wie meinst du das?«

»Ich beklage ein Defizit an allgemeinem Wissen und Vernunft.«

Berenike half Roman: »Aber doch nur im Zusammenhang mit den astronomisch gewachsenen technischen Möglichkeiten!«

»Vor allem zuerst mal wegen der astronomisch angewachsenen Weltbevölkerung. Wir könnten mit all unserer hoch entwickelten Technik, mit Anästhesie und moderner Medizin, mit Autos, Flugzeugen und Raketen wunderbar leben, wenn wir nur eine Milliarde wären und eben nicht fünf oder gar sechs. Wir wissen, dass die Welt übervölkert ist, jetzt schon, und das wird noch schlimmer! Aber es gibt keinen Weg zurück. Ob es uns nun passt oder nicht – weder die Technik noch die Wissenschaft können wir wieder loswerden, denn das wäre Selbstmord. Um mit all den Problemen fertig zu werden, brauchen wir nicht weniger, sondern im Gegenteil mehr wissenschaftliche Anstrengungen und – mindestens genauso wichtig – mehr öffentliche Aufklärung. Wenn wir Menschen zu Grunde gehen sollten, dann nicht an der Klugheit derjenigen, die den Fortschritt geschaffen haben, sondern an der Dummheit derer, die nicht mit ihm umgehen können.«

»Leider sind das neunundneunzig Prozent!«

»Mag sein. Jedenfalls ist mehr Wissen dringend nötig. Immerhin hat es die Naturwissenschaft erreicht, dass all diese Milliarden heute leben können. Nein, diese Menge ist nun einmal eine Tatsache und sie könnte nicht mehr ohne wissenschaftliche Hilfe existieren. Wir können nicht auf dem Stand des neunzehnten Jahrhunderts existieren. Milliarden von

Menschen können nicht wie Bauernburschen und Mägde in einer ungebändigten Natur und wohl auch nicht im Frieden mit ihren Nachbarn leben. Kultur und Natur sind Gegensätze. Tiger fressen Eingeborene und Touristen, Vulkane begraben Städte, die Sonne trocknet Weideland aus und lässt alles verdursten. Wir sind auf Gedeih und Verderb von der Wissenschaft abhängig.«

Verloren ohne Wissenschaft und Technik

»Aber mit all der Wissenschaft und Technik sind wir doch dabei, die Erde zu zerstören! So viele Naturkatastrophen sind hausgemacht.«

»Aber jetzt wären wir verloren ohne Wissenschaft und Technik. Ich habe im Evo-Park auch gesehen, dass es immer die Weitergabe von Information war, die den Fortschritt brachte. Am deutlichsten zeigte das der Buchdruck. Macht euch das doch mal klar: In neunundneunzig Prozent der bisherigen Geschichte konnte niemand lesen oder schreiben. Ich schätze, dass die Fortschritte in der Wissenschaft – in der Medizin und in der Landwirtschaft – mehr Menschenleben gerettet haben, als in sämtlichen Kriegen zu Grunde gegangen sind. Wir brauchen daher die Weitergabe vom Informationen. Auch und gerade wegen der globalen Gefahren, denn die Wissenschaft stellt uns ja auch sensible Frühwarnsysteme zur Verfügung.«

»Ich frage mich, ob die Evolution das gewollt hat?«

»Ach, Nik, wir sind uns doch einig, dass die Evolution kein Ziel hat, keine Absicht. Wir können die Evolution weder rückgängig machen noch zum Stillstand bringen. Sie ist ein in unserer DNS enthaltener Prozess. Für mich sind Schöpfung und Evolution ein und dasselbe. Wir können das eine nicht ohne das andere haben.«

»Ja, und vielleicht ist die seit dem Urknall abgelaufene Entwicklung noch nicht einmal zu Ende?«

»Davon bin ich überzeugt. Vielleicht liegen noch viele, viele Milliarden Jahre vor ihr. Warum sollten nicht noch klügere Köpfe entstehen, die den unseren haushoch überlegen sind und neue, uns noch unbekannte Dimensionen zu entdecken vermögen? Können Käfer etwa die Sterne erkennen? Und doch sind die Sterne Realität. Wir haben unseren Erkenntnishorizont vielleicht erreicht, aber muss das für alle künftigen Generationen gelten? Ich glaube auch, dass die Evolution kein Ziel hat, aber das sollte uns doch nicht hindern, eines zu formulieren und die Evolution dorthin zu lenken.«

Roman richtete sich auf: »Dass der Mensch einmal alle Welträtsel lösen kann, bezweifle ich. Sicher sind wir nur so geworden, wie wir sind, weil wir von den früheren Generationen geprägt wurden, und so werden auch die künftigen Generationen von uns geprägt werden. Gewiss lebt jeder Mensch nur deshalb so, wie er eben lebt, weil seine Vorfahren – bis zurück zur Amöbe – biologisch erfolgreich waren und zumindest neues Leben zeugen konnten, das die Möglichkeit zu weiterer Entwicklung in sich trug. Aber andererseits sind wir doch auch kosmische Wesen. Auch für uns gibt es Grenzen.«

Wir gestalten die Welt

Stefan stimmte Roman zu: »Ja, ich sehe in unserer Geschichte das unablässige Bemühen, durch ein Meer von Ahnungslosigkeit und Irrtum zu Erkenntnissen zu gelangen. Auch wenn das nur einige wenige versucht haben, wären wir ohne sie nicht, was wir sind. Und so werden die Menschen im Jahr dreitausend, viertausend oder zehntausend nur das sein, was sie dann möglicherweise geworden sind, wenn auch wir nicht stehen bleiben. Das Besondere an uns Menschen ist doch, dass wir nicht nur geboren werden und leben und sterben, ohne eine Spur zu hinterlassen, sondern dass wir die Welt umgestalten, wenn auch nur für einen winzigen Zeitraum.«

»Mal angenommen, es gäbe doch ein Ziel der Evolution«, sagte Berenike nachdenklich, »kein bewusstes, sondern eines, das sich aus ihrer Dynamik von selbst ergibt? Was dann?«

»Dann wäre es unsere Aufgabe, den evolutionären Prozess über das, was der Natur möglich ist, hinaus fortzusetzen, also vor allem auf technischen Gebieten, denn da geht es, auf biologischem Weg nicht.«

»Meinst du, dass wir das Zeitalter der biologischen Evolution verlassen und in das der intellektuell forcierten Entwicklung eintreten?«

»Es wäre jedenfalls denkbar, Romi. Denn die intellektuelle Entwicklung brächte einen enormen Zuwachs an Schnelligkeit, einen gewaltigen Schub!«

»Aber auch Gefahren!«

»Sicher. Aber vielleicht ist die Intelligenz eben doch ein ›Ziel‹ der Evolution. Vielleicht bedient sie sich ihrer bewusst! Und vielleicht stehen wir ja erst am Anfang ihrer Entwicklung. Wer weiß denn, ob der Geist in den herausragenden Individuen, für die ich beispielhaft nur mal Shakespeare, Bach, Mozart, Goethe, Einstein und Marie Curie nenne, schon die Höhe seiner Möglichkeiten erreicht hat? Und da nun, wie wir gesagt haben, letztlich alles Natur ist, auch unser Verstand, zeigt die Natur mit diesem Verstand auch, zu was sie noch fähig ist durch den Menschen als ihr Medium. Jetzt greifen wir direkt ein, durch Auswahl, Züchtung, Genmanipulation. Indem wir das tun, folgen wir vielleicht einem uns eingeborenen Gesetz. Weil wir dazu in der Lage sind, denke ich, dass wir auch die Pflicht haben, eine andere Welt zu bauen.«

»Du siehst uns als Werkzeug?«

»Wir können verlieren, aber die Möglichkeit ist großartig. Wir haben uns doch nicht umsonst von einem Keulen schwingenden Monster zum denkenden Gestalter entwickelt.«

»Bis du dir da so sicher?«, seufzte Roman.

»Warte ab! Jetzt ist die Wissenschaft erstmals dabei, unseren genetischen Bauplan zu entschlüsseln.«

»Nimmst du wirklich an, das musste so sein?«, fragte Berenike voller Zweifel. Und antwortete sich selber: »Ja, vielleicht, wenn nicht nur eine von Pflanzen und Tieren belebte Welt existieren soll, eine Welt ohne ein Lebewesen, das alles bewusst wahrnimmt und darüber nachdenkt.«

»Der Mensch!«

Die Aufgabe ist der Sinn

»Aber keine Spezies existiert unbegrenzte Zeit«, erklärte Roman. »Die Evolution wird eines Tages möglicherweise auch ohne uns weiterlaufen, in eine andere Richtung. Wie auch immer, Stef, all das bringt mich noch einmal auf die Frage nach dem Lebenssinn.«

Da war Berenike zuversichtlich: »Wenn wir eine Aufgabe haben, dann ergibt sich daraus auch ein Sinn, nämlich, sie zu erfüllen!«

»Ich sehe ein Bild vor mir«, sagte Roman. »Jeder hat den gleichen Sinn wie der Tropfen im Strom. Er wird mitgeführt, dem Meer entgegen, in dem er schließlich aufgehen wird. Dazu braucht er keine besonderen Begabungen und Fähigkeiten. Selbst der einfachste Mensch ist für seine Nächsten wichtiger als das größte Genie.«

»Da fällt mir ein Aphorismus von Marie von Ebner-Eschenbach ein«, meinte Berenike. »›Ein bißchen Liebe von Mensch zu Mensch ist mehr wert als alle Liebe zur Menschheit.‹«

»Ja, das mag sein! Aber noch einmal – die Menschheit als Ganzes – hat sie nun etwas gelernt?«

»Vielleicht doch, Romi! Wir haben sicher viel gelernt, aber noch immer wird, wie in der zurückliegenden Zeit, unser Blick von Leidenschaften, Vorstellungen und Irrglauben getrübt, die alle zusammen viel gefährlicher sind als die realen Gefahren. Wir begehen immer wieder die gleichen Fehler.« Stefan nahm die Brille ab, hauchte auf die Gläser, putzte sie und setzte sie wieder auf. »Unsere Zeit macht da keine Ausnahme! Im Gegenteil, es ist vielleicht noch schlimmer als im Mittelalter. Jeder Unsinn wird geglaubt. Wieder pilgern junge Leute zu Geheimkulten, zu Gurus und Propheten. Esoterik, Astrologie, Mondeinflüsse, Sekten, Tantra – und was auch immer. Es nimmt kein Ende.«

»Ach, ich glaube, da hat sich doch vieles geändert«, widersprach Roman energisch. »Das wird bei dieser Jahrtausendwende besonders deutlich. Uns plagen längst keine irrationalen, apokalyptischen Ängste mehr. Von abergläubischer Furcht kann jetzt keine Rede mehr sein.«

»Das ist doch ein Fortschritt!«

»Und den verdanken wir nicht nur der Aufklärung, sondern auch den Naturwissenschaften, Nik. Nicht zuletzt ist eine umfassende Bildung auch die Voraussetzung für jede effektive Demokratie, denn eine Demokratie der Unwissenden kann bei den heutigen technischen Möglichkeiten nur verhängnisvolle Folgen haben. Meiner Ansicht nach wird die Welt viel eher an der wachsenden Irrationalität zu Grunde gehen als an den Fortschritten der Wissenschaft. Es macht mir große Sorgen, dass die Sehnsucht zurück zur vorindustriellen Zeit so zunimmt, verbunden mit der Ablehnung der angeblich so ›unmenschlichen‹ Gegenwart, und dass der normale, gebildete Mensch die Naturwissenschaft kaum zur Kenntnis nimmt. Wir genießen zwar alle ihre Vorteile, keiner will auf sie verzichten, nicht einmal der entschiedenste Kritiker …«

»Aber Stef«, rief Berenike. »Das glaube ich nun doch nicht! Niemand will wirklich ins Mittelalter zurück, mit allen Konsequenzen, wie Hunger, Seuchen, Pest, Folter und brennenden Scheiterhaufen.«

»… aber gleichzeitig verteufelt man all die Entwicklungen, denen man es vermutlich verdankt, dass man überhaupt lebt.«

»Ein bisschen haben sich die Menschen wohl doch entwickelt«, meinte Roman nachdenklich.

»In ihrer Substanz wohl kaum, und wenn, dann am wenigsten in den letzten tausend Jahren«, war Stefans Ansicht.

»Aber wenn man das Bild des ersten Menschen, der einen Stein als Werkzeug genommen hat, neben das eines Astronauten legt, der frei im All schwebt und das Sonnensegel seiner Raumstation repariert, dann ist der Unterschied doch krass«, meinte nun Berenike.

Roman runzelte die Stirn. »Es war doch so: Der Bauer hat die Kulturen bis zum hohen Mittelalter möglich gemacht. Danach kamen die Handwerker und die Kaufleute in den Städten …«

Stefan fiel ihm ins Wort. »Aber heute wird die Welt durch die Wissenschaft und die Technik gestaltet. Dabei meine ich mit Wissenschaft nicht so sehr eine Ansammlung von Wissen, das können Computer besser, sondern ein schöpferisch-logisches Denken, das uns noch so intelligente Maschinen nie abnehmen werden. Was wir vor allem brauchen, sind skeptisches Denken und die Fähigkeit zum Staunen.«

Wie sollen wir miteinander umgehen?

Roman war zunehmend unruhig geworden. »Wissen, wissen, wissen«, widersprach er. »Was ist mit Liebe, Glaube und Moral? Das hat doch alles nichts mit Physik zu tun.«

Berenike gab ihm Recht: »Die Wissenschaft sagt uns doch nicht, wie wir miteinander umgehen sollen!«

»Vielleicht wäre es ja gut, wenn das logische Denken, das wir in der Physik und Mathematik lernen, auch unser moralisches Verhalten bestimmen würde?«

Roman rutschte etwas vor, sodass sein Arm Berenikes Schulter berührte. »Ist es nicht eher so, dass die meisten Menschen vor allem einen Halt brauchen, den sie in der von der Technik dominierten Gegenwart nicht finden?«

»Und das sind nicht die schlechtesten!«, stimmte ihm Berenike zu. »Sie machen sich auf die Suche nach einem Sinn und sehnen sich nach einem einfacheren Leben.«

Stefan spürte ihre Übereinstimmung. Ein wenig bedrückt, widersprach er: »Ein einfacheres Leben ist eine Illusion. Das können sich nur wenige Privilegierte leisten. Alle anderen müssen mit der Technik leben, weil es ohne moderne Technik kein Leben mehr geben kann. Ihr habt zwar Recht, man sucht nach einem Sinn, aber genauso wahr ist, dass der Mensch lieber an falsche Götter glaubt, als sich tapfer damit abzufinden, dass es keine Götter gibt. Ich ziehe jedenfalls die harte Wahrheit der angenehmeren Einbildung vor. Meiner Meinung nach ist es viel besser, das Leben nüchtern zu begreifen, als einem Irrglauben anzuhängen. Moral besteht auch darin, etwas, für das es keine Beweise gibt, nicht für die Wahrheit auszugeben. Ich will lieber in einem zwecklosen Kosmos leben, als an einen Gott glauben, der seinem Volk Auschwitz zugefügt hat. Der Glaube an einen weisen und allmächtigen Gott, der die Geschichte mit Liebe regiert, hat doch spätestens nach den zwei Weltkriegen, nach Totalitarismus, Holocaust und Atombombe jede Berechtigung verloren. Aber die Entscheidung dafür oder dagegen muss jeder für sich allein treffen. Ich finde, die Fakten sind oft hilfreicher als alle Ideen, weil sie verlässlicher und dauerhafter sind. Das wissenschaftliche Denken ist phantasievoll und diszipliniert genug. Vor allem aber stellt es sich ständig selbst in Frage. Deshalb bleibe ich beim Zweifel.«

»Aber Skepsis allein genügt nicht. Skepsis muss mit Kreativität gepaart sein«, meinte Berenike. Sie schob eine Hand nach oben und fasste die von Roman.

»Die Kunst gehört dazu«, rief dieser lebhaft. »Solange wir neugierig und kreativ sind, leben wir. Wenn wir das aufgeben, sind wir am Ende.«

Berenike nickte: »Ich glaube, jetzt ist Kreativität notwendiger als jemals zuvor. Das habe ich im Evo-Park auch gelernt. Heute wollen alle immer nur Spaß haben. Ja – aber Spaß durch Kreativität ist doch viel besser als durch Konsum. Das Schlaraffenland ist absolut langweilig! Das züchtet nur verwöhnte Kinder, die keine Freude mehr empfinden und schlecht gelaunt sind. Man muss im kleinen Rahmen verändern und kreativ sein, man darf sich nicht von irgendwelchen großspurig auftretenden Gruppen vereinnahmen lassen.«

Etwas bleibt, was wir nicht verstehen können

»Und noch etwas«, sagte Roman. »Vielleicht wiederhole ich mich: Ich werde sicher nicht ohne jeden Glauben leben wollen, aber es wird wohl kein Glaube mehr an einen liebenden Gottvater mit weißem Bart sein. Das Paradies ist versunken, nicht aber unser Bedürfnis nach Werten, nach Inhalten, die es uns möglich machen, auf dieser Erde zu leben und miteinander auszukommen.«

»Die vielen Religionen, die es gibt, sollten wir mit den neuen Erkenntnissen in Einklang bringen«, meinte Berenike. »Wenn ich an das Weltall denke, dann hilft mir kein Intellekt. Ich fühle, dass da noch etwas sein muss. Irgendeine sinnvolle Energie, die mein Denken übersteigt, etwas, das ich nicht rational verstehen kann.«

Roman hörte das gern. »Wenn unser Wissen von der Stellung der

Erde im Universum gewachsen ist, dann müssen unsere Ethik und unsere Religion dem veränderten Bild angepasst werden. Man braucht wohl keinen Himmel mehr, um einen neuen kategorischen Imperativ zu formulieren. Ich wünsche mir einen die ganze Erde und alle Menschen umfassenden Ethos, weltumspannende Glaubensvorstellungen, die neben der wissenschaftlichen Erkenntnis in Harmonie bestehen können.«

»Vielleicht«, sagte Berenike, »sind wir Menschen überhaupt die Einzigen im Universum, die Liebe empfinden und weitergeben können.«

Roman sah sie herzlich an. »Unsere Kultur ist alt geworden«, sagte er. »Mehr als je brauchen wir Regeln für einen friedlichen und humanen Umgang miteinander und mit der Natur. Unser Fortschritt wird sich nur dann zum Guten entwickeln, wenn wir uns nach ethischen Werten richten. Wir müssen mehr Rücksicht auf das Leben nehmen, sensibler und geduldiger sein bei neuen Entwicklungen.«

»Vergiss den Intellekt und die Vernunft nicht!«, rief Stefan.

»Einverstanden. Die Evolution des Mittelmeerraumes, die wir im Evo-Park miterlebt haben, ist nur eine der vielen Voraussetzungen der Menschheitskultur. Diese hat heute keine Grenzen mehr. Das wird alles verändern, auch die ethischen Maßstäbe, die Moral und die Religionen, sogar die Wissenschaft.«

Roman wusste, dass Berenike ihm zustimmte. Sie lächelte. Ein wenig verschmitzt legte sie ihre andere Hand auf die Stefans und sagte: »Du hast doch auch keinen Einwand?«

»Nein«, antwortete er. »Ich habe ja alles gesagt, was ich zu sagen hatte.«

Sie schauten hinab auf die Lichter der Stadt.

Da capo al fine

Inhalt

Der siebte Abend

Der achte Tag

Der neunte Abend

Der elfte Abend

Der zwölfte Tag

Epilog

Nachklang und Ausblick

Literaturnachweis

Abendroth W.: Schopenhauer, Hamburg 1996 (rm 233)

Asimov I.: Das Wissen unserer Welt – Erfindungen und Entdeckungen vom Ursprung bis zur Neuzeit, München 1991

Baticle J.: Francisco de Goya, Höfling und Rebell, Ravensburg 1992

Battenberg F.: Das europäische Zeitalter der Juden, Darmstadt 1990

Bernadac M.L./Bouchet P. de: Picasso, Ravensburg 1994

Biemel W.: Heidegger, Hamburg 1973 (rm 200)

Biemel W.: Sartre, Hamburg 1964 (rm 87)

Blumenberg W.: Marx, Hamburg 1962 (rm 76)

Boerner P.: Goethe, Hamburg 1964 (rm 100)

Chateaubriand F.R.V. de: Napoleon, München 1920

Curie E.: Madam Curie, Frankfurt a. M. 1952

Davidenko D.: Ich denke, also bin ich, Frankfurt a. M. 1990

Desmond A./Moore J.: Darwin, München 1992

Defoe D.: Die Pest zu London, München 1987

Ermatinger E. Deutsche Kultur im Zeitalter der Aufklärung, Frankfurt a. M. 1969

Eschenröder Ch.T.: Hier irrte Freud, München 1986

Falke O.: Die Französische Revolution, Leipzig 1932

Fehlig U./Brost H.: Kostümkunde. Mode im Wandel der Zeiten, Wiesbaden 1983

Ferguson K.: Das Universum des Stephen Hawking, Düsseldorf 1992

Frenzel I.: Nietzsche, Hamburg 1966 (rm 115)

Friedenthal R.: Goethe, sein Leben und seine Zeit. Bd. II, München 1968

Gause F./Lebuhn J.: Kant und Königsberg, Leer 1989

Geck M.: Johann Sebastian Bach, Hamburg 1993 (rm 511)

Geiringer K.: Johann Sebastian Bach, München 1971

Gregor J.: Weltgeschichte des Theaters, Zürich 1933
Günther H. (Hrsg.): Die Französische Revolution, Frankfurt a. M. 1985
Haffner S.: Anmerkungen zu Hitler, München 1978
Hawking St.W.: Einsteins Traum, Hamburg 1993
Hawking St.W.: Eine kurze Geschichte der Zeit. Die Suche nach der Urkraft des Universums, Hamburg 1988
Hermleben J.: Darwin, Hamburg 1968 (rm 137)
Hildesheimer W.: Mozart, Frankfurt a. M. 1977
Hirschberger J.: Kleine Philosophiegeschichte, Freiburg i. Br./Basel/Wien 1992
Hönninghaus K.: Geliebt von Millionen, Düsseldorf/Wien 1961
Kenneth C.: Glorie des Abendlandes, Hamburg 1970/1977
Kircheisen F.M.: Napoleon I., Stuttgart/Berlin 1929
Konold W.: Monteverdi, Hamburg 1986 (rm 348)
Kuczynski J.: Geschichte des Alltags des deutschen Volkes Bd. I/II, Köln 1991
Maedel K.E.: Geliebte Dampflok. Stuttgart 1963
Manfred A.S.: Napoleon Bonaparte, Berlin 1978
Mannoni O.: Freud, Hamburg 1971 (rm 178)
Markus G.: Sigmund Freud und das Geheimnis der Seele, München 1989
Mielke O. (Hrsg.): Das große Buch der Seefahrt, Reutlingen 1958
Monnier P.: Venedig, München 1928
Orthbandt E.: Geschichte der großen Philosophen, Hanau 1988
Parouty M./Jansen J.: Mozart – Amadeus von Gott geliebt, Ravensburg 1990
Ponte L. da: Geschichte meines Lebens, Tübingen 1969
Porter R.: Kleine Geschichte der Aufklärung, Berlin 1995
Posener A.: William Shakespeare, Hamburg 1995 (rm 551)
Pourtalès G. de: Amor Fati, Freiburg i. Br. 1938
Rehmke J./Schneider F.: Geschichte der Philosophie, Bonn 1959
Reichardt R. (Hrsg.): Die Französische Revolution, Freiburg i. Br./Würzburg 1988
Sagan C.: Der Drache in meiner Garage, München 1997
Schmitthenner H.: Die Luftfahrer, Hanau 1956
Shakespeare, W.: Sechsundsechzig Sonette. Gesammelt v. U. Erckenbrecht, Göttingen 1996
Sieburg F.: Robespierre, Frankfurt a. M. 1935
Sievers L.: Juden in Deutschland, Hamburg 1981
Utrio K.: Evas Tochter – Die weibliche Seite der Geschichte, Hamburg 1987

Vries T. de: Baruch de Spinoza, Hamburg 1970 (rm 171)
Walser P./Pet P.: Amsterdam, Zürich/Freiburg i. Br. 1969
Weber-Kellermann I.: Frauenleben im 19. Jahrhundert, München 1983
Wiedmann R.: Hegel, Hamburg 1964 (rm 110)
Wolkogonov D.: Lenin, Düsseldorf 1994
Wright L.B.: Shakespeare und seine Zeit, Reutlingen 1965

LEXIKA UND SAMMELBÄNDE:

Museion 2000, Kulturmagazin
Lexikon: Das Bertelsmann Bildungsbuch, München 1956/1959
Lexikon: dtv-Lexikon der Kunst, München 1996
Sammelband: Wunderbares Amsterdam, Brüssel 1975
Sammelband: Das große Buch der Schiffstypen, Augsburg 1995
Sammelband: Chronik der Deutschen, München 1996
Sammelband: Chronik der Medizin, München 1993
Sammelband: Chronik der Oper, München 1996
Sammelband: Chronik der Technik, Dortmund 1988
Sammelband: Chronik des 19. Jahrhunderts, München 1996
Sammelband: Geschichte der Medizin, Köln 1993
Sammelband: Venedig, Zürich 1963
Sammelband: Zeitbild, Die Französische Revolution 1789–1794, Wien 1977
Sammelband: Zeitbild, Napoleon 1799–1815, Wien 1978
Sammelbände: Durant Kulturgeschichte der Menschheit, München/Frankfurt a. M./Berlin/Wien 1981–1982
Sammelbände: Die Französische Revolution, Frankfurt a. M. 1985
Sammelbände: Kindlers Kulturgeschichte Europas, München 1978
Sammelbände: Propyläen Technik-Geschichte, Berlin 1997

Das Motto am Anfang des Buches wurde dem Werk *Richard Tarnas: Idee und Leidenschaft. Aus dem Amerikanischen von Eckhard E. Sohns. © für die deutsche Ausgabe: 1997 Deutscher Taschenbuch Verlag, München* entnommen. Ich danke für die freundliche Unterstützung.

Max Kruse, 1921 in Bad Kösen an der Saale geboren, machte das Abitur in Weimar und begann sein Studium in Jena, das er jedoch wegen des Krieges nicht beenden konnte. Nach der Enteignung in der damaligen Ostzone baute er die Puppenwerkstätte seiner Mutter Käthe Kruse in Westdeutschland wieder auf. 1958 übergab er die Firma an seine Schwester und widmet sich seitdem seiner eigentlichen Berufung, dem Schreiben.
Bekannt wurde er vor allem durch seine Kinder- und Jugendbücher, besonders durch »Urmel aus dem Eis«. Viele seiner Bücher wurden für das Fernsehen verfilmt und in mehrere Sprachen übersetzt. Außerdem hat er Reisebücher über Asien, Ägypten und China geschrieben. Max Kruse ist Mitglied des P.E.N. und Träger des Bundesverdienstkreuzes. Einige seiner Bücher standen auf der Auswahlliste zum Deutschen Jugendliteraturpreis.
Max Kruse lebt im Süden von München und ist mit der chinesischen Musikerin und Malerin Shaofang verheiratet.

LESEPROBE

Max Kruse

Im weiten Land der Zeit

C. Bertelsmann

Nun saßen sie also in der Straßenbahn. Draußen glitten die Häuser vorüber, die Gegend veränderte sich mehr und mehr, sie wurde eintöniger, fast unwirklich.

»Wo sind wir?«, fragte Roman schließlich verwundert.

Keiner wusste es, keiner kannte sich mehr aus. Nach und nach hatte sich der Wagen geleert. Nur der Schaffner saß noch da, aber er wirkte fast wie ein Teil der Maschine, zumal es auch ein Tonband war, das rief: »Endstation!«

Mit einem Ruck wurden sie nach vorn geschubst.

»Also raus!« Berenike lachte den beiden Jungen zu.

Waren sie überhaupt noch in der Stadt? Ihnen gegenüber erhob sich eine dicht mit Efeu bewachsene Mauer. Ein breites Tor in der Mitte lud zum Eintreten ein. Darüber spannte sich ein einladend gestaltetes Schild mit großen Buchstaben:

EVO-PARK

»Was soll das sein?«, rief Roman. »Ein Freizeitgelände?«

»Eine Art Disneyland?«, fragte Berenike unsicher. »Vielleicht eines, in dem die Evolution dargestellt wird?«

»Davon habe ich noch nie etwas gehört«, erklärte Stefan.

»Da steht so ein Riesending am Stadtrand und wir wissen nichts davon«, murmelte Roman. »Sonst wird um so etwas doch jede Menge Rummel gemacht, Werbung, Sonderfahrten aus aller Welt, Reisebusse über Reisebusse. Wo sind sie, wo sind die Parkplätze?«

»Wie auch immer, es ist ja keine Geisterscheinung, sondern Realität«, sagte Stefan. »Und ich halte mich gern an die Wirklichkeit. Sicher ist es ein Vergnügungspark.«

»Wollen wir hineingehen? Was meinst du, Nik?«, fragte Roman.

»Klar, Romi«, antwortete sie fröhlich.

Stefan hatte Bedenken: »Wartet noch, diese Parks sind meist sündhaft teuer, das will ich erst wissen, und auch, was uns geboten wird.«

»Da ist die Kasse. Fragen kostet ja nichts!« Berenike lief gleich los. Sie beugte sich zum Fensterschlitz des Schalters hinunter und wollte den Eintrittspreis wissen. Stefan und Roman warteten hinter ihr.

Das Männchen im Inneren war kaum zu erkennen. Seine Stimme kam schnarrend: »Der Eintritt ist frei!«

Verblüfft zog Berenike den Kopf zurück.

»Wie, frei?« Stefan schob Berenike sanft beiseite und fragte: »Ist heute ein besonderer Tag? Eine Werbewoche oder so etwas?«

»Nichts dergleichen, mein Herr. Der Eintritt ist immer frei. Sie müssen nur diese Verpflichtungserklärung unterschreiben!«

»Eine Verpflichtung? Wozu?«

»Oh, es ist nicht viel, oder doch sehr viel, wie man es nimmt! Sie müssen sich dazu verpflichten, Ihren Verstand zu gebrauchen.«

Stefan begann die Sache Spaß zu machen. Er ging auf den belehrenden Ton des Männchens ein: »Aber das ist doch überhaupt die Voraussetzung zum Eintritt ins Leben!«

»Gewiss, mein Herr! Aber wie wenige Menschen halten sich daran!«

»Okay! Was aber, wenn wir die Verpflichtung zwar unterschreiben, sie aber dann doch nicht erfüllen?«

»Dann können wir auch nichts machen, zugegeben«, antwortete die leise, monotone Stimme. »Wir möchten Sie nur vorher darauf hingewiesen haben. Sie sollen uns später keine Vorwürfe machen können, wenn Sie keinen Gewinn aus dem Besuch ziehen sollten. Denn ohne Ihren Verstand werden Sie weder etwas erkennen noch verstehen.«

Indem er dies sagte, schob der kleine Mann drei Formulare durch den Schlitz. »Jeder muss einzeln unterschreiben. Das ist wie im Leben. Jeder muss seinen eigenen Verstand benutzen.«

Stefan überflog den Text und fand nur einen einzigen Satz. Es gab auch keine klein gedruckten Klauseln auf der Rückseite. »Na gut«, meinte er. »Unterschreiben wir!« Er setzte seinen Namen darunter. Danach Berenike und Roman.

»Ist das alles?«

»Es ist schwer genug«, erwiderte das Männchen. »Aber gehen Sie nur hinein.«

Die drei jungen Leute lachten. All dies kam ihnen sehr eigenartig vor.

Ein freundlicher Begleiter

Berenike, Roman und Stefan schlenderten auf die Eingangstür zu, die von rankendem Efeu fast verdeckt war, sodass sie wirkte, als wäre sie Teil eines Waldes. Aber neben dem rechten Pfosten leuchtete aus dem dunklen Grün der Blätter ein Schild, auf dem mit roten Buchstaben und in verschnörkelter gotischer Schrift zwei Zeilen zu sehen waren.

»Halt.« Stefan ging näher und las laut:

Lasciate ogni alterezza,
Voi ch' entrate!

»Was heißt denn das?«, murrte Berenike. »Romi, du sprichst doch ein bisschen Italienisch?«

Roman, der leidenschaftlich gern las und seine Klassiker kannte, erklärte: »Das ist offenbar die Abwandlung des Anfangs von Dantes Göttlicher Komödie. Da sagt Virgil, Dantes Führer, im Dritten Gesang, vor dem Eintritt in die Hölle, die längst geflügelt gewordenen Worte: ›Lasciate ogni speranza, voi ch' entrate! – Lasst, die ihr eintretet, alle Hoffnung fahren!‹«

»Aber das hier heißt ein wenig anders: ›Lasst, die ihr eintretet, allen Hochmut fahren!‹«, sagte unerwartet ein Herr, den sie bisher nicht bemerkt hatten. Sie wussten nicht, wo er herkam, da sie ihn weder kommen gesehen noch den Kies knirschen gehört hatten. Er mochte etwas über fünfzig Jahre alt sein, trug einen unauffälligen Anzug, grau, so grau wie seine Haare, war sehr schlank und ging ein wenig vornübergeneigt. Er lächelte sie an.

»Das scheint ein bedeutsamer Unterschied zu sein«, antwortete ihm Stefan. »Wir werden sehen, wie diese Aufforderung zu verstehen ist.«

Der Herr sagte: »Vielleicht darf ich Sie begleiten?«

Stefan warf ihm einen abwehrenden Blick zu, wie man ihn für aufdringliche Fremdenführer bereithat.

Da hob der Herr beide Hände: »Ich erwarte keine Bezahlung, ich würde sie sogar ablehnen. Ich habe nichts anderes vor und mir würde es großes Vergnügen machen. Allerdings müssen Sie nachsichtig mit mir sein, ich weiß beileibe nicht alles. Die Evolution ist ein viel zu großes Gebiet, das kann keiner beherrschen!«

»Die Evolution?«, fragte Stefan.

»Nun gewiss, wie es der Name ausdrücken soll: Evo-Park. Man hat sich bemüht, in ihm die Evolution, insbesondere die kulturelle Entwicklung der Menschen darzustellen. Freilich nur die des Mittelmeerraumes, aber die ist ja auch besonders wichtig.«

»Das ist es also«, rief Stefan. »Aber wenn unser Spaziergang durch den Park nun schon Dantes Göttlicher Komödie entsprechen soll, dann müssten wir ja ebenfalls die Hölle und das Fegefeuer durchwandern, um schließlich ins Paradies zu gelangen. Soll uns hier der Weg der Menschheit gezeigt werden, dann mag dieser ja Hölle und Fegefeuer durchlaufen, aber am Paradies wage ich doch zu zweifeln.«

»Vielleicht können Sie diese Frage besser am Ende unseres Spaziergangs beantworten«, erwiderte der freundliche Herr. »Natürlich wird sich in dem, was hier dargestellt ist, eine gewisse Beliebigkeit nicht vermeiden lassen. Die Auswahl ist oft eine Sache des Zufalls. Niemand kann etwas Vollständiges schaffen.«

»Wir sind mit einer Stippvisite zufrieden«, meinte Roman. »Ich würde Ihr Angebot also gern annehmen.«

Berenike fand den Herrn sympathisch. »Wie dürfen wir Sie anreden?«, fragte sie.

»Nennen Sie mich einfach Senex.«

»Wie, Senex, der Greis?«, rief Roman erstaunt. »Aber so alt sind Sie doch nun wirklich noch nicht!«

»Nun ja, heute mag diese Bezeichnung nicht mehr recht zutreffen, aber in früheren Jahrhunderten wurde man schon mit über dreißig als Greis betrachtet.«

»Sicher ein Fortschritt der Medizin, für den wir dankbar sein sollten«, meinte Roman.

Stefan stimmte zu: »Einverstanden. Senex also. Aber bitte beantworten Sie uns als Erstes diese Frage: Welcher Hochmut ist gemeint, auf den wir verzichten sollen?«

»Der Hochmut, dass der Mensch die Krone der Schöpfung ist. Bilden Sie sich Ihr Urteil darüber später.« Senex sprach gleich weiter: »Außerdem bitte ich Sie, zwischen Weltgeschichte und Naturgeschichte zu unterscheiden. In der Naturgeschichte ist der Mensch nur eine Episode, die wenig bedeutet. Die Weltgeschichte aber lebt durch ihn, er schreibt sie, er ist ihr handelnder Held, da trägt er, wenn Sie so wollen, wirklich die Krone. Doch ist dies wahrhaftig kein Grund zum Hochmut, die Geschichte ist ja reich an größenwahnsinnigen Herrschern, die ihre Völker zu Grunde gerichtet haben, und sie ist auch voll von anderen durch Menschen verursachte Katastrophen.«

»Wenn der Mensch die Welt zerstört, greift er doch auch in die Naturgeschichte ein«, sagte Stefan. »Und zwar ganz massiv.«

»Sie haben Recht«, antwortete Senex. »Vielleicht kommen wir am Ende unseres Rundgangs zu der Erkenntnis, dass auch das zur Evolution gehört – oder ihre zwangsläufige Folge ist. Sagen Sie mir noch, wie Sie heißen, bitte!«

Sie taten es und baten ihn, sie mit Du anzureden. Es sei heute ja üblich.

Er antwortete: »Sehr gern!« Dann gaben sie einander die Hand.

»Danke, nun wollen wir eintreten!«

»Nur noch eine Frage«, rief Stefan und hielt Senex am Ärmel zurück: »Wozu? Wozu sollen wir das alles wissen?« Er meinte das nicht ganz ernst. »Ich lebe heute, wozu soll ich wissen, wie es früher war?«

Die Antwort von Senex lautete so einfach wie bestimmt: »Wer nicht weiß, wo er herkommt, kann nicht entscheiden, wo er hinwill!«

Er berührte die Pforte nur mit der Fingerspitze, worauf sie sich automatisch öffnete.

Zunächst zeigte sich ihnen ein nüchterner Platz, an dessen Ende ein schmuckloser Bau stand, eine Art Schuppen, den allerdings eine glatte Metallkuppel krönte. Über dem Eingang standen die Worte: »Die Geburt des Kosmos«.

Max Kruse

Im weiten Land der Zeit

544 Seiten

Als Berenike mit ihren Freunden Roman und Stefan in die Straßenbahn einsteigt, hätten die drei nicht gedacht, dass dies der Beginn einer unglaublichen Reise werden würde. Denn am Rand der Stadt entdecken sie eine Art Freizeitpark, von dessen Existenz sie bisher gar nichts wussten. Ein freundlicher älterer Herr mit dem seltsamen Namen Senex bietet sich als ihr Begleiter an. Was dann geschieht, ist kaum zu beschreiben – Wirklichkeit oder Phantasie?

Vor ihren Augen spielt sich die Entstehung des Kosmos ab, wenige Schritte weiter sind sie in Nordafrika und beobachten die ersten Menschen. Kurz darauf tauchen sie ein in die ägyptische Kultur. Alle drei spüren: Das Erlebte ist nicht eine weit entfernte Vergangenheit, sondern so lebendig und gegenwärtig wie sie selbst. Und langsam – Schritt für Schritt – erkennen sie, dass sie sich mitten in einem einmaligen Geschehen befinden: in ihrer eigenen Geschichte, der Geschichte der Menschheit im Abendland.

Eine Wanderung durch Zeit und Raum,
vom Urknall bis Galilei.

CB C. Bertelsmann
Jugendbücher